SONG HONGBING

WÄHRUNGSKRIEGE III
Grenzen der Hochfinanz

Song Hongbing

Song Hongbing ist ein junger Wirtschaftsforscher, der in die Vereinigten Staaten ausgewandert ist. Dort arbeitet er als Berater für die amerikanischen Pensionsfonds Freddie Mac und Fanny Mae, Pensionsfonds, die während der Finanzkrise 2008 verschwinden werden.

货币战争③金融高边疆

WÄHRUNGSKRIEGE III
Grenzen der Hochfinanz

Aus dem Chinesischen übersetzt und veröffentlicht von Omnia Veritas Limited

www.omnia-veritas.com

© Omnia Veritas Ltd - 2022

Alle Rechte vorbehalten. Kein Teil dieser Veröffentlichung darf ohne vorherige Genehmigung des Herausgebers in irgendeiner Form vervielfältigt werden. Das Gesetz zum Schutz des geistigen Eigentums verbietet Kopien oder Vervielfältigungen zur gemeinsamen Nutzung. Jede Wiedergabe oder Reproduktion, ganz oder teilweise, mit welchen Mitteln auch immer, ist ohne die Zustimmung des Herausgebers rechtswidrig und stellt einen Verstoß dar, der nach dem Urheberrechtsgesetz geahndet wird.

VORWORT 13

    FINANZIELLE HIGH FRONTIER 13

KAPITEL I 19

    DER FALL DER FINANZIELLEN OBERGRENZE 19

        Jagd auf Hu Xueyan 21
        Dongting Moun tain Gang: der Mann hinter der Ermordung von Hu Xueyan 27
        Der Opiumhandel: Der Kampf um den Gold- und Silberstandard 36
        Ostindien-Kompanie: Das Imperium eines Bankiers 39
        Die Familie Sassoon: Die Rothschilds des Ostens 46
        HSBC: Ich kümmere mich um Ihr Revier 48
        Ticket Money: Warum es sich nicht zu einem internationalen Finanzimperium entwickelt hat 54
        Ausländische Käufer: Chinas besonderes Phänomen 63

KAPITEL II 66

    DIE MEIJI-RESTAURATION UND DIE WESTLICHE BEWEGUNG 66

        Wangzheng Retro und das Aufkommen des Geldes 67
        Inoue: Japans Finanzgründer 72
        Der große Boss der Familie Mitsui 75
        Japan kontrolliert die finanzielle Obergrenze 79
        Warum die Meiji-Restauration keine ausländischen Investitionen "anlockte" 84
        Yen-Kreditverteidigungskrieg 87
        Meiji-Restauration vs. Westliche Bewegung 92
        Finanziell vergiftete Milch legt das Unternehmen Han Ye Ping lahm 94
        Spaltung des Schicksals 100

KAPITEL III 105

    "DER STAATSSTREICH VOM 12. APRIL: DER "NAME" VON CHIANG KAI-SHEK 105

        Das Zögern von Chiang Kai-shek beim Einmarsch nach Shanghai und Ningxia 106
        30 Millionen Goldrubel für den Krieg im Norden 110
        Chiang Kai-shek hat ein größeres Bein 116
        Yu Qiaqing und Chiang Kai-shek: Die Geschichte, die erzählt werden muss 119
        Die Finanzmacht hinter dem Staatsstreich vom 12. April 125
        Die Refinanzierung von Chiang Kai-shek 127
        Die "Rekapitalisierung" hinter der "Ninghan-Fusion" 130
        Der Vorstand der Zaibatsu entlässt den CEO wegen seines Unsinns. 137
        Chiang Kai-shek ist endlich auf dem Markt für Wachstumsunternehmen 140

VIERTES KAPITEL 144

DIE ROTE ZENTRALBANK 144

Mao Zemins finanzieller "Plan der leeren Stadt" 145
Pariser Kommune, die nach Gold hungert 150
Die Waffe in der einen Hand und das Geld in der anderen 155
Die kleinste Zentralbank der Welt, die Chinesische Sowjetische Nationalbank 159
Die Geburt des roten Geldes 163
Das Geld des Volkes, für das Volk 168
Handel "Sonderzone" und "Zentralbetrieb" der Sowjetunion 175
Geldsäcke für Pistolen 181
"Zentralbank" und "Rote Armee Ticket" für 13 Tage 185
Die Legende vom roten Geld 187

KAPITEL V 191

CHIANG KAI-SHEKS GOLDENE MACHT 191

Chiang Kai-shek verprügelt Song Ziwen wegen Geldmangels 192
Zentralbank PK Bank of China 196
Reorganisation und Fingerprinting 202
Das goldene Machtspiel zwischen staatlichen und kommerziellen Aktien 206
Chiang Kai-shek's Finanzkonzentration: "Abschaffung von zwei und Änderung des Yuan" und "Vier Linien und zwei Ämter" 209
Ich verkaufe dir ein großes Arschloch! 216
Der Silberrausch: Der erste Währungskrieg zwischen den USA und China 219
Französische Währungsreform: Die Zündschnur von Japans Krieg gegen China 225
Nach dem gelben Vogel lachen die Amerikaner bis zum Schluss 233

KAPITEL VI 237

KÖNIGLICHE MACHT UND GOLDENE MACHT 237

Der Yen ist vom Goldstandard abgekoppelt, und die Plutokraten sind im Weg 238
Geheimes Treffen der Familie des Markgrafen von Kido 241
Der "Taisho-Putsch" und der Verlust der kaiserlichen Macht 244
Der Traum des Kaisers: Der Aufstieg der kaiserlichen Macht 249
Mitsui tappte in die "Dollar-Arbitrage-Falle", indem es den Kaiser anrief 255
Der "Shanghai-Krieg": Japans "falscher Krieg" 261
Das Land der Attentate 267
Kaiserliche Macht über goldene Macht 272

KAPITEL VII **281**

DER TRAUM VOM GOLDENEN MAUSOLEUM ZERBRICHT 281

Der Tod eines Bankiers 282
Devisenparitätsfonds: Zweite Zentralbank 289
Das Dollar-Vermögen von Kong Xiangxi 294
Die Finanzversion von "Lurking" 301
Der Bankrott der französischen Währung: die Folgen der Liberalisierung des Devisenmarktes 306
Der letzte Kampf um das Goldene Ticket 312
Warum Chiang Kai-shek den Währungskrieg verlor 316

KAPITEL VIII **319**

DIE GEBURT DES RENMINBI 319

Der Glücksgott der Frontier 320
Die harte Wiedergeburt der Grenzwährungen 325
Der "Preisstandard" der Beihai-Währung: Finanzinnovation an der Basis von Shandong 332
"Strategische Güter" und der Handelskrieg 338
Der Yuan wurde geboren 342
Die Schlacht um den Silberdollar 348
Die Schlacht um die Baumwolle 352
RMB: Währung für die Menschen 358

KAPITEL IX **365**

FINANZIELLE HIGH FRONTIERS UND DIE INTERNATIONALISIERUNG DES RMB 365

Währungskriege: Die Reinkarnation der Geschichte 366
Das RMB-Dilemma 370
Breiter Preisstandard: Alternative zum Yuan 375
Wichtige Merkmale einer guten Währung 379
Verlogene Gläubiger und arrogante Schuldner 382
Clearingstelle: der "Router" des Finanznetzes 385
Das globale Finanznetzwerk des RMB 391
Die infrastrukturellen Gefahren der Financial High Frontier 396
Das Aufkommen des Geldes in der Ära des "Frühlings und Herbstes" und der "Streitenden Staaten" 397

KAPITEL X **404**

DER RUHM UND DIE TRÄUME DES SILBERS 404

18. September 2008, 14:00 Uhr, das Weltfinanzsystem ist fast zusammengebrochen! 405
Silber: Die Weltwährung der Vergangenheit 409

Können Dollarnoten ihren Wert behalten? *413*
Der "magische Plan" der Fed: Lass das Gold steigen *418*
Gold und Silber 1:16 historische superstabile Struktur *424*
Silber auf der Schulter: sowohl Geld- als auch Industriemetall *427*
Anwendung von Silber im Bereich der neuen Energien *429*
2017 werden 25,9 Milliarden RFID-Chips Silber verwenden *429*
Der Holzschutzbereich in den USA wird in Zukunft 2.400 Tonnen Silber pro Jahr verbrauchen *430*
Bekleidungsanwendungen sind einer der größten zukünftigen Bedürfnisse von Silber *431*
Was hat der Preis ergeben? *432*
Silbermarkt: Das Spiel von 1 Flaschendeckel und 100 Flaschen *439*
Untersuchung der Silbermanipulation *443*
Silbermarkt am Rande eines massiven Ansturms *447*
Der Krieg der Völker in Silber *453*

Danksagungen und Überlegungen *457*

ANDERE TITEL **461**

VORWORT

Finanzielle High Frontier

Ärend meiner Forschungen über die Geschichte des Geldes in den Vereinigten Staaten und in Europa wurde immer deutlicher, dass die Ausgabe von Geld eine der wichtigsten Mächte der menschlichen Gesellschaft ist. Das Begehren und die Anfechtung dieser Schlüsselgewalt ziehen sich wie ein roter Faden durch die jüngere europäische und amerikanische Geschichte. Diese Perspektive auf die politischen, wirtschaftlichen, kulturellen und militärischen Veränderungen in der Welt wird einen röntgenähnlichen Effekt haben. Es zeigt sich, dass die Wurzel aller gesellschaftlichen Widersprüche in der ungleichen Verteilung von Leistungen liegt und dass das wichtigste Mittel zur Verteilung von Leistungen die Geldausgabe ist.

Wie der amerikanische Währungshistoriker Jack Weatherford sagte,

> „Die Kontrolle über das Geld ist ein großer Kampf, die Kontrolle über die Ausgabe und Verteilung von Geld bedeutet die Kontrolle über den Reichtum, die Ressourcen und die gesamte Menschheit."

Während sich *The Currency Wars* darauf konzentriert, wie sich die wiederholten Kämpfe um das Recht, Geld in den Vereinigten Staaten auszugeben, auf die amerikanische Gesellschaft und die Weltgeschichte ausgewirkt haben, konzentriert sich *The Currency Wars 2* darauf, wie der erbitterte Wettbewerb um das Recht, Geld in den europäischen Ländern auszugeben, Kriege und Frieden sowie die Entstehung und Verschiebung globaler Machtverhältnisse geprägt hat. Während dieser sechsjährigen "Forschungsexpedition" gingen mir von Zeit zu Zeit folgende Fragen durch den Kopf: Welchen Einfluss hatte das Spiel mit der Geldausgabe auf die Entstehung der modernen chinesischen Gesellschaft in der Geschichte Chinas, insbesondere in der jüngsten modernen Geschichte Chinas? Wie unterscheidet sich die Macht dieses

Geldes von seinem Einfluss in den europäischen und amerikanischen Ländern? Gibt es einen untrennbaren Zusammenhang zwischen den Währungsspielen auf dem chinesischen Festland und dem globalen Kampf um die Währungsmacht? Was würden Sie sehen, wenn Sie die Geschichte Chinas mit dem Röntgenblick des Geldes betrachten?

Mit diesen Fragezeichen begann ich, das, was ich bisher über die moderne Geschichte Chinas wusste, aber nicht darüber nachgedacht hatte, neu zu überdenken.

Die Währung spielt in der historischen Literatur Chinas eine weitaus geringere Rolle als in Politik, Kultur und Militär. Die Menschen sind oft mit den militärischen Taktiken der Kaiser der aufeinanderfolgenden Dynastien vertraut und kennen die Taten ihrer Generäle und Höflinge sowie die Anekdoten aus der Poesie der Literaten und Schriftsteller. Geld scheint in China eine längst vergessene Wissenschaft zu sein.

Die Währung, die von den Historikern übersehen wurde, ist der Schlüssel zur Lösung vieler historischer Rätsel, der Kompass, um das Labyrinth der heutigen Realität zu erkennen, und das Fernrohr, um den Weg in die Zukunft zu entdecken.

Vom Opiumkrieg 1840 bis zur Gründung der Volksrepublik China 1949 waren diese 100 Jahre die aufregendste Zeit in der Geschichte Chinas; es waren die 100 Jahre, in denen die chinesische Nation fast zerstört wurde; es waren die 100 Jahre, in denen das Selbstvertrauen der chinesischen Zivilisation fast vollständig zusammenbrach; es waren die 100 Jahre mit den tragischsten und leidenschaftlichsten Gefühlen in der Geschichte Chinas; es waren die 100 Jahre, in denen der Wille des Geldes und die Macht des Geldes aufstieg und explodierte!

Currency Wars 3 wird nach und nach das Bild der modernen Geschichte Chinas entlang der Hauptachse des Geldes entfalten. Ein vertrautes Bild wird durch die Perspektive des "Währungsentwicklers" in einem ganz anderen Licht erscheinen. Warum gibt es den Opiumhandel und die Opiumkriege nur in China? Warum hatte Japans Meiji-Restauration Erfolg, während Chinas außenpolitische Bewegung scheiterte? Warum hat Chiang Kai-shek, der die Nordexpedition mit sowjetischen Rubeln beendet hat, plötzlich sein Gesicht gegen die Kommunisten gewandt? Warum müssen beide Parteien "die Waffe in der einen und das Geld in der anderen Hand halten"? Warum konnte Chiang Kai-shek zwar die Währung vereinheitlichen, aber nicht die Währungshoheit behalten? Warum hat die französische

Währungsreform der Kuomintang Japan verärgert, Großbritannien in Versuchung geführt und schließlich den Vereinigten Staaten in die Arme getrieben? Warum gibt es in Japan einen Streit zwischen der kaiserlichen und der goldenen Macht? Warum geht es mit der japanischen Armee ständig bergab und bergauf? Warum kommt es in Japan immer wieder zu Putschen und Attentaten? Warum stimulierte die französische Währungsreform der KMT Japan und beschleunigte seinen Angriffskrieg gegen China? Warum endete die französische Währung der Kuomintang im Zusammenbruch, während der Renminbi der Kommunistischen Partei aus dem Nichts kam?

Diese historischen Zweifel haben mich gezwungen, tiefer zu denken und den enormen Einfluss des Geldemissionsrechts auf Chinas jüngste moderne Geschichte zu erkennen. Der Aufbau und die Ausübung des Geldemissionsrechts erfordern eine ganze Reihe von Systemen und Strukturen zu ihrer Unterstützung, ein neues Verständnis des Geldemissionsrechts, das ich in diesem Buch als "Financial High Frontier" bezeichne.

"Die "High Frontier"-Doktrin ist ein neues Konzept für die nationale Sicherheit, das von Generalleutnant Graham von der US-Armee Anfang der 1980er Jahre entwickelt wurde. Er schlug in Anlehnung an Mahans "Seemacht-Theorie" und Duhays "Luftmacht-Theorie" vor, dass auch der Weltraum eine "High Frontier" ist, die souveräne Staaten verteidigen müssen, und bildete die theoretische Grundlage für das Star-Wars-Programm der Vereinigten Staaten.

Beim Studium der Finanzgeschichte Europas, Amerikas, Chinas und Japans habe ich zunehmend das Gefühl, dass die Finanzen die "vierte dimensionale Grenze" sind, die ein souveränes Land verteidigen muss. Das Konzept der Grenzen souveräner Staaten umfasst nicht nur den dreidimensionalen physischen Raum, der durch die Land-, See- und Luftgrenzen (einschließlich des Weltraums) gebildet wird, sondern muss in Zukunft auch eine neue Dimension umfassen: die Finanzen. Die Bedeutung der finanziellen Hochgrenze wird in der kommenden Ära wolkiger internationaler Währungskriege immer wichtiger werden.

Aus der Entwicklung des Finanzwesens in Europa und den Vereinigten Staaten geht eindeutig hervor, dass der Währungsstandard, die Zentralbanken, die Finanznetze, die Handelsmärkte, die Finanzinstitute und die Clearingstellen zusammen die Systemarchitektur des Finanzsystems an der oberen Grenze bilden. Der Hauptzweck dieses Systems besteht darin, eine effiziente und sichere

Mobilisierung von Ressourcen für Währungspaare zu gewährleisten. Von der Geldschöpfungsquelle der Zentralbank bis zum Kundenterminal, das schließlich Geld annimmt; vom dichten Netz des Geldflusses bis zum Clearingzentrum für die Überweisung von Geldern; vom Handelsmarkt für Finanzinstrumente bis zum Ratingsystem für die Kreditwürdigkeitsprüfung; von der weichen Regulierung des Finanzrechtssystems bis zum Aufbau einer festen Finanzinfrastruktur; von riesigen Finanzinstitutionen zu effizienten Branchenverbänden; von komplexen Finanzprodukten zu einfachen Anlageinstrumenten - die finanzielle Hochgrenze schützt das monetäre Blut vom Herzen der Zentralbank zu den Finanzkapillaren und sogar zu den Wirtschaftszellen des gesamten Körpers und schließlich zurück zum Kreislaufsystem der Zentralbank.

Dies bietet einen Bezugsrahmen für die künftige Internationalisierung des RMB. Bei der Internationalisierung des RMB geht es nicht nur um die Freigabe des RMB für den extrakorporalen Umlauf. Der freie Umtausch des RMB, die Deregulierung von Kapitalgütern, die Abwicklung des grenzüberschreitenden Handels über den RMB, der Devisenswap und der Aufbau von Offshore-RMB-Zentren sind nur die ersten Phasen der Internationalisierung des RMB, und diese Bemühungen müssen mit einer Reihe von Rahmenbedingungen koordiniert werden, um die gewünschten Ergebnisse zu erzielen. Damit der Yuan in die Welt hinausgehen kann, muss er sowohl sichtbar als auch handhabbar sein. In Zukunft liegt es im nationalen Interesse Chinas, dass der Renminbi überall auf der Welt existiert. Zu diesem Zweck ist eine wirksame und zuverlässige Überwachung erforderlich, um sicherzustellen, dass diese im Ausland zirkulierenden Renminbi im Bereich der "rechtmäßigen" Verwendung liegen.

Ein dunkler Faden, der sich durch das Buch zieht, ist Silber. Als Umlaufwährung ist Silber in den letzten 500 Jahren zu einem wesentlichen und zentralen Element im Leben der Chinesen geworden. Es war einst die eigentliche Weltwährung und spielte 400 Jahre lang eine führende Rolle bei der Förderung des Ost-West-Handels. Es ist auch ein weit verbreitetes Industriemetall und wird in Zukunft eine noch bedeutendere finanzielle und industrielle Doppelfunktion spielen, wenn der Dollar schwindet. "Knappheit ist kostbar" ist die natürliche Ordnung des Investierens, und Silber passt perfekt zu diesem Prinzip. Da Silber immer knapper wird, wird sich die Entdeckung seines Wertes in einem alarmierend schnellen Tempo vollziehen, was es für den Durchschnittsbürger zur langfristigen Anlage der Wahl macht.

Gerade als das Buch fertiggestellt war, erklärte der Führer eines Landes öffentlichkeitswirksam, dass ein internationaler "Währungskrieg" ausgebrochen sei. Im Oktober 2010 wurde ich eingeladen, am "World Knowledge Forum" in Seoul, Südkorea, teilzunehmen, das als "Davos Asia" bezeichnet wurde. Als einziger Redner aus China erlebte ich einen "Krieg der Worte" angesichts der westlichen Stimmen, die China der Manipulation des RMB-Wechselkurses beschuldigten.

Der Begriff "Währungskrieg" ist seit 2007-2009, als "Currency War" und "Currency War 2" veröffentlicht wurden, in den westlichen Medien weit verbreitet worden. Über den Autor und den neuen Begriff "Währungskrieg" wurde in der britischen *Financial Times*, der deutschen Wochenzeitung *Der Spiegel*, der amerikanischen *New York Times*, der *Washington Post*, *The Nation*, *Foreign Policy*, *The New Republic*, *Forbes*, *Business Week*, Salon, Spanish National, Indian Pioneer sowie in Dutzenden von Ländern und Regionen weltweit berichtet, darunter Rumänien, Finnland, Polen, Australien, die Schweiz, die Tschechische Republik, Israel, Japan, Korea, Singapur, Vietnam, Peru usw.

Diese Runde der internationalen Medien zu "Währungskrieg" Konzept der Spekulation wieder, meiner Meinung nach nur wegen der "Währungskrieg" Reihe von Büchern in China und den Einfluss der asiatischen Region, böswillige Menschen versuchen, die Gelegenheit zu nutzen, um zu implizieren, dass China den RMB-Wechselkurs manipuliert, startete eine "Währungskrieg", um die Welt, um den Zweck der Führung der Geißel zu China zu erreichen, um so den Druck der Unzufriedenheit der Welt mit der zweiten Runde der Dollar-Druck-Plan zu lindern. Die Augen der Weltbevölkerung leuchten jedoch, und es gibt einen wachsenden Konsens darüber, dass die Verantwortungslosigkeit des Dollars die Hauptursache für die "Währungskriege" in der Welt ist.

Ob die Menschen willig oder unwillig sind, das System des Dollardrucks war ein "unerklärter Krieg" gegen die Währungen der Welt, und solange dieses Verhalten nicht aufhört, wird es schwierig sein, den Rauch des weltweiten Währungskrieges zu zerstreuen.

Der Zweck des Studiums und der Vorbereitung auf einen Währungskrieg ist nicht der Krieg, sondern der Frieden! Je besser vorbereitet und entschlossener man ist, desto unwahrscheinlicher wird ein Währungskrieg. General Kim Il Nam hatte ein Zitat, das mich beeindruckt hat:

> *„Was bedeutet es, eine strategische Abschreckung zu sein? Erstens muss man stark sein, zweitens muss man entschlossen sein, diese Stärke einzusetzen, und drittens muss man seine Gegner davon überzeugen, dass man es wagt, seine Stärke einzusetzen!"*

Indem sie aus der Geschichte lernt und ihre eigene solide finanzielle Hochgrenze aufbaut, stärkt sie diese Stärke. Nur mit einer solchen strategischen Abschreckung muss man nicht befürchten, dass andere Währungskriege führen.

Da die "Currency Wars"-Buchreihe bei jungen Lesern immer beliebter wird, hinterlassen mir immer mehr Leute Nachrichten, um die Inhalte von "Currency Wars" online zum Leben zu erwecken. Wir planen Chinas erstes Online-Finanzspiel, die "Currency Wars"-Reihe, um jungen Lesern die Welt der Finanzen in der virtuellen Welt näher zu bringen.

Aus Zeit- und Kapazitätsgründen sind Fehler in den Ideen des Buches unvermeidlich, und ich hoffe aufrichtig, dass die Leser sie verstehen und korrigieren werden.

Autor. Dezember 2010,
Xiangshan, Peking

KAPITEL I

Der Fall der finanziellen Obergrenze

Wer ist der wahre Schuldige an der Ermordung von Hu Xueyan? Warum fand der Opiumkrieg nur in China statt? Warum verlor Chinas Silberstandard vor den Füßen des britischen Goldstandards? Warum haben sich Chinas Geldbanken und Losnummern nicht zu einem Weltfinanzimperium entwickelt? Warum ist China das einzige Land mit vielen ausländischen Käufern?

Die Westmächte können China weder mit einem starken Schiff und einer scharfen Kanone und der industriellen Revolution allein in eine Halbkolonie verwandeln, noch können sie Chinas wirtschaftliches Potenzial durch die Abtretung von Land gegen Entschädigung und die Öffnung von Handelshäfen unterdrücken. Der wahre Grund für den Niedergang des Qing-Reiches war, dass die westlichen finanzkapitalistischen Kräfte zuerst Chinas finanzielle Hochgrenze durchbrochen haben.

Das vorrangige strategische Ziel des Opiumhandels war die Untergrabung des chinesischen Währungssystems, und diese Strategie wurde in der Finanzmetropole London entwickelt und umgesetzt. Der Opiumkrieg war in Wirklichkeit ein strategisches Kräftemessen zwischen Großbritanniens Goldstandard und Chinas Silberstandard, und der Sieg oder die Niederlage dieses Krieges würde den Wohlstand des Ostens und des Westens für die nächsten Jahrhunderte bestimmen!

Für die Bankiers des britischen Imperiums bestehen die höchsten strategischen Ziele darin, London zum Finanzzentrum der Welt zu machen, Gold zum Weltwährungsstandard zu machen, das britische Imperium durch die Bank of England Sterling-Kredite in die Welt zu exportieren, die großen europäischen und amerikanischen Länder zu den Kernmitgliedern des Goldstandards zu machen, die peripheren Länder der Welt zu Vasallengebieten des Pfunds zu machen, den Betrieb dieses Systems mit Krieg und Gewalt aufrechtzuerhalten, Geld zu benutzen, um die Kontrolle und Mobilisierung globaler Ressourcen zu maximieren und schließlich die Kontrolle über den Weltreichtum und die gesamte Menschheit zu vervollständigen.

Die Angriffstruppe des britischen Finanzkapitals ist weitaus mächtiger als die kaiserliche Marine. Sie wird als erste den chinesischen Silberstandard besiegen, die Zentralbank als strategischen Höhepunkt der Kontrolle über die silbernen Wurzeln des Qing-Reiches in Besitz nehmen, das chinesische Finanznetzwerk infiltrieren und unterwandern, die Kanäle der Kapital- und Kreditströme in China beherrschen und die totale Kontrolle über Chinas finanzielle Hochgrenze erlangen.

Mit dem Verlust der Kontrolle über die Finanzmärkte wird China allmählich das Recht auf Preisgestaltung im Handel, das Recht auf eine autonome industrielle Entwicklung, das Recht der Regierung auf Besteuerung und das Recht auf Ausgaben für Militär und Verteidigung verlieren. China wird unweigerlich zu einem Lamm werden, das von den westlichen Mächten geschlachtet wird.

Mit dem Untergang des Qing-Reiches gingen die Finanzen dem Militär voraus.

Ende des 19. Jahrhunderts schlug der Amerikaner Mahan erstmals das Konzept des "Rechts auf die Kontrolle des Meeres" vor, in der Überzeugung, dass "die Kontrolle des Meeres die Kontrolle der Welt bedeutet", und 1921 schlug der Italiener Duhe das Konzept des "Rechts auf die Kontrolle der Luft" vor, in der Überzeugung, dass "die Kontrolle der Luft zum Sieg führt". Sechzig Jahre später hat Generalleutnant Graham von der US-Armee erneut die Doktrin der "hohen Grenze" des "Rechts auf den Weltraum" eingeführt, in der Überzeugung, dass "die Kontrolle des Weltraums zur Weltherrschaft führen wird".

Graham verfügt über umfangreiche Erfahrungen, denn er war stellvertretender Direktor des Nachrichtendienstes, stellvertretender Direktor des zentralen Nachrichtendienstes und Direktor des Nachrichtendienstes des Verteidigungsministeriums der Vereinigten Staaten und 1980 als Verteidigungsberater für die Präsidentschaftskampagne von Reagan tätig. Im Jahr 1981, kurz nach dem Amtsantritt der Reagan-Regierung, gründete Graham mit finanzieller Unterstützung der Heritage Foundation die High Frontier Study Group. Die Gruppe besteht aus mehr als 30 prominenten amerikanischen Wissenschaftlern, Wirtschaftswissenschaftlern, Raumfahrtingenieuren und Militärstrategen. Nach mehr als sieben

Monaten sorgfältiger Forschung wurde die Studie am 3. März 1982 unter dem Titel "The High Frontier - A New National Strategy" vorgestellt. Die "High Frontier"-Strategie wurde sofort von der Regierung der Vereinigten Staaten, dem Militär und der Öffentlichkeit zur Kenntnis genommen und hatte erhebliche Auswirkungen auf die wirtschaftliche, politische, militärische und hochtechnologische Entwicklung der Vereinigten Staaten und die Weltlage. Im Mittelpunkt der "High Frontier"-Strategie steht der Gedanke, dass die Vereinigten Staaten mit ihrer historischen Tradition der Ausdehnung ihrer Grenzen in Zukunft neue Expansionen in den Weltraum unternehmen und den Weltraum als neue strategische Grenze und Kontrollbereich für die Vereinigten Staaten nutzen sollten.

Ob es sich nun um das Recht auf Kontrolle des Meeres, das Recht auf Kontrolle der Luft oder die Doktrin der "hohen Grenze" handelt, der Schwerpunkt liegt letztlich auf dem Umfang der Kontrolle und der Fähigkeit zur Kontrolle. Aus der Sicht der westlichen Zivilisation sind Gebiete, in denen es menschliche Aktivitäten, aber keine Kontrolle gibt, "Grenzen", die es zu erobern gilt.

Der physische Raum, in dem sich menschliche Aktivitäten abspielen, von den Kontinenten bis zu den Ozeanen, vom Land bis zum Himmel und sogar vom Weltraum aus, wird im Grunde genommen von den Großmächten streng kontrolliert. Und der Finanzsektor wird immer mehr zum Hauptschlachtfeld für die Spiele der Großmächte.

Die Grenzen des Landes sind nicht nur der dreidimensionale physische Raum, der aus Land-, See- und Luftgrenzen besteht, sondern die Zukunft muss auch eine neue Dimension einschließen: die finanzielle Hochgrenze.

Jagd auf Hu Xueyan

Anfang November 1883 erlebte Hu Xueyan die schmerzlichste Prüfung seines Lebens, und sein Finanzimperium, das er sein ganzes Leben lang mühsam verwaltet hatte, drohte zu zerfallen. Dies ist ein Mythos der Superlative, der mit 20 Millionen Tael Silber geschaffen wurde, und wenn man die Kaufkraft von Lebensmitteln schätzt, entsprechen ein oder zwei Tael Silber heute etwa 200 Yuan, was bedeutet, dass Hu Xueyans Finanzimperium ein Gesamtvermögen von etwa 4 Milliarden Yuan hat. Zurzeit ist Hu Xueyan jedoch mit einem tödlichen "perfekten" Sturm konfrontiert.

Anfang November hatte er 500.000 Tael Schulden bei der HSBC, die er zurückzahlen musste, eine Schuld, die ihn doppelt beunruhigte. Unter normalen Umständen würde Hu Xue Yan bei seinem Reichtum niemals von 500.000 Tael Silber überwältigt werden. Leider hatten seine Gegner bereits ein Netz in den Himmel gespannt, und Hu Xueyan konnte dem Schicksal, gejagt zu werden, nicht entkommen. Er hatte ein unbestimmtes, bedrohliches Gefühl: „Der Markt ist zu schlecht, die Ausländer sind zu mächtig, ich weiß nicht, wie ich umdrehen soll?"

Hu Xueyans Hauptgegner war die britische Firma Jardine's, und zu dieser Zeit lieferten sich beide Seiten einen erbitterten Kampf um die Vorherrschaft im Rohseidengeschäft.

In den gesamten 1870er Jahren haben ausländische Unternehmen die Preise für Chinas Rohseidenexporte fest im Griff. Unter der Unterdrückung durch ausländische Unternehmen werden die Rohseidenpreise immer schlechter, in zehn Jahren sind sie um die Hälfte gesunken, die Seidenbauern in Jiangsu und Zhejiang sind in argen Schwierigkeiten, die lokalen Seidenhändler machen miserable Geschäfte, hohe Gewinne werden von ausländischen Unternehmen geschluckt.

Als Hu Xueyan begann, in das Rohseidengeschäft einzugreifen, bekam er den hohen Druck der ausländischen Unternehmen schmerzlich zu spüren. Als er sah, dass die Seidenbauern von den ausländischen Banken in den Bankrott getrieben wurden, fasste er insgeheim den Entschluss, die Preisrechte im Rohseidenhandel an sich zu reißen und die ausländischen Banken zu Preiszugeständnissen zu zwingen. Er begann, sorgfältig nach den Schwachstellen des Preiskontrollsystems der ausländischen Banken zu suchen. Mit ihrer Kontrolle über die Finanzierung des Rohseidenhandels, den internationalen Austausch, die Exportkanäle und die Transportversicherung, unterstützt durch die Kanonenboote des britischen Empire, schien die Ocean Bank unbesiegbar. Dennoch erkannte Hu Xueyan die Sackgasse, in der sich die Yanghe-Linie befand - die Schwierigkeit, die Quelle der Rohseidenproduktion zu kontrollieren.

Hu Xueyan ist entschlossen, die Quelle der Rohseide als strategischen Kontrollpunkt zu besetzen und mit einem Schlag die Vorherrschaft der ausländischen Banken über die Rohseidenpreise zu brechen.

Die Gelegenheit dazu bot sich schließlich im Jahr 1882. Im zeitigen Frühjahr begab sich Hu Xueyan tief in das Seidenproduktionsgebiet, um eine sorgfältige Untersuchung durchzuführen, und gleichzeitig stellte er im Austausch mit den örtlichen Seidenhändlern fest, dass die Seidenernte in diesem Jahr zurückgegangen war und es zu einem ernsthaften Versorgungsengpass kommen würde. Er ergriff sofort diese seltene Gelegenheit und begann, in den Seidenraupenzuchtdörfern und -städten von Jiangsu und Zhejiang rund um den Kauf und die Verteilung von Kautionen zu handeln, um die Quelle der Waren zu kontrollieren.

Der Markt für die Rohseidenernte im Mai wird jedoch auf bis zu 80.000 Ballen geschätzt,

> „Im August wird deutlich, dass die Ernte um 20.000 Ballen überschätzt wurde."

Hu Xueyan, der die Kontrolle über die Rohseidenversorgung bereits abgeschlossen hatte, startete sofort einen Generalangriff. Er mobilisierte alle Kupferplatten seines riesigen Finanzimperiums und setzte Dutzende von Millionen und Zwanziger von Silber in einem in der chinesischen Wirtschaftsgeschichte beispiellosen Showdown ein. Bis zum Sommer 1882 hatte er fast 20.000 Ballen Rohseide gehortet, was [1]mehr als ein Drittel des Gesamtbestandes ausmachte. Um den Preis vollständig zu kontrollieren, lud er seine Kollegen aus der Seidenindustrie ein, eine Rohseidenpreis-Allianz zu bilden, und bestand darauf, zu einem hohen Preis zu verkaufen, um auf einen Schlag die Preisrechte für Rohseide zu übernehmen.

Sie versuchten, den Zaun zu durchbrechen, aber Hu Xueyans Zaun war so dicht, dass Seidenhändler von einiger Größe angewiesen wurden, sich an den vereinbarten Preis zu halten. "Die feinste Rohseide wird in London für nur 16 Schilling und 6 Pence pro Paket verkauft, aber in Schanghai beträgt der Seidenpreis dank der Übernahme und Manipulation von Hu Xueyan 17 Schilling und 4 Pence in Pfund Sterling."[2] Die Logik der ausländischen Firmen ist, dass ihre eigene organisierte Unterdrückung der Rohseidenpreise keine Manipulation ist, der organisierte Widerstand in China hingegen schon. Diese Logik

---

[1] Britischer Konsularbericht, Shanghai, 1883, S. 230.

[2] Britische Parlamentsdokumente, China, 1884.

setzt sich bis heute fort, wobei die Vereinigten Staaten in einem Rausch Dollars drucken, die nicht als Wechselkursmanipulation gelten, während Chinas Gegenmaßnahme als Wechselkursmanipulation gewertet wird.

Jardine's sah sich gezwungen, das General Department of Customs and Excise der Qing-Dynastie und den Engländer Hedder zu bitten, einzugreifen. Ja, wir haben richtig gelesen, es waren die Briten, die sich in den chinesischen Zoll einmischten. Vielmehr waren es die Briten, die nach dem Sieg über die Qing-Regierung diese zur Abtretung von Land und zur Zahlung von Entschädigungen zwangen, und um sicherzustellen, dass China pünktlich zahlte, beauftragten sie die Briten direkt mit der Überwachung des chinesischen Zolls, und alle Zolleinnahmen wurden von den Briten direkt zum Ausgleich der Entschädigungen verwendet.

Er war im Alter von 28 Jahren für den Großen Qing-Zoll zuständig, ein typischer jugendlicher Nachfolger, aber viel jünger als Hu Xueyan. Er benutzte die Einladung an Hu Xueyan, eine Seidenfabrik zu betreiben, als Köder und bot "eine Provision zusätzlich zum Marktpreis" an, um Hu Xueyan zu Preiszugeständnissen zu bewegen. Bald kamen auch japanische Kaufleute auf den Markt und boten zusätzlich 8 Millionen Tael Silber zum aktuellen Marktpreis an, der nach Verhandlungen auf 10 Millionen Tael Silber erhöht werden konnte. Solange Hu Xueyan mit dem Kopf nickte, hätte er den Gegenwert des heutigen Bruttogewinns von 2 Milliarden RMB in der Hand. Die Lage ist großartig. Hu Xueyan weigerte sich jedoch und verlangte einen höheren Preis.

Zu diesem Zeitpunkt "erlebten die europäischen Seidenraupen eine Rekordernte, und die Märkte in London und auf dem Kontinent waren in der Lage, der schlechten Ernte in China zu trotzen".[3] YCB wandte sich dem Erwerb von einheimischer europäischer Rohseide zu. Ende 1883 waren die Seidenpreise stark gesunken, die Hälfte der Seidenhändler verzögerte die Abrechnung, und mehrere große Seidenhäuser gingen in Konkurs. Hu Xueyan versuchte, die Seidenhändler aufzufordern, im kommenden Jahr die gesamte neue Seide zu sammeln, um die ausländischen Häuser zum Einlenken zu zwingen, aber niemand ging darauf ein.

---

[3] Britischer Konsularbericht, Shanghai, 1883, S. 230.

Auf dem Shanghaier Markt für Rohseide gab es einen leichten Abverkauf, und Käufer und Verkäufer befanden sich drei Monate lang in einer Pattsituation. Derzeit streiten sich die beiden Seiten über die Stärke der Fonds.

Jardine Matheson ist keine gewöhnliche ausländische Bank, sondern ihr Chef hinter den Kulissen ist die älteste und mächtigste der 17 größten internationalen Bankenfamilien, die Bank of Bahrain im Vereinigten Königreich. Im 19die Baring-Familie als "sechstmächtigste Macht in Europa" bekannt, noch vor den Rothschilds und als unbestrittener Marktführer im internationalen Finanzwesen. Mit dieser starken Unterstützung ist Jardine's immer in einer ungeschlagenen Position gegenüber Hu Xue Yan.

Und die Situation von Hu Xueyan sah langsam schlecht aus. Sie sollten wissen, dass die Aufrechterhaltung der Preiskontrolle mit hohen Kosten verbunden ist: Ausgleichszahlungen für die Interessen der Franchisenehmer, hohe Preise für Rohseide, erhöhte Einlagenquote, hohe Lagerkosten, enorme Finanzierungskosten, Transport, Versicherung, Arbeit - all das kostet Geld. Die schwindelerregende Anzapfung von Mitteln hat den Cashflow von Hu Xueyan in eine immer größere Gefahr gebracht.

Der Pekinger Fraktionsgeneral Sheng Xuanhuai, der dies bereits bedacht hatte, begann zu handeln. Er plant die "Abschaffung" von Hu Xueyan.

Hu Xueyan und Sheng Xuanhuai hegen keinen tiefen persönlichen Groll, nur ihren eigenen. Im Jahr 1867 war Hu Xueyan der erste, der sich Geld von ausländischen Banken und ausländischen Banken mit Zolltarifen als Sicherheiten lieh, und in 14 Jahren finanzierte er 16 Millionen Tael Silber für die militärischen Operationen von Zuo Zongtang.

Der Hintergrund von Sheng Xuanhuai war natürlich Li Hongzhang, ein Minister der Peking-Dynastie. Der Konflikt zwischen Li Hongzhang und Zuo Zongtang ist allgemein bekannt, und in den 1860er und 1970er Jahren erlebte China eine schwere Grenzkrise. Im Nordwesten Chinas nutzten die zentralasiatischen Agypas die damaligen ethnischen und religiösen Konflikte im Nordwesten Chinas aus und fielen mit Unterstützung der Briten, Russen und anderer Mächte in Xinjiang ein und errichteten den so genannten "Hohan-Staat". Bald darauf besetzte die russische Armee die Grenzstadt Ili, und die Verteidigungslage im Nordwesten ist so gefährlich wie ein Ei dem anderen. Gleichzeitig hat Japan im Südosten Chinas eine ernsthafte Invasion der Region Taiwan provoziert, und der Krieg zwischen China und Japan steht kurz vor dem Ausbruch. "Nach dem Vierzehnjährigen Krieg der Taiping war die Staatskasse der Qing-Dynastie so leer, dass die Finanzen des Landes es sich nicht mehr leisten konnten, zwei Kriege gleichzeitig zu führen. Die von Li Hongzhang vertretene "Seeverteidigungsfraktion" befürwortete jedoch die Stärkung der Marine als Priorität und gab Xinjiang aus diesem Grund auf, während Zuo Zongtang darauf bestand, dass die "Verteidigung des Meeres" niemals außer Kraft gesetzt werden dürfe, und nicht zögern sollte, eine militärische Eroberung der Rebellion in Xinjiang zu starten. Wenn der kaiserliche Hof beschloss, der "Verteidigung des Meeres" Vorrang einzuräumen, würden riesige Geldsummen in den Einflussbereich der Pekinger Fraktion fließen, während die Einführung der nationalen Politik der "Stopfverteidigung" unweigerlich die Stärke von Zuo Zongtang erhöhen würde. Es war ein scharfer Kampf zwischen nationalen und persönlichen Interessen.

Schließlich gewann Zuo Zongtang ganz Xinjiang zurück, und sein Prestige und sein Status überwältigten Li Hongzhang. Zu dieser Zeit war der chinesisch-französische Krieg erneut überschattet, wobei Zuo Zongtang erneut die Schlacht und Li Hongzhang erneut den Frieden anführte. Li Hongzhang befürchtete, dass erneut große Geldsummen in die Hände der Hauptkriegsparteien fließen würden, so dass das Pekinger System nicht mehr ausreichend finanziert werden könnte, und beschloss daher eine Offensive nach links" zu starten. Um Zuo Zongtang zu stoppen, muss zunächst Hu Xueyan, der "Geldsack" von Zuo Zongtang, beseitigt werden.

Sheng Xuanhuais Bemühungen, Hu Xueyan zu stürzen, würden nicht einfach sein, und seine Energie würde sich darauf beschränken, die 500.000 Tael, die die von Peking kontrollierte Shanghai Road an Hu Xueyan gezahlt hatte, abzuschneiden, also das Geld, das der Hof der HSBC schuldete. Und da Hu Xueyan den Kredit der Fukang Money Bank nutzte, um sich für den kaiserlichen Hof Geld von der HSBC zu leihen, musste er das Geld vorstrecken, wenn der kaiserliche Hof in Verzug war. Hu Xueyan ist jedoch ein Finanzakteur im Zentrum des Kapitalmarkts in Shanghai, sei es, um den Kredit an die HSBC zu verlängern, oder andere ausländische Banken, um die Rechnung zu teilen, oder an die Shanghai Money Bank Ticketnummer Interbankenkredit, oder fast zehn Millionen Dollar Wert der Rohseide für Hypothekendarlehen, Darüber hinaus hat er auch mehr als zehntausend mu Land, Herrenhaus und andere Immobilien, sowie mehr als 20 Pfandhäuser, Kette Ticket-Nummer und Hu QingYutang Apotheke und andere riesige Betriebsvermögen, ist es nicht allzu schwierig, 500.000 Taels Silber zu erhöhen.

Daher muss Sheng Xuanhuai nicht nur Hu Xueyans offizielle Finanzierungsquellen abschneiden, sondern auch Hu Xueyans gesamten Zugang zur Kapitalmarktfinanzierung, den Sheng Xuanhuai niemals bewältigen kann. Er musste die wirklich großen Akteure auf dem Shanghaier Finanzmarkt zusammenbringen, um Hu Xueyan diesen tödlichen Dolchstoß zu versetzen.

Die Dongting-Bergbande: der Mann hinter der Ermordung von Hu Xueyan

In Schanghai war Hu Xueyan glaubwürdig, und er hatte die Unterstützung von Zuo Zongtang, dem für Schanghai zuständigen Gouverneur der beiden Flüsse, der auch Freunde in der Geschäftswelt hatte, sonst hätte er nicht eine mächtige Seidenhändler-Allianz gebildet, um die ausländischen Banken herauszufordern. Wie wäre es, wenn er in der Lage wäre, die Entscheidungen aller ausländischen Banken zu beeinflussen und gleichzeitig das Schicksal aller Geld- und Pfandhäuser in Shanghai zu kontrollieren, so dass wir uns alle weigern können, Hu Xueyan zu finanzieren?

Dies ist der Gründer des mächtigsten Finanzimperiums in der modernen Geschichte Chinas: Xi Zhengfu vom Dongting-Berg, in seinen Kreisen als "Dongting-Bergbande" bekannt. Wie die internationalen Bankiers ist auch die Familie Xi eher als unauffällig zu bezeichnen, und mit Ausnahme einiger weniger Historiker ist dieser Name den meisten Chinesen äußerst unbekannt. Da Dao-Unsichtbarkeit ist genau das, was sie sind!

Als ausländische Firmen zum ersten Mal nach China kamen, um dort Geschäfte zu machen, sprachen sie die Sprache nicht, waren mit den Lebensumständen nicht vertraut, das Geschäftsumfeld und die Beziehungen zur Regierung waren anders, so dass sie sich bei den einheimischen Chinesen ausleihen mussten, um ihr Geschäft auszubauen. Ausländische Käufer "kooperieren" oft mit ausländischen Banken als unabhängige Geschäftsleute, die den Ausländern exorbitante "Kautionen" zahlen und sie im Falle von Geschäftsverlusten mit Kautionen entschädigen müssen. Außerdem werden sie an den Einnahmen aus den Geschäften beteiligt. Sie taten ihr Bestes, um das Geschäft der ausländischen Bank zu ihrem eigenen Vorteil auszuweiten. Neben dem Zugang der Regierung zu staatlichen Ressourcen besteht auch die Notwendigkeit, sich mit der Geschäftswelt zu vernetzen, um alle Teile der Gesellschaft zu erreichen. Sie knüpfen ein Netz von Beziehungen und Geld, das die Kanäle des Reichtums und der Interessen freilegt. Durch sie ist ausländisches Kapital in die chinesische Wirtschaft eingedrungen, ausländische Waren haben Chinas Großstädte überschwemmt, ausländische Geister haben Chinas Bewusstsein unterwandert, und ausländische Interessen haben Chinas Machtelite gebunden. Man kann sagen, dass ohne ausländische Käufer und Agenten die Geschäfte von Ausländern in China schwierig sind und auch die Macht von Ausländern in China nichts erreichen wird.

Als Hu Xueyan die lokalen Finanz- und Handelskräfte dazu brachte, die ausländischen Banken herauszufordern, bedrohte er nicht nur die direkten Geschäftsinteressen der ausländischen Banken, sondern auch die vitalen Interessen der ausländischen Käuferschicht.

Im Jahr 1874 wurde Xi Zhengfu ein ausländischer Käufer bei HSBC, und nach der Zahlung einer Kaution von 20.000 Tael Silber, kaufte er ein "Express-Ticket", um den Finanzmarkt in Shanghai zu kontrollieren. XI Zhengfu Fähigkeit sicherlich nicht enttäuscht HSBC, gerade bei HSBC angekommen, kümmerte er sich um die Qing-Regierung zu Salzsteuer als Sicherheit, um HSBC für die politische Kreditaufnahme 2 Millionen Tael Silber, eine große Ordnung, 8% jährliche Zinsen, aufgeteilt in 10 Jahren zurückzahlen. Der erste Schuss von XI Zhengfu fiel, und von da an geriet die Sache außer Kontrolle. Unter der Leitung der Familie Xi verwaltete die HSBC nacheinander die Eisenbahnstrecken Shanghai-Nanjing, Guangzhou-Kowloon, Shanghai-Hangzhou-Ningbo, Jinpu, Jingfeng, Huguang, Puxin und andere, von denen sie einen großen Anteil erhielt.

Bei der Ausgabe von Banknoten, sondern auch wirksam, HSBC-Banknoten Umlauf kann die meisten ausländischen Banken genannt werden, die Zirkulation in der gesamten Jangtse-Fluss, Perlfluss-Becken, in Süd-China, HSBC-Banknoten fast den Status der Qing-Regierung Währung ersetzt, wurde das Instrument der Bewertung Umlauf. 1893 wies der Intellektuelle der ausländischen Schule Zheng Guanying in seinem "Sheng Shi Jian Jian" darauf hin:

> *„Wenn die ausländischen Kaufleute Silberscheine (Banknoten) verwenden, nicht von chinesischen und ausländischen Beamten,*

um die Realität zu überprüfen, egal wie viel, tun, was sie wollen. Es ist bekannt, dass die Bank von England und Wales einen Gewinn von über zwei Millionen auf dem Oval Office gemacht hat."

Die Familie hat mit einem weißen Balken einen Beitrag dazu geleistet, dass die HSBC in den Besitz von Chinas physischem Reichtum gelangt ist.

Die Familie Xi ist auch außergewöhnlich, wenn es um Einlagen geht. Chinas mächtige Beamte und Würdenträger haben Kapital auf dem schwer zu regierenden HSBC-Konto der Regierung deponiert und ziehen es vor, nur sehr niedrige Zinsen zu erhalten, sind aber auch bereit, eine "Sicherheitsversicherung" abzuschließen. Laut Statistik gibt es unter den Langzeitkunden, die ein Konto bei der HSBC eröffnet haben, fünf Personen mit Festgeldern von mehr als 20 Millionen Taels, 20 Personen mit mehr als 15 Millionen Taels, 130 Personen mit mehr als 10 Millionen Taels, die Höhe der Millionen Taels und Hunderttausende von Taels ist schwieriger zu schätzen.[4] Die Provisionen, die die Seher erhielten, waren sogar noch astronomischer.

Unter Xi Zhengfus Kampf ist das Gesamtgeschäft der HSBC in Schanghai viel höher als das der Zentrale in Hongkong, und die Briten geben selbst zu, dass "die Zentrale der HSBC in Hongkong liegt, aber im Allgemeinen macht die Niederlassung in Schanghai mehr Geschäfte". Als Xi Zhengfu und die britische Seite des Taipan (der alte Begriff für Manager ausländischer Unternehmen und ausländische Firmen, der sich auf die Vermittlung von chinesischem und ausländischem Handel zu dieser Zeit bezieht. - (Anm. d. Red.) Im Falle eines Meinungskonflikts stützte sich die endgültige Entscheidung in der Zentrale auf die Meinung von Xi Zhengfu, für die der britische Taipan um jeden Preis entfernt wurde.

Er ist nicht nur der erste, der bei der HSBC spricht, sondern auch der erste, der bei der Geldbank von Shanghai spricht.

Damals war es für die Bankiers in Schanghai schwierig, ihr Geschäft auszuweiten, da ihre Eigenmittel nur einige zehntausend Tael Silber betrugen. Xi Zhengfu übernahm die Führung im Ticket-Splitting-Geschäft, indem er den Geldbanken und Ticketnummern ein

---

[4] Jiang Nan Xi Jia, *Ma Xueqiang*, Commercial Printing House, 2007, S. 78.

Modell für Kredite ohne Sicherheiten zur Verfügung stellte und damit die Finanzierungskapazität der lokalen Finanzinstitute erheblich verbesserte. Diese mächtigen Bankiers mit eigenem Kredit stellten in einem Zeitraum von 5 bis 20 Tagen Terminwechsel an die HSBC oder andere ausländische Banken aus, um kurzfristige, durch Banknoten besicherte Finanzierungen zu tätigen. Auf diese Weise können nur siebzig- bis achtzigtausend Tael Silber mit Banknoten an die HSBC verpfändet werden, wodurch eine große Menge an Kapital für kommerzielle Handelskredite zur Verfügung gestellt werden kann, deren Umfang siebzig- bis achtzigtausend Tael betragen kann. Aufgrund der großen Einlagen der HSBC und der niedrigen Zinskosten kann die Bank bei der Aufteilung der Rechnungen hohe Zinsen verlangen, um die gute Mahlzeit der Einlagen- und Darlehensspannen zu genießen. 23. Mai 1879 Zi Linxi Zeitung berichtet, dass die Shanghai Geldbank "mit ausländischem Bankkapital, um Geschäfte zu machen, ist bereits eine bekannte Tatsache. Es wurden fast 3 Millionen Tael Geld geliehen, der Betrag, der notwendig ist, um den normalen Umsatz in Shanghai aufrechtzuerhalten".[5] Wenn die Silberwurzel unter diese Zahl fällt, wird die gesamte Geschäftstätigkeit sofort und erheblich beeinträchtigt.

Durch das Ticket-Splitting-Geschäft kontrolliert die HSBC effektiv die Geldquelle für die Shanghaier Geldbank und die Ticketnummern. Wenn die Hände der HSBC locker sind, sind die Silberwurzeln des Marktes locker, und umgekehrt sind die Silberwurzeln fest. Die riesige Menge an billigen chinesischen Ersparnissen, die die HSBC erhalten hat, hat ihre Kontrolle über das chinesische Finanzsystem stark verbessert und ist faktisch zur "Bank von England in China" geworden.

Gerade weil die HSBC ganz Shanghai und sogar die Silberwurzeln des ganzen Landes kontrolliert und Xi Zhengfu das Recht hat, Darlehen von der HSBC zu unterzeichnen, bemüht sich die Shanghaier Geldbankindustrie, ihn in die Aktien zu ziehen, um die Vorteile der Bündelung zu erreichen. 1878 lieh sich Hu Xueyan für Zuo Zongtang 3,5 Millionen Tael von der HSBC, genauso wie Xi Zhengfu es getan hatte.

---

[5] *Die Linsey Gazette*, 23. Mai 1879

Xi Zhengfu war nicht nur drei Generationen lang Käufer der HSBC, sondern nutzte auch seinen Einfluss, um andere Kinder der Xi-Familie nacheinander in das ausländische Bankensystem zu bringen. Das britische System von Macquarie (Standard Chartered), Leigh und Deutsche Bank, das französische System von Orientale, Sino-French Industrial and Commercial Bank, das deutsche System von Bank of Wales, das russische System von Bank of Russia, das belgische System von Bank of Belgium, das amerikanische System von Citi, Amex und Bank of America, das japanische System von Yokohama Shinkin, Sumitomo Bank usw., sie alle stehen unter der Kontrolle der Familie XI. Unvollständigen Statistiken zufolge wurden in den 75 Jahren zwischen 1874 und 1949 mehr als 20 ausländische Banken in Shanghai eröffnet, von denen 13 von der Familie Xi gekauft wurden.

Als Xi Zhengfus Macht zunimmt, konkurrieren sogar Li Hongzhang und Zuo Zongtang darum, ihn anzuwerben. Li Zuo und ihre beiden müssen Xi Zhengfu sehen, wenn sie nach Shanghai gehen, schließlich ist er ein großer Gott des Reichtums, egal ob es sich um "Seeverteidigung" oder "gefüllte Verteidigung" handelt, Geld zu lassen ist Unsinn. Beide sind Xi Zhengfu zugetan, und beide garantieren für Xi Zhengfus Ernennung zum Regierungsbeamten, aber Xi ist überhaupt nicht interessiert. Später, auf Li Hongzhangs wiederholte Empfehlung hin, konnte Xi Zhengfu nur den zweiten Preis annehmen. Das steht im Widerspruch zu seinem bewusst zurückhaltenden Auftreten. Der nahezu zurückgezogen lebende Xi Zhengfu nimmt nicht einmal an den Veranstaltungen der Dongting Dongshan Business Community teil, und sein Name taucht nur selten in den Shanghaier Medienberichten auf. Er ist der Überzeugung, dass man hinter den Kulissen arbeiten muss, um etwas Großes zu schaffen.

Die Beziehung zwischen XI Zhengfu und Sheng Xuanhuai war sogar noch enger. Als Sheng Xuanhuai nach seinem Sieg über Hu Xueyan die erste moderne Bank Chinas, die China Merchant Bank, gründete, war Xi Zhengfu der wichtigste Geldgeber, und die beiden Männer hatten ein eisernes Geschäftsverhältnis. Wann immer Xi Zhengfu darum bat, wurde Sheng Xuanhuai zufrieden gestellt, und eine große Zahl von Familienmitgliedern und Freunden der Familie Xi wurde in Sheng Xuanhuais System eingegliedert. Eine vollständige Verflechtung der Interessen war erreicht. [6]

Als die Qing-Regierung im Begriff war, eine gemeinsame Zentralbank von Regierung und Wirtschaft, die Bank of Japan, zu gründen, war die Familie Xi, die die enormen Vorteile einer privaten Zentralbank kannte, der Zeit voraus. Insgesamt wurden 40.000 Aktien ausgegeben, von denen die Hälfte offiziell und die andere Hälfte privat gezeichnet wurde, und mehrere Söhne von Xi Zhengfu übernahmen Anteile an der Bank. Unter ihnen besitzt allein XI Ligong, der Sohn von Xis Eltern, 1.320 Aktien in verschiedenen Funktionen. Als die Bank of China ihren Namen in Bank of China änderte, setzte die Xi-Familie vier Söhne in Schlüsselpositionen ein, und als die Bank of China ihren Namen in Bank of China änderte, wurde die Xi-Familie ihr Hauptaktionär und übernahm das Devisengeschäft und wurde ein Verbündeter der Song Ziwen-Familie. Als die Zentralbank der chinesischen Regierung gegründet wurde, wurde die Familie Xi ein direkter Investor in Staatsaktien und vertrat die Staatsaktien im Verwaltungsrat der Zentralbank, während die Familie Xi auch Schlüsselpositionen wie die des Direktors des Devisenbüros der chinesischen Regierung und des Direktors der zentralen Münzanstalt innehatte. Man geht davon aus, dass das ausgedehnte Netzwerk der Sejong-Familie, das ein breites Spektrum von Finanzbereichen in China abdeckt, in der fast 100-jährigen Geschichte Chinas beispiellos ist, was den Einfluss ausländischer Bankensysteme, offizieller Bankensysteme, des Shanghai Money Bank Systems und staatlicher Finanzbehörden angeht. Aufgrund der mächtigen chinesischen und ausländischen Finanzressourcen, die der Xi-Familie zur Verfügung standen, waren die Auswirkungen auf die gesamte moderne Geschichte Chinas tiefgreifend und werden in den folgenden Kapiteln weiter ausgeführt.

Wenn Hu Xueyan die Kerninteressen der Yanghe-Bank in der Rohseidenfrage nicht in Frage stellt, sollten die Beziehungen zwischen Xi Zhengfu und Hu Xueyan gut funktionieren. Allerdings sind die Aktionäre der HSBC diese großen ausländischen Banken, der ursprüngliche Zweck der Gründung der HSBC ist für ausländische Banken, ihre eigene "Zentralbank" in den Kolonien zu haben, Hu Xueyan hat die Kerninteressen der HSBC-Hauptaktionäre

---

[6] Jiang Nan Xi Jia, *Ma Xueqiang*, Commercial Printing House, 2007, S. 80.

herausgefordert, was die Aktionäre in Schwierigkeiten bringt, Xi Zhengfu kann ihn nicht tolerieren!

Die Manipulation des Bankensektors in Shanghai und im ganzen Land durch HSBC und Xi Zhengfu ist der Grund dafür, dass die ausländischen Banken die Preise für Rohseide unterdrücken und das Monopol auf die Preisgestaltung innehaben.

Laut der Erklärung vom 28. August 1878 hatte der Anteil der ausländischen Banken an der Shanghai Money Bank in den 1870er Jahren etwa 3 Millionen Tael erreicht. In den 1890er Jahren waren 7 bis 8 Millionen Taels an Abtretungen üblich geworden. Dadurch wurden die Geldbanken für den Umsatz ihrer Gelder zunehmend von den ausländischen Banken abhängig. Und sobald die Geldverknappung in Schanghai in Kraft tritt, wird sie sich sofort auf das ganze Land auswirken.

Es ist seltsam, aber nicht überraschend, dass es seit 1878 immer dann, wenn Rohseide und Tee in China verfügbar sind, zu einem "seltsamen Phänomen" der Silberknappheit kommt. Derjenige, der eine Verknappung der Geldmenge herbeiführen kann, ist die HSBC, und zwar mit offensichtlicher Absicht. Die Aufrechterhaltung des normalen Handelsumsatzes in Shanghai erfordert etwa 3 Millionen Taels Silber, und HSBC oft in der Saison der Kauf von Seide Tee, um die Silberwurzel zu weniger als 1 Million Taels zu sammeln, was in Seide Tee Händler können nicht genügend Mittel zu erhöhen, Seide Bauern, Tee Bauern haben, um ihre Produkte zu günstigen Preisen zu verkaufen, während HSBC ausländische Bank Aktionäre waren in der Lage, billig nutzen Sie die Unterseite, um riesige Gewinne zu ernten!

> *„Jede Währungspanik wurde durch eine absichtliche Kontraktion der Silberwurzeln durch ausländische Banken, angeführt von der HSBC, verursacht. Seit Anfang 1878 befand sich der Yingen in einem Zustand der Anspannung, so sehr, dass die Shanghaier Geldbank für uneinbringliche Forderungen bis zum Ende des Jahres nicht mehr als zwanzig oder dreißig Händler anhäufte. Die Währungspanik von 1879 ereignete sich im Mai, als die Nachfrage nach Seidentee so groß war, dass die Stadt, die oft 3 Millionen Tael Bargeld benötigte, mit 900.000 Tael ausländischer Banken unterversorgt war. Dieser Betrag passt überhaupt nicht zu den normalen Bedürfnissen des lokalen Handels. Aber die ausländische Bank beließ es nicht dabei; sie*

verkomplizierte die Sache noch weiter, indem sie ihren Bestand an Silberbarren auf 600.000 Taels erhöhte."[7]

Im Jahr 1883 wiederholt sich die Geschichte erneut.

Gerade als Hu Xueyan und Yihe Yanghe in der Rohseide Krieg in einem Zustand der Pattsituation, Shanghai Silber Wurzel wird von Tag zu Tag verschärft, eine große Anzahl von Seidenhändler aus dem Lager geschnitten, Seide Preise sanken. Anfang September, der Preis pro Paket von Top-Qualität Rohseide kann immer noch bei 427 Taels zu halten; im Oktober, bis zu 385 Taels; Anfang November, weiter nach unten auf 375 Taels. Zu diesem Zeitpunkt kauften die ausländischen Banken in Shanghai keine neue Seide mehr, und die Finanzkette von Hu Xueyan stand kurz vor dem Zusammenbruch.

Am 9. November war die öffentliche Besorgnis über die Finanzierung von Hu Xueyan schließlich voll entbrannt. Die Fukang Bank wurde in Hangzhou und Shanghai überrannt. Die 500.000 Tael Silberschulden bei der HSBC sind fällig und können nicht verlängert werden, und da die Shanghai Road "zufälligerweise" nicht für die Schulden der HSBC aufkommen muss, musste Hu Xueyan die Schulden mit dem einzigen verbliebenen Familiengeld in der Fukang Bank bezahlen. Das unerträgliche Finanzimperium fiel schließlich am 1. Dezember 1883. Hu Xueyans Geschäfte in Peking, Shanghai, Zhenjiang, Ningbo, Fuzhou, Hunan, Hubei und anderen Orten der Fukang-Filiale wurden zur gleichen Zeit geschlossen.[8] Hu Xueyans Finanzimperium, das er jahrzehntelang mühsam geführt hatte, brach zusammen. Am Ende wurde die Rohseide von Jardine's aufgekauft.

Hu Xueyan konnte die Preisunterdrückung durch die ausländische Bank nicht ertragen und leistete Widerstand, aber hinter dem Kampf um die Preissetzungsmacht steht in Wirklichkeit der Kampf um die finanzielle Macht. Leider hat Hu Xueyan bis zu seinem Tod nicht verstanden, dass es mit dem Verlust der Zentralbank als finanziellem Höhepunkt sinnlos war, sich allein auf das Horten von Rohseide zu

---

[7] *Allgemeine Geschichte des chinesischen Finanzwesens*, Band II, von Zhang Guohui, China Finance Press, 2003

[8] Das Ministerium für Haushaltsangelegenheiten der Guangxu-Periode, 12. November, Guangxu 11, Offizielle Aufzeichnungen der Guangxu-Periode (3; gegenwärtig), Finanzen, Bd. 2, Abteilung Shaanxi des Ministeriums für Haushaltsangelegenheiten, Guangxu 11, Bd. 8, S. 44-48.

verlassen, um zu versuchen, mit den ausländischen Banken im Handel zu konkurrieren, und dass seine Kapitalkette sofort zusammenbrechen würde, sobald die Silberwurzel angezogen würde. Dieser Gegenangriff der einheimischen Finanzkräfte Chinas gegen die internationalen Bankiers, angeführt von Hu Xueyan, endete mit einem totalen Misserfolg. Hu Xueyan befindet sich in einer internen und externen Zange zwischen ausländischem Finanzkapital und inländischen Finanzkäufern, deren Scheitern bereits strategisch unumkehrbar ist.

Hu Xueyans Niederlage beruhte auf demselben Grund wie der Sieg der Foreign Bank, nämlich darauf, dass derjenige, der die Silberwurzel kontrollieren konnte, die strategische Initiative im Handelskrieg gewinnen würde. Weder die Qing-Regierung noch die Southern Money Bank und die Shanxi Bills, vertreten durch Hu Xueyan, waren nüchtern genug, um die enorme Macht der Zentralbank zu erkennen. Als die HSBC diese Position einnahm, lag das Schicksal des gesamten Qing-Reiches vollständig in den Händen der internationalen Bankiers. Wenn es keine finanzielle Unabhängigkeit gibt, gibt es auch keine wirtschaftliche Unabhängigkeit; wenn es keine wirtschaftliche Unabhängigkeit gibt, gibt es auch keine politische Unabhängigkeit. Der Niedergang der finanziellen Obergrenze der Qing-Regierung war der Beginn einer tiefen Katastrophe für die chinesische Nation!

Wie konnte die Zentralbank der Qing-Regierung in Ungnade fallen? Der Kern des Problems ist, dass die einheimische Währung, das Silber, von internationalen Bankiers kontrolliert wird. Sobald die nationale Währung ins Wanken gerät, wird das Finanzwesen, das Kreislaufsystem des Landes, unweigerlich gelähmt, gefolgt von der Erschöpfung der lebenswichtigen Organe der Wirtschaft, dem Zerfall der Mobilisierungsfähigkeit des politischen und kriegerischen Immunsystems des Landes und damit der Fähigkeit, sich gegen Aggressionen zu wehren, und schließlich dem Schicksal, der Gnade anderer ausgeliefert zu sein.

Wenn die internationalen Bankiers China erobern wollen, müssen sie zuerst die chinesische Währung erobern. Der Kern des Opiumkrieges war nicht so sehr ein Handelskrieg, sondern ein Silberkrieg! Das ist der wahre Grund, warum der Opiumkrieg weder in Indien, Amerika, Afrika, noch in Japan, Korea oder Südostasien stattfand, sondern nur in China! Das Ziel der Unterdrückung des Opiumhandels ist nämlich Chinas eigene Währung: Silber!

Der Opiumhandel: Der Kampf um den Gold- und Silberstandard

China war im internationalen Handel deutlich im Vorteil, bevor das Vereinigte Königreich seinen massiven Opiumhandel gegen das Land begann. Chinas Tee, Porzellan und Seide bilden ein unzerstörbares "eisernes Dreieck", das die Schranken des Weltmarktes durchbricht. Das wahre Bild des chinesischen Marktes zu dieser Zeit war: der Export von Tee entlang der Küste von Fujian brachte der lokalen Wirtschaft beispiellosen Wohlstand, aufgrund des Marktmonopols bei Produktion und Verarbeitung wurde Wuyishan zu einem Mekka für Teehändler aus aller Welt; am mittleren und unteren Lauf des Jangtse-Flusses sind Seide und Baumwolle die wichtigsten handwerklichen Erzeugnisse, Hunderttausende von Seiden- und Baumwollproduzenten und Textilfachleuten schufen Waren von hervorragender Qualität und zu wettbewerbsfähigen Preisen, die auf dem Weltmarkt unschlagbar waren; in der Pearl River Delta-Region, bildete die Jingdezhen-Guangzhou Industriekette, die Luxus-Porzellan in die reichen Wohnzimmer der europäischen Könige in einem stetigen Strom; am Ende des 19.Jahrhunderts, der Engländer verantwortlich für die General Department of Customs and Excise von China, sagte Herder in seinem "chinesischen Anekdoten":

> „China hat das beste Getreide der Welt - Reis; das beste Getränk - Tee; die beste Kleidung - Baumwolle, Seide und Pelze. Sie müssen nicht einen Pfennig von irgendwo anders kaufen."

Vom 16. bis zum frühen 19. Jahrhundert übertraf China mit seiner fast 400 Jahre währenden Marktwirtschaft und seiner entwickelten Geldwirtschaft die europäische bei weitem. Das Ergebnis war, dass 138.000 Tonnen Silber aus Amerika, die in Europa gefunden wurden, mit 48.000 Tonnen nach China verschifft wurden. Die Grundstruktur des internationalen Handels besteht darin, dass China einen Großteil der weltweit gehandelten Güter geschaffen hat, der Westen einen Großteil der Ressourcen der Welt geplündert hat und der kontinuierliche Fluss von Silber aus dem Westen in den Osten die rollende Westwärtsbewegung chinesischer Güter begleitet hat.

Der ständige Fluss von Silber in den Osten hat zu einem ernsthaften Ungleichgewicht in der Weltfinanzwaage geführt.

Aufgrund des langfristigen Nettoexports von Silber nach China kam es Ende des 17. Jahrhunderts in Europa zu einer Silberknappheit und einem allgemeinen Preisverfall, während der Handel zu schrumpfen begann. Von 1649 bis 1694 ging der durchschnittliche jährliche Silberumlauf in Europa stark zurück, von 1558 bis 1649 sank der durchschnittliche jährliche Umlauf um mehr als 50%, während der Goldumlauf um fast 50% stieg.

Ein Rückgang des Silberpreises ist ganz normal, aber wie kann Gold steigen?

Ursprünglich, zu Beginn des 17. Jahrhunderts, lag das Preisverhältnis von Gold und Silber in Guangzhou, China, bei 1:5,5 bis 1:7, während das britische Verhältnis bei 1:16 lag. Der Transport von Silber nach China kann nicht nur gegen eine große Anzahl hochprofitabler Waren eingetauscht werden, sondern auch den Preisunterschied zwischen Gold und Silber mehr als 1 Mal ausnutzen, wobei billiges Silber in China, Japan und Indien gegen teures Gold eingetauscht werden kann. Selbst John Locke hat sich einmal beschwert:

> „Mir wurde gesagt, dass sie (die Ostindien-Kompanie) mindestens 50% mehr Gewinn machen könnten, wenn sie (Gold) aus bestimmten Teilen Indiens importieren würden... Aber der wahre Reichtum Großbritanniens liegt im Indischen Ozean begraben, und es ist an der Zeit, dass die Menschen offen darüber sprechen, warum in aller Welt wir mit einem Silbermangel konfrontiert sind, wie es ihn in unserer Zeit noch nie gegeben hat."[9]

Als das Gold in großen Mengen nach Großbritannien strömte, kauften die Bankiers die Quasi-Lebenszertifikate des Free Minting Act von 1666 durch hohe Bestechungsgelder. Dieses Gesetz war im Wesentlichen ein wichtiger Wendepunkt in der Geschichte des Geldes, der "das Währungssystem der Welt veränderte, dessen konkrete Auswirkung die Abschaffung des Monopols des Königs über die Ausgabe von Geld war".[10] Das Gesetz gibt jeder Person das Recht, Goldbarren zur Münzanstalt zu bringen und die kostenlose Prägung von Goldmünzen zu verlangen.

---

[9] Handel und Diplomatie, Sargent, S. 49.

[10] Bemerkungen zu einem genialen Pamphlet von unparteiischer Hand, John Locke, S. 19.

Dieser Gesetzentwurf liegt im Wesentlichen im Interesse der Goldbarrenbanker und der kommerziellen Kapitalisten, die die tatsächliche Kontrolle über die Geldmenge haben werden. Da sie im Besitz großer Mengen physischer Goldbarren sind, werden sie in der Lage sein, die Geldmenge nach ihren eigenen Interessen zu bestimmen. Wenn sie Gläubiger sind, prägen sie weniger Geld, was zu einem deflationären Effekt führt, der den Goldgehalt ihrer Forderungen erhöht; wenn sie Schuldner sind, erhöhen sie die Geldmenge und tilgen die durch die Inflation entstandenen Schulden. Dies war das erste Mal, dass der Westen das Recht, Geld zu emittieren, das eigentlich dem Staat zustand, im Wesentlichen auf Privatpersonen übertragen hat. Seitdem wurde die rechtliche Grundlage für die Befugnis der privaten Zentralbank zur Geldemission geschaffen und die Tür geöffnet, um die Verteilung des Reichtums durch die Kontrolle der Geldmenge eines Landes und der ganzen Welt zu steuern.

An diesem Punkt klang plötzlich das berühmte Rothschild-Zitat in meinen Ohren:

> *„Es ist mir egal, wer die Gesetze macht, solange ich die Währungsfrage eines Landes kontrollieren darf."*[11]

Nach Ansicht der Bankiers ist die Kontrolle über das Geld ein großer Kampf, und die Kontrolle über die Ausgabe und Verteilung von Geld bedeutet die Kontrolle über Reichtum, Ressourcen und die gesamte Menschheit. Um die Welt zu kontrollieren, muss man zuerst das Geld erobern; um Geld zu erobern, muss man zuerst Gold erobern; und um Gold zu erobern, muss man zuerst Silber erobern.

So wie das Silber in Europa nach Osten wanderte, wurde es in Asien von Gold nach Westen begleitet. Das Endergebnis ist, dass das Vereinigte Königreich Gold hortet und China Silber aufsaugt. Der springende Punkt ist die Frage, ob Gold oder Silber letztendlich der Hegemon der Weltwährung sein wird, was ein wichtiger Wendepunkt für den Aufstieg und Fall des Ostens und des Westens in den kommenden Jahrhunderten sein wird!

Mit dem beispiellosen Wachstum des britischen Empire seit der Industriellen Revolution waren die Voraussetzungen für die Einführung von Gold als Standardwährung im Jahr 1717 vollständig gegeben.

---

[11] *Die Kreatur von Jekyll Island*, G. Edward Griffin, S. 218.

Obwohl der Goldstandard erst 1816 rechtlich festgeschrieben wurde, galt in Großbritannien de facto bereits seit hundert Jahren ein Goldstandard.

Für die Bankiers des britischen Imperiums bestehen die höchsten strategischen Ziele darin, London als Zentrum der Weltfinanz und Gold als Weltwährung zu nutzen, das britische Imperium über die Bank of England Sterling-Kredite in die Welt zu exportieren, die großen europäischen und amerikanischen Länder zu Kernmitgliedern des Goldstandards zu machen, die peripheren Länder der Welt zu Vasallenregionen des Pfunds zu machen, das Funktionieren dieses Systems mit Krieg und Gewalt aufrechtzuerhalten, Geld zu nutzen, um die Kontrolle und Mobilisierung globaler Ressourcen zu maximieren, und schließlich die Kontrolle über den Weltreichtum und die gesamte Menschheit zu vervollständigen!

Um die Hegemonie des Goldpfunds als Weltwährung zu etablieren, müssen zunächst die Silberwährungsländer besiegt werden. Die größte und schwierigste dieser Nationen ist China.

Nach jahrelangen Versuchen entschieden sich die internationalen Bankiers schließlich für Opium als Waffe gegen den chinesischen Silberstandard. Die mit der Umsetzung dieser Strategie beauftragte Agentur ist die East India Company.

Ostindien-Kompanie: Das Imperium eines Bankiers

Für den Durchschnittsbürger ist es schwer vorstellbar, dass eine Gesellschaft eine Armee rekrutieren, Land plündern und Geld prägen, Recht sprechen, Krieg erklären und Frieden schließen kann, aber die East India Company hat es tatsächlich getan. Wer konnte so viel Energie aufbringen, um ein so mächtiges Unternehmen zu gründen? Die Antwort lautet: die internationalen Bankiers der Finanzmetropole London!

Die Ostindien-Kompanie, die von einer Partnerschaft von Bankiers in der Finanzmetropole London gegründet wurde und an der die britische Krone beteiligt war, war ein Imperium für sich. Unter der Autorität des britischen Parlaments monopolisierte die East India Company den gesamten Handel vom Kap der Guten Hoffnung bis zur Magellanstraße und hatte das Recht, in einem so riesigen Gebiet Landflotten zu rekrutieren, Gebiete zu besetzen, Steuern zu erheben,

Geld auszugeben, Gesetze zu erlassen und Recht zu sprechen, Kriege zu erklären und Friedensverträge zu schließen.

Im Siebenjährigen Krieg zwischen England und Frankreich von 1756 bis 1763 besiegten die Briten die Franzosen auf dem indischen Subkontinent und errichteten in Britisch-Indien, einschließlich des heutigen Pakistans, Bengalens und Birmas, ein komplettes System der Herrschaft und Ausplünderung. 50 Jahre nach 1750 nahm die East India Company 100 bis 150 Millionen Pfund aus Britisch-Indien ein, verglichen mit 9,2 Millionen Pfund pro Jahr in der britischen Staatskasse im Jahr 1750.[12] Darin sind die enormen internationalen Handelsgewinne aus dem Monopol des indischen Handels nicht enthalten. Der erstaunliche Reichtum, der wie eine Flut in die Taschen der Bankiers der Londoner Finanzmetropole und der britischen Krone floss, war im 18. und 19. Jahrhundert eine Folge der gewaltigen kolonialen Plünderungen und der Anhäufung von Handelsgewinnen, die eine wichtige Voraussetzung dafür waren, dass Großbritannien im 18.

Die Familie Baring, eine der 17 größten internationalen Bankiersfamilien der Welt, beherrschte die Finanzwelt bereits seit Anfang des 19. Jahrhunderts und war als "sechste Macht in Europa" bekannt.[13] Seit seinem Eintritt in die East India Company wurde er zu einem führenden Vertreter der Bankiers der Londoner City in der East India Company und galt als Herz und Seele des Unternehmens. Ab 1792 war er Vorsitzender des Vorstands der East India Company und leitete die gesamte East India Company, ein riesiges Kolonialreich. Unter seiner Führung erlebte der Opiumhandel der East India Company mit China einen spektakulären Aufschwung.

Von 1790 bis 1838 stieg die Menge des von der East India Company nach China geschmuggelten Opiums von Hunderten von Kisten auf Zehntausende von Kisten pro Jahr, und die Gesamtmenge des nach China eingeführten Opiums erreichte mehr als 400.000 Kisten, mit einem Durchschnittspreis von etwa 750 Silberdollar pro Kiste und einem Gesamtwert von mehr als 230 Millionen Tael Silber!

---

[12] Silver Capital, von (de) Frank, Central Compilation Press, 2001, S. 393.

[13] *Währungskriege 2: Die Macht des Goldes.* Omnia Veritas Ltd, 2021.

Der Opiumhandel der East India Company folgte einem strengen System: Zunächst errichtete sie ein Monopol auf Opium in den britischen Kolonien in Indien, kaufte und verkaufte Opium sowohl in Indien als auch in Bengalen, öffnete nur das Gebiet um Kalkutta für zentralisierte Opiumauktionen und genehmigte den Opiumhandel für Einzelhändler, mit denen die Company eine Agenturbeziehung unterhielt. Gleichzeitig verfügt das Unternehmen über einen in Guangzhou ansässigen Verwaltungsausschuss, den so genannten "Taipan", der für die einheitliche Verwaltung des gesamten Handels mit China zuständig ist. Dieser Verwaltungsausschuss wiederum war die "Zentralbank" für den gesamten Handel mit China, die alle Devisengeschäfte abwickeln und den Einzelhändlern und später den 13 Banken in Guangzhou, die mit ihnen Geschäfte machten, Kreditunterstützung gewähren musste. Die gesamten Erlöse aus dem Handel der Großhändler mit China, einschließlich der Erlöse aus dem Opiumverkauf, müssen bei einer Silberbank der Kommission hinterlegt werden, die Wechsel für London, Indien und Bangladesch ausstellt, die die Großhändler vor Ort gegen Bargeld in Silber eintauschen können. Das Unternehmen nutzte dann die Silberbestände in China, um Gold, Seidentee und andere Massengüter zu kaufen und mit großem Gewinn nach Europa zu verkaufen.

Die East India Company ist eher wie eine Opiumhandelskette unter einem finanziellen Dachmonopol strukturiert. Wenn der unabhängige Einzelhändler ein gewisses Handelsrisiko zu tragen hat, ist das Unternehmen, das Finanzdienstleistungen als Monopol anbietet, ein "Regenmacher".

Die Gewinne der East India Company aus den "Finanzdienstleistungen" des Opiumhandels waren groß genug, um einen Großteil der Verwaltungskosten der britischen Einfuhren von Tee und Rohseide aus China, der Baumwollimporte aus den Vereinigten Staaten und Indien, der Exporte britischer Industrieerzeugnisse nach Indien und der britischen Kolonialherrschaft in Indien zu decken. Während des gesamten 19. Jahrhunderts hatte das Opiummonopol des britischen Empire eine strategische Position im internationalen Handel inne, die mit der heutigen Ölhegemonie der Vereinigten Staaten vergleichbar ist. Die grundlegende staatliche Politik der East India Company bestand darin, alle Glieder der Kette des Opiumhandels finanziell zu kontrollieren, wobei die Produktion, der Vertrieb, die Lagerhaltung, der Transport und die Vermarktungswege fest in ihrer Hand lagen.

Unter den Großhändlern der East India Company wurden drei große ausländische Firmen gegründet: Jardine, Baoshun und Chichang.

Die Partnerschaft zwischen Jardine und Madison wurde im Juli 1832 gegründet, und es war die Familie Bahrain, die die Finanzierung übernahm. Mit der Unterstützung der mächtigsten Bankiersfamilie in der Londoner City wurde Jardine Matheson schnell zum "König des ausländischen Bankwesens" im Fernen Osten. Hu Xueyan unterlag im Kampf mit Yi He um die Vorherrschaft bei Rohseide, und ich fürchte, er kannte den Ursprung von Yi He nicht. Maddison wurde später Gouverneur der Bank of England und der zweitgrößte Grundbesitzer im Vereinigten Königreich. Hugh Matheson, der Erbe der Familie Matheson, nutzte die Erlöse aus dem Opiumhandel seiner Familie, um 1873 Zinnminen in Spanien zu kaufen und ein Bergbauunternehmen namens Rio Tinto zu gründen, das heute als Rio Tinto Group bekannt ist.

Die Familie des berühmten Opiumhändlers Tideland ist die Familie hinter ihm. Später, als die direkte Beteiligung am Opiumgeschäft dem "Ruf" der führenden Bankiersfamilie in der Finanzmetropole London, Bahrain, schadete, zog er sich in den Hintergrund zurück und wurde nach Jardine's zum zweitgrößten Opiumhändler in China.

Das in amerikanischem Besitz befindliche Unternehmen, Cichang Yanghe, handelte mit Opium, Tee und Rohseide zwischen Guangzhou und Boston. Ihr Seniorpartner John Murray Forbes, der Urgroßvater des US-Präsidentschaftskandidaten John Forbes Kerry von 2004, fungierte als Vertreter der Bahrain Brothers in den Vereinigten Staaten. Der Leiter des Unternehmens, Warren Delano Jr., war kein anderer als der Großvater mütterlicherseits von US-Präsident Franklin D. Roosevelt. William Huntington Russell, ein Cousin des Eigentümers, gründete die berühmte "Skull and Bones Society" an der Universität Yale. Darüber hinaus waren mehrere große Bostoner Bankiersfamilien über die Flagship Foreign Bank am Opiumhandel beteiligt. Es waren die lukrativen Opiumdividenden, die diese Bankenfamilien ernährten und das spätere Bostoner Syndikat und die Roosevelt-Familiendynastie bildeten.

Diese drei großen Überseehäuser, die die Hälfte des chinesischen Opiumhandels beherrschten, hatten enge Verbindungen zur Familie Baring, die diese "riesigen Einzelhändler" in der Londoner Finanzmetropole fernsteuerte und in den Jahrzehnten vor und nach dem

Opiumkrieg einen Angriff auf die Silberwährung der Qing-Regierung mit Opium startete.

Die Finanzmetropole London baute über die East India Company auch ein wenig bekanntes, aber effektives Untergrundhandelssystem in China auf, das aus vier Teilen bestand: Missionaren, Triaden, Geschäftsleuten und Mandschu-Bürokraten. Dieses System sollte später den Verlauf der Geschichte des modernen China prägen.

Die Missionare in China freundeten sich einerseits durch ihre Missionsarbeit mit den Reichen und Mächtigen und den Triaden an und lernten verschiedene Aspekte der chinesischen Gesellschaft, Wirtschaft und militärischen Intelligenz kennen, um moderne kirchliche Schulen, Krankenhäuser und Medien zu gründen, und wurden zu einer wichtigen Kraft bei der Gestaltung der pro-westlichen chinesischen gesellschaftlichen Eliteklasse.

Die Triade war ursprünglich eine geheime chinesische Volksgesellschaft, deren Ziel es war, sich den Ching zu widersetzen und die Ming wiederherzustellen, und viele ihrer Mitglieder nahmen später das Christentum an. Die bewaffnete Anti-Qing-Kampagne der Triade erforderte auch eine umfangreiche finanzielle Unterstützung, und so schlossen sich viele Mitglieder über die Kirche dem Opiumverkaufsnetz der East India Company nach China an und wurden zur Hauptstütze des Opiumschmuggels an der Küste von Guangdong. Die Triade mit ihrem Anti-Qing-Motto war gleichbedeutend mit einer indirekten finanziellen Unterstützung durch die Finanzmetropole London. Die spätere Entwicklung der Triade hat tiefe Wurzeln in Hong Xiuquans Worship of God Society, der geheimen Vereinigung von Kang (Yau-wai) Liang (Qi-chao) Tan (Zhutong) Tang (Cai-chang) und der Alliance Society. Hong Xiuquans rechte Hand, Feng Yunshan, der für die ideologische Arbeit zuständig war, arbeitete in seinen frühen Jahren unter der christlichen Huafu-Gesellschaft; Yang Xiuqing, der für den militärischen Kampf zuständig war, war auch in das Opiumschmuggelgeschäft der Triade im Perlfluss-Tal verwickelt; und die Liangguang-Triade war direkt am Jintian-Aufstand beteiligt. Nach dem Scheitern der Reform des Wuxu-Gesetzes wurde Tan Zutong getötet, und Tang Caichang, ein führender General der Tan-Familie in der restaurativen Fraktion, rief einen Aufstand der Hubei-Guang-Triade ins Leben, um eine eigenständige Armee aufzustellen. Die frühen Aufstände der Union gegen die Qing-Dynastie stützten sich alle auf die Stärke der Triade. Die Shanghaier Jugendbande der Triade spielte eine wichtige Rolle bei Chiang Kai-sheks "12. April"-Putsch und der Konsolidierung der Macht.

Sie ist eine vom kaiserlichen Hof ermächtigte Sonderbehörde, die direkt mit ausländischen Geschäftsleuten verhandelt und eine Handelsgesellschaft ist, die auch bestimmte diplomatische Funktionen wahrnimmt und für ihre ausländischen Geschäftspartner bürgen muss. Nach dem Opiumkrieg wurden die Dreizehn Banken hauptsächlich zu ausländischen Käufern und waren die Quelle der modernen chinesischen Käuferschicht.

Die Ostindien-Kompanie kontrollierte und manipulierte auch einen Teil der Mandschu-Bürokraten durch Bestechung und Drogenabhängigkeit. Beginnen Sie mit Chinas Überbau, um den Opiumhandel zu schützen und zu öffnen. Das Unternehmen drang über das nördliche Opiumhandelsnetz mit Zentrum in Tianjin an den kaiserlichen Hof in Peking vor. Zur Zeit des Opiumkriegs stand bereits eine beträchtliche Anzahl hochrangiger Mandschu-Beamter unter ihrer Kontrolle und zu ihrer Verfügung. Dazu gehörten Mu Chang'a, ein Universitätsgelehrter, Qi Shan, der Gouverneur der Provinz Zhili, und Jie Ying, der Leiter der Dzongren-Regierung. Daraufhin hatte Marx ein eloquentes Argument:

> „Die Briten haben die chinesischen Behörden, die Zollbeamten und die Beamten im Allgemeinen bestochen, und dies ist das letzte Ergebnis des gesetzlichen Boykotts des Opiums in China. Zusammen mit der Opiumkiste drang die Bestechung in die bürokratische Lunge der 'himmlischen Dynastie' ein und untergrub die Pfeiler des patriarchalischen Systems."[14]

Diese Gruppe von Menschen bildete den Ursprung der westlichen Fraktion der späteren Qing-Regierung.

Als der ehrgeizige Lin Zexu 1839 als Minister für kaiserliche Angelegenheiten nach Guangdong kam, um das Rauchverbot durchzusetzen, sah sich der große Nationalheld mit einem so gut organisierten, finanzstarken, bewaffneten und mächtigen Opiumimperium konfrontiert. Sobald Lin Zexu sein Amt angetreten hatte, ging er rigoros gegen das unterirdische Schmuggel- und Drogenhandelsnetz der Triade vor, befahl Ausländern, Opium abzugeben, und führte eine weltumspannende Kampagne zur

---

[14] *Opiumhandel*, Marx.

Unterbindung des Rauchens durch. Aber Lin Zexu hätte sich nie vorstellen können, wie mächtig sein Gegner war, der das gesamte britische Empire und die zentrale Finanzstrategie, die über Leben und Tod der internationalen Bankiers entschied, herausforderte!

Der Opiumhandel führte zu einem massiven Abfluss von Silber aus China und löste in China eine schwere Währungskrise nach dem Motto "Silber ist teuer und Geld ist billig" aus. Mehr als 100 Jahre lang, von der Gründung der Qing-Dynastie bis ins frühe 19. Jahrhundert, funktionierte Chinas Doppelwährungsmechanismus aus Silber und Kupfer gut, und das Verhältnis lag im Wesentlichen stabil bei 1 Tael Silber zu 1.000 Yuan Kupfer. Am Vorabend des Opiumkrieges war der Silberpreis auf 1.600 Cent pro Dollar gestiegen. Die Bauern, Handwerker und einfachen Leute erhalten in der Regel Kupfergeld, aber die Zahlung verschiedener Steuern wird in Silber umgewandelt, was die wirtschaftliche Belastung noch erhöht. Aufgrund der schwierigen Lebensumstände der Bevölkerung verzögerte sich die Zahlung der Steuern naturgemäß, so dass die Provinzen immer häufiger mit ihren Steuern in Verzug gerieten und die Finanzkraft der Qing-Regierung stark abnahm. Bevor der Opiumhandel in großem Stil begann, erreichte der staatliche Silbervorrat bis 1781 während der Qianlong-Regierung 70 Millionen Tael, 1789 waren es noch etwa 60 Millionen Tael. Mit der Flut des Opiums waren 1850 nur noch etwas mehr als 8 Millionen Taels übrig, nicht mehr genug für einen Krieg.

Es war das Opium, das den Silber-Geld-Standard, den Eckpfeiler der finanziellen Hochgrenze des Qing-Reiches, zerstörte und damit ein großes Handelsdefizit, sinkende Steuereinnahmen, Not für die Bevölkerung, eine ernsthafte Spaltung zwischen Arm und Reich und immer schärfere soziale Konflikte zur Folge hatte. Die internationalen Bankiers hingegen nahmen die riesigen Silbermengen aus der Opiumhecke und gründeten die "Bank of England of China" und übernahmen die oberste Finanzgrenze des Qing-Reiches: die Zentralbank.

Die Gründung der HSBC markierte den Beginn einer finanziellen Kolonialära in der modernen Geschichte Chinas. Im Zuge der Übernahme der Zentralbank des Qing-Reiches durch die HSBC entstand ein neues sassoonisches Reich, das die East India Company als jüngsten Manipulator einer Opium-Finanzstrategie ablöste.

Die Familie Sassoon: Die Rothschilds des Ostens

Sassoon gehörte zu denselben sephardischen Juden wie die Rothschilds und lebte seit der Antike auf der islamisierten iberischen Halbinsel (dem heutigen Spanien), war im Goldschmiede- und Münzwechselgeschäft tätig und fungierte oft als Agent für die genuesische Bankiersfamilie, indem er Kredite prüfte, einzog und verlieh. In den 1590er Jahren, als die iberischen Christen das islamische Regime vertrieben, wurden die sephardischen Juden aus Spanien und Portugal vertrieben.

Die Rothschilds gingen nach Deutschland ins Exil, um ihre alten Geschäfte weiterzuführen, und wurden später "Hofbankiers" des deutschen Königshauses. Eine andere jüdische Finanzfamilie floh in die Niederlande, nach Belgien, und schaffte mit einem Netz von Geschäftsbeziehungen, die sich im Laufe der Jahre angesammelt hatten, bald ein Comeback und war an der Gründung der Bank von Amsterdam, ABN AMRO und der Niederländischen Ostindien-Kompanie beteiligt. Mit der finanziellen Unterstützung niederländisch-jüdischer Bankiers in Höhe von 2 Millionen niederländischen Gulden landete Wilhelm III. von England 1688 mit 15.000 Mann aus den Niederlanden in England und leitete die "Glorreiche Revolution" ein. Die Familie Sassoon hingegen zog ganz in den Osten nach Bagdad, dem Zentrum von Handel und Gewerbe in der Region des Persischen Golfs im Nahen Osten. Dort nutzte die Familie Sassoon mit ihrem einzigartigen jüdischen finanziellen Scharfsinn und ihrer Erfahrung die Vorteile der islamischen Lehren, die Wucher verbieten, und gewährte dem Handel im Nahen Osten Finanzkredite mit jüdischen Einrichtungen, die nicht den islamischen Vorschriften unterlagen, und wurde bald zur führenden Finanzfamilie in der Region des Persischen Golfs, diente lange als Finanzchef von Bagdad und wurde zum Patriarchen der gesamten jüdischen Gemeinde in Bagdad, bekannt als "Nasi", der König der Juden.

Doch die guten Zeiten währten nicht lange, Ende des 18. und Anfang des 19. Jahrhunderts war die antisemitische Stimmung in der Gegend von Bagdad groß, die osmanisch-türkischen Beamten in Bagdad begannen mit der Massenvertreibung von Juden, und als der "König der Juden" der Familie Sassoon die Hauptlast trug, musste die Familie 1832 nach Bombay, Indien, umziehen. David Sassoon, der

Gründer des Sassoonian Empire, hat eine neue Saga in Indien begonnen.[15]

Da die Familie Sassoon erst spät in Indien eintraf, war der riesige Kuchen des Opiumhandels längst verlassen. Während sich die East India Company aufgelöst hat, monopolisieren die drei in ausländischem Besitz befindlichen Giganten, hinter denen die Familie Baring steht, weiterhin die Opiumeinfuhren Chinas und die Opiumlieferkette Indiens. Die gesamte Kette des Opiumhandels, die Produktion, der Transport, die Versicherung, der Verkauf, die Finanzierung, der Austausch, fast alles ist in den Händen von JIHUA, die Nadel kommt nicht rein, das Wasser kommt nicht raus. In dem Opiumimperium, das von der Familie Baring streng kontrolliert wird, wäre der neue jüdische Sassoon mehr als fähig gewesen, einzugreifen.

In der Londoner Financial City hatten die aufstrebenden Rothschilds bereits Bahrain überwältigt, und auch die Rothschilds wollten sich ein eigenes Stück vom Opiumgeschäft abschneiden, das unter der starken Kontrolle Bahrains über die Großhändler der East India Company litt. Sassoons Anwesenheit passte perfekt in den strategischen Entwicklungsplan der Rothschilds, die ebenfalls sephardische Juden sind und deren Vorfahren als Familie vielleicht besser dran gewesen wären, so dass sich beide Seiten auf Anhieb gut verstanden. Mit dem mächtigen finanziellen Rückhalt der Rothschilds war Sassoon bereit, seine Blase abzuschütteln und groß rauszukommen.

Nach sorgfältigen Recherchen fand Sassoon ein eklatantes Schlupfloch in der Opiumkontrolle der JIH über Indien, nämlich das Versäumnis der JIH, die Mohnplantagen im indischen Hinterland zu kontrollieren. Sassoon ergriff die Gelegenheit, aus seiner starken Kapitalkraft Kapital zu schlagen, indem er bis zu 3/4 seines Geldes an indische Opiumhändler im Landesinneren verlieh. Käufer aus der ganzen Welt hörten davon, und Sassoon übernahm die Kontrolle über die Quelle des Opiumanbaus und monopolisierte sie mit einer raschen und beispiellosen Kraft. In der Tat ist Hu Xueyans Denkweise fast identisch mit der von Sassoon, mit dem Unterschied, dass Sassoon vom internationalen Finanzhegemon Rothschild unterstützt wird.

---

[15] *Sassoon Group in Old China*, von Zhang Zhongli und Chen Zengnian, Shanghai Academy of Social Sciences, 1985, S. 3-5.

1871 war die Lage klar, und die JIH unterlag im Kampf um die Opiumquelle gegen Sassoon, der als Hauptinhaber des gesamten Opiumbestands in Indien und China anerkannt war und 70% der Gesamtmenge aller Opiumarten kontrollierte! Das ist die Macht eines Monopols!

Mit dieser Stärke im Rücken heiratete Rothschilds Tochter in die Familie Sassoon ein, und von da an wurde das Handelsbündnis durch die patriarchalischen Kräfte der jüdischen Tradition gefestigt und aufrechterhalten. Das Sassoon-Reich erschütterte den Fernen Osten. Von diesem Zeitpunkt an trat die Hochseereise des Fernen Ostens in die Ära der Sassoons ein.

Die jüdische Überempfindlichkeit gegenüber Geld ist in der Familie Sassoon keine Ausnahme. Als die Sassoons ihr Opiummonopol vollendet hatten, waren sie so gut kapitalisiert, dass sie auch an eine Zentralbank dachten und den Nervenkitzel genossen, die Ausgabe von Geld zu kontrollieren. Zu dieser Zeit gab es im Fernen Osten noch keine Zentralbank, und diese Gelegenheit wurde von Sassoon erneut genutzt.

HSBC: Ich bin für Ihr Revier zuständig

> *„Von allen Elementen der politischen Ökonomie ist das Geld das wichtigste; von allen Geldsystemen ist die Macht, Geld zu schaffen, das zentralste. Aber nur wenige Ökonomen finden sich, die ein einziges Wort über die göttliche Macht dieses Landes verlieren."*
>
> -amerikanischer Währungshistoriker DeMarr.

Anfang 1864 lagen zwei Geschäftspläne für die Gründung einer Bank in China auf dem Schreibtisch des alten Sassoon. Bei dem einen handelt es sich um eine "Royal Bank of China" für den chinesischen Finanzmarkt, die von einem einheimischen britischen Geschäftsmann in Mumbai ins Leben gerufen wurde, bei dem anderen um den Vorschlag eines jungen schottischen Schifffahrtsunternehmers für eine "Bank of Hong Kong and Shanghai". Es war der Plan dieses jungen Mannes ohne Bankerfahrung, der den alten Sassoon schließlich beeindruckte. Dieser schottische Junge, Thomas So Shi Lan, war bereits in seinen Dreißigern, als Betriebsdirektor der berühmten British Steamship Company in Hongkong und Vorsitzender der Whampoa Dockyard Company in Hongkong.

Der alte Sassoon war von der Idee sofort begeistert. Als Bank mit Hauptsitz in Hongkong und Schanghai wäre es bequemer, über Informationsverbindungen zu verfügen als ausländische Banken mit Niederlassungen nur in Hongkong und Schanghai, was besonders im 19. Der Markt rückt schnell näher, und diejenigen Banken, die sich an ihre Hauptniederlassungen auf der anderen Seite des Ozeans wenden müssen, werden im künftigen Wettbewerb mit der HSBC im Nachteil sein.

Old Sassoon genehmigte das Projekt sofort.

Zu den Hauptaktionären der HSBC gehören neben Sassoon auch die Baoshun und die Chichang Yang Bank. Baoshun Yang-Hang ging jedoch während der Baumwollblasenkrise, die die Welt 1866 erschütterte, in Konkurs, und Qichang Yang-Hang wurde ebenfalls von der Krise getroffen und verschwand Anfang der 1870er Jahre vom chinesischen Markt. So wurde die Sassoon's Bank, die zum neuen Hegemon des Opiums geworden war, zur Hauptstütze der HSBC. Die HSBC wurde zu einem der wichtigsten Akteure im Finanzplan der Rothschild-Sassoon-Allianz im Fernen Osten.

Eine solche Bank würde unweigerlich zu einem entschiedenen Boykott durch die Jardine Matheson Bank, die sich im Besitz der Barings befindet, führen, was sowohl auf die Rivalität zwischen den Bahrain und den Rothschild-Kräften in der Finanzmetropole London als auch auf einen echten Interessenkonflikt zurückzuführen ist.

Die HSBC entstand gerade rechtzeitig zur Finanzkrise, die durch das Ende des amerikanischen Bürgerkriegs ausgelöst wurde.

Der wichtigste strategische Industriezweig des damaligen weltweiten Industriesystems war die Textilindustrie, deren wichtigster Rohstoff die Rohbaumwolle war. Die wichtigsten Baumwollanbaugebiete der Welt befinden sich in Indien und in den Südstaaten der Vereinigten Staaten. Mit dem Ausbruch des Amerikanischen Bürgerkriegs verhängte der Norden, der das Recht zur Regulierung der See hatte, eine Seeblockade gegen den Süden, dessen Versorgung des Weltmarkts mit Rohbaumwolle sofort unterbrochen wurde. Die britische Baumwollindustrie wandte sich der indischen Baumwolle zu, und der Preis für indische Baumwolle stieg in die Höhe. Die Baumwollmärkte von Mumbai und Kolkata wurden sofort zum Spielkasino für große und kleine Spekulanten. Die Baumwollblase löste eine noch größere Finanzblase aus. Zwischen 1862 und 1865 wurden 19 Banken gegründet. Allein im Jahr 1864 wurden sieben

Kolonialbanken registriert. Auch in Hongkong und Schanghai hat die Zahl der neuen britischen Banken dramatisch zugenommen, und diese Briefkastenbanken haben weit weniger in ihren Tresoren, als sie in ihren Prospekten behaupten.

In diesem Moment kam die "schlechte Nachricht", dass der amerikanische Bürgerkrieg vorbei war! Die Baumwollkrise, die den globalen Finanzsektor erschütterte, hatte begonnen. Die Londoner Finanzmetropole hatte die Hauptlast zu tragen: 1866 scheiterten 17 Banken in einem Jahr.

Die Schockwellen des Finanz-Tsunamis griffen schnell auf den Fernen Osten über, und 1866 kam es in Hongkong und Schanghai zur ersten Finanzpanik seit mehr als 20 Jahren, in deren Verlauf eine Reihe ausländischer Banken und lokaler Geldinstitute geschlossen wurden. Als sich die Wogen des Finanz-Tsunamis glätteten, standen nur noch die altgedienten Banken wie die L'Oréal Bank, die Le Meridien Bank, die Standard Chartered Bank, die Banque de France und die HSBC am Strand.

Allerdings ist eine Welle noch nicht abgeklungen, es ist im zweiten Jahr des finanziellen Tsunami, HSBC-Säule - die alte Baoshun Bank wurde "ertrunken", zu diesem Zeitpunkt der Baring-Familie in der Finanzkrise und der Rothschild-Familie unter dem doppelten Schlag hat seine eigene Unsicherheit, nicht in der Lage, sich um den Fernen Osten den kleinen Bruder zu nehmen, kann nur zusehen Baoshun Bank wurde in die Baumwolle Krise gezogen. Der Zusammenbruch von Baoshun traf die junge HSBC hart.

Zu diesem Zeitpunkt war es Sassoon & Yang-Hsing, die der Krise die Stirn boten. Ab 1866 überwies die Familie Sassoon alle Gewinne aus dem Opiumhandel in China über die HSBC-Bank. Angesichts des weltweiten Finanz-Tsunamis war der Opiumhandel das einzige Geschäft, das noch überschüssige Gewinne abwarf. Diese "Währung", die die wirtschaftliche Lebensader der Finanzmetropole London und des Britischen Empires aufrechterhält, rettete einmal mehr das Finanzkreislaufsystem des Fernen Ostens des Britischen Empires mit dem wirtschaftlichen Blut des chinesischen Volkes und wurde zu einem Druckmittel für die internationalen Bankiers, um die Neuordnung der Zinsstruktur des Fernen Ostens zu vollenden.

Zu einer Zeit, als die großen Banken mit der Krise zu kämpfen hatten, ergriff die HSBC, unterstützt durch Sassoons riesige

Opiumgewinne, die große Chance, die Finanzwelt von Hongkong und Schanghai mitzureißen.

Im Juni 1866 trafen sich fernöstliche Banken wie Dahlia mit ausländischen Banken wie der Standard Chartered Bank, der Bank of France und der Bank of France, um die finanziellen Risiken der "Nach-Krisen-Ära" zu erörtern, und beschlossen schließlich, den normalerweise verwendeten sechsmonatigen kommerziellen Solawechsel auf vier Monate zu verkürzen. Zum einen, um das eigene Risiko der Bank zu verringern, und zum anderen, um sich an das neue Handelsumfeld anzupassen. Ab Januar 1867 wurden in den chinesischen Filialen keine Wechsel mehr mit einer Laufzeit von mehr als vier Monaten gekauft und verkauft.

Die Geschichte der Handelswechsel geht auf das 13. Jahrhundert nach Christus zurück. Mit der Entwicklung der Kreuzzüge und des Seehandels entwickelte sich in der italienischen Mittelmeerregion rasch ein riesiger Markt für den Handel und die Frachtschifffahrt, und Italien leistete Pionierarbeit bei der Einführung des kommerziellen Solawechsels, der auf der Nachfrage des Seehandels beruhte. Das wichtigste Merkmal des Seehandels mit Massengütern sind die großen Entfernungen und die langen Arbeitszeiten, die mit gewissen Risiken verbunden sind, so dass Käufer und Verkäufer zögern, zu zahlen und zu verschiffen. Käufer, die sofort bar bezahlen, machen sich Gedanken darüber, was sie tun sollen, wenn der weit entfernte Verkäufer nicht liefert oder die Ware auf dem Seeweg schiefgeht, während Verkäufer denken, dass sie in große Schwierigkeiten geraten, wenn sie nicht bezahlt werden, wenn sie zuerst liefern. Es gibt nur zwei Möglichkeiten, aus dieser Sackgasse herauszukommen: Zum einen muss der Käufer seriös sein und darf niemals in Verzug geraten, und zum anderen muss ein seriöser Bürge für den Erfolg der Transaktion garantieren. Da in Italien jeder Geschäfte macht, ist ein Einheimischer mit Familie und Unternehmen natürlich die beste Wahl für einen Bürgen. So entstanden in Italien zahlreiche Handelsbankiers, die die Zahlung des Käufers sicherstellten, der einfach einen Schuldschein ausstellte, in dem er festhielt, wann und wie viel er in Zukunft zu zahlen hatte, und den der Italiener unterschrieb und zeichnete. Wenn der Käufer in Verzug gerät, zahlen die Italiener den gesamten Betrag in seinem Namen, wobei die Theorie des Käufers auf die Italiener zurückfällt. Der Verkäufer erhielt diesen Schuldschein und verschickte ihn freudig. Dieser Schuldschein ist ein früher kommerzieller Schuldschein. Die Italiener sind auf einer Garantiegebühr sitzen geblieben.

Wenn ein Verkäufer dringend Bargeld benötigt und der Wechsel noch nicht verfallen ist, kann er ihn zu einem Handelsbankier bringen, um ihn mit einem Rabatt zu verkaufen, der als Wechseldiskont bezeichnet wird. Der Handelsbankier nimmt den Wechsel mit einem Abschlag an und kann sich dann zurücklehnen und einen Gewinn erzielen, indem er wartet, bis der Wechsel in voller Höhe fällig wird. Dieser diskontierte Preis ist eigentlich ein versteckter Zins, und je höher der Diskont, desto höher der Zins. Die katholische Kirche hat damals Wucher streng verboten, so dass die Diskontierung von Wechseln zu einem Ausweg für Kredithaie wurde. Wenn Papiergeschäfte getätigt werden, sind Wechsel im Grunde leicht realisierbar und funktionieren fast wie Bargeld. Im England des 18. und 19. Jahrhunderts wurden Geldanweisungen tatsächlich zu einem wichtigen Teil der Geldmenge, bevor neue Instrumente wie Banknoten, Schecks und Kreditlinien in großem Umfang in Umlauf kamen.

Die Laufzeit eines Handelswechsels entspricht häufig dem Zeitpunkt des Warentransports, und wenn die Ware schon lange eingetroffen ist und die Laufzeit des Wechsels noch nicht erreicht ist, kommt dies einem Kredit des Käufers für eine lange Zeit gleich, der die Mittel des Verkäufers in Anspruch nimmt, und gleichzeitig steigt das Risiko der Bank, dass der Käufer die Garantie bezahlt, entsprechend.

In Anbetracht der Tatsache, dass sich die Fahrtzeit zwischen Europa und China durch die höhere Geschwindigkeit der Schiffe stark verkürzt hat, und der Zurückhaltung, ein zu großes Risiko einzugehen, schlug die Bank vor, die Laufzeit des Wechsels zu verkürzen. Eine Verkürzung der Wechselfrist ist jedoch gleichbedeutend mit einer Schrumpfung des Kreditvolumens und einer Erhöhung der Finanzierungs- und Kreditschwelle für die Käufer, was zur Folge hat, dass viele Kunden abgewiesen werden.

Diese branchenübergreifende Vereinbarung bietet der HSBC eine große Chance, ihre Kundenressourcen zu erweitern. Als andere Banken sich weigerten, Wechsel mit sechsmonatiger Laufzeit zu kaufen, kehrte die HSBC ihren Kurs um und erhielt unter dem Schutz der riesigen Mittel von Sassoon große Geldsummen. Händler, die über 6-monatige Zahlungsanweisungen verfügen, haben keine andere Wahl als zur HSBC zu gehen, um zu diskontieren, und natürlich ist der Diskont höher. HSBC braucht nur einen Wechsel bis zur Fälligkeit zu halten, um den vollen Geldbetrag zu erhalten, und natürlich sind die Vorteile noch größer. Gleichzeitig wirft die HSBC den hohen Preis ihres eigenen viermonatigen Schuldscheins den Konkurrenten vor, die es eilig haben, die Ware zu erhalten, und verschafft sich so einen Arbitrage-Spielraum, um niedrig zu kaufen und hoch zu verkaufen. Innerhalb eines halben Jahres stieg das Devisengeschäft der HSBC schnell von 9,2 Millionen Tael Silber auf 13 Millionen Tael Silber. In weniger als 10 Monaten werden mehrere andere Banken vor der HSBC "kapitulieren" und zum alten Weg der 6-Monats-Schuldscheine zurückkehren müssen.

Im Krieg der Geldanweisungen siegte die HSBC, was bedeutet, dass der Titel "Chinas Bank von England" den Besitzer gewechselt hat. Seitdem ist die HSBC der neue Marktführer unter den ausländischen Banken im Fernen Osten.

Ein weiterer einzigartiger Trick der HSBC besteht darin, große Mengen an Einlagen von chinesischen Einlegern zu absorbieren, insbesondere die riesigen Einlagen von Chinas Eliteklasse der Beamten. In dem Roman "The Current State of Officialdom" aus der späten Qing-Dynastie wird von einem Clan der Qing-Regierung berichtet, der nach Shanghai beordert wurde, um einen Fall zu untersuchen, in dem ein Bürokrat gestohlenes Geld bei der HSBC deponiert hatte. Als er in Shanghai ankam, trug er offizielle Kleidung, saß in einer Sänfte mit acht Trägern und kam mit einigen seiner Gefolgsleute direkt zur HSBC. Doch als er vor die Tür der Bank kam, wurde ihm die Einfahrt verwehrt. Der Pförtner sagte, man müsse durch den Hintereingang eintreten. Der Feudalherr musste zu Fuß zum Hintereingang der Bank gehen und dort einen halben Tag lang stehen, aber niemand schenkte ihm Beachtung. Später erfuhr er, dass die HSBC die Einlagen der chinesischen Kunden streng vertraulich behandelte und jede Untersuchung durch chinesische Beamte ablehnte. Ihm blieb nichts anderes übrig, als seinen Vorgesetzten zu antworten: "Ausländer dürfen die Konten nicht überprüfen", und die Angelegenheit war erledigt.

Im Vertrauen auf die Macht des britischen Empire weigerte sich die HSBC, der Qing-Regierung zu erlauben, das Geld ihrer Kunden zu untersuchen. Aufgrund dieses Privilegs nutzten viele Kriegsherren, Bürokraten und Grundbesitzer die HSBC als sichersten Tresor für ihren Reichtum und schickten die gesamte Beute der vergangenen Jahre ein.

Im Jahr 1872 gab die britische Regierung in Hongkong HSBC die Erlaubnis, kleine Dollar-Scheine von $ 1 auszustellen. Anschließend HSBC kleine Menge von Banknoten, und schnell in ganz Süd-China in Umlauf gebracht, im März 1874, Shanghai "Zi Lin Xi" im Februar 1874 veröffentlicht, die vier großen britischen Banken - Li Ru, Standard

Chartered, Li und HSBC-Banknoten Ausgabe Betrag, in der tatsächlichen Ausgabe von 3,5 Millionen Yuan-Banknoten, HSBC-Banknoten entfielen mehr als 51%.

Zu diesem Zeitpunkt war die HSBC die größte Bank in Hongkong, die Kassenbank der britischen Regierung in Hongkong, die Abwicklungsbank für alle ihre Partner in China und damit eine echte "Bank von England in China" geworden.

Der Ausschluss Jardines aus dem Opiumhandel durch Sassoon wurde zu diesem Zeitpunkt realistischer, und angesichts der Stärke der HSBC mussten die neuen Führer von Jardine, die Familie Keswick, ihre Beziehungen zur HSBC positiver bewerten. Bei der späteren gemeinsamen Kampagne zur Beseitigung von Hu Xueyan kam es zu einer stillschweigenden Übereinkunft zwischen den beiden Seiten.

Die Rothschild Sassoon Group erwartet jedoch von der HSBC nicht nur, dass sie als Bank für die Verwaltung ausländischer Banken in China fungiert, sondern dass sie zu einer Bank für die Verwaltung des gesamten chinesischen Finanzsystems wird, zu einer echten "Zentralbank".

Um die Aufgaben einer Zentralbank wahrnehmen zu können, muss sie in der Lage sein, die Finanzinstitute in China zu verwalten und zu kontrollieren, d. h. das chinesische System der Geldbanken und Losnummern. Die Qing-Regierung konnte sich zu dieser Zeit auf ihr eigenes Bank- und Fahrkartensystem stützen, um den Betrieb aufrechtzuerhalten. Sowohl die Geldbank als auch die Fahrkartennummer finanzieren in erheblichem Maße den chinesischen Außenhandel und kontrollieren die Quelle des Reichtums für Chinas riesige Privatwirtschaft. Die internationalen Bankiers können die finanzielle Kolonisierung Chinas nur dann wirklich erreichen, wenn sie auch das chinesische System der Geldbanken und Fahrkartennummern kontrollieren.

Ticket Money: Warum es sich nicht zu einem internationalen Finanzimperium entwickelt hat

Die markantesten Finanzinstitute, die in China entstanden sind, sind die Losnummern der Shanxi-Bande und die Geldbanken der Ning Shao-Bande. Umgangssprachlich ausgedrückt, spielen die Fahrkartenautomaten mit Fahrkarten und die Geldwechsler mit Geld.

In den Anfängen von Venedig und Genua und später in den Niederlanden und England waren Finanzen und Handel fast wie Zwillingsbrüder, die sich gegenseitig verstärkten und voneinander borgten. Fast alle der frühesten Finanzinstitute in Europa hatten ihren Ursprung in Unternehmen, und die wachsende Nachfrage nach Finanzdienstleistungen im Rahmen von Geschäftsaktivitäten führte schließlich zur Trennung von professionellen Finanzdienstleistungen und kommerziellen Handelsaktivitäten. Die Entwicklung von Chinas Fahrkartenautomaten ist keine Ausnahme.

Die Tatsache, dass die Ticketnummer aus Shanxi und nicht aus der wirtschaftlich entwickelten und schifffahrtsfreundlichen Küstenregion stammt, ist zwar merkwürdig, macht aber durchaus Sinn, wenn man darüber nachdenkt. Die Jin-Kaufleute sind als eine der zehn größten Handelsbanden Chinas bekannt, und ihr Drang, nach Süden und Norden zu reisen, sowie ihre Hartnäckigkeit, Entbehrungen zu ertragen, ließen sie schon früh in Chinas Geschäftswelt herausragen. Die Jin-Kaufleute waren in der ganzen Welt unterwegs, und schon in den ersten Jahren der Qing-Dynastie bildeten sich zwei große Handelssysteme heraus - die Getreideschiffsbande und die Kamelbande. Erstere verkehrte in den Provinzen und Flusshäfen, während letztere weit reiste und bis in die Mongolei und nach Moskau gelangte. Sie wurde zum größten Händler von Tee, Seide, Stoff, Getreide, Eisen und anderen Waren in China und schuf das früheste und umfassendste Handelsnetz Chinas.

Im Gegensatz zum Aufstieg der jüdischen Finanzfamilie basiert das Geldwechselnetz von Jin Shang auf einem riesigen internationalen Handelsnetz, das sich über Zehntausende von Kilometern erstreckt und Hunderttausende von Mitarbeitern beschäftigt, während das jüdische Finanznetz aus dem reinen Geldwechsel, dem Einlagengeschäft, dem Wechselhandel und anderen reinen Geldgeschäften entstanden ist. Was beide gemeinsam haben, ist der Skaleneffekt und der schnelle und bequeme Vorteil einer starken Netzwerkausstrahlungsfähigkeit. Ist der Netzwerkvorteil erst einmal etabliert, ist es für spätere Konkurrenten fast unmöglich, einzutreten. Dies ist auch der Hauptgrund, warum die späteren südlichen Geldbanken nicht in der Lage waren, die Shanxi-Ticket im Bereich des Fernumtauschgeschäfts zu überholen. Das Fehlen eines ausreichend großen Netzwerks hat zu einer generellen Kleinheit der Geldbanken geführt, die es letztlich erschwert, ein großes internationales Finanzimperium ähnlich der jüdischen Finanzindustrie zu bilden.

Das Finanznetzwerk bildet nach dem Geldstandard und der Zentralbank die dritte Säule der finanziellen Obergrenze.

Aufgrund der großen Reichweite des Jin-Handelsnetzes wurden in der Ära des extrem unterentwickelten Transportwesens Gelder oft nur einmal im Jahr umgeschlagen, was die Expansion des Geschäfts stark einschränkte. Gleichzeitig ist die Fernübermittlung von Bargeld zu lang und der Weg nicht sicher, so dass ein objektiver Bedarf an einer bequemen Möglichkeit besteht, Geldmittel aus der Ferne zu überweisen, was von Anfang an das Kerngeschäft der Ticketnummer war: der Ferngeldwechsel.

Das ursprüngliche Devisengeschäft diente nur der Bequemlichkeit. Die "Xiyucheng Pigment Zhuang" in Pingyao, Shanxi, hat beispielsweise Zweigstellen in Sichuan, Peking, Shanxi usw. eingerichtet, und wenn Verwandte und Freunde in Peking einen Silberbetrag nach Sichuan überweisen wollen, brauchen sie das Silber nur der Zweigstelle in Peking zu übergeben, woraufhin die Zweigstelle in Peking die Zweigstelle in Sichuan schriftlich informiert, und Verwandte und Freunde in Sichuan können das Silber in der örtlichen Zweigstelle abholen. Ich ahnte nicht, dass dieses Tauschmodell sofort ein großes Geschäft anziehen würde und die Leute bereit waren, eine Gebühr von 1% für einen solchen Service zu zahlen. Der Besitzer der Pigmentbank, Lui Hetai, entdeckte dieses potenziell mächtige Geschäftsmodell und gab sofort das traditionelle Pigmentbankgeschäft auf und gründete um 1823 die erste Ticketnummer "Rishengchang" in China.

Vor dem Opiumkrieg belief sich Chinas Gesamthandel auf 300 Millionen Tael Silber pro Jahr, und wenn 100 Millionen Tael Silber aus der Ferne umgetauscht werden müssten, würde der Gewinn bei 1 Million Tael Silber liegen. Nach mehreren Betriebsjahren hat Rishengchang Ticketing im spezialisierten Geschäft des Geldwechsels und der Geldeinzahlung große Gewinne erzielt. Es heißt, dass die Familie Zaedong Li in den 50 Jahren von Daoguang bis Tongzhi mehr als 2 Millionen Tael Silber als Dividende von der Rishengchang Ticket Company erhalten hat. Ermutigt durch den Erfolg der Rishengchang-Ticketgesellschaft gründeten oder änderten Kaufleute aus Shanxi ihre Ticketgesellschaften und förderten so die Entwicklung des Handels zu jener Zeit. In den folgenden fast einhundert Jahren monopolisierte die Shanxi-Ticketnummer im Wesentlichen das Tauschgeschäft der Qing-Dynastie und erlangte den Ruf der "Welt des Austauschs und der Kommunikation".

Das Hauptgeschäft der Ticketnummer ist die Geldfernübertragung. Seine Entwicklung zeigt die Grundhaltung der Expansion von Norden nach Süden und der Ausstrahlung von Westen nach Westen. Aufgrund des zunehmenden Handels zwischen Nord- und Zentralchina und der Mongolei und Russland wurde die Fahrkartennummer in mehr als 30 Städten im Landesinneren mit mehr als 200 entsprechend der wirtschaftlichen Situation eingerichtet, wobei der Schwerpunkt im Norden lag und das Semikolon auf die Hauptstadt zentriert war. Mittelfristig wurden Land- und Seegebiete zusammengelegt, wobei die Grenz- und Küstengebiete mit den vier großen Zentren Peking, Tianjin, Shanghai und Han zu den vier großen Zentren der Fahrscheinzahlen wurden. In der Zeit vor Guang Hsiu erreichte die Gesamtzahl der Losnummern mehr als 400 und bildete damit ein riesiges Finanznetz. Gelder, ob kommerziell, staatlich oder privat, strömen zu diesem Finanzautobahnsystem, das sich über das ganze Land ausbreitet, weil die Losnummern schnell, sicher und bequem sind. Zu Beginn des 20. Jahrhunderts belief sich der Gesamtbetrag des über die 22 wichtigsten Geldscheine des Landes umgetauschten Geldes auf etwa 820 Millionen Tael Silber [16] und der Gesamtgewinn auf etwa 8,2 Millionen Tael Silber, was etwa 1/10 der Gesamteinnahmen der Qing-Regierung in einem Jahr entspricht!

Auf dieser Grundlage hoffte man, sich zu einem "Finanzautobahnsystem" nach dem Vorbild der jüdischen Finanziers im Westen zu entwickeln und damit die Arterien der Kredit- und Kapitalströme zu monopolisieren. Die wesentlichen Gründe für seinen Niedergang sind zweierlei: Erstens der fehlende Standort, das Versäumnis, einen eigenen Sitz in Shanghai, dem Zentrum des internationalen und inländischen Handels, einzurichten, wodurch die Entscheidungsfindung vom Zentrum der Handelsfinanzdienstleistungen mit dem größten Wachstumspotential entfernt wurde, und der Verlust der Möglichkeiten, die aufkommenden kommerziellen Wechselgeschäfte und andere Finanzmärkte zu dominieren; zweitens das Versäumnis, ein Finanzierungssystem ähnlich den europäischen Kriegsanleihen und Staatsanleihen zu schaffen, wodurch das Geschäft auf den Bereich des Wechsels beschränkt wurde, und das selbst auferlegte Eindringen ausländischer

---

[16] *History of Shanxi Ticket Numbers*, von Huang Jianhui, Shanxi Economic Press, 2002, S. 341.

Banken und offizieller Banken untergrub allmählich das für das Überleben wesentliche Wechselgeschäft.

Die Finanzmärkte, insbesondere diejenigen, die den Kern der Staatsfinanzierung bilden - der Handelsmarkt für Staatsanleihen und verschiedene Arten von Instrumenten -, sind der vierte Eckpfeiler der "Financial High Frontier". Chinas lokale Finanzinstitutionen, sowohl Ticketnummern als auch Geldbanken, haben es versäumt, diese große historische Aufgabe zu erfüllen.

Die Ursprünge der Qianzhuang sind dem Hauptgeschäft der jüdischen Finanzfamilie aus der gleichen Zeit sehr ähnlich: dem Geldwechsel.

Der Kern der jüdischen Finanzfamilie in der Welt hat seinen Ursprung fast immer in Deutschland. Es gibt einen Grund, warum Deutschland die Geburtsstätte der modernen Finanzfamilie ist. Geografisch gesehen ist Deutschland der Verbindungspunkt zwischen Ost- und Westeuropa, insbesondere Berlin, das den geografischen Mittelpunkt Europas und einen Verkehrsknotenpunkt darstellt, an dem Geschäftsleute von Süden nach Norden und von Osten nach Westen ein- und ausgehen. Dies führte dazu, dass sich alle Währungen Europas in Berlin konzentrierten. Seit den Anfängen des Römischen Reiches war Berlin das Zentrum des Währungsaustauschs. Als Napoleon das Gebiet besetzte, war die Nachfrage nach Geldwechsel noch größer geworden. Die Ansammlung von 2.000 Jahren Erfahrung im Kauf und Verkauf von Geld in Verbindung mit dem dringenden Bedarf an einem echten Währungsumtausch machte Deutschland zu einem natürlichen Nährboden für das Gedeihen der jüdischen Finanzfamilie. [17]

Der Aufstieg der chinesischen Geldbank ist da keine Ausnahme. Seit der Einführung des Silberstandards in der Ming-Dynastie gab es einen Parallelumlauf von Silber- und Kupfergeld, wobei sich das Verhältnis zwischen Silber- und Kupfergeld nach dem Markt richtete. Da Silbertaels für die einfachen Leute zu wertvoll waren, um sie direkt auf dem Markt für den Kauf von Waren zu verwenden, war Kupfergeld die eigentliche Umlaufwährung im täglichen Leben, während Silbertaels vor allem für große Transaktionen, offizielle Gehälter, Soldatenlöhne und Steuern verwendet wurden. Gleichzeitig ist das

---

[17] *Currency Wars 2: The World of Jin Quan*, von Song Hongbing, China United Publishing Company, 2009

Silber selbst auch sehr komplex, mit unterschiedlichen Gewichten, Formen und Farben des Silbers an verschiedenen Orten, verbunden mit dem Zustrom verschiedener ausländischer Silberdollars, was eine riesige Nachfrage nach dem Austausch von Silbergeld und der Bewertung der Farbe des Silbers schuf.

Vor allem nach dem Opiumkrieg wurde in Shanghai, dem Schnittpunkt von internationalem und inländischem Handel, der Bedarf an Währungsumtausch immer dringender, und mit Ningbo-Shaoxing-Shanghai als Zentrum wurde die Ning Shao Gang Geldbank geboren. Um das Problem der Umrechnung von Silbertaels durch inländische Kaufleute und das Problem der Bewertung von Silberdollars durch ausländische Kaufleute zu lösen, begann die Shanghaier Geldbankindustrie ab 1856, eine virtuelle Rechnungseinheit für Silbertaels einzuführen, den "Guiyuan". Diese Erfindung hat die kaufmännische Buchführung der Kaufleute überall erheblich erleichtert.

Neben dem Basisgeschäft des Währungsumtauschs nutzt Ning Shao Gang das Shanghai International Domestic Trade Center, um auf kreative Weise ein auf China zugeschnittenes kommerzielles Geldanweisungssystem zu entwickeln, das ausländisches Finanzkapital und den chinesischen Handelsmarkt zu einer flexiblen und effektiven Plattform für den inländischen und ausländischen Handel verbindet.

Zu Beginn des Five Kou-Geschäfts kamen ausländische Banken nach Shanghai, um chinesische Spezialitäten zu kaufen und ausländische Industrieprodukte zu verkaufen. Das erste große Problem, auf das sie stießen, war das mangelnde Vertrauen in die chinesischen Lieferanten und Käufer. Die Befürchtung, für den Einkauf chinesischer Waren keine Bezahlung zu erhalten, und die Befürchtung, für den Verkauf ausländischer Produkte keine Bezahlung zu erhalten, ist genau dasselbe Problem wie das der italienischen Kaufleute im 13. Die Geldbanken der Ning Shao Gang nutzten diese große Geschäftsmöglichkeit und schufen die "Banknote", ein Wechselinstrument, das wesentlich zur raschen Ausweitung des internationalen Binnenhandels beitrug.

Banknoten sind in Shanghai im frühen 19. Jahrhundert erschienen, aber zu dieser Zeit sind die Banknoten im Wesentlichen Silberscheine, "Banknoten, die Bank wegen der Kreditvergabe oder Kaufmanns Anfrage, und in Inhaberform ausgestellt, die Zahlung und der Inhaber der Note auch".[18] Ihr Hauptmerkmal ist die Unmittelbarkeit und nicht die aufgeschobene Zahlung auf der Grundlage des realen Handels mit Handelswechseln.

Ein echter Handelswechsel verlängert die Zahlungsfrist auf einer Zeitachse und kann diskontiert werden, so dass die Verwendung eines Handelswechsels als Zahlungsmittel eine Ausweitung des Kreditvolumens innerhalb seiner Laufzeit bedeutet. Vor allem aber handelt es sich um eine Ausweitung des Kredits auf der Grundlage eines echten Geschäfts.

Das Wesen des Handelswechsels besteht darin, dass er eine kurzfristige Handelswährung ist, die gegen Handel ausgestellt wird, was sich von einer Schuldwährung unterscheidet, die gegen Schulden ausgestellt wird. Handelswechsel sind das wichtigste Mittel der Kreditexpansion in der Ära des Handelskapitalismus. Es folgten die Kreditexpansion des Kolonialkapitalismus, die durch Staatsschulden abgesichert war, der Industriekapitalismus, der durch Industrieschulden abgesichert war, und die Kreditexpansion des postindustriellen Zeitalters, die durch persönliche Schulden abgesichert war. [19]

Bei den von der Ning Shao Gang erfundenen Banknoten handelte es sich um Wechsel, die von chinesischen Kaufleuten, die "handelsbasierte" Banknoten beantragten, innerhalb von 5 bis 20 Tagen eingelöst und beim Kauf ausländischer Waren mit den Banknoten bezahlt wurden. Die ausländischen Banken trauen den chinesischen Kaufleuten im Allgemeinen nicht, aber sie werden von den Geldbanken, insbesondere den mächtigen, immer noch anerkannt. Der Grund dafür ist das von den ausländischen Banken üblicherweise angewandte System der Auslandsübernahme. Sie sind nicht nur mit der Stärke der lokalen Bank vertraut, sondern haften im Falle eines Unfalls auch unbegrenzt. Wenn der chinesische Geschäftsmann die Waren nicht fristgerecht bezahlen kann, ist die Bank für die Vorschüsse an die ausländische Bank verantwortlich, und dann wird die Bank zu dem chinesischen Geschäftsmann gehen, um die Rechnungen zu begleichen, oder die Bank kann direkt an die ausländische Bank zahlen und dann von dem chinesischen Geschäftsmann kassieren. Auf diese Weise

---

[18] *Outline of the Financial Organization of Shanghai*, von Yang Yinpu, Commercial Press, 1930, S. 46.

[19] *Die verlorene Wissenschaft des Geldes*, S. 271.

werden die Waren der ausländischen Bank gut verkauft, die von der Bank ausgestellten Papiere werden verzinst, so dass die Gewinne der Bank gesteigert werden und neue Geschäfte hinzukommen. Chinesische Geschäftsleute hingegen erhielten kurzfristige Finanzierungen, um ihr Geschäft zu erweitern. Es handelt sich um eine Finanzinnovation, die das Beste aus allen drei Welten vereint. Darüber hinaus können die Inhaber dieser Banknoten jederzeit Bargeld durch Diskontierung bei vielen Geldbanken oder ausländischen Banken erhalten.

Als die HSBC in Shanghai antrat, sah sie sich mit einer Situation konfrontiert, in der ausländische Banken mit lokalen Geldinstituten koexistierten. Ausländische Banken haben den Vorteil, dass sie gut kapitalisiert sind und die vollständige Kontrolle über internationale Devisengeschäfte haben. Der Vorteil der Geldbank besteht darin, dass sie den Markt kennt und die Position eines Kreditvermittlers für die Ausstellung von Handelswechseln für den inländischen Handel einnimmt, insbesondere für das lukrative und unersetzliche Geschäft der Geldwechselbasis auf der Grundlage des inländischen Währungssystems, und daher ebenfalls einen Platz hat.

Da die HSBC den Ehrgeiz hat, die Finanzwelt zu dominieren, wird sie sicherlich ihre Stärke nutzen, um die lokalen Finanzfürsten zu unterwerfen. Als die Wechselschlacht, die andere ausländische Banken überrollte, mit dem Sieg der HSBC endete, richtete sie ihre Aufmerksamkeit auf die einheimische Geldbank. Dank ihrer Fähigkeit, Einlagen von wohlhabenden Chinesen zu sehr niedrigen Kosten anzuziehen, und der hohen Gewinne aus der Finanzierung des Opiumhandels erreichte die HSBC bis zum Ende des 19. Die HSBC nutzte ihr eigenes starkes Kapital in vollem Umfang und begann, das Ticket-Splitting in großem Stil einzusetzen, um die Gelder der Geldbank zu kontrollieren. [20]

Bei begrenztem bankeigenem Kapital gibt es mehr als genug, um mehr vom Kuchen der kommerziellen Geldanweisungen zu essen. Es ist diese Schwäche, die HSBC sieht, und nur dann leiht sie die billigen überschüssigen Mittel an die Bank in Shanghai, die nur die Banknote als Sicherheit an HSBC geben muss, kann einen Kredit zu bekommen.

---

[20] *The Formation and Development of a Modern Financial Centre in Shanghai*, von Chen Zengnian, Shanghai Academy of Social Sciences Press, 2006, S. 17.

Infolgedessen haben sich die Shanghaier Geldbanken große Geldbeträge von der HSBC geliehen. Die HSBC kann auch direkt abgezinste Banknoten auf dem Markt erwerben und sie weiterdiskontieren, wobei sie die Spanne zwischen der Einlage und dem Weiterdiskont ausnutzt. Die Bankiers, die die Banknoten anderer Bankiers zu einem vergünstigten Preis erworben haben, könnten die Gewinne bis zur Fälligkeit halten, aber um den Geldumschlag zu beschleunigen und mehr Gewinne zu erzielen, werden sie nicht zögern, diese Banknoten an die HSBC weiterzuverkaufen, den Gewinn einzustecken und dann einen neuen vergünstigten Handel zu betreiben, solange die HSBC den richtigen Preis bietet.

Auf diese Weise können die Shanghaier Geldbanken zwar auf das Kapital der HSBC zugreifen, um ihr Geschäft zu vergrößern, müssen aber auch Tochtergesellschaften der HSBC werden, da die Quelle ihres Kapitals von der HSBC kontrolliert wird. Die HSBC kann ihre Gelder einschränken, indem sie sich weigert, die Banknoten aufzuteilen oder den Aufteilungssatz erhöht, oder sie kann den Rediskontsatz anheben, d. h. einen tiefen Abschlag auf die Banknoten, die die Bank an die HSBC weiterverkaufen will, so dass es für die Bank unrentabel wird, die Spanne zwischen den beiden Abschlägen zu erhalten, so dass sie gezwungen ist, die erste Diskontierung zu verlangsamen oder einzustellen. Dies wird dazu führen, dass die gesamte Geldbank ihre Finanzierung des Handels aufgrund der Verlangsamung des Umsatzes von Handelswechseln reduzieren muss. Die letzte Konsequenz ist, dass der Mangel an Kapital chinesische Kaufleute daran hindert, lokale Produkte wie Tee und Seide zu erwerben, und dass Bauern und Handwerker gezwungen sind, die Früchte ihrer Arbeit zu niedrigeren Preisen zu verkaufen. Und in dieser Zeit, HSBC hinter der ausländischen Bank Aktionäre "nur" in der Lage sein, billig zu essen, und dann auf dem internationalen Markt, hohe Preise geworfen, erhalten einen großen Gewinn.

Während die chinesischen Finanzkräfte, die von Hu Xueyan repräsentiert werden, einen tödlichen Kampf gegen die ausländischen Finanzkräfte führen, kann die HSBC jeden Handelswiderstand leicht ausschalten, indem sie den Geldhahn zudreht und eine Währungskrise heraufbeschwört.

Da die HSBC die Zügel der Zentralbank des Clear Empire in der Hand hält, ist es unwahrscheinlich, dass sich ein einheimisches Finanzinstitut zu einem ausreichenden Konkurrenten entwickelt, um die Kernstrategie der internationalen Bankiers in Frage zu stellen.

Ausländische Käufer: Chinas besonderes Phänomen

Das Wort "Einkäufer" stammt aus dem Portugiesischen und bezeichnete ursprünglich einen Diener in Südchina, der für den Einkauf auf dem Markt für europäische Kaufleute zuständig war. Später entwickelte sich der Begriff zu einer speziellen Bezeichnung für einheimische Geschäftsleute, die ausländischen Banken bei der Expansion ihrer Geschäfte in China halfen. Um sich als Käufer zu qualifizieren, mussten sie oft eine bestimmte Anzahlung leisten, die von der ausländischen Bank abgezogen wurde, wenn das Geschäft nicht die erwartete Größe erreichte oder einen Verlust erlitt. Wenn sie gut abschneiden, werden sie an den Gewinnen der ausländischen Bank beteiligt.

Aus rein kommerzieller Sicht ist ein Käufer ein normaler Handelsvertreter und daran ist nichts auszusetzen. Die Art des Problems ändert sich jedoch, wenn ausländische Banken keinen fairen, sondern einen repressiven Handel betreiben; wenn ausländische Banken keine gewöhnlichen Finanzdienstleistungen erbringen, sondern ein manipulatives Verhalten an den Tag legen, das die Geldmenge kontrolliert. Je mächtiger die ausländischen Banken und die ausländischen Banken sind, desto größer ist der Umfang ihrer Geschäfte und desto größer ist der Schaden für die chinesische Wirtschaft. Dabei werden die ausländischen Käufer, die dem ausländischen Finanzkapital helfen, seinen Einflussbereich auszuweiten, zu wichtigen Komplizen bei der Schädigung inländischer Interessen.

Am Beispiel der Jagd auf Hu Xueyan wird deutlich, dass die ausländische Käuferschicht eine tödliche Wirkung auf Chinas Wirtschaft, Finanzen, Handel und Lebensunterhalt hat. Ohne die engagierten Bemühungen ausländischer Käufer hätten ausländische und inländische Banken nicht so viel Kontrolle in China erlangen können.

Handelt es sich um gleichberechtigte Geschäfte oder um Kontrolle und Manipulation? Die korrekte Bestimmung der Absichten und Handlungen des ausländischen Finanzkapitals ist der Kern aller historischen Urteile über Verdienst und Recht und Unrecht.

Überall auf der Welt ist das Phänomen der ausländischen Käufer und Agenten fast eine chinesische Besonderheit. Weder in Asien noch in Indien, Japan, Korea oder auf dem amerikanischen Kontinent hat sich eine solche besondere Klasse herausgebildet. Es handelt sich um ein einzigartiges Phänomen des halbkolonialen Staates China. Im Zuge der westlichen Expansion wurden zuerst Amerika und Afrika kolonisiert, Indien in Asien und Südostasien wurden später erobert, und in diesen durch und durch kolonisierten Gebieten konnten die westlichen Herrschaftsmächte eine direkte vertikale Herrschaft ausüben, ohne dass einheimische Mittelsmänner die Kontrolle übernehmen mussten, so dass es keinen Bedarf für eine Käuferschicht gab. Die Situation in China ist insofern relativ einzigartig, als die westlichen Kolonisten zu spät kamen und China relativ stark ist, um für einen kurzen Zeitraum vertikal und vollständig zu herrschen, so dass es auf eine Mittelschicht angewiesen ist, um die Kontrolle zu übernehmen, eine Klasse von Bürokraten und Käufern.

Auf einer tieferen Ebene jedoch, wo die herrschende Kolonie die lokale Schrift, die die Gene der Zivilisation trägt und eine komplexe nationale Identität und geistige Zugehörigkeit aufrechterhält, vollständig zerstören muss, und wo die Eroberung eines Landes dessen Schrift nicht zerstören kann, wird der Herrscher entweder assimiliert oder vertrieben. Die Beherrschten, die sich geistig und emotional mit dem Herrscher identifizieren, sind die einzigen, die erfolgreich herrschen können, wie es in keiner anderen Kolonie der Welt der Fall war. Die Kolonialreiche Portugals, Spaniens, der Niederlande, Großbritanniens, Frankreichs, Deutschlands, der Vereinigten Staaten und Japans waren die ersten, die das koloniale Skript auslöschten und die beherrschten Völker dazu brachten, eine vollständige und totale kollektive Amnesie zu erleiden und die geistige und emotionale Indoktrination des Kolonialreichs wieder zu akzeptieren, um ihren "dauerhaften Frieden" zu erreichen. In der heutigen Welt sind die weit verbreitete Armut und Rückständigkeit in den ehemaligen Kolonialgebieten weitgehend ein Erbe der Kolonialzeit. Das Schreckliche ist nicht die Ausplünderung des materiellen Reichtums dieser Regionen, sondern die extreme Unordnung der geistigen Welt und die totale Zersplitterung der Glaubenssysteme, die durch die Zerstörung der Schriften der Kolonialländer verursacht wurde, und der Wiederaufbau des Glaubens an die eigene Zivilisation ist bei weitem nicht so wirksam wie wirtschaftliche Entwicklung und materieller Wohlstand auf kurze Sicht.

Chinas Glück liegt in der Hartnäckigkeit seiner chinesischen Schriftzeichen und dem enormen zivilisatorischen System, das auf ihnen aufgebaut wurde. Weder die Gerissenheit Großbritanniens, noch die Gier Russlands, noch die Arroganz Japans hätten die chinesische Zivilisation vollständig erobern können. In dieser Realität der Hilflosigkeit mussten die westlichen Kolonialreiche Kredite aufnehmen und sich auf ausländische Käufer verlassen, um die Ausplünderung und Kontrolle des Reichtums zu erreichen.

Unter den Umständen des völligen Zusammenbruchs der hohen Finanzgrenze konnten weder die Auslandsbewegung noch das Hundert-Tage-Reformgesetz oder gar der Sturz der Qing-Dynastie den Zustand der Halbkolonialisierung Chinas grundlegend ändern.

Auch Japan war mit den kolonialen Ambitionen der Westmächte konfrontiert, und die Tür zum Handel wurde ebenfalls aufgebrochen, aber es erlitt das entgegengesetzte Schicksal wie China. Der grundlegende Unterschied zwischen dem Erfolg der Meiji-Restauration und dem Scheitern der außenpolitischen Bewegung bestand darin, dass Japan seine eigene Finanzgrenze hielt und es ausländischen Finanzkräften nicht gelang, das japanische Währungssystem wirksam zu kontrollieren. Von besonderer Bedeutung ist die Tatsache, dass Japan keine starke Klasse von ausländischen Käufern gebildet hat. Infolgedessen ist es für ausländische Banken schwierig, in Japan Geschäfte zu machen, geschweige denn den finanziellen Lebensnerv des Landes zu kontrollieren.

Selbst nach dem Erfolg der Meiji-Restauration betrug das gesamte Bankkapital Japans bis 1900 weniger als die Hälfte dieses Betrags. Mit Ausnahme der HSBC, die immer noch tätig ist, sind jedoch andere ausländische Banken gescheitert. Die Zahl der inländischen Banken in Japan hingegen stieg von Null auf 1.867 im Jahr 1901. Die Meiji-Restauration, der die Meiji-Restauration vorausging, modernisierte die Industrie fast vollständig mit Hilfe von Krediten aus dem Bankensystem des Landes und machte Japan zum einzigen Erfolgsmodell in Asien, das aus der Kolonialisierung durch die Westmächte gleichberechtigt hervorging.

Es war Japans fester Griff auf seine hohen Finanzgrenzen und seine ständige Versorgung mit Krediten für seine Industrie, seine Verteidigung und seinen Handel, die zu einer schnell aufsteigenden Industriemacht führten.

KAPITEL II

Die Meiji-Restauration und die westliche Bewegung

Warum hatte die Meiji-Restauration Erfolg und die Bewegung für auswärtige Angelegenheiten keinen Erfolg? Warum gibt es in Japan keine ausländische Käuferschicht? Warum landeten ausländische Banken mit mächtigem Kapital in Japan und wurden schließlich fast vollständig zerstört? Warum ist Japan in der Lage, an seiner finanziellen Obergrenze festzuhalten?

Die Geschichte hat in China zu viele schmerzhafte Erinnerungen hinterlassen und den Chinesen später viele Fragen aufgeworfen. Der Erfolg der Meiji-Restauration in Japan und das Scheitern von Chinas außenpolitischer Bewegung sowie der Ausgang des Chinesisch-Japanischen Krieges haben China mehr Aufregung und Verwicklungen beschert als die Niederlage des britischen Empire.

Die Geschichte des japanischen Finanzwesens ist viel älter und fortschrittlicher, als die meisten Chinesen denken. Die Finanzerfahrung der Familie Mitsui ist 10 Jahre älter als die der Bank of England und mehr als 100 Jahre älter als die der Shanxi Bills; die Einrichtung des modernen Bankensystems in Japan ist China um mehr als 30 Jahre voraus; die Gründung der japanischen Zentralbank ist China um 28 Jahre voraus; die einheitliche Währung Japans, der Yen, mehr als 70 Jahre vor der französischen Währung Chinas; Japan legte den ersten monetären Grundstein für den Goldstandard in Asien; Japans Finanznetzwerk, das das Wirtschaftssystem des Landes vollständig kontrolliert; Japans Yokohama Shogin Bank, die den Händlern des Landes half, das Recht auf Preisfestsetzung in einem Zug wiederzuerlangen.

Der Erfolg Japans bei der Verteidigung seiner hohen Finanzgrenze gegen ausländische Finanzkräfte war eine wichtige Voraussetzung für den Erfolg der Meiji-Restauration.

Japan entdeckte schließlich das Geheimnis des Bankkredits und mobilisierte mit einer begrenzten Gold- und Silberwährung die Ressourcen der Nation mit der hohen Hebelwirkung des Finanzwesens, wodurch die Türen zur modernen Industrialisierung aufgestoßen wurden, während der erstaunliche Wohlstand, der durch Industrie und Handel geschaffen wurde, die japanische Wirtschaft auf die Überholspur der Weltmacht brachte.

Im Gegensatz dazu kämpfte in China die Bewegung für auswärtige Angelegenheiten, die von der Hanye Ping Iron and Steel Union Company verkörpert wurde, in einem äußerst schwierigen finanziellen und ökologischen Umfeld ums Überleben und gelangte trotz ihrer entscheidenden Vorteile und guten Ressourcen in japanische Hände.

Die Erfahrung der Geschichte zeigt, dass das Finanzwesen der Höhepunkt der modernen Wirtschaft ist und dass die finanzielle Hochgrenze die zweite nationale Verteidigung des modernen Landes ist!

Wangzheng Retro und der Aufstieg des Geldes

Am späten Abend des 26. Dezember 1867 weht ein kalter Wind. Auf dem Anwesen der Familie Mitsui in Kyoto, Japan, sitzt der Patriarch der Familie, Mitsui Saburosuke, zu seinen Füßen, und neben ihm steht eine mit Gold und Silber gefüllte Holzkiste. Die Bediensteten hielten den Atem an und lauschten auf den Tumult außerhalb des Hofes. Der riesige Salon wirkte in der Dunkelheit noch leerer, das Zischen der brennenden Kerzen war in dem stillen Raum deutlich zu hören. Die Luft schien zu gefrieren. In diesem Moment wartete Mitsui auf einen wichtigen Moment, der über das Schicksal der Familie entscheiden würde.

Er hatte genaue Informationen darüber erhalten, dass das Tokugawa-Shogunat eine Armee von 30.000 Mann mobilisierte, die bereit war, Kyoto zu vernichten. Die Choshu- und Satsuma-Klans der Umgekehrten Fraktion hatten ebenfalls eine große Anzahl von Samurai unter dem Banner der Wangmasa-Erweckung rekrutiert und gelobten, das Tokugawa-Shogunat, das Japan 200 Jahre lang regiert hatte, abzuschaffen und die Macht an den Kaiser zurückzugeben. Im Nu war die Schlacht unter der Burg von Kyoto erbittert und die letzte Schlacht, die über das Schicksal Japans entscheiden sollte, begann.

Die Familie Mitsui hatte als Finanzagenten des Tokugawa-Shogunats einen großen Beitrag zur Herrschaft des Shogunats geleistet und davon profitiert. Japan ist jedoch nicht mehr das Japan der Schlossstaat-Ära, die westlichen Mächte haben an seine Türen geklopft, und das ganze Land befindet sich in einer großen Krise, weil es vollständig kolonisiert ist. Die korrupte Herrschaft und die harte Ausbeutung des Tokugawa-Shogunats hatten bereits die gewalttätige Volksrevolte wie ein loderndes Feuer brennen lassen, während der schwache Kompromiss des Shogunats mit den Westmächten die lange unterdrückte Rebellion der Adligen und Samurai der Clans geschürt hatte. Mitsui, der die aktuelle Situation genau beobachtet, hat bereits damit begonnen, der Umgekehrten Sekte heimlich große Geldsummen zukommen zu lassen. Allerdings ist er nicht bereit und hat Angst, seine Neigungen öffentlich zu äußern.

Heute Abend wird Mitsui eine wichtige Entscheidung treffen, die sich auf die 300-jährige Geschichte der Familie auswirken wird: Er wird alles auf die Fraktion der Umgekehrten Shogune setzen und öffentlich mit dem Tokugawa-Shogunat brechen! Plötzlich klopft es an der Tür, und der Gesandte des Kaisers erscheint.

Im Palast in der Nähe von Mitsuis Haus geht gerade ein selbstgefälliger Teenager leidenschaftlich auf und ab und freut sich auf eine glänzende Zukunft für Japan. Es handelt sich um den Kaiser Meiji, der erst wenige Monate zuvor in sein Amt eingeführt worden war. Vor einigen Tagen hatte er ein Edikt erlassen, in dem er ankündigte, dass er die vom Tokugawa-Shogunat abgetretene Verwaltungsmacht akzeptiere und die seit über 700 Jahren bestehende kaiserliche Herrschaft aufhebe. Um den 15-jährigen Kaiser versammelten sich Fürsten verschiedener Klans, von denen die mächtigsten die Choshu- und Satsuma-Klans im Südwesten waren. Sie konnten die Herrschaft des Tokugawa-Shogunats schon lange nicht mehr ertragen und hatten sich mehrmals dagegen aufgelehnt, und ihre Untergebenen, die Samurai, waren kämpferisch und mutig und konnten den Krieg für sich entscheiden.

Der Meiji-Kaiser war jung, aber ehrgeizig und einfallsreich. Das Tokugawa-Shogunat hat mehrere aufeinanderfolgende Kaiser an die Stelle von Kaiser Han Hian gesetzt, aber können Sie garantieren, dass diese reinkarnierten Fraktionen um Sie herum nicht wieder die neue

Tokugawa-Familie werden? Noch vor drei Jahren war der verwegene Changzhou-Klan sogar bereit, seinen Vater, Kaiser Hyozumi, zu entführen, um die Tokugawa-Familie zu stürzen, indem er "den Sohn des Himmels als Geisel für die Vasallen hält". Die Situation des Ming-Kaisers war der des Qing-Kaisers Kangxi sehr ähnlich, der von Ao-Bai vor seinem Pro-Regime genötigt wurde.

Die dringlichste Frage war jedoch, wie man die Tokugawa-Familie besiegen konnte, die ihre große Macht nicht verlieren wollte. Ihre 30 000 Mann starke Armee würde sich bald bis nach Kyoto durchkämpfen, und das Schlimmste daran war, dass sein neues Regime mit leeren Taschen dastand und ohne Geld nicht kämpfen konnte. Der Meiji-Kaiser musste sich an die Familie Mitsui wenden, die zu dieser Zeit die reichste Familie Japans war.

In Begleitung des Gesandten kam Mitsui mit einer mit Gold und Silber gefüllten Truhe im Palast an, wo ihn der kaiserliche Finanzminister erwartete. Nach dem Austausch von Höflichkeiten teilte der Minister der Regierung unverblümt mit, dass sie kein Geld habe und der Krieg zu Ende gehen würde. Mitsui bot sofort die Schatztruhe an und wurde sofort zum neuen Finanzbeamten des Reiches ernannt, der die volle Verantwortung für die Beschaffung der Mittel trug. [21]

Wie konnte die Familie Mitsui es wagen, das Überleben des Meiji-Kaisers in einer Zeit der Krise anzuvertrauen?

Die Ursprünge dieser Mitsui sind in der Tat außergewöhnlich. Die Familie Mitsui begann 10 Jahre vor der Bank of England mit dem Aufbau eines Finanzimperiums. Sein Vorfahre, Takato Mitsui, begann seine Karriere in der Bekleidungsindustrie und eröffnete 1683 in Edo (dem heutigen Tokio) das Geschäft Mitsui Ryotei, wo er Finanzdienstleistungen wie Geldwechsel, Pfandleihe und Kreditvergabe anbot, wobei sein Geschäftsmodell dem einer chinesischen Geldbank sehr ähnlich war. Zu dieser Zeit war Edo das politische Zentrum, Kyoto war der Wohnsitz des Kaisers und Osaka war eine blühende Handelsstadt. Mit dem Ende der Zeit der Streitenden Staaten in Japan begannen verschiedene Industrien zu florieren. Der Handel zwischen den drei Metropolen wird immer enger. Takato Mitsui erkannte diese Chance und eröffnete "Mitsui Ryotei"-Filialen in Kyoto und Osaka und begann, ein kleines Finanznetzwerk aufzubauen. Wo es

---

[21] *The House of Mitsui*, Oland Russell, Little, Brown and Company, 1939, S. 142.

Handel gab, gab es auch Finanzdienstleistungen, kommerzielle Wechsel und Wechseldiskontierung wurden ins Leben gerufen, Wechsel fanden bald Eingang in das Finanznetzwerk der Familie Mitsui zwischen mehreren Metropolen, Kapital und Kredite begannen aus der Ferne zu fließen, und die Gewinne der Familie Mitsui stiegen von Minute zu Minute.

Damals mussten die Kaufleute ihre Waren in Osaka, dem Handelszentrum, einkaufen, während es in Edo, dem politischen Zentrum, Silber gab, und die umgekehrte Bewegung von Silber und Waren verschlang Zeit und Geld und war zudem nicht sicher. Das Shogunat hatte ähnliche Probleme, und die in Osaka eingenommenen Handelssteuern mussten über weite Strecken zur Schatzkammer des Shogunats in Edo transportiert werden, was sehr umständlich war. Als Mitsui diese Gelegenheit erkannte, schlug er dem Shogunat eine Lösung vor, bei der Mitsui die Steuern der Regierung in Osaka einziehen und das Geld dann über das Finanznetzwerk von Mitsui nach Edo überweisen würde, wobei eine Zahlungsanweisung das Dilemma der Regierung lösen würde, ohne schweres Silber transportieren zu müssen. Das Tokugawa-Shogunat war natürlich von dieser Einfachheit angetan und bot gnädigerweise eine Frist von 60 Tagen für die Geldanweisung an. Nach einiger Zeit waren die Dienste von Mitsui für das Shogunat recht zufriedenstellend, und die Frist wurde auf 150 Tage verlängert. [22]

Das ist es, was Koks für Mitsui tat. Die Regierung stellte Mitsui eine riesige Geldsumme zur Verfügung, die er fast umsonst für eine so lange Zeit verwenden konnte, und Mitsui konnte das Steuergeld des Shoguns in Osaka verwenden, um Waren für sich und andere Händler zu kaufen und dann Silber an die Schatzkammer des Shoguns in der Niederlassung in Edo zu zahlen. Von Osaka nach Edo brauchte Mitsui nur 15 bis 20 Tage, um alle Waren einzukaufen und zu verschiffen, was 130 Tagen eines riesigen zinslosen Staatskredits entsprach, der für kurzfristige Kredite und große Gewinne genutzt werden konnte.

Das Ferntauschgeschäft von Mitsui ist fast identisch mit dem Modell von Shanxi Ticket, und obwohl das Finanztauschnetz viel kleiner ist als das von Shanxi Ticket, ist es mehr als 100 Jahre älter.

---

[22] Ebd., S. 87.

Bevor die Westmächte in Asien einmarschierten, waren die Japaner wahrscheinlich finanzbewusster als die Chinesen.

Noch wichtiger ist, dass das Vertrauen des Tokugawa-Shogunats in Mitsui ein noch nie dagewesenes Ausmaß erreicht hatte. Nachdem die Westmächte die Tore Japans geöffnet hatten, schrieb das Shogunat vor, dass alle lokalen Geschäfte ausländischer Banken über die Mitsui-Familie abgewickelt werden mussten, was es ausländischen Banken unmöglich machte, direkten Kontakt mit japanischen Geschäftsleuten zu haben. Die Mitsui-Familie spielte die Rolle der Dreizehn Banken von Guangzhou in der Qing-Dynastie, und die Mitsui-Familie monopolisierte alle Handels- und Finanzschnittstellen mit dem Ausland, wodurch das Finanz- und Handelsnetz der Mitsui-Familie in Japan dominierte.

Nach mehr als 180 Jahren der Entwicklung war das riesige Finanzimperium von Mitsui zur Zeit des Meiji-Kaisers bereits zu einer wichtigen Kraft geworden, mit der alle Mächte gerechnet hatten.

Zu einer Zeit, als die neue Meiji-Regierung mit dem Gegenangriff des Tokugawa-Shogunats und den ständigen Unruhen konfrontiert war, wurde Mitsui angewiesen, dringend 3 Millionen Tael Silber für die Regierung aufzubringen, die erste Staatsschuld, die jemals in Japan ausgegeben wurde. Das Finanzimperium von Mitsui wurde sofort mobilisiert, und alle Finanznetze liefen mit hoher Geschwindigkeit zusammen. Sie schickten eine große Zahl von Staatsschuldenverkäufern los, von denen jeder die standardisierte Vier-Minuten-Rede beherrschen musste, die von Geschäftsleuten, Bankern und Hausfrauen im ganzen Land gehalten wurden und alle Gesellschaftsschichten mit der Leidenschaft für den Aufstieg und Fall des in Not geratenen Landes des Kaisers schockierten, und der Verkauf endete mit einem überwältigenden Erfolg: Die Staatsschuld in Höhe von 3 Millionen Tael Silber wurde um 3,8 Millionen Tael überzeichnet.[23]

Mitsui rettete das neue Meiji-Regime! Das Geld aus dem Mitsui-Finanzimperium floss in einem stetigen Strom in die Kasernen an der Front, die am meisten nach Nahrung und Sold dürsteten.

---

[23] Ebd., S. 148.

Zufälligerweise wurden die Kisten mit dem Militärsold, mit dem Mitsui seine Loyalität gegenüber Kaiser Meiji zum Ausdruck gebracht hatte, von einem jungen Offizier an die Front gebracht. Diese Person ist Xin Inoue.

Inoue: Japans Finanzgründer

Zu einer Zeit, als die Westmächte in Gefahr waren, das Shogunat im Chaos versank und das Land vor einer großen Krise stand, fasste Inoue den geheimen Entschluss, ins Ausland zu gehen, um zu sehen, warum die westliche Marine so stark und profitabel war und wie die Wirtschaft der westlichen Länder boomte. Zu dieser Zeit verfolgte Japan jedoch eine strenge Abschottungspolitik, und es war ein Kapitalverbrechen, Japan ohne Erlaubnis zu verlassen, um im Ausland zu studieren. Doch Inoues Entschlossenheit war so stark, dass er sich auch von der Gefahr des Todes nicht abschrecken ließ. Er nahm heimlich Kontakt zu Hirofumi Ito auf, einem Mitglied des Nagasu-Klans, und die beiden beschlossen, sich nach England zu schleichen, um gemeinsam zu studieren.

Als sie sich zur Abreise bereit machten, stellten sie plötzlich fest, dass sie kein Geld bei sich hatten und nicht wussten, wie viel es kosten würde, ein paar Jahre im Vereinigten Königreich zu bleiben. Also gingen sie zum britischen Konsulat, um sich zu erkundigen, und der Konsul, der eine solche Rarität noch nie gesehen hatte, sagte ihnen, dass jede Person 1.000 Tael Silber pro Jahr benötige, was für eine Samurai-Familie keine geringe Summe sei. Die beiden Männer waren sofort verblüfft. Aber die Lösung war immer schwieriger, und sie begannen, sich nach Geld umzusehen, um Sponsorengelder zu bekommen. Eines Abends im Mai 1863 fuhren sie und drei weitere enge Freunde auf Vermittlung des britischen Konsuls heimlich nach Shanghai.

Im Hafen von Shanghai sah Inoue Hunderte ausländischer Dampfer ein- und auslaufen, eine geschäftige Szene. Inoue ist der Meinung, dass Japan, wenn es sich nicht öffnet, vom weltweiten Trend abgehängt wird. Er dachte jedoch nicht darüber nach, was mit Chinas Wirtschaft geschehen würde, wenn ausländische Schiffe ganze Opiumladungen entladen und mit Seidentee, Gold und Silber beladen würden.

Sie wurden in Shanghai von Jardine's Keswick aufgenommen. Er fragte Inoue und die anderen, was sie in England lernen wollten, und es stellte sich heraus, dass Inoue plötzlich auf ein weiteres großes Problem stieß, nämlich dass keiner von ihnen Englisch konnte. Inoue kennt nur ein einziges englisches Wort, Navigation, und das Schlimme daran ist, dass er es falsch ausspricht. Keswick hörte sich das Rätselraten des Mönchs an und kam schließlich auf die Idee, dass sie Matrosen werden sollten, um das Segeln zu lernen, also schickte er jemanden, der Inoue dazu bringen sollte, Kessel zu brennen und mit den Matrosen Gelegenheitsarbeiten zu erledigen. Inoue Xin und die anderen verstehen nicht, warum Gäste, die ein Bootsticket gekauft haben, immer noch Hausarbeiten erledigen müssen, und sind sehr deprimiert. Da dies in England Tradition ist, mussten Inoue und die anderen mitmachen. Die stürmischen Winde und die Wellen auf dem Meer hatten dazu geführt, dass sowohl Inoue als auch Ito Hirobumi schwer seekrank wurden, und die beiden mussten sich übergeben, während sie heftig über die Zukunft Japans diskutierten. [24]

Das Schiff kam schließlich in England an, und für die beiden begann ein völlig neues Leben. Inoue wurde Zeuge des Reichtums und der Macht der Ausländer und versuchte verzweifelt, Englisch und professionelle nautische Kenntnisse zu lernen. Er hasste es, all die fortschrittlichen Zivilisationen des Westens auf einmal in sein Gehirn zu pauken. Eines Tages las er plötzlich in einer britischen Zeitung, dass der japanische Clan von Changzhou die Meerenge blockiert und ausländische Schiffe beschossen hatte, und dass die westlichen Mächte bereit waren, eine gemeinsame Flotte zu bilden, um die örtlichen "Barbaren" zu bestrafen. Inoue war schockiert, denn er wusste, dass die japanischen Samurai der starken Macht des Westens nicht widerstehen konnten, und so beschloss er sofort, mit Ito Hirobumi nach Japan zurückzukehren, um den örtlichen Daimyo zu einem Waffenstillstand zu überreden, bevor die Kriegsschiffe der Großmächte den Changzhou-Clan angriffen.

Die beiden riskierten, gefangen genommen und vom Shogunat zum Tode verurteilt zu werden, und eilten zurück nach Japan, um den britischen Generalkonsul zu treffen. Zu diesem Zeitpunkt stand der Krieg kurz vor dem Ausbruch. Inoue war bereits in der Lage, seinen Vorschlag auf Englisch zu formulieren - er war bereit, zu gehen und den Changzhou-Klan davon zu überzeugen, den Krieg zu beenden, und

---

[24] Ebd., S. 155-156.

der britische Konsul stimmte zu, ihnen einige Tage Zeit zu geben, um Frieden zu schließen. Nachdem Inoue Kiritsui Chen, der große Name des Changzhou-Klans, die westlichen Mächte von der Härte des Schiffes überzeugt hat, wird der Changzhou-Klan im Krieg besiegt werden. Der Hass der lokalen Kriegerklasse auf die Westmächte hatte einen Punkt erreicht, an dem es unmöglich war, ihn zu unterdrücken, und sie kämpften, obwohl sie verloren. Inoue musste zurückkehren und die Ergebnisse an die britische Seite melden. Als der britische Generalkonsul Inoue fragte, ob sie immer noch bereit sei, nach England zurückzukehren, um ihr Studium fortzusetzen, antwortete Inoue ganz trocken: "Nein, Sir! Wenn es zum Krieg kommt, werden wir die ersten Samurai sein, die mit dem Katana in der Hand unter Ihrem Feuer fallen! "Der britische Generalkonsul war von dieser Entschlossenheit gerührt.[25]

Diese Art von Bushido-Geist war zu dieser Zeit in Japan so weit verbreitet, dass es keinen Nährboden für ausländische Käufer gab. Es waren Inoue und eine große Zahl anderer japanischer Finanzsamurai, die für die Finanz - und Wirtschaftskraft des japanischen Reiches verantwortlich waren! Ausländisches Finanzkapital kann man nicht kaufen!

Die Brutalität des Krieges ließ die Westmächte erkennen, dass eine direkte Eroberung Japans zu kostspielig war und dass ihre Streitkräfte im Fernen Osten bei weitem nicht ausreichten. Inoue und Ito Hirobumi wurden beide ermordet und beinahe getötet, als sie von einheimischen Samurai fälschlicherweise für Spione gehalten wurden, weil sie mit den Mächten verhandelten. Der starke Bushido-Geist und das Nationalgefühl Japans waren in der Tat die ersten großen Schwierigkeiten, denen sich die westlichen Kolonisten gegenübersahen. Diese "Barbaren" konnten nicht direkt mit Gewalt erobert werden, und es war schwierig, eine Gruppe von ausländischen Käufern zu finden, die ein Klima für eine indirekte Kolonialherrschaft schaffen konnten.

Später wurde er einer der finanzstärksten Politiker Japans, einer der neun Senatoren des Kaiserreichs, und war als "Mitsuis großer Meister" bekannt. Ito Hirobumi war der berühmte eisenharte

---

[25] Ebd., S. 160.

Premierminister Japans und der Begründer der Verfassung, und während seiner Amtszeit begann der chinesisch-japanische Krieg.

Nach der Wiederherstellung der königlichen Verwaltung hatte der Choshu-Klan, dem der Sturz des Vorhangs am meisten zugeschrieben wurde, natürlich auch den größten Anteil an der Macht in der neuen Regierung. Unter den Choshu-Klans war er auch der führende Visionär von Inoue und Ito Hirobumi, so dass Inoue zum Daisuke Daizo (dem Äquivalent des stellvertretenden Finanzministers) befördert wurde und die Verantwortung für die Finanz- und Steuerkraft Japans übernahm, während Ito Hirobumi in das Büro für auswärtige Angelegenheiten ging und später aus dem diplomatischen Bereich als prominenter Politiker des Kaiserreichs hervortrat.

Der große Boss der Familie Mitsui

Inoues erste Priorität bei seinem Amtsantritt ist die Einführung eines Währungsstandards, der der wichtigste Eckpfeiler der finanziellen Hochgrenze ist. Wie man sieht, ist Xin Inoues Weitblick recht gut, und er kann den Kern der steuerlichen und finanziellen Probleme mit einem Blick erfassen.

Die Realität des Dilemmas, mit dem er konfrontiert ist, ist ein Währungschaos. Seit dem Tokugawa-Shogunat hat die japanische Währung an Wert verloren, und der Währungsstandard ist äußerst instabil. Im Jahr 1869 waren auf dem japanischen Markt 11 Arten von Goldmünzen im Umlauf, die 54% der umlaufenden Metallwährung ausmachten, 7 Arten von Silbermünzen, die 42% ausmachten, und 6 Arten von Kupfermünzen sowie eine Vielzahl von Papiergeld, das von den jeweiligen Clans und Städten ausgegeben wurde und einfach eine Währung aus der Zeit der Frühlings- und Herbstkriegszeit war.[26]

Zu dieser Zeit hatten die führenden Köpfe, die für die Finanzen Japans verantwortlich waren, Okubo Toshimitsu und die gesamte neue Regierung, im Grunde keine Ahnung von den Finanzen und dem Finanzwesen moderner Nationen. Anfangs war man sich einig, dass es einen Silberstandard geben sollte, da Silber die wichtigste Währung im japanischen Umlauf war. So erklärte die Regierung im Februar 1868 Silber zur Hauptzirkulationswährung und akzeptierte den

---

[26] *Japanese Banking*, Norio Tamaki, Cambridge University Press, S. 23.

mexikanischen Silberdollar als Zahlungsmittel in den Handelshäfen. Doch zu diesem Zeitpunkt schickte Hirobumi Ito, der bis in die Vereinigten Staaten gereist war, um das Bankensystem zu studieren, einen Brief, in dem er für einen Goldstandard plädierte: „Österreich, die Niederlande und einige andere Länder, die immer noch einen Bankstandard haben, wahrscheinlich weil es zu schwierig ist, zum alten Geldsystem zu wechseln. Wenn sie den Geldstandard wieder wählen könnten, würden sie sich zweifellos alle für den Goldstandard entscheiden. Für Japan wäre es also ratsam, sich den Tendenzen des Westens anzuschließen. Wenn Japan einen Goldstandard einführt, kann Silber immer noch als Komplementärwährung verwendet werden."[27]

Da Hirobumi Ito in den USA das Bankwesen studiert, ist er zwangsläufig ein Vertreter der neuesten Denkweise im Westen, so dass es für alle leicht ist, die Idee des Goldstandards zu vereinheitlichen. Zur gleichen Zeit wurde die japanische Währung nach der "Abschaffung des japanischen Yen" als Yen bezeichnet. Das ist mehr als 70 Jahre älter als China.

Als die neue Meiji-Regierung eingesetzt wurde, schickte sie sofort Hirobumi Ito in die Vereinigten Staaten, um das Bankensystem zu untersuchen, was zeigte, dass Japan in Finanzfragen sehr empfindlich war und bei weitem nicht mit dem Qing-Reich vergleichbar war. Auch Hirobumi Ito war in Finanzangelegenheiten nicht sehr bewandert; er lernte lediglich einige Grundzüge des dortigen Bankwesens vor Ort in den USA kennen und hatte einfach keine Zeit, sie zu verdauen und zu verarbeiten. Er versuchte, das amerikanische Nationalbankensystem in Japan zu kopieren, was zur Gründung von 153 Banken führte, die alle bis zum Ende des 19. Jahrhunderts in gewöhnliche Geschäfts- oder Privatbanken umgewandelt wurden.

Aber was den Goldstandard betrifft, so hat Hirobumi Ito ein gutes Urteilsvermögen. Versehentlich schlug sich Japan auf die Seite des britischen Empire und gehörte zur richtigen Seite. Aufgrund der damaligen Goldknappheit in Japan war jedoch immer noch Silber die Hauptwährung im Umlauf, und die tatsächliche Einführung des Goldstandards verzögerte sich bis 1897. Als die 230 Millionen Tael Silber von der Bank of England in Form von Pfund Sterling an die Londoner Filiale der japanischen Shogun-Bank in Yokohama gezahlt

---

[27] Ebd., S. 24.

wurden, kaufte das verbleibende Geld nach Abzug von 53% der britischen Kriegsanleihen und Waffenkäufe britische Anleihen und wandelte sie in Gold um, das schubweise nach Japan zurückgeschickt wurde und die Grundlage des Goldstandards bildete.

Da Inoue kein Geld zur Verfügung hatte, musste er sich mit der Familie Mitsui, Japans größten Goldbesitzern, auseinandersetzen, und die Beziehung zwischen beiden Seiten wurde schnell heiß. Da Mitsui einen großen Beitrag zum Aufbau der neuen Regierung geleistet hatte und dafür reichlich belohnt werden musste, und da es noch viele andere Stellen gab, die Mitsui fragen konnten, gab er Mitsui das Geld aus der Staatskasse. Aber der Fairness halber muss Mitsui dieses große Stück vom Kuchen mit zwei anderen alten Geldverleihern teilen.

Als die japanische Münzanstalt 1871 mit der Prägung neuer Münzen begann, beauftragte Mitsui sofort einen anderen amerikanischen Agenten, einen von der Regierung beauftragten Agenten, alle alten Münzen, die im ganzen Land im Umlauf waren, zu recyceln und die neue Währung zu bewerben.

Schließlich hatte Xin Inoue sich im Ausland aufgehalten und die Welt gesehen, und er schlug der Familie Mitsui nachdrücklich vor, die traditionelle, veraltete Geldbank-Scheinnummer in eine moderne Bank in Europa und Amerika zu verwandeln. Als Mitsui darauf einging, dass die Bank ihre eigenen Banknoten ausgeben könnte, verstand er sofort die enormen Vorteile in der Mitte. Mit einer Reserve von 75% für die Ausgabe von Banknoten ist der Überschuss nicht nur ein leerer weißer Handschuh? Mitsui ist endlich hinter das Geheimnis gekommen, dass Bankkreditgeld vermehrt werden kann. Mitsui beantragte sofort bei der Regierung das Recht, Banknoten im Wert von 1,5 bis 2 Millionen Yen mit der Wirkung eines nationalen gesetzlichen Zahlungsmittels auszugeben. Mitsui träumte davon, die "Bank von England von Japan" zu werden!

Im Juli 1871 reichte Mitsui einen Antrag auf eine Lizenz zur Eröffnung einer Bank ein. Dies war Japans allererster Antrag auf eine Banklizenz, und im August kam die Genehmigung des Finanzministeriums, einschließlich des Zeitplans für die Vorlage von Inoue beim Kabinett zur Genehmigung, was bemerkenswert effizient war. Noch besser: Das von der Regierung in den USA bereits gedruckte Geld würde sofort an Mitsui weitergeleitet, das es direkt ausgeben würde, wodurch sogar Druckkosten eingespart würden.

Mitsui befand sich mitten im Freudentaumel, als die schlechte Nachricht kam. Aufgrund des Vorschlags von Hirobumi Ito änderte die Regierung plötzlich ihre Meinung über die Einrichtung eines nationalen Bankensystems, ähnlich wie in den Vereinigten Staaten. Bei der so genannten Nationalbank handelt es sich nicht um eine staatliche Bank, sondern um eine Aktienbank mit der Befugnis, Geld auszugeben. Mitsui bevorzugt jedoch ein privates Bankensystem, das die Familie vollständig kontrollieren kann, und hat wenig Interesse an einer Zusammenarbeit mit anderen. Um Mitsui zu entschädigen, beauftragte Inoue Mitsui mit der Ausgabe von 6,8 Millionen Yen in Fiskalscheinen und 2,5 Millionen in Kolonialscheinen. Diese beiden Regierungsscheine sind Goldwährungen, können aber nicht eingelöst werden, weil es in Japan einfach nicht so viel Gold gibt. Obwohl Mitsui auch eine Menge Geld verdiente, sehnte er sich immer noch nach der großen Verlockung einer Bank, die Geld ausgeben konnte. [28]

Nachdem Inoue wiederholt die Arbeit gemacht hatte, stimmte Mitsui widerwillig einem Joint Venture mit den beiden alten Geldhäusern zu, um die Erste Nationalbank zu gründen, die in erster Linie für die Verwaltung der Staatskasse zuständig ist. Das ist ein gewaltiges Geschäft, denn alle Steuereinnahmen des Landes müssen durch ihre Hände gehen, was einer astronomischen Summe an Geldniederschlag, Krediten oder Investitionen gleichkommt. Das Schöne daran ist, dass ein so großer Nutzen auch mit anderen geteilt werden muss.

Die Gelegenheit, den Gegner zu eliminieren, ist endlich gekommen.

Das japanische Finanzministerium erkannte "plötzlich", dass das Geld des Landes in der Aktiengesellschaft First National Bank nicht unbedingt zuverlässig war, und war bereit, eine unangekündigte Inspektion durchzuführen, um festzustellen, ob die drei Hauptaktionäre über genügend Kapital verfügten. Mitsui hatte das Geld aufgrund des Hinweises von Inoue im Voraus vorbereitet, während die beiden anderen sofort die Pferdefüße zeigten. Da das Unternehmen nicht genügend Geld aufbringen konnte, wurde es von der Regierung gezwungen, seine Türen zu schließen.

---

[28] *The House of Mitsui*, Oland Russell, Little, Brown and Company, 1939, S. 168-169.

Mit der Hilfe von Inoue wurde Mitsui schließlich zum Schatzmeister der First National Bank ernannt.

Es ist kein Wunder, dass in japanischen politischen Kreisen der Spitzname "Mitsui's Boss" der Spitzname des Unternehmens ist.

Japan kontrolliert die finanzielle Obergrenze

Die Meiji-Oligarchie, bestehend aus den vier Clans von Nagashima, Satsuma, Hizen und Tosa, hatte die Macht in der Meiji-Regierung inne. Obwohl die Behandlung des Meiji-Kaisers deutlich besser war als die des Tokugawa-Shogunats, war er immer noch der berühmte "Choutenko". Die Meiji-Oligarchen hielten den Kaiser für einen Gott und setzten ihn in den Himmel, doch die tatsächliche Macht lag fest in ihren Händen. Obwohl sie das Tokugawa-Shogunat stürzten, gab es immer noch mehr als 300 Kleinfürsten im Land, und wenn sie nicht vollständig ausgerottet wurden, gab es keine Garantie dafür, dass eines Tages wieder eine Tokugawa-Familie auftauchen würde. Gleichzeitig war die Feudalherrschaft zweifellos ein ernsthaftes Hindernis für die Modernisierung Japans, wenn es auf Augenhöhe mit den Westmächten stehen wollte.

Aber wie kann man den Clan aufteilen? Die Geschichte ist übersät mit den daraus resultierenden Kriegen.

Die Meiji-Oligarchen verhandelten schließlich über die "Abschaffung der Klans und Grafschaften", ähnlich wie Taizu in der Song-Dynastie, als er "einen Becher Wein zur Freisetzung militärischer Macht" dachte. Es war Aufgabe der Zentralregierung, die Herren der Vasallen und ihre Untergebenen sowie die riesige Klasse der Krieger zu erziehen, und zwar auf ihre Kosten. Sobald die Fürsten zählten, funktionierte das sehr gut. Zuvor betrug ihr nominelles Jahreseinkommen 100.000 Koku Reis, also etwa 64.000 Pfund, und nach der Abschaffung der Lehnsherren und der Einrichtung der Präfekturen gab ihnen die Regierung ein Jahresgehalt von 50.000 Koku. Das ist eine recht großzügige Behandlung, wenn man weiß, dass das Einkommen der Lehnsherren nicht stabil ist, die Lebensmittelernte von der Gnade Gottes abhängt, ein weiterer Kriegsaufruhr, aber auch Geld und Leute zu bezahlen, um zu unterdrücken, vielleicht sogar Geld zu verlieren. Gleichzeitig sind sie nicht mehr mit dem Lebensunterhalt der Samurai-Klasse belastet, die ihr Land verloren hat, und der Staat sorgt für ihr Wohlbefinden. Die Arbeit geht also sehr gut voran. Ein britischer

Journalist konnte nicht umhin zu beklagen, dass das feudale Herrschaftssystem, dessen Abschaffung in Europa Hunderte von Jahren gedauert hatte, in Japan in nur drei Monaten vollendet worden war.

Die Situation ist alles andere als optimistisch. Der Clan wurde abgeschafft und die versteckten Gefahren des Tokugawa-Shogunats wurden vollständig beseitigt, allerdings um den Preis einer enormen finanziellen Belastung für die Nation, die eine Clan-Klasse von 2 Millionen Menschen unterstützte, die wie die "acht Banner" waren. Die Fürsten und Samurai gaben fast ein Drittel der zentralen Staatskasse für ihre Gehälter aus, und die riesigen Schulden der Vasallen in Höhe von 78 Millionen Tael verschärften die Finanzkrise der neuen Meiji-Regierung noch erheblich.

Als die Meiji-Oligarchen an die Macht kamen, brauchte man Geld, um sowohl interne als auch externe Probleme zu lösen. Die neue Regierung hatte kein Geld, und die Steuern funktionierten nicht über Nacht, so dass die einzige Möglichkeit darin bestand, Geld zu drucken. Dies ist vergleichbar mit dem massenhaften Drucken von Papiergeld in den amerikanischen Kolonien während ihrer Rebellion gegen das britische Empire.

In den ersten beiden Jahren der neuen Regierung, die 1868 begannen, wurden insgesamt 48 Millionen Yen Papiergeld ausgegeben, von denen mehr als die Hälfte für den Betrieb der Regierung verwendet wurde. 12,7 Millionen Yen wurden an die Vasallen verliehen, die die neue Regierung unterstützten, und die restlichen fast 10 Millionen Yen wurden für die Entwicklung von Industrie und Handel, einschließlich des Bankwesens, verwendet. Ab dem dritten Jahr kamen drei weitere Banknoten hinzu: eine vom Innenministerium ausgegebene Hilfswährung im Wert von 7,5 Millionen Yen zur Unterstützung von Staatsanleihen, eine vom Finanzministerium ausgegebene Schatzanweisung im Wert von 6,8 Millionen Yen zur Deckung des Haushaltsdefizits und eine "Entlassungsanweisung" im Wert von 2,5 Millionen Yen, um die entlassenen Samurai zu entschädigen und ihnen bei der Wiederbeschäftigung in Hokkaido zu helfen.[29] Mit dieser massiven Gelddruckerei und der Verbreitung von Falschgeld geriet die japanische Gesellschaft in einen Zustand der Hyperinflation, die

---

[29] *Japanese Banking*, Norio Tamaki, Cambridge University Press, S. 24.

Kreditwürdigkeit des staatlichen Papiergeldes sank drastisch und das Regime war in Gefahr.

Die neue Regierung ist knapp bei Kasse, die Gelddruckerei ist nur eine Notlösung, und langfristig müssen die Einnahmen erhöht werden. Also leitete die neue Regierung eine Reform der Monetarisierung der Bodenrenten ein. Damals wurden in Japan alle Steuern in Naturalien gezahlt, und die Bauern mussten die Last der Arbeit tragen. Genau dieses Problem hat China vor 300 Jahren mit dem "Einpeitschengesetz" von Zhang Juzheng, dem Kabinettschef der Ming-Dynastie, gelöst. Der Erfolg der Landpachtreform hat die stabilen Staatseinnahmen deutlich erhöht.

Als sich die Wirtschaft allmählich stabilisierte, wurden die Gehälter der Kriegsherren für die Meiji-Oligarchen zu einem wichtigen Anliegen. Die hohen Tiere verhandelten immer wieder und kamen schließlich auf einen Trick namens "Golden Locks Public Bond". Anstatt den Kriegern jedes Jahr riesige Geldsummen auszuzahlen, kaufte die Regierung ihre künftigen Gehälter in einer Pauschalsumme auf, wie beim "Aufkauf von Dienstjahren", aber anstatt Bargeld zu zahlen, wurde eine öffentliche Schuld in Gold ausgezahlt. Bei hohen Gehältern wird ein Pauschalbetrag von 6 bis 7 Jahreseinkommen zu 5% Zinsen gezahlt, bei niedrigen Gehältern ein Pauschalbetrag von 10 bis 12 Jahreseinkommen zu einem höheren Zinssatz. Der künftige Staat zahlt jedes Jahr nur noch Zinsen, was die finanzielle Belastung deutlich verringert. Das Kapital der Anleihe wird ab dem sechsten Jahr nach der Emission schrittweise zurückgezahlt und ist innerhalb von 30 Jahren getilgt. Dies ist ein viel besserer Ansatz als die Steuerreform des Yongzheng-Kaisers in der Qing-Dynastie, als er die acht Banner zwang, Land in den Vororten der Hauptstadt zu bewirtschaften, und das Niveau der Steuer- und Finanzverwaltung in Japan während der Meiji-Ära war wirklich erstaunlich.

Auf diese Weise können große Geldsummen für die Entwicklung der Industrie freigesetzt werden, und die Investitionserträge der Industrie können dazu verwendet werden, das Kapital und die Zinsen für die Golden Locks-Anleihen zu bezahlen. Seitdem wurden diese zwei Millionen Menschen von der Regierung gründlich vermarktet.

Im August 1876 begann die Regierung mit der Ausgabe der öffentlichen Kinloo-Anleihe, die sich auf 174 Millionen Yen belief. Die gesamte japanische Währung, die damals im Umlauf war, betrug nur 112 Millionen Yen! Gleichzeitig änderte die Regierung das

Nationalbankgesetz, um zu ermöglichen, dass die Staatsanleihen des Goldenen Schlosses als Bankkapital angelegt werden konnten. Die Herren, die über Nacht reich geworden waren, nahmen die Millionen von Anleihen, die sie erhalten hatten, sofort in die Hand und legten sie in Banken an. Wie man sieht, waren die japanischen Fürsten auch in finanzieller Hinsicht recht intelligent, und sie wussten bereits, welche Vorteile sie aus der Beteiligung an einer Geschäftsbank ziehen würden. Die Anteilseigner der berühmten Fünfzehnten Nationalbank waren fast alle diese Wunderkinder, denen es gelang, die Einkünfte aus ihren Gehältern in Finanzkapital umzuwandeln, das sie wiederum in die erfolgreichsten Industrieprojekte investierten, wodurch sie enorme Renditen erzielten und zur neuen Aristokratie der Zukunft wurden. In den drei Jahren nach der Ausgabe der öffentlichen Jinlu-Anleihen stieg die Zahl der Nationalbanken in Japan auf 153 an. Den Kriegern der Unter- und Mittelschicht bleibt nichts anderes übrig, als zu kämpfen, sie können sich nicht gegen die Kaufleute in der Einkaufspassage wehren, und so werden die Jinlu-Anleihen in großer Zahl weggeschwindelt. Abgesehen von einigen wenigen, die es geschafft haben, wurde die große Mehrheit der Samurai, die "zum Meer hinuntergingen", zu den ärmeren Klassen degradiert.

Mitsui hat die Beantragung von Banklizenzen beschleunigt, da das Volumen der Finanzgeschäfte mit den Fortschritten der Politik in diesen Ländern zugenommen hat. Mitsui hat trotz der früheren Ablehnung durch die Regierung nicht aufgegeben. Als Inoue 1876 erneut ins Finanzministerium kam, wurde Mitsuis Antrag auf eine Banklizenz sofort genehmigt. Mit dem Zusatz, dass eine unbeschränkte Haftung übernommen werden muss, wurde die Mitsui-Bank am 1. Juli 1876 offiziell gegründet und war damit die erste Privatbank in der japanischen Geschichte. Der Traum von Mitsui, Banknoten auszugeben, wurde endlich wahr.

Die 31 Filialen der Mitsui Bank, die früher zur Bekleidungskette von Mitsui gehörten, haben sich nun offiziell von ihrem ursprünglichen Geschäft getrennt und sich auf Finanzdienstleistungen spezialisiert, und die Mitsui Bank verfügt ab sofort über das größte Finanznetzwerk in Japan. Alte Meister werden in Scharen zu Kunden der Mitsui Bank. Allein im Eröffnungsjahr beliefen sich die Gesamteinlagen auf 11,37 Millionen Yen, hinzu kamen 2,28 Millionen Yen an Einlagen. Die Abschaffung der Präfekturen durch die Regierung, die Monetarisierung der Landrenten und die Kanroku-Staatsverschuldung erhöhten die

Steuereinnahmen beträchtlich, und die Hälfte der zentralen Steuereinnahmen wurde bei der Mitsui Bank eingezahlt. [30]

Auf diese Weise konnte die Mitsui Bank von der Meiji-Regierung eine riesige, zinslose und ungesicherte Geldeinlage erhalten. Mit dieser starken Finanzkraft begann Mitsui, in großem Umfang in Branchen wie Eisenbahn, Textilien, Papierherstellung, Schifffahrt und Kohlebergbau zu investieren und bildete eine Super-Plutokratie mit dem Finanzwesen als Kern und verschiedenen Branchen als Rückgrat, die voneinander abhängig waren und sich gegenseitig beeinflussten.

Im Jahr 1882 wurde die Bank of Japan, die erste Zentralbank in der Geschichte Japans, unter der Planung von Masayoshi Matsukata, Katsumi Inoue und anderen offiziell gegründet. Es handelt sich um eine Aktiengesellschaft, an der die Regierung und private Geldgeber jeweils einen entsprechenden Anteil halten, und die Familie Mitsui als Hauptaktionärin entsendet Vertreter in den Verwaltungsrat der Zentralbank, um an der Entscheidungsfindung mitzuwirken.[31] Obwohl die Zaibatsu, die die Interessen aller Parteien vertritt, die Macht von Mitsui etwas verwässert hat, ist in der japanischen Finanzindustrie noch niemand auf der gleichen Stufe wie Mitsui.

In der Folge entzog die Bank of Japan als einzige legale Bank, die in Japan Geld emittiert, den 153 nationalen Banken schrittweise das Recht, Geld zu emittieren, und übernahm die volle Kontrolle über die strategischen Höhepunkte des japanischen Finanzwesens.

Eine weitere wichtige Aufgabe der Bank von Japan ist die direkte Bereitstellung umfangreicher Finanzmittel für vorrangige Industriezweige des Landes. Die Bank von Japan hat ein spezielles Diskontfenster für die besicherte Finanzierung von Aktien und Anleihen von Schlüsselunternehmen eröffnet, was in anderen Ländern undenkbar ist und auf eine direkte Monetarisierung der Schulden und Aktien von Unternehmen hinausläuft, wobei die Entwicklungskosten der Schlüsselunternehmen von der Gesellschaft als Ganzes getragen werden. Damit wurden auch für die japanische Industrie äußerst wichtige Voraussetzungen für ihren Aufschwung geschaffen.

---

[30] *The House of Mitsui*, Oland Russell, Little, Brown and Company, 1939, S. 183.

[31] *Mitsui: Three Centuries of Japanese Business*, John G. Roberts, Art Media Resources, 1989, S. 126.

Mit der Mobilisierung der Bank von Japan wurden die Finanzressourcen des Landes effektiv konsolidiert, das gesamte Bankensystem wurde vollständig in die Kreditvergabe einbezogen, und dem Industriesystem wurde kontinuierlich Kapital in großem Umfang zugeführt. Der Grund, warum sich Japan von der Meiji-Restauration bis zum Chinesisch-Japanischen Krieg nicht in großem Umfang an der Finanzierung von Auslandsschulden beteiligte, liegt darin, dass Japan den gefährlichen Trend der zunehmenden Kolonisierung durch China und andere Länder unter dem Druck von Auslandsschulden miterlebte. Japans Meiji-Restauration wurde hauptsächlich durch die Konsolidierung und Mobilisierung finanzieller Ressourcen im Land und, was noch wichtiger war, durch die Schaffung von Krediten im Bankensystem finanziert.

Unter der Aufsicht der Bank von Japan hat sich das japanische Finanzsystem in beispielloser Weise entwickelt. Im Jahr 1901 gab es in Japan Tausende von Finanzinstituten aller Art, allein 1867 Geschäftsbanken, und ein Finanznetz, das sowohl das städtische als auch das ländliche Japan umfasste. Im folgenden Jahrzehnt verdreifachte das Bankensystem den Umfang der Kredite an Industrie und Handel und vervierfachte den Umfang der gesamten Einlagen, und Japans Eisenbahnen, Schifffahrt, Bergwerke, Textilindustrie, Militär, Maschinenbau, Landwirtschaft, Handel und andere Industriezweige schossen wie eine Rakete in die Höhe, stimuliert durch riesige Geldmengen.

Warum die Meiji-Restauration keine ausländischen Investitionen „anlockte"

Die Tatsache, dass Japan zu Beginn der Meiji-Restauration auf die Idee kam, die Kanroku-Anleihe als Kernkapital der Bank zu verwenden, zeigt, dass Japans tiefes Verständnis für das Wesen des modernen Finanzwesens bereits weit über das des Qing-Reiches zu dieser Zeit hinausging. Man beachte, dass Japans Industrialisierung während der Meiji-Zeit keine großen Mengen an ausländischem Kapital und Auslandsschulden einbrachte, weil Japan das Geheimnis des Bankkredits gründlich entdeckt hatte. Bei den modernen Bank- und Kreditgeldmechanismen ist das gesetzliche Zahlungsmittel niemals knapp und das Geld kann durch das eigene Bankensystem geschaffen werden. Wenn dies der Fall wäre, gäbe es überhaupt keine Notwendigkeit für ausländisches Kapital, in das japanische

Bankensystem einzutreten. Japan braucht internationale harte Währung nur zu dem Zweck, ausländische technische Ausrüstung und Ressourcen ins Land zu holen, die Japan nicht hat!

Aus diesem Grund hat sich die Meiji-Restauration in Japan nie mit "Investitionsförderung" beschäftigt. Japan braucht nur ausländische Technologie, Maschinen und Ausrüstungen sowie Rohstoffe, und Japan hat sich selbst besser als das Ausland darin geübt, die Arbeit zu bewältigen. Harte Währung kann durch den Export von Rohseide, Tee und Porzellan aus Japan gewonnen werden. Ausländische Gelder? Tut mir leid, nicht nötig! Denn Japan kann seine eigene Währung schaffen! Ausländische Firmen können sich am internationalen Handel beteiligen und japanischen Produkten helfen, die Weltmärkte zu erschließen und das zu kaufen, was Japan braucht. Der inländische Handel wird von Japans eigenen Firmen getragen.

Die Verdauung der westlichen Technologie ist eine japanische Spezialität. Es ist eine japanische Spezialität, ein Dojo in einem Schneckenhaus zu bauen, indem man verschiedene Dinge bis zum Äußersten schnitzt. Als die russische Flotte in Japan eintraf, kamen neugierige Japaner zu einer Besichtigung an Bord, und die Russen zeigten den Japanern ein Spielzeugmodell eines Dampfzuges. Als ich zum ersten Mal einen kleinen, rauchenden Zug auf den Gleisen fahren sah, war ich auf der Stelle wie vom Donner gerührt. Die Gruppe dachte nie wieder darüber nach und untersuchte sorgfältig, warum sich der Zug bewegen konnte. Bald kamen auch die Japaner mit kleinen Modelleisenbahnen auf den Markt, und schon bald waren sie ausgefeilter als die Russen.

Das Mindestreservesystem der modernen Banken ist ein Finanzsystem mit hoher Hebelwirkung. Ein Dollar an Rückstellungen kann einen Verstärkungseffekt von 10 Dollar erzeugen. Japans gesamtes Bankensystem nutzte vor 1882 sogar fast die 20-fache Hebelwirkung, um Geld in großem Umfang zu schaffen. Die Schaffung einer Währung in dieser Größenordnung hat die japanische Industrie und den Handel stark stimuliert, aber auch die Gefahr einer Inflation mit sich gebracht.

Japan begann, während des Chinesisch-Japanischen Krieges und des Russisch-Japanischen Krieges in großem Umfang Kredite aufzunehmen, als die finanzielle Vereinheitlichung des Landes bereits abgeschlossen war und die industrielle Modernisierung im Wesentlichen Gestalt angenommen hatte, so dass die

Auslandsverschuldung die politische und wirtschaftliche Autonomie Japans nicht zerstören würde. Die Auslandsverschuldung des Krieges war gleichbedeutend mit Risikokapital, und Japan machte sowohl im Chinesisch-Japanischen Krieg als auch im Russisch-Japanischen Krieg riesige Gewinne, indem es die Gewinne einfach mit den Großmächten teilte.

In Japans rascher Expansion der inländischen Finanzkraft wird der Einfluss der dominierenden ausländischen Banken stark reduziert. 1863-1868 landeten die ersten sechs ausländischen Banken in Japan mit einem Gesamtkapital von 200 Millionen Taels, weit mehr als die Gesamtstärke des japanischen Bankensystems zu jener Zeit. Bis 1897 betrug das Gesamtkapital des japanischen Bankensystems nur 133 Millionen Yen, was die Stärke der ausländischen Banken zeigt.

Nach der Meiji-Restauration war die Entwicklung der Märkte in Japan trotz der enormen Stärke der ausländischen Banken schwierig. Bis Anfang des 20. Jahrhunderts waren die ersten sechs ausländischen Banken, die in Japan eröffneten, mit Ausnahme der HSBC alle gescheitert oder hatten sich aus dem Land zurückgezogen. HSBC nutzt die riesigen Gewinne aus dem Opiumhandel in China, gibt es immer noch einen Platz in Japan, sondern hat auch in den Außenhandel und den internationalen Austausch und andere enge Bereiche gequetscht worden, nicht nur nicht in der Lage, die japanische Währung emittierenden Macht zu kontrollieren, auch das allgemeine Geschäft der Eintritt in den japanischen Markt ist schwierig.

Neben der erbitterten Rivalität und Belagerung durch Mitsui, Mitsubishi und Sumitomo ist auch der Mangel an grundlegendem Boden in Japan für das Überleben und die Entwicklung der ausländischen Käuferschicht ein wichtiger Grund. Es ist undenkbar, dass eine ausländische Bank auf dem japanischen Markt expandieren will, ohne die starke Mitarbeit der Einheimischen. Die Mitsubishi-Familie hat allen Mitarbeitern öffentlich geschworen, dass ausländische Reedereien vom japanischen Schifffahrtsmarkt verschwinden werden. Mit Hilfe der beiden großen Machtgruppen, der Regierung und der Finanzwelt, hat Mitsubishi sein Versprechen eingelöst.

Die Meiji-Regierung, deren Kern die Samurai-Aristokratie der Nagasu- und Satsuma-Klans bildete, hatte eine völlig andere Mentalität gegenüber den westlichen Mächten als die Qing-Regierung, die von Politikern und Zivilisten kontrolliert wurde, insbesondere im Finanzbereich. Das Finanzministerium war das Herzstück der Macht der Meiji-Regierung, und viele ihrer Finanzbeamten stammten von den Choshu- und Satsuma-Klans ab, die das Finanzwesen als Kampfarena für die Samurai betrachteten. Die erste Hürde, die ausländische Banken nehmen müssen, wenn sie das japanische Finanzwesen kontrollieren wollen, ist diese Gruppe von Finanzsamurai.

Als Japan die vollständige Kontrolle über sein eigenes Finanzsystem übernahm, hatte es auch die Geschicke des Landes fest im Griff. Obwohl die finanziellen Verwerfungen im Zuge der intensiven Industrialisierung zu schwerer Inflation und Sparmaßnahmen geführt hatten, hatte sich Japan als Ganzes in nur einer Generation von einem rückständigen Land am Rande der kolonialen Gefahr zu einer modernen Industriemacht entwickelt, die ihre finanzielle Obergrenze fest im Griff hatte!

Unmittelbar danach begann Japan einen heftigen Angriff auf das immer noch dominierende internationale Handels- und Devisengeschäft der HSBC.

Yen-Kreditverteidigungskrieg

Der japanische Finanzminister Shigenobu Okuma gründete die Yokohama Shogun Bank, um den Kredit der rasch an Wert verlierenden Papierwährung zu retten. Im Rahmen seiner Politik der "quantitativen Lockerung des Geldes" kam es zu einer raschen Kreditausweitung und einer Überhitzung der Wirtschaft, was zu einer erheblichen Abwertung der Papierwährung gegenüber der Silberwährung führte. Der Geldkredit ist stark beeinträchtigt, die Inflation ist schwer zu kontrollieren und die Wirtschaft befindet sich im Chaos. In seiner Verzweiflung bot Okuma Shigehide an, 50 Millionen Yen aus dem Ausland zu leihen und das ausländische Silbergeld zu verwenden, um das zu viel ausgegebene Papiergeld zurückzuholen. Daraufhin wurde sein Vorschlag von einem Sturm der Verwünschung übertönt.

Viele der Meiji-Oligarchen reisten ins Ausland, auch nach China, Indien und in andere Kolonialländer, und erlebten aus erster Hand, wie die Auslandsverschuldung diese Länder allmählich unter Kontrolle brachte und sie schließlich zu Kolonien oder Halbkolonien machte. Die Oligarchen wiesen darauf hin, dass die Meiji-Restauration nicht dazu diente, eine Kolonie der Westmächte zu vermeiden. Wiederholt sich nicht der Fehler Chinas, sich im Ausland zu verschulden, wenn die Grundlagen der Industrialisierung noch nicht abgeschlossen sind und die Fähigkeit zur Rückzahlung der Schulden nicht ausreicht, sondern Zölle und andere Staatseinnahmen zu verpfänden und damit die Steuerhoheit zu verlieren?

In seiner Verzweiflung schlug Okuma Shigenobu die Gründung einer reinen "Gold-, Silber- und Metallbank" in Yokohama, dem Handelszentrum Japans, vor. Sie wird Yokohama Shojin Bank genannt, weil es sich um ein reines Gold- und Silbergeschäft handelt. Sie gibt keine Banknoten aus, sondern ihr Hauptzweck besteht darin, die "guten Münzen" (Gold und Silber), die von den "schlechten Münzen" (Banknoten) verdrängt wurden, aus ihrem Lagerzustand zu aktivieren und sie in den gesellschaftlichen Kreislauf zurückzuführen. Die Entwertung der Papierwährung beschleunigte sich jedoch weiter, und bis 1880 wurde die Papierwährung auf 45% der Silberwährung abgewertet, und japanische Gold- und Silbermünzen verschwanden wie über Nacht aus allen Ecken. Die "richtigen" Goldbanken sind gelähmt, weil sie keine "richtigen" Gold- und Silbermünzen finden können. Die Abwertung der Papierwährung brachte Okuma Shigehide um seine Stellung als finanzieller Viehzüchter. [32]

Der nächste in diesem Schlamassel ist die deflationäre Gerechtigkeit von Matsumata, der seit langem mit der Politik der "quantitativen Lockerung" von Okuma Shigenobu äußerst unzufrieden ist. Die oberste Priorität von Richter Matsumata bei seinem Amtsantritt ist die Wiederherstellung der Kreditwürdigkeit der Papierwährung Yen. Das bedeutete, dass die Regierung das übermäßig ausgegebene Papiergeld in den Händen der Bevölkerung so lange in echtes Geld umtauschen musste, bis die Bevölkerung völlig davon überzeugt war, dass die Regierung "sehr viel" Gold und Silber hortete und keinen Umtausch mehr verlangte. Zu diesem Zeitpunkt befanden sich in Japan insgesamt 153 Millionen Yen im Umlauf, während die Gold- und Silberreserven nur 8,7 Millionen Yen betrugen, was nur 5,7 Prozent der gesamten im Umlauf befindlichen Geldmenge entsprach. Das ist ein Blutbad des Vertrauens, und Vertrauen allein reicht nicht aus, sondern vor allem echtes Geld.

Er und die Yokohama Shinkin Bank haben wiederholt einen Plan erörtert, der die operativen Schwierigkeiten der Bank lösen, die Abwertung der Papierwährung auf einen Schlag rückgängig machen

---

[32] *Japanese Banking,* Norio Tamaki, Cambridge University Press, S. 46-48.

und die Preissetzungsmacht ausländischer Banken im Außenhandel zurückgewinnen sollte.

Richter Matsubata wies das Finanzministerium an, der Yokohama Shojin Bank unverzüglich 3 Millionen Yen für den Devisenhandel zur Verfügung zu stellen. Das Geld soll zur Unterstützung des japanischen Exporthandels verwendet werden, um mit den Exporten Devisen zu erwirtschaften und so den inländischen Gold- und Silbermangel zu beheben. Da es im Lande an Gold und Silber mangelt und die Papierwährung stark überhöht ist, wird die Suche nach Gold und Silber im Lande allein das Problem nicht lösen, sondern wir sollten in der ganzen Welt nach Gold und Silber suchen und die Papierwährung mit Gold und Silber von außen stabilisieren.

Japans Außenhandelsstruktur war zu dieser Zeit ähnlich wie die Chinas, wobei Rohseide und Tee die wichtigsten Exportgüter waren. Die Rohseidenindustrie war der wichtigste traditionelle Industriezweig und die wichtigste Exportindustrie Japans, auf die etwa 30% der japanischen Exporte entfielen. Da ausländische Banken mit Unterstützung ausländischer Banken ein vollständiges Monopol auf die Preisgestaltung von Rohstoffen hatten, mussten japanische Rohseide und Tee oft zu Schleuderpreisen an ausländische Banken verkauft werden. Das japanische Finanzministerium ist seit langem darüber verärgert, aber es gab nur wenige Maßnahmen, die Wirkung zeigten.

Als die Yokohama Shojin Bank auf Anweisung von Richter Songfang leise zu handeln begann, begann Hu Xueyan gerade, sich in Shanghai mit Rohseide einzudecken, um die ausländischen Banken herauszufordern. Doch am Ende war das Schicksal diametral entgegengesetzt.

Auch japanische Seiden- und Teehändler sind knapp bei Kasse, und ausländische Banken zahlen Handelswechsel, die erst nach sechs Monaten fällig werden, bevor sie Geld von ausländischen Banken abheben können. Wenn man dringend Liquidität benötigt, muss man eine ausländische Bank dazu bringen, sie zu diskontieren, aber der Diskontsatz kann bis zu 20% betragen, was einem Verlust von 20% der Handelsgewinne gleichkommt! Wenn man nicht bereit ist zu verlieren, muss man warten. Seidentee ist jedoch eine Ware, die nicht warten kann und mit der Zeit verdirbt. Die Geldknappheit hat dazu geführt, dass der Erwerb von Seidentee nur langsam vorankommt, und die Seidenbauern können es sich nicht leisten, zu warten, also müssen sie ihn zu Billigpreisen verkaufen. Der Seehandel ist profitabel.

Das Auftauchen der Yokohama Shojin Bank brach sofort die Preissetzungsmacht der ausländischen Bank über den Handel. Als die ausländische Bank einen Vertrag mit den Kaufleuten aushandelte und einen Handelswechsel ausstellte, griff die Shojin Bank sofort ein und bezahlte die Kaufleute sofort in japanischer Währung, um den Wechsel zu einem sehr günstigen Preis zu kaufen. Diese Yen-Noten sind genau die Mittel, die Matsumata Justice dem Finanzministerium erlaubt hat, der Shojin Bank zu einem sehr niedrigen Zinssatz zu leihen. Auf diese Weise müssen die Händler nicht mehr auf die lange Laufzeit von Handelswechseln warten, und sie müssen sie auch nicht zu einer ausländischen Bank bringen, um einen sehr schädlichen Rabatt zu erhalten. Die Zahlungsanweisungen werden nun von der CZK Bank bis zur Fälligkeit gehalten, wobei sie das volle Risiko übernimmt. Bei Fälligkeit des Wechsels werden alle Zahlungen der ausländischen Geschäftsleute in Form von Gold- und Silbermünzen direkt auf das Konto des Finanzministeriums bei der CZK Bank überwiesen.

Auf diese Weise entsteht ein positiver Kreislauf: Die Shojin Bank leiht sich vom Finanzministerium billig Yen-Noten, kauft dann ausländische Wechsel in den Händen japanischer Exporteure mit einem Abschlag auf die Noten, hält die Wechsel, wenn sie auslaufen, die ausländischen Gold- und Silbermünzen werden an die Shojin Bank gezahlt, die dann an das Finanzministerium fließen, und die Shojin Bank macht einen Gewinn aus der Spanne zwischen den staatlichen Krediten und dem Abschlag auf die ausländischen Wechsel. Zu dieser Zeit erhielt das Finanzministerium eine große Menge an Gold- und Silbermünzen, um das Yen-Papiergeld zu recyceln und den Yen-Kredit wiederherzustellen. Japanische Exporteure erhalten sofort das Geld, dann gehen, um Seide Tee zu erwerben, die Beschleunigung der Geschwindigkeit des Kapitalverkehrs, den Erwerb eines großen Anstiegs, Seide Bauern Tee Bauern profitieren. Die Kaufleute gewannen mehr Verhandlungsmacht in ihren Verhandlungen mit den ausländischen Firmen. Gleichzeitig hat die Yokohama Shojin Bank eine noch nie dagewesene Ausweitung ihrer Geschäftätigkeit erlebt und begonnen, Zweigstellen in den wichtigsten Finanzzentren in Übersee zu eröffnen.[33]

---

[33] Ebd., S. 58-60.

Die finanzielle Innovation der Yokohama Shojin Bank war ein beispielloser Erfolg. Es war die Entstehung und der große Erfolg der Shojin Bank, der Japans Geldsystem am Rande des Zusammenbruchs umkehrte, die großen wirtschaftlichen Errungenschaften der frühen Meiji-Restauration konsolidierte und die durch die Währungsexpansion entstandene Finanzblase festigte.

Als die Bank of Japan gegründet wurde, arbeitete die Shinkin Bank eng mit der Bank of Japan zusammen. Das extrem niedrig verzinste Darlehen der Bank of Japan in Höhe von 2% an die Shinkin Bank unterstützte die Expansion der Shinkin Bank auf dem Weltmarkt. Das positive Gold- und Silbergesetz der Bank von Japan wiederum sorgte für eine konstante Versorgung mit Gold- und Silbermünzreserven und half der Bank von Japan bei der Schaffung eines unverwüstlichen Geldkredits. 1881 bis 1885 stiegen die Gold- und Silberreserven hinter den Yen-Noten von mageren 8,7 Millionen Yen auf 42,3 Millionen Yen, was 37% des gesamten Geldumlaufs ausmachte.[34] Um 1890 wurde das japanische Papiergeld schließlich wieder auf das gleiche Preisniveau wie Silber gebracht, und die Kreditverteidigung des Yen endete mit einem Sieg.

Die Westmächte waren erstaunt, dass eine so heftige Inflation völlig eingedämmt werden konnte und dass eine so übermäßig ausgegebene Papierwährung ohne jegliche Abwertung wieder kreditwürdig wurde. Dies zeigt, dass sich Japans Finanzkompetenz in nur 20 Jahren sprunghaft verbessert hat. Von einem Land, das keine Ahnung vom modernen Bankwesen hat, zu einem Weltklasseakteur, der bereit ist, der Welt sein Finanznetzwerk zu präsentieren.

Aus dem Scheitern von Hu Xueyans Kampf gegen die Preissetzungsmacht der ausländischen Bank für Rohseide und dem dramatischen Anstieg der Preissetzungsmacht der japanischen Seidenteehändler können wir ersehen, dass japanische Beamte wie Matsumata Justice mit allen Mitteln versuchten, den Exporteuren zu helfen, ihre Preissetzungsmacht wiederzuerlangen, während Qing-Bürokraten wie Li Hongzhang versuchten, Hu Xueyan zu stürzen; Japan verfügte über Finanzriesen wie Mitsui und Mitsubishi mit einem ausgeprägten Sinn für Nationalismus, während die Qing-Dynastie voll von ausländischen Finanzkäufern wie der Dongting Sejong-Familie

---

[34] Ebd., S. 61.

war; die Yokohama Shinkin Bank war Japans finanzieller Fingerzeig in die Welt, und der Finanzmarkt von Shanghai war die koloniale Waffe der HSBC, um China zu kontrollieren.

In China, das seine finanzielle Grenze verloren hat, können weder die Auslandsbewegung noch das Hundert-Tage-Reformgesetz oder gar der Sturz der Qing-Dynastie den Traum von der Industrialisierung Chinas, von einem wohlhabenden Land und einem starken Militär verwirklichen.

Meiji-Restauration vs. westliche Bewegung

> *„Einige der Aufkäufer haben durch ausländische Aggression Verbindungen zu den ausländischen Bürokraten geknüpft und sich an den politischen und wirtschaftlichen Aktivitäten der ausländischen Bürokratie beteiligt, und die Klasse der Aufkäufer ist in der Politik immer einflussreicher und wirtschaftlich mächtiger geworden und bildet eine wichtige reaktionäre gesellschaftliche Kraft. Die große bürokratische Gruppe von Ausländern unter der Führung von Li Hongzhang wurde zunehmend als politische Vertreter der Aufkaufkräfte sichtbar."*
>
> -Guo Moruo

Zur gleichen Zeit, als die Meiji-Restauration in Japan Einzug hielt, trieb auch China die außenpolitische Bewegung mit großem Elan voran. China und Japan, mit fast identischen Motiven, in fast identischen Positionen und mit fast ähnlichen Problemen konfrontiert, kamen zu sehr unterschiedlichen Ergebnissen: die Meiji-Restauration war ein voller Erfolg, die außenpolitische Bewegung ein völliger Misserfolg.

Liegt es daran, dass die Ausgangsbedingungen in Japan besser sind als in China? Obwohl China die beiden Opiumkriege gegen Großbritannien und Frankreich verlor und das Land abtrat, haben die Gesamtverluste das Kapital des Landes nicht ernsthaft erschüttert, und obwohl die Taiping-Himmelreich-Bewegung von 1851 bis 1864 dem Qing-Reich großen Schaden zufügte, war es zu Beginn der Meiji-Restauration 1868 sogar noch instabiler: Mehr als 300 Clans und Städte waren noch zu teilen, die Einnahmen der Zentralregierung lagen fast bei Null, und das Währungssystem befand sich im Chaos - es gab keinen grundlegenden Unterschied zwischen den beiden.

Ist das japanische System fortschrittlicher? Die Meiji-Restauration in Japan führte schließlich zu einer bürgerlichen Diktatur der Meiji-

Oligarchie mit den Clans Nagasu, Satsuma, Hizen und Tosa im Zentrum und einer bürokratischen Plutokratie und bürgerlichen Diktatur, in der die Interessen der drei Plutokraten Mitsui, Mitsubishi und Sumitomo miteinander verflochten waren und die politischen Vertreter die "Meiji Three Masters" und die "Ninomoto" waren. Das Qing-Reich hingegen war eine bürokratische Käuferschicht, die sich aus den Bürokraten um Li Hongzhang und den von Sheng Xuanhuai und Xi Zhengfu vertretenen ausländischen Kaufkraftgruppen zusammensetzte. Der größte Unterschied zwischen den beiden besteht darin, dass Plutokraten und ausländische Käufer unterschiedliche Interessen haben.

Solche Vergleiche lassen sich endlos fortsetzen, aber es geht um die Finanzen!

Der Opiumhandel zerstörte die Stabilität der einheimischen Währung des Qing-Reiches; das Fehlen einer Zentralbank führte zur Aufrechterhaltung der monetären Uneinheitlichkeit; HSBC kontrollierte das chinesische Bankensystem; ausländische Banken infiltrierten Chinas Finanznetzwerk; ausländische Käufer monopolisierten den Finanzmarkt; die Geheimnisse der Kreditschöpfung wurden von China nicht wirklich verstanden, was zu einer späten Öffnung des modernen Bankwesens führte; Riesige Reparationen und hohe Auslandsschulden führten dazu, dass die Haupteinnahmen der drei zentralen Finanzsysteme Chinas, nämlich Zölle, Salzsteuer und Cent-Beträge, an ausländische Banken verpfändet wurden; Chinas Steuer- und Abgabensouveränität ging verloren; die finanziellen Ressourcen der Regierung waren erschöpft und die Abhängigkeit von Auslandsschulden wurde verstärkt.

Der völlige Verlust der finanziellen Grenzen Chinas hat zum Verlust der politischen Unabhängigkeit, zum Mangel an Mitteln für die wirtschaftliche Entwicklung, zur Anhäufung von Armut und zur Schwäche des Militärs und der Landesverteidigung sowie zur Degradierung Chinas zu einer Halbkolonie ohne Nahrung, Wissenschaft und Technologie, Bildung und Kultur geführt, die von anderen abgeschlachtet werden soll.

All dies ist der wesentliche Unterschied zwischen der chinesischen außenpolitischen Bewegung und der Meiji-Restauration in Japan. Das Schicksal der Hanye Ping Company ist ein typisches Beispiel für diesen Vergleich.

Finanziell vergiftete Milch legt das Unternehmen Han Ye Ping lahm

Im Jahr 1894 wurde in Hanyang in der Provinz Hubei ein großes Unternehmen für Stahlerzeugung, Eisenverhüttung und Kohlebergbau gegründet. Mit einem Hochofenvolumen von 470 Kubikmetern war es damals das leistungsstärkste und fortschrittlichste Stahlkombinat in der gesamten östlichen Hemisphäre. Im Mai 1894 wurde das Hanyang-Eisenwerk erfolgreich getestet, zwei Jahre vor dem Yawata-Eisenwerk (dem späteren Vorgänger von Nippon Steel, dem größten Stahlunternehmen Japans). Am Vorabend der Xinhai-Revolution hatte das Unternehmen mehr als 7.000 Beschäftigte und produzierte jährlich fast 70.000 Tonnen Stahl, 500.000 Tonnen Eisenerz und 600.000 Tonnen Kohle, was mehr als 90% der jährlichen Stahlproduktion des Qing-Reiches ausmachte und zu einem Vorzeigeprojekt der Außenpolitik wurde.

Es ist das erste neuartige Stahl-Joint-Venture in China und hat das Potenzial, zum weltweit führenden Stahlkonzern zu werden. Wenn Hanye Ping erfolgreich ist, wird die von Hanye Ping vorangetriebene vor- und nachgelagerte Industriekette Chinas Wirtschaftsstruktur stark beeinflussen und eine echte industrielle Revolution in einer Reihe von Schwerindustrien wie Eisenbahn, Schifffahrt, Militärindustrie, Maschinenbau, Metallurgie, Bergbau usw. herbeiführen, die das tragische Schicksal Chinas zu Beginn des 20.Jahrhunderts und sogar den Lauf der Weltgeschichte völlig verändern wird!

Die Stahlindustrie ist das Rückgrat aller Industrien, und Länder, denen sie fehlt, gehören nicht gerade zu den modernen Nationen. Auch die Ausländer des Qing-Reiches hatten dies verstanden, und Zhang Zhidong, der Gouverneur von Huguang, war die Hauptperson, die maßgeblich an der Gründung der Han Ye Ping Company beteiligt war.

Leider konnte das Unternehmen Hanye Ping mangels eines wirksamen Schutzes der finanziellen Hochgrenze seinem tragischen Schicksal nicht entgehen.

1889 bat Zhang Zhidong, der Gouverneur der beiden chinesischen Provinzen, den kaiserlichen Hof um die Errichtung eines Eisenhüttenwerks. Sechs Monate zuvor hatte er jedoch jemanden nach England geschickt, um Eisenhüttenmaterial zu bestellen, und die Briten erkundigten sich nach der Art des Erzes und des Kokses, um zu entscheiden, welche Art von Ofen verwendet werden sollte. Die Briten mussten die entsprechenden Stahlöfen nach dem britischen Standard für die Herstellung von saurem Stahl liefern, was zur Folge hatte, dass das Bergwerk Hubei Daye einen hohen Phosphorgehalt aufwies und der im Stahlofen von Hanye Ping hergestellte Stahl zu viel Phosphor enthielt und nicht den Anforderungen an Gleisstahl entsprach, was zu einem großen Rückstau an Produkten führte. Zhang Zhidong, der Autor der Theorie "Chinesischer Körper und westlicher Gebrauch", hat weder den "Körper" behalten noch den "Gebrauch" gemacht.

Was ist der Nutzen des Westens? Das heißt, vom Westen zu lernen, wie man einen konkreten Ansatz zum wirtschaftlichen Aufstieg erreicht. Ein solches Lernen muss bodenständig und gewissenhaft sein und darf nicht im Geringsten zum Schein erfolgen. Nachdem der Neunte Reichstag 1895 die Errichtung der Hachiman-Hütte beschlossen hatte, beauftragte die Regierung den Handelsminister, eine Studie über Eisenerz, Roheisen, Stahl, Koks, feuerfeste Materialien, Produktionskosten und die Auswahl eines Werksgeländes zu erstellen, bevor nach elf Versuchs- und Untersuchungsrunden das Budget und der Plan fertiggestellt wurden.

Das zweite versteckte Problem ist der problematische Standort des Werks. Das Hanyang-Eisenwerk sollte in der Nähe einer Kohle- oder Eisenmine angesiedelt werden, um die Transportkosten zu senken. Zhang Zhidong schlug jedoch vor, das Werk unterhalb des Dabie-Bergs in Hanyang zu errichten, damit es in der Nähe überwacht werden kann. Hanyang ist etwa 120 Kilometer von der Eisenerzbasis Daye und etwa 500 Kilometer von der Kohlemine Pingxiang entfernt. Jede Tonne Roheisen verursacht erhebliche zusätzliche Frachtkosten. Um Überschwemmungen vorzubeugen, wurden vor dem Bau des Werks mehr als 90.000 Quadratmeter Erde aufgeschüttet, was 300.000 Tael Silber kostete und den Preis des Produkts in die Höhe trieb.

Der dritte Punkt ist das Brennstoffrisiko. Als Zhang Zhidong den Bau des Eisenwerks vorbereitete, hatte er eine verschwommene Vorstellung von "China ist so groß, dass es keine Kohle gibt". Nach dem Bau des Werks schickte Zhang Zhidong mehrere Jahre lang Leute an den Mittel- und Unterlauf des Jangtse, um die Kohleminen zu erkunden, aber das Ergebnis war nichts. Das Hanyang-Eisenwerk konnte wegen des Brennstoffmangels nicht normal produzieren, und die erste Stahlproduktion wurde im Juni 1894 eröffnet, aber der Ofen wurde im Oktober desselben Jahres wegen mangelnder Koksversorgung geschlossen. Die einzige Möglichkeit bestand darin, Tagebaukohle zu einem hohen Preis zu kaufen, sogar japanischen und deutschen Koks. Zu dieser Zeit lag der Marktpreis für Roheisen bei 20 Tael pro Tonne, während der CIF-Preis für Kaiping-Kohle in Hanyang 18 Tael pro Tonne betrug, und ausländische Kohle war noch teurer. Die Kosten für Kohlekoks in den Hanyang-Eisenwerken waren damals fast dreimal so hoch wie die ausländischer Stahlwerke, und das veredelte Roheisen und der Stahl waren auf dem Markt nicht wettbewerbsfähig. Der Stahl wird im offenen Ofen mit Verlust hergestellt, der geschlossene Ofen wird nicht hergestellt, und die monatlichen Fixkosten betragen 80.000 Tael, ebenfalls mit Verlust. Was für ein Dilemma, eine verzweifelte Situation. [35]

Bis 1896 hatte Han Ye Ping 5,68 Millionen Tael Silber verbraucht, und Zhang Zhidong konnte sich nicht mehr zurückhalten. Er musste Sheng Xuan Huai anflehen, das Chaos zu beseitigen.

Ich fürchte, dass damals nur Sheng Xuanhuai, der die vier großen ausländischen Unternehmen des Qing-Reiches - Schifffahrt, Telegrafie, Bergbau und Textilindustrie - kontrollierte, die Kraft hatte, Han Ye Ping zu übernehmen. Als Repräsentant des Büros für ausländische Einkäufer ist Sheng Xuanhuais Fähigkeit unbestritten, und er hat ein Händchen für die Führung von Unternehmen. Sheng Xuanhuai, der schon seit langem die Hanyang-Eisenwerke begehrte, erhielt ein starkes Angebot von Zhang Zhidong und machte ein Gegenangebot, dass die Hanyang-Eisenwerke von einer Eisenbahn übernommen werden müssten, denn mit der Eisenbahn würde er den Markt für Stahl haben. Zhang Zhidong war gezwungen, zuzustimmen. Und die Finanzierung der Eisenbahn wird zwangsläufig über ausländische Banken erfolgen, was für Sheng Xuanhuai von großem Vorteil sein wird.

Am 24. Mai 1896 trat Sheng Xuanhuai sein Amt an.

Die größte Schwierigkeit für die Hanyang-Eisenwerke ist der Koks, der ohne Brennstoff nicht hergestellt werden kann. Dazu war es notwendig, ein neues Gesetz über den Kohleabbau in Pingxiang einzuführen und gleichzeitig eine Eisenbahn zum Abtransport der Kohle zu bauen, wofür 5 Millionen Tael Silber benötigt wurden. Die Renovierung des Hochofens, der an die Eisenerzmine in Daliye angepasst war, die Einrichtung von Walzstahl, Stahlschienen, einer Stahlplattenfabrik usw. kosteten weitere 3 Millionen Tael Silber. Erst

---

[35] Lehren aus der Einführung von Auslandsinvestitionen im alten China am Beispiel der Firma Hanye Ping, Wang Xi.

1909 wurde in Hanye Ping wirklich qualifizierter Stahl hergestellt, der im wahrsten Sinne des Wortes der "erste von Chinesen hergestellte Stahl" war. Dies war eine wertvolle Zeit für den groß angelegten Bau von Eisenbahnen in China, und eine große Anzahl von Aufträgen für Stahlschienen und Eisenbahnausrüstungen flog wie Schneeflocken herein. Guangdong-Hanzhou, Peking-Hanzhou und andere Eisenbahnstrecken werden in der "Hanyang-made" verwendet. Das war die Zeit, als Han Ye Ping einen Gewinn erzielte. Im Jahr 1912 hatte Han Ye Ping ein Vermögen von 9,4 Millionen Tael Silber, aber Verbindlichkeiten von 24 Millionen Tael.

Es ist klar, dass Hanye Ping eine Refinanzierung benötigt. An diesem Punkt stellte sich die fatale Frage.

1913, als sich die Lage in Japan stabilisiert hatte, lieh sich Mori Xuanwai unter der Leitung von Yoko Mitsui 15 Millionen Yen von der Yokohama Shogin Bank. Wie bei früheren Yen-Krediten waren die Bedingungen sehr hart und wurden immer strenger. Es wurden unangemessene Bedingungen gestellt, wie z. B. die Verlängerung der Darlehenslaufzeit, die Erlaubnis, das Darlehen nur mit Rohstoffen zurückzuzahlen, die Verwendung von Bergwerken als Sicherheiten, die Lieferung von Erz und Roheisen nach Japan zu sehr niedrigen Preisen und deren langfristige Bindung sowie die Erlaubnis, dass künftige Darlehen nur von Japan gewährt werden durften.

Japan ist ein Land mit sehr geringen Eisenerzvorkommen, und die Nachfrage nach Erz und Roheisen steigt mit dem Wachstum der Stahlindustrie des Landes. In den Anfangsjahren der Yawata-Eisenwerke stammten fast alle Erz- und Roheisenlieferungen von den Hanyang-Eisenwerken und der Daye-Eisenmine. Japans strategisches Ziel ist klar: Hanyeeping soll als Rohstofflieferant für japanischen Stahl dienen und sicherstellen, dass Yawata Steel Stahl mit hoher Wertschöpfung produziert. So wurden bis in die 1930er Jahre 56,40% der Hanye-Ping-Erzproduktion und 54,87% der Roheisenproduktion nach Japan exportiert. Die Versorgung mit Roheisen und Erz aus Hanye Ping spielte eine große Rolle für die japanische Militärstahlindustrie. Während des Russisch-Japanischen Krieges stammten die meisten Rohstoffe für die Stahlerzeugung für japanische Kriegsschiffe und Waffen aus Hanye Ping.[36] Wie viele der Waffen und Munition, mit

---

[36] Ebd.

denen die Chinesen im japanischen Angriffskrieg abgeschlachtet wurden, stammten aus Chinas eigenem Eisenerz und Roheisen?

Im Jahr 1914 brach der Erste Weltkrieg aus, und die internationalen Stahlpreise stiegen um ein Vielfaches. Da die Anleihe aus Japan den Roheisen- und Erzpreis festschrieb, konnte Hanye Ping ihn nicht an den Marktpreis anpassen, und während des Krieges entsprach das nach Japan verkaufte Roheisen und Erz einer kostenlosen Abgabe von 115 Millionen Silberdollar an Japan! Genug, um den japanischen Kredit mehrmals zu tilgen! Trotzdem machte Han Ye Ping während des Krieges einen Gewinn von 24 Millionen Tael Silber. Nach dem Ersten Weltkrieg fielen die Stahlpreise jedoch stark, und Han Ye Ping musste wieder Verluste hinnehmen.

Im Jahr 1915 sprach Japan in seinem "Artikel 21" über die Ausrottung Chinas speziell die Frage von Hanye Ping an:

> *„Sobald die Möglichkeit besteht, dass Hanye Ping in Zukunft ein Joint Venture zwischen den beiden Ländern sein wird, darf die chinesische Regierung nicht ohne die Zustimmung der japanischen Regierung über die gesamte Macht und das gesamte Eigentum von Hanye Ping verfügen, noch darf sie nach Belieben über Hanye Ping verfügen. Alle Minen in der Nähe der Minen, die der Hanye Ping Company gehören, dürfen nicht von anderen Personen als der Company ohne deren Zustimmung abgebaut werden."*

Verstand der gewiefte Sheng Xuanhuai nicht, dass der Zweck des japanischen Darlehens so finster war? Natürlich verstand er es, aber er half der japanischen Seite aktiv beim Nachdenken und bei der Ausarbeitung von Ideen. Sein Ausgangspunkt war die Frage, wie er sein riesiges Familienunternehmen vor der Inbesitznahme durch die Revolutionäre schützen konnte, und deshalb zögerte er nicht, den Wolf in sein Haus zu locken und sich selbst als Geisel zu nehmen.

Im Jahr 1913 hatte Yuan Shikai daran gedacht, Han Ye Ping zu verstaatlichen, aber Sheng Xuanhuai war entschieden dagegen. Er konnte es nicht abwarten, ein geheimes Telegramm an die japanische Seite zu schicken, in der Hoffnung, dass Han Ye Ping so bald wie möglich an sie übergeben würde. Japan war "besorgt" über den Gesundheitszustand von Sheng Xuanhuai, schätzte, dass er "an einer Lungenkrankheit litt und nur noch fünf Jahre leben würde", und befürchtete, dass fünf Jahre später "nicht durch eine plötzliche Änderung der Beziehungen ersetzt werden und der Kauf von Eisenerz scheitern würde."³⁷ Deshalb bemühte er sich, den Kredit abzuschließen, solange Sheng Xuanhuai noch am Leben war. Er war in den japanischen Schulden gefangen und wurde schließlich vollständig von den Japanern kontrolliert.

Die Fakten zeigen, dass eine ausländische Bewegung, die von einer bürokratischen Buy-in-Klasse dominiert wird, nicht erfolgreich sein kann. Wie Mao Zedong argumentierte,

> *„Im wirtschaftlich rückständigen, halbkolonialen China sind die Grundbesitzerklasse und die Käuferschicht dem internationalen Kapitalismus völlig untergeordnet, und ihr Überleben und ihre Entwicklung sind dem Imperialismus untergeordnet."*

Stahlunternehmen benötigen umfangreiche Finanzierungen, und mit dem Verlust der finanziellen Souveränität können sie nur große Summen an Auslandsschulden aufnehmen und landen in den Händen anderer. Wäre Hanye Ping in Japan, könnten seine Anleihen und Aktien direkt über das spezielle Diskontfenster der Zentralbank finanziert werden, oder es könnten Kredite von Zaibatsu-Banken vergeben werden, und die Regierung würde Zölle erheben, um den Wettbewerb mit ausländischem Stahl zu unterbinden - ein so wichtiges Kerngeschäft, das die Regierung in jedem Fall voll unterstützen würde. Und in China? Die Zentralbank des Qing-Reiches, die 1905 gegründete Große Qing-Bank, war nicht willens, geschweige denn in der Lage, Han Ye Ping zu helfen. Zu dieser Zeit war die chinesische Währung noch nicht vereinheitlicht, und das von der Qing-Bank ausgegebene Papiergeld konnte nicht glaubwürdig sein. Das Geschäftsbankensystem steckte noch in den Kinderschuhen, und die Kapitalakkumulation war alles andere als stark. Der Aktienmarkt von Shanghai ist eine Welt der Spekulanten, und niemand ist an einem superschweren Wert dieser Größe interessiert. Die Geldbank ist zu klein, um sie zum Laufen zu bringen, die Ticketnummer denkt nicht an Aggressivität, sondern an den alten Weg. In der rauen Finanzwelt ist es für Hanye Ping schwer zu überleben.

Die Industrie ist der wichtigste Kernsektor für die Schaffung von gesellschaftlichem Reichtum, und eine massive Ausweitung der Bankkredite wird, wenn sie nicht mit der produktivsten Industrie kombiniert wird, früher oder später in eine Inflation münden. Die

---

³⁷ Quelle: Ebd.

Erfahrungen Japans und Chinas zeigen einmal mehr, dass das Finanzwesen der zentrale Lebensnerv eines Landes ist und dass es unmöglich ist, die Kontrolle über die nationale Souveränität und den wirtschaftlichen Lebensnerv ohne finanzielle Souveränität zu behalten!

Der Erfolg der Meiji-Restauration ließ die nationale Macht Japans in die Höhe schnellen und, was noch wichtiger war, den Expansionsdrang stark anregen. Chinas außenpolitische Bewegung schien zwar lebendig zu sein, konnte aber den Test des Krieges nicht bestehen. Als China und Japan frontal aufeinander prallten, zerbrach der "westliche Spiegel" der außenpolitischen Bewegung sofort in der Schlacke der Geschichte.

Der Chinesisch-Japanische Krieg hat in der Geschichte Chinas und Japans unauslöschliche Spuren hinterlassen. China ist nicht mehr die arrogante, hochmütige Supermacht der früheren Dynastie, sondern wurde schnell zum Schlachtlamm für die Großmächte; und Japan ist nicht mehr die kleine, isolierte Insel des Seelenfriedens, die es einst war.

Spaltung des Schicksals

Die Niederlage Chinas im Chinesisch-Japanischen Krieg war für die Welt eine Überraschung, für China jedoch eine Gewissheit. Das Problem war nicht das nationale Machtgefälle, sondern die negative Strategie der ausländischen Käufer.

Zu dieser Zeit hatte China noch einen wirtschaftlichen und militärischen Vorteil gegenüber Japan. Obwohl die Meiji-Restauration sehr effektiv war, war Japans Schwerindustrie immer noch schwach, und von den Leichtindustrien war nur die Textilindustrie weiter entwickelt. Die Produktion von Stahl, Kohle, Kupfer, Kerosin und Maschinen ist viel geringer als in China. Zu dieser Zeit verfügte Japan über ein industrielles Gesamtkapital von 70 Mio. Yen, ein Bankkapital von 90 Mio. Yen, Ein- und Ausfuhren von 260 Mio. Yen und Steuereinnahmen von 80 Mio. Yen, die mit Ausnahme des Importvolumens alle nicht so hoch waren wie in China. Aus militärischer Sicht hat Japan seit der Meiji-Restauration aus dem Instinkt eines Inselstaates heraus alles getan, um seine militärische Stärke zu erhöhen, und verfügte vor dem Krieg über 55 Kriegsschiffe mit einer Verdrängung von 61.000 Tonnen, vergleichbar mit der chinesischen Peking-Flotte. Japans stehendes Heer von 220.000 Mann, das insgesamt weniger als halb so stark ist wie das chinesische, liegt waffentechnisch nicht allzu weit auseinander. Es ist offensichtlich, dass China in Bezug auf die militärische Macht immer noch einen leichten Vorteil gegenüber Japan hat.

Wie das Sprichwort sagt: "Wenn ein Soldat ein Bär ist, ist er ein Bär in einer Höhle". Es wäre ein Wunder gewesen, wenn die "starke Brigade" unter der Führung des Außenministers Li Hongzhang den Krieg gewonnen hätte.

Li Hongzhang rühmte sich der "achten Flotte der Welt" der Pekinger Marine, die noch vor den Vereinigten Staaten und Japan rangierte, aber im Chinesisch-Japanischen Krieg wurde kein einziges japanisches Schiff versenkt, und seine Armee hatte einen Totalverlust zu verzeichnen. Die Armee ist sogar noch lächerlicher: Sie hat Dutzende von Schlachten gewonnen, ohne einen einzigen Sieg zu erringen, und der Rest lässt sich mit den Worten "fliehen im Wind" zusammenfassen. In der Schlacht von Asan floh Ye Zhichao nicht nur überstürzt, sondern meldete die Schlacht auch falsch, und später in Pjöngjang inszenierte Nordkorea erneut einen Sieg in der "Großen Flucht", indem er 500 Meilen wild umherlief, um zurück zum Yalu-Fluss zu entkommen. An der Yalu-Flusslinie stellte Li Hongzhang 40.000 "starke Brigaden" auf, mehr Truppen als die Japaner, aber in weniger als drei Tagen war die gesamte Linie besiegt. Die Japaner griffen Yizhou an und feuerten nur einen Zug Geschütze ab, bevor die "starke Brigade" die Stadt aufgab und floh. Als die Japaner Dalian angriffen, hisste der Oberbefehlshaber Zhao Huaiye die Flagge und verließ die Stadt, was den Guinness-Weltrekord gebrochen haben könnte. Das Gold und Silber der Familie war im Voraus abtransportiert worden, aber mehr als 130 Kanonen, 2,4 Millionen Granaten und Kugeln wurden von der japanischen Armee beschlagnahmt. Die Japaner griffen Lushun wieder, die "starke Brigade" mit 70.000 Truppen zu entkommen, um mit der japanischen Armee von 20.000 Arbeitsteilung Expedition befassen, hat der Oberbefehlshaber Gong Zhaoma nicht einmal den Schatten der japanischen Armee zu sehen, und dann mit dem Boot nach Weihai die Nacht entkommen, das Ergebnis der Gruppe ist führerlos, das militärische Herz zerfiel, das Qing-Reich verbrachte Dutzende von Millionen von zwei Silber, um die Festung Lushun zu bauen wurde in einem Augenblick gefangen genommen. Die Japaner pflegten zu sagen, China sei wie ein totes Schwein, das auf dem Boden liegt und geschlachtet wird", so Li Hongzhangs Mitarbeiter.

Li Hongzhang konnte keinen Krieg führen, aber Verhandeln war seine Stärke. Infolgedessen trat die DVRK in den Einflussbereich Japans ein und trat Taiwan, die Penghu-Inseln und die Halbinsel Liaodong mit dem Vertrag von Shimonoseki ab, für den 200 Millionen Tael Silber gezahlt wurden. Durch die Vermittlung der konspirativen Mächte erklärte sich Japan anschließend bereit, die Halbinsel Liaodong zurückzugeben, doch wurde die Entschädigung um 30 Millionen Tael Silber erhöht.

Woher sollte das besiegte Qing-Reich das Geld haben, um seine Schulden zu bezahlen? Die internationalen Bankiers haben auf diese große Rechnung für Auslandsschulden nur gewartet. Die Finanzgeier der Nationen schwärmten aus, und das Große Qing-Reich wurde sofort zu Tode gepickt.

Die Qing-Regierung nahm 200 Millionen Tael Silber auf und verschuldete sich im Ausland in einem so hohen Umfang wie nie zuvor. Vor dem Chinesisch-Japanischen Krieg nahm die Qing-Regierung zwar auch Auslandsschulden auf, aber die Beträge waren nicht so hoch und es war nicht sehr schwirig, Kapital und Zinsen zu zahlen, und sie wurden im Wesentlichen vor dem Krieg zurückgezahlt. Die Auslandsschulden, die für die enorme Entschädigung des Vertrags von Ma Guan erforderlich waren, verpfändeten fast die gesamten Einnahmen der Qing-Dynastie, und ausländisches Monopolkapital begann, die Finanzen der Qing-Regierung zu kontrollieren. Die Unfähigkeit der Qing-Regierung, über die Runden zu kommen, wurde immer schlimmer. Um diese Kredite zu sichern, sah sich die Qing-Regierung gezwungen, Deutschland die Jiaozhou-Bucht zu pachten, Russland den Hafen von Dalian in Lushun zu überlassen, Großbritannien beschlagnahmte Weihaiwei und Frankreich lieh sich die Guangzhou-Bucht. Die Anleihe ist an die Bedingung geknüpft, dass keine vorzeitige Rückzahlung erfolgt, und die Anleihe ist durch fast alle Zölle, Salz- und Cent-Steuern der Qing-Regierung gesichert. Vereinfacht ausgedrückt, sollten diese Auslandsschulden die Steuereinnahmen der gesamten Qing-Dynastie als Sicherheiten dienen. Nach der Niederlage von Awu war das Qing-Reich völlig bankrott.

Japan wurde plötzlich so reich, dass der Wunsch nach Aggression aufkam und es begann, Russland ins Visier zu nehmen.

Betrachtet man den japanischen Sieg im Russisch-Japanischen Krieg mit den Augen des Britischen Empires, so entsprach er in der Tat dessen strategischer Ausrichtung in der Welt: "Unser erlauchter, temperamentvoller, kleiner Beschützer des Ostens, die Japaner, sind entschlossen, die Russen für uns zu besiegen". Und was Japan blutig geschlagen hat, sind 1,5 Billionen Yen Auslandsschulden und ein enormer Kriegskonsum, fast das Vierfache dessen, was es aus dem Chinesisch-Japanischen Krieg bekommen hat! Zu diesem Zeitpunkt war Japan so wütend, dass es eine so hohe Schuld nicht bezahlen konnte, ohne zu plündern. Ob es sich nun um den Chinesisch-Japanischen Krieg oder den Russisch-Japanischen Krieg handelte, neben dem Blutvergießen zwischen den Gewinnern und den Verlierern gab es auch die internationalen Bankiers, die den großen Kuchen der Auslandsschuldenübernahme verspeisten und hinter den Kulissen lachten.

Li Hongzhang hatte noch ein weiteres, größeres Stück vom Kuchen für die internationalen Bankiers, nämlich die Finanzierung des chinesischen Eisenbahnnetzes. Es mag dem Großen Qing-Reich nicht in den Sinn gekommen sein, dass es der Eisenbahnboom war, der seine Herrschaft zu Grabe trug.

Eisenbahnen sind sicherlich eine gute Sache, aber es kommt darauf an, wer sie kontrolliert.

Die Meiji-Oligarchen hatten mit eigenen Augen gesehen, dass Indien, wo immer die Eisenbahnen des britischen Empire gebaut wurden, zu elenden Kolonien verkommen war. Das Große Qing-Reich lag in den letzten Zügen, und es war einfach unmöglich, das Silber für den Bau eines landesweiten Eisenbahnnetzes aufzubringen, und die internationalen Bankiers waren verzweifelt.

Das erste Eisenbahndarlehen ging an HSBC und Jardine Matheson, die Strecke von Tianjin nach Fengtian und Niuzhuang, und die Garantie war das gesamte Eisenbahnvermögen der Strecke von Peking nach Shanghuang. Mit anderen Worten: Wenn das Darlehen nicht zurückgezahlt wird, muss das Vereinigte Königreich Peking mieten. Alle Gleisanlagen, Waggons, Lokomotiven usw. gingen an Jardine's. Die Firma Jardine, die ursprünglich mit Opium handelte, hat ihre Industrie endlich aufgerüstet und macht jetzt gute Geschäfte.

Das zweite Eisenbahnunternehmen war die Strecke Shanghai-Nanjing von Shanghai nach Nanjing. Das Becken des Jangtse-Flusses sollte eine britische Einflusssphäre sein, aber die Russen, unzufrieden mit der Bedrohung ihrer Häfen durch die britische Bergzollbahn, mischten sich ein. Das Ergebnis war, dass sich Russland verärgert zurückzog. Das Monopol von HSBC und Jardine auf den

Schienenverkehr im reichsten Teil Chinas, der Strecke Shanghai-Nanjing, erlaubt es ihnen, die Preise willkürlich festzulegen, ohne den Wettbewerb fürchten zu müssen, da die Darlehensbedingungen den Bau weiterer Eisenbahnen in demselben Gebiet verbieten.

Nach dem Russisch-Japanischen Krieg übernahm Japan das südmandschurische Eisenbahnsystem, hatte aber kein Geld, um es instand zu halten und zu reparieren, und Japan hatte einfach zu viele Schulden. Die Yokohama Shojin Bank kann sich nur an die HSBC um Hilfe wenden, und die Shojin Bank kann die einzige in Japan sein, aber sie ist immer noch ein kleiner Akteur auf dem internationalen Finanzmarkt.

Eisenbahnen wurden an ausländische Banken verpfändet, als ob eine Kette fest mit dem Großen Qing-Reich verbunden wäre.

Schließlich begegnete der einst glorreiche Riese, dessen verwesender Körper von westlichen Finanzgeiern bevölkert war, die sich manchmal gegenseitig bekämpften, häufiger aber an dem vertrockneten Fleisch pickten, den kalten, wachsamen Augen seines Rückens, die sich nach potenziellen Bedrohungen umsahen.

KAPITEL III

Der Staatsstreich vom 12. April: Der „Name" von Chiang Kai-shek

Warum gab die Sowjetunion 30 Millionen Goldrubel aus, um den nördlichen Expeditionskrieg zu unterstützen? Warum wandte sich Chiang Kai-shek gegen die Kommunisten? Warum kam es am 12. April zu einem Staatsstreich? Wem gehörte der Schoß von Chiang Kai-shek? Warum wird Ninghan "verschmolzen"? Warum ging Chiang Kai-shek, der an der Macht war, ins Feld? Warum gab Chiang Kai-shek ein Comeback?

Sowohl Revolutionen als auch Kriege sind organisierte Gewalt, und Massengewalt erfordert eine Massenfinanzierung. Welche Rolle spielte Geld in der Geschichte Chinas im Jahr 1927, und wer waren die Personen, die den größten Einfluss ausübten? Und wessen Willen vertraten diese Personen?

Wenn wir den Willen des Geldes, den Fluss des Geldes und die Wirkung des Geldes verfolgen und die Zusammenarbeit der Kommunistischen Partei, den Krieg der Nordexpedition und den Staatsstreich vom 12. April beobachten, wird allmählich eine Linie des Geldes deutlich.

Der stark nationalistisch gesinnte Chiang Kai-shek wurde durch Macht und Geld dazu verleitet, sich Schritt für Schritt in die Arme der Westmächte und der kaufenden Klassen zu stürzen, die er verabscheute und denen er feindlich gegenüberstand. Dazu musste er sich bereitwillig der "Petition der Unterwerfung" unterwerfen: dem Staatsstreich vom 12. April.

Ob es sich nun um die "Ning-Han-Fusion", den Sturz von Chiang Kai-shek oder sogar seine Rückkehr handelt, alle interpretieren eine riesige Kraft, die ignoriert wurde, nämlich den Willen des Geldes!

Das Zögern von Chiang Kai-shek, nach Shanghai und Ningxia zu marschieren

Im November 1926, an einem Spätherbsttag, an dem die Ahornblätter trieben, ging Chiang Kai-shek immer noch in seinem Büro im Generalhauptquartier der Northern Expeditionary Force in Nanchang auf und ab. Im Moment war seine Stimmung unruhig und verworren. Je näher das Nördliche Expeditionskorps an Shanghai und Nanking heranrückte, desto unruhiger wurde er.

Militärisch gesehen hat Chiang Kai-shek gut gekämpft. Seit Juli 1926, als Guangzhou die Nordexpedition vereidigte, marschierte die Armee hoch und mächtig. Die revolutionäre Melodie "Nieder mit den Mächten und raus mit den Kriegsherren" erklang in ganz China, und die heftige Welle der nationalen Revolution schwappte schnell über den Großen Fluss und versetzte den scheinbar mächtigen Pekinger Kriegsherren eine vernichtende Niederlage, und das Nördliche Expeditionskorps erreichte in nur drei Monaten Wuhan und vernichtete die Streitkräfte von Kriegsherr Wu Peifu. Auch das Zentralkomitee der Kuomintang und die Kuomintang-Regierung zogen daraufhin von Guangzhou nach Wuhan um. Unmittelbar danach, im November, führte der Oberbefehlshaber des Nördlichen Expeditionskorps, Chiang Kai-shek, seine Truppen aus dem Zwei-Seen-Gebiet nach Jiangxi, besiegte einen anderen Kriegsherrn, Sun Chuanfang, und eroberte Jiujiang und Nanchang, wobei er seine Truppen direkt auf Nanjing und Shanghai richtete.

Politisch war die Situation jedoch sehr gegen Chiang Kai-shek gerichtet. Sein wichtigster politischer Gegner, Wang Jingwei, ging nach Wuhan. Seit dem Tod von Sun Yat-sen im Jahr 1925 wurde Wang Jingwei als Nachfolger des Premierministers zum wichtigsten Führer der Kuomintang, mit starker politischer Macht innerhalb der Partei, unterstützt durch sowjetische Politik, Militär und Geld. Durch Wang Jingweis Bündnis mit dem lokalen Machthaber Tang Shengzhi in Wuhan und dem sowjetischen Berater Borodin, der Chiang Kai-shek zutiefst feindlich gesinnt war, wurde Wuhan zur Keimzelle der internen Opposition der KMT gegen Chiang. Zu diesem Zeitpunkt waren die meisten Mitglieder des Zentralkomitees der KMT bereits in Wuhan eingetroffen, und die politische Macht wurde von Wang Jingwei dominiert. Wang Jingwei drängte Chiang Kai-shek wiederholt, unverzüglich nach Wuhan zu kommen, und Chiang war in großen Schwierigkeiten. Wenn du nach Wuhan gehst, wirst du wahrscheinlich ausgehöhlt, und wenn du nicht gehst, läufst du Gefahr, vom Parteistaat abgeschnitten zu werden. Außerdem verbrauchte sein nördliches Expeditionskorps täglich große Mengen an Lebensmitteln und Rationen, und die Finanzkraft lag nicht in seinen Händen. Wenn Wuhan ihm den Geldhahn zudrehte, würde sein nördliches Expeditionskorps sofort seine Kampfkraft verlieren.

Chiang Kai-sheks Ideal war es, das Land durch die Nordexpedition zu vereinen und dann der Kaiser von China zu werden. Glücklicherweise war er auf sowjetisches Geld angewiesen, um seine Ideale zu verwirklichen, und es war Stalins Auge und rechte Hand in China, Borodin, der ihm den finanziellen Rettungsanker setzte. Nach dem "Zhongshan-Schiff-Zwischenfall" schwächte er zwar die Macht der Kommunistischen Partei in Guangzhou in gewissem Maße, musste sich aber um der sowjetischen Rüstung und des Geldes willen und um seiner großen Sache, der Einigung Chinas, willen vorübergehend zurückhalten.

Als die Bewegung des Vierten Mai ausbrach, war Chiang Kai-shek so erschüttert, dass er in sein Tagebuch schrieb,

> *„Dies ist die erste Demonstration des chinesischen Volkes, und es ist eine beispiellose Leistung... Das Volk ist noch nicht entmutigt, die Herzen des Volkes sind noch nicht tot, und die Republik China sollte eines Tages wiederbelebt werden."*

Am 23. Juni 1925, als die Massen in Guangzhou den Streik der Arbeiter in Hongkong unterstützten und eine Demonstration bei Shaji in der Nähe des britischen Pachtgebiets veranstalteten, massakrierte die britische Armee dreist mehr als 50 Menschen und verletzte mehr als 170, was zur "Shaji-Tragödie" führte. Chiang Kai-shek schrieb in sein Tagebuch:

> *„Das Land zu diesem Punkt, nicht auf das chinesische Leben als eine Frage der Wirtschaft, lassen Sie ihre britischen Imperialismus von den Verrätern getötet, hörte das Herz gebrochen ist, ein paar nicht wissen, wie die Menschen! Seit der Geburt war der Kummer nicht größer als heute."*

Der wütende Chiang Kai-shek schrieb in sein Tagebuch eine tägliche Parole des "Zynismus" gegen Yingde, die sich auf über hundert Einträge belief.

> *„Alle britischen Gefangenen können getötet werden! Sie werden sich damit abfinden müssen! Es ist kein Mensch, der nicht*

> *vernichtet werden kann! Habt ihr den Feind der Briten vergessen? Die Revolution wird niemals enden! ..."[38]*

Im Jahr 1926 kritisierte Chiang Kai-shek die Außenpolitik der Vereinigten Staaten scharf,

> *„die Fehler der Außenpolitik der Vereinigten Staaten und die Heuchelei des Christentums anprangern."*

Chiang Kai-shek war nicht nur wütend auf die Großmächte, sondern hasste auch die ausländische Käuferschicht, weil sie den Ausländern half, Chinas wirtschaftlichen Lebensnerv zu kontrollieren.

> *„Die Abscheu vor ausländischen Sklaven geht darüber hinaus. Jeder ausländische Sklave im Pachtbereich, im Amt und in der Jangtsekompanie kann getötet werden."*

Das Merkwürdige an der Geschichte ist, dass, wer hätte das gedacht, Chiang Kai-shek, das Oberhaupt der größten bürokratischen Käuferschicht Chinas, die Kräfte, auf die er sich stützte, bis auf die Knochen gehasst hätte! Absurderweise, aber paradoxerweise, ordnet er als Politiker, der seine persönliche Macht in den Vordergrund stellt, das Ideal der Realität unter und ist sich sehr bewusst, wer ihm Macht bringen kann. Als die Sowjetunion zur Verfügung stand, nutzte er das Geld und die Waffen der Sowjetunion, um eine Nordexpedition und die Wiedervereinigung zu erreichen und so seine Macht zu festigen und zu stärken. Wenn die Sowjetunion versuchte, ihn zu kontrollieren und zu beherrschen, zögerte er nicht, ihn aus dem Weg zu räumen. Später galt dies auch für die ihm verhassten Mächte wie Großbritannien, die Vereinigten Staaten, Japan usw. und auch für die von ihm verabscheuten ausländischen Käufer. Er positioniert sich selbst als die Inkarnation der Revolution und den ultimativen Interpreten der Wahrheit, und sich ihm zu widersetzen bedeutet, sich der Revolution, der Wahrheit zu widersetzen! Wer sich seiner Macht in den Weg stellt, "kann getötet werden"!

Nach Ansicht von Chiang Kai-shek ist die Welt voller Ratten und Männchen. Der fengtische Kriegsherr Zhang Zuolin, der keine idealistischen Überzeugungen hat und von Japan unterstützt wird, ist im Besitz des nordöstlichen Teils des Landes, und obwohl er mächtig

---

[38] *Finding the Real Chiang Kai-shek*, von Yang Tianshi, Shanxi People's Press, 2008, S. 20.

ist, ist er ein Bandit, während Wu Peifu und Sun Chuanfang, die direkt unter seinem Kommando stehen, viele innere Widersprüche haben, und obwohl sie ein großes Gebiet besetzen, müssen sie nur einzeln besiegt werden. Am meisten Kopfzerbrechen bereitete ihm jedoch die Kommunistische Partei.

Chiang Kai-shek hatte die Sowjetunion besucht und eine Partei mit der Doktrin und dem Glaubenssystem der proletarischen Diktatur gesehen, die gut organisiert und tief in der Armee verankert war. Die Rote Armee der Sowjetunion war einheitlich und geschlossen im Handeln, und ihre Kampfkraft unterschied sich deutlich von der der chinesischen Kriegsherren. Chiang Kai-shek, der sehr inspiriert war, setzte sich nach seiner Rückkehr nach China energisch für die "Eine Partei, eine Doktrin" ein und sagte,

> „Wenn China eine Revolution haben will, muss es auch alle seine Kräfte bündeln und dem Beispiel der russischen Revolution folgen, denn es ist nicht möglich, eine Revolution ohne die Diktatur und Autokratie einer Partei durchzuführen."

Aus diesem Grund war Chiang Kai-sheks allgemeine Politik des "Vereinigten Russlands, der Vereinigten Kommunistischen Partei und der Unterstützung der Landarbeiter" für Sun Yat-sen in seinem Herzen eine Überbrückungsmaßnahme, um sowjetische Hilfe zu erhalten und die Stärke der Kuomintang zu erhöhen. Daher wird die Situation, dass die Kommunistische Partei der Kuomintang als "Partei in der Partei" beitritt, sehr missbilligt. Vor allem die Fähigkeit der Kommunistischen Partei, die Massen zu mobilisieren und zu organisieren, war weitaus stärker als die der Kuomintang, und sie lieferte sich heftige Kämpfe mit den Linken in der Kuomintang, was die Zentralisierung der Macht in der Kuomintang durch Chiang Kai-shek erheblich erschwerte. Während der "großen" Periode der Kuomintang bekleideten zahlreiche Kommunisten Schlüsselpositionen in der Nationalregierung.

In der Frage der Nordexpedition bestand Chiang Kai-shek auf Schnelligkeit, während Borodin seine persönliche Agenda zu durchschauen schien und einen Aufschub vorschlug, um zunächst das revolutionäre Regime in Guangdong zu konsolidieren und die Massen zu mobilisieren, bis die Zeit reif war. Chiang Kai-shek verstand sehr gut, dass der Tag, an dem Borodins "Zeit reif" war, der Tag war, an dem er vertrieben werden würde. Er musste also die Gunst der Stunde nutzen und größer und stärker werden. Gegen alle seine Bemühungen machte

Borodin schließlich Zugeständnisse, und Chiang Kai-sheks Nordexpedition begann.

Die Nordexpedition von Chiang Kai-shek schritt in rasantem Tempo voran, nicht zuletzt dank der ständigen Waffenlieferungen und der finanziellen Unterstützung durch die Sowjetunion. Warum also unterstützte die Sowjetunion die Nationalistische Partei? Dazu muss man das internationale Umfeld der Sowjetunion zu jener Zeit betrachten.

30 Millionen Goldrubel für den Krieg im Norden

Im Februar 1920 fuhr in Wladiwostok in einer dunklen und windigen Nacht ein mit Holzkisten beladener und von Soldaten begleiteter Wagen auf das Gelände der HSBC-Filiale in Wladiwostok. Die Bankangestellten trugen die ausgeladenen Holzkisten sofort mühsam in den Tresorraum der Bank, woraufhin Filialleiter Wood mit zwei Assistenten die erste Kiste öffnete, um eine Bestandsaufnahme der Waren vorzunehmen. Wood öffnete den Deckel und entdeckte eine Kiste voller fein säuberlich angeordneter Goldziegel, die noch in der Dunkelheit glühten. Also griffen sie hinein, nutzten das schwache Licht der Kerze, tasteten vorsichtig nach dem Goldklumpen und zählten die Menge.

> *„Der Boden ist mit Kisten vollgestapelt. Wir traten auf die Kisten, hielten Kerzen in der einen und Feuerfarbe in der anderen Hand, öffneten jede Kiste, untersuchten ihren Inhalt, versiegelten sie mit Feuerfarbe und schickten sie zum Verladen."*[39]

Das Gold, das ursprünglich dem Zaren gehörte, lag vor zwei Jahren still und leise in der Schatzkammer der Zentralbank des zaristischen Russlands und liegt nun als Trophäe in den Tresoren der HSBC. Was ist da los?

Nach der russischen Oktoberrevolution marschierte die zaristische Armee in Sibirien unter der Führung von Admiral Gorczak auf Moskau und eroberte Kasan, die Schatzkammer der Zentralbank der zaristischen Regierung, mit einem Blitzangriff auf die Goldreserven im Wert von

---

[39] *A Centennial History of HSBC*, (Englisch) von Maurice und Corliss, China Books, 1979, S. 109.

80 Millionen Pfund. Er wurde dann unter Moskau besiegt und floh mit dem Gold entlang der Großen Sibirischen Eisenbahn nach Osten. Im Winter zerstörte die Kälte in Sibirien die Moral dieser besiegten Armee, die gerade nach Irkutsk gelaufen war und in Unordnung geriet. Um zu überleben, schlossen die meuternden Soldaten ein Abkommen mit der sowjetischen Regierung, in dem sie Koltschak und das Gold an die sowjetische Regierung übergaben, die im Gegenzug ihre persönliche Sicherheit garantierte und sie nach Hause zurückkehren ließ. Bei den meuternden Soldaten handelte es sich hauptsächlich um europäische Söldner, die, um von Wladiwostok aus mit dem Schiff nach Europa zurückkehren zu können, heimlich einen Teil ihres Goldes einbehielten und es an die HSBC-Filiale in Wladiwostok verkauften.

Die sowjetische Regierung, die so arm war, dass es klirrte, griff nach den Goldreserven, die die Russen hinterlassen hatten, und verstärkte sofort ihre Lenden. Zu dieser Zeit betrug das 1 Pfund etwa 10 Tael Silber. Das Gold aus der russischen Staatskasse wurde von europäischen Söldnern an die HSBC verkauft, und das restliche Gold im Wert von etwa 50 Millionen Pfund fiel in die Hände der russischen Regierung, was einer gewaltigen Summe von 500 Millionen Tael Silber entsprach! Damals erpressten die Japaner im Chinesisch-Japanischen Krieg 230 Millionen Tael Silber von China und tauschten es in Großbritannien gegen Gold ein, um ein Yen-System mit Goldstandard einzuführen. Das bolschewistische Politbüro, dem es an finanziellen Währungshütern nicht mangelt, nutzte dieses Gold als Reserve, um das Währungssystem des Rubels zu reformieren und einen Goldstandard einzuführen. So stabilisierte sich die durch den Krieg zerstörte russische Wirtschaft allmählich und kam wieder in Gang. [40]

Die sowjetische Regierung, die sich auf festem Boden befand, hatte gerade eine Verschnaufpause eingelegt und sich mit Herzklopfen umgeschaut und fand sich in einer wirklich schlechten Situation wieder. Der Westen ist eine von kapitalistischen Mächten beherrschte Welt, der Osten und der Süden sind Kolonien und Halbkolonien unter imperialistischer Kontrolle, und die Mächte können an jedem Punkt entlang der langen russischen Grenze einen Überraschungsangriff starten, um das Sowjetregime zu stürzen.

---

[40] *A Study on the Transformation of the Russian Banking System*, von Xu Xiangmei, China Finance Press, 2005, S. 33-37.

In dieser Situation ist es sinnlos, abzuwarten, nur anzugreifen und eine Pufferzone entlang der Grenze gegen imperialistische Aggressionen aufzubauen. Und da China eine lange Grenzlinie mit der Sowjetunion hat, wurde die Frage, wie man verhindern kann, dass der Imperialismus China als Sprungbrett benutzt, um den weichen Unterbauch der Sowjetunion anzugreifen, für die Russen zu einer strategischen Frage von Interesse. Konkret ging es darum, zwei grundlegende strategische Ziele in China zu erreichen: erstens die Unabhängigkeit oder Autonomie der Äußeren Mongolei zu fördern und ein prosowjetisches Regime als Pufferzone zwischen China und der Sowjetunion zu errichten und zweitens die Exklusivrechte und -interessen an der Nahost-Eisenbahn in Nordostchina (Manzhouli über Harbin nach Suifenhe) zu wahren.

Ohne die Unterstützung der chinesischen Regierung ist es schwierig, diese beiden Ziele zu erreichen. Daher schickten die sowjetische und die russische Regierung den erfahrenen Diplomaten Yuefei nach China, um eine Bestandsaufnahme der verschiedenen Kräfte vorzunehmen. Sobald Yue Fei sein Amt angetreten hatte, sprach er sofort mit Wu Peifu in Peking über eine Zusammenarbeit, aber Wu Peifu, der von Großbritannien und den Vereinigten Staaten unterstützt wurde, ignorierte dies einfach, ganz zu schweigen von der Abtretung der Äußeren Mongolei und der Nahostbahn. Nachdem er die meiste Zeit des Jahres in Peking verbracht hatte, konnte er nichts erreichen, außer dass er Feng Yuxiang, den General von Wu Peifu, auf dieser Strecke einholte. Gerade als Yue Fei ratlos war, ergriff Sun Yat-sen von der Südregierung in Guangzhou die Initiative und kam zur Tür herein.

Um zu überleben, zu revolutionieren und das Land zu vereinen, muss man Geld haben und "den Wind drehen". Die Briten sahen Sun Yat-sen nicht wohlwollend an, der sein Vermögen auf Yuan Shikai setzte, als die Xinhai-Revolution gerade gewonnen war. Das amerikanische JPMorgan-Konsortium schickte jemanden zu Lamont, einem JPMorgan-Vertreter, der fragte, wie in China "Frieden zwischen Nord und Süd" erreicht werden könne. Sun Yat-sen rief aus,

> *„Frieden zwischen Nord und Süd? Er ist möglich, Mr. Lamont, und Sie müssen mir nur fünfundzwanzig Millionen Dollar geben,*

und ich kann ein paar Legionen ausrüsten, und dann haben wir bald Frieden."[41]

Lamont schüttelte düster den Kopf, nicht einmal ein festes Stück Boden, ohne irgendetwas von Wert als Sicherheit, fünfundzwanzig Millionen Dollar ein Mundvoll, möglich?

Zu diesem Zeitpunkt flog der sowjetische Delegierte Yue in die chinesische Botschaft. Anfang 1923 begibt sich Yue Fei unter dem Vorwand, sich von einer Krankheit zu erholen, für zehn Tage nach Shanghai und führt fast jeden Tag ein langes Gespräch mit Sun Yat-sen. Am 26. Januar wurde die Sun-Moon-Yat-Fei-Erklärung mit den folgenden Hauptpunkten veröffentlicht.

Die Nordostchinesische Eisenbahn wird bis auf weiteres unter gemeinsamer Kontrolle Chinas und der Sowjetunion stehen, und die Rote Armee in der Äußeren Mongolei wird sich nicht sofort zurückziehen müssen.

Beide Seiten sind sich einig, dass Chinas unmittelbare Priorität darin besteht, eine nationale Revolution durchzuführen und die nationale Einheit und Unabhängigkeit zu vollenden, und nicht darin, den Kommunismus zu überstürzen.

Die nationale Revolution von Sun Yat-sen "hätte von russischer Hilfe abhängig sein können". [42]

Im März 1923 trat das Politbüro der Kommunistischen Partei der Sowjetunion zusammen und beschloss, Sun Yat-sen mit einer ersten Finanzhilfe von 2 Millionen Goldrubel zu unterstützen.[43] Da sich die sowjetische Wirtschaft gerade stabilisiert hatte und nicht so viel Geld auf einmal bekommen konnte, waren die zwei Millionen Goldrubel natürlich nur leere Wölfe. Das ursprüngliche Yuefei und Sun Yat-sen unterzeichneten einen guten Vertrag, reisten sofort nach Japan und unterzeichneten ein Fischereikooperationsabkommen mit den Japanern, japanische Fischer können in den Küstengebieten der Sowjetunion

---

[41] *J.P. Morgan Consortium*, (Englisch) Chernow, übersetzt von Jin Liqun, China Financial and Economic Press, 1996, S. 248.

[42] *Middle Zone Revolution*, von Yang Kui-Song, Shanxi People's Publishing House, 2010, S. 50-51.

[43] Mikhail Borodin (1884-1951), *The Eminent Soviet Communists - Participants in the Chinese Revolution*, von R. A. Mirovitskaya, S. 22-40.

fischen, unter der Bedingung, dass die Sowjets eine hohe Schutzgebühr zahlen, die Sowjets verwenden dieses Geld, um die Finanzierung einer Phase des chinesischen Projekts abzuschließen.[44] Kurz nach Beginn des wirtschaftlichen Aufschwungs der Sowjetunion wird eine zweite Finanzierungsphase durchgeführt, in der 3 Millionen Goldrubel, 8.000 Gewehre, 15 Maschinengewehre, 4 Artilleriegeschütze und 2 gepanzerte Fahrzeuge bereitgestellt werden, um China bei der Errichtung der Militärakademie Huangpu zu unterstützen. [45]

Nach Angaben von Wang Bo-ling, dem Leiter der Professorenabteilung der Huangpu-Militärakademie, schenkte Sun Yat-sen der Akademie vor ihrer Eröffnung 300 in Guangdong hergestellte Mauser-Gewehre. Das damalige Arsenal war jedoch so sehr darauf bedacht, die Kriegsherren zu besänftigen, dass es der Militärschule keine Priorität einräumte, und so wurden zu Beginn des Schuljahres nur 30 Stück ausgegeben, was kaum für die Wachen ausreichte. Die wiederholten Verhandlungen von Liao Zhongkai blieben erfolglos. Zu diesem Zeitpunkt kam das sowjetische Hilfskanonenboot unter dem Jubel der Kadetten mit 8.000 Gewehren, die alle mit Bajonetten bewaffnet waren und jeweils 500 Schuss Munition sowie 10 Pistolen enthielten, an Land. Wang Bo-ling erinnerte sich daran, dass es "eine große Freude war und die ganze Schule, vom Gouverneur bis zu den Schülern, überglücklich war" und dass "wir in Zukunft keine Sorgen haben werden, die Revolution wird Geld haben".

Vor dem Beginn des Nördlichen Expeditionskriegs 1923-1926 erhielt die Nationale Regierung in Guangzhou sowjetische Waffen im Wert von insgesamt etwa 3 Millionen Goldrubel, darunter 26.000 Gewehre, 16 Millionen Schuss Munition, 90 Maschinengewehre und 24 Pistolen. Darüber hinaus stellte die sowjetische Regierung der KMT seit November 1924 monatlich 100.000 Goldrubel für Parteiangelegenheiten zur Verfügung und gab der KMT sogar 10 Millionen Goldrubel für die Gründung der KMT-Zentralbank. [46]

---

[44] From "Diplomacy in Writing" to "History as a Lesson" - *A Historical Study of Sino-Japanese Relations in Modern Times*, (Japan) von Ihara Sawazu, China Books, 2003, S. 413-415.

[45] *Die Sowjets im Weltgeschehen*, Fisher.

[46] *Middle Belt Revolution*, von Yang Kui Song, Shanxi People's Publishing House, 2010, S. 67.

Im Norden bildeten sowjetische Berater auch die Nationale Armee von Feng Yuxiang aus und rüsteten sie aus. Laut von Feng Yuxiang unterzeichneten Quittungen lieferte ihm die Sowjetunion zwischen April 1925 und März 1926 Waffen und Munition im Wert von mehr als 6 Millionen Goldrubel, und im März 1926 besuchte Feng Yuxiang nach seinem Sturz die Sowjetunion und unterzeichnete einen Waffenkreditvertrag über rund 11 Millionen Goldrubel. [47]

So summierte sich die Waffen- und Finanzhilfe der Sowjetunion für die Kuomintang innerhalb von drei Jahren auf über 30 Millionen Goldrubel. Durch die kräftige Bluttransfusion der Sowjetunion wuchs das Expeditionskorps Nord der Kuomintang rasch zu einer entscheidenden Kraft in der politischen Landschaft Chinas heran. Als der sowjetische Berater Borodin durch Zhengzhou reiste, beklagte er sich bei Feng Yuxiang:

> *„Die Sowjetunion hat mehr als 30 Millionen Dollar ausgegeben, und ich persönlich habe viel Mühe und Geist investiert, um die Nationale Revolution zu einem Erfolg zu machen."*

Im November 1926 stand Chiang Kai-shek tatsächlich vor einer wichtigen Entscheidung: Würde er der Sowjetunion den Rücken kehren, würde er enorme finanzielle Unterstützung und militärische Ausrüstung verlieren; würde er jedoch die Befehle Borodins befolgen und nach Wuhan gehen, würde er erneut seine Macht und sein politisches Leben begraben.

Gehen oder nicht gehen, das ist hier die Frage!

Chiang Kai-shek blieb nichts anderes übrig, als auf Zeit zu spielen und sich geduldig an die verschiedenen Risikokapitalgeber zu wenden. Nach langem Hin und Her stellte ihm die Bank of China Shanghai 1 Million Silberdollar zur Verfügung und British American Tobacco lieh ihm 2 Millionen Silberdollar, aber das Geld war nur ein Tropfen auf den heißen Stein und half der Gesamtsituation nicht. Die einzige Möglichkeit, ein großes Projekt zu verwirklichen, besteht darin, ein großes und stabiles Risikokapital einzuwerben. Also erzählte Chiang dem britischen Generalkonsul in Guangzhou über den ausländischen Journalisten Norman Norman und den Ausländer, der ihm gedient hatte, von dem bevorstehenden Bruch mit der Kommunistischen Partei und

---

[47] *History of International Relations in the Far East*, (Englisch) von Ma Shi, Shanghai Bookstore Press, 1998, S. 692.

fragte, ob "die Mächte Chiang eine gewisse Unterstützung zusichern könnten". [48]

Als der stellvertretende Offizier den Namen des Mannes nannte, war Chiang Kai-shek plötzlich überglücklich, wischte sich die tagelangen Sorgen vom Gesicht und eilte nach Yuanmen, um ihn persönlich zu treffen.

Die Person, die kam, war niemand anderes als Yu Qiaqing.

Chiang Kai-shek hat ein größeres Bein

Als Chiang Kai-shek am Shanghaier Bund in der Klemme saß, spekulierte er mit Aktien und Termingeschäften an der Shanghaier Börse, die von Herrn Yu, einem Finanzmagnaten, gegründet worden war. Nachdem er zusammengeschlagen worden war, kümmerte sich Meister Yu um die Situation und machte Chiang Kai-shek mit Du Yuesheng und Jinrong bekannt, zwei der größten Gangster Shanghais. Chiang Kai-shek verband eine enge Freundschaft mit ihm.

Yu Qiaqing betrachtete sich auch nicht als Außenseiter, sondern tauschte nach dem Betreten des Wohnzimmers kurz Höflichkeiten aus und stellte Chiang Kai-shek dann ohne Umschweife zwei wichtige Fragen:

„*Sie sagen, dass das Vereinigte Russland, die Vereinigte Kommunistische Partei, den Landarbeitern hilft, wirklich den Armen helfen soll? Und was tun wir?*"

Chiang Kai-shek lachte,

„*Wie kann man armen Hinterwäldlern trauen?*"

fragte Yu Qiaqing erneut,

„*Dann will die Northern Expeditionary Force die Großmächte besiegen, ich habe mit den Ausländern zusammengearbeitet und mache immer noch Geschäfte mit ihnen.*"

Chiang Kai-shek seufzte,

„*Wie kann ein Ausländer das übertreffen?*"

---

[48] Britische diplomatische Papiere, FO, 405, Band 1 .252, S. 311-313, 398-400, 113-115

Als er dies hörte, nickte der alte Meister Yu mit dem Kopf und forschte im Innersten seines Herzens weiter,

> „Wie kann ich Ihnen dann helfen, wenn ich zurückkehre?"

Mit einer heftigen Handbewegung sagte Chiang Kai-shek,

> „Ich werde bald Shanghai erobern und in Nanking ankommen, du sprichst mit Herrn Du (Du Yuesheng) und Herrn Huang (Golden Rong) und hilfst mir, die Sicherheit in Shanghai zu gewährleisten."

Yu Qiaqing nickte:

> „Das ist kein Problem. Was kann ich tun?"

Chiang Kai-shek hörte es und bewegte sein Herz, beugte sich vor, starrte Yu Qiaqing an und sagte in einem Satz,

> „Geld, helft mir, Geld zu beschaffen, je mehr, desto besser, es wird Geld kosten, nach Shanghai zu kommen."

Dies ist eindeutig eine Abmachung. Der Zweck der Nordexpedition ist es, die Großmächte zu besiegen und die Landarbeiter zu unterstützen, aber Chiang Kai-shek kann jetzt nicht mehr so viele Prinzipien kontrollieren, zwischen Macht und Prinzip hat er nicht gezögert, sich für Ersteres zu entscheiden.

Tatsächlich hatte das britische Außenministerium bereits Anfang 1926 eine Diskussion über Chinas Gegenmaßnahmen zum Krieg der Nordexpedition organisiert, bei der Botschafts- und Konsularbeamte, Marine- und Militärkommandeure sowie die britischen Behörden in Hongkong fünf Optionen vorschlugen: Gewaltanwendung, internationale Blockade, Unterstützung der nördlichen Kriegsherren, Druck auf die Sowjetunion und Huairou. Es wurde argumentiert, dass die ersten beiden Optionen kontraproduktiv seien und es schwierig sein würde, die Unterstützung der anderen Mächte zu gewinnen; dass es bei der dritten Option schwierig sein würde, jemanden zu finden, der mit eiserner Faust britische Interessen vertritt; dass die vierte Option unwirksam wäre; und dass nur die letzte, Huairou, machbar und "konstruktiv" erschien. [49]

---

[49] W. R. Louis, *British Strategy in the Far East, 1919-1939*, Clarendor Press, Oxford 1971. S. 129-130.

1925 versorgte die britische Seite Hongkongs den internen Warlord der Kuomintang, Chen Jiongming, offen mit Waffen und Bargeld, um sich gegen die Kuomintang-Regierung aufzulehnen. Die Rebellion von Chen Jiongming wurde daraufhin niedergeschlagen, und die mit Goldrubel bewaffnete Expeditionsarmee des Nordens besiegte weitgehend die verschiedenen Warlords aus Peking, die ursprünglich von internationalen Bankiers unterstützt wurden. Die Geschwindigkeit, mit der diese Pekinger Kriegsherren zusammenbrachen, ließ ihre Hinterbänkler fassungslos und fassungslos werden. Die größte Frage, die sich dem Imperialismus stellt, ist: Wo sind die neuen Agenten?

Zu diesem Zeitpunkt wurde Chiang Kai-shek, der Oberbefehlshaber der nördlichen Expeditionsstreitkräfte, ein guter Kandidat für die Kultivierung. Die politische Lage in China ist jedoch zu unübersichtlich, und sie war schon immer ein guter Gradmesser für die Richtung der Investitionen in der Finanzmetropole London und an der Wall Street in den Vereinigten Staaten, die ebenfalls eine große Rolle spielt. Was, wenn dieser Mann seine Arbeit nicht oder nicht gut macht, nachdem er das Geld genommen hat? Um Chiang Kai-shek auf die Schliche zu kommen, schickte die US-Regierung sogar jemanden, der sich das Strafregister von Chiang Kai-shek in den Akten des Industriebüros der Shanghai Public Tenancy ansah. [50]

Aber es ist klar, dass eine bloße Nebenuntersuchung nicht ausreicht, und man muss mit dem Gesicht des Gongs sprechen, um der Sache auf den Grund zu gehen. Dann war da noch der Großeinkäufer Yu Qiaqing, der nach Nanchang eilte, um Chiang Kai-shek persönlich zu "befragen". Nach der ersten Entdeckung von Chiang Kai-sheks Rückendeckung begab sich Yu Qiaqing im Februar 1927 nach Nanchang, um Chiang Kai-shek erneut zu "befragen". Diesmal wurde eine geheime Vereinbarung getroffen: Chiang Kai-shek konnte nach seiner Ankunft in Shanghai und Nanjing ein Darlehen von 60 Millionen Yen erhalten, unter der Bedingung, dass Chiang Kai-shek eine "Erklärung" abgab - ein Messer gegen die Kommunisten. [51]

---

[50] Akten des US-Außenministeriums (Micro), RDS, NA, M. Nr. 329, 893.00/8005, 893.00/8312.

[51] Die Gründung der Jiangzhe zaibatsu und die reaktionäre Herrschaft von Chiang Kai-shek, Ling Yu, "Party History Research Materials", Nr. 7, S. 49.

60 Millionen Ozean Verlockung! Zu dieser Zeit kostete ein Hof in Peking nur 200 ausländische Dollar! Die Sowjets hätten den Nördlichen Expeditionskrieg fast gewonnen, indem sie der Kuomintang über einen Zeitraum von drei Jahren, von 1924 bis 1927, 30 Millionen Goldrubel, also etwa 27 Millionen Ozean, zuwarfen.

Das sind 60 Millionen Dollar. Das ist nicht gesagt. Verdammt! Chiang Kai-shek wird das Messer gegen die Kommunistische Partei richten.

Die dreijährige Investition der Sowjetunion in Höhe von 30 Millionen Goldrubel löste sich nach zwei Treffen zwischen Yu Qiaqing und Chiang Kai-shek in Rauch auf. Das liegt natürlich nicht daran, wie groß die persönliche Energie von Yu Qiaqing ist, und schon gar nicht daran, wie tief seine persönliche Freundschaft mit Chiang Kai-shek ist, sondern daran, dass die Kräfte hinter Yu Qiaqing reicher sind als die Sowjetunion und mehr Angst vor der Kommunistischen Partei haben als Chiang Kai-shek.

Chiang Kai-shek hat endlich einen dickeren Schenkel umklammert!

Yu Qiaqing und Chiang Kai-shek: Die Geschichte, die erzählt werden muss

Yu Qiaqing ist eine berühmte Figur am Shanghaier Bund, ein wahrer Finanzboss. Er war ein Käufer der ABN AMRO Bank und leitete außerdem eine Geldbank, eine Investmentbank und eine Schifffahrtsgesellschaft. Er war mit allen drei Denkschulen befreundet, selbst Gold Rong und Du Yuesheng mussten seine Vorgänger respektieren, und selbst die Ausländer im Mietsektor gaben ihm drei Punkte.

ABN AMRO nimmt in der internationalen Bankenlandschaft einen ganz besonderen Platz ein, denn ihre Gründer waren die alte jüdische Bankiersfamilie Mendelssohn. Nach der bürgerlichen Revolution in England im Jahr 1640 gehörten Mendelssohn, Sassoon und Rothschild zu den sephardischen Juden. In den 1590er Jahren kam es in Spanien zu einer Welle des Antisemitismus, und die Rothschilds gingen nach Deutschland ins Exil, wo sie Hofbankiers der deutschen Königsfamilie wurden; Sassoon ging in den Nahen Osten, wo er Finanzchef von Bagdad wurde; und Mendelssohn floh in die Niederlande, wo er die Bank von Holland und die Niederländische

Ostindien-Kompanie gründete. In der viktorianischen Ära war er als "Lieblingsjude der Königin" bekannt und wurde zum vertrauenswürdigsten Hofbankier der britischen Krone. 1812 heiratete Mendelssohn die Familie Rothschild und manipulierte Aktienanlagen für die Rothschilds, und die beiden Familien gingen eine blutrünstige Allianz ein. Während des Zweiten Weltkriegs wurden alle Investitionen der Familie Rothschild in Kontinentaleuropa von der niederländischen Bank der Familie Meng abgewickelt. Noch heute ist das Rothschild-Büro in Hongkong, China, nach ABN AMRO Rothschild benannt.

Für diese Bankiersfamilie arbeitete Yu Qiaqing 30 Jahre lang, und zwar so fleißig und gewissenhaft, dass die Königin der Niederlande, die nichts über chinesische Sitten wusste, ihm in Anerkennung seiner Leistungen eine königliche Uhr schenkte.

Die von Yu Qiaqing gegründete Shanghaier Handelskammer verfügte über eigene Streitkräfte und spielte während der Xinhai-Revolution eine wichtige Rolle im Kampf um die Wiederherstellung Shanghais. Zu dieser Zeit übernahm diese Handelsgruppe das Shanghaier Bezirksamt Tao und anschließend das Jiangnan Manufacturing Bureau. Die Shanghaier Handelskammer unter der Kontrolle von Yu Qiaqing sammelte außerdem insgesamt 3 Millionen Tael Silber für die spätere Gründung des Büros des Shanghaier Militärgouverneurs der Alliierten Vereinigung, das 1,8 Millionen Tael Silber einbrachte.

Ende 1916 erörterte Sun Yat-sen, der sehr wirtschaftsorientiert war, mit Yu Qiaqing und anderen die Einrichtung einer Wertpapier- und Warenbörse in Shanghai, um mit Wertpapieren, Garn, Gold und Silber, verschiedenen Getreidesorten und Pelzen zu handeln, und beantragte dies beim Landwirtschafts- und Handelsministerium der Regierung in Peking. Die Pekinger Kriegsherren waren jedoch so nervös wegen der "Sonnenkanone", dass sie die Genehmigung verweigerten, und wegen des damaligen wirtschaftlichen Abschwungs wurde das Vorhaben auf Eis gelegt.

Später war es Chiang Kai-shek, der die Sache weiter vorantrieb. In den ersten Jahren folgte Chiang Kai-shek Chen Qimei, dem Anführer der Alliierten Vereinigung von Shanghai, um die Anti-Ching-Revolution durchzuführen. Als die Alliierte Vereinigung das befestigte Jiangnan Manufacturing Bureau der Qing-Armee angriff, trugen Chiang Kai-shek und Chen Qimei gemeinsam Waffen und kämpften auf dem Schlachtfeld aus Freundschaft zusammen, später wurden die beiden zu Kowtow-Brüdern. Chen Qimei war Sun Yat-sens wichtigster Vertrauter, und nach dem Erfolg der Revolution wurde er Gouverneur von Shanghai. Yu Qiaqing arbeitete als Finanzberater von Chen Qimei und beschaffte große Geldsummen zur Aufrechterhaltung seiner Geschäfte. Wegen seiner besonderen Beziehung zu Chen Qimei geriet auch Chiang Kai-shek in einen heftigen Streit mit Yu Qiaqing. Als Chen später ermordet wurde, verlor Chiang Kai-shek seinen Rückhalt.

Sun Yat-sens Idee, die Börse zur Finanzierung der Revolution zu nutzen, war nach wie vor einleuchtend, denn sowohl die Revolution als auch der Krieg erfordern Geld, und zwar eine Menge Geld. Als Chiang Kai-shek den Auftrag der Organisation annahm, die Börse weiter zu fördern, hatte er das Gefühl, dass er eine Richtung für seine Karriere gefunden hatte. Zunächst organisierte er in Shanghai mit seinem alten Freund Dai Jitao, Chen Qimeis Neffen Chen Guofu und Zhang Jingjiang, einem reichen Kriegsherrn in Jiangsu und Zhejiang, einen Geheimbund namens "Xiejingsha", der spezielle organisatorische Planungsarbeit leisten sollte. Dann kam La Yu Qiaqing, um die Shanghaier Geschäftswelt zu mobilisieren, beim Landwirtschafts- und Handelsministerium in Peking die Gründung der Shanghaier Börse zu beantragen.

Am 1. Juli 1920 wurde die erste umfassende Börse Chinas, die Shanghai Stock Exchange, offiziell eröffnet. Der Vorstandsvorsitzende ist Yu Qiaqing, und gehandelt werden Wertpapiere, Baumwolle, Baumwollgarn, Stoffe, Gold und Silber, Getreide, Öl, Häute und Felle usw. Am selben Tag veröffentlichte die Shanghai "Declaration" eine Anzeige:

> „Shanghai Stock Exchange Nr. 54 Broker Chen Guofu, ich Handel mit Wertpapieren und Baumwolle im Namen meiner Kunden, wenn anvertraut, wir herzlich willkommen. Büro: Raum 80, 3. Stock, Nr. 1 Sichuan Road Telefon: Börse 54."

Bei diesem Maklerbüro Nr. 54 handelt es sich um das von Chiang Kai-shek gegründete "Hengtai", das Chen Guofu mit der Führung der Geschäfte betraut. Das Geschäftsfeld von "HMS Hang Tai" ist der Handel mit verschiedenen Wertpapieren und Baumwollgarnen im Auftrag von Kunden mit einem Gesamtkapital von 35 Aktien zu 35.000 Silberdollar. Chiang Kai-shek hatte 4 Stränge darin. Später scheiterte Chiang Kai-shek mit seinen opportunistischen Geschäften und musste sich verschulden, oder Yu Qiaqing stellte ihn dem Oberhaupt der Triadengesellschaft, Gold Rong, vor, und er stand unter Gold Rongs

Vormundschaft, und Gold Rong sprang ein, um die Schulden zu begleichen, und finanzierte ihm, dass er nach Süden nach Guangzhou ging, um zu Sun Yat-sen überzulaufen.

Im März 1927, unmittelbar nach der Befreiung Shanghais durch einen bewaffneten Aufstand der Shanghaier Arbeiterklasse unter Führung der Kommunistischen Partei, teilte der britische Botschafter in den Vereinigten Staaten dem Außenminister Kellogg mit:

> *„Ein Rückzug dorthin (Schanghai) wäre unmöglich, und unsere Position und Rechte an den Handelshäfen wären so gut wie verloren, und unsere Regierung würde in Erwägung ziehen, das gepachtete Gebiet von Schanghai, das eine Konzentration britischer Interessen darstellt, mit aller Kraft zu verteidigen. Wir begrüßen wärmstens die Zusammenarbeit der USA an allen Fronten in Shanghai und Nanjing Wenwu."*[52]

Allein im März 1927 waren zur Verteidigung der "Shanghai Tenants", wo sich die Interessen der (internationalen Bankiers) konzentrierten, mehr als 17.000 britische Truppen, 4.000 japanische Truppen, 3.500 amerikanische Truppen und 2.500 französische Truppen in Shanghai versammelt, zusammen mit dem Tenants' Bureau of Industry, das mit dem "Tenant's Business Corps" bewaffnet war, und Patrouillen usw., erreichte die Gesamtzahl der imperialistischen Kräfte 30.000.

Gleichzeitig sind sich die raffinierten internationalen Banker sehr wohl bewusst, dass es kostspielig und kontraproduktiv wäre, einfach und brutal direkt gegen das chinesische Volk zu intervenieren, das von der patriotischen Begeisterung der Revolution angesteckt wurde. Um ihre Interessen in China zu stabilisieren, sind auch die direkten Vertreter der internationalen Bankiers in China gefragt - die Buy-Side-Klasse.

Gegenwärtig besteht das größte Interesse der chinesischen Aufkäufer darin, die Macht der internationalen Bankiers zu übernehmen. Die Interessen der internationalen Bankiers in China konzentrieren sich auf den öffentlichen Mietsektor in Schanghai, dessen höchste Instanz das Büro für Industrie ist. Aufgrund des besonderen Status des Mietsektors haben sich viele große Aufkäufer, Plutokraten aus Jiangsu und Zhejiang, im Mietsektor niedergelassen,

---

[52] U.S. Diplomatic Papers (1927-vol. 2), herausgegeben vom U.S. Department of State, übersetzt von Zhang Weiying et al., China Social Science Press, 1998, S. 164.

um dem Büro des Industrieministeriums die vorgeschriebenen Steuern zu zahlen. Die Lakaien waren jedoch nicht dazu bestimmt, mit ihren Herren an einem Tisch zu sitzen, und diese Großeinkäufer und Plutokraten hatten keinen Platz im Büro des Industrieministeriums, während die Interessen von "niemandem im Gericht" nicht garantiert werden konnten. In Übereinstimmung mit dem bürgerlich-republikanischen Prinzip "keine Vertretung, keine Besteuerung" sind diese gekauften und bezahlten Klassen bereits unzufrieden.

Am 18. März 1926 trafen sich Mitglieder des Vorstands des Büros für öffentliche Pächter des Industrieministeriums in Schanghai im Dahua-Hotel zu einem Abendessen mit den Größen des chinesischen Bürgertums in Schanghai. Nach chinesischer Tradition werden Probleme bei einem Abendessen gelöst. Dieses Ereignis wird als "ein weiterer Meilenstein in der Geschichte Shanghais bezeichnet ... die Einberufung einer solchen Konferenz ist ein Novum in der Geschichte der Stadt".[53] Der amerikanische Direktor des Works Bureau sprach im Namen seiner britischen und japanischen Kollegen:

> *„Wir sind die Gastgeber für Sie alle, und ich freue mich sehr, dass eine Gruppe chinesischer Herren von so hohem Ansehen heute zu diesem Treffen gekommen ist... Zu uns gesellt sich eine Gruppe repräsentativer Persönlichkeiten, die alle in der Lage sind, eine riesige und erstaunliche Kraft zu regulieren und zu lenken, die in der Welt als öffentliche Meinung bekannt ist."*[54]

Felton Fei, Vorsitzender des Verwaltungsrats des Industrie- und Handelsministeriums, der beim Abendessen die Hauptrede hielt, brachte es auf den Punkt: Angesichts der revolutionären Kräfte, die die Prärie versalzen, müsse man "herausfinden, wie man damit umgehen kann". Die Anwendung von Gewalt könnte "schnell zu einer äußerst ernsten internationalen Situation führen".

> *„Die Arbeiter in Shanghai scheinen leichte Opfer von 'Dritten' (gemeint ist die Kommunistische Partei Chinas) geworden zu sein, die sie dazu verleiten, die Sicherheit der Fabriken zu untergraben. Warum also nicht diese extreme Leichtgläubigkeit der chinesischen Arbeiterklasse ausnutzen ... zu ihrem und unserem Vorteil? Warum nicht eine andere Art von Führer*

---

[53] *Millers Review*, 27. März 1926.

[54] *North China Express*, 20. März 1926.

> *schaffen, um sich von denen zu unterscheiden, mit denen sie bereits vertraut sind? Sie müssen für diese neue Führung mindestens genauso empfänglich sein wie für jede andere Führung ... Ich meine, es muss einige Leute geben, wie wir sie heute Abend versammelt haben (um sie zu führen)."*

Yu Qiaqing stand sofort auf und antwortete:

> *"Wir (gemeint sind die anwesenden chinesischen Geschäftsleute) sind uns alle dieser sehr angespannten Situation bewusst... Wir übertreiben nicht, und bei der geringsten Provokation werden sofort Flammen ausbrechen... Zu unserem gegenseitigen Nutzen müssen wir sie (gemeint ist die Revolution) mit allen Mitteln verhindern. "Die Zeit wird knapp und es ist gefährlich, Befehle von Gott anzunehmen. "Das Wichtigste, was wir jetzt tun können, ist, die lokale Anfangsarbeit mit einer konzertierten Aktion auf nationaler und internationaler Ebene zu verbinden, um eine möglichst schnelle und zufriedenstellende Lösung unserer großen Probleme zu erreichen. " Unmittelbar danach wandte Yu Qiaqing ein: "Aber offen gesagt, wir wollen es nicht um 'jeden Preis' erreichen. "Das Prinzip der "Rassengleichheit" und "Souveränität" muss von den Ausländern irgendwie anerkannt werden. Gerade jetzt sollten sie die chinesische Bourgeoisie an der Verwaltung Shanghais teilhaben lassen."*

Drei Wochen später beschloss die Jahresversammlung der ausländischen Steuerzahler in Shanghai die chinesische Beteiligung an der städtischen Angelegenheit, und der Verwaltungsrat der Shanghai Public Tenancy hatte die Rekordzahl von drei chinesischen Direktoren. Seitdem hat Yu einen Sitz im Verwaltungsrat des Industrieministeriums inne, und zu den anderen chinesischen Direktoren gehört Xu Xinliu, geschäftsführender Direktor und Generaldirektor der Zhejiang Industrial Bank, der Vorzeigebank des Zaibatsu-Systems von Jiangsu und Zhejiang. Es war eindeutig ein Geschäft, und die chinesische Großbourgeoisie in Shanghai, die großen Käufer und die Plutokraten von Jiangzhe verkauften ihre Seelen zu einem solchen Preis an die internationalen Banker.

Für die internationalen Bankiers, die die chinesische Revolution unterdrücken wollten, war Yu Qiagqing, der so klug war und so viele Hände und Augen hatte, die richtige Person, um Chiang Kai Shek zu "interviewen".

Die Finanzmacht hinter dem Staatsstreich vom 12. April

Am 26. März 1927 fuhr das Expeditionskorps Nord unter der Führung von Chiang Kai-shek schließlich in Shanghai ein. Sobald Chiang Kai-shek in Schanghai eintraf, wandte er sich sofort an Yu Qiaqing und andere, um das zuvor vereinbarte Abkommen umzusetzen. Yu Qiaqing übernahm sofort die Führung bei der Organisation der Shanghai Business Federation, der alle wichtigen Banken, Geldhäuser, Bankhäuser sowie Handels- und Industriekonzerne in Shanghai angehörten, um die Finanzierung für Chiang Kai-shek vorzubereiten.

Eine der wichtigsten Organisationen dieses Verbandes ist die Shanghaier Yin-Lou-Gilde, die von Xi Yunsheng vertreten wird. Die Xi-Familie der Dongting Mountain Gang ist die oberste Säule des plutokratischen Systems von Jiangxi und Zhejiang und verfügt über erheblichen Einfluss in ausländischen Banken, staatlichen Banken, Geschäftsbanken, Geldinstituten und Geschäftskreisen in Schanghai und hat ein riesiges Netzwerk von Menschen gewoben.

Seit 1874, als Xi Zhengfu Käufer der HSBC wurde, haben drei Generationen seiner Enkel die Position des Käufers der HSBC mehr als ein halbes Jahrhundert lang innegehabt. Alle Geschäfte der HSBC mit China, einschließlich der Aufteilung der Rechnungen für die Shanghai Money Bank, der politischen Darlehen an die chinesische Regierung, der Eisenbahndarlehen und der Vorschüsse für den Opiumhandel, wurden vom "Büro des Käufers" der HSBC abgewickelt, das von der Familie Xi kontrolliert wird. Die hohen Beamten der außenpolitischen Fraktion der Qing-Dynastie, von Zuo Zongtang und Li Hongzhang bis zu Sheng Xuanhuai, baten unweigerlich die Familie Xi um Hilfe, wenn sie eine Finanzierung benötigten, und wurden ausnahmslos enge Freunde der Familie Xi. Shanghaier Bankiers, die in ihrem Tagesgeschäft regelmäßig Gelder aufnehmen müssen, haben ein offenes Ohr für die Familie Xi.

Auch die anderen drei der vier Brüder waren nicht einfach. Der älteste, Langlebige, war im zweiten Jahr der Gründung der Standard Chartered Bank Shanghai Branch als Einkäufer tätig und war der Patriarch der Bank. Der Älteste war Einkäufer bei der Bank of England, der Derby Bank und der Sino-Russian Dawson Bank. Old Fourth wurde an Shen Er Yuan, einen Verwandten der Xi-Familie und den ersten Einkäufer der neuen Sassoon Foreign Exchange, weitergegeben, der ihm als Einkäufer der Sassoon Foreign Exchange, bekannt als "Sassoon Old Fourth", folgte.

Die Xi-Familie fungierte nicht nur als Käufer für internationale Bankiers, sondern nutzte auch ihr Monopol auf ausländische Banken und die Verbindungen von Regierungsbeamten, um Chinas offizielles Bankensystem, wie die Bank des Außenministeriums, die Bank of China und die Bank of China, mit ihren starken finanziellen Ressourcen zu schaffen, und wurde zu einem Hauptaktionär.

Man kann sagen, dass die gesamte Finanzindustrie in Shanghai, von ausländischen Banken über staatliche Banken bis hin zu Privatbanken und Fahrkartenautomaten, in der Hand der Familie Xi liegt. Damals unternahm die Xi-Familie nur einen kleinen Versuch und enthauptete Hu Xueyan, der der reichste Mann in China war.

Die Kinder der Xi traten nach und nach in das Käufernetz der Familie ein und wurden zu Käufern von 13 ausländischen Banken, und nach und nach traten weitere Schwiegereltern, Landsleute und Klassenkameraden in das System ein, so dass sich ein mächtiges Netz von finanziellen und sozialen Beziehungen bildete. Der Enkel von Xi Zhengfu, Xi Dezhang, war beispielsweise ein Klassenkamerad von Song Ziwen, als dieser in den Vereinigten Staaten war, und Xi Dezhangs älterer Bruder, Xi Dezhang, heiratete seine Tochter mit Song Ziwens jüngerem Bruder, Song Ziliang. Siddhartha wurde später Direktor der zentralen Münzanstalt der Regierung, während Siddhartha Generaldirektor der Bank of China wurde.

Die Entscheidung der Familie XI, Chiang Kai-shek zu unterstützen, ist gleichbedeutend mit einem Vertrauensvotum der internationalen Bankiers für Chiang. In China ist die Zeit gekommen, in der es Chiang Kai-shek gehört.

Am 29. März 1927 besuchte eine Delegation der Shanghaier Handelskammer Chiang Kai-shek und versprach ihm finanzielle Unterstützung, falls er mit der Kommunistischen Partei brechen würde. Am 31. März übernahmen Yu Qiaqing und der Shanghaier Handelsverband die Führung bei der formellen Gründung des "Jiangsu- und Shanghaier Finanzkomitees", an dem Chen Guangfu, Generaldirektor der Shanghaier Handelssparkasse, Qian Yongming, stellvertretender Direktor der Gemeinsamen Reserve der "North Fourth Bank", und Vertreter der beiden größten mit chinesischem Kapital ausgestatteten Banken, der Bank of China und der Bank of Communications, teilnahmen und das fast alle führenden

Persönlichkeiten und Vertreter der wichtigsten Institutionen der chinesischen Finanzindustrie zusammenführte.

Die Banken und Geldinstitute in Shanghai gewährten Chiang Kai-shek vom 1. bis 4. April eine Finanzhilfe von 3 Millionen Silberdollar.[55] Am 8. April erfuhr der US-Generalkonsul in Schanghai, Gao Si, dass die Plutokraten von Jiangsu und Zhejiang Chiang Kai-shek 3 Millionen Silberdollar unter der Bedingung angeboten hatten, dass sie "darauf bestehen, dass sie ihn nicht länger unterstützen, wenn die Kommunisten nicht aus der Kuomintang entfernt werden. "Die [56]Bankiers sind schließlich die höchsten Geschäftsleute, und obwohl sie für Chiang Kai-shek einen 60-Millionen-Dollar-Kuchen gemalt haben, können sie nur eine Anzahlung erhalten, bevor die Arbeit erledigt ist, und erst wenn die Arbeit schön erledigt ist, werden sie weiter geben.

Nur eine Woche, nachdem Chiang Kai-shek das Geld erhalten hatte, inszenierte er den weltbewegenden "12. April"-Putsch! Massaker an Kommunisten, Arbeitern, Bauern und Linken.

Chiang Kai-shek gab den Kommunisten die blutige Parole "lieber 3.000 versehentlich töten als einen" vor, und der Bankier fühlte sich sehr "großzügig" und stellte Chiang Kai-shek sofort weitere 7 Millionen Silberdollar zur Verfügung.[57] Auf einmal war der Fluss so groß, dass Köpfe rollten und Blut floss! Mit den Köpfen einer großen Anzahl von Kommunisten bezahlte Chiang Kai-shek eine blutige "Abtrünnigkeitserklärung" an die Machtgruppe der internationalen Bankiers für sich selbst!

Die Refinanzierung von Chiang Kai-shek

Zu diesem Zeitpunkt zog sich Yu Qiaqing, der die "Projektinspektion" und die "Finanzierung" der ersten Phase abgeschlossen hatte, hinter den Kulissen zurück und wurde durch Chen Guangfu, den Vertreter der mittleren Generation der Plutokraten von Jiangzhejiang und Zhejiang, als Leiter des Investitionsausschusses für das "Chiang Kai-shek-Projekt" ersetzt. Nach seinem Abschluss an der

---

[55] Erklärung, 28. März 1927, 11 Auflage.

[56] Archiv des Außenministeriums der Vereinigten Staaten, 893.00B/276.

[57] *Shanghai Money Bank History*, People's Bank of China, Shanghai Branch, S. 207.

Wharton School der University of Pennsylvania gründete er die Shanghai Commercial Savings Bank, die in der chinesischen Finanzgeschichte einzigartig ist. Das Unternehmen begann 1915 mit einer Einlage von 18.000 Silberdollar und erreichte 1933 eine erstaunliche Größe von 33,3 Millionen Silberdollar, was es zu einem Finanzzauberer machte.

Darüber hinaus unterhielt Chen Guangfu enge Beziehungen zu den Familien Kong Xiangxi und Song Ziwen. Als Chen Guangfu die Shanghai Commercial Savings Bank gründete, brachte er insgesamt 70.000 Yuan an Eigenkapital auf, wovon Kong Xiangxi einen Anteil von 10.000 Silber-Yuan hatte, die Familie Song investierte ebenfalls 5.000 Silber-Yuan im Namen der alten Madam Song Ni Guizhen, vor der Nord-Expedition schrieb Kong Xiangxi mehrmals an Chen Guangfu und lud ihn ein, nach Süden zu gehen. Durch diese Beziehung wurde Chen Guangfu zu Chiang Kai-sheks zuverlässigstem Bankier.

Chen Guangfu schämte sich seiner Aufgabe nicht und rief das "Finanzkomitee von Jiangsu und Shanghai" ins Leben, um öffentliche Schulden für Chiang Kai-shek zu übernehmen und Chiang Kai-sheks gravierenden Geldmangel in großem Umfang zu finanzieren, nämlich mit den berühmten "Jiangsu Customs Erwu Tax-Subsidized Treasury Bills". Damals übernahm das Regime von Chiang Kai-shek unter dem Banner der "nationalen Revolution" die Politik der früheren nationalen Regierungen von Guangzhou und Wuhan und führte zusätzlich zu dem von Ausländern kontrollierten Zolltarif von 5% eine weitere Steuer von 2,5% ein, d. h. die so genannte "25%ige Steuer", um die nationale Industrie zu schützen. Solange die Ausländer nicht zustimmten, war die "2,5-Prozent-Steuer" natürlich nur ein Schlagwort, aber es machte für die Banker keinen Sinn, die Staatsanleihen von Chiang Kai-shek als Sicherheit für diese "ungerechtfertigten" künftigen Einnahmen auszugeben.

Der Finanz- und Industriesektor Shanghais zeichnete die "Jiangxi Customs 25 Tax-Subsidized Treasury Bills", um sich "vor Warlords und der Kommunistischen Partei zu schützen". Politisch entschieden sie sich für die Nationale Regierung von Nanjing und unterstützten Chiang Kai-shek finanziell. Die Ausgabe von Schuldverschreibungen dient ausdrücklich dem Schuldendienst und der Schaffung von Staatskrediten. Um die rationelle Verwendung der ausgegebenen Staatsschuldtitel zu überwachen, haben die Plutokraten von Jiangsu und Zhejiang ein spezielles "Jiangsu Customs Twenty-five with tax treasury securities fund custody committee" eingerichtet, das von einem anderen

Riesen der Plutokraten von Jiangsu und Zhejiang, dem Generaldirektor der Zhejiang Industrial Bank Shanghai, Li Fusun, geleitet wird. Der Verwahrungsausschuss dieses Fonds stärkte die Kooperationsbeziehungen zwischen Chiang Kai-shek und den Finanz- und Wirtschaftskreisen in Shanghai.

Der Gesamtbetrag der "Jiangxi Customs Second and Fifth Treasury Bills with Taxes" belief sich auf 30 Millionen Silberwon, mit einem monatlichen Zinssatz von 7 Prozent, der ab Juli desselben Jahres über 30 Monate zu tilgen ist. An dieser öffentlichen Schuld beteiligen sich die Finanzwelt von Shanghai, die Geschäftswelt und die Provinzen Jiangsu und Zhejiang sowie die beiden Huaihai-Salzhändler mit 3 Millionen Silber-Yuan. Von all jenen, die die Staatsschulden des Chiang Kai-shek-Regimes gezeichnet haben, entfielen 80 Prozent auf die Plutokraten von Jiangsu und Zhejiang, wobei die Bank of China den größten Betrag erhielt.[58]

Der geschäftsführende Direktor der Bank of China ist ein weiteres Finanzgenie, Zhang Jiajiajie. Zhang studierte an der Keio-Universität in Japan und wurde 1914, im Alter von 28 Jahren, stellvertretender Leiter der Bank of China Shanghai Branch. Unter der Führung von Zhang Jiahua weigerte sich die Bank of China, mit der Regierung in Peking zusammenzuarbeiten, und beschaffte sich von den großen Banken, Börsen und Unternehmen in Jiangsu und Zhejiang fast 6 Millionen Silber-Yuan an Eigenkapital und kaufte 1923 5 Millionen Silber-Yuan an offiziellen Aktien der Regierung in Peking.

Der berühmte Zhang Jiawu wurde ein enger Freund von Li Fusun und Chen Guangfu, den einflussreichsten Persönlichkeiten der Finanzbranche in Shanghai. Um den Bankensektor in Shanghai zu vereinen, initiierte er ein freitägliches Abendessen, bei dem Manager Finanzinformationen, Emotionen und Meinungen austauschen konnten. Zhang Jia Miao nutzte die Zusammenkunft, um Freundschaften zu schließen, Informationen zu analysieren und wissenschaftliche Geschäftspraktiken zu verbreiten, was bald zu einer Öffnung der Situation führte, und die Zusammenkunft weitete sich allmählich zur Shanghai Banking Association aus. Der Kern der Shanghai Banking Association besteht aus drei Personen: Zhang Jiajiajiajie, der die

---

[58] Chiang Kai-sheks Beziehungen zur Shanghaier Finanzwelt und zu Geschäftsleuten in Jiangsu und Zhejiang im Jahr 1927, Wang Zhenghua.

meisten Gelder für Chiang Kai-shek finanziert, Chen Guangfu, der die Finanzierung organisiert und Li Fusun, der die Gelder überwacht.

In nur zwei Monaten, von April bis Mai 1927, erhielt Chiang Kai-shek 40 Millionen Silberdollar als Finanzierung, viel mehr als die 30 Millionen Goldrubel, die die gesamte nationale Regierung zwischen 1924 und 1927 von der Sowjetunion erhielt. Das "Spekulationsgeschäft" von Chiang Kai-shek scheint Erfolg gehabt zu haben.

Er "entledigte" sich der sowjetischen und kommunistischen "gefährlichen Vermögenswerte" innerhalb der Kuomintang und brachte ein viel größeres und raffinierteres Risikokapital ein - die Plutokraten aus Jiangsu und Zhejiang und die internationalen Bankiers, die hinter ihnen stehen. Allerdings steht er auch vor der großen Herausforderung der nationalen Regierung von Wuhan, die immer noch vom linken Flügel der kommunistischen und der Kuomintang-Partei kontrolliert wird.

Die "Rekapitalisierung" hinter der "Ninghan-Fusion"

Am 9. April 1927 erhielt der Gewerkschaftsbund der Stadt Shanghai, der Leiter der Streikposten der Arbeiter, Wang Shouhua, eine Post von Du Yuesheng, der Wang Shouhua für den 11. April zum Du Gongguan einlud, um an einem Bankett teilzunehmen, da er wichtige Angelegenheiten zu besprechen hatte. Als Wang am 11. April gegen 20 Uhr im Du Gongguan eintraf, hatte er das unheilvolle Gefühl, dass Du Yuesheng nicht erschienen war. Die umstehenden Schläger, die sich näherten, zeigten einen tödlichen Blick. Wang Shouhua schrie heimlich ungläubig auf und drehte sich um, um zu verschwinden, aber es war zu spät. Ein paar Schläger umschwärmten ihn, schlugen ihn geschickt zu Boden, packten ihn sauber in einen Sack und legten ihn in ein Auto, um ihn in den Vororten von Long Hua lebendig zu begraben.

Unmittelbar danach, am 12. um 3 Uhr morgens, bildeten die mit Pistolen bewaffneten Hooligans der Grünen Bande unter der Führung von Du Yuesheng einen zielgerichteten Trupp, trugen Arbeiterkleidung und das Wort "Arbeit" auf dem Ärmel und verließen die Französische Konzession, das Hauptlager der Grünen Bande, mit dem Auto. Zur gleichen Zeit fuhren mehrere hundert Soldaten der Armee von Bai Chongxi ebenfalls getarnt durch das öffentliche Mietgebiet, begaben sich nach Zhabei, Nancheng, Huxi und anderen Orten und griffen die

Quartiere der Streikposten der Arbeiter von Nancheng an. Die Truppen der 26. Armee von Zhou Fengqi hatten in der Nacht in der Nähe der Streikposten der Arbeiter und des Hauptquartiers der Allgemeinen Arbeitergewerkschaft Stellung bezogen, als sie die Streikposten unter dem Vorwand, die Ordnung aufrechtzuerhalten und den Konflikt zu regeln, gewaltsam entwaffneten.

Am Mittag dieses Tages rief die Shanghai General Workers' Union einen Generalstreik der Arbeiter in der Stadt aus, um gegen die Gräueltaten zu demonstrieren. Daraufhin begann Chiang Kai-sheks "Nationale Revolutionsarmee", auf die marschierenden "Nationalen" zu schießen, und das Massaker begann. Innerhalb von zwei Tagen wurden 300 Arbeiter getötet, 500 verhaftet und 5.000 "verschwunden". Es folgte eine massive und blutige Niederschlagung in Nanjing, Suzhou, Wuxi, Hangzhou, Guangdong, Changzhou und anderen Orten, bei der etwa 25.000 Kommunisten und Linke massakriert wurden. Ganz China wusste, dass Chiang Kai-shek, der Oberbefehlshaber der Nationalen Revolutionsarmee, die Nationale Revolution offen verraten hatte.

Die Nachricht erreichte die Nationale Regierung von Wuhan und löste sofort ein großes politisches Erdbeben aus. Im Namen des Zentralkomitees der Kuomintang verkündete Wang Jingwei, Vorsitzender der Nationalen Regierung von Wuhan, die sofortige Entlassung von Chiang Kai-shek aus allen Ämtern, schloss ihn aus der Kuomintang aus und erließ einen Haftbefehl gegen ihn. Die Nationale Regierung in Wuhan stand nun vor einer wichtigen strategischen Entscheidung: entweder die Nordexpedition fortzusetzen und die Pekinger Kriegsherren zu vernichten, die immer noch die Region des Gelben Flusses sowie den Norden und Nordosten Chinas beherrschen, oder Chiang vom Osten her zu besiegen, was die Nationale Revolution spalten würde.

Die militärischen Kräfte der Regierung von Wuhan, wie Tang Shengzhi und Zhang Faqui, sind größtenteils mit Chiang Kai-shek verfeindet und befürworten daher die Ostexpedition, um Chiang Kai-shek loszuwerden und das reichste Gebiet Chinas, Jiangsu und Zhejiang, zu annektieren. Der politische Berater der Sowjetunion, Borodin, und die Führer der chinesischen Kommunisten, Chen Duxiu und Zhou Enlai, befürworten die Fortsetzung der Nordexpedition und die Niederlage der Pekinger Kriegsherren, bevor sie sich gegen Chiang Kai-suk wenden.

Borodin argumentierte, dass

> „Es ist unmöglich, mit unserer gegenwärtigen Stärke nach Osten vorzustoßen ... ein Vorstoß nach Osten würde Chiang Kai-shek nicht nur dazu veranlassen, ein offenes Bündnis mit dem Imperialismus und sogar den Kriegsherren des Nordens einzugehen, sondern wir würden besiegt und eliminiert werden."[59]

Borodins Bedenken waren berechtigt.

Was die militärische Lage betrifft, so ist die Regierung in Wuhan auf allen Seiten im Nachteil. Im Norden befinden sich die Kriegsherren der direkten Linie, die noch nicht besiegt wurden, und die Kriegsherren der Feng-Linie, die immer noch stark sind, im Osten sind die reichsten Provinzen von Chiang Kai-shek und seinen Verbündeten, der Armee von Li Zongren, besetzt, und im Süden werden die beiden Provinzen von Li Jishens Gui und den Pro-Chiang-Kräften gehalten; all diese Feinde wetzen ihre Messer und sind bereit, zuzuschlagen. Die der Regierung von Wuhan unterstellte Armee stand aus praktischen Erwägungen meist auf der Seite der Regierung von Wuhan, sei es, weil sie die Versorgung durch die Regierung von Wuhan benötigte, sei es aufgrund von Fraktionskonflikten und gegensätzlichen Ambitionen mit Chiang, aber in Wirklichkeit identifizierten sie sich größtenteils mit der antikommunistischen "Qing-Partei" von Chiang Kai-shek und konnten die Revolution jederzeit verraten, genau wie Chiang Kai-shek, solange der Preis ausgehandelt wurde. Nur eine der Abteilungen von Ye Ting konnte wirklich aufatmen und das gleiche Schicksal wie die Regierung von Wuhan teilen.

Was die wirtschaftliche Situation angeht, so ist sie noch schwieriger. In der Tat sucht die Wuhan-Seite auch die Unterstützung der Finanz- und Geschäftswelt von Shanghai. Die Regierung von Wuhan schickte am 27. März den Finanzminister Song Ziwen nach Schanghai, um alle Finanzangelegenheiten zu regeln, und ordnete an, dass alle Finanzen der Provinzen Jiangsu und Zhejiang ihr unterstellt werden sollten, und dass alle Steuern und die Mittelbeschaffung bei chinesischen Geschäftsbanken vom Finanzminister verwaltet werden

---

[59] Erklärung von Borodin auf einer Sitzung des Politbüros des Zentralkomitees der Kommunistischen Partei mit einer Delegation der Kommunistischen Internationale, 13. April 1927.

sollten.⁶⁰ Song Ziwen traf am 29. März in Shanghai ein und verhandelte am nächsten Tag mit Chiang Kai-shek über die Vereinheitlichung der finanziellen Angelegenheiten von Jiangsu und Zhejiang. Am 31. März richtete das Generalkommando der Nationalen Revolutionsarmee das "Finanzkomitee Jiangsu-Shanghai" ein, in dem die Finanzchefs von Shanghai für bestimmte Angelegenheiten zuständig waren. Als Song Ziwen in Shanghai eintraf, konnte die Arbeit daher zunächst nicht aufgenommen werden.

Nach dem Staatsstreich vom 12. April wandte sich Chiang Kai-shek vollständig von den Kommunisten ab, und die Kuomintang verließ das Land, und Song Ziwens persönliche Sicherheit war bedroht, ganz zu schweigen von der Finanzierung der Regierung in Wuhan. Am Ende wurde sogar Song Ziwen selbst von Kong Xiangxi und Song Hei Ling rebelliert und lief zu Chiang Kai-shek über.

Daraufhin setzte Chiang Kai-shek am 18. April offiziell die Nationale Regierung in Nanjing ein und begann, die Regierung in Wuhan öffentlich zu verleugnen, was am 28. April zu einer Proklamation führteder er erklärte, er werde sich den Großmächten anschließen und eine Wirtschaftsblockade gegen Wuhan verhängen. Die Plutokraten von Jiang und Zhejiang, die den finanziellen Lebensnerv Chinas innehaben, haben sich auf die Seite von Chiang Kai-shek gestellt und der Nationalen Regierung von Wuhan alle Finanzierungskanäle abgeschnitten, und die Banken, Geldinstitute und Fahrkartenautomaten in Schanghai haben alle ihre Geldüberweisungen nach Wuhan eingestellt und warten auf den Sturz der Regierung.

Zu dieser Zeit waren die Preise in Wuhan in astronomische Höhen gestiegen, und die verschiedenen Münzen und Kredite, die von der Regierung von Wuhan ausgegeben wurden, waren auf der Strecke geblieben. Die monatlichen Einnahmen der Regierung belaufen sich auf nur 1,5 Millionen Silberdollar, die Ausgaben auf 13 Millionen Silberdollar! Mit mehr als einem Drittel der Arbeitslosen der Stadt und ihren Familien, mit Revolutionären und Asylbewerbern aus allen Provinzen und mit Zehntausenden von Verwundeten aus mehreren Kämpfen ist die gesamte Regierung von Wuhan an einem kritischen Punkt angelangt, an dem alle Seiten in Aufruhr sind.

---

[60] Minister Song's Management of Finance and Electricity, 5. April 1927, Shanghai R.O.C. Daily, 2. Ausgabe Nr. 1.

Wuhan, ob es nun die Sowjetunion, die Kommunistische Partei Chinas oder Wang Jingwei war, setzte seine Schätze auf die Nationale Armee von Feng Yuxiang im Norden.

Nachdem er zum Kriegsherrn aufgestiegen war, ließ sich Feng Yuxiang christlich taufen und benutzte christliche Hymnen als Lied seiner Armee und christliche Dogmen als Vorlage für die Formulierung militärischer Vorschriften, was dazu führte, dass er von der Weltöffentlichkeit als "christlicher General" bezeichnet wurde. Als er 1924 entdeckte, dass die Sowjets großzügig mit ihren Subventionen waren, trat er der Sowjetunion bei.

Jetzt ist Feng Yuxiang, der mit 16 Millionen Goldrubel und Waffen ausgestattet ist, für den Tongguan-Pass zuständig und hat ein Auge auf die Zentralebene geworfen, um im entscheidenden Moment, wenn sich die politische Waage in China neigt, seine Chips zu setzen.

Der Tag kam schnell.

Im Juni 1927 hielten Feng Yuxiang und Wang Jingwei ein Treffen in Zhengzhou ab. Bei diesem Treffen zählte Wang Jingwei die verschiedenen Laster von Chiang Kai-shek auf, um Feng Yuxiang davon zu überzeugen, sich gegen Chiang zu stellen. Der angebotene Preis war, ihm im Namen der Nationalen Regierung von Wuhan die gesamte Macht der Partei, der Regierung und der Armee in den Provinzen Henan, Shaanxi und Gansu zu übertragen. Natürlich ist Feng Yuxiang kein Dummkopf, die drei genannten Orte sind bereits unter der tatsächlichen Kontrolle von Feng Yuxiangs Nationaler Armee, und Wang Jingwei's Preis ist gleichbedeutend mit einer nachträglichen Bestätigung, Feng Yuxiang hat keinen wirklichen Nutzen daraus gezogen. Es scheint, dass es keine Möglichkeit gibt, noch mehr Öl aus Wang Jingwei herauszupressen, also drücken Sie diese alte Orangenschale von Chiang Kai-shek aus und sehen Sie, ob Sie etwas Orangensaft herausquetschen können.

Nur eine Woche nach der Konferenz von Zhengzhou traf Feng Yuxiang am 20. Juni mit Chiang Kai-shek in Xuzhou zusammen. Bei diesem Treffen forderte Chiang Kai-shek Feng Yuxiang auf, sich der nationalistischen Regierung von Nanjing zu unterwerfen und gegen die kommunistische "Qing-Partei" zu kämpfen. Chiang Kai-shek bot Feng Yuxiangs Männern eine monatliche Vergütung von 2,5 Millionen Silberdollar an, die im Juli 1927 beginnen sollte. Unmittelbar nach dem Treffen kehrte Chiang Kai-shek nach Shanghai zurück, um die Zahlung vorzunehmen. In einem Bericht vom 30. Juni erklärte der britische

Generalkonsul Sir David Baldwin, dass es in den letzten beiden Juniwochen in Schanghai eine massive Crowdfunding-Kampagne gegeben habe. Er vermutete, dass Chiang Kai-shek damit die Finanzierung von Feng Yuxiang durchsetzen wollte, um dessen Unterstützung gegen das Xuzhou-Abkommen der Nationalregierung von Wuhan zu gewinnen. [61]

Chiang Kai-shek, der von den Zaibatsu von Jiang und Zhejiang unterstützt wurde, hatte einen außergewöhnlichen Schritt unternommen und 2,5 Millionen Silberdollar pro Monat angeboten, weit mehr als Wuhan bieten konnte. 2,5 Millionen Silberdollar im Monat! Es war, als hätte jemand vor Feng Yuxiang das Mantra "Open Sesame Door" rezitiert, und vor seinen Augen erschien ein Schatz, der so groß war, dass er sich nicht vorstellen konnte. Ohne zu überlegen, beschloss Feng Yuxiang sofort, den Goldrubel wegzuwerfen, und stürzte sich auf das große, dicke Bein, das Chiang Kai-shek gerade in der Hand hielt. Am 21. Juni schickte Feng Yuxiang ein Telegramm im Stil eines Ultimatums an Wang Jingwei und Tan Yen-loos aus Wuhan.

Zu diesem Zeitpunkt ist Wang Jingwei sehr verärgert. Ursprünglich, am 1. Juni, traf Luo Yi, ein Vertreter der Kommunistischen Internationale, mit einer Kopie der Resolution des Exekutivkomitees der Kommunistischen Internationale zu China (die "Mai-Richtlinie") in Wuhan ein. Innerhalb weniger Tage übermittelte Luo Yi diese Resolution an Wang Jingwei in seiner Eigenschaft als "Minister für kaiserliche Angelegenheiten". Die Resolution der Kommunistischen Internationale lautet wie folgt:

> ➤ Nachdrücklich für eine Agrarreform von unten nach oben eintreten, aber gegen Auswüchse ankämpfen, die das Land von Offizieren und Soldaten nicht berühren und Zugeständnisse an Handwerker, Händler und kleine Landbesitzer machen.

> ➤ Mobilisierung von 20.000 Kommunisten und 50.000 revolutionären Arbeitern und Bauern in der Zwei-Seen-Region zur Bildung einer eigenen Armee.

> ➤ Veränderung der derzeitigen Zusammensetzung der KMT durch Aufnahme neuer Arbeiter- und Bauernführer aus den unteren Ebenen in die KMT-Zentrale.

---

[61] Weitere Mitteilung über China, Britisches Außenministerium 405/254, vertraulich, Nr. 13315, Juli-September 1927, Nr. 43, Anhang.

> Vertreibung all derer, die alte Ideen haben.

> Einsetzung eines revolutionären Militärgerichts unter der Leitung prominenter Nationalisten und Nichtkommunisten zur Bestrafung reaktionärer Offiziere.

Es handelte sich nicht um eine Zusammenarbeit mit dem kommunistischen Staat, sondern Stalin verlangte von Wang Jingwei, sich der Kommunistischen Partei vollständig zu unterwerfen. Wang Jingwei sah sich das an und unterdrückte seinen Ärger, aber er verhandelte trotzdem. Er bot der Sowjetunion ein Darlehen in Höhe von 15 Millionen Goldrubel an, während Moskau sich bereit erklärte, nur 2 Millionen Goldrubel als Hilfe zu leisten. Stalin ging zu weit, indem er von den Menschen verlangte, ihren Körper zu verkaufen, und sich weigerte, genug dafür zu bezahlen. Zu diesem Zeitpunkt erhielt Wang Jingwei ein Telegramm von Feng Yuxiang, in dem er zum Kampf gegen die Kommunistische Partei aufgefordert wurde, was den Nagel auf den Kopf traf.

Unmittelbar danach kehrte Song Ziwen, der Finanzminister der Regierung in Wuhan, der in den vorangegangenen Monaten in Shanghai geblieben war, am 12. Juli plötzlich nach Hankou zurück und führte mit einem Brief von Chiang Kai-shek mehrere private Gespräche mit Wang in dessen Haus in Wang Jingwei.

Drei Tage später inszenierte die Nationale Regierung von Wuhan einen konterrevolutionären Staatsstreich unter dem Motto "Lieber 3.000 versehentlich töten als einen verschonen", und eine große Zahl von Kommunisten und Linken fiel dem Gemetzel zum Opfer.

Nach der Säuberung von den "Kommunisten" sind die prinzipiellen Widersprüche zwischen den nationalen Regierungen von Wuhan und Nanjing gelöst, und es ist nur noch eine Frage der Zeit, bis die "Ning-Han-Fusion" stattfindet. Chiang Kai-shek, der im Ning-Han-Kampf einen entscheidenden Sieg errungen hatte, schien wie selbstverständlich an der Spitze der neuen Regierung zu stehen. Doch zum Entsetzen aller trat Chiang Kai-shek weniger als einen Monat nach der "Spaltung" in Wuhan zurück.

Bei einer solch bizarren politischen Situation in China ist es kein Wunder, dass selbst das Außenministerium des britischen Empire, das sich gut mit "Risikokapital" auskennt, über die Turbulenzen auf der chinesischen politischen Bühne verwundert ist. Dabei ist die Antwort eigentlich ganz einfach. Es gibt ein altes chinesisches Sprichwort: "Wenn der Vogel seinen Bogen ausgeschöpft hat, wird das Kaninchen sterben und der Hund kochen. "Nur dass dieses Mal der "Bogen" und der "Hund" Chiang Kai-shek waren, und derjenige, der "den Bogen verstecken und den Hund kochen" wollte, waren die Plutokraten von Zhejiang und Jiangsu.

Der Vorstand der Zaibatsu entlässt den CEO wegen seines Unsinns

Die Erbsünde von Chiang Kai-shek war für die Plutokraten von Jian Zhejiang und Zhejiang, dass der Appetit zu groß und der Appetit zu hässlich war.

Chiang Kai-shek hatte es nach dem "12. April" nicht leicht. Die Säuberung der unbewaffneten Kommunistischen Partei war nur eine "Vorspeise zum Dessert" vor dem Hauptgericht. Nach der Bildung der Nationalen Regierung in Nanjing musste sie den Betrieb des Staatsapparats aufrechterhalten, sich mit der Nationalen Regierung in Wuhan auseinandersetzen und sich vor den Pekinger Kriegsherren im Norden in Acht nehmen, und das alles ohne Geld.

Allerdings müssen die Plutokraten von Jiangsu und Zhejiang als Kapitalisten die Investitionsrendite berechnen. Die Front-End-Finanzierung wurde von der Kommunistischen Partei erzwungen, ohne ein bisschen Blut muss jeder mitspielen. Jetzt, wo die Erleichterung groß ist, wird der Appetit von Chiang Kai-shek immer größer und übersteigt die Budgets der Plutokraten, und alle beginnen, von der Position, Chiang zu unterstützen, zurückzuschrecken.

Es spielt keine Rolle, ob die Jiangzhe zaibatsu schrumpft, Chiang Kai-shek rollte sofort die Augen, es ist nicht in meinem Hals stecken! Wenn du keinen Toast willst, wirst du bestraft werden. Was Chiang Kai-shek mit den Kommunisten und den Gewerkschaften gemacht hat, ließ er an den Kapitalisten aus.

Am 14. Mai 1927 wurde der Sohn eines Malers, der in der Französischen Konzession lebte, unter dem Vorwurf der Konterrevolution verhaftet und am 19. Mai wieder freigelassen, nachdem der Maler versprochen hatte, 200.000 Silberdollar an den Staat zu "spenden". Der Baumwollgarn- und Mehlkönig Rong Zongjing wurde unter dem Vorwurf verräterischer Kaufleute und der Finanzierung eines Kriegsherrn" verhaftet, und Chiang Kai-shek ordnete persönlich die Beschlagnahmung der Getreidemühle der Familie Rong in Wuxi an, die aufgehoben wurde, nachdem Rong

Zongjing dem Chiang-Regime 250.000 Silber-Yuan gespendet hatte. Der dreijährige Sohn des Managers von Sincere, O Byung Kwang, wurde entführt und zu einer "Spende" von 500.000 Silberwon für die Partei aufgefordert. Das tatsächliche Ergebnis von Chiang Kai-sheks Einsatz dieser Kombination aus "Entführung" und "Erwartung einer Entführung", um Geld von den Kapitalisten zu erpressen, ist nach Ansicht des US-Konsuls in Shanghai "eine eindeutige Schreckensherrschaft unter den wohlhabenden Klassen ... die Haltung der Kaufleute und der Gentlemen-Klassen entwickelt sich ständig zu einer Opposition gegen die Kuomintang, die in ihrer Tyrannei ungezügelt ist und ihnen großes Leid zufügt".[62] Ein australischer Beobachter in China, Chapman, berichtet,

> „Reiche Chinesen können in ihren Häusern verhaftet werden oder auf der Straße auf mysteriöse Weise verschwinden... Der große reiche Mann wird als 'Kommunist' verhaftet! ... Man schätzt, dass Chiang Kai-shek auf diese Weise insgesamt 500.000 Dollar an Geldern beschaffte, eine Schreckensherrschaft, wie sie Shanghai in jüngster Zeit unter keinem Regime je erlebt hat."[63]

Der Spielstil von Chiang Kai-shek ist fast identisch mit Hitlers späterem Stil. Einige Jahre später war Hitler auch an der GEM mit dem Risikokapital der Wall Street beteiligt. Die Familie Rothschild saß im Gefängnis der Gestapo. Für politische Machthaber wie Chiang Kai-shek und Hitler ist die Konsolidierung der Macht das oberste Prinzip des Handelns, und alles andere ist zweitrangig. Banker und Arbeiter, wenn sie tun können, was sie wollen, können für sie arbeiten und bekommen, was sie brauchen; sobald sich die Situation ändert, können sie schneller den Rücken kehren, als sie lesen können.

Die Shanghaier Strandmogule sind sehr verärgert, und die Folgen sind sehr ernst. Die Tycoons denken, dass Chiang Kai-shek sich nicht richtig verhalten hat und dass wir euch Geld geben, damit ihr für uns arbeitet. Jetzt seid ihr so arrogant und herrschsüchtig, bevor ihr reich seid, und ihr haltet euch nicht an die Regeln.

---

[62] U.S. Konsul in Shanghai, Kningham an Mamouri, U.S. Department of State 893/9195, 30. Juli 1927; Goss an Mamouri, U.S. Department of State 893/9199, 5. Juni 1927; Kningham an Meyer, U.S. Department of State 893/9660, 3. September 1927.

[63] *The Chinese Revolution 1926-1927* (London, Ausgabe 1928), Chapman, S. 232.

Solche gefährlichen Elemente müssen beseitigt werden. Der Grund für die Verzögerung war, dass es vor den Toren des Shanghaier Bundes eine prokommunistische Regierung in Wuhan gab und der Druck von außen noch nicht vollständig aufgehoben war und Chiang Kai-shek toleriert werden musste. Bis Wang Jingwei auch gegen die Kommunisten in Wuhan vorgegangen wäre, hätte es keinen Grund zur Sorge gegeben.

So trat Chiang Kai-shek in den Countdown ein.

Die nationale Regierung von Nanjing ist in der Tat kein Kinderspiel. Es gab einen klaren Interessenkonflikt zwischen dem Gui-System, das von Li Zongren und Bai Chongxi angeführt wurde, und dem Huangpu-System von Chiang Kai-shek. Selbst He Yingchens Unterstützung für Chiang Kai-shek war unzuverlässig. Chiang Kai-sheks tyrannische Herrschaft hatte ihm selbst zu viele politische Feinde geschaffen, während er selbst in der Freude über den Sieg schwelgte.

In diesem heiklen Moment wurde die Armee von Chiang Kai-shek in der Zweiten Nördlichen Expedition von den Truppen des Kriegsherrn Fengtian besiegt und verlor sogar die wichtige ostchinesische Stadt Xuzhou. Schanghai und Nanjing befanden sich im Ausnahmezustand, und das Ansehen von Chiang Kai-shek sank auf der Strecke. Die Gui-Kräfte innerhalb der Regierung in Nanjing nutzten die Gelegenheit, um den Palast unter Druck zu setzen, und die Behörden in Wuhan, die den Zusammenschluss ausgehandelt hatten, bestanden wiederholt darauf, dass die Regierung in Wuhan nur dann nach Nanjing umziehen dürfe, wenn Chiang Kai-shek selbst zurücktrete, und auch das Patriarchat von Guangdong innerhalb der Kuomintang und die "fürstliche Fraktion", die Sun Yat-sens Sohn Sun Ke unterstützte, schlossen sich zusammen, um Chiang zu Fall zu bringen. Und trotz der erpresserischen Geldbeschaffung in Schanghai ist die Regierung in Nanjing aufgrund der enormen Militärausgaben immer noch nicht in der Lage, finanziell über die Runden zu kommen. Chiang Kai-shek wurde eine Familie, die nur weiß, dass der Reis teuer ist, und eine Zeit lang ohne die Unterstützung der Zaibatsu von Jiangsu und Zhejiang nur auf das Chaos schauen und nichts dagegen tun kann.

Erst zu diesem Zeitpunkt begriff Chiang Kai-shek, dass es einen Unterschied zwischen der Herrschaft über ein Land und dem Sturz eines Regimes gab und dass er nicht mehr wie in der Vergangenheit mit Schurkenstreichen arbeiten konnte.

Chiang Kai-shek war schließlich ein kluger Mann, und anstatt es so schwer zu nehmen, könnte er genauso gut zurückkeilen und die anderen im Vordergrund auf das Feuer legen, um sie zu rösten, und dann zurückkommen, um den Teller zu übernehmen, wenn alle anderen zu viel zu rösten haben.

So schlug Chiang Kai-shek am 12. August 1927 auf einer Sitzung des Zentralen Militärkomitees der Kuomintang vor, als Oberbefehlshaber zurückzutreten und die Verteidigung von Nanjing anderen Generälen zu überlassen, um dann Nanjing in Richtung Shanghai zu verlassen. Die Rückzugserklärung von Chiang Kai-shek wurde am 13. August veröffentlicht, und am 14. August zog er offiziell ins Feld. Unmittelbar danach kündigte die Regierung von Wuhan am 19. August ihren Umzug nach Nanjing an, Wang Jingwei traf Anfang September ebenfalls in Nanjing ein, und Ninghan wurde formell für den "Ninghan-Zusammenschluss" wiedervereinigt.

Chiang Kai-shek ist endlich auf dem Markt für Wachstumsunternehmen

Als Chiang Kai-shek sah, dass die Früchte des Sieges gestohlen wurden, schmeckte er den bitteren Geschmack, dachte über den Schmerz nach und dachte tief nach. Um in die Mitte der politischen Szene Chinas zurückzukehren, ist es notwendig, die finanzielle Unterstützung der Jiangzhe-Plutokraten zu gewinnen, die Chinas Finanzmacht kontrollieren. Obwohl Wang Jingwei und Li Zongren vorübergehend Erfolg hatten, war er davon überzeugt, dass nur er die Kraft und die Fähigkeiten besaß, um in China erfolgreich zu sein, und dass die Plutokraten von Jiangsu und Zhejiang früher oder später erkennen würden, wer in Zukunft der wahre "Sohn" Chinas sein würde. Es galt, die Anerkennung der "Kapitalmärkte" zurückzugewinnen und einen Weg zu finden, sich erneut um einen Börsengang zu bewerben.

Der Schlüssel zur Unterstützung der Plutokraten von Jiang und Zhejiang liegt darin, ihre Zweifel zu zerstreuen und sie dazu zu bringen, sich von ganzem Herzen mit Chiang Kai-shek als "einem der ihren" zu identifizieren. Er wollte eine Offensive starten, eine Offensive, um die Herzen der Schönen zu gewinnen, eine Offensive, die von nicht weniger strategischem Wert sein würde als jeder echte Krieg.

Sein Ziel war Song Mei-Ling.

Zu dieser Zeit erholte sich die alte Dame der Song-Familie, Ni Guizhen, in Japan, und um Song Mei-Ling zu umwerben, reiste Chiang Kai-shek am 28. September nach Japan, um die Erlaubnis der Song-Familie zu erhalten, ihn zu heiraten. Auf diese Weise ist er durch Heirat mit Sun Yat-sen (Song Qingling), Song Ziwen und Kong Xiangxi (Song Anling) verwandt. Die Familie Song wiederum hat sehr enge Verbindungen zu den Plutokraten von Jiangxi und Zhejiang und der großen chinesischen Aufkäuferschicht, die die Interessen der internationalen Bankiers in China vertritt.

Der Enkel von Xi Zhengfu von der Dongting Mountain Gang, der großen Shanghaier Kaufmannsfamilie, Xi Dezhong, war ein Klassenkamerad von Song Ziwen, als dieser in den Vereinigten Staaten studierte, und sein älterer Bruder, Xi De Mao, heiratete seine Tochter mit Song Ziwens jüngerem Bruder, Song Ziliang, der einen großen Anteil an der Shanghai Commercial Savings Bank von Chen Guangfu, einem großen Bankier aus Jiangsu und Zhejiang, hatte.

Die Song-Familie selbst ist die chinesische Aufkaufaktion des amerikanischen Kapitals. Song, der Gründer der Song-Familie, wuchs in den Vereinigten Staaten auf, genoss eine umfassende amerikanische Kirchenausbildung und war ein gläubiger Christ. Mehrere von Songs Geschwistern absolvierten amerikanische Universitäten, und Song selbst arbeitete gleich nach seinem Abschluss an der Columbia University bei einer Geschäftsbank an der Wall Street. Song's Ehemann, Kong Xiangxi, wurde ebenfalls in den USA ausgebildet und war Generalvertreter für die Region Nordchina von Mobil Oil. Diese Familie ist untrennbar mit dem amerikanischen Kapital verbunden. Was die Verbindung zwischen Chiang Kai-shek und Soong Mei-ling betrifft, so lautete die große Schlagzeile in den chinesischen Medien, die damals über die politische Ehe berichteten, treffend: "Chiang und Soong bündeln ihre Kräfte, 'China-US'-Zusammenarbeit" (Chiang, Soong Mei-ling).

Es ist die perfekte Kombination aus einem chinesischen Übernahmekonsortium und einem Militärdiktator. Gerade als Chiang Kai-shek damit beschäftigt war, "neue Vermögenswerte" einzubringen, war "Ning Han merge flow", nachdem die neue nationale Regierung kurz davor war, den Topf aufzudecken.

Sun Ke, der Finanzminister der neuen Regierung und Chef der "Prinzenfraktion" innerhalb der Kuomintang, verfügte nicht über die Geldbeschaffungsfähigkeiten von Chiang Kai-shek, der während seiner

Regierungszeit über ein monatliches Budget von 20 Millionen Silberdollar verfügte, und Sun Ke war völlig unfähig, diesen Betrag aufzubringen. Bis Oktober 1927, als er nur 8 Millionen Silberdollar aufgebracht hatte, war die Regierung gelähmt, und die Armee verweigerte Befehle, weil sie nicht bezahlt werden konnte. In der Not zog auch Sun Ke nach und gab am 1. Oktober erneut die "Jiang Customs Second and Fifth Treasury Bills with Taxes" aus, deren Betrag um 10 Millionen höher war als die 30 Millionen Silber-Yuan von Chiang Kai Shek und 40 Millionen Silber-Yuan erreichte!

Um die Zaibatsu von Jiangsu und Zhejiang zur Zeichnung ihrer Staatsschulden zu mobilisieren, berief Sunke auch ein Treffen mit Yu Qiaqing und anderen hochrangigen Persönlichkeiten aus dem Finanzbereich ein, um alle zur Zeichnung zu mobilisieren, was zu einer lauwarmen Reaktion führte. Die Shanghai Money Bank hatte Chiang Kai-shek vom 1. April bis zum 16. Juli 1927 ein Darlehen in Höhe von 5,6 Millionen Silber-Yuan gewährt, doch als Sun Ke die Shanghai Money Bank am 26. Oktober um die Zeichnung von 500.000 Silber-Yuan für die mit der Erwu-Steuer belasteten Schatzanweisungen bat, brachte er nur 340.000 Silber-Yuan auf. [64]

Ohne die Unterstützung der Plutokraten aus Jiangsu und Zhejiang wäre die neue Regierung praktisch nicht tragfähig gewesen.

Zu dieser Zeit, die Jiangzhe zaibatsu, wurde auf Wang Jingwei, Sunke, Li Zongren die Ausführung dieser Gruppe von Menschen ist ziemlich enttäuscht, verlassen sich auf diese Gruppe kann über die Kriegsherren im Norden kämpfen? Die hohen Tiere begannen abzuwarten, und vielleicht war Chiang Kai-shek, der zu einer "Familie" geworden war, besser in der Lage, die Aufgabe der Einigung des Landes zu übernehmen.

Schon bald brachen die Armeen von Li Zongren und Bai Chongxi aus der Gui-Familie innerhalb der neuen Regierung, wie auch die Xiang-Familie von Tang Shengzhi, in einen Bürgerkrieg um die Macht aus, und obwohl die Gui-Familie Tang Shengzhi besiegte, verloren beide Seiten so viel, dass sie eigentlich nicht mehr kämpfen konnten.

---

[64] *History of the Shanghai Money Bank,* Shanghai Branch of the People's Bank of China, S. 207; Kningham an Meyer, U.S. Department of State 893/9660, 12. November 1927.

Zu diesem Zeitpunkt ergriffen die Pro-Jiang-Kräfte innerhalb der Kuomintang die Gelegenheit, Chiang Kai-shek zur Rückkehr an die Macht aufzufordern, um den Schlamassel zu bereinigen. Die Jiang- und Zhejiang-Plutokraten betrachteten Chiang Kai-shek bereits als Insider, außerdem waren sie zuversichtlich, dass Chiang Kai-shek durch die letzte "Rekapitalisierung" genügend Lektionen gelernt haben sollte, er sollte auf dem richtigen Weg sein.

Am 4. Januar 1928 traf Chiang Kai-shek von Schanghai aus in Nanjing ein, um die Gesamtlage zu kontrollieren, und am 9. Januar 1928 rief Chiang Kai-shek offiziell das ganze Land an, um das Amt des "Oberbefehlshabers der Nationalen Revolutionsarmee" zu übernehmen, und übernahm dann die Spitzenpositionen des Vorsitzenden des Militärkomitees und des Vorsitzenden der Zentralen Politischen Konferenz der Kuomintang.

Seit dem Ende des Jahres sind nur 116 Tage vergangen.

Als Chiang Kai-shek an die Macht kam, zeichneten die Plutokraten von Jiangsu und Zhejiang unter der Koordination von Finanzminister und Zentralbankgouverneur Song Ziwen rasch die 40 Millionen Silberdollar Staatsschulden, die trotz aller Bemühungen nicht verkauft werden konnten. Mit der erneuten Unterstützung der Plutokraten von Jiang und Zhejiang nahm Chiang Kai-shek schließlich seinen Platz im Land ein. Im Gegenzug zählten auch die Plutokraten von Jiangsu und Zhejiang darauf, dass Chiang Kai-shek sein Bestes für sie tun würde.

Doch sie haben vergessen, was ein Militärdiktator ist. Eine solche Person wäre niemals bereit, sich jemandem zu unterwerfen, und müsste einen Weg finden, jede Person oder Organisation zu kontrollieren, die ihn kontrollieren wollte. Cromwell tat dies, Napoleon tat dies, Hitler tat dies, und Chiang Kai-shek war keine Ausnahme.

Vorerst war Chiang jedoch auf die Geldsäcke der Bankiers angewiesen. Denn Chiang Kai-shek sah sich dem Widerstand seiner ärgsten Feinde gegenüber, den Kommunisten, die er so hartnäckig auszurotten versuchte.

Kurz nach dem Staatsstreich begannen auch die Kommunisten, die durch das Schlachtermesser von Chiang Kai-shek blutig geschlagen worden waren, zu den Waffen zu greifen.

Am 1. August 1927 kommt es zum Aufstand der Kommunisten in Nanchang. Der Albtraum von Chiang Kai-shek geht zu Ende.

KAPITEL IV

Die Rote Zentralbank

Wie wird die Zukunft aussehen, nachdem das Land von den Grundbesitzern aufgeteilt wurde? Es kostet Geld, die Belagerung zu bekämpfen. Wie kann die Rote Armee ohne Geld kämpfen? Wie kann die sowjetische Währung ohne Gold, ohne Silber funktionieren? Erfundenes rotes Geld?

Neben den militärischen und politischen Aspekten des Überlebens und der Entwicklung der Roten Basis spielen auch die Finanzen eine nicht unwesentliche Rolle. Geld war unverzichtbar für den Krieg gegen die "Belagerung", für das Funktionieren des zentral-sowjetischen Regimes, für den Lebensunterhalt und die Produktion der Menschen vor Ort sowie für die Entwicklung des Markthandels.

Die sowjetische Regierung erkannte schon früh die Bedeutung von Geld und Bankwesen und gründete 1932 die kleinste Zentralbank der Welt, die Chinesische Sowjetische Nationalbank. Bei ihrer Gründung hatte sie nur fünf, im besten Fall 14 Mitarbeiter. Diese Leute haben keine hohe Ausbildung, verfügen über wenig Bankerfahrung und wissen nicht einmal, wie die Zentralbank funktioniert. Erschwerend kommt hinzu, dass sie nicht einmal über ein Startkapital verfügt. Außerdem gibt es für die Ausgabe von Bargeld kein spezielles Papier, keine Konstruktionszeichnungen, keine Tinte, keinen Fälschungsschutz, man muss sich um alles selbst kümmern. Sie haben keine Ahnung von Finanzbuchhaltung, keine Ahnung von Bankbuchhaltung, keine Ahnung von Wechseldiskontierung, keine Ahnung von der Emission von Staatsanleihen, sie sind von Grund auf und in der Praxis gewachsen.

Die Vereinheitlichung der Finanzen, die Entwicklung des Handels, die aktiven Märkte, sie reifen schnell in drei Jahren. Die Rote Zentralbank hat zum Sieg im Krieg gegen die "Belagerung", zur Konsolidierung des Sowjetregimes, zur Verbesserung des Lebens der Menschen und zur Prosperität von Markt und Handel beigetragen.

Mao Zemins finanzieller "Plan der leeren Stadt"

Eines Tages im Jahr 1933 war Mao Zemin, der Präsident der Nationalbank der Sowjetrepublik China, gerade aus dem Ausland in sein Büro in Ruijin zurückgekehrt und wollte gerade die Konten prüfen, als Cao Jüru, der Leiter der Buchhaltungsabteilung, hereinstürmte und besorgt sagte: „Das ist doch nicht möglich!"

> „Gouverneur Mao, in letzter Zeit sind viele Dorfbewohner gekommen, um Geldscheine in Bargeld zu tauschen. Das Bargeld in der Schatzkammer ist weniger als die Hälfte, ich glaube, es wird etwas schief gehen, beeilen Sie sich und finden Sie einen Weg!"

Als Mao Zemin davon erfuhr, eilte er in die Geschäftsstelle der Bank. Vor der Geschäftshalle war eine lange Schlange, und die Halle war voller Menschen, die darauf warteten, ihr Geld umzutauschen, und alle unterhielten sich angeregt. Jemand rief: "Heutzutage nehmen die Geschäftsleute nur noch Bargeld, kein Papiergeld, und ich möchte es in Bargeld umtauschen!" Jemand mischte sich in das Gespräch ein und sagte: „Ja, wozu Papiergeld aufbewahren, wenn es bald nur noch Schrott ist?"

Mao Zemin runzelte die Stirn, ohne ein Wort zu sagen, drehte sich um und verließ den Saal. Er drehte sich in den Straßen des Kreises Ruijin um und sah tatsächlich einige Geschäfte des täglichen Bedarfs, Stoffläden und Salzstände mit Schildern, auf denen "nur Bargeld" stand. Mao Zemin wird klar, dass der Lauf, den er am meisten gefürchtet hatte, endlich stattgefunden hat!

Er eilte zurück ins Finanzministerium, erstattete Minister Deng Zichuo Bericht und suchte gleichzeitig Qian Zhiguang auf, der gerade seinen Posten als Direktor der Allgemeinen Verwaltung für Außenhandel angetreten hatte, um mit ihm zu sprechen.

sagte Mao Zemin:

> „Das größte Tabu der Bank ist ein Run, und in letzter Zeit hatte ich ein vages Gefühl dafür, aber ich habe nicht erwartet, dass er so schnell kommt. Nach der dritten Gegen-'Belagerung' verhängte die Kuomintang eine strenge Wirtschaftsblockade gegen uns, die sowjetische Region war knapp an Vorräten, die Preise stiegen und die Papierwährung verlor an Wert. Darüber hinaus hat der Feind eine große Menge Falschgeld in die Sowjetunion fließen lassen, Sabotage betrieben und den

Finanzmarkt in der Sowjetunion gestört. Wir müssen uns etwas einfallen lassen, um diese Situation so schnell wie möglich zu beenden."

Die Argumentation ist einfach: Die Glaubwürdigkeit der Nationalbank und der sowjetischen Währung muss gewährleistet sein, und durch die Wahrung der Glaubwürdigkeit der Bank und der von ihr ausgegebenen Währung wird die Glaubwürdigkeit der sowjetischen Regierung gewahrt.

Zu diesem Zeitpunkt befand sich Mao Zemin in einer ähnlichen Situation wie die japanische Matsumata-Justiz, wo die Überausgabe von Papiergeld zu einer dramatischen Abwertung der Papierwährung gegenüber dem Silberdollar geführt hatte. Unter dem Papiergeld der Matsumoto-Justiz befindet sich auch eine beträchtliche Anzahl bargeldloser Yen-Noten, so dass die Situation überschaubar ist, da die Regierung trotz der Abwertung des Papiergeldes nicht gezwungen ist, Bargeld in Silber zu tauschen. Aber Mao Zemin war in Schwierigkeiten, und die Heimatstadt verlangte die sofortige Einlösung, und der Kredit der sowjetischen Währung würde sofort mit unvorstellbaren Folgen zusammenbrechen, sobald die Silberdollarreserven ausgepresst würden.

Um die Kreditwürdigkeit des Yen wiederherzustellen, griff Matsumata Justice damals kühn zu der Methode, so viele Banknoten wie möglich in so viele Silberdollar wie möglich zu tauschen, und zwar im Verhältnis 1:1, bis der Markt völlig überzeugt war, dass die Gold- und Silberreserven der Regierung ausreichen. Zu dieser Zeit löse Matsubata Justice das Problem des Zustroms von Gold- und Silbermünzen aus Übersee mit der innovativen Methode der Devisenwechsel der Yokohama Shojin Bank, während Mao Zemin das Problem nicht mit der Idee einer Erhöhung der Gold- und Silbermünzreserven lösen konnte.

Der Kredit der sowjetischen Währung darf auf keinen Fall in Konkurs gehen. Mao Zemin bestand darauf, dass alle, die den Umtausch von Devisen beantragten, die Bank den Umtausch garantieren sollte, und legte streng fest, dass der Umtausch einer Dollarnote in einen Dollar ausländischer Währung, niemand den Preis der ausländischen Währung erhöhen sollte!

Die Nationalbank ist entschlossen, sofort eine große Menge Bargeld aus der Staatskasse für den öffentlichen Umtausch von Banknoten zu beschaffen. Zwei Tage sind vergangen, die Zahl der

Menschen, die zum Umtausch von Devisen kommen, hat zugenommen, und die Schlange vor der Tür der Bank wird länger und länger. Cao Jiru sagte zu Mao Zemin,

> „Gouverneur Mao, es gibt nicht mehr viel Devisen, sollen wir den Umtausch stoppen?"

Mao Zemin antwortete,

> „Jetzt tauschen die Menschen mit großer Begeisterung Münzen um und können nicht mehr aufhören. Der Zweck des Umtauschs des leichten Yang ist es, die Glaubwürdigkeit der Papierwährung zu verbessern, und nur durch die Verbesserung der Glaubwürdigkeit der Papierwährung kann finanzielle Stabilität erreicht werden!"

Cao Ju Ru seufzte,

> „Es ist diese Argumentation. Aber wenn Chief Money morgen und übermorgen nicht zurückkommt, wird es eine Menge Ärger geben."

Mao Zemin senkte den Kopf und dachte eine Weile nach, dann leuchteten seine Augen plötzlich auf und er sagte,

> „Es scheint, wir müssen von Herrn Kong Ming lernen und den 'Leere-Stadt-Trick' singen. Mitten in der Nacht, ihr Jungs..."

Am nächsten Morgen wurden die Straßen des Kreises Ruijin von den Wachen der Roten Armee geöffnet, und Cao Jüru führte das Korb-Transportteam an. Einige Körbe waren mit Goldziegeln, Goldbarren, Goldketten, Goldringen, goldenen Ohrringen und silbernen Armbändern, Silberkragen, Silberdollars und Silberbarren gefüllt, andere waren fein säuberlich mit Kojos gestapelt. Der schlangenartige Transportkonvoi, der sich durch das Stadtzentrum und die Straßen bewegte, war spektakulär. Mehr und mehr Bürger auf beiden Seiten der Straße blockieren die Straße.

Der Transport zwängte sich durch die Menge und sammelte Schmuck und Koyo in die Bank ein. Jedes Mal, wenn ein Quart vorbeikam, zählte ein Dorfbewohner es und rief aufgeregt: „Die Bank ist so reich!"

In der Geschäftshalle der Nationalbank türmte sich Gold- und Silberschmuck zu einem vergoldeten "Gold- und Silberberg" auf, und die Leute, die kamen, um Silberdollar umzutauschen, riefen aus, als sie das sahen:

> *„Ich habe in meinem Leben noch nie so viel Gold und Silber gesehen, die Bank in Su ist wirklich großzügig!"*

Die Menge der Börsianer zerstreute sich ein wenig, und Mao Zemin konnte geduldig auf die Rückkehr des Geldes warten, nachdem sich seine Besorgnis gelegt hatte.

An diesem Tag brachte Qian Zhihong schließlich wie geplant die silbernen Yuan, Baumwolltücher, Salz und andere von der Roten Armee während der "Belagerung" beschlagnahmte Materialien zurück, und Mao Zemin lobte sie für die Rettung der Sowjetbank und der Sowjetregierung. Mao Zemin sagte ihm auch, dass der "Plan der leeren Stadt" das gesamte Gold und Silber im Tresorraum verbraucht habe. Wenn das Licht des Geldes nicht zurückkommt, wird der "Plan der leeren Stadt" in Erfüllung gehen.

Mit den von der Front zurückgebrachten Vorräten ordnete Mao Zemin sofort einen Stopp des Umtauschs an. Die Genossenschaft verkauft Waren des täglichen Bedarfs in großen Mengen, und auf dem Preisschild steht: „Nur Papiergeld, kein Bargeld."

Die Leute haben sich dazu geäußert,

> *„Wer sagt, dass Papiergeld verfallen muss, und wer sagt, dass es wertlos ist? Siehst du, die Regierung hat sogar Kwan-Yang für Papiergeld herausgenommen, und jetzt nimmt sie nur noch Papiergeld für den Verkauf von Dingen."*

Die Menschen eilten zur Bank, um Banknoten umzutauschen und zu kaufen, was sie brauchten. Einige Leute kaufen die Waren nicht und tauschen auch das Bargeld in Papiergeld um.

Innerhalb weniger Tage wurde mehr Bargeld zurückerhalten als umgetauscht!

Angesichts der Abflusskrise reagierte Mao Zemin klug, indem er mit dem Gold- und Silbertrick der "leeren Stadt" einen schönen psychologischen Krieg führte und rechtzeitig Maßnahmen ergriff, um die Versorgung in der Sowjetunion sicherzustellen, wodurch er die Glaubwürdigkeit der Staatsbank und der Regierung erfolgreich festigte. Die Aufrechterhaltung des Kredits der Nationalbank gewährleistete die Fähigkeit der Regierung, Material zu finanzieren und einzusetzen, und legte damit die wirtschaftliche Grundlage für den Sieg der Roten Armee gegen die "Belagerung".

Mao Zemin kannte Matsumotos gerechten Yen-Kreditverteidigungskrieg vielleicht nicht, und obwohl sie vor denselben Problemen standen, waren die Mittel zur Lösung sehr unterschiedlich. Während Songfang Justice die Kreditkrise des Papiergeldes durch die Vermehrung von Gold und Silber entschärfen wollte, entdeckte Mao Zemin ein weiteres großes Gesetz des Geldes, nämlich dass Gold und Silber nicht die einzige Kreditunterstützung für Geld sind, sondern dass Rohstoffe ein ebenso wirksames Mittel zur Geldunterstützung sein können! Die Nachfrage nach Geld durch das Volk ist im Wesentlichen der Besitz aller Arten von lebenden Materialien kann durch Geld realisiert werden, in diesem Fall kann der Kredit des Papiergeldes vollständig umgehen die Gold- und Silberreserven, und direkt Material-basierte.

Mao Zemins Praxis der Geldpreisnormierung beeinflusste das geldpolitische Denken der späteren Kommunisten. In der Ära des revolutionären Mangels an Edelmetallen und der Notlage der befreiten Gebiete, die unter Wirtschaftsblockade stehen, erfordert die Errichtung einer roten finanziellen Hochgrenze eine große finanzielle Innovation in der Praxis der Geldstandardisierung!

Der Schlüssel für die Langlebigkeit des roten Regimes angesichts des weißen Terrors und die Organisation von fünf groß angelegten Militäroperationen gegen die "Belagerung" sowie die Förderung der wirtschaftlichen Entwicklung in der Sowjetunion lag darin, dass die Kommunisten von Anfang an zwei wesentliche Punkte begriffen: Die Revolution musste den Gewehrlauf und den Geldsack in einer Hand halten. Ein Gewehrlauf schützt einen Geldsack, und ein Geldsack stützt effektiv einen Gewehrlauf!

Snow machte in seinem Tagebuch des Westens diese Bemerkung über die Noten der Sowjetischen Nationalbank:

> *„Wo auch immer sie ist, die sowjetische Währung scheint ihre Position auf der Grundlage des allgemeinen Vertrauens in die Regierung und der Tatsache, dass sie einen realen Kaufwert auf dem Markt hat, erworben zu haben."*[65]

---

[65] *Journey to the West*, von Snow, übersetzt von Dong Le Shan, PLA Literature Press, 2002, S. 282.

Das Bewusstsein des Roten Regimes für die extreme Bedeutung des Geldes ist noch eine Lehre aus dem Blut der Pariser Kommune.

Pariser Kommune, die nach Gold hungert

Ende Mai 1871 fielen auf dem Friedhof von Pater La Scherz in Paris mit wenigen Schüssen die letzten Soldaten der Pariser Kommune unter der "Mauer der Kommune", ihre Augen waren voller Furchtlosigkeit, Wut, einem Hauch von Bedauern und Verwirrung. Das erste proletarische Regime der Menschheitsgeschichte, die Pariser Kommune, wurde nur zwei Monate nach ihrer Entstehung brutal niedergeschlagen. Woran liegt es, dass die Flamme der Revolution so schnell erlischt?

Ein Schlüsselelement ist Geld, Geld der Bank von Frankreich!

Jedes Regime, das den Staatsapparat organisiert führen will, braucht Geld. Ohne Geld können keine Ressourcen mobilisiert und keine Kriege geführt werden. Die Pariser Kommune ist eine Lektion in Blut.

„Die Bank von Frankreich wurde im Jahr 1800 gegründet und ihre 200 stimmberechtigten Aktionäre sind berechtigt, 12 Verwaltungsratsmitglieder zu wählen. Eine eingehende Analyse zeigt, dass die 200 Aktionäre im Wesentlichen derselben Personengruppe angehören, nämlich den 44 wichtigsten Familien, die die Bank von Frankreich kontrollieren. Die Sitze, die diese Familien innehaben, sind vererbbar, und in der Mitte befinden sich drei Familien, deren Sitze seit hundert Jahren unverändert geblieben sind: Malet, Mirabeau und Rothschild. Die beiden erstgenannten gehörten der Schweizer Bankiersfamilie an, die von Napoleon ermächtigt wurde, die Bank von Frankreich zu gründen, weil sie heimlich Napoleons "Nebelmond-Putsch" im Jahr 1799 finanziert hatte. Rothschild war ein Vertreter des späteren Aufstiegs der jüdischen Bankiersfamilie. Durch die Finanzoperationen der napoleonischen Regierung, der Bourbonen und der Herzöge von Orléans eröffnete die Law-Familie die "Juli-Dynastie", die in

Frankreich eine nie dagewesene Machtfülle erlangte, und wurde ein Kernmitglied der Bank von Frankreich. "[66]

Die Bank von Frankreich, die sie kontrollierten, war das Herzstück der Finanzindustrie in Paris, dem damaligen Wirtschafts- und Finanzzentrum nicht nur Frankreichs, sondern des gesamten europäischen Kontinents. Der von ihr ausgegebene Franc ist das gesetzliche Zahlungsmittel Frankreichs, die von ihr gehaltenen Devisen und das Gold garantieren die internationale Kaufkraft des Franc, die von ihr verkauften Anleihen sind von höchster Bonität, und sie ist die Hauptfinanzierungsquelle der französischen Regierung.

Die Bankiers, denen die Bank von Frankreich gehörte, glaubten, dass das Ziel des proletarischen Regimes, das von der Pariser Kommune repräsentiert wurde, darin bestand, sich gegen die Bourgeoisie zu stellen und grundlegend gegen ihre Kerninteressen zu kämpfen. Andererseits ging es ihnen um Kriegsreparationen und Finanzierungsvereinbarungen für Preußen. Selbst wenn die Pariser Kommune ohne Berührung mit der Bank von Frankreich an die Macht gekommen wäre, hätte die proletarische Regierung sicherlich auf einer harten Linie in der Frage der Reparationen und der Finanzierung bestanden. Nicht nur würde die Zahl der Auszahlungen reduziert, sondern auch die Finanzierung würde nicht unbedingt von ihr organisiert werden, und die Regierung würde sich eher direkt beim Volk verschulden und so den Kuchen der Kriegsanleihen machen, von dem sie geträumt hatte, aber der Korb wäre leer. Geld hat kein Mutterland, nur Profit in den Augen der Banker! Jetzt, da die Versailler Regierung leichter zu steuern ist, ist die Wahl der Bankiers offensichtlich.

Die Führer der wirtschaftspolitischen Fraktion der Pariser Kommune, die naiverweise glaubten, das Ziel der Kommune sei die lokale Autonomie von Paris und nicht die Zentralregierung Frankreichs, hatten nicht die Macht und die Notwendigkeit, die Bank von Frankreich als Zentralbank zu übernehmen, und machten den fatalen Fehler, sie in den Händen der alten Behörde zu belassen, die eng mit Versailles verbunden war.

---

[66] *Currency Wars 2: The Golden Power of the World,* von Song Hongbing, China Business Federation Press, 2009, Kapitel 3.

Die Führer der Pariser Kommune haben nicht erkannt, dass derjenige, der die Bank von Frankreich besitzt, den wirtschaftlichen Lebensnerv Frankreichs in der Hand hat. Diese Lebensader bestimmt sowohl, wem die Mittel zugewiesen werden, als auch, wem der Staatsapparat dient. Es handelt sich also nicht nur um einen wirtschaftlichen, sondern auch um einen politischen Fehler. Wie Engels es ausdrückte, wäre die Übernahme der Bank von Frankreich durch die Kommune "sinnvoller, als 10.000 Geiseln zu halten".

In den mehr als zwei Monaten des Bestehens der Kommune hat die Bank von Frankreich allein Milliarden von Francs in bar in ihren Büchern gehabt. Und die Kommune hat nur einen kläglichen Kredit von 16 Millionen Francs bei der Bank beantragt und angenommen. Anstatt die Banque de France zu übernehmen, hungerte sie nach Gold, und es war unmöglich, die Bankiers, angeführt von Rothschild, zu zwingen, die Regierung von Versailles zu drängen, mit der Pariser Kommune Frieden zu schließen, und stattdessen den Bankiers die Möglichkeit zu geben, mehr als 200 Millionen Francs nach Versailles zu überweisen!

Mit dieser großen Geldsumme konnte die Versailler Regierung "die Tapferen mit einer hohen Belohnung belohnen" und in kurzer Zeit auf der Grundlage von mehr als 10.000 besiegten Soldaten eine Armee von 110.000 Mann aufstellen, um gegen die Kommune zu kämpfen.

Um die Interessen der Bankiers zu sichern, griff Rothschild in dieser kritischen Phase direkt in die Verhandlungen zwischen der Versailler Regierung und Bismarck über Reparationen nach dem Preußischen Krieg ein.

> *„Bismarcks Horden beginnen zu ruhen, aber die internationalen Bankiers sind emsiger. Das Geschäft mit den Kriegsreparationen von bis zu 5 Milliarden Franken ist ein Riesengeschäft, auf das alle scharf sind, und wenn man 1% Gemeinkostenzuschlag berechnet, sind das allein 50 Millionen Franken Kuchen!*
> *Was die Höhe der Kriegsreparationen betrifft, so hatte die französische Regierung von Tigre 5 Milliarden Francs vorgesehen, aber Bismarck nahm ein Stück Papier und schrieb blitzschnell 6 Milliarden Francs auf! Teiyaer sprang blitzschnell auf wie ein Hund, der einen Bissen abbekommen hatte. Die beiden Männer begannen sich heftig zu streiten.*
> *Schließlich bittet Teyyer Rothschild zu intervenieren. Als Rothschild erschien, richtete Bismarck seinen ganzen Zorn auf Rothschild, und alle Anwesenden waren erstaunt. Rothschild ist gleichgültig und beharrt weiterhin darauf, dass 5 Milliarden*

Franken eine "tragbare Entschädigungssumme" sind. Rothschilds Position auf den internationalen Finanzmärkten ist unerschütterlich, und es gibt keine Möglichkeit, auf dem europäischen Markt genügend Kriegsentschädigungen aufzubringen, ohne auf seine Bedingungen einzugehen. Nach Abwägung des Für und Wider musste Bismarck Rothschilds Angebot von 5 Milliarden Francs akzeptieren. Was die französische Regierung in Teyre nicht bewältigen konnte, erledigten die Rothschilds sofort."[67]

Mit Geld ist alles einfach! Bismarck, der "eiserne Kanzler", versprach großzügig die Rückführung Zehntausender französischer Kriegsgefangener und die Zusammenarbeit bei der Aufrechterhaltung der "Neutralität", was sogar einen Angriff der Versailler Armee auf Paris durch die preußischen Linien einschloss.

Es ist ernüchternd festzustellen, dass, während die Versailler Regierung, Bismarck und die internationalen Bankiers sich zusammenschlossen, um ihren gemeinsamen Feind, die Pariser Kommune, zu vernichten und zu versuchen, die Macht zurückzuerobern, die Revolutionäre ihre Zeit und Energie auf so triviale Dinge wie die Verbesserung der Behandlung der Lehrer verwendeten. Und so kam es unweigerlich zur Tragödie.

Die Macht einer Bank ergibt sich aus der Ware, mit der sie arbeitet, dem Geld, und die Macht einer Zentralbank ergibt sich aus ihrer Kontrolle über die Geldquelle. Der effektivste Weg, eine Volkswirtschaft zu kontrollieren, ist die Kontrolle der Währung dieser Volkswirtschaft; und der wichtigste Weg, die Währung einer Volkswirtschaft zu kontrollieren, ist die Kontrolle des Bankensystems, das sie schafft, insbesondere der Zentralbank.

Die Lehren aus der Pariser Kommune zeigen, wie zerbrechlich und verwundbar revolutionäre Regime sind, wenn sie nicht über das Lebenselixier der Wirtschaft verfügen. Und in der modernen Gesellschaft sind Banken, insbesondere ein Finanzsystem mit einer Zentralbank als Herzstück, sehr wichtig für ein Regime und eine Wirtschaft. Marx und Engels machten bereits 1848 im Kommunistischen Manifest deutlich, dass das Proletariat, um die herrschende Klasse zu werden, "den Kredit in den Händen des Staates

---

[67] Quelle: ebd., Kap. 1.

konzentrieren muss, und zwar durch Nationalbanken mit Staatskapital und ausschließlicher Monopolmacht". [68]

Ein halbes Jahrhundert nach dem Scheitern der Pariser Kommune war es Lenin, der die Ideen von Marx und Engels in die Tat umsetzte, und Lenins Verständnis und seine Praxis des Bankensystems waren sehr stark ausgeprägt, indem er darauf hinwies, dass die Banken

> *„das Zentrum des modernen Wirtschaftslebens und das Nervenzentrum des gesamten kapitalistischen nationalen Wirtschaftssystems".* [69]
> *„Das moderne Bankwesen ist so untrennbar mit dem Handel (mit Lebensmitteln und allem anderen Handel) und der Industrie verbunden, dass es absolut unmöglich ist, irgendetwas Bedeutendes, irgendetwas 'revolutionär Demokratisches' zu tun, ohne in die Bank 'einzutreten'."*

Es war die feste Kontrolle des Bankensystems, die es der Sowjetunion ermöglichte, auf wundersame Weise alle Widrigkeiten zu überstehen und sich in nur 15 Jahren von einem rückständigen, rückständigen Land zu einer Supermacht von Weltrang und zum Führer der kommunistischen Welt zu entwickeln.

Ab 1905, als der Russisch-Japanische Krieg mit einer vernichtenden Niederlage Russlands endete, wurde Russland zu einem erbärmlichen Bettler unter den Großmächten degradiert, und 1917, als die russische Oktoberrevolution in der zweiten Hälfte des Ersten Weltkriegs ausbrach, sparte es seine Kräfte für den Aufbau der Sowjetunion, Russland zog sich aus dem Ersten Weltkrieg zurück und unterzeichnete den blamablen Friedensvertrag von Brest mit Deutschland, wobei es 1 Million Quadratkilometer Land abtrat, 90 Prozent der Kohle, 73 Prozent des Eisenerzes, 54 Prozent der Industrie und 33 Prozent der Eisenbahnen verlor und 6 Milliarden DM Entschädigung an Deutschland zahlte. Es folgte ein jahrelanger Bürgerkrieg in Sowjetrussland, und erst 1923 stabilisierte sich die Lage allmählich. Nach der Gründung der Sowjetunion wurde die Wirtschaft allmählich wieder in Gang gebracht, und das staatlich kontrollierte Bankensystem übte sofort eine große Macht auf den wirtschaftlichen Aufschwung und den Aufstieg der Schwerindustrie aus. Nur 15 Jahre

---

[68] *Manifest der Kommunistischen Partei*, People's Publishing House, 1972, S. 272.

[69] *Sämtliche Werke von Lenin*, 2. Auflage, Band 32, S. 189.

später stieg das Bruttoindustrieprodukt der Sowjetunion auf den zweiten Platz in der Welt und wurde zu einem der mächtigsten Länder der Welt. Als die japanischen und die sowjetischen Streitkräfte 1939 bei Normenhan auf einem sieben Quadratkilometer großen und Hunderte von Metern breiten Schlachtfeld frontal aufeinander trafen, überfluteten sowjetische Panzer den Himmel, dröhnte der Klang der Artillerie, und die Elite der japanischen Kanto-Armee verlor alles. Während des Vaterländischen Krieges sorgte eine starke Schwerindustrie dafür, dass die Sowjetunion bis zur Einnahme Berlins ununterbrochen Rüstungsgüter an die Front lieferte.

Ohne starke finanzielle Kräfte kann es keine starke Industrie oder Verteidigung geben.

Die Waffe in der einen Hand und das Geld in der anderen

Ohne Geld kann sich die Revolution nicht einen Zentimeter bewegen. Auch die spätere Kommunistische Partei Chinas hat in ihrer eigenen Erziehung am eigenen Leib erfahren, wie wichtig Geld für die Revolution ist, insbesondere für die Unabhängigkeit und Autonomie.

Die frühen chinesischen Kommunisten, zumeist junge Leute, hatten im Allgemeinen keine feste Beschäftigung oder Einkommensquelle, und der Mangel an finanziellen Mitteln war für den Aufbau einer landesweit einflussreichen Partei in kurzer Zeit von entscheidender Bedeutung. In den ersten Jahren der Parteigründung bestand die Hauptfinanzierungsquelle lediglich aus dem Geld, das einige Intellektuelle wie Chen Duxiu und Li Ta-Chao mit Lehrtätigkeit und dem Verfassen von Artikeln verdienten, sowie aus Spenden von anderen Personen. Daher wurde das Problem der Finanzierung zu einem Hauptproblem beim Aufbau der Partei, und schließlich konnte die Arbeit zum Aufbau der Partei der Kommunistischen Partei Chinas nur mit Hilfe der Kommunistischen Internationale abgeschlossen werden.

Chen Duxiu, ein Gelehrter, war anfangs sehr temperamentvoll und bestand darauf, dass die Kommunistische Partei Chinas unabhängig und autonom und nicht dem Volk unterworfen sein sollte, und war nicht bereit, die Unterstützung der Kommunistischen Internationale anzunehmen und zu tun, was man ihm sagte. Er weigerte sich wiederholt, Mittel der Kommunistischen Internationale zur Verfügung zu stellen, so dass das Zentralkomitee der KPCh nach dem "Großen Tag" Schwierigkeiten hatte, 2.300 Dollar pro Monat aufzubringen.

Im Oktober 1921 wurde Chen Duxiu im Shanghaier Mietshausviertel verhaftet, und ihm drohten sieben oder acht Jahre Gefängnis. Marin, der Vertreter der Kommunistischen Internationale, gab viel Geld und mühsame Anstrengungen aus, um die Fugen des Gerichtssaals zu durchbrechen, und lud einen berühmten französischen Anwalt ein, um den Fall zu verteidigen, bevor er Chen Duxiu erfolgreich aus dem Gefängnis rettete. Chen Duxiu erinnerte sich daran, dass er nicht einmal das Geld auftreiben konnte, um sich vor dem Gefängnis zu retten, und wie er unabhängig sein konnte,

> „Jetzt, wo die Herrschenden uns so gnadenlos unterdrückt haben, können wir nur noch engere Beziehungen zur Kommunistischen Internationale knüpfen und keine Zweifel mehr haben."

Dennoch stimmte Chen Duxiu nicht uneingeschränkt zu, dass die KPCh ein Vasall der Kommunistischen Internationale werden sollte; er war lediglich damit einverstanden, dass die verschiedenen Abteilungen der Partei in ihrem eigenen Namen Finanzmittel bei der Kommunistischen Internationale beantragen können. Auf diese Weise kann die Arbeit der Partei schnell durchgeführt werden.

Nach Chen Duxiu ist Li Lisan eine weitere Person, die unabhängig sein und etwas Großes erreichen will.

Im Jahr 1930, als Jiang Feng Yan im Großen Krieg kämpfte, glaubte Li Lizan, dass die Herrschaft der Kuomintang zerbröckeln und die chinesische Revolution zum letzten Klassenkrieg der Welt werden würde, und forderte, dass "die Sowjetunion sich aktiv auf den Krieg vorbereiten muss". In diesem Plan für die Unruhen stand die chinesische Revolution im Zentrum der Weltrevolution, die Sowjetunion kooperierte voll und ganz mit der chinesischen Revolution, und die Kommunistische Internationale war nur ein unterstützender Akteur bei der Umsetzung dieses Plans.

Als Wiesenski im April 1920 nach China kam, um beim Aufbau der Kommunistischen Partei Chinas zu helfen, lautete die erste Direktive der Kommunistischen Internationale und des Politbüros des Zentralkomitees der Vereinten Kommunisten, dass "unsere allgemeine Politik im Fernen Osten auf einem Konflikt zwischen den Interessen Japans, der Vereinigten Staaten und Chinas beruht und dass alle Mittel eingesetzt werden sollten, um einen solchen Konflikt zu verschärfen";

die zweite war die Unterstützung der chinesischen Revolution. Das heißt, die große Hilfe für die chinesische Kuomintang und die Kommunistische Partei Chinas, die die kraftvolle Entwicklung der nördlichen Expeditionsrevolution förderte, wurde auch aus den Bedürfnissen des sowjetischen nationalen Interesses geboren. Plötzlich tauchte Li Lizan aus dem Nichts auf und forderte in einem einzigen "Aufstand", dass "die Sowjetunion sich aktiv auf den Krieg vorbereiten", "aus der Mongolei herauskommen, China unterstützen und den Feind angreifen" und dass die Sowjetunion ihre eigene Sicherheit ignorieren und voll mit der chinesischen Revolution zusammenarbeiten sollte.

> *„Die internationale Intervention erfolgte mit größter Geschwindigkeit und mit dem grundlegendsten Mittel: der Einstellung der Finanzierung der Aktivitäten des Zentralkomitees der Kommunistischen Partei Chinas. Dies ist die härteste Sanktion, die die KPC seit ihrer Gründung erhalten hat. Li Li-san, dessen Finanzierung eingestellt wurde, bleibt nur noch Taiwan."*[70]

Schließlich fand Mao Zedong, der die damalige soziale Situation in China sehr gut kannte, eine unabhängige und autonome Lösung für das Problem der finanziellen Mittel und legte damit die wirtschaftliche Grundlage für die Unabhängigkeit der Kommunistischen Partei Chinas.

Mao Zedongs Idee war es, die "Rote Spaltung" zu etablieren, und 1928 stellte er die Frage, "warum das rote Regime in China existieren kann". Er stellte fest:

> *„Es ist nie der Fall, dass es in einem Land, das von weißen Regimen umgeben ist, ein kleines Gebiet oder mehrere Gebiete mit roten Regimen gibt, die für eine lange Zeit existieren, etwas, das es in den Ländern der Welt noch nie gab. Es gibt einzigartige Gründe, warum diese Art von Wunder geschieht. Auch die Bedingungen für seine Existenz und Entwicklung müssen erheblich sein. Es kann in keinem imperialistischen Land stattfinden, auch nicht in einer direkt vom Imperialismus beherrschten Kolonie, und schon gar nicht in dem wirtschaftlich rückständigen, halbkolonialen China, das indirekt vom Imperialismus beherrscht wird. Denn dieses merkwürdige Phänomen muss von einem anderen merkwürdigen Phänomen*

---

[70] *Die Brillanz des Leidens,* von Jin Yonan, Hua Yi Press, 2009.

> begleitet werden, und das ist der Krieg zwischen den weißen Regimen... Durch die lange Spaltung und den Krieg zwischen den weißen Regimen ist eine Bedingung gegeben, die es ermöglicht, dass ein kleiner oder mehrere kleine Flecken der roten Zone, angeführt von der Kommunistischen Partei, inmitten des umgebenden weißen Regimes stattfinden und bestehen kann."[71]

In diesem Sinne war die Praxis der chinesischen Revolution später erfolgreich.

Gestützt auf die Rote Basis gewann die Politik der Kommunistischen Partei, "den Tyrannen zu schlagen und das Land aufzuteilen", die Unterstützung der Bauern für das Rote Regime, und die landwirtschaftliche Produktion blühte auf und legte den Grundstein für die wirtschaftliche Unabhängigkeit der Basis.

Die Lehren aus der Pariser Kommune und die erfolgreichen Erfahrungen des russischen Sowjets machten Mao und den anderen Gründern der Basis klar, dass eine Revolution nur dann erfolgreich sein kann, wenn sie eine Hand am Gewehrlauf und die andere am Geldbeutel hat. Gleich zu Beginn der chinesischen Sowjetrepublik beschloss das neue rote Regime, ein eigenes, unabhängiges Finanzsystem zu schaffen, und gründete eine eigene Zentralbank, die Nationalbank der chinesischen Sowjetunion.

Die wichtigste Aufgabe der Nationalbank war dreierlei: erstens die Vereinheitlichung der Währung, zweitens die Vereinheitlichung des Finanz- und Steuerwesens und drittens die Unterstützung von Produktion und Handel im sowjetischen Raum.

Ohne eine einheitliche Währung kann es keine verlässliche Besteuerung geben; ohne Besteuerung kann es keine Stabilität im Sowjetregime und keinen Sieg in einem langen Krieg geben. Ebenso wird eine einheitliche Währung die Produktion und den Handel stark fördern, den Lebensstandard des Volkes anheben, die sowjetische Wirtschaft wiederbeleben, die Steuereinnahmen der Regierung erhöhen und das im Entstehen begriffene Sowjetregime konsolidieren.

---

[71] *Ausgewählte Werke von Mao Zedong*, Bd. 1, S. 48.

Die kleinste Zentralbank der Welt, die Chinesische Sowjetische Nationalbank

Im November 1931 wurde Mao Zemin auf dem ersten Nationalkongress der chinesischen Sowjetunion beauftragt, die Nationalbank der chinesischen Sowjetunion zu gründen. Im Folgenden werden die fünf Gründer der Nationalbank genannt.

Mao Zemin, Gouverneur der Staatsbank von China. Geboren als Bauer, vier Jahre lang Privatschule. Berufliche Erfahrung: Allgemeine Angelegenheiten in der Grundschule (Verwaltung der täglichen Ausgaben und des Essens), Leiter der Wirtschaftsabteilung des An Yuan Coal Mine Workers Club, Generaldirektor der An Yuan Road Mine Workers' Consumer Cooperative, Leiter der Verlags- und Vertriebsabteilung des Zentralkomitees der KPC (Shanghai), Generaldirektor der Hankou Republic Daily, Wirtschaftsminister der Militärregion der Provinz Fujian-Ganxi.

Cao Ju-ru, Leiter der Abteilung Rechnungswesen, Nationalbank. Geboren in einer Familie von Ladenbesitzern, Grundschulbildung. Berufliche Erfahrung: Arbeitete als Verkäuferin in Nanyang, Leiterin der Buchhaltungsabteilung der Minxi Industrial and Agricultural Bank.

Yonglie Lai, Leiter der nationalen Bankabteilung. Berufserfahrung: Verkäufer, Soldat der Roten Armee, Gründer der Yongding County Farmers Bank.

Mo Juntao, Leiter der Abteilung für allgemeine Angelegenheiten, Nationalbank. Geboren als Ladenbesitzer, brach im Alter von 12 Jahren die Schule ab, um als Kinderarbeiter zu arbeiten. Berufserfahrung: Sandaufreißer in der Hankow-Gießerei, Briefträger bei der British Bank, Soldat der Roten Armee.

Qian Xijun, Buchhalterin der Nationalbank. Geboren als Bäuerin, studierte an der Shanghai Civilian Girls' School. Berufserfahrung: Leiter der Verlagsabteilung, Zentrale Verlagsabteilung, Kommunistische Partei Chinas (Zentralkomitee der KPCh), Verkehrsbeauftragter.

Diese Leute werden von Tausenden von Menschen in der Sowjetunion ausgewählt, die mit der Bank "zu tun" hatten, einschließlich Cao Jiu Rus Geschäfte mit der Bank, nur um Geld für die Einlage des Chefs abzuheben, während Mo Juntao als Arbeiter in der Bank in Hankou arbeitete und nie Geld bestellte. Würde man diese fünf

Lebensläufe vor Rothschild oder JPMorgan ausbreiten und ihnen sagen, dass diese Leute eine Zentralbank gut führen können, würden sie höchstens schnauben. Diese fünf Männer hatten weder einen Ivy-League-Abschluss noch Erfahrung an der Wall Street und waren nicht einmal qualifiziert, als Sicherheitsbeamte in der Bund Bank in Shanghai zu arbeiten.

Wenn sie eine gute ländliche Genossenschaft leiten können, könnten manche das glauben. Eine Zentralbank leiten, die Rothschild oder JPMorgan ebenbürtig ist? Das ist ein großer Witz! Ob es sich um menschliche, materielle oder finanzielle Ressourcen handelt, es ist hundertachtzigtausend Meilen von der Vorstellung des Durchschnittsmenschen von einer Zentralbank entfernt!

Die Aufgabe dieser fünf bestand darin, ein unabhängiges Zentralbanksystem zu schaffen, was schwieriger denn je war!

Denken Sie nur an die vielen Probleme, die auf sie zukommen.

- ➢ Wie wird das Startkapital der Bank beschafft?
- ➢ Was ist die Grundlage der Währung?
- ➢ Wie hoch ist die Reserve für die Ausgabe von Papiergeld?
- ➢ Wie kann man einen Geldkredit aufbauen?
- ➢ Wie kann die Währung in der Sowjetunion vereinheitlicht werden?
- ➢ Wo befindet sich der Tresorraum der Bank und wie wird er geheim gehalten?
- ➢ Wie werden die Kassenmittelkonten verbucht?
- ➢ Wie werden die Banknoten ausgegeben? Wer entwirft das Muster?
- ➢ Woher kommen das Druckerpapier und die Druckfarbe?
- ➢ Wie lässt sich Papiergeld fälschungssicher machen?
- ➢ Wie werden Silberdollar ausgegeben? Handelt es sich um ein eigenständiges Design oder um eine Nachahmung?
- ➢ Wie verfahren Sie mit Krediten, Wechseldiskontierung usw.?

Es gibt endlose Fragen, und es macht einen traurig, darüber nachzudenken! Aber es ist diese "fünf Tiger Generäle", in einem gewöhnlichen Bauernhaus in Yaping Village, 6 Meilen außerhalb von Ruijin City, ein paar Tische, ein paar Abakus, begann die National Bank of China von Grund auf das schwierige Geschäft, legte den Grundstein des heutigen chinesischen Bankensystems!

Zu Beginn war das größte Problem der Nationalbank der Mangel an Startkapital, und ihre Finanzquellen waren hauptsächlich die während des Krieges beschlagnahmten Güter. Wann immer die Rote Armee in größere Kampfhandlungen verwickelt war, organisierte die Nationalbank Beschlagnahmungskomitees, die den Truppen an die Front folgten, um Geld für Lebensmittel zu sammeln.

1932 kam Mao Zemin nach dem großen Sieg in der von Mao Zedong befohlenen Schlacht von Zhangzhou ebenfalls mit der Armee nach Zhangzhou. Er ging durch die Straßen und sprach mit den Händlern, wobei er die Politik der Roten Armee propagierte, in der Hoffnung, dass die Händler regelmäßige Handelskontakte mit der Roten Armee aufrechterhielten und sich untereinander über deren An- oder Abwesenheit verständigten. In der Zwischenzeit gab die Nationalbank ein Bulletin über die Beschlagnahmung und Sammlung in der Stadt Zhangzhou heraus, wo die Rote Armee keine Geschäfte beschlagnahmt, sondern Spenden von Ladenbesitzern annehmen kann. Diese Politik wurde von großen und kleinen Geschäftsinhabern in Zhangzhou angenommen, die gespendet haben. Bei dieser Expedition erhielt die Rote Armee nicht nur eine große Menge an militärischem Material, sondern sammelte auch 1,05 Millionen Devisen, und die Nationalbank wurde finanziert!

Um einen Teil des in Zhangzhou gesammelten Geldes aufzubewahren, beschloss die Nationalbank, einen geheimen Tresor zu bauen, und sie fand ein Haus auf einem Hügel im Dorf Ruijin, Kreis Shicheng, in der Nähe von Ruijin, mit einem Keller auf dem Hügel direkt dahinter. Und dieses Haus vor dem Keller konnte sowohl überdacht als auch bewacht werden. Die Nationalbank wählte dieses Haus als Standort für den geheimen Tresor.

Im Interesse der Vertraulichkeit wurde an diesem Tag kein Personal der Nationalbank im Tresorraum eingesetzt. Das Gold, das in den geheimen Tresor gebracht werden sollte (Goldbarren, Goldwaren, Goldschmuck usw.), wurde von den Soldaten der Armee im Voraus in Säcke gewickelt und in fünf Quadranten verteilt. Weitere 20 Zentner Silberdollar und Silberdollarschätze wurden ebenfalls im Voraus eingewickelt. Hinzu kamen drei Viertel Juwelen und zwei Viertel Papiergeld (ausländische Währung und nationalistische französische Währung). Die 30 Zentner "Schatz" wurden nacheinander von einem

Zug von Kämpfern abgeholt, die am Fuße des Hügels, eine Meile vom Haus entfernt, anhielten, und dann zur Bewachung freigegeben. Nachts holte ein anderer Zug von Kämpfern die 30 Vierer ins Haus und lagerte sie im Keller hinter dem Haus. Zum Schutz vor Feuer wurden die 30 Bahren mit vorbereiteten Steinplatten abgedeckt. Als diese "Schätze" gezählt und verpackt waren, wurden sie von Mao Zemin persönlich in Augenschein genommen. Nachdem sie in den Keller gebracht worden waren, inspizierte Mao Zemin auch diesen persönlich. Sie machten ein Inventar des Inhalts der 30 Quadranten, insgesamt zwei, von denen einer in der persönlichen Obhut von Mao Zemin war. Aus Gründen der Vertraulichkeit sind in dem Inventar ein Teil des gelben und ein Teil des weißen Weins aufgeführt. Der gelbe Wein steht für Gold und der weiße Wein für Silber. Nachdem diese Bahren platziert worden waren, wurden die Kelleröffnungen von den Kriegern mit Steinen verschlossen und im Freien getarnt. Am nächsten Tag wurden alle an der Einlagerung beteiligten Kämpfer der Roten Armee evakuiert und durch eine Reihe anderer Kämpfer ersetzt, die den Raum vor dem Keller bewachten.[72]

Mao Zemin hielt zunächst die Leute der Nationalbank aus dem Weg und organisierte dann vier weitere Chargen von Kämpfern, die das Gold und Silber transportieren sollten, wobei jeder nur einen Teil der Informationen hatte. Diejenigen, die für den Transport zuständig sind, wissen nicht, wo das Gold und Silber gelagert werden soll, die, die für den Transport zuständig sind, wissen nicht, wo es landen soll, die, die es lagern sollen, wissen nicht, was sich darin befindet, und die, die die letzte Wache bilden, sind ahnungslos. Und nicht nur das: Mao Zemin hat es in der Qing-Dynastie auch mit gelbem und weißem Wein getarnt, was wirklich gut durchdacht ist.

> *„Die spätere Praxis hat gezeigt, dass diese Entscheidung brillant war. Als die Rote Armee später gezwungen war, die Zentralsowjetunion für einen langen Marsch zu evakuieren, spielte dieser Teil des Geldes, der zunächst in Reserve war, eine große Rolle."*[73]

Wenn man ein Bankkorrespondenz-Tresorgeschäft eröffnet, weiß man nicht, wie man mit der Buchhaltung beginnt. Einmal schickten die

---

[72] *Von Kinderarbeit zu roten Bankern: The Revolutionary Years of Mo Juntao*, von Mo Xiaotao, China Finance Press, 2010, S. 33-34.

[73] Ebd., S. 33.

Fronttruppen einen Stapel beschlagnahmter Registrierkassen, und die Agenten stellten fest, dass es sich bei dem um die Kasse gewickelten Papier in Wirklichkeit um ein Viererpack Rechnungen der Steuerbehörden der Kuomintang handelte. Nach sorgfältiger Prüfung waren Mao Zemin und Cao Ju Ru überglücklich, als ob sie einen Schatz erhalten hätten. Sie analysierten und studierten die vier Verbindungen sorgfältig und ließen sich davon inspirieren, das System und den Prozess der Finanzverwaltung zu verbessern, und entwickelten schließlich die Methode zur Verwaltung der Bankkasse. Auf diese Weise werden der Empfänger, der Verwalter (die Staatskasse), der Nutzer und der Veräußerer der Kassenmittel entsprechend erfasst, was ein strenges Finanzsystem gewährleistet und Korruption und Verschwendung auf allen Ebenen der Regierung und des Militärs wirksam beseitigt.

Angeregt durch die vierteilige Liste gab die Nationalbank sofort eine Mitteilung heraus, in der sie die politischen Abteilungen der Roten Armee auf allen Ebenen und das Versorgungsministerium aufforderte, auf die Sammlung von Büchern, Dokumenten, Kontobüchern, Rechnungen, Auszügen und anderen physischen Gegenständen im Zusammenhang mit der Verwaltung von Finanz-, Bank-, Unternehmens- und anderen Kenntnissen zu achten und sie nicht einfach wegzuwerfen, auch wenn es sich nur um ein Stück Papier handelt.

Mit der Einrichtung und Verbesserung verschiedener Systeme wird die Nationalbank allmählich funktionsfähig.

Die Geburt des roten Geldes

Als Nächstes wurde die privilegierte Tätigkeit der Staatsbank vorbereitet, die die Währung des vereinigten Zentralsowjetgebiets ausgab.

Die zentrale revolutionäre Hochburg lag auf dem wirtschaftlich rückständigen Land, wo es keine Industrie, sondern nur verstreute individuelle Landwirtschaft und einige kleine Handwerksbetriebe gab. Die häufigen Kriege und die sich verschärfende Wirtschaftsblockade durch die Nationalistische Partei machen es äußerst schwierig, ein finanzielles Gleichgewicht zu erreichen. Bei seiner Gründung wurde der Markt mit allen möglichen Arten von Geld überschwemmt.

Minderwertiges Münzgeld verdrängte gutes Münzgeld, so dass Silberdollar nur selten im Umlauf waren.

Vor der Gründung der Sowjetischen Nationalbank waren je nach Gebiet folgende Währungen im Umlauf: Kupfer-Yuan-Scheine der Jiangxi Industrial and Agricultural Bank, Silber-Yuan-Scheine der Minxi Industrial and Agricultural Bank, Papiergeld der Guanyang und der Kuomintang und sogar Kupferplatten aus der Qing-Dynastie. Die Leute kaufen ein, schnappen sich eine Handvoll Scheine aller Art, und manchmal können sie nicht einmal den Überblick behalten. Nicht nur das gemeine Volk hat Kopfschmerzen, sondern auch die Geschäftsleute sind überwältigt.

Einige Kämpfer der Roten Armee waren einfältig und glaubten, dass revolutionäre Kämpfer keine KMT-Banknoten benutzten, und setzten manchmal auf dem Schlachtfeld erbeutete KMT-Banknoten in Brand, ohne zu wissen, dass man mit diesen Banknoten viele der in der Sowjetunion knappen Güter wie Salz und Reis kaufen konnte. Die französische Währung der Kuomintang, die verschiedenen Münzen, die von Kriegsherren und Adligen ausgegeben wurden und in der Sowjetunion im Umlauf waren, boten der Kuomintang damals zweifellos die Möglichkeit, den Finanzmarkt in der Sowjetunion zu zerstören.

Mit der Gründung der Nationalbank wurde die Währung der vereinigten Sowjetunion zu einer der wichtigsten Aufgaben. Die erste Schwierigkeit bei der Ausgabe von Geld ist die Frage, wer das Papiergeld entwerfen und gestalten soll.

Jemand hat mir Huang Yaguang empfohlen. Er hat in Japan studiert, und er kann nicht nur gut schreiben, sondern auch zeichnen. Nach einigen Nachforschungen stellte sich heraus, dass Huang Yaguang durchaus Talent zum Malen hat, aber die Sorge ist, dass er in der Bewegung der "Su-She-Partei", die den Westen Fujians durchzieht, als sozialdemokratisches Parteimitglied im Gefängnis sitzt. Mao Zemin meldete den Fall an Mao Zedong, der nach reiflicher Überlegung beschloss, einen Fehler zu riskieren, um das Leben von Huang Yaguang zu retten, indem er Huang Yaguang persönlich anerkannte.

Zu dieser Zeit stand die Sowjetunion unter einer strengen Wirtschaftsblockade durch die Kuomintang, und die Arbeitsbedingungen waren sehr schlecht. Mao Zemin kaufte heimlich Zeichenstifte, Zirkellehren, Tinte und Kupferplatten aus Shanghai, und Huang Yaguang begann mit der Arbeit an dem Geldmuster, das allein auf seiner Erinnerung an einige der von ihm verwendeten Banknoten beruhte.

Bei der Gestaltung des Währungsmusters verlangte Mao Zedong, dass das Design der sowjetischen Regierungswährung die Merkmale des industriellen und bäuerlichen Regimes widerspiegeln müsse. Als Huang Yaguang die Währung entwarf, zeichnete er daher Sensen, Hämmer, Landkarten, fünfzackige Sterne und andere Muster und kombinierte diese Muster organisch, um den Menschen etwas Schönes und Großzügiges zu geben, aber auch die Merkmale der Basiswährung unter der Führung der Kommunistischen Partei hervorzuheben. Ursprünglich wollte er den Kopf von Mao Zedong auf dem Papiergeld abbilden, was von Mao abgelehnt und später durch ein Bild des Kopfes von Lenin ersetzt wurde. Huang Yaguang kopierte den Kopf von Lenin auf das rote Heft, der das Volk der Sowjetunion unter der Führung des marxistisch-leninistischen Denkens repräsentiert, um das neue Wetter zu ändern.

Bei der Ausgabe von Papiergeld stellt sich auch die Frage nach Papier und Tinte. Aufgrund der Blockade des sowjetischen Gebiets durch die Kuomintang waren die Rohstoffe für den Druck knapp. Nachdem die Nationalbank erfolglos nach Shanghai und Hongkong gereist war, um Banknoten zu fotokopieren und Druckmaterial zu kaufen, konnte sie vorübergehend nur auf weißem Stoff drucken und ihr eigenes Papier herstellen. In Ermangelung von Rohstoffen für die Papierherstellung sammeln wir verrottete Säcke und zerbrochene Watte, gehen in die Berge, um Wolle und Bambus zu schneiden, schälen die Rinde, sammeln Schuhsohlen und Seilköpfe. So wurde das "Lumpensammler"-Team der Nationalbank oft auf der Dorfstraße gesehen. Nachdem das Sammelgut zerkleinert wurde, wird es in einem Kalkbecken eingeweicht und zu einem Brei für die Papierherstellung zermahlen.

Später erfuhr ich aus meiner Heimatstadt, dass Teepapier, das aus der Rinde eines alten Baumes auf einem nahe gelegenen Berg hergestellt wurde, sowohl strapazierfähig als auch zäh war, und die Männer der Nationalbank gingen sofort auf den Berg, um es zu sammeln. Zunächst war das Papier nicht sehr gut, wenig zäh, dick und gelb, dann wurden Leim und feine Baumwolle hinzugefügt, um die Zähigkeit und den Weißgrad zu erhöhen, bis schließlich ein geeignetes Papier für den Druck von Banknoten entstand.

Auch der Kauf von Tinte aus der weißen Zone ist ein Kampf. Die in Ganzhou gekaufte Tinte wurde auf dem Rückweg von der Kuomintang beschlagnahmt. Ein Qian Zhuang-Besitzer schlug vor, die traditionelle Kiefernrauchmethode zur Herstellung von Tinte zu verwenden, bei der die Kiefernpaste des Kiefernbaums zu Rauchöl verbrannt und dann etwas Tungöl beigemischt wird. Das Tintenproblem ist gelöst.

Nach Überwindung von Problemen bei der Finanzierung, der Gestaltung und dem Druck von Banknoten druckte die Sowjetische Nationalbank am 7. Juli 1932, nur fünf Monate nach ihrer Gründung, die ersten sowjetischen Banknoten. Die Währung basiert auf dem Silberdollar, die Papierwährung ist der Silberkupon, und der Silberkupon für einen Silberdollar ist die nationale Währung. Mit einer einheitlichen Währung kündigte die Nationalbank zusammen mit der sowjetischen Finanzabteilung an, dass alle Transaktionen und Steuern in nationaler Währung berechnet würden, dass die Papierwährung der Kuomintang aus dem Verkehr gezogen würde und dass das von den ehemaligen sowjetischen Banken ausgegebene Geld anteilig eingezogen und nicht mehr verwendet werden würde.

Die Nationalbank gab neben dem Papiergeld auch Silber- und Kupfermünzen aus. Zu dieser Zeit prägte die Zentralmünze der Nationalbank auch drei Arten von Silbermünzen, den "Yuan", den "Sun Xiaotou" und den mexikanischen "Eagle Ocean", die sowohl innerhalb als auch außerhalb der zentralen revolutionären Hochburgen in Umlauf gebracht werden konnten. Die Ausgabe und der Umlauf von Nationalbankgeld, die allmähliche Rückgewinnung verschiedener Münzen und die Vereinheitlichung der Währung der zentralen Sowjetregion.

Um die Ausgabe von Papiergeld zu kontrollieren, heißt es in Artikel X des Provisorischen Statuts der Sowjetischen Nationalbank:

> *„Mindestens drei Zehntel des Papiergeldes sind in bar, in Edelmetallen oder in ausländischer Währung auszugeben, der Rest ist durch Waren oder kurzfristige Wechsel oder andere Arten von Wertpapieren zu sichern, die sich leicht verkaufen lassen."*[74]

---

[74] *Auf den Spuren von Mao Zemin*, Cao Hong, Zhou Yan, Central Literature Press, 2007, S. 153.

Auf diese Weise wird sichergestellt, dass die Währung über ausreichend Bargeld als Sicherheit verfügt und dass die effektive Expansion der Währung vollständig realisiert wird.

Als die Nationalbank die erste Serie von Banknoten herausgab, waren sowohl die Herstellungstechnologie als auch die Fälschungssicherheitstechnologie aufgrund der begrenzten Bedingungen unzureichend. Um eine maximale Fälschungssicherheit zu erreichen, wandte Mao Zemin die Methode an, seine Unterschrift und die des Finanzministers Deng Zizhuo in russischer Sprache auf den Banknoten anzubringen. Diese Methode ist jedoch sehr leicht zu imitieren. Als das Geld in Umlauf war, begannen die Kuomintang und die Kriegsherren mit verschiedenen Sabotageaktionen, importierten große Mengen an Falschgeld und störten die Finanzordnung in der Sowjetunion.

Um das Problem der Fälschungssicherheit zu lösen, dachte Mao Zemin lange nach und konnte keine gute Lösung finden. Eines Nachts, als er den Gestank des Wollkopfes aus dem Feuer roch, als seine Frau einen Pullover webte, hatte er plötzlich die Idee, bei der Papierherstellung eine bestimmte Menge Wolle in das Papier zu geben, so dass er das Papiergeld nicht nur durch Durchsicht identifizieren konnte, sondern es auch zerreißen oder verbrennen konnte, indem er den Gestank einer Art Wolle roch, um die echte sowjetische Währung zu identifizieren, wodurch das Problem der Fälschungssicherheit gelöst und der normale Umlauf der sowjetischen Währung sichergestellt wurde.

Bis Ende 1932 hatte die Sowjetische Nationalbank 650.000 Silberscheine gedruckt und ausgegeben, während die Reserve 390.000 Stück oder 60 Prozent des gesamten ausgegebenen Betrags betrug und damit doppelt so hoch war wie im Statut vorgesehen.

Das Papiergeld zirkulierte in der Sowjetunion reibungslos und bereinigte die Verwirrung des früheren Währungsmarktes auf einen Schlag.

Auf diese Weise haben die Gründer der Nationalbank durch zahllose Irrungen und Wirrungen, mit starker Überzeugung und zähem Willen, ihren Einfallsreichtum voll ausgeschöpft und den Geldsack fest in die Hand genommen.

Das Geld des Volkes, für das Volk

Sechzig Prozent der Fläche Chinas liegen über 2.000 Meter über dem Meeresspiegel und sind damit für den Ackerbau ungeeignet, während ein Großteil der Fläche kaum Niederschläge erhält. Erschwerend kommt hinzu, dass Überschwemmungen, die durch unregelmäßige Monsune verursacht werden, oft zu schweren Ernteausfällen und damit zu großen Hungersnöten führen.

Verglichen mit den Vereinigten Staaten im Jahr 1945 ernährten 6,5 Millionen Landwirte 140 Millionen Menschen, und die landwirtschaftliche Nutzfläche erreichte 365 Millionen Acres. In China ernährten damals 65 Millionen Bauernfamilien 400 Millionen Menschen, und das bei einer Ackerfläche von nur 217 Millionen Acres.

Dieser Druck auf das Land und die immer höheren Steuern machten es für die Bauern in Altchina schwierig, in normalen Jahren das Existenzminimum zu halten. Die Bauern mussten alle verfügbaren Ressourcen ausschöpfen, um ihr zunehmend erschöpftes Land zu erhalten. Sie sammeln jedes heruntergefallene Blatt, jedes abgestorbene Gras und jedes verirrte Weizenbüschel auf, um es zu befeuern. Tierische und menschliche Ausscheidungen werden sorgfältig eingesammelt, um die Fruchtbarkeit des Bodens wiederherzustellen.

Die Ziele der Landwirtschaft in China unterscheiden sich grundlegend von denen neokolonialer Länder wie den Vereinigten Staaten, Australien und Neuseeland. Während in diesen Ländern ein allgemeiner Überschuss an Land und ein Mangel an Arbeitskräften besteht, ist in China das Gegenteil der Fall. So strebt die chinesische Landwirtschaft nach einer maximalen Produktion pro Flächeneinheit, während die Vereinigten Staaten eine maximale Produktion pro Bevölkerungseinheit anstreben. Während chinesische Landwirte kleine Parzellen mit intensiver Arbeit bewirtschaften können, setzen amerikanische Landwirte vorrangig auf arbeitssparende Maßnahmen wie landwirtschaftliche Mechanisierung und chemische Düngemittel, die relativ kostengünstig sind, wenn die Betriebsmittel gleichmäßig auf große Pro-Kopf-Anbauflächen verteilt werden. Bei der Landknappheit pro Kopf der Bevölkerung in China wird dieser Input jedoch unerschwinglich.

Der große Überschuss an landwirtschaftlichen Arbeitskräften im alten China und eine auf die Maximierung des Landertrags ausgerichtete Agrarwirtschaft führten zwangsläufig zu massiver Armut und Halbbeschäftigung. In der arbeitsfreien Zeit muss die Landbevölkerung verschiedene handwerkliche Tätigkeiten ausüben, um ihr mageres landwirtschaftliches Einkommen aufzubessern. Das agrarwirtschaftliche System des alten China befindet sich in einem ziemlich fragilen Gleichgewicht, mit einem dünnen Wohlstandspolster gegen Naturkatastrophen und vom Menschen verursachte Katastrophen, und das Einkommen aus dem ländlichen Handwerk ist ein wichtiges Ventil zum Druckabbau in diesem schwach ausbalancierten und risikoreichen Wirtschaftssystem.

An diesem Punkt drängten die wirtschaftlichen Kräfte des Westens mit gewaltigem Schwung nach vorn.

Die massenhaften und billigen maschinell hergestellten Waren, die während der industriellen Revolution entstanden sind, strömen wie eine Flutwelle nach China, und die lokalen handgefertigten Textilprodukte, Holzprodukte, Keramik, Kleidung, Schuhe und Hüte können auf dem lokalen Markt immer weniger mit westlichen Produkten konkurrieren. Das ländliche Wirtschaftssystem steht am Rande des Zusammenbruchs, nachdem das Einkommen aus dem Kunsthandwerk weggefallen ist. China hätte auf hohe Zölle zurückgreifen können, um die verheerenden Auswirkungen der westlichen Wirtschaftsmacht abzumildern, aber die westlichen Mächte würden es niemals zulassen, dass rückständige Länder eine Politik des Selbstschutzes betreiben, und würden nicht zögern, wenn nötig Gewalt anzuwenden. China war gezwungen, extrem niedrige Zölle von 5% zu akzeptieren und wurde in Zollangelegenheiten und im Finanzsystem von den westlichen Mächten beherrscht.

Zwischen 1900 und 1940 verschlechterte sich die ländliche Wirtschaft Chinas, wobei 10% der Wohlhabenden 53% des Ackerlandes besaßen und ein hohes Maß an Landmonopol herrschte. Die überwiegende Mehrheit der Landwirte sind Pächter, die jedes Jahr ein Drittel bis die Hälfte ihrer Erzeugnisse als Pacht zahlen müssen, und der daraus resultierende Mangel an Einkommen zwingt mehr als die Hälfte von ihnen zur Aufnahme von jährlichen Krediten, um zu überleben. Zu dieser Zeit lag der jährliche Zinssatz für die Aufnahme von Ernten in China bei 85% und der jährliche Zinssatz für die Aufnahme von Devisen bei 20 bis 50%! [75]

---

[75] *Tragödie und Hoffnung*, Carroll Quigley, 1996, S. 181.

In dieser Situation des hohen Landmonopols, der extremen Ausbeutung der Pachten und der hohen Zinssätze ist das agrarwirtschaftliche System völlig umgekippt, die Bauern haben jede Hoffnung auf ein Überleben verloren und die Revolution ist unvermeidlich geworden.

Wo es Unterdrückung gibt, gibt es Widerstand! Das Seltsame ist nicht, warum die Revolution im ländlichen China ausbrach, sondern warum sie so spät ausbrach!

Mao Zedong sah sich die gesamte Wirtschaftskarte des ländlichen Chinas an und stellte fest, dass die ländliche Wirtschaft vielerorts am Rande des Zusammenbruchs stand. Er sah, dass dies ein fruchtbarer Boden für die Revolution war, wo "das Feuer der Sterne ein Präriefeuer entfachen kann" und das Potenzial hatte, die "bewaffnete Trennung von Bauern und Arbeitern" zu vollziehen, insbesondere "in Gegenden, in denen sich die Bauern und Arbeiter während der bürgerlich-demokratischen Revolution von 1926 und 1927 stark erhoben hatten, wie in den Provinzen Hunan, Guangdong, Hubei und Jiangxi. In vielen Teilen dieser Provinzen gab es einst eine sehr große Organisation von Gewerkschaften und Bauernverbänden, einen Kampf der Arbeiter- und Bauernklassen gegen die Politik der grundbesitzenden Gutsherren und der Bourgeoisie in vielen Volkswirtschaften. "Seine Vision der Roten Kluft war keineswegs eine theoretische Phantasie, sondern beruhte auf der Lebenspraxis, und er begann seine sowjetische Praxis in Hunan und Jiangxi, wo das ländliche Wirtschaftssystem am schwächsten war.

Die Landreformbewegung der "Landnahme und Landaufteilung" wurde zuerst auf dem Land durchgeführt, und die Landrechte wurden von der Zentralisierung auf eine annähernde Gleichstellung umgestellt. Während früher 80 bis 90 Prozent des Bodens in den Händen von Großgrundbesitzern lagen, befindet sich nun der Rest, mit Ausnahme eines nach der Bevölkerungszahl gestaffelten Anteils, in den Händen der direkt an der Produktion beteiligten Bauern.

Gleichzeitig setzt sich die Regierung aktiv für die Abschaffung der verschiedenen Schulden ein, die den Bauern auferlegt wurden. Das erste ist das System der Wucherausbeutung: "Die Arbeiter und Bauern sollten ihre Schulden bei Tian Dong abschaffen und nicht zurückzahlen". Auch die Abschaffung der Leihhäuser war ein wichtiger Teil der Abschaffungskampagne. In der Vergangenheit nahmen die Pfandhäuser vor allem die Kleidung der Bauern als Sicherheit für Kredite mit sehr hohen Zinssätzen, und der geliehene Geldbetrag entsprach weniger als der Hälfte des Wertes der Sicherheit, so dass die Bauern einer sehr starken Ausbeutung ausgesetzt waren. Die Sowjetregierung konfiszierte das Pfandhaus, und die verpfändeten Gegenstände wurden den Bauern so billig wie möglich zurückgegeben, ohne dass die Bauern sie einlösen mussten.

Es wird sichergestellt, dass die Landwirte Land zum Anbauen haben und gleichzeitig von der Agrarsteuer befreit sind, damit sie die Früchte ihrer Arbeit in vollem Umfang genießen können. Diese Maßnahmen haben die reibungslose Entwicklung der Agrarrevolution erleichtert und sichergestellt, mit einem hohen Maß an Begeisterung der Bauern für die landwirtschaftliche Produktion und einer starken Unterstützung für die Regierung. Die Bauern verstanden weder den Hochmarxismus noch den Leninismus, aber sie verstanden sehr gut, dass die Sowjetregierung ihnen große praktische Vorteile gebracht hatte. Eine Regierung kann nur dann stabil sein, wenn sie dem Volk einen spürbaren Nutzen bringt.

Andererseits war die wirtschaftliche Situation auf dem Lande zu dieser Zeit sehr chaotisch. Zum einen gab es einen Abfluss von Bargeld und einen Mangel an Handelsmöglichkeiten auf den ländlichen Märkten. Die Hauptinhaber von Bargeld, wohlhabende Händler, Adlige und Landbesitzer, sind aus Angst vor einer Revolution mit ihrem Bargeld geflohen, was zu einer außerordentlichen Verknappung von Bargeldchips auf dem Markt geführt hat, was es schwierig macht, sowohl große als auch kleine Transaktionen durchzuführen. Einige Grundbesitzer verleihen ihr Bargeld nicht an Bauern, weil sie befürchten, dass die Reichen es verstecken. Infolgedessen können die Landwirte ihre Erzeugnisse nicht gegen Bargeld verkaufen, sie können sich kein Geld leihen und haben manchmal nicht einmal das Geld, um sich das Nötigste zu kaufen, was die Produktion und das Leben erschwert. Zweitens erschwert das Fehlen von Mitteln für Handwerk und Handel die Reproduktion und den normalen Ablauf von Kauf- und Verkaufstätigkeiten. Viele große Industrie- und Handelsunternehmen haben Gelder abgezogen, was dazu geführt hat, dass die Handwerksbetriebe ihre Produktion eingestellt haben und Arbeiter und Ladenbesitzer ihre Arbeitsplätze verloren haben. Drittens befindet sich der Finanzmarkt in einem schwerwiegenden Chaos: Es sind nicht weniger als ein Dutzend Münzen im Umlauf, darunter verschiedene Silber-Yuan-Münzen, Kupfergeld, Papiergeld, die Kuomintang-Bank, ausländische Banken und chinesische Banken haben verschiedene Arten von Papiergeld ausgegeben, und auch lokale Händler und

Geschäfte haben städtische Rechnungen ausgegeben, und Kriegsherren und Grundbesitzer haben verschiedene Münzen ausgegeben. Unter ihnen neigen Metallmünzen dazu, die Farbe und das Gewicht im Umlauf zu verringern, der Name des Papiergeldes ist vielfältig, der Wert schwankt, der Wechselkurs zwischen den Münzen ist variabel, oft ist das Phänomen der Papiergeldentwertung wie Altpapier. Außerdem nutzen die Landwirte das von skrupellosen Händlern umgetauschte Geld oft aus, und nach mehreren Jahren der Ausbeutung bleibt ihnen nur noch sehr wenig übrig. [76]

Die Landwirte wünschen sich dringend eigene Banken und eine faire Währung!

Die Nationalbank der Sowjetunion hat durch die Ausgabe einer einheitlichen Währung die Situation des numismatischen Chaos völlig verändert, so dass die Bauern von der Ausbeutung durch Geldwechsler befreit sind, aber auch genügend Handelschips für den ländlichen Markthandel zur Verfügung stehen, was die Entwicklung der Wirtschaft stark fördert.

Die Nationalbank hat Landwirte und Handwerker bei der Wiederherstellung und Entwicklung der industriellen und landwirtschaftlichen Produktion stark unterstützt, vor allem durch die Deckung des Finanzbedarfs für die Produktion und den Betrieb, durch die Gewährung von zinsgünstigen oder zinslosen Krediten wie Saatgut-, Vieh- und Düngemittelkrediten usw. sowie durch die Gewährung von Krediten für den Kauf von Düngemitteln und landwirtschaftlichen Geräten für die intensive Bewirtschaftung ihrer Flächen, so dass die landwirtschaftliche Produktion erheblich gestiegen ist.

Um zu verhindern, dass sich die Preisschwankungen bei Lebensmitteln auf die Produktionsanreize der Landwirte auswirken, reguliert die Nationalbank in Zusammenarbeit mit dem Büro für Lebensmittelanpassung aktiv die Lebensmittelpreise.

> *„Um den Markt zu stabilisieren und ein starkes Ansteigen oder Fallen der Lebensmittelpreise zu verhindern, hat die Nationalbank auch dem Büro für Nahrungsmittelanpassung Kredite gewährt. In der Herbsternte wird es zu einem vernünftigen Preis aufgekauft; wenn die Landwirte knapp an*

---

[76] *An Outline of the Monetary History of the Chinese Revolution*, von Xu Shuxin, China Finance Press, 2008, S. 15-16.

Nahrungsmitteln sind, wird es wieder zu einem vernünftigen Preis verkauft, was die Entwicklung der ländlichen Wirtschaft schützt und die Interessen der Bauernmassen garantiert."[77]

Durch diese finanziellen Maßnahmen konnten die Schwierigkeiten der Landwirte in Bezug auf Land, Schulden und Lebensmittelvermarktung gelöst werden, so dass die landwirtschaftliche Produktion in kurzer Zeit wieder aufgenommen und die Lebensbedingungen der Landwirte erheblich verbessert werden konnten.

Der Bauer Xie Rendi, eine sechsköpfige Familie, besaß vor der Revolution kein Stück Land und nur wenige landwirtschaftliche Geräte. Xie Rendi lieh sich 100 Doppelzentner Getreide vom Grundbesitzer, wegen der schweren Ausbeutung gab es nur 10 Doppelzentner Getreide pro Jahr, die Familie hatte nicht genug zu essen, musste sich jedes Jahr Getreide vom Grundbesitzer leihen, das Getreide schneiden, die Pacht bezahlen, die Schulden bezahlen, und kein Reis unter dem Topf, musste sich wieder vom Grundbesitzer leihen ... Nach der Revolution teilte er das Getreide, die Kleidung, den Pflug, die Egge und andere landwirtschaftliche Geräte des Gutsbesitzers, und als die Familie das Feld teilte, teilte sie 57 Doppelzentner Getreide, 7 Fuß und 8 Fuß Gemüsegartenland. Im ersten Jahr nach der Teilung des Feldes erntete er 72 Doppelzentner Getreide sowie Süßkartoffeln, Bohnen usw. Neben 40 Doppelzentnern Rationen und 3 Doppelzentnern Grundsteuer blieben ihm noch 29 Doppelzentner Getreide. Im Gemüsegarten wird Gemüse angebaut, das zusätzlich zu dem, was sie essen, verkauft werden kann, und das Leben hat sich grundlegend verbessert. Damals war das Tuch teuer, aber er musste zwei pro Jahr kaufen. Es müssen auch noch einige zusätzliche landwirtschaftliche Geräte gekauft werden.[78]

Selbst in der späten Sowjetzeit waren die Ausgaben für Militär und Staat höher,

„Die Belastung der Bauern (einschließlich der Agrarabgaben, der Staatsverschuldung und der Getreideanleihen) nahm zwar

---

[77] *Auf den Spuren von Mao Zemin*, Cao Hong, Zhou Yan, Central Literature Press, 2007, S. 152.

[78] *History of the Burden of Chinese Peasants*, Band III, China Financial and Economic Press, 1990, S. 63.

> *zu, verbesserte sich aber aufgrund der produktiven Entwicklung erheblich, und 1933 verbesserte sich das Leben der Bauern mindestens doppelt so stark wie in der Kuomintang-Zeit. Die meisten Bauern hatten früher oft nicht genug zu essen, und in schwierigen Zeiten mussten einige von ihnen sogar Rinde und Kleie essen, und jetzt gibt es nicht nur keinen Hunger mehr, sondern das Leben wird von Jahr zu Jahr reicher. Die meisten Bauern waren früher schlecht gekleidet, aber jetzt geht es ihnen im Allgemeinen besser, manchen doppelt so gut, anderen doppelt so gut."*[79]

Die Errichtung und Konsolidierung des Regimes und der Sieg des revolutionären Krieges sind untrennbar mit dem Boden verbunden. Mao Zedong machte einmal eine humorvolle Analogie:

> *„Eine Revolution muss geerdet sein, als ob man einen Esel haben müsste. Wenn ein Mann keinen Esel hat, kann er sich nicht setzen. Wenn man ständig geht und steht, wird sie nicht von Dauer sein. Wenn die Beine wund werden und man weich steht, fällt man um. Nur wenn die Revolution eine Basis hat, kann sie sich ausruhen, ihr Qi wiedererlangen, ihre Kräfte auffüllen und dann weiterkämpfen, ihre Entwicklung ausweiten und dem Endsieg entgegengehen."*

Die Existenz einer lokalen Wirtschaft kann nicht ohne die Entwicklung einer lokalen Wirtschaft, ohne die Unterstützung der lokalen Landwirte und Arbeitnehmer und ohne monetäre und finanzielle Sicherheit erreicht werden.

Wie Mao Zedong sagte,

> *„Erst wenn die Sowjetunion alle Anstrengungen unternommen hat, um die Probleme der Massen zu lösen, ihr Leben praktisch verbessert hat und ihr Vertrauen in die Sowjetunion gewonnen hat, kann sie die Massen mobilisieren, sich der Roten Armee anzuschließen und den Krieg zu unterstützen."*[80]
>
> *„Von den Massen umarmt zu werden? Willst du, dass die Massen auf dem Schlachtfeld ihr Bestes geben? Dann muss man bei den Massen sein, man muss hingehen und die Massen*

---

[79] Ebd., S. 92.

[80] Mao Zedong's Rural Investigations, Zentrales Dokumentations- und Forschungsbüro der Kommunistischen Partei Chinas, China Jinggangshan Cadre College, People's Publishing House, 1982, S. 308.

mobilisieren, man muss sich um den Juckreiz der Massen kümmern, man muss aufrichtig für das Wohl der Massen arbeiten, um die Probleme der Produktion und des Lebens der Massen zu lösen, die Probleme des Salzes, die Probleme des Reises, die Probleme der Häuser, die Probleme der Kleidung, die Probleme der Geburt von kleinen Kindern, um alle Probleme der Massen zu lösen."[81]

Es war von solchen Ideen geleitet, dass die Einrichtung des Finanzsystems der Sowjetregion, überall zum Nutzen der Bauern, vom praktischen Standpunkt der Lösung der ländlichen Wirtschaft, die Maßnahmen der Staatsbank das Leben der Bauern stark erleichtert, den Kredit der Währung der Sowjetregion etabliert, und die Regierung wurde von den Bauern mehr herzlich umarmt und geliebt. Dank der Unterstützung des Volkes, um der "Belagerung" und der groß angelegten Expansion der Roten Armee entgegenzuwirken, ist die Sowjetunion überall zu sehen: Eltern schicken ihre Söhne, Ehefrauen ihre Enkel, Brüder wetteifern mit den bewegenden Szenen der Roten Armee.

Handel "Sonderzone" und "Zentrales Unternehmen" der Sowjetunion

Als ein mit Stoffen beladenes ziviles Boot den Fluss hinauffuhr und sich einem Ort flussabwärts von Ganzhou näherte, hielt der Kapitän das Boot am Westufer an, um auf einen Führer zu warten. Plötzlich ertönten am Ostufer "da da da da" Maschinengewehre. "Bringen Sie das Schiff sofort an die Ostküste! ", befahl der Kapitän. Die Schiffsführer zogen Penny heran, der sich gerade dem Ostufer näherte und noch nicht angehalten hatte, das Ufer zu erreichen, um für eine lange Zeit in der Su-Bezirksmündung zu warten, wo das Personal an Bord sprang. Nach der Begrüßung rief der Kapitän hastig: "Die Rote Armee hat geraubt" und verließ das Schiff, um nach Ganzhou zu "entkommen". Als er zurückkehrte, sagte der Kapitän zu Boss Bu Zhuang: "Nicht gut, eine Schiffsladung Stoff wurde von der Roten Armee 'geraubt'! "Anstatt in Eile zu sein, lobte der Besitzer den Kapitän für seine gute Arbeit. In ein

---

[81] Band 1 der *Gesammelten Werke Mao Zedongs*, herausgegeben vom Zentralen Dokumentforschungsbüro der Kommunistischen Partei Chinas, People's Publishing House, 1996, S. 138-139.

paar Tagen wurde das Geld für das Schiffstuch an das Tuchgeschäft geliefert, und zwar ohne Umschweife. Der Chef verdiente auf einen Schlag ein paar tausend Silberdollar. Der Kapitän hingegen erhielt von der Handelskammer Hunderte von Silberdollar als extravagante Gratifikation.

In den Gebieten, die an die sowjetischen und nationalistischen Regionen angrenzen, war diese eigenartige Szene an der Tagesordnung. Es handelte sich um eine besondere Form des Handels zwischen der Sowjetunion und der Staatsunion.

Nach dem Scheitern der dritten KMT-"Belagerung" der zentralen Sowjetunion verschärfte die KMT ihre Wirtschaftsblockade der zentralen Sowjetunion und unterbrach den Handel zwischen der Sowjetunion und der Kuomintang. Sowjetische Agrarprodukte und Spezialitäten konnten nicht verkauft werden, die Preise fielen immer wieder, und dringend benötigtes Salz, Stoffe, Kerosin, westliche Medikamente usw. konnten nicht geliefert werden. Die hohen Preise für einige Produkte in der Sowjetunion versetzten die Bevölkerung in Panik, was sich unmittelbar auf das Leben der Massen und der Roten Armee auswirkte und das Vertrauen der Bevölkerung in die Regierung erschütterte.

Die Regierung erkannte, dass dies ein großes Problem für das Überleben der Zentral-Sowjetunion darstellte, und gründete das Zentralministerium für Volkswirtschaft und die Generaldirektion für Außenhandel, die für die Entwicklung des Außenhandels zuständig war. Gleichzeitig wurde eine Reihe flexibler, an die tatsächliche Situation angepasster Maßnahmen ergriffen: Anreize für private Unternehmen, eine Reihe von für die Sowjetunion wichtigen Gütern zu betreiben; Steuererleichterungen für bestimmte Güter des täglichen Bedarfs und für Munition; vielfältige Zusammenarbeit mit staatlichen Unternehmen unter größtmöglichem Einsatz von privatem und genossenschaftlichem Kapital; Ermutigung von Geschäftsleuten aus dem Bezirk Guvuzi, in die Sowjetunion zu kommen, um dort Geschäfte zu machen; geheime Entsendung von Personen aus der Sowjetunion zur Eröffnung von Geschäften und Einkaufsstationen im Bezirk Guvuzi usw.

"Die Durchbrechung der Wirtschaftsblockade des Feindes, die Entwicklung des Außenhandels in der Sowjetunion, der Austausch von sowjetischen Überschüssen (Reiskörner, Wolframsand, Holz, Tabak, Papier usw.) mit Industriegütern (Salz, Tuch, Öl usw.) in der Weißen

Zone ist ein Dreh- und Angelpunkt für die Entwicklung der nationalen Wirtschaft."[82] Unter Maos allgemeinem Ansatz für den Handel, und Mao Zemin war aktiv daran beteiligt. Er glaubt, dass die Produktion der Sowjetunion billig und lukrativ ist und dass sich die Geschäftsleute in der Sowjetunion diese Gelegenheit nicht entgehen lassen werden. Darüber hinaus nutzte er gleichzeitig die Gier und die inneren Widersprüche der Kriegsherren aus und schloss im Untergrund Geschäfte mit ihnen ab. Um den Außenhandel zu unterstützen, hat die Staatsbank 1 Million der 3 Millionen Yuan an Wirtschaftsbauanleihen als Außenhandelsfonds beiseite gelegt.

Eines Tages im Winter 1931, die Menschen in Ruijin County, die Regierung einen Hinweis auf die Menschen sprechen: „Das Gebiet der Sowjetunion, überall Schätze. Einmal ausgegraben, ist das Land reich und das Volk stark. Es gibt einen Preis für alle. Mao Zemin, Gouverneur der Nationalbank der Chinesischen Sowjetrepublik."

Jemand sagte,

> *„Der Name des Kreises Ruijin kommt von 'He Sheng Rui Qi, der in der Erde gräbt, um Gold zu finden', unterirdische Schätze muss es viele geben. "Eine andere Person nahm die Nachricht entgegen: "Es gibt einen Preis für die Berichterstattung, wer ihn nicht haben will, soll ihn sich schnappen!"*

Ein paar Tage später erhielt Mao Zemin einen Brief von der Roten Armee und einen dunklen, glänzenden Stein. Der Brief sagte, dass es einen Ort namens "Eisenbergkamm" produziert Wolfram-Erz, vor der Roten Armee, gab es kantonesischen Kaufleuten, um Minen dort zu öffnen, sagte Ausländer, wie viel zu fragen, für. Mao Zemin machte sofort eine Umfrage, ein Quart Wolfram-Sand kann für 8 Yuan verkauft werden, während ein Quart Reis nur 2 kostet, das ist einfach die Schatzkammer der Sowjetunion! Mao Zemin war überglücklich, dass die Staatsbank ein reicher Mann werden würde!

Ganan ist als "Wolfram-Hauptstadt" bekannt und verfügt über Hunderte von Wolframminen aller Größenordnungen. Wolframstahl ist ein wichtiges Material für die Herstellung von Feuerwaffen und international sehr begehrt. Während des Ersten Weltkriegs bemühten sich die kriegführenden Nationen um den Ausbau ihrer Rüstung, und

---

[82] Bericht auf dem Zweiten Nationalen Arbeiter- und Bauernkongress, Mao Zedong, 23. Januar 1934.

Wolframerz wurde zu einem wichtigen strategischen Material. Ausländer und lokale Kriegsherren monopolisierten den Erwerb von Wolframerz, und unzählige Wolframsande wurden kontinuierlich nach Übersee gekippt.

Wenn die Rote Armee über strategische Materialien wie Wolframerz verfügt, hat sie das Geld, um mit dem Guotong-Distrikt zu verhandeln, was einen Riss in der Blockade-Linie der Sowjetunion reißen und der Sowjetunion enorme Einnahmen bringen wird.

Im Frühjahr 1932 gründete die Sowjetunion die China Tungsten Ore Company, die die Wolframproduktion in der Sowjetunion leiten und organisieren sollte. Mao Zemin ist auch der Generaldirektor der Wolframminen. Die China Tungsten Ore Company ist das erste "Staatsunternehmen", das in der Sowjetunion gegründet wurde und die finanzielle Tätigkeit der gesamten Sowjetunion unterstützt.

Zu dieser Zeit hatten viele der militärischen und politischen Würdenträger der KMT ihre eigenen Geschäfte. Mao Zemin schickte dann jemanden, der sich mit dem von ihnen betriebenen Handelskaufhaus in Ganzhou in Verbindung setzte. Es war der Kriegsherr von Guangdong, Chen Jitang, der sowohl Gold brannte als auch Wolframsand sammelte. Als er hörte, dass es eine neue Möglichkeit gab, reich zu werden, war er überglücklich und schickte sofort seine Kumpane, um heimlich mit Vertretern der Sowjetunion zu verhandeln. Vor der Reise wies Chen Jitang sie feierlich an: "Ertrage die Schande und die Demütigung, und sei nur erfolgreich. "

Auch Mao Zemin kam in die Stadt Ganzhou, um persönlich Wolframsand für den Export bereitzustellen. Nach mehreren Verhandlungsrunden wurde der Preis für Wolframsand vom ursprünglichen Preis von 8 Stück pro Doppelzentner fast um das Siebenfache auf 52 Stück pro Doppelzentner angehoben! Bald trafen beide Seiten eine geheime Vereinbarung über den Handel mit Wolframsand: Die Importe aus der Sowjetunion wurden von in Ganzhou stationierten Warlord-Truppen eskortiert, und der Wolframsand wurde von Guangdong in die Sowjetunion und von der Sowjetunion zurückgebracht. Jede Seite geht ihren eigenen Weg.

Nachdem Chen Jitang in das Wolframsandgeschäft in Ganzhou eingestiegen war, wurden auch die anderen Offiziere der Guangdong-Armee sehr rot. Die Befehle des Vorsitzenden Jiang waren längst vergessen, und einer nach dem anderen begann, mit der Sowjetunion Handel zu treiben, indem er Wolframsand und landwirtschaftliche

Erzeugnisse gegen Salz und Stoffe tauschte. Der von der China Tungsten Mining Company produzierte Wolframsand wurde mit einem großen Siegel mit der Aufschrift "National Defense Materials" versehen und von der Miliz in großem Stil außer Landes eskortiert, im Tausch gegen dringend benötigtes Salz, Stoffe, westliche Medizin, Munition usw. und Silberdollar.

Von 1932 bis 1934 produzierte das Unternehmen 4.193 Tonnen Wolframsand und erwirtschaftete mehr als 4 Millionen Yuan, was es zur wichtigsten Wirtschaftsquelle in der Sowjetunion und zu einem echten "ersten zentralen Unternehmen" machte. Die Einnahmen aus den Wolframminen spielten eine große Rolle bei der Überwindung der Wirtschaftsblockade von Chiang Kai-shek und der vier "Belagerungen" sowie bei der Bereicherung der nationalen Banken.

Die sowjetische Regierung nutzte nicht nur strategische Güter, um Handelskanäle zu öffnen, sondern richtete auch sowjetische "Sonderwirtschaftszonen" an den Grenzen der Sowjetregion ein, wo der Transport bequemer ist, und senkte die Steuern um die Hälfte, um sowjetische Kaufleute für den Handel mit der Sowjetregion zu mobilisieren und zu gewinnen. Indem man die Massen in der Sowjetunion mobilisierte und sich auf sie verließ, wurde eine starke und zuverlässige Kaufkraft für Waren geschaffen, und die Wirtschaftsblockade der KMT wurde durch den Aufbau einer geheimen Handelsbeziehung mit dem Großen Handelshaus von Ganzhou auf mehreren Ebenen durchbrochen.

Die Sowjetregierung gewährte auch Schutz und Ermutigung, um die einzelnen Händler zum Handel zu motivieren. Sie sieht vor, dass "die Freiheit des Handels ohne Einmischung in die regulären Warenmarktbeziehungen gewährleistet wird" und dass "Hausierer und Bauern von der Handelssteuer befreit werden, wenn sie ihre überschüssigen Erzeugnisse direkt verkaufen. Geschäftskapital unter 200 Dollar ist steuerfrei. "Infolgedessen errichteten die kleinen Händler in der zentralen Sowjetunion nicht nur Stände in den Städten der Sowjetunion, sondern drangen oft auch in das staatlich kontrollierte Gebiet ein, um knappe Waren zu kaufen.

Gleichzeitig stritten sich die Kommunistische Partei und die Kuomintang um Währung und Salz.

Die Kuomintang war über die in der Sowjetunion ausgegebenen Silbermünzen so verärgert, dass sie Münzsachverständige in die zentrale Sowjetunion schickte, um dort Banditen zu beauftragen, minderwertige gefälschte Silbermünzen zu prägen, die mit rotem Kupfer versilbert wurden. Irgendwann wurde der Markt mit gefälschten Münzen überschwemmt, und die Händler weigerten sich, in der Sowjetunion geprägte Silbermünzen anzunehmen. Die sowjetische Regierung reagierte sofort mit der Bildung eines Teams zur Aufdeckung von Falschgeld und setzte der KMT, die im Herzen der Sowjetunion ein Nest für die Herstellung von Falschgeld eingerichtet hatte, mit schweren Angriffen ein Ende.

Die Händler von Ganzhou stellten fest, dass die von der sowjetischen Regierung gezahlten Silberdollar in der Sowjetunion hergestellt wurden und nicht von hoher Qualität waren, was ihren Umlauf in der nationalistischen Region erschwerte. Die Nationalbank wiederum ist nicht in der Lage, den "Eagle Ocean" herzustellen. Mao Zemin kaufte über aufgeklärte Kaufleute eine "Eagle Yang"-Münzprägemaschine und eine Reihe von Stahlformen in Shanghai, und die Zentrale Münzanstalt gab die Prägung der 1-Dollar-Silbermünze auf, die nur in der sowjetischen Region in Umlauf gebracht werden konnte, und konzentrierte sich auf die Prägung des "Eagle Yang", der im Bezirk Guoming weit verbreitet war, und der Außenhandel begann wieder zu steigen, wodurch die von der KMT verhängte Wirtschaftsblockade durchbrochen wurde.

Ein Sprichwort besagt: "Das Volk öffnet die Tür zu sieben Dingen: Holz, Reis, Öl, Salz, Essig und Tee. "Salz war ein unverzichtbarer Rohstoff und wurde daher von Chiang Kai-shek als "Massenvernichtungswaffe" gegen die Kommunistische Partei eingesetzt. Die Kuomintang-Regierung gründete die Salz- und Feuerölverwaltung in Nanchang, Jiangxi, und richtete in den umliegenden Bezirken der Sowjetunion öffentliche Salz- und Feuerölverkaufskomitees ein, wobei sie die Methode des so genannten "Salzverkaufs durch den Mund" anwandte und diejenigen, die übermäßige Mengen Salz kauften oder wissentlich keine Meldung machten, als "Banditen und Feinde" bestrafte.

Dieser Schritt der Kuomintang ist sehr mächtig, weil die Sowjetunion nicht produzieren Salz, und die monatliche Nachfrage nach Salz mindestens 150.000 Pfund über, über Nacht, die Sowjetunion Salzversorgung beispiellos eng, Salzpreise stiegen.

Um diesem Dilemma zu begegnen, schickte die sowjetische Regierung eine als Bettler verkleidete Gruppe von Menschen in das weiße Gebiet, um dort um Essen zu betteln, und kaufte Salz in der

Tasche, um es zurückzubringen. Die sowjetische Regierung veranlasste auch, dass die Leute doppelstöckige Eimer herstellten und die Gelegenheit nutzten, um im Guoming-Bezirk Mist zu sammeln und das Salz auf den Boden zu legen, um es zurückzubringen, und sogar den Sarg in einen Doppelstocksarg umzuwandeln, einige stinkende Schweinedärme auf die obere Schicht zu legen, Salz auf die untere Schicht zu legen und einige Leute so tun zu lassen, als wären sie begraben, wenn sie die Grenze überqueren, die KMT-Soldaten den Gestank weit riechen und den "Beerdigungszug" mit Salz passieren lassen.

Die Einführung des Außenhandels und die Entwicklung einzelner Unternehmen in der zentralen Sowjetunion haben zu einer blühenden Geschäftswelt in der Sowjetunion geführt, die eine wichtige Rolle bei der Aufhebung der Blockade und der Förderung des wirtschaftlichen Aufbaus in der Sowjetunion gespielt hat. Snow ruft in *The Comic of the Westward Journey* aus,

> „1933 überstieg der Außenhandel der Zentralsowjetregion 12 Millionen Yuan, sie durchbrachen die Kuomintang-Blockade und profitierten stark."

Die Nationalbank erkannte in der Praxis, dass die Kreditwürdigkeit der sowjetischen Regierung und der Nationalbank von der Versorgungslage und dem Preisniveau abhing und dass die sowjetische Währung nur dann das Vertrauen und die Unterstützung des Volkes gewinnen konnte, wenn sie die Versorgung mit Materialien sicherstellte.

Geldsäcke für Pistolen

In den ersten Jahren nach der Gründung der Sowjetunion hatte sich die Wirtschaft noch nicht erholt und entwickelt, und die Mittelbeschaffung durch die Rote Armee war die wichtigste Quelle für militärische Ausgaben und Steuereinnahmen. Die ersten drei "Anti-Belagerungs"-Kampagnen wurden durch die eigene Mittelbeschaffung der Armee und die Beschlagnahme von Kuomintang-Vorräten finanziert. Nach der dritten "Anti-Belagerung" stornierte die sowjetische Zentralregierung unter dem Einfluss der "linken" Ideologie in aller Eile die Mittelbeschaffungsmission der Roten Armee und schnitt damit die wichtigsten Finanzquellen der Nationalbank und der Regierung ab. Die Verfolgung eines falschen und aggressiven militärischen Kurses, die Annahme einer Strategie des

"Stellungskrieges" und des "regulären Krieges" sowie die blinde Expansion der Roten Armee. Die Militärausgaben der Roten Armee gingen zu Lasten der Finanzen der Sowjetregierung.

Um die Waffen zu stützen, entwickelte die sowjetische Regierung eine Politik der "Gewährleistung der Aufrechterhaltung des revolutionären Krieges und der Ausgaben für alle sowjetischen revolutionären Ausgaben"[83] und ergriff Maßnahmen zur Lösung der militärischen und staatlichen Ausgaben durch die Vereinheitlichung der Finanzen, die Erhöhung der Ersparnisse, die Anhebung der Steuern und die Ausgabe von Staatsanleihen.

In den ersten Jahren nach der Gründung der Sowjetunion arbeiteten die sowjetischen Regierungen auf allen Ebenen getrennt voneinander, ohne eine nennenswerte Finanzpolitik zu betreiben, und sammelten und gaben wahllos Geld ein und verschwendeten es nach Belieben, ganz zu schweigen davon, dass es keine Pläne und Budgets gab. Die Quelle der Finanzierung ist das Schlagen der Erde. Aufgrund von Unerfahrenheit werden mancherorts wahllos Steuern ohne Rücksicht auf die Schicht erhoben, und manche Regierungen zahlen sie nicht nach Belieben. Die Staatsausgaben sind auf allen Ebenen extrem ungleichmäßig, wobei die Einkommensschwachen so sehr leiden, dass sie kein Kerosin zum Anzünden ihrer Lampen haben, während die Einkommensstarken mehrere Tausend Dollar pro Monat erreichen.

Um die Finanzen zu vereinheitlichen und Zersplitterung und Korruption zu überwinden, hat die Zentralregierung festgelegt, dass alle Einnahmen aller Regierungsebenen jederzeit an die zentrale Staatskasse zu überweisen sind, dass Ausgaben in Übereinstimmung mit dem genehmigten Haushalt getätigt werden müssen und dass die Schlussabrechnungen den übergeordneten Behörden vorgelegt werden müssen. Mao Zedong warnte die Staatsbediensteten mit den Worten, dass "Korruption und Verschwendung große Verbrechen sind". Gleichzeitig hat die Nationalbank als Vertreterin der Staatskasse als Reaktion auf das Phänomen des Buchhaltungssystems, in dem Regierungen auf allen Ebenen Geld sammeln, verwalten und verwenden, ohne zwischen ihnen zu unterscheiden und sich gegenseitig zu regulieren, ein einheitliches System zur Verwaltung von Geldern mit

---

[83] *Ausgewählte Werke von Mao Zedong*, Band I - Unsere Wirtschaftspolitik, People's Press, 1996.

vier Gliedern formuliert, um sicherzustellen, dass die empfangende Partei, die verwaltende Partei (die Staatskasse), die verwendende Partei und die kontrollierende Partei alle über strenge Aufzeichnungen verfügen, um Korruption und Verschwendung aus dem System zu entfernen.

Die Vereinheitlichung der Finanzen ermöglichte es dem Zentrum, effektiv und planmäßig unnötige Ausgaben einzusparen, um die finanziellen Mittel auf den Krieg zu konzentrieren.

Die starke Entwicklung der ländlichen Wirtschaft in der Sowjetunion hat der Regierung günstige Bedingungen für die Erhebung von Grund- und Gewerbesteuern für Landwirte geschaffen. Der Steuersatz ist nach Klassen in den mittleren und den reichen Bauern unterteilt, wobei es eine Reihe von Steuererleichterungen gibt. Die Steuerbehörden verwenden für die Erhebung der Grundsteuer einheitliche Steuerquittungen und Steuerbefreiungsbescheinigungen. Damals nutzten viele Landwirte die Steuer- und Freistellungsbescheinigungen der sowjetischen Steuerbehörden als Nachweis für den Besitz von Grund und Boden.

Im März 1933 führte die zentrale Sowjetunion auch ein einheitliches Zollsystem ein, und es wurden fast 30 Zollämter in 15 sowjetischen Bezirken eingerichtet, wodurch die Sowjetunion einen unabhängigen und autonomen roten "Zoll" erhielt.

Diese Steuern wurden ein wichtiger Teil der Staatseinnahmen. Gleichzeitig setzte sich die Nationalbank auch für eine Sparaktion ein,

> *„die Partei, die politischen und militärischen Organe und die staatlichen Unternehmen darüber zu informieren, dass sie Einlagenkonten bei Banken eröffnen müssen und dass Kredite gemäß den Verfahren für Überziehungskredite bearbeitet werden sollten". "Die Sparkampagnen können die Massen der Arbeiter und Bauern dazu anregen, in ihrem täglichen Leben zu sparen, indem sie das gesparte Kleingeld bei der Bank einzahlen. Die Banken hingegen haben diese gesellschaftlichen Überschussmittel in der Regel konzentriert und flexibel eingesetzt und in verschiedenen Genossenschaften, insbesondere Kreditgenossenschaften, sowie in den Produktionsbetrieben der einzelnen Arbeiter und Bauern angelegt, die sowjetische Produktion energisch entwickelt und den Außenhandel ausgebaut, so dass die Probleme des teuren*

Salzes, des teuren Tuches und des abnehmenden Bargeldes ohne Verzögerung gelöst werden konnten."[84]

Die Ausgabe von Staatsanleihen ist für die Regierung ein weiteres Mittel zur Mittelbeschaffung, sowohl um eine übermäßige Ausgabe von Devisen zu vermeiden als auch um der Bevölkerung Investitionsmöglichkeiten zu bieten. Die sowjetische Regierung hat insgesamt drei öffentliche Anleihen ausgegeben, die ersten beiden sind Kriegsanleihen in Höhe von 600.000 Yuan und 1,2 Millionen Yuan, die dritte sind Anleihen für den wirtschaftlichen Aufbau in Höhe von 3 Millionen Yuan. Die Käufer der ersten Tranche öffentlicher Anleihen konnten die Anleihen zur Zahlung von Grund- und Gewerbesteuern verwenden, was dazu führte, dass die Anleihen schnell an die Regierung zurückfielen und einen finanziellen Verlust verursachten. Dann erkannte die Regierung, dass sie die Anleihen nicht vor Ablauf der Rückzahlungsfrist wieder in staatliche Hände geben konnte, und verbot später die Praxis, Steuern direkt auf die Anleihen zu zahlen.

Die Ausgabe von öffentlichen Anleihen in der Sowjetunion, nicht wie die Shanghai Tang, alle öffentlichen Anleihen an Banken verkauft, von den Banken zu tun, Wertpapiere zu spekulieren, sondern um die Massen zu mobilisieren, nehmen Sie den Weg der direkten Verkauf. Die Ausgabe von Staatsanleihen bereicherte die Finanzeinnahmen der Sowjetunion und unterstützte den Krieg gegen die "Belagerung".

Durch diese Maßnahmen werden effektiv Gelder für die Rote Armee gesammelt, ohne die Bevölkerung besonders stark zu belasten.

Und das alles auf der Grundlage einer einheitlichen Währung!

In Ermangelung einer einheitlichen Währung wird die Staatskasse mit verschiedenen Arten von Münzen gefüllt sein, was große Schwierigkeiten bei der Verwaltung und den Ausgaben verursachen wird, und der Umtausch der verschiedenen Münzen und die Zuordnung des Geldes in welche Währung wird, so fürchte ich, zu viel Arbeit machen, um jeden Tag Geld zu zählen und Konten zu führen. In welcher Währung werden öffentliche Anleihen ausgegeben und gekauft, und in welcher Währung werden Zins- und Tilgungszahlungen geleistet? Das

---

[84] *The Financial and Economic History of the Central Revolution* (Erste Ausgabe), herausgegeben von Xu Yi, People's Publishing House, 2010.

ist ein Albtraum! Und es ist die Vereinheitlichung der Währung, die das vereinheitlichende Vehikel für diese politischen Maßnahmen darstellt.

In der späten Sowjetzeit verstieß die Nationalbank unter dem Einfluss der "linken" Linie gegen den wichtigen Grundsatz, dass "die Ausgabe von Papiergeld durch die Nationalbank grundsätzlich mit den Bedürfnissen der nationalen wirtschaftlichen Entwicklung übereinstimmen sollte und rein finanzielle Bedürfnisse nur an zweiter Stelle stehen können", und gab 8 Millionen Yuan[85] zu viel Geld aus.

Da die Rote Armee unter der militärischen Führung "linker" Tendenzen weiterhin Kriege verlor und ihre Stützpunkte schrumpften, während das Währungsproblem sich weiter ausweitete und eine ernsthafte Inflation verursachte, sank der Kredit des Papiergeldes, wodurch das Vertrauen der Bevölkerung der Sowjetunion in die revolutionäre Regierung ernsthaft untergraben wurde.

"Zentralbank" und "Rote Armee Ticket" für 13 Tage

Im Oktober 1934, als die Rote Zentralarmee aufgrund der Niederlage bei der fünften "Belagerung" gezwungen war, sich von ihrem Stützpunkt zurückzuziehen, brachten 14 Männer der Nationalbank zusammen mit einem Team von Wachleuten und fast 200 Transportern mehr als 160 Zentner Zentralbankgeld mit Goldschmuck, Silberdollar und sowjetischen Banknoten auf die Straße.

Im Januar 1935 zog die zentrale Rote Armee in Zunyi ein. Zunyi ist die Handelsstadt von Qianbei, für den Vertrieb einer Vielzahl von lokalen Produkten, ist die Rote Armee seit dem Langen Marsch durch die erste geschäftige mittelgroße Stadt.

Die Befehlshaber der Roten Armee, die drei Monate lang unterwegs waren, bekamen eine gute Gelegenheit, sich zu erholen. Sie nutzten Zunyi, einen Ort, der reich an Vorräten war, um ihre Vorräte aufzufüllen, Lebensmittel, Medikamente und andere Dinge zu kaufen und sich auf den künftigen Kriegszug vorzubereiten. Die Rote Armee führte hauptsächlich sowjetische Banknoten mit sich, die von der Nationalbank der Zentral-Sowjetunion ausgegeben wurden, und die

---

[85] *Ausgewählte Werke von Mao Zedong*, Band I - Unsere Wirtschaftspolitik, People's Press, 1996.

Bevölkerung von Zunyi, die unter dem Krieg und der Entwertung der Banknoten gelitten hatte, akzeptierte die sowjetischen Banknoten in den Händen der Roten Armee nicht. Nach mehreren Jahren Erfahrung in der Sowjetunion verstand Mao Zemin, dass das "Rote-Armee-Ticket" nur dann das Vertrauen des Volkes gewinnen kann, wenn zwei Bedingungen erfüllt sind: Erstens muss das "Rote-Armee-Ticket" in der Lage sein, Waren und Güter zu kaufen; zweitens muss das Papiergeld eine entsprechende materielle Vorbereitung hinter sich haben.

Um das "Rote Armee Ticket" in Zunyi in Umlauf zu bringen, mobilisierte Mao Zemin die Händler von Zunyi, ihre Türen aktiv zu öffnen, um die Rote Armee mit so vielen Waren wie möglich zu versorgen. Gleichzeitig will er einen Kredit für das "Rote-Armee-Ticket" aufbauen. Zu diesem Zeitpunkt hatte Mao Zemin zwei Trümpfe in der Hand: zum einen Speisesalz und zum anderen Zigaretten.

Damals versammelten sich Kriegsherren, Bürokraten und Adlige aus Guizhou in Zunyi und eröffneten zahlreiche Stoff-, Salz- und Räuchergeschäfte sowie Geldmühlen. Kriegsherren, Gutsherren, Bürokraten und verräterische Geschäftsleute schlossen sich zusammen, um den Markt zu manipulieren, und horteten Salz im Wert von Hunderttausenden von Yuan und eine große Menge Ruß, der auf dem Markt zu hohen Preisen verkauft wurde, so dass viele Menschen an einer großen Halskrankheit litten, weil sie sich kein Salz leisten konnten. Nachdem die Rote Armee in Zunyi einmarschiert war, beschlagnahmte sie diese Materialien.

So verkaufte Mao Zemin das von den Kriegsherren und Tycoons beschlagnahmte Salz zu einem Pauschalpreis. Aber um dieses preiswerte Speisesalz zu kaufen, muss man das "Rote Armee Ticket" benutzen.

Die willfährigen Massen und Händler begannen, ihre Waren bereitwillig zu verkaufen und nahmen "Rotarmistenscheine" an, die sie zum Kauf von kostbarem und preiswertem Salz verwendeten. Um es den Menschen zu erleichtern, ihre Rotarmscheine jederzeit einzulösen, hat die Staatsbank 25 Umtauschstellen im Handelszentrum von Zunyi und an Armeestationen eingerichtet.

Der Kredit für das "Rote-Armee-Ticket" war in vollem Gange und der Markt boomte wie nie zuvor. Später beschloss die Rote Armee, da sie keinen Stützpunkt in Zunyi errichten konnte, sich zurückzuziehen. Um sicherzustellen, dass die Interessen der Bevölkerung von Zunyi nach dem Abzug der Roten Armee nicht verloren gingen, brachte die

Staatsbank Aushänge in Zunyi an, richtete Wechselstuben ein und tauschte Salz, Reis, Stoffe und andere Materialien sowie Gwangyang gegen die "Rotarmistenkarten" der Bevölkerung ein. In der Nacht vor dem Rückzug der Roten Armee aus Zunyi lösten sie über Nacht ihre Rotarmistenscheine ein.

Die Praxis der Staatsbank, in Zunyi Scheine der Roten Armee auszugeben und wieder in Besitz zu nehmen, hat nicht nur den Markt belebt und die Versorgung mit der Roten Armee sichergestellt, sondern auch die Glaubwürdigkeit der sowjetischen Banknoten gewahrt, die Interessen des Volkes gewahrt und den Menschen zu verstehen gegeben, dass die Rote Armee eine gute Armee ist, die die Interessen des Volkes schützt, und damit einen guten Eindruck in der lokalen Szene hinterlassen. Die Einheimischen sagen: "Die Roten sind gut, betrügen nicht, 'Rote Karten' sind viel wert. "

Auf diese Weise hat die Staatsbank mit nur 14 Personen in etwas mehr als 10 Tagen in Zunyi, einer Stadt mit mehreren Hunderttausend Einwohnern, die Ausgabe, den Umlauf, den Umtausch und die Rückgabe der "Rotarmistenscheine" bewerkstelligt, was man nur als Wunder bezeichnen kann. Durch den effizienten Umlauf der "Rote-Armee-Scheine" wurden nicht nur die Kommandeure der Roten Armee mit reichhaltigen Vorräten versorgt, sondern auch die Rückgabe des Geldes zugunsten der Massen während der Evakuierung organisiert, was die Glaubwürdigkeit der Sowjetregierung und der Nationalbank voll und ganz unter Beweis stellte und ein gutes Bild der Kommunistischen Partei und der Roten Armee in den Köpfen der Menschen entstehen ließ.

Die Legende vom roten Geld

Im Jahr 1921 war die Kommunistische Partei Chinas eine Kleinstpartei mit nur 57 Mitgliedern, und sie hatte weder Geld noch Waffen. Doch 28 Jahre später führte sie eine Million Soldaten an, um das Land zu erobern und auf einen Schlag die Macht zu übernehmen! Zu Beginn der Gründung des Landes wurde die alliierte Armee der 16 Nationen in Korea besiegt, als das Land sich in einem Zustand der Verzweiflung befand. Einen solchen Moment völliger Unabhängigkeit hat China seit 1840 nicht mehr erlebt. Die Worte von Peng Dehuai können das Herz des gesamten chinesischen Volkes repräsentieren:

"Die Geschichte des Imperialismus, der ein Land und eine Nation erobern kann, indem er ein paar Kanonen im Osten aufstellt, ist vorbei!"

Die umfassenden politischen, militärischen und finanziellen Erfolge der KPCh beruhen alle auf demselben Denk- und Weisheitssystem, das sich auf drei Säulen stützt: Dienst am Volk, Unabhängigkeit und praktische Orientierung.

Das Recht, Geld auszugeben, ist eine der wichtigsten Befugnisse in der menschlichen Gesellschaft, und die Art und Weise, wie diese Befugnis ausgeübt wird, ist der entscheidende Prüfstein für Geldemittenten. Es besteht ein wesentlicher Unterschied zwischen der Ausgabe von Geld zum Nutzen des Volkes und der Ausgabe von Geld zum Nutzen einiger weniger. Wie das Sprichwort sagt: "Wer die Herzen und Köpfe des Volkes gewinnt, gewinnt die Welt", ist das Volk klug, das Volk ist weise, die Augen des Volkes sind scharf, und die Interessen der Geldemittenten sind eigentlich auf einen Blick zu erkennen. Die Ausgabe von Geld in der Sowjetunion, einschließlich der Ausgabe von "Rote-Armee-Scheinen" in Zunyi, liegt im grundlegenden Interesse des Volkes, was voll und ganz mit der Begründung für das Überleben und die Entwicklung des roten Regimes übereinstimmt. Die Währung des Volkes kann nur dann vom Volk unterstützt werden und Vertrauen genießen und den stärksten, dauerhaftesten und unzerbrechlichsten Geldkredit haben, wenn sie den Interessen des Volkes dient!

Die Währung der Sowjetunion befindet sich auf einem völlig unabhängigen Weg, unter militärischer "Belagerung" und wirtschaftlicher Blockade, unter enormem Druck, dem das normale Währungssystem nicht standhalten kann. Die Gründer der Roten Zentralbank haben bei Null angefangen, ohne externe Hilfe, ohne externe Berater, ohne externes Referenzsystem, völlig autonom, unabhängig und eigenständig. Dies entspricht auch der von der Kommunistischen Partei Chinas praktizierten "roten Spaltung". Niemand, weder Stalin noch Chiang Kai-shek, hat von Anfang an geglaubt, dass die Idee "das Land um die Stadt herum" Erfolg haben würde. Dies ist eine große Innovation, die es in der Welt noch nie gegeben hat. Für die sowjetische Regierung, die dieses neue Modell schuf, stellten Spott, Verdächtigungen, Anschuldigungen, Unterdrückung innerhalb der Partei und Feindseligkeit, Sabotage, Blockade, "Belagerung" von außen zu jeder Zeit einen greifbaren und ungreifbaren Druck dar. Der Geist der Unabhängigkeit ist keine Blume, die in einem Gewächshaus oder in guten Zeiten gezüchtet wird, sondern ein Unkraut, das angesichts der hohen Temperaturen und der Härte hartnäckig wächst. Die rote Währung der Sowjetunion wuchs nach und nach unter äußerst bescheidenen Bedingungen und schuf bei jedem Schritt, bei jeder Errungenschaft, die aus der Praxis geboren wurde.

"Aus der Praxis für die Praxis". "Dies mag wie ein sehr gängiges Klischee erscheinen, aber es ist eine Wahrheit, die durch tausend Erfolge und Misserfolge verfeinert wurde. Die Schöpfer der roten Währung verfügten weder über umfangreiche monetäre Erfahrung noch über profunde theoretische Gelehrsamkeit, aber sie besaßen den Mut und die Weisheit, über die Praxis des einfachen Mannes hinauszugehen! Sie sind nicht buchorientiert, nicht fremdbestimmt, nicht kopfgesteuert, und alle Maßnahmen sind auf die Lösung praktischer Probleme ausgerichtet. Im Prozess der Problemlösung offenbart sich überall der Genius des Scharfsinns und der bewundernswerten Geschicklichkeit. Praxis schafft Erfahrung, Praxis sublimiert das Denken, Praxis führt zur Theorie!

Von 1932 bis 1934 hat die Rote Zentralbank der Zentralsowjetunion, obwohl sie nur drei kurze Jahre bestand, das einzigartige Finanzdenken und die Weisheit der Kommunistischen Partei Chinas auf die Spitze getrieben. Die drei Jahre, in denen die Staatsbank in der Sowjetunion existierte, waren die ersten drei Jahre, in denen die Menschen in der Sowjetunion ihre eigene Bank hatten und ihre eigenen Finanzrechte beherrschten, und die ersten drei Jahre, in denen die chinesischen Kommunisten ein unabhängiges Finanzsystem aufbauten.

Als die chinesischen Kommunisten die Geschichte lasen, verstanden sie, dass die Pariser Kommune auf dem Friedhof von Lacherts Blut vergossen hatte, weil sie die Bank von Frankreich nicht übernommen hatte; als sie die sowjetische Praxis sahen, verstanden sie, dass die Beherrschung der Bank der einzige Weg war, die Macht zu konsolidieren. Als sie selbst an der Reihe waren, spürten sie wirklich, dass es ohne Geld schwierig sein würde, sich überhaupt zu bewegen, und dass sie ohne Geld dem Willen des "großen Bruders" gehorchen müssten, der ihnen das Geld gab!

Mao Zedong fand den Weg zur Errichtung eines unabhängigen Regimes auf dem Lande, der Brutstätte der Revolution, und begann auch, den Weg zur finanziellen Unabhängigkeit zu bahnen. Die Sowjetunion überlebte die "Belagerung" durch Chiang Kai-shek und die misstrauischen Blicke der Sowjetunion 7 Jahre lang!

Die Gründer der Roten Zentralbank haben sich für das rote Geld viel Mühe gegeben. Sie haben weder viel Kultur noch viel Erfahrung oder gar Startkapital, aber sie glauben, dass jede Schwierigkeit überwunden werden kann, indem man dem einfachen Mann dient, indem man von Praxis zu Praxis kommt!

Die Nationalbank emittiert Geld zu ganz anderen Zwecken als die Nationale Partei und die Banken der Westmächte. Die Nationalbank emittiert Geld, um den Lebensunterhalt der Menschen zu erleichtern und die Bedürfnisse der wirtschaftlichen Entwicklung zu erfüllen, nicht als Mittel zum "Scheren des Vlieses", um das Volk auszurauben und zu schröpfen, nicht als "goldenes Ticket" für die Kuomintang, um mit dem Volk um Profite zu konkurrieren, und nicht als Dollar, der zurückgezahlt werden kann, indem man ihn einfach als "quantitative Lockerung" bezeichnet!

Die Nationalbank verfügt über eine ausreichende Reserve an Silberdollars für die Ausgabe von Bargeld, und in der Praxis hat man erkannt, dass die Währung allein mit Gold und Silber als Sicherheiten und ohne das entsprechende Material zur Herstellung nur ein Stück Papier ist. Was die Menschen zum Leben brauchen, ist Brennholz, Reis, Öl und Salz, nicht Gold und Silber. Eine Papierwährung, mit der man materielle Güter kaufen kann, ist in den Augen der Massen glaubwürdig, und die Regierung, die sie ausgibt, hat Prestige! Der Kredit der Währung ist das Fundament der Nation und der Schlüssel zur Aufrechterhaltung des roten Regimes.

Die chinesischen Kommunisten haben die grundlegende Logik des Geldkredits verstanden und ihn im Widerstands- und Befreiungskrieg immer wieder ausprobiert, und je mehr sie ihn einsetzten, desto ausgereifter wurde er, bis sie schließlich ein unabhängiges RMB-System und eine starke Hochfinanzgrenze schufen.

KAPITEL V

Chiang Kai-shek's Goldmacht

Warum stützte sich Chiang Kai-shek auf die Geldsäcke der Plutokraten von Jiang und Zhejiang, als er an der Macht war? Warum konnte die Zentralbank von Chiang Kai-shek anfangs nicht mit der Bank of China konkurrieren? Wie haben die vier großen Familien Jiang, Song, Kong und Chen den ersten Eimer Gold geschürft? Warum war der Silberrausch in den 1930er Jahren der erste Währungskrieg zwischen China und den USA? Warum war die französische Währungsreform der Auslöser für Japans Angriffskrieg gegen China?

Chiang Kai-shek hatte die Armee beherrscht und die Regierung unter Kontrolle, aber er hatte noch keine Kontrolle über die Finanzen. Es kann an nichts fehlen, und angesichts der Herausforderungen von allen Seiten fehlte es Chiang Kai-shek vor allem an Geld. Er richtete eine Zentralbank ein, doch war er der Bank of China vorerst nicht gewachsen, und er gab Banknoten heraus, die jedoch nicht gut aufgenommen wurden. Er begriff schließlich, dass die militärische Zentralisierung erst am Anfang steht, die politische Zentralisierung noch im Entstehen begriffen ist und die finanzielle Zentralisierung gerade erst anläuft.

So begann Chiang Kai-shek mit einem progressiven Plan, um die Kontrolle über das chinesische Finanzsystem und damit über den Lebensnerv der chinesischen Wirtschaft zu übernehmen.

Als die "Abschaffung der beiden Yuan", die "vier Linien und zwei Ämter" und die "französische Währungsreform" nacheinander abgeschlossen waren, verwirklichte Chiang Kai-shek endlich den Traum von der Weltmacht aus Gold.

Wohin wird sich die französische Währung angesichts des Silberrauschs und des Zusammenbruchs des chinesischen Silberstandards entwickeln? Die Währungskriege der drei Großmächte lagen im Dunkeln und zündeten schließlich die Lunte für den antijapanischen Krieg.

Chiang Kai-shek verprügelt Song Ziwen wegen Geldmangels

Im Herbst 1933 ging es Chiang Kai-shek nicht gut. Zu Beginn des Jahres wurde Japans Absicht, einen Krieg gegen China zu führen, deutlich, als es den Jehol-Fluss annektierte und Nordchina ins Visier nahm. Der landesweite antijapanische Aufschrei ließ Chiang Kai-shek, der darauf bestand, dass "man sich nur im Innern zurückhalten muss, wenn man nach außen hin Widerstand leisten will", ziemlich passiv werden. Mit dem Tanggu-Abkommen wurde ein vorübergehender Waffenstillstand zwischen China und Japan geschlossen, wobei die japanische Besetzung der drei östlichen Provinzen und des Jehol-Flusses anerkannt wurde, aber Chiang Kai-shek ging in der nationalen Empörung unter.

Zwischen internen und externen Problemen verstand er, dass er nicht "zwei Kriege gleichzeitig gewinnen" konnte, wer war sein Hauptfeind? Er war davon überzeugt, dass es, egal wie stark Japan war, egal wie stark die japanische Armee war, nicht möglich sein würde, China vollständig zu besiegen und es direkt in eine japanische Kolonie zu verwandeln. Seiner Meinung nach war es für die britischen und amerikanischen Mächte unmöglich, Japan die Vorherrschaft über China zu überlassen, und ohne die Rohstoff- und Energielieferungen Großbritanniens und der Vereinigten Staaten und die Öffnung des Weltmarktes für japanische Produkte würde das scheinbar mächtige Gebäude des japanischen Reiches im Handumdrehen zusammenbrechen. Wenn Japan also zu weit geht, werden die westlichen Mächte mit Sicherheit eingreifen, um es zu stoppen. Äußere Krankheiten sind also nichts anderes als Krätze.

Das Wesen der "Kommunisten" war jedoch ein anderes. Die zentrale Sowjetregion, die sie an der Kreuzung der Provinzen Jiangxi, Hunan und Guangdong errichteten, nannten sie die Chinesische Sowjetrepublik, die ein "Staat im Staat" war! Zu dieser Zeit hasste Chiang Kai-shek die Idee, dass es eine "Partei innerhalb einer Partei" gab, die die Herzen und die Moral der Menschen spaltete und seinen Weg zur Zentralisierung ernsthaft behinderte. "Seit dem Staatsstreich vom 12. April dachte man ursprünglich, dass die "Parteiprobleme" der Kommunistischen Partei Chinas ausgelöscht werden würden, aber jetzt hat sie mehr als 60 Bezirke in den drei Provinzen Gan, Min und Yue mit einer Bevölkerung von mehr als 3 Millionen Menschen besetzt. Die "Qing-Partei" wurde zum "Anti-Banditen". Was ihn besonders schockierte, war die Tatsache, dass die Nationale Armee zwischen 1930 und 1933 viermal versagt hatte und die "Schurken" zu "Banditen" geworden waren und die "Banditentruppe" auf über 100.000 Personen angewachsen war. Chiang verstand sehr gut, dass die wirkliche Bedrohung für die KPCh in einer tödlichen Herausforderung für ihre herrschende Basis und den Kern ihrer Macht lag, in einem Krieg zwischen einigen wenigen Reichen und der großen Mehrheit der armen Bevölkerung. Wenn die überwältigende Mehrheit der Armen eine verstreute Masse unorganisierter Menschen ist, ist das kein großes Problem, aber wenn die überwältigend gut organisierte Kommunistische Partei Chinas aufwacht und die überwältigende Mehrheit organisiert, ist das ein unmöglicher Alptraum, der nicht wieder aufleben kann! Daher sind die internen Sorgen der "Kommunisten" das Hauptproblem.

Die meisten Kernmitglieder der Kuomintang haben jedoch das Wesen ihrer eigenen Strategie des "Widerstands gegen die Ausländer vor der Wiederherstellung der einheimischen Bevölkerung" nicht verstanden, und sogar sein Schwager Song Ziwen hat sich hervorgetan und offen für die Priorität des antijapanischen Widerstands plädiert, und er war sogar der Meinung, dass "kommunistische Banditen" ein politisches und kein militärisches Problem seien und dass das Militär das Problem einfach nicht lösen könne. Song Ziwen ist der anerkannte Führer der anglo-amerikanischen Fraktion innerhalb der Partei, der Anglo-Amerikaner will natürlich keine japanische Vorherrschaft in China, sein Schwager hat wiederholt heftige antijapanische Ansichten geäußert, das Lob der öffentlichen Meinung geerntet und sich in die Situation gebracht, das Knie zu beugen, um das Land zu verkaufen. Darüber hinaus setzte sich Song Zimin für ein nationales Haushaltssystem ein und widersetzte sich als Finanzminister und Präsident der Zentralbank wiederholt seiner fünften "Belagerung". Zu dieser Zeit hatte Chiang Kai-shek schon lange ein Feuer im Bauch.

Im Oktober hatte Chiang Kai-sheks millionenstarke "Anti-Banditen"-Armee offiziell eine Großoffensive gegen die zentrale Sowjetregion gestartet, und die Kosten des Krieges stiegen sofort in die Höhe. Chiang Kai-shek drängte Song Zimin, seinen Militärsold schneller zu zahlen, doch Song Zimin wehrte sich stets. An diesem Tag rief Chiang Kai-shek Song Ziwen auf die Beine und kam direkt zur Sache:

> *„Der fünfte 'Belagerungsbefehl' wurde erlassen, und alle fünf Tage muss das Finanzministerium 1,66 Millionen Yuan für das Militär zahlen!"*
>
> *„Als Finanzminister kann ich damit nicht viel anfangen, das Finanzministerium plant ein nationales Haushaltssystem."*

Song hatte nicht damit gerechnet, dass Chiang Kai-shek ihm überhaupt keine Gelegenheit zur Diskussion geben würde.

Ein wütender Chiang Kai-shek brüllte,

> *„Wessen Welt ist diese Welt? Wer hat hier das Sagen?"*

Song Ziwen hat nicht nur einen durchschlagenden familiären Hintergrund und eine westliche Ausbildung, sondern auch eine große Persönlichkeit. Nachdem er Finanzminister wurde, sagte er oft zu den Menschen:

> *„Mach dir keine Sorgen über das Essen, mach dir keine Sorgen über Blumen, mach dir keine Sorgen über schlechte Planung."*

Tatsächlich bezieht sich diese Aussage auf Chiang Kai-sheks hartnäckige Bemühungen, die Kommunistische Partei trotz seiner finanziellen Mittel "zu vernichten".

Chiang Kai-shek stand unter großem Druck und der Krieg hatte einen kritischen Punkt erreicht, doch Song schlug vor, ein "nationales Haushaltssystem" zu schaffen.

Chiang Kai-shek schlug direkt zu,

> *„Du bist derjenige, der sich nicht aktiv am kommunistischen Kampf beteiligt und die notwendigen Mittel zur Verfügung gestellt hat, sonst hätte der kommunistische Kampf gewonnen werden können!"*

Song Ziwen warf seinen Hut weg und klatschte auf den Koffer:

> *„Sieh dich an, du hast diese Schlacht nicht gewonnen, aber du gibst mir die Schuld, das ist unerhört!"*

"Scheißkerl!" Chiang Kai-shek konnte es nicht mehr aushalten, und seine Verachtung für diesen edlen Schwager hatte sich bereits in seinem Herzen angesammelt. Ein schweres Ohrenkratzen ging direkt in Song Ziwens Gesicht.

Weil die Ohrfeige so plötzlich kam, war Song Ziwen wie betäubt und reagierte einen halben Tag lang nicht. Song Ziwen war so alt, wie konnte er eine solche Demütigung ertragen! Als er sich wieder erholt hatte, schwang er seinen Stuhl hoch und schlug ihn auf Chiang Kai-shek.

Chiang Kai-shek ist schließlich von Beruf Soldat und hat eine etwas bessere Hand, also beugte er sich vor und wich aus.

Es war eine Ohrfeige des Staatsoberhauptes für den Finanzminister, und nachdem die Ohrfeige vorüber war, konnte Jiang Song sich danach immer noch eng zusammenschließen, was zeigt, wie stark der Zusammenhalt der Familie war.

Song Ziwen wurde geohrfeigt und trat in einem Anfall von Wut zurück. Nachfolger als Finanzminister wurde sein Schwager Kong Xiangxi. Die offizielle Erklärung für Song's Rücktritt lautete:

> *„Seit dem Nationalen Krieg sind die Einnahmen stark gesunken, und die militärischen und politischen Ausgaben liegen etwa 10 Millionen Yuan pro Monat unter dem, was sie hätten sein sollen, so dass sie nicht in der Lage sind, Geld aufzubringen und gehen wollen."*[86]

Aber die Beziehung zwischen Chiang Kai-shek und Song Ziwen war "gebrochene Knochen und immer noch an den Sehnen befestigt". Auf der Oberfläche, Song Ziwen "Klasse", sollte ehrlich zu Hause zu reflektieren, aber in der Tat, seine Energie ist nicht in diesem Jahr reduziert, "Lastabwurf", nachdem er sich wohl fühlen kann "Geschäft gerade Geschäft".

In der Tat, Chiang Kai-shek hat einige Ungerechtigkeit zu Song Ziwen, Song Ziwen, obwohl unzufrieden mit Chiang Kai-shek's "kommunistischen Vernichtung" endlos Geld verschwendet, aber es ist auch als eine engagierte Anstrengung zu helfen Chiang Kai-shek Geld zu erhöhen. Song Ziwen Dilemma ist, dass jedes Jahr 900 Millionen Yuan der Steuereinnahmen, die Hälfte davon geht in den Krieg, das Land ist seit langem nicht in der Lage, über die Runden zu kommen, nur auf die Jiangsu und Zhejiang Plutokraten, um Geld zu leihen, und die Plutokraten zu Chiang Kai-shek's militaristischen Armen hat auch schon lange Beschwerden.

Kong Xiangxi übernahm das Amt, Jiangsu und Zhejiang Plutokraten fühlen Chiang Kai-shek Appetit auf mehr und mehr, nur

---

[86] Song Z. Wenzhuan, *Wang Song*, Hubei People's Press, 2006, S. 76.

endlosen Bürgerkrieg, es wurde vorgeschlagen, Kong Xiangxi, sollte die Bank Vorschüsse auf die Anforderungen der Bank zu reduzieren, nicht die Bank als die Staatskasse. Ich hatte nicht erwartet, dass dies Chiang Kai-shek beleidigen würde, der die Bank "mit dem Messer" angreifen wollte.

Chiang Kai-shek, der ein Wertpapiermanager gewesen war, unterschied sich von diesen altmodischen Kriegsherren dadurch, dass er immer nüchtern genug gewesen war, um zu wissen, dass man für den Erfolg einer Revolution den Gewehrlauf und den Geldbeutel in einer Hand halten muss. Zu dieser Zeit erkannte Chiang Kai-shek außerdem, dass es immer besser ist, das Geld aus dem Geldbeutel anderer Leute zu nehmen, um reibungslos zum Erfolg zu kommen, das ist praktisch! Esel, Sie können Esel machen, oder Sie können Esel mit Feuer machen!

Die monetäre Kontrolle ist der Hauptwiderspruch zwischen Chiang Kai-shek und den Plutokraten von Jiang und Zhejiang, der bereits in der Zeit der Nordexpedition zutage trat, und es ist die zunehmende Verschärfung dieses Widerspruchs, die ihn dazu brachte, fest an eine zentralisierte Macht zu glauben, die militärische Zentralisierung steht erst am Anfang, die politische Zentralisierung ist im Begriff zu lernen, die finanzielle Zentralisierung kann die Jiang und den See vereinigen.

Zentralbank PK Bank of China

Die Zentralbank ist der strategische Höhepunkt an der Finanzfront eines Landes. Wer die Zentralbank kontrollieren kann, kann den wirtschaftlichen Lebensnerv und die politisch-militärische Vitalität des ganzen Landes kontrollieren, was Chiang Kai-shek sehr wohl wusste. Zu Beginn der Nanjing-Regierung wurde die Einrichtung einer Zentralbank zu einer wichtigen Entscheidung des "Parteistaates".

Im November 1928 wurde die Zentralbank der Regierung in Nanjing offiziell gegründet, und Chiang Kai-shek setzte Song Ziwen als ersten Präsidenten der Zentralbank ein, um die Geldsäcke für ihn vollständig zu bewachen. Allerdings waren Chiang Kai-shek und die Kuomintang zu dieser Zeit gerade in das Gebiet Ning-Shanghai eingedrungen, Wuhan am Oberlauf des Jangtse war noch nicht vollständig unter Kontrolle, die Kriegsherren im Norden waren noch nicht vollständig unterworfen, und die finanziellen Mittel der Regierung waren sehr begrenzt, während die Ausgaben die Einnahmen

FINANZIELLE OBERGRENZEN

bei weitem überstiegen. Die neu gegründete Zentralbank ist so arm, dass sie nicht einmal ihr Kapital abheben kann, und ihr Kapital von 20 Millionen Dollar wird durch Staatsanleihen ausgeglichen.

Chiang Kai-sheks ursprünglicher Plan für die Zentralbank bestand darin, die Bank of China direkt umzustrukturieren, damit die im Laufe der Jahre angesammelten Kredite und Mittel für seine eigenen Zwecke verwendet werden konnten.

Die Bank of China nimmt dies jedoch überhaupt nicht zur Kenntnis.

Der "Großbankier" der Bank of China war zu dieser Zeit Zhang Jiajiajiajie, der bereits während der Nordexpedition mit Chiang Kai-shek, Song Ziwen und Zhang Jiajiajie verhandelt hatte. Zur Zeit der Nordexpedition beschaffte Song Ziwen Geld bei der Bank of China in Hongkong, lieh sich zunächst 500.000 Yuan für die Nordexpedition und schickte ein Telegramm an die Truppen der Nordexpedition: "Unsere Truppen treffen überall ein, achten Sie darauf, die Bank von China zu erhalten. "Song teilte Chiang Kai-shek mit, dass der Verantwortliche der Bank of China Zhang Jiajiajie sei, und Chiang Kai-shek bat Zhang über seinen vertrauten Bruder Huang Zhu um Hilfe.

Huang郛 war eine Schlüsselfigur in Chiang Kai-sheks Verbindung mit den Plutokraten und Bandenchefs von Jiangzhe. Zhang Jia Miao sah natürlich, dass Huang Zu seine Absicht bereits kannte. Obwohl er zu dem Schluss kam, dass die Regierung in Peking kein Rivale der nördlichen Expeditionsstreitkräfte sein konnte, war er doch vorsichtig, so dass er sich zunächst mit Huang Zu auseinandersetzen und ihn zurückschicken musste. Dann schickte er heimlich Männer nach Guangzhou, um die Lage zu prüfen, während er selbst das Kommando in Shanghai übernahm und "finanzielle Unterstützung" leistete, nachdem er beschlossen hatte, dass das Nördliche Expeditionskorps auf jeden Fall gewinnen würde.

Später berichteten die Entsandten, dass "das Nördliche Expeditionskorps sich erfolgreich nach Jiangxi vorgekämpft hatte und dass Chiang Kai-shek bereits in Nanchang war". 1927 beschloss Zhang, seinen Schatz auf Chiang Kai-shek zu setzen, und schickte die wertvolle Hilfe über Huang Cao. 1927 wies Zhang den Leiter der Filiale in Hankou heimlich an, ihm bei seiner Ankunft in Wuhan eine Million Yuan zu leihen. Es ist wirklich ein schrittweises Vorgehen.

Als Chiang Kai-shek in Schanghai eintraf, wurde die Mittelbeschaffung Schritt für Schritt intensiviert, bis er schließlich anbot, 10 Millionen Yuan zu leihen. Zhang war auf eine so große Summe nicht vorbereitet und lehnte den Vorschuss sofort ab, aber er erkannte auch, dass Chiang Kai-shek etwas Großes vorhatte. Zhang Jiajiajie zögerte, die hohe Summe zu zahlen, und Chiang Kai-shek und Song Ziwen luden ihn mehrmals nach Nanjing ein, um die Angelegenheit zu besprechen, aber Zhang Jiajiajie blieb in Shanghai und weigerte sich, Gesicht zu zeigen.

Zu diesem Zeitpunkt war Chiang Kai-shek wütend und begann, die alten Aufzeichnungen der Bank of China umzudrehen: "Überprüfen Sie die Bank of China verwendet, um fünf Millionen an Wu Pei Fu, Zhang Zongchang Millionen zu leihen, und jetzt, wenn meine Armee Gehälter sind zehntausend dringend, so schwierig, die Absicht ist nicht zu fragen. " In einem Telegramm drohte er: "Ich habe gehört, dass Sie den Kriegsherren im letzten Jahr eine große Summe Geld gegeben haben, um sie bei ihrer Rebellion gegen diese Armee zu unterstützen, und dass Sie immer noch einen Plan haben, ihnen zu helfen. Ich habe gehört, dass Herr Ich weiß, dass Sie rechtschaffen sind, deshalb möchte ich nicht, dass Ihre Firma Ihnen weiter hilft. "Chiang Kai-shek erließ strenge Befehle: 1, die Bank of China kauft 10 Millionen Yuan Schatzwechsel im Voraus; 2, wenn sie nicht erfüllt wird, wird der Leiter der Bank of China gesucht; 3, wenn sie immer noch ungültig ist, wird die Bank of China beschlagnahmt und durch die Zentralbank ersetzt.

Aus diesem Grund kam Chen Guangfu, ein weiterer großer Mann des Finanzsektors in Shanghai, um Chiang Kai-shek zu beraten: "Die Regierung muss einerseits Geld und Gelder beschaffen und kann andererseits den Finanzkreislauf in der Stadt nicht ignorieren; wenn sie zu voreilig ist, wenn es Probleme im Finanzsektor gibt, wird es keine Möglichkeit geben, Geld zu beschaffen, und es werden Gefahren entstehen, die große Auswirkungen auf die militärische Zukunft haben werden. "Das bedeutet: Mann, du kannst dich jetzt nicht mit der Bank of China anlegen! Lasst es langsam angehen!

Was hat es mit der Bank of China auf sich, dass sie sich so wenig um die Regierung kümmert?

Die Vorgängerin der Bank of China war die Zentralbank des Qing-Reiches, die von Sheng Xuanhuai gegründete Great Qing Bank. Sheng Xuanhuai selbst war ein typischer Pro-Japaner und hatte "tiefe Verflechtungen" mit Japan in Unternehmen wie Han Ye Ping.

Aufgrund ihres historischen Hintergrunds wurde sie vom Pekinger System kontrolliert, und ihre aufeinanderfolgenden Präsidenten waren alle pro-japanische Persönlichkeiten. Der "Großbanker" der Bank of China, Zhang Jiajiajia, ein Absolvent der Keio-Universität, ist von der japanischen Kultur begeistert und abergläubisch, was die japanische Stärke angeht, so dass er Kimonos trägt und fließend Japanisch in einem völlig orientalischen Stil spricht. Später trat Song als Präsident der Zentralbank zurück und gründete die China Construction Bank Corporation (CCB), die von Japan heftig bekämpft wurde, und der Boykott der Bank of China gegen Songs CCB war ein Zeichen für den Einfluss der japanischen Kräfte auf die Bank of China. Zusätzlich zu den japanischen Hintergründen ist der mächtige Hintergrund des Hauptaktionärs der Bank of China die HSBC, hinter der das britische Empire nicht zu unterschätzen ist, und Großbritannien und Japan waren ein wichtiges antirussisches Bündnis.

Als Sheng Xuanhuai die Gründung der Hoba-Bank vorbereitete, "leitete" Xi Zhengfu, der Anführer der Dongting-Bergbande, die Hoba-Bank von Sheng Xuanhuai mit seiner umfassenden Erfahrung in der Monopolisierung von 15 ausländischen Banken und ausländischen Käuferpositionen. Sheng Xuanhuai war seit Jahrzehnten mit der Familie Xi befreundet und hatte sich mit ihr zusammengetan, um Hu Xue Yan loszuwerden. Der Hauptsitz des Finanzministeriums befindet sich in Peking, und seine Aktienabteilung zeichnet die Hälfte der Aktien, während die andere Hälfte in Privatbesitz ist und eine Joint-Venture-Bank zwischen Regierung und Unternehmen darstellt. Nach der Gründung der Shanghaier Niederlassung der Bank wurde Xi Zhengfus drei Söhne, Xi Yuguang, stellvertretender Leiter der Bank. [87]

Später änderte die Hoba Bank ihren Namen in Qing Qing Bank, mit Xi Yuguang als Associate Manager der Qing Qing Bank in Shanghai, Xi Yukun, dem zweiten Sohn von Xi Zhengfu, als Manager der Yingkou-Filiale und Xi Yukui, dem sechsten Sohn von Xi Zhengfu, als Manager der Hankou-Filiale und später 10 Jahre lang als stellvertretender Einkäufer der HSBC.

Nach der Xinhai-Revolution wurde die Qing-Bank in die Bank of China umgewandelt. Zu dieser Zeit wurde die Familie Xi zu einem der "Eigentümer" hinter der Bank of China, und der "Eigentümer" hinter

---

[87] Jiang Nan Xi Jia, *Ma Xueqiang*, Commercial Printing House, 2007, S. 97.

der Familie Xi ist HSBC. Neben dem britischen System hatte die Xi-Familie auch eine ungewöhnliche Beziehung zur japanischen Bankenmacht: Xi Zhengfus sechster Sohn Xi Yuqui wurde 1916 zum drittgrößten japanischen Plutokraten, der die Sumitomo Bank kaufte und 15 Jahre lang regierte, und Xis Schwiegersohn Ye Mingzai diente 21 Jahre lang als Käufer der japanischen Yokohama Shogun Bank.

Die Familie XI hatte nicht nur drei Generationen lang die Position des Käufers von HSBC inne, sondern nutzte auch ihren Einfluss, um andere Kinder der Familie XI in ausländischen Bankensystemen unterzubringen. Ob es sich um britische Banken wie McGarry, Leigh und Derby, französische Banken wie Orientale und ICBC, deutsche Banken wie die Dwight Bank, russische Banken wie die Doddson Bank, belgische Banken wie die Warby Bank, amerikanische Banken wie Citi, Amex und Shinki Bank oder japanische Banken wie Yokohama Shinkin und Sumitomo Bank handelte, sie alle standen unter der Kontrolle der Familie XI. Unvollständigen Statistiken zufolge wurden in den 75 Jahren zwischen 1874 und 1949 mehr als 20 ausländische Banken in Shanghai eröffnet, von denen 15 von der Familie Xi gekauft wurden. Darüber hinaus ist die Familie Xi auch ein bedeutender Anteilseigner an anderen Banken in Jiangsu und Zhejiang, und die einzige Geldbank in Shanghai gehört der Familie Xi.

Die tiefe Verwurzelung und der Einfluss der Familie XI im chinesischen Bankensystem sind in der jüngeren chinesischen Geschichte beispiellos. Man kann ohne Übertreibung sagen, dass die Xi-Familie die Hauptsäule des plutokratischen Systems in Jiangsu und Zhejiang ist, und hinter der Xi-Familie steht eine mächtige Kraft von internationalen Bankiers.

Im chinesischen Bankensystem ist XI Jia nicht nur der "Eigentümer", sondern er kontrolliert auch direkt die wichtigen Geschäftsbereiche der chinesischen Banken, insbesondere den Devisensektor.

Die Bank of China war während der späten Qing-Dynastie und der Ära der Regierung in Peking das Äquivalent einer Zentralbank, eine vollständige und unabhängige nationale Kapitalbank. Wie ist es möglich, in einer Zeit, in der Großbritannien, Japan und andere Mächte Chinas Finanzwelt bereits streng kontrollieren, eine unabhängige Zentralbank zu werden?

War es nicht ein Tagtraum, als Chiang Kai-shek versuchte, die Köpfe der Bank von China zu bewegen? Chiang Kai-shek hatte weder die Kraft noch den Mut, die Großmächte anzurufen, denn einen Hund zu bekämpfen, heißt, seinen Herrn zu sehen. Schließlich musste Chiang Kai-shek seine ursprüngliche Idee, die Bank von China umzustrukturieren, aufgeben und sich zurückziehen, um selbst eine Zentralbank zu gründen.

Unter der Anleitung von Chen Guangfu verstand Chiang Kai-shek seine Lage und musste die Bank von China fragen.

In der Zwischenzeit kam der Tod von Zhangs Mutter gerade noch rechtzeitig. Es ist wichtig zu wissen, dass Chiang Kai-shek und Zhang Jiawei sich vorher nicht begegnet waren, aber Chiang Kai-shek hatte einige Zeit in Shanghaier Finanzkreisen verbracht, außerdem stammte er aus Jiangsu und Zhejiang und hatte auch einige Kontakte zu den verschiedenen Kanälen der Plutokraten von Jiangsu und Zhejiang, so dass Chiang Kai-shek beschloss, persönlich zu kondolieren.

Am Tag der Beileidsbekundung kam Chiang Kai-shek plötzlich in das Beerdigungsinstitut von Zhangs Mutter und betete, ohne ein Wort zu sagen, mit dem Kopf nach unten, was als Schock für die vier Sitze bezeichnet werden kann, und gab auch Zhang Jia Miao ein Gesicht. Dieser Schritt berührte Zhang Jiawu so sehr, dass er nicht erwartet hatte, dass Chiang Kai-shek der "Zhendong-Freundschaft" so viel Aufmerksamkeit schenken würde. Allerdings wusste er nicht, dass für Chiang Kai-shek, der sich mit dem "Pier" vermischt hatte, dieser Satz überhaupt nicht schwierig ist, zu dieser Zeit ist Chiang Kai-sheks "Bund" nicht schwer genug, um Geld zu sammeln, um Menschen zu bitten, dies ist nur die Standard-Aktion von "geben Sie die Tür zum Pier".

Zu dieser Zeit war die Nationale Regierung von Chiang Kai-shek in Nanjing instabil und musste von den Großmächten anerkannt werden, und die einzige Anlaufstelle in dieser Angelegenheit war Zhang Jiawu. Zhang traf sich häufig mit den japanischen, britischen und amerikanischen Konsuln in Schanghai, um die diplomatische Kluft zwischen der Regierung in Nanjing zu überbrücken, und sogar die diplomatischen Verhandlungen zwischen dem Außenminister der Regierung in Nanjing, Huang Zhu, und den Regierungen Großbritanniens und der USA fanden in Zhang Jiajiajies Haus statt.

Und die "Voraus"-Angelegenheit, Chiang Kai-shek schließlich schickte ein ganzes Team von Menschen, von Zhang Jingjiang und Chen Guangfu in der Mitte vermittelt, sagte die Regierung wird bald Ausgabe von Staatsschulden, ist in der Tat in der Lage der

Rückzahlung. Zhang Jiaxiel dachte, dass Chiang Kai-shek in der Lage sein könnte, die unaufhaltsame Macht von Chiang zu nutzen, um größer und stärker zu werden, und stimmte schließlich zu, 10 Millionen Yuan in Raten von der Bank of China zu zahlen.

> *Vor dem Zwischenfall vom 12. April hat die Bank of China die Nordexpedition mit hohen Beträgen unterstützt, man kann sehen, dass die Bank of China die Nordexpedition mit "Schweiß" unterstützt hat. Die damalige Filiale der Bank of China in Hankou übergab der Regierung von Wuhan eine hohe Summe von 16,5 Millionen Yuan. Es ist nicht schwer, sich vorzustellen, dass die Plutokraten nicht alle Glücksspieler sind, und dass man nicht alles auf eine Karte setzen kann! Auch bei der anschließenden "Ninghan-Fusion" spielte die Bank of China eine Rolle.*

In Wirklichkeit ist Zhang Jia Miao nur ein Rezeptionist, und die Person, die mit dem Rücken zum großen Baum steht, ist nicht selbst ein großer Baum. Nicht Chiang Kai-shek hat gebettelt, sondern die Mächte hinter ihm. Später waren es auch die Plutokraten von Jiang und Zhejiang, die Chiang Kai-shek in die Wildnis trieben, die hinter der Energie der Großmächte standen.

Doch ebenso wie Hitler sich die Macht der internationalen Bankiers geliehen hatte, als er an die Macht kam, und begann, die Macht der deutschen Zentralbank unter der Kontrolle der internationalen Bankiers Schritt für Schritt an sich zu reißen, sobald die Macht in seinen Händen lag, brauchte Chiang Kai-shek mehr als sechs Jahre von der Gründung der Zentralbank im November 1928 bis 1935, um die Kontrolle über die chinesischen Banken an sich zu reißen und die Autorität der Zentralbank der Regierung in Nanjing formell zu etablieren. Und Hitler brauchte volle sechs Jahre, ab 1933, um die Macht der Zentralbank endgültig an sich zu reißen.

Reorganisation und Fingerprinting

Nach der Gründung der Zentralbank der Regierung in Nanjing, die nominell den Status des "wahren Drachen und Sohn des Himmels" erhielt, wurden die beiden ursprünglichen Giganten - die Bank of China und die Bank of Communications - als spezialisierte Bank für den internationalen Austausch und die Entwicklungsindustrie bezeichnet. Noch 1935 lag die Zentralbank jedoch weit hinter der Bank of China zurück, da sie nur so viel Geld emittierte wie die Bank of

Communications. Wie kann eine Zentralbank, deren Hauptfunktion die Ausgabe von Geld ist, so etwas tun?

Die Banknoten der Bank of China haben eine Geschichte, die ihr hohes Ansehen auf dem Markt erklärt.

Es gab drei wichtige Persönlichkeiten in der Jiangzhe zaibatsu - Chen Guangfu, Generaldirektor der Shanghai Commercial Savings Bank, Li Fusun, Generaldirektor der Zhejiang Local Industrial Bank, und Zhang Jiajiajia von der Bank of China, die als die "Drei Dingjia" der Jiangzhe zaibatsu bekannt waren. Im Alter von 28 Jahren wurde Herr Zhang zum stellvertretenden Leiter der Bank of China Shanghai Branch ernannt. Während der Zeit der Pekinger Regierung waren die beiden halbamtlichen Banken, die Bank of China und die Bank of Communications, die beiden wichtigsten von China finanzierten Banken und spielten in gewissem Maße die Rolle der Zentralbank. Die Bank of China und die Bank of Communications waren für die Ausgabe von "Silberdollarscheinen" zuständig, deren Volumen allein in zwei Jahren um das Sieben- oder Achtfache gestiegen war.

Damals war Liang Shiyi der Generalsekretär der Präsidialverwaltung von Yuan Shikai, und angesichts der steigenden Preise kam er auf eine schlechte Idee: die beiden Banken von China und Transport zu fusionieren. Die Idee ist vermutlich, eine "Verkleinerungsfusion" durchzuführen, um mehr Banknoten ausgeben zu können. Als sich die Nachricht verbreitete, löste sie sofort einen panischen Ansturm auf die Einleger aus. In ihrer Verzweiflung veranlasste die Regierung in Peking, dass die chinesische und die Jiao-Tong-Bank kein Geld mehr einzahlten.

Zhang Jiajiajie, der junge stellvertretende Direktor der Bank of China in Shanghai, war der Meinung, dass "wenn die Anordnung befolgt wird, der Kredit der chinesischen Banken ruiniert wird und es keine Hoffnung auf Erholung gibt". Zusammen mit dem Leiter der Bank of China Shanghai, Song Hanzhang, fasste er einen mutigen Entschluss: Ungehorsam! Aber Ungehorsam ist nicht leicht! Wenn sie sich den Anweisungen der Regierung widersetzen und sich offen mit der Regierung auseinandersetzen, könnte die Regierung in Peking sie sofort "aus dem Verkehr ziehen". Und wenn die Schatzkammer der Bank of China für Bargeld geöffnet wird, hat die Zweigstelle in Shanghai allein nicht die Kraft dazu. Zu diesem Zeitpunkt befanden sich etwas mehr als zwei Millionen Silber im Tresor, und die genaue Menge an Silber, die zur Eröffnung der Börse benötigt wurde, musste genau vorhergesagt werden. Aber in diesem Moment hatte Chang einen Plan im Kopf und war bereit, eine gute Show abzuziehen!

Zhang Jiahua und sein Partner Song Hanzhang machten keinen Hehl daraus, dass sie zuerst einige der großen Bosse der Zhejiang zaibatsu aufgespürt hatten - Chen Guangfu, Generaldirektor der Shanghai Commercial Savings Bank, Jiang Honglin, Geschäftsführer der Zhejiang Industrial Bank und Li Fusun, Generaldirektor der Zhejiang Local Industrial Bank. Bei diesen drei handelt es sich um die drei berühmtesten Privatbanken des Südens im Bankensektor während der Pekinger Zeit, die auch als die "drei südlichen Banken" bekannt sind. Zhang forderte sie auf, sich selbst im Namen der Aktionäre bzw. Einleger vor Gericht zu verklagen!

Nach dem damaligen Gesetz durften die Behörden während des Verfahrens den derzeitigen Leiter oder stellvertretenden Leiter nicht verhaften und ersetzen, so dass die "Höhle" der Pekinger Regierung zunächst versiegelt wurde. Unmittelbar danach heuerte Zhang den Engländer Cooper und den Japaner Murakami an, die ihm dabei halfen, ein wunderbares Duett zu singen. Cooper und Murakami übernahmen die Bank of China im Namen der Aktionäre, woraufhin sie im Namen der Aktionäre Aktionärsbriefe an Zhangjiajie und Song Hanzhang ausstellten, in denen sie sie anwiesen, die Geschäfte der Filiale weiterhin zu leiten und die Geschäfte wie gewohnt zu führen. (Die Briten und Japaner waren während der Nordsee-Ära noch eng befreundet und trennten sich erst nach den 1930er Jahren allmählich.

Für die Cash-Bank wandte sich Zhang an die "South Three Banks" und ausländische Banken, um die Bank of China zu unterstützen. Die meisten der "South Three Banks" sind Anteilseigner der Bank of China und haben damit verbundene Interessen, gleichzeitig sind sich die ausländischen Banken bewusst, dass die Bank of China die Hauptstütze des chinesischen Finanzwesens ist. Wenn die Bank of China zusammenbricht, ist die ganze Situation unüberschaubar und nicht gut für die ausländischen Banken, und sie schlossen sehr schnell einen Überziehungsvertrag mit der Bank of China über 2 Millionen ab. [88]

Die formelle Umsetzung der "Unterlassungsverfügung" der Regierung führte sofort zu einem Ansturm auf das Geld. Vor den Türen

---

[88] Zhejiang Xingdian: Sitzungsprotokoll des Verwaltungsrats, 17. Mai 1961, Shanghai Yindian

der Bank drängten sich Menschen, "die sich darum drängten, die Ersten zu sein, die an die Türen schlugen und auf die Fenster kletterten, fast ohne Rücksicht auf Leben und Tod". Die Filiale der Bank of China Shanghai war gut vorbereitet und kassierte, aber die Läufer waren trotzdem überfüllt. Am Samstag war sie wie üblich nur einen halben Tag geöffnet, aber Zhang beschloss, am Nachmittag geöffnet zu bleiben und eine Anzeige in der Zeitung zu schalten.

Am Sonntag schaltete die Bank eine weitere Zeitungsanzeige, in der sie ankündigte, dass sie weiterhin Bargeld einlöst. Die Öffentlichkeit stellte fest, dass die Bank of China eine "vertrauenswürdige" Bank ist und es keinen Grund für einen Ansturm gibt, so dass sich die Gemüter beruhigten und der Ansturm vollständig abebbte. Nach dem Sturm stieg das Ansehen der Bank of China, und Zhang Jiajiajie und Song Hanzhang wurden von der damaligen Presse als "mutige und einfallsreiche Banker" bezeichnet. Hätten keine Großmächte hinter ihnen gestanden, hätte Yuan Shikai diese beiden kühnen Bankiers nicht gehen lassen.

Später wurde Zhang Jiahua Vizepräsident der Hauptverwaltung der Bank of China, wo er die Geschäfte der Bank of China leitete. Sobald er an die Macht kam, schlug er vor, dass die chinesischen Banken kommerzielle Aktien rekrutieren, die staatlichen Aktien reduzieren und die staatliche Kontrolle abschaffen sollten. Gestützt auf die enge Freundschaft mit Chen Guangfu, Li Fusun, Yu Qiaqing, Song Hanzhang, Jiang Honglin, Qian Xinzhi und anderen rief Zhang Jiawu die "Friday Dinner Party" in Zhangfu ins Leben, die sich nach und nach ausweitete und zur Shanghai Banking Association wurde. Die Zhejiang Zaibatsu kontrollierte 14 der 22 Mitgliedsbanken der Shanghaier Bankenvereinigung, die 1925 84% des Gesamtvermögens aller Mitgliedsbanken besaß.

Die Bank of China hat ihre Beteiligung an kommerziellen Aktien wiederholt ausgeweitet, um die Macht der kommerziellen Aktien in der Bank of China zu stärken, wobei die Plutokraten aus Jiangsu und Zhejiang 6 Millionen Yuan in Aktien aufbrachten. Später ging der Regierung in Peking das Geld aus und sie verkaufte weitere 5 Millionen Yuan an Staatsaktien. Der Anteil der kommerziellen Aktien stieg allmählich auf 97,47% im Jahr 1923, als die Bank of China bereits von kommerziellen Aktien kontrolliert wurde. [89]

Zu der Zeit, als Chiang Kai-shek in Shanghai eintrat, wurde die Zentralbank 1928 gegründet, die nationale Regierung führte die Reorganisation der Bank of China, der Bank of Communications usw. durch und erzwang die Kapitalerhöhung und die Ausweitung der Anteile, obwohl sie ein kleiner Anteilseigner war, besetzte die Regierung schließlich einen Platz in diesen beiden Hauptbanken, in einen sehr wichtigen Keil der offiziellen Anteile.

Das goldene Machtspiel zwischen staatlichen und kommerziellen Aktien

Wenn die Kuomintang die Bank of China reorganisieren will, kann sie das natürlich nicht ohne die Xi-Familie tun, und wenn die Xi-Familie nicht kooperiert, werden es auch die Großmächte nicht tun. Das neue Oberhaupt der XI-Familie ist wieder einmal tief in die "Freundschaft" verstrickt. Er ist der Enkel von Xi Zhengfu, dem alten Meister der Dongting Mountain Gang, der in jenem Jahr an der Gründung der Tobu Bank beteiligt war.

Im Jahr 1928 wurde die Zentralbank gegründet, und Song Ziwen war Finanzminister und Präsident der Zentralbank. Aufgrund seiner "tiefen Freundschaft" mit Song Ziwen trat er nach der Gründung der Zentralbank als Direktor der Devisenabteilung in die Zentralbank ein und wurde bald zum Direktor des Devisenbüros und zum Direktor der Geschäftsabteilung befördert.[90] Xi Meiying, die jüngste Tochter von Xi De Mao, heiratete Song Ziwens jüngeren Bruder, Song Ziliang, und Xi De Maos jüngerer Bruder, Xi De Shou, wurde Direktor der Zentralen Münzanstalt und beherrschte die Befugnis der Kuomintang-Regierung zur Ausgabe von Geld.

Mit der Umstrukturierung der Bank of China ging die nationalistische Regierung ein Geschäft ein: Chiang Kai-shek beteiligte sich an der Bank of China, und die Kräfte der Familie Xi griffen in die

---

[89] *The General History of Chinese Finance*, Band 3, von Hong Jia Guan, China Finance Press, 2008, S. 127.

[90] Jiang Nan Xi Jia, *Ma Xueqiang*, Commercial Printing House, 2007, S. 100.

Zentralbank ein. Die Interessen beider Parteien sind gegenseitig und ausgetauscht, und der Verkauf ist vernünftig.

Der Hauptsitz der Bank of China wurde von Peking nach Shanghai verlegt und wurde zu einer "staatlich lizenzierten internationalen Devisenbank", was der Bank of China einen Wettbewerbsvorteil bei Devisengeschäften verschaffte und bis heute erhalten und verbessert wurde. Er ist ein "Experte" für Devisengeschäfte in China, was er ohne seine lange Familientradition im Kauf und Verkauf nicht hätte tun können.

Im November desselben Jahres hielt die Bank of China eine Aktionärsversammlung ab und entschied über die Direktoren der Handels- und Staatsanteile. Zu diesem Zeitpunkt lag die Führung der Bank of China trotz der verstärkten Kontrolle durch die Regierung weiterhin in den Händen der Handelsaktien, da diese nach wie vor die Mehrheit bildeten. Der Direktor der Bank of China und der Direktor der Bank für Kommunikation haben, was die Kapitalbildung angeht, das Gewicht der offiziellen Aktien erhöht. Von der "Bank des Haushaltsministeriums" über die "Bank der Qing-Dynastie" bis hin zur "Bank of China" können wir die Entwicklung des Aktienbesitzdenkens der Regierung sehen, und dabei ist die erfolgreiche Umwandlung vom "Kaufen und Verwalten" zum "bürokratischen Kaufen und Verwalten" wirklich ein unverwechselbarer Wachstumsweg, der sich vom Privatkapital unterscheidet.

An der Reihe von Wettbewerben zwischen den offiziellen und den kommerziellen Aktien chinesischer Banken ist unschwer zu erkennen, dass der Wettbewerb zwischen bürokratischem und privatem Kapital in der Entwicklung des Bankensektors in China in jüngster Zeit eskaliert ist. Obwohl Zhang Jiajiajie eine Gegenfigur ist, repräsentiert er die privatkapitalistische Seite der Plutokraten von Jiangsu und Zhejiang, die mit der großen Energie des ausländischen Kapitals im Rücken hoffen, die Kontrolle über die Finanzkraft Chinas und die weitere Kontrolle der chinesischen Industrie durch den Besitz von Handelsaktien zu erlangen.

Und das bürokratische Kapital, das von Chiang Kai-shek repräsentiert wird, hat ein starkes Verlangen, Chinas Finanzsystem zu kontrollieren, und mit der Macht in der Hand ist es unumgänglich. Das bürokratische Kapital wagt es zwar nicht, direkt mit dem ausländischen Kapital zu flirten, das hinter dem Privatkapital steht, aber die Macht, in das Privatkapital einzudringen, um es zu zerschlagen, wird immer stärker.

Am peinlichsten ist das Privatkapital, dem es an klarer Unabhängigkeit mangelt oder das vom ausländischen Kapital abhängig ist, das gegen das bürokratische Kapital kämpft oder sich in die Arme des bürokratischen Kapitals wirft, um im Tausch gegen Autonomie das Recht auf Dividendenausschüttung zu erhalten. Reines Privatkapital hat in China keine Zukunft; es wird entweder vom bürokratischen oder ausländischen Kapital unterworfen oder völlig marginalisiert.

Wenn bürokratisches Kapital auf ausländisches Kapital trifft, kommt es erneut zu einer deutlichen Abhängigkeit. Chiang Kai-shek war auf europäische und amerikanische Kräfte angewiesen, um den Krieg zu führen, insbesondere angesichts des immer stärker werdenden aggressiven Drucks Japans.

Natürlich, zu Beginn der Chiang Kai-shek-Ära, die Nanjing-Regierung wurde gerade erst gegründet, die Zentralbank ist noch schwach und kann nicht die Funktionen einer Nationalbank spielen, die Bank of China, Bank of Communications weiterhin das Zentralbankgeschäft der Währungsausgabe, die Ausgabe von Staatsanleihen, Staatsschulden Vorschüsse zu unternehmen, Die Bank of China, Bank of Communications, die mächtigste Bank Chinas zu dieser Zeit, befindet sich immer noch im Besitz des Privatkapitals der Plutokraten aus Jiangsu und Zhejiang.

Chiang Kai-shek und die Plutokraten aus Jiangsu und Zhejiang trafen eine Vereinbarung, die nationale Regierung gab öffentliche Anleihen aus, die von den Plutokraten aus Jiangsu und Zhejiang angeführt wurden, um mehrere große Banken zu kaufen, zeichneten einen Teil ihrer eigenen, der Rest der Banken wurde dann auf dem Wertpapiermarkt zum Verkauf angeboten. In diesem Zusammenhang wurde auch das Kuratorium des Public Debt Fund gegründet, dessen Vorsitzender Lee Fusun, der alte Partner von Cheung, war. Im Oktober 1928 wurde die Bank of China umstrukturiert, und Zhang Jia Miao wurde Generaldirektor.

Da die nationale Regierung nach und nach die großen Kräfte, die sich in China verschanzt hatten, auslöschte, waren die von den Plutokraten aus Jiangsu und Zhejiang kontrollierten Banken, die jeweils ihre eigene Tür hatten, natürlich reich, und die großen Brüder am "kleinen Esstisch in Zhangfu" machten ein Vermögen. Chen Guangfus Shanghai Commercial Savings Bank machte nicht nur gute Arbeit bei der Zeichnung von Anleihen, sondern war aufgrund seiner "guten Beziehungen" zum US-Bankensektor auch für den Großteil der Dollarkredite der Nationalregierung verantwortlich.

Nach der Umstrukturierung der Bank of China unternahm Zhang Jiajiajie Auslandsreisen, um Devisenmittel zu beschaffen und Auslandsinstitute zu gründen. Im Jahr 1934 hatte das Gesamtvermögen der chinesischen Banken 970 Millionen Yuan erreicht. Während seiner Amtszeit hat die Regierung mehr als 2,6 Billionen Yuan an inländischen Schuldtiteln ausgegeben, und sein "Dienst" an der Regierung ist bemerkenswert.

Anfang der 1930er Jahre hatte sich im chinesischen Finanzsystem eine Art Machtgleichgewicht herausgebildet, bei dem sich das bürokratische Kapital und das Privatkapital sowie das dahinter stehende ausländische Kapital auf eine "Fusion" zubewegten, mit gegenseitiger Kapitalbeteiligung und gegenseitigem Reichtum.

Dies war jedoch nur ein kurzer Übergang, denn das eigentliche Ziel von Chiang Kai-shek war die finanzielle Zentralisierung.

Chiang Kai-shek's Finanzkonzentration: "Zwei abschaffen und den Yuan ändern" und "Vier Linien und zwei Büros"

Chiang Kai-shek verstand, dass Zentralbanken allein nicht ausreichten, um eine finanzielle Zentralisierung zu erreichen; der Schlüssel war die Vereinheitlichung der Währung. Ohne eine einheitliche Währung wird es keine einheitliche Staatskasse und keine einheitliche politische und militärische Machtbasis geben. Und die Voraussetzung für eine einheitliche Währung ist, dass zuerst der Währungsstandard festgelegt wird.

Um die Vereinheitlichung des Währungsstandards zu erreichen, beschloss die Regierung in Nanjing die "Abschaffung der zwei Yuan" und änderte den Währungsstandard von Silber und zwei Yuan auf Silber-Yuan, und die Wertbasis des gesamten Papiergeldes wurde auf Silber-Yuan vereinheitlicht.

In China war Silber zu dieser Zeit in einer Vielzahl von Farben, Gewichten und Größen erhältlich, und die Umrechnung von Silber in Transaktionen war sehr schwierig. Die verschiedenen Silberdollar sind auch sehr komplex, gemeinsame Silberdollar auf dem Markt, gibt es frühe ausländische Kaufleute in China gebracht spanischen

Silbermünzen - wenn "Hongyang" genannt, die Briten zunächst Geschäfte gemacht, verwendet, um diese "Hongyang" zu erhalten. Später wurde das Geschäft mit dem "Yangzhuang" immer größer, so dass die mexikanischen Silbermünzen, damals "Eagle Yang" genannt, nach und nach auch nach China kamen. [91]Eine Reihe von "Long Yang", die den "Ying Yang" ähnelten, wurden in verschiedenen Provinzen Chinas gegossen, die zusammen mit verschiedenen Nachahmungen von Silberdollars einen schillernden Anblick boten.

Im Umlauf ist der Umtausch zwischen verschiedenen Arten von Silber, Silberdollar und Kupfergeld recht mühsam, und es ist Sache des Bankiers zu entscheiden, wie er es umtauschen will. Um alle Silber auf dem Markt abzuschaffen, kommt der Widerstand vor allem von der Geldbank, die Geldbank ist trocken Silber, Silber-Dollar und Kupfer Geldwechselgeschäft, einheitliche Währung, die Geldbank wird das Recht auf Austausch zu verlieren, und auch das Recht auf finanzielle Diskurs zu verlieren. Natürlich, Chiang Kai-shek später in der finanziellen Vereinheitlichung zu engagieren, die Geldbank diese "kleine Garnelen" ist natürlich wieder vereint werden.

Die nationale Regierung war sich auch der Problematik des Silberdollars als Währungsstandard bewusst und hatte eine spezielle Studie organisiert, die von Song Ziwen geleitet wurde, dass die Abschaffung des Silberdollars zugunsten des Silberdollars ein schrittweises Vorgehen erforderte. Song Ziwen begann, das Währungssystem zu reformieren, und Side-Mao schloss erneut "Freundschaft", um sich an der "Abschaffung der beiden Yuan" zu beteiligen.

Die "Abschaffung der zwei Yuan" ist ein sehr schwieriges systemisches Projekt, an dem nicht nur chinesische Banken und Geldinstitute, sondern auch ausländische Banken und Devisen beteiligt sind. Als Vertreter der Zentralbank ist Herr Szeto ein wichtiges Mitglied des Verwaltungsausschusses für den Shanghaier Silberdollar und die Silberbörse, der für die Gestaltung, Umsetzung und Koordinierung aller Beteiligten zuständig ist.

Am Vorabend der fünften "Belagerung" im April 1933 wurde unter der persönlichen Aufsicht des Vorsitzenden Chiang die

---

[91] *The History of Money and Finance in the Qing Dynasty*, von Yang Duanliu, Sanlian Bookstore, 1962, S. 261.

"Abschaffung der zwei Seiten für den neuen Yuan" endlich verwirklicht.

Die Vereinheitlichung des Währungsstandards war ein entscheidender Schritt in Chiang Kai-sheks monetärer Vereinheitlichung. Als Nächstes würde er die Bank of China und die Bank of Communications vollständig kontrollieren, die Autorität der Zentralbank etablieren und die Zentralisierung der Finanzen vollenden.

Daraufhin rief Chiang Kai-shek den Finanzminister Kong Xiangxi an und sagte unmissverständlich:

> *„Das Land und die Gesellschaft stehen am Rande des Bankrotts, und der Schlüssel dazu sind die beiden Banken Chinas. Der Finger ist direkt auf die Bank of China gerichtet, und die Bank of Communications ist nichts weiter als ein Handlanger."*

Am 27. März 1935 genehmigte der Legislative Yuan der Nationalen Volksregierung die Ausgabe von Finanzanleihen im Wert von 100 Millionen Yuan, die zur Finanzierung der Kapitalerhöhung der Zentralbank, der Bank of China und der Bank of Communications verwendet werden sollten. Dann wurde die Bank of China gewaltsam "reformiert", indem das System des Generaldirektors durch das des Vorsitzenden ersetzt und Song Ziwen direkt zum Vorsitzenden ernannt wurde, während Song Ziliang und Du Yuesheng dem Vorstand angehörten. Gleichzeitig wurden 15 Mio. Yuan an Staatsanteilen erzwungen, so dass sich das gesamte Aktienkapital auf 40 Mio. Yuan erhöhte und die Anteile von Staat und Unternehmen halbiert wurden, so dass die Staatsanteile von ursprünglich 5 Mio. Yuan auf 20 Mio. Yuan stiegen. Durch die Versetzung von Chang zum Vizepräsidenten der Zentralbank wurde Chang eigentlich auf Eis gelegt, so dass er nur noch einen Titel hatte. Ich wusste im Vorfeld nichts von einem so großen Ereignis. In der Folge "übernahm" Chiang Kai-shek die Bank für Kommunikation auf die gleiche Weise, und im April änderte die Bank für Kommunikation ihre Satzung, wobei der Anteil der staatlichen Anteile auf 63% geändert wurde, und die Bank für Kommunikation wurde ebenfalls "offiziell geführt".

Die japanische Seite ist äußerst unzufrieden mit dem "perversen Akt" von Chiang Kai-shek, den pro-japanischen Mediziner Zhang Jiawu auszuweisen. In einem vertraulichen Telegramm von Kawagoe, dem Generalkonsul von Tianjin, an den Botschaftsrat Wakayoshi in Beijing heißt es, dass

> *„Einem vertraulichen Gespräch mit einem Würdenträger zufolge wurde Zhang Gongquan (Zhang Jiaquiao) aus der Bank of China ausgeschlossen, weil Chiang Kai-shek der Regierung in Nanjing ein monatliches Defizit von 25 Millionen Yuan und ein jährliches Defizit von 300 Millionen Yuan beschert hatte, um die Kommunisten zu vernichten und die Rüstung auszubauen. Dies war ein Plan von Kong und Song, um das Regime von Chiang Kai-shek zu stärken... Letztlich ging es ihnen darum, im Namen der Finanzkontrolle und der Währungsbereinigung eine Vereinheitlichung (des Rechts zur Ausgabe von Währungen) anzustreben, damit die Kräfte der Regierung in Nanjing einheitlich nicht konvertierbares Papiergeld ausgeben konnten... In einer Zeit, in der die chinesisch-japanische Freundschaft in der Luft liegt, ist es ein großer Witz, Zhang Gongquan, der enge Beziehungen zu Japan unterhielt, nur wegen Kong und Song zu vertreiben usw..."*

Nach der Übernahme der beiden Banken bildeten die "vier Banken und zwei Ämter", die vom bürokratischen Kapital kontrolliert wurden, ein neues Muster der chinesischen Finanzindustrie. Die vier Banken waren die Zentralbank, die Bank of China, die Bank of Communications und später die Chinese Farmers' Bank; das zweite Büro war das Central Trust Bureau und das Postal Reserve and Banking Bureau. Von diesem Tag an war der Generaldirektor der Bank of China, Zhang Jiaqi, gezwungen, zurückzutreten und sich von der Bank of China zu distanzieren, die zu einem Instrument des bürokratischen Kapitals degradiert wurde, was das Ende der Ära des freien Kapitals in China bedeutete. Angesichts des gesellschaftlichen Einflusses von Zhang und der Stimmung auf japanischer Seite hatte Chiang Kai-shek seine Zweifel. Um die Herzen und Köpfe des Volkes zu gewinnen, wurde Zhang Jia Miel ein halbes Jahr später zum Kabinettsmitglied und Minister ernannt, trat aber wegen seiner schlechten Gesundheit von seinem Ministeramt zurück und begab sich auf eine "Studienreise" in die Vereinigten Staaten.

Die Säuberung des Privatkapitals hatte gerade begonnen, und Chiang Kai-shek, der den ersten Schritt der "Übernahme" der Bank of China vollzogen hatte, veranlasste die drei Banken, nämlich die Central Bank, China und die Bank of Communications, eine große Menge an Banknoten der Bank of China, der Industrial Bank of China und der Si Ming Bank anzuhäufen und sie alle auf einmal einzulösen, was einen Ansturm auf die Bank zur Folge hatte.

Fu Xiaoan, der Vorsitzende und Generaldirektor der Bank, die als letzte der drei Banken von einem Ansturm auf die Bank betroffen war, war in jenem Jahr der engste Vertraute von Sheng Xuanhuai. Er ahnte, dass Chiang Kai-shek kommen würde, und bat Du Yuesheng, einen Direktor und "persönlichen Freund" der Bank, ihm zu helfen, "den Weg frei zu machen".

Du Yuesheng war betrübt: "Mit uns an deiner Seite brauchst du keine Angst zu haben. "In der Tat war Fu Shinan genau in die Falle von Du Yuesheng getappt.

Du Yuesheng klopfte sich auf die Brust und sagte: "Es ist ein kleiner Gefallen, du solltest wie ein kleiner Bruder helfen, aber du musst trotzdem gut vorbereitet sein. Was die Spitze betrifft, so tu dein Bestes, um die Gelegenheit zu erkennen. "

Fu Shinan beschloss, das bald fertig gestellte "Bank of Commerce Building" zu einem Preis von 1,8 Millionen Yuan für den bezahlten Teil der "Friendship" zu verkaufen. Er bat Du, es an "oben" weiterzugeben, um es zu übernehmen, und Du Yuesheng stimmte zu.

Sofort wurde das Gebäude von Song Zilian, dem Bruder von Song Zilian, im Namen des Postspar- und Finanzbüros von Shanghai gekauft. Song Ziliang änderte sofort den Namen des Gebäudes in "Construction Building" und begann über Nacht mit der Arbeit, um das Schild des Gebäudes zu ändern.

Es wurde sofort gemunkelt, dass die Allgemeine Handelskammer Chinas zusammenbrechen würde, und sogar das Gebäude wurde verkauft. Zu diesem Zeitpunkt teilte die Zentralbank Song Ziliang mit, dass das Geld für den Kauf des Gebäudes zunächst an die Zentralbank zurückgezahlt werden würde. Bevor Fu Xiaoan das Geld für den Verkauf des Gebäudes anfassen konnte, wurde es von Song Ziliang an die Zentralbank überwiesen, und die Bank of Commerce and Industry of China wurde aus der Bezahlung herausgenommen.

Am Vorabend des Drachenbootfestes kratzte Fu Shinan einige marktfähige Wertpapiere zusammen und bat die Zentralbank um eine Hypothek von 3 Millionen Yuan. Unerwartet erhielten wir nach dem Drachenbootfest plötzlich einen Anruf von der Zentralbank, die uns mitteilte, dass wir keine Positionen mehr in unseren Büchern hätten. Fu Xiaoan eilte daraufhin zum Schatzamt, kniete nieder und verneigte sich, flehte und flehte immer noch vergeblich. Zu diesem Zeitpunkt verbreitete Du Yuesheng weiterhin draußen die Nachricht, dass die

China Merchant Bank kurz vor dem Zusammenbruch stand und die Einleger in Scharen ihr Geld abzogen.

Fu Shinan konnte Du Yuesheng nur wieder anflehen, ihm zu helfen, das Chaos aufrechtzuerhalten. Du Yuesheng war wieder falsch höflich. Am Ende hielt Fu Shinan das Bestandsverzeichnis der Bank in beiden Händen und übergab es Du Yuesheng, der in Schande zurücktrat.

Die Bank of Commerce and Industry of China wurde in eine "gemeinsame Bank von Regierung und Wirtschaft" umgewandelt, und die alten Aktien wurden abgewertet. Nach einigen Verhandlungen erklärte sich das Finanzministerium lediglich bereit, die alten Aktien um 15% zu verbilligen, d. h. jede 100 Yuan wurden um 15 Yuan in neue Aktien umgewandelt. Die Bank of Commerce and Industry of China hat nur 525.000 Yuan an alten Aktien, und das Finanzministerium hat 3,475 Millionen Yuan an offiziellen Aktien hinzugefügt. Alle staatlichen Aktien wurden vom Finanzministerium mit dem gleichen Betrag aus der "Wiederbelebungsanleihe" finanziert, deren Vorsitzender Du Yuesheng war. Dies sollte ein Teil der Belohnung sein, die der Parteistaat der Qing-Bande zukommen ließ, aber die Jiang- und Zhejiang-Plutokraten, die es versäumten, "mit der Zeit zu gehen" und immer noch gegen die Regierung kämpften, wurden von Chiang Kai Shek völlig "ausgetrickst".

Nach diesem Haufen von Banken bleibt noch eine Bauernbank übrig, und die befindet sich in einer besonderen Situation. Die chinesische Bauernbank wurde von der Bauernbank der vier Provinzen reorganisiert, Chiang Kai-shek selbst war der Vorsitzende, die privaten Anteile sind in den Händen von Chiang selbst oder Chiangs unmittelbarer Familie, der Akt von Chiangs Notwendigkeit, jederzeit Banknoten auszugeben, und die Ausgabe von Reserven gehört nicht zu den Überwachungsmaßnahmen, Chiang Kai-shek baute die Bauernbank zu seinem eigenen "Hintergarten" aus. Als später die britische Finanzberaterin Liz Ross nach China kam und um eine Inspektion des chinesischen Bankenreservefonds bat, teilte Kong Xiangxi den Bauernbanken mit, dass sie dabei mitarbeiten sollten, war Chiang Kai-shek zu jedermanns Überraschung wütend und rief: "Habe ich nicht einmal mehr dieses Recht? "

Einem Bericht von Snow zufolge verfügen die Banken der Bauern möglicherweise heimlich über Opiumeinnahmen. Das Nationale Büro für Tabakkontrolle nimmt jährlich fast 200 Millionen Yuan ein, von denen ein Teil von Jugendbanden und anderen Triadenorganisationen gehalten wird, und ein Teil, der der Regierung übergeben wird, wird direkt von der Militärkommission von Chiang Kai-shek kontrolliert. Wegen des "zweifelhaften" Charakters der Geschäfte der Bauernbank erhielt sie bei der Währungsreform nicht das Recht, Banknoten auszugeben, aber die Landwirtschaftsbank wurde bald neben die drei großen Banken mit dem Recht zur Ausgabe von Banknoten gestellt, und es war eindeutig Chiang Kai-shek, der hinter dieser raschen Veränderung stand.

Die Schlüsselfigur, die die Regierung zur weiteren Manipulation der Privatwirtschaft drängte, war Song Ziwen, der nach seinem Rücktritt als Finanzminister die Position des Nationalen Wirtschaftsrats behielt, eines Gremiums, dessen grundlegende Politik von Chiang Kai-shek bestimmt wurde und dessen "tägliche Arbeit" von Song Ziwen übernommen wurde. Später wurde Song Vorsitzender der Bank of China und übte fast ein Viertel der Kapitalherrschaft über das chinesische Bankwesen aus. Song wiederum gründete die China Construction Bank Corporation mit Sitz in China und investierte in großem Umfang in Industrie und Handel, einschließlich aller Aspekte des Baumwollhandels, der chemischen Industrie und des Automobilbaus, und Song nutzte seine Autorität, um die privaten Investitionen von sich selbst und seinen Verwandten zu erhöhen, so dass er schließlich die Kontrolle über eine große Anzahl von Unternehmen übernahm.

Nach dem "Klaps-Zwischenfall" trat Song Ziwen als Finanzminister zurück und wurde von Kong Xiangxi abgelöst, der auch das Amt des Vizepräsidenten des Exekutiv-Yuan und des Präsidenten der Zentralbank innehatte und von Chiang Kai-shek als "der Mann an der Seite" bezeichnet wurde. Das Direktorium der Zentralbank hatte den Plan gefasst, 40 Millionen der 100 Millionen Aktien an kommerzielle Aktien zu verkaufen, und Kong hatte Chiang um private Zeichnungen "gebeten", aber in Wirklichkeit waren die Zentralbankaktien nie an "Privatpersonen" verkauft worden. Wie konnte Chiang Kai-shek, der die Macht zentralisieren wollte, seine Kontrolle über diese Schlüsselinstitution verringern?

Kong Xiangxis zentrales Bankensystem kontrolliert die Versicherungsbranche, also will er natürlich sein eigenes Land gründen. Er gründete die prestigeträchtige Zentrale Treuhandbehörde, die sich auf Treuhandgeschäfte und Investitionen spezialisiert hat. In seiner Eigenschaft als Präsident der Zentralbank und

Vorstandsvorsitzender ernannte Kong seinen ältesten Sohn, Kong Lingkhan, zum geschäftsführenden Direktor und hatte tatsächlich große Macht über die Geschäfte und das Personal, was die Zentrale Treuhandbehörde zu einer spezialisierten Einrichtung für die Familie Kong machte, um mit Waffen zu handeln, zu schmuggeln und zu veruntreuen und Devisen zu schaben.

Das chinesische Bankensystem unter der Kontrolle von Song und das zentrale Bankensystem unter der Kontrolle von Kong ergänzen sich in wichtigen Entscheidungen. Nach einer schillernden Umstrukturierung wurde das chinesische Finanzsystem zur Geldbörse des bürokratischen Kapitals mit den "vier großen Familien" an der Spitze, zu denen natürlich auch Chiang Kai-sheks erster Gefolgsmann Du Yuesheng gehörte.

Ich werde dir ein großes Arschloch verkaufen!

Mit der Vereinigung der vier Großbanken kann die Regierung die vier Großbanken berechtigterweise auffordern, Geld zu leihen und nicht mehr von den Geschäfts- und Geldbanken "ausgebeutet" zu werden. Die Regierung bereitet sich darauf vor, alte Staatsschulden zu konsolidieren und neue Staatsschulden zu begeben. Um den Umtausch der neuen Staatsschulden zu fördern, ist geplant, den alten Staatsschulden entsprechende Zugeständnisse zu machen, mit der Begründung, dass nach dem Umtausch der Zinssatz zugunsten derjenigen erhöht wird, die die Regierung in der kritischen Zeit "unterstützt" haben, um diejenigen, die die Staatsschulden zuvor gekauft haben, nicht schlechter zu stellen.

Nun war Kong an der Reihe zu dominieren, und natürlich erfuhr Song die Neuigkeit sofort, so dass sie sich sofort an den alten Staatsanleihen vergreifen konnte. Zunächst schickte die Familie Kong Leute aus, um sie in aller Stille zu kaufen, und als sie fast fertig waren, verbreiteten sie die Nachricht, woraufhin der Preis der alten Anleihen sofort in die Höhe schoss, und in wenigen Tagen wurden die alten Anleihen zur "heißen Investition" in Shanghai.

Du Yuesheng bekam nicht die erste Handvoll Nachrichten mit, und als er sah, dass der Preis der alten Anleihen stark anstieg, ging er sofort zur Familie Kong, um sich zu informieren. Du Yuesheng rechnete damit, dass die alten Staatsschulden weiter steigen würden, und gleichzeitig schickte er Leute aus, um Gerüchte zu verbreiten, dass sich die wirtschaftliche Lage des Landes verbessern würde und dass diejenigen, die die Regierung in schwierigen Zeiten unterstützt hatten, davon profitieren sollten. Der Preis für die alten Staatsschulden ist jedoch so weit gestiegen, dass die Zahlung von Zinsen auf die alten Staatsschulden zum sagenhaften Preis die Staatsfinanzen nur noch weiter verschlechtern wird. Du Yuesheng wartet noch immer auf eine weitere Erhöhung, und Song霭ling macht bereits leise "das Netz zu" bei den Lieferungen.

Als Du Yuesheng davon erfuhr, waren die alten Staatsschulden bereits im Sinkflug, und Du Yuesheng war wütend. Das Merkmal der Triadengesellschaft ist "schwarz", es gibt keinen Grund, dumm zu sein, wie könnten wir sonst in Zukunft über Flüsse und Seen laufen! Du Yuesheng hat beschlossen, Kong Xiangxi auszurauben!

Er lud Kong Xiangxi zum Abendessen ein, Kong Xiangxi kam zu der Dinnerparty, sah eine große Schildkröte auf dem Tisch und dachte, es würde ein "großes Gericht" werden, also beeilte er sich, sie schnell zu kochen. Aber Du Yueh-Sheng war sich nicht sicher, wie er ihm von den alten Informationen über die alten Staatsschulden erzählen sollte, und wie er einen großen Verlust erlitten hatte, und zwang ihn, eine halbe Million Dollar zu geben, um den großen Bastard zu "kaufen".

Kong Xiangxi verstand dies und erwiderte: "Du hast die Staatsschulden verloren, das ist nur deine eigene Schuld! Das ist nicht nötig! "Je mehr Du Yuesheng das hörte, desto wütender wurde er: "Sind dann nicht immer noch Sie die Quelle von Frau Kong? Du machst diesen Job und tust nur so! "

"Was für ein Unsinn! "Kong Xiangxi wollte gerade die Beherrschung verlieren, als zwei von Du Yueshengs Schlägern gleichzeitig ihre Pistolen zogen und auf Kong Xiangxis Kopf zielten. Kong Xiangxi kämpfte einen kalten Krieg, aber schließlich war er ein alter Gaukler, also beruhigte er sich schnell, Du Yuesheng war so dreist, schließlich wagte er es nicht, sich wirklich umzubringen, wollte nur ein bisschen Geld ergaunern, also zeigte er ruhig auf seinen eigenen Kopf und sagte: "Wenn du glaubst, dass ein Pistolenauge auf meinem Kopf eine halbe Million Dollar wert ist, dann schieß, kämpfe hier! "Kong Xiangxi zuckte nicht einmal mit der Wimper.

Der ursprüngliche Gedanke, sich mit Kong Xiangxi, mit der Triade auf die Mittel eines Schreckens, er ist noch nicht ein Chaos, nicht erwarten, dass aus dem Shanxi Verbindung von Kong Xiangxi, nicht essen diese.

Du Yuesheng wandte eilig sein Gesicht ab und schimpfte: "Lass mich! Wir reden hier über Geschäfte mit Dean Kong, nicht über Entführung. Geht! Warum sollte sich der Finanzminister darauf verlassen, dass wir eine so geringe Summe aufbringen, um diesen großen Bastard zu Präsident Kongs Familie zu schicken? Schickt die Gäste weg! "

Kong Xiangxi wird von Du Yueshengs Männern nach Hause "gefahren", und Song ist verwirrt, als sie sieht, wie eine große Meeresschildkröte hinter ihr hereingetragen wird. Die Geschichte wird von Kong Xiangxi erzählt, die so wütend ist, dass sie Du Yuesheng anschreit, weil er es gewagt hat, zur Familie Kong zu gehen. Er sagte, er würde sich an Chiang Kai-shek wenden, um eine Stellungnahme zu erhalten. Das Unternehmen ist noch viel anspruchsvoller, und wenn diese Angelegenheit aufgewühlt werden soll, wie kann er dann noch das Gesicht des Finanzministers haben?

Am nächsten Morgen stürmten die Wachen in Panik herein und berichteten, dass derjenige, der den großen schwarz bemalten Sarg vor die Tür gestellt hatte, unbekannt war. Natürlich war Kong Xiangxi klar, dass es Du Yuesheng war, der ihm widerlich war.

Kong Xiangxi berief daraufhin eine Sondersitzung des Direktoriums der Zentralbank ein und erklärte feierlich einen Patrioten, der sich um die Staatsverschuldung verdient gemacht hatte und den das Direktorium der Zentralbank auszeichnen wollte. Natürlich handelt es sich bei diesem Patrioten um Du Yuesheng! Du Yuesheng war sofort erleichtert und fand, dass Kong Xiangxi einen sehr "anständigen" Job gemacht hatte, und so wurden die beiden "no fight, no deal", Kong Xiangxi und Du Yuesheng engere "Kriegskameraden". [92]

---

[92] *Kong Xiangxi, der reichste Mann in Shanxi,* von Chen Tingyi, Oriental Press, 2008, S. 317-323.

FINANZIELLE OBERGRENZEN

Der Silberrausch: Der erste Währungskrieg zwischen den USA und China

Zu einer Zeit, in der die verschiedenen inländischen Kapitalsysteme in vollem Gange sind, ist auch das internationale Umfeld einem großen Wandel unterworfen. Als die Weltwirtschaftskrise der 1930er Jahre über die Welt hereinbrach, gaben große kapitalistische Länder wie Großbritannien, Kanada, Japan und Österreich den Goldstandard auf und begannen, ihre Währungen abzuwerten, um die Türen zu den Märkten anderer Länder zu öffnen und einen Weg für ihre Wirtschaft zu finden.

1933 begann der amerikanische Präsident Roosevelt, um die Wirtschaftskrise zu überwinden, mit der Umsetzung des New Deal, der die Staatsausgaben erhöhte und das Wirtschaftswachstum ankurbelte. Gleichzeitig wurde zur Bekämpfung der Deflation und des Preisverfalls der Silver Acquisition Act verabschiedet, der das US-Finanzministerium ermächtigte, Silber auf in- und ausländischen Märkten zu erwerben, bis der Silberpreis 1,29$ pro Unze erreicht [93] oder bis der Wert des Silbers in den Reserven des Finanzministeriums ein Drittel des Wertes der Goldreserven erreicht, als Reserve des Finanzministeriums.[94] Mit dieser Politik wurden zwei strategische Ziele verfolgt: Erstens wurde durch die Erhöhung der Reserven natürlich die Basis der Geldmenge verbreitet, um die sich verschärfende Deflation durch eine Ausweitung der Geldmenge abzumildern; zweitens hofften die Vereinigten Staaten, durch den Kauf von Silber auf dem Markt den Silberpreis in die Höhe zu treiben und die Kaufkraft der Länder mit Silberstandard zu erhöhen, so dass die Währung Chinas und anderer Länder mit Silberstandard gezwungen wurde, sich aufzuwerten, um überschüssige Rohstoffe bei ihnen abzuladen.

Die Geschichte ist erstaunlich ähnlich! Der von Roosevelt geförderte Silver Takeover Act von 1933 und Obamas Versuch, die

---

[93] *China's Financial and Economic Situation from 1927 to 1937*, von Yang Ge, China Social Science Press, 1981, S. 224.

[94] *Monetary History of the Republic of China*, Second Series, herausgegeben vom General Staff Office of the People's Bank of China, Shanghai People's Publishing House, 1991, S. 119.

Aufwertung des Yuan im Jahr 2010 zu erzwingen, sind in ihrer Denkweise wohl identisch!

Die beiden Hauptziele von Roosevelt waren eindeutig nicht zu erreichen. Das zentrale Problem der Großen Depression in den USA war die übermäßige Verschuldung im Verhältnis zum Bruttoinlandsprodukt, die 1929 sogar 300% betrug! Die hoch verschuldete US-Industrie expandiert in einem Tempo, das den Anstieg der inländischen Kaufkraft bei weitem übersteigt, so dass die inländischen Verbrauchskapazitäten nicht ausreichen, was zu einem starken Überangebot an Produkten seitens der Industrieunternehmen, massiven Zahlungsausfällen bei der Verschuldung von Unternehmen und in der Folge zu Börsencrashs und weit verbreiteten Bankzusammenbrüchen und -konkursen führt. Die Ausfallkrise zwang die Banken, ihre Kreditvergabe zu straffen, was zur Folge hatte, dass mehr Unternehmen schlossen, eine große Zahl von Arbeitnehmern ihren Arbeitsplatz verlor, die inländische Konsumkraft drastisch sank und sich das Problem des Überangebots an Industrieprodukten verschärfte, was zu einem Teufelskreis aus Deflation, Preisverfall, Massenarbeitslosigkeit und wirtschaftlicher Depression führte. Dies entspricht genau dem Wesen des US-Finanz-Tsunamis von 2008! Im Jahr 2008 lag die Gesamtverschuldung der USA im Verhältnis zum BIP bei fast 400%, und Obamas Krisenbewältigung ähnelt stark der von Roosevelt. (Siehe *The Economics of Liquidating Lies: Roosevelt, Greenspan, and Obama, None Can Save America*, von Thomas Woods, China Business Federation Press, 2010.1)

Es ist eine Sackgasse, nicht mit dem Abbau der Schulden zu beginnen, sondern nur mit der Erhöhung der Währung und des Kredits! Roosevelts New Deal hat die Große Depression 8 Jahre lang nicht behoben, und Obamas Glück war vielleicht noch schlimmer.

Wenn der Schuldenstand im Zentrum der Krise zu hoch ist, wären dann höhere Rückstellungen für die Ausgabe von Devisen sinnvoll? Die Schlussfolgerung ist zwangsläufig negativ. Die Aufstockung der Reserven wird das Problem nicht lösen, dass niemand bereit oder in der Lage ist, sich angesichts der hohen Verschuldung Geld zu leihen, und der Kredit muss auf die Kreditaufnahme angewiesen sein, um in die Wirtschaft zu fließen. Roosevelts erstes Ziel war einfach unmöglich zu erreichen.

Wird ein Anstieg des Silberpreises und eine Aufwertung der chinesischen Währung das Problem der US-Exporte lösen? Steigende

Silberpreise in den USA werden zwangsläufig die Arbitrage von Chinas Metallwährungsabflüssen auslösen und Chinas heimische Währung ernsthaft erschüttern. Die Folge ist eine schwere Rezession in der chinesischen Wirtschaft mit einem erheblichen Rückgang der Verbrauchskapazität und einer unvermeidlichen Verringerung der Importe.

Roosevelts Silver Takeover Act spielte eine Rolle, die zwangsläufig das Gegenteil von dem war, was er sich vorgestellt hatte. Es gibt auf der Bühne keine Erklärung dafür, warum Roosevelts nachteiliger Ansatz zustande kam. Die herrschende Elite in den USA denkt in der Tat auf einer höheren strategischen Ebene! Nämlich, wie der Dollar das Pfund als neuer Hegemon der Weltwährung ablöst!

Als Chiang Kai-shek die Zentralisierung der Finanzen und die Vereinheitlichung des Geldwesens vollendete und den Silberstandard einführte, lösten der derzeitige Währungshegemon Großbritannien und der potenzielle Währungshegemon USA sowie das von Tigern beherrschte Japan ein starkes Krisengefühl aus. Wenn es Chiang Kai-shek gelingt, Chinas finanzielle Obergrenze zu konsolidieren, dann könnte China zu einem zweiten Japan werden, dessen wirtschaftliche, politische und militärische Stärke allmählich an Unabhängigkeit und Autonomie gewinnt. Keiner der drei Großmächte will ein wirklich starkes und unabhängiges China auf dem asiatischen Kontinent sehen!

Wenn Chinas Silberstandard unterwandert werden soll, ist das erste Ziel, das getroffen werden muss, Chinas monetärer Eckpfeiler - Silber! Dies ist nicht unähnlich der britischen Opiumstrategie aus jenem Jahr, mit der der Währungsstandard des Qing-Reiches untergraben wurde. Nur waren es diesmal die Vereinigten Staaten, die dies taten, und zwar auf eine verdeckte und "zivilisiertere" Weise. Die künstliche Erhöhung des Weltsilberpreises wird zu einem massiven Abfluss von chinesischem Silber führen, es wird keine Silberwährung im Umlauf sein, und der Silberstandard wird nicht gebrochen werden! Als Chiang Kai-shek nicht in der Lage war, währungspolitische Unabhängigkeit zu erlangen, musste er sich auf eine der drei Großmächte verlassen. Nach der Aufhebung des chinesischen Silberstandards und der monetären Autonomie gibt es für Chinas monetäre Zukunft nur drei Wege: Erstens, die Bindung an das britische Pfund und der Beitritt zur britischen Pfund-Allianz, wodurch es zu einem monetären Vasallen des britischen Pfunds wird; zweitens, die Bindung an den japanischen Yen und die Integration in die "Greater East Asia Co-Prosperity Sphere", wodurch es zu einer japanischen Wirtschaftskolonie wird; drittens, die Bindung an den US-Dollar und der Sprung auf das amerikanische Schiff, wodurch es zum größten US-Markt und zur Rohstoffversorgungsbasis im Fernen Osten wird.

Ganz gleich, welche Währung gebunden wird, China wird auf jeden Fall seine Währungssouveränität verlieren! Chinas Währungsstandard wird zu einem Devisenstandard werden, mit Fremdwährung als Reserve oder auf der Grundlage eines festen Wechselkurses, um chinesische Währung auszugeben. Um die Wechselkursstabilität aufrechtzuerhalten, musste China große Mengen an Devisen horten, um bei Wechselkursschwankungen auf dem Markt intervenieren zu können. Auf diese Weise kommt das Land, das Devisen ausgibt, der Schaffung einer "Münzsteuer" auf seine eigenen Devisenreserven gleich, und je größer die Devisenreserven in Übersee sind, desto erstaunlicher sind die "Münzsteuer"-Einnahmen des ausgebenden Landes! Und nicht nur das: Das ausgebende Land kann durch geldpolitische Anpassungen seiner eigenen Zentralbank indirekt die Kreditexpansion und -kontraktion aller ausländischen Reserveländer steuern. Es ist derselbe berühmte Satz: "Wenn ich die Währungsausgabe eines Landes kontrollieren kann, ist es mir egal, wer die Gesetze macht! "

Damit ist die chinesische Währung zum Hauptkampffeld für die Währungen der USA, Großbritanniens und Japans geworden, an die die Währung gekoppelt ist.

Die Silberpreise schnellten in die Höhe, als die US-Regierung in großem Umfang Silber auf dem New Yorker und Londoner Markt aufkaufte. Angelockt von den steigenden internationalen Silberpreisen wird Chinas Silber in großen Mengen "exportiert". Im Jahr 1934 erreichte der Abfluss in etwas mehr als drei Monaten 200 Millionen Silberdollar.

Die USA kauften weiter Silber, und bis 1934 war der Silberpreis auf dem Londoner Markt doppelt so hoch wie zuvor gestiegen! Die Banker, die einen solchen Markt sehen, haben die Gelegenheit hier längst entdeckt und können einen beträchtlichen Gewinn machen, indem sie das Silber auf dem Seeweg von oben nach London oder New York verkaufen, wie könnten sie eine solche Gelegenheit verstreichen lassen! In Shanghai lagerte zu dieser Zeit das meiste Silber Chinas, vor allem die Shanghai Tenancy gilt als der sicherste Ort, und Großgrundbesitzer, Kriegsherren und korrupte Beamte von überall her brachten ihr Silber zur Lagerung in die Tenancy, da es durch die extraterritoriale Gerichtsbarkeit ausländischer Mächte geschützt war.

Zu dieser Zeit wickelten die großen Banken jede Nacht ihre Bücher ab, und wenn das allgemeine Schatzamt eine Position vermisste, informierten sie das Schatzamt, um die gelagerten Reserven an ausländische Banken und das Schatzamt der Zentralbank zu übertragen. Das kann für die Leibwächter sehr anstrengend sein, denn die Lagerkisten mit Silber-Yuan, Hundert-Taels-Silberbarren und großen Yuan wurden auf dem "Panzerwagen" transportiert. Das Silber, das bei ausländischen Banken eingeht, aber nicht ankommt, wird abtransportiert. Am 21. August 1934 wurden die HSBC-Banknoten an das britische Postschiff HMS LaPuren geliefert, um von Shanghai aus exportiert zu werden; es handelte sich um 11,5 Millionen Yuan Silber. [95]Unter der Führung ausländischer Banken kam es auf den Finanzmärkten von Shanghai zu einem rasanten Abfluss von Silber.

Die Beschreibung der Silberflut in dem Buch "Betrayal of Shanghai Tang" des amerikanischen Journalisten Hosse ist vielleicht eine gute Illustration der damaligen Situation in Shanghai: Auf der Xiffei Road, um Mitternacht in einem Ballsaal, entschuldigte sich Mr. Shanghai bei den Tänzerinnen, die bei ihm saßen, ging zur Telefonzelle, rief seinen Agenten an, erkundigte sich nach dem Silbermarkt des Tages, sorgte dafür, dass er, wenn der Markt gestern besser war, verkaufen konnte. Shanghai entschuldigt sich bei den Tänzerinnen, die bei ihm sitzen, geht zur Telefonzelle, ruft seinen Agenten an, erkundigt sich nach dem Silbermarkt des Tages, sorgt dafür, dass er, wenn der Markt besser ist als gestern, noch etwas verkaufen kann, geht dann zu seinem Tisch zurück und bittet den Buntbarsch, eine Flasche Champagner zu öffnen, um ein wenig zu feiern. Ob im Büro oder auf dem Spielplatz, über ihren Köpfen schwebt nichts als Silber. Sie haben ihre alten Geschäfte aufgegeben, die Briefe, um die sie sich täglich kümmern sollten, alle ihre Freunde, und alles, woran sie denken können, ist Silber.

Ausländische Banken halten das meiste Silber in Shanghai, und da sie sich frei bewegen können und die nationale Regierung sich nicht in ihre Entscheidungen einmischen kann, werden sie natürlich zur Hauptstütze des Silberexports. Die Silberbestände in den ausländischen

---

[95] Erklärung vom 22. August 1934.

Banken veränderten sich während des Silberrausches dramatisch, wobei die Silberbestände um bis zu 85% fielen! Ausländische Banken in China transportierten eine große Menge Silber, das sich in den vorangegangenen Jahren des "Gold- und Edelsilbers" angesammelt hatte, zum Verkauf auf den internationalen Markt, während die Menge des in Shanghai gelagerten Silbers von einem Höchststand von 275 Millionen Silber-Yuan auf einen Tiefststand von 42 Millionen Silber-Yuan drastisch zurückging. [96]

Silberabflüsse, Chinas Währung wird "aufgewertet", das Außenhandelsdefizit wächst, ausländische Waren überschwemmen den chinesischen Markt, chinesische Exporte werden immer schwieriger. Silberabflüsse verursachten auch eine Deflation, die Bankkredite gingen zurück, die Zinsen stiegen, zu dieser Zeit war der Zinssatz in Shanghai fast so hoch, dass man sich kein Geld leihen konnte. Der Abfluss von Silber, die Verknappung der Silberwurzeln, der Mangel an Marktchips, der Preisverfall, der Konkurs und der Zusammenbruch von Industrie und Handel waren die Folge.[97] Bis Ende 1934 fielen die Hauspreise, und die Preise für Mietwohnungen in Shanghai sanken um 90%! Die Herzen der Menschen schweben auf dem Markt, der Run auf die Banken ist groß und die Banken und Geldinstitute scheitern.

Um den Silberfluss einzudämmen, führte die nationale Regierung eine Silberausfuhrsteuer ein, was wiederum eine noch größere Welle des Silberschmuggels auslöste: In den letzten Wochen des Jahres 1934 wurden mehr als 20 Millionen Silberdollar zur Ausfuhr geschmuggelt. Im Jahr 1935 erreichte die geschmuggelte Silbermenge 150 bis 230 Millionen Silberdollar. Der massive Abfluss von Silber hatte katastrophale finanzielle und wirtschaftliche Folgen für China.

Die dramatischen Veränderungen in der Finanzwelt haben die Herzen und Köpfe der gesamten Gesellschaft in Panik versetzt. Die nationale Regierung bat die Vereinigten Staaten, den Preis für Silberkäufe auf dem Weltmarkt zu senken, um den ernsten Schaden, der China durch den steigenden Silberpreis entstanden war, abzumildern, aber die Vereinigten Staaten weigerten sich. An diesem Punkt musste

---

[96] *China's Foreign Trade and Industrial Development (1840-1949)*, von Zheng Youkui, Shanghai Academy of Social Sciences Press, 1984, S. 104.

[97] *Economic History of the People's Republic of China*, herausgegeben von Zhu Sihuang, Ausgabe 1947, S. 408.

die nationale Regierung anbieten, Chinas verbleibendes Silber an die Vereinigten Staaten zu einem gemeinsam vereinbarten Preis zu verkaufen, um den Bedarf der USA an Silber zu decken.

Schließlich war China gezwungen, den Silberstandard aufzugeben, um der Wirtschaftskrise zu entgehen. Chiang Kai-sheks Traum von währungspolitischer Unabhängigkeit wurde von Roosevelt empfindlich gestört.

Französische Währungsreform: Die Zündschnur von Japans Krieg gegen China

Die "vier großen Familien" kämpften wegen der ungleichen Verteilung der Beute ständig, während sich die Silberflut auf dem Markt weiter ausbreitete, verhängte die nationale Regierung eine Silberausfuhrsteuer, und der Silberschmuggel nahm immer größere Ausmaße an. Erst dann erkannte Chiang Kai-shek die Silberpolitik der USA und richtete sich direkt an China. China übernahm den Silberstandard, während die Preissetzungsmacht bei Silber fest in den Händen der Amerikaner lag. Der starke Anstieg des Silberpreises löste eine schwere Wirtschaftskrise aus, die Chiang Kai-shek zwang, eine Währungsreform ins Auge zu fassen.

Zu dieser Zeit hatten sich die Vereinigten Staaten, Großbritannien und Japan seit langem einen erbitterten Kampf um die Kontrolle der chinesischen Währung geliefert.

Mit dem Einmarsch in Nordostchina baut Japan seine Macht in Nordchina aus. In der Teneba-Erklärung erklärte Japan, dass es eine "besondere Verantwortung" für Ostasien und China habe und dass andere Länder sich nicht ohne Japans Zustimmung in die Angelegenheiten Chinas einmischen könnten, und dass China Japans Hauptmahlzeit geworden sei. Großbritannien hat die größten Investitionen in China und die größten kommerziellen Interessen, angesichts der ehemaligen "jianghu junior" Japans aggressiv, kann das britische Empire nicht schlucken diesen Atem? Es war nur so, dass Nazi-Deutschland in Europa, das unter dem zunehmenden Druck des Britischen Empire stand und Japan einpacken wollte, eindeutig unterlegen war.

Der Einzige, der die Kraft, die Motivation und die Mittel hat, Japan zu Fall zu bringen, sind die Vereinigten Staaten, und es sind auch die Vereinigten Staaten, die Japan fürchtet, vor denen es sich am meisten fürchtet und denen es am hilflosesten ist. Die USA kontrollieren den Lebensnerv Japans in Sachen Öl und Stahl, und sobald die Hand fester wird, geht Japan sofort die Luft aus. Der Hauptgrund, warum die Vereinigten Staaten nicht damit angefangen haben, war, dass sie auf dem Berg sitzen und dem Tiger beim Kampf zusehen wollten. Einerseits wollten sie Deutschland an die Hand nehmen und die größten Hindernisse auf dem Weg zur Hegemonie, Großbritannien und die Sowjetunion, aus dem Weg räumen, und gleichzeitig wollten sie nicht die Bösewichte sein und darauf warten, dass Großbritannien, Deutschland und die Sowjetunion ein paar Mal verlieren, bevor sie die Welt in Angriff nehmen. Auf der anderen Seite hofft man, dass Japan tief in den chinesischen Sumpf fällt, wodurch Japans Stärke stark geschwächt wird, und schließlich einen tödlichen Schlag erleidet. Wenn man sich die Großmächte der Welt anschaut, wer könnte dann noch mit den Vereinigten Staaten konkurrieren, wenn die anglo-französische, die deutsche, die japanische und die sowjetische Macht alle schwer getroffen wurden?

Die nationale Regierung, die von der Rezession so überwältigt war, konnte nur anbieten, die Vereinigten Staaten in Silber zu verkaufen und den Silberstandard aufzugeben, aber die Amerikaner waren oberflächlich betrachtet eher lauwarm; sie warteten auf einen besseren Zeitpunkt, um den Preis zu drücken. Die nationale Regierung ging auch zu betteln HSBC, Standard Chartered Bank Darlehen an China, Song Ziwen den Vorsitz über die Erhebung von Auslandsschulden, HSBC vorgeschlagen, ein Darlehen von 20 Millionen Pfund, in der Hauptsache nach China, um eine "aktive" Außenpolitik des britischen Finanzsektors unter dem Drängen der britischen sagte zu "bedingten" Darlehen an China zu nehmen. In dieser Runde von Schlachten, die USA ist älter als das Vereinigte Königreich.

Die britische Regierung bat George, den amtierenden Handelsberater der britischen Botschaft in China, Kong Xiangxi und Song Ziwen die britischen Bedingungen zu übermitteln: Kredite können gewährt werden, aber die künftige französische Währung Chinas muss vom Silberstandard abgekoppelt und an den Pfundkurs gekoppelt werden. [98]

---

[98] *The History of the Central Bank,* herausgegeben von Hong Jia Guan, China Finance Press, S. 318-319.

Gleichzeitig schlug das Vereinigte Königreich vor, dass Japan, die Vereinigten Staaten und Frankreich gemeinsam eine internationale Finanzkonferenz einberufen sollten, um über eine "kollektive Hilfe" für die chinesische Regierung zu beraten. Großbritannien verstand, dass ohne die Beteiligung der Vereinigten Staaten und Japans zu befürchten war, dass diese beiden Männer insgeheim daran arbeiten würden, die Schönheit des britischen Empire zu untergraben, und dass der beste Fall darin bestand, dass die Länder unter britischer Führung auf die britischen Vereinbarungen hören würden, und sobald die chinesisch-französische Währung an das Pfund Sterling gebunden war, würden sie sich alle zusammenschließen, um die Sache zu unterstützen. Die Briten sind in dieser Frage eindeutig zu naiv.

Frankreich erklärte sich zwar zur Zusammenarbeit mit Großbritannien bereit, war aber angesichts des auf Rache schwörenden Nazi-Deutschlands auf britische Unterstützung angewiesen. Die japanische Seite lehnte die Initiative jedoch kategorisch ab, während die Vereinigten Staaten eine "abwartende Haltung" einnahmen. Aus Angst, dass Großbritannien die Kontrolle über die Finanzen Chinas übernehmen würde, sobald es die Währungsreform des Landes beherrschte, beschlossen die Vereinigten Staaten schließlich, keinen Vertreter zu dem Treffen zu entsenden, um dort zu diskutieren. Das Vereinigte Königreich, das niemanden sah, kündigte einen Besuch der obersten Finanzberaterin der Regierung, Liz Ross, in China an, um "Ratschläge" zu Chinas Währungsreform zu geben. [99]

Ross wollte vor seiner Abreise ein Geschäft in den Vereinigten Staaten "prüfen", aber die Regierung der Vereinigten Staaten wollte ihn nicht zu einem Aufenthalt in Washington einladen, also ging er nach Japan. Ross kam nach Japan in der Hoffnung, eine anglo-japanische Zusammenarbeit herbeizuführen, und als er mit dem japanischen Außenminister Hirota zusammentraf, schlug er vor, dass Großbritannien seine guten Dienste nutzen könnte, um die nationale Regierung zur Anerkennung von "Mandschukuo" zu bewegen, wenn "Mandschukuo" Zölle an die nationale Regierung zahlen könnte. Wenn die mandschurische Frage gelöst ist, wird auch der Streit zwischen Japan und China über Nordchina beigelegt werden. Wenn der mandschurische Zoll dem Zoll der nationalen Regierung hinzugefügt

---

[99] *Monetary History of the Republic of China*, Second Series, Hrsg., Counsellor's Office, General Bank of China, Shanghai People's Publishing House, 1991, S. 164.

wird, dann wird die Fähigkeit, die Kredite der nationalen Regierung zu garantieren, gestärkt, was die chinesische Währung stabilisieren wird, und der anglo-japanische Handel mit China wird effektiv geschützt, und wäre das nicht ein vorteilhaftes Ergebnis für alle? Wenn die Währungsreform erfolgreich ist, wird sich der Handel mit ihr entwickeln, und Japan wird dann das Land sein, das am meisten profitiert.

Die Japaner waren wütend, dass Rose sich als dreijähriges Kind lächerlich gemacht hatte! Die Mandschukuo ist schon lange in der Tasche, und Ross will Japans Verlust der mandschurischen Zölle nutzen, um Großbritannien zu helfen, Gefallen vor Chiang Kai Shek zu verkaufen? Das ist ungeheuerlich! Noch erbärmlicher ist, dass Ross einen kleinen Handelsvorteil gegen das große Interesse Japans eintauschen würde, die Kontrolle über Chinas Währungsproblem aufzugeben? Die Japaner waren stinksauer.

Am Ende kooperierten weder Japan noch die Vereinigten Staaten, und Großbritannien war auf sich allein gestellt. Ross traf im September 1935 als leitender Berater in China ein und erklärte, dass eine seiner "wichtigen Aufgaben" in China darin bestehe, die Durchführbarkeit der Verwaltung der Währung in China zu untersuchen.

Er führte diese "Studie" zusammen mit Patsy vom britischen Finanzministerium und Rowlands von ABN AMRO durch. Wie erwartet, kamen sie entgegen der damaligen japanischen Auffassung zu dem Schluss, dass dies "durchaus machbar" sei. Die "Studie" kam zu dem Ergebnis, dass es zwar zu "Störungen" beim Transport von Silber in Nordchina gekommen war, dass aber ein großer Teil des Silbers in den Banken der Nationalregierung in Shanghai und Nanjing konzentriert war, so dass ein System der kontrollierten Inflation eingeführt worden war und genügend Silber vorhanden war, um die Stabilität des Devisenmarktes aufrechtzuerhalten und damit die Stabilität der Inflation zu gewährleisten. Daher glaubte das Vereinigte Königreich, China Kredite gewähren und eine Währungsreform herbeiführen zu können.

Später wurde er nach der Erinnerung von Dai Mingli, dem Direktor der Abteilung für Numismatik, von Nanjing nach Shanghai beordert, um an der Ausarbeitung einer Proklamation zur Reform des Währungssystems mitzuwirken. Die wichtigsten Elemente des Programms wurden aus dem Englischen ins Chinesische übersetzt, und die Übersetzung der Bestimmungen von Artikel 6 des Programms war stets unangemessen, wobei Song zu dem Schluss kam, dass "es ausreicht festzustellen, dass die Zentralbank, die Bank of China und die Bank of Communications ohne Einschränkung mit Devisen handeln werden, und der Rest muss nicht gesagt werden." In der Tat ist der "technische Gehalt" dieses Satzes recht hoch, was darauf hindeutet, dass Chiang Kai-shek im Zuge des Ausgleichs zwischen den Ländern auch den größtmöglichen Nutzen anstreben will. Der Entwurf des Bulletins des Finanzministeriums zur Währungsreform war um Mitternacht fertig, und die Mitarbeiter eilten zu Kongs Wohnsitz, wo er von Kong unterzeichnet und über Nacht veröffentlicht wurde. [100]

Leider wurden die wichtigsten Währungsreformdokumente der Nationalen Regierung von Nanjing alle von den Briten verfasst, wie kann eine solche Regierung also von der Möglichkeit einer Währungsunabhängigkeit sprechen?

Am 4. November 1935 verkündet die Nationalregierung ihre Politik in Bezug auf die französische Währung und legt fest, dass die von der Zentralbank, der Bank of China und der Bank of Communications ausgegebenen Banknoten "französische Währung" sind, d. h. sie haben unbegrenzte gesetzliche Zahlungsfähigkeit. Der Umlauf von Silberdollar auf dem Markt ist verboten, und von Finanzinstituten und Privatpersonen hinterlegte Silberdollar dürfen nur von der Zentralbank eingezogen werden. Nach vielen "geheimen Planungen" legten Kong Xiangxi und Liz Ross schließlich den Wechselkurs der französischen Währung zum Pfund Sterling fest: ein französischer Dollar zum Pfund Sterling, ein Shilling und zweieinhalb Pence, so dass die französische Währung über den Wechselkurs an das Pfund Sterling gebunden ist.

Von diesem Tag an wurde die französische Währung Chinas ein Anhängsel der ausländischen Währung.

Die HSBC war ein Schlüsselfaktor für den zwischen Chiang Kai-shek und Großbritannien erzielten "Währungskonsens". Als China vom Silberrausch erfasst wurde, hatte nur die HSBC die Kraft, Shanghai über Wasser zu halten. Ihre zentrale Stellung auf den chinesischen

---

[100] *The Old Financial Dialects,* herausgegeben von Hong Jia, China Financial Press, 1991, S. 129.

Finanzmärkten und ihre enorme Kapitalkraft veranlassten die Autoren des Buches *The History of HSBC* zu dem Ausruf:

> „Es ist unglaublich, dass die HSBC die Währung eines großen Landes fast das ganze Jahr über stabil halten kann."[101]

Nach der Währungsreform übernahm die HSBC in Übereinstimmung mit dem kaiserlichen Dekret die Führung bei der Übergabe von Dutzenden Millionen Silberdollar aus ihren Beständen an die Zentralbank der Nationalregierung im Austausch gegen chinesische Banknoten und französische Währungen, und Banken wie Standard Chartered erklärten sich sofort und bedingungslos bereit, Silber zu übergeben, und unterstützten gleichzeitig die Währungsreform. [102]

Der britische Minister in China gab ein Rundschreiben an britische Staatsangehörige heraus, in dem es hieß:

> „Es ist rechtswidrig, wenn juristische Personen oder Personen mit britischer Staatsangehörigkeit, die in China ansässig sind, ihre Schulden ganz oder teilweise in bar bezahlen."

Durch die Verstaatlichung des Silbers erhielt die nationale Regierung etwa 300 Millionen Yuan Silber. Die Regierung in Nanjing verschiffte dann eine große Menge Silber nach London, um es im Tausch gegen das Pfund Sterling im Vereinigten Königreich als Reserve zu verkaufen, um die Stabilität der französischen Währung zu erhalten. Anfänglich verfügte die Regierung über eine Reserve der Bank of England in französischer Währung von etwa 25 Millionen Pfund.

Die Sterlingisierung der französischen Währung hat die Nerven Japans stark strapaziert. Die eklatante Herausforderung des Vereinigten Königreichs an Japans Einflusssphäre und die Sterlingisierung der französischen Währung bedeuten, dass das Bündnis zwischen China und dem Vereinigten Königreich auf der Währungsebene vollständig geschlossen ist und eine Spaltung zwischen Japan und dem Vereinigten Königreich unvermeidlich sein wird. Gleichzeitig begann Japan, seine

---

[101] *A Centennial History of the HSBC Bank*, (Englisch) von Corliss, China Books, 1979, S. 129.

[102] *History of the Central Bank*, herausgegeben von Hong Jiabang, China Finance Press, 2005, S. 333.

aggressive Expansion nach Nordchina zu verstärken. Da der französische Yen zu einer Blase geworden ist, kann weich nicht hart kommen.

Auch Chiang Kai-shek musste eine "Erklärung" abgeben, um den Zorn der japanischen Seite zu besänftigen. Am selben Tag, an dem das Finanzministerium seine Währungsreform verabschiedete, erklärte sich der Exekutivbeamte Yuanliang der Nationalen Regierung formell bereit, aus eigener Initiative als Bürgermeister von Peking zurückzutreten und die Abteilung des Pekinger Militärkomitees abzuschaffen. Beides waren Bitten der japanischen Nordchina-Garnison an die chinesischen Beamten in Nordchina. Chiang Kai-shek hielt sich zurück und ging auf die japanischen Forderungen ein, in der Hoffnung, den Druck auf die japanische Seite zu verringern. Die Kanto-Armee und die japanische Nordchina-Garnison argumentierten, dass die Durchführung der Währungsreform die Wirtschaft Nordchinas aushöhlen würde und dass Großbritannien die wirtschaftliche Kontrolle über ganz China hätte. Dies veranlasste Generalmajor Tufeihara dazu, den Satz vorzuschlagen: "Nordchina soll wirtschaftlich vom Nanjing-Regime abgeschnitten werden. "

Gleichzeitig gab die japanische Botschaft in China eine Erklärung des Militärattachés Isotani heraus, in der er sich kategorisch weigerte, das Silber aus Nordchina in den Süden zu transportieren, und sich gegen die Währungsreform aussprach.[103] Das japanische Außenministerium meldete sich zu Wort und gab Japan direkt die Schuld an der Währungsreform. In Peking wies Japan Ronin und Hooligans an, auf dem Markt Waren in ausländischer Währung zu kaufen, und wenn Geschäfte französische Münzen als Wechselgeld benutzten, behaupteten sie, sie könnten sie nicht einlösen und weigerten sich gewaltsam. Diese Gegenseitigkeit hat die Unternehmen davon abgehalten, die französische Währung wieder zu akzeptieren. Eine Zeit lang waren die Menschen in Nordchina sehr nervös. Bis zum Ausbruch des Widerstandskrieges begannen die Japaner einfach, es selbst zu tun: Sie "bastelten" gefälschte französische Banknoten, wandelten die gefälschte französische Währung umgekehrt in Devisen um und kauften dann Materialien.

---

[103] *Chinas Inflationsproblem in der Kriegszeit*, Tadao (Japan) Miyashita.

Der Druck von Falschgeld in Japan wurde von Kenzo Yamamoto vom japanischen Generalstab durchgeführt. Er hatte seit seiner Jugend davon geträumt, Falschmünzen herzustellen, und verwirklichte schließlich als Teenager seinen "Traum von Falschmünzen" mit den französischen Münzen der nationalen Regierung. Zunächst wählte Yamamoto französische 5-Yuan-Münzen aus und ließ Hunderttausende von Yuan drucken, doch als die gefälschten Münzen in China ankamen, kam die "Hiobsbotschaft", dass die französischen 5-Yuan-Münzen in China verschrottet worden waren.

Später gelang es ihm schließlich, von der chinesischen Bauernbank Falschgeld mit niedrigem Nennwert zu fälschen und eine große Menge an Vorräten aus China zu kaufen. "Im Zweiten Weltkrieg fing die deutsche Marine ein amerikanisches Handelsschiff im Pazifischen Ozean ab und beschlagnahmte eine halbfertige 1 Milliarde französischer Francs, die von der United States Mint für die Bank of Communications of China gedruckt worden waren, wobei nur Zahlen und Symbole fehlten. Nachdem Japan diese Halbfertigprodukte gekauft hatte, beherrschte es schließlich alle Geheimnisse des französischen Gelddrucks und stellte davor und danach insgesamt 4 Milliarden Yuan an gefälschtem französischem Geld her.

Chiang Kai-shek versuchte, Japan entgegenzuwirken, indem er für Großbritannien und die Vereinigten Staaten kämpfte, und setzte ein Komitee für die Gestaltung der Nationalen Verteidigung ein, das Chinas Währungsreform untersuchen und die Frage der chinesischen Währungsreform in die Gestaltung der Nationalen Verteidigung" einbeziehen sollte. Dies zeigt, dass Chiang Kai-shek bei der Prüfung des französischen Währungsreformvorschlags bereits die Absicht entwickelt hatte, sich Großbritannien und den Vereinigten Staaten anzunähern und sich gegen Japan zu schützen.

Im Kampf um die Kontrolle über die Währung mit China wurden die Japaner, die nacheinander verloren hatten, "wütend" und beschleunigten so den umfassenden Angriffskrieg gegen China. Man kann sagen, dass die französische Währungsreform die Lunte für Japans Krieg gegen China war!

Nach dem gelben Vogel lachen die Amerikaner bis zum Schluss

Tatsächlich wurde der Vorschlag für die chinesische Währungsreform lange vor Ross' Ankunft in China ausgearbeitet, und zwar unter heimlicher Beteiligung von Kong Xiangxi, Song Ziwen und drei amerikanischen Finanzberatern. Ross war nicht der Architekt der Währungsreform von 1935, und seine Ankunft als britischer Vertreter führte schließlich zu einem Kompromiss mit den etablierten Interessen der Vereinigten Staaten.

Als Leez Ross in Schanghai eintraf, veranlasste die nationale Regierung zunächst, dass der amerikanische Berater Yang Ge ihn in Nanjing heimlich über die gesamte Situation und die Idee der Währungsreform informierte, damit Großbritannien und die Vereinigten Staaten die Grundprinzipien der chinesischen Währungsfrage zuerst "anfassen" konnten! Erst danach "informierten" Kong Xiangxi und Song Ziwen Ross über den Inhalt des Währungsreformvorschlags. [104]

In einer geheimen Sitzung schlug Kong Ross zwar erneut vor, dass die Währungsanbindung zur Diskussion stehe, doch anstatt die Diskussion über die Anbindung an das Pfund fortzusetzen, schlug Ross vor, den Wechselkurs auf ein angemessenes Niveau zu senken, und kündigte dann an, dass er auf diesem Niveau stabilisiert werden würde, was "natürlicher" erscheine.

Zur gleichen Zeit erzielte Shi Zhaoji, der Minister der nationalen Regierung in den Vereinigten Staaten, in Washington einige Fortschritte bei den Verhandlungen mit dem amerikanischen Finanzminister Morgan Soh, dessen "Hass" auf die japanische Aggression in Asien schließlich sein Misstrauen gegenüber Großbritannien überwog.

Morgenthau versprach, 100 Millionen Unzen Silber zu kaufen, verlangte aber zu wissen, was mit den Devisen geschehen würde, nachdem China das Silber verkauft und eine "feste Bindung" an den Dollar angeboten hatte. Kong antwortete sofort, dass China die

---

[104] *China's Fiscal and Economic Situation from 1927 to 1937,* von Yang Ge (USA), übersetzt von Chen Zexian und Chen Xiaofei, China Social Science Press, 1981.

Währungsreform zwar vorsichtig formuliere, Japan aber bereits sehr verärgert sei, und ob die USA China helfen könnten, Japan zu erklären, dass es an den Dollar gekoppelt sei. Die USA haben China zwar Versprechungen gemacht, sich aber noch nicht wirklich bewegt.

Kong Xiangxi musste die letzte Karte ausspielen, um die USA unter Druck zu setzen:

> *Selbst im schlimmsten Fall können wir immer noch Silber auf dem offenen Markt in London verkaufen, aber das wäre sowohl für China als auch für die USA schlecht.*

Nachdem Morgenthau Roosevelt konsultiert und sich darauf geeinigt hatte, dass die französische Währung an den Dollar gekoppelt werden müsse, einigten sich das chinesische und das amerikanische Finanzministerium darauf, dass China 50 Millionen Unzen Silber an die Vereinigten Staaten verkaufen würde. Die 50 Millionen Unzen Silber, die von der Chase Bank in Shanghai und der Citibank in Citibank, N.Y., zur Verschiffung in die Vereinigten Staaten angeboten wurden, wurden wie vereinbart in Dollar verkauft und in der Zentrale der Chase Bank in New York hinterlegt. [105]

Damit China seine Währung stabilisieren kann, muss es dringend seine erworbenen Silberdollar verkaufen, um mehr Devisenreserven zu erhalten. Die nationale Regierung beschloss, dass Chen Guangfu in die Vereinigten Staaten reisen würde, um zu verhandeln. Als Ergebnis der Verhandlungen wird die chinesische Zentralbank den Ansatz verfolgen, die höhere Seite des anglo-amerikanischen Wechselkurses zu binden, d.h. wenn sich der anglo-amerikanische Wechselkurs erheblich ändert, wird die chinesische Zentralbank den Wechselkurs der unteren Seite ihrer Währung anpassen.

So wurde das "China-US Silver Agreement" formell unterzeichnet, und das US-Finanzministerium kaufte 50 Millionen Unzen Silber von China zu einem Preis von 50 Cent pro Unze, um den Wechselkurs der französischen Währung aufrechtzuerhalten, und legte fest, dass der Wechselkurs zwischen der französischen Währung und dem US-Dollar 100 französische Dollar gleich 30 US-Dollar betrug, so

---

[105] *History of the Central Bank*, herausgegeben von Hong Jiabang, China Finance Press, 2005, S. 359.

dass die französische Währung und der US-Dollar durch den Wechselkurs "verbunden" waren.

China verkaufte dann mehrere Chargen Silber in die Vereinigten Staaten, und die als Chinas Devisenreserven erhaltenen Dollar wurden bei der Federal Reserve Bank of New York oder anderen amerikanischen Banken hinterlegt. Die Datei zeigt: nach Japan startete der "7. Juli Incident", bevor die nationale Regierung Devisenreserven, die US-Dollar$ 073,9 Millionen, das Pfund erreichte$ 92 Millionen, der Yen nur einen Bruchteil. Dadurch wurde die finanzielle Kontrolle der nationalen Regierung durch das Vereinigte Königreich und die Vereinigten Staaten weiter gestärkt, während die französische Währung zu einem gemeinsamen Vasallen des Pfunds und des Dollars wurde und den Yen fest "ausschloss".

Die finanzielle Abhängigkeit des Staates von den Vereinigten Staaten ist durch die wirtschaftliche Stärke der Vereinigten Staaten und die wachsende Reserve für den französischen Dollar, der später sogar in die Dollar-Gruppe gezogen wurde, gewachsen.

Das Ende der französischen Währungsreform besteht darin, dass die britische "Gottesanbeterin die Zikade fängt", während die Vereinigten Staaten den "gelben Vogel hinter sich haben", die französische Währung ist schließlich an den Dollarwagen gebunden.

Die französische Währungsreform ermöglichte es Chiang Kai-shek, seine Kontrolle über die Geschäftsbanken zu verstärken und sein Monopol über die Finanzen des Landes zu vervollständigen. Die "Vier Großen Familien" kontrollierten Chinas Industrie und Handel direkt im Rahmen des Systems "Vier Reihen und zwei Büros". Die Bürokraten und das aufkaufende Kapital haben sich vollständig zusammengeschlossen, um Chinas Reichtumskuchen zu teilen.

Song Ziwen und Kong Xiangxi machten im Zuge der französischen Währungsreform ein großes Geschäft mit Silber, und die Briten und Amerikaner kauften eine große Menge Silber, und auch Kong Xiangxi verdiente viel Geld damit. Und Song übertreibt noch mehr, denn das asiatische Wall Street Journal hat einmal eine Auswahl der 50 reichsten Menschen der Welt der letzten tausend Jahre getroffen, darunter Seine Majestät der Sultan von Brunei, Haji Hassan Naberja und Bill Gates. Von den 50 ausgewählten Personen waren sechs Chinesen: Dschingis Khan, Kublai, Heshen, Liu Jin, ein Eunuch, Wu Bingjian, ein Geschäftsmann der Qing, und Song Ziwen.

Als Chiang Kai-shek schließlich die französische Währungsreform abschloss, hatte er bereits die goldene Welt der Chiang-Dynastie geschaffen. Die aggressive Expansion Japans nach China nimmt jedoch zu und bedroht China, das gerade die Währungsunion vollzogen hat, ernsthaft.

KAPITEL VI

Königliche Macht und goldene Macht

Wie markierte der "Taisho-Putsch" den Rückzug der kaiserlichen Macht? Warum kam es in den 1920er und 1930er Jahren immer wieder zu Putschen in Japan? Warum wird die japanische Armee, die immer einen hohen Rang innehatte, oft als ein seltsames Phänomen von "unten und oben" angesehen? Warum war der "Shanghai-Krieg" ein von Japan angezettelter "Scheinkrieg"? Warum hat Japans Goldmacht letztendlich gegen die kaiserliche Macht verloren?

Zwischen der kaiserlichen Macht und der goldenen Macht hat es schon immer einen erbitterten Kampf gegeben, und die jüngste Geschichte Japans bildet da keine Ausnahme. Die jüngste Geschichte Japans bildet hier eine Ausnahme. Von der "Retro-Regierung des Königs" bis zur "Meiji-Restauration", vom "Taisho-Putsch" bis zur "226"-Meuterei, sie alle spiegeln das erbitterte Spiel zwischen kaiserlicher Macht und goldener Macht wider.

Seit Kaiser Taisho gezwungen war, angesichts der goldenen Macht Kompromisse einzugehen und nachzugeben, begann die Depression, und die kaiserliche Macht Japans befand sich in einer schweren Krise. Seit seiner Thronbesteigung hat Kaiser Hirohito alles daran gesetzt, die königliche Macht zurückzuerobern. Seine Hauptgegner sind die plutokratischen Kräfte und ihre politischen Stellvertreter.

Seit der Meiji-Zeit haben die vier Clans Nagasu, Satsuma, Hizen und Tosa nach und nach ein politisches Machtzentrum der Meiji-Oligarchie gebildet, das von den Meiji-Kau-Genros repräsentiert wird. Dahinter steht die doppelte Unterstützung von Kriegsherren und plutokratischen Kräften. Sie machten den Kaiser zu einem Gott und "borgten" sich dann den Namen des Kaisers, um die allgemeine Politik des Landes zu beeinflussen. Der Wille des Kaisers muss und kann nur durch sie durchgesetzt werden.

Damit der Kaiser die Geschicke Japans wirklich beherrschen konnte, musste er die patriarchalische Zakuri-Warlord-Allianz besiegen. Kaiser Hirohito verfolgte eine brillante Strategie, indem er "die Basis zum Kampf gegen die Spitze entließ", das Phänomen der "unteren und oberen Hand" der Armee stillschweigend akzeptierte und förderte und die kaiserliche Macht schrittweise zurückeroberte. Schließlich öffnete er die Büchse der Pandora des Großen Krieges.

Der Yen ist vom Goldstandard abgekoppelt, und die Plutokraten sind im Weg

Samstag, 12. Dezember 1931. Drei Monate nach dem "18. September" verkündete die japanische Regierung abrupt die Aufgabe des Goldstandards, die ab Montag offiziell umgesetzt wurde. Der japanische Finanzmarkt wurde sofort von einem Erdbeben der Stärke 8 erschüttert, was einen Aufschrei in der Politik und in der Wirtschaft auslöste und die japanische Öffentlichkeit in Panik versetzte.

Der Yen, ein starker Yen, der auf der Basis von Gold emittiert wurde, wird von nun an "unzuverlässig" sein!

Obwohl es schon vor einem Monat Gerüchte auf dem Markt gab, lässt die offizielle Ankündigung der Regierung den einfachen Mann immer noch alle Hände voll zu tun. Die Verkäufer in den Tokioter Kaufhäusern machen Überstunden, um die Preise verschiedener Waren anzupassen; die Hausfrauen auf dem Markt kaufen hektisch das Lebensnotwendige ein, und der Gedanke, dass in zwei Tagen die Preise verschiedener Waren allgemein erhöht werden, verursacht bei den Hausfrauen Herzklopfen. Während der Weltwirtschaftskrise waren die Einkommen der einfachen Leute prekär und das Leben wurde immer anstrengender. Zu diesem Zeitpunkt hat die Nachricht, dass der Yen seine Goldumtauschgarantie verloren hat, die Unruhe in der Bevölkerung zweifellos an den Rand der Panik getrieben.

Aber nicht alle sind in Panik, und einige lassen ihre Kronen hüpfen.

Die Devisenhändler feiern mit Champagner in den glitzernden Büros von Mitsui und Mitsubishi in Tokio und New York. Vor mehr als zwei Monaten erfuhren sie von besorgten Regierungsbeamten, die seit Jahren von den Plutokraten "abgesichert" sind, dass Japan im Begriff war, nach Großbritannien den Goldstandard aufzugeben, und dass der Yen gegenüber dem Dollar um mindestens 30% abwerten würde, nachdem Japan den Goldstandard aufgegeben hatte!

Den Plutokraten entgeht dieser große Kuchen, der vom Himmel fällt, sicher nicht.

Allein die Mitsui Zaibatsu-Familie hortete sofort 100 Millionen Dollar und verkaufte den Yen auf dem Devisenmarkt. Mitsubishi und andere Plutokraten ließen sich nicht lumpen, und alle kauften Dollar und warfen mit Yen um sich. Auf einmal herrschte auf dem Tokioter Devisenmarkt ein heilloses Durcheinander und Durcheinander.

Die Plutokraten haben jeden Tag auf die Ankündigung der Regierung gewartet, den Yen vom Gold abzukoppeln, und jetzt ist es endlich soweit! Sie machen ein Vermögen. Die Mitsui-Familie hat mindestens 20 Millionen Dollar eingenommen, und den Händlern müssen die Jahresendgewinne fehlen!

In diesem Moment ist es still im Büro von Sumitomo Zaibatsu, dem drittgrößten Plutokraten in Japan. In diesen zwei Monaten haben die Devisenhändler den Atem angehalten, weil sie die riesigen Gewinne, die in greifbarer Nähe lagen, nicht machen konnten, und sie wissen nicht, ob die Führungskräfte der Unternehmenszentrale die falsche Medizin nehmen. Obwohl auch Sumitomo über Verbindungen an denselben Insider gelangt ist, hat die Zentrale die Devisenhändler wiederholt angewiesen, sich nicht an den Yen-Spekulationsgeschäften zu beteiligen.

Zwei Monate später, am 9. Februar 1932, wurde der ehemalige Finanzminister, der die Abschaffung des Goldstandards angekündigt hatte, dreimal erschossen, und am 5. März wurde der Präsident der Mitsui Zaibatsu ermordet. Die Menschen merkten endlich, dass etwas nicht stimmte, und es stellte sich heraus, dass die großen Geldsummen, die die Zaibatsu Mitsui verdiente, gegen Blut getauscht werden sollten! Warum hat sich die ebenso gut informierte Sumitomo nicht in dieses Chaos eingemischt?

Es stellte sich heraus, dass die Sumitomo Zaibatsu den Rat von Nishionji Kouwang befolgte, sich niemals auf Dollarspekulationen einzulassen, denn das war eine ausgeklügelte Falle von Kaiser Hirohito!

Er war ein Mitglied der Fujiwara-Familie und wurde in der japanischen Geschichte zusammen mit Hirobumi Ito, Masayoshi Matsukata und Katsumi Inoue als "Meiji Kuken" geehrt. Als die "Neun Senatoren" verblassten, wurde Nishionji Kouwang schließlich die mächtigste Figur in der japanischen Politik. In der Taisho- und Showa-Ära, als die Regierung mächtiger war als die anderen, mussten die Premierminister der aufeinander folgenden Regierungen die allgemeinen Wahlen gewinnen, aber sie mussten von ihnen empfohlen werden. Sein Nachfahre, Koichi Xiyuanji, wurde einst von Zhou Enlai als "ziviler Botschafter Chinas und Japans" begrüßt. Seit drei Generationen ist die Familie Nishionji Kouwang seit hundert Jahren politisch einflussreich in Japan und damit die angesehenste Adelsfamilie der modernen japanischen Geschichte.

Im Alter von 19 Jahren diente Nishionji Kouwang in der Meiji-Regierung als kaisernaher Minister und bekleidete eine Schlüsselposition als "Senator". Angesichts der zügellosen "Kahlschlag"-Armee des Tokugawa-Shogunats lehnte er die Kompromissbereitschaft einiger Minister entschieden ab und forderte sie auf, sich zusammenzuschließen und den Feind gemeinsam zu bekämpfen. Daraufhin nahm er an zahlreichen Schlachten zum Sturz des Shogunats teil und vollbrachte viele herausragende Taten. Nach der Stabilisierung des Meiji-Regimes ging Nishionji nach Europa, um den Weg Japans zu dauerhaftem Frieden und Stabilität zu erkunden. Er hielt sich zehn Jahre lang in Frankreich auf, wo er das politische System und die Gepflogenheiten des Landes untersuchte, viele Liberale und Verfassungsgelehrte traf und vom westlichen liberalen Bürgerrechtsdenken tief beeinflusst wurde. Politisch wandte er sich gegen die Vergötterung des Kaisers und beharrte auf dem Weg der Rechtsstaatlichkeit und des Konstitutionalismus. Er unterstützte seinen Lehrer Hirobumi Ito bei der Ausarbeitung der ersten japanischen Verfassung und diente in dessen Kabinett.

Später schloss sich Nishionji Kouwang Hirobumi Ito bei der Gründung der Masatomo-kai an, die die kaiserliche Macht einschränkte, und diente als Präsident der Masatomo-kai. Masatomos Geld kam hauptsächlich von der Mitsui Zaibatsu, und der Bruder des Nishonji Kouwang ging an die Sumitomo Zaibatsu über, so dass die Sumitomo Zaibatsu sich auf die Seite des Nishionji Kouwang stellte.

Nishiyuanji hoffte, dass es Kaiser Hirohito war, der die "Dollar-Arbitrage-Falle" am frühesten erkannte und Sumitomo Zaibatsu warnte, nicht darauf hereinzufallen, da die Folgen sonst unvorstellbar wären.

Warum sollte die Abkehr des Yen vom Goldstandard und die Arbitrage der Plutokraten durch die Aufwertung des Dollars und die Abwertung des Yen eine riesige vom Kaiser gestellte Falle sein?

Geheimes Treffen der Familie des Marquis von Kido

Am 23. September 1931, nur fünf Tage nach dem Zwischenfall vom 18. September, hielten die Mitglieder des "Elften Clubs" eine Dringlichkeitssitzung im Haus des Marquis von Kido in Tokio ab. Der "Club der Elf" ist ein kleiner, von Kido am 11. November 1922 gegründeter Geheimbund, der sich aus einer Gruppe von Adligen des Clans und einigen vertrauenswürdigen Diplomaten und Offizieren zusammensetzt. Dieser Club war die "überzählige Denkfabrik", auf die sich Kaiser Hirohito abgesehen von seinen eigenen Ministern am meisten verlassen konnte. Sie trafen sich am Abend des 11. eines jeden Monats, um die Politik und die Umsetzungspläne des Kaisers und seiner engen Minister für die Regierung des Landes zu diskutieren.

Fünf Tage vor dem Zwischenfall vom 18. September hatte die japanische Kanto-Armee eine Militäroperation gestartet, um die drei östlichen Provinzen Chinas zu besetzen, was sofort eine starke öffentliche Meinung gegen Japan in China und in der ganzen Welt hervorrief, und der Völkerbund hatte das Vorgehen Japans scharf verurteilt. Gleichzeitig haben die politischen Parteien, die Plutokraten und die kapitalistischen Machtblöcke im Lande ihre ernsthafte Unzufriedenheit zum Ausdruck gebracht. Sobald der Völkerbund Sanktionen gegen Japans Wirtschaft beschließt, wird die Wirtschaft des Landes, das sich in einer schweren Depression befindet, noch mehr leiden, zum Nachteil der Plutokraten und Kapitalisten.

Um die internationale Meinung zu beruhigen und die verschiedenen Kräfte im Land zu besänftigen, hat der "Club der Elf" diese Sitzung einberufen und musste so schnell wie möglich eine Antwort für den Kaiser finden. Erstens: Vermeidung jeglicher Sanktionen, die von der internationalen Koalition eingeführt werden, um den japanischen Handel zu boykottieren; die weltweite Rezession hat die japanische Wirtschaft schwer getroffen, und jegliche internationale Sanktionen wären ein Alptraum für Japan. Zweitens müssen Anstrengungen unternommen werden, um die "kurzsichtigen" Bankiers und Industriekapitalisten zu beschwichtigen und zu kontrollieren, damit sie weiterhin die militärische Entwicklung des Kaiserreichs finanzieren.

Auf der Sitzung, die bis spät in die Nacht dauerte, wurden drei realisierbare Vorschläge erarbeitet, drei wichtige Ereignisse, die die Geschichte Japans und Chinas in den nächsten acht Monaten prägen würden.

Die erste große Sache, die "Dollar-Arbitrage-Falle", wurde von den Finanzexperten im Club vorgeschlagen. Vor zwei Tagen verkündete das Vereinigte Königreich plötzlich und ohne Vorwarnung, dass es den Goldstandard aufgegeben habe, was dazu führte, dass das Pfund über Nacht um 20% abwertete und die Bank of Japan hohe Devisenverluste hinnehmen musste. Das Gute daran ist, dass die britische Regierung ihre Banker anscheinend gleich und ohne Vorankündigung behandelt und sie noch mehr verlieren. Wenn so etwas in Japan passiert, werden die Regierungsbeamten die entsprechenden Haushalte sicherlich im Voraus informieren, die Banker werden sicherlich in den Monaten vor der Abschaffung des Goldstandards den Yen in Devisen umtauschen, wenn der Yen stark abwertet, und dann wieder in den Yen zurücktauschen und so aus dem Nichts ein Vermögen machen. Für japanische Banker, die den Weg der Regierung gut beherrschen, ist dies die natürliche "Industriepraxis", während das britische Vorgehen einfach unglaublich und dumm ist. An diesem Punkt hatte der Kaiser einen Trumpf in der Hand: Wenn er einer Abwertung des Yen in dieser Größenordnung zustimmte und dies den Plutokraten vorher verriet, konnte ihr Gewinn bis zu 100 Millionen Dollar betragen! Diese Summe reichte aus, um jeden japanischen Zaibatsu, einschließlich des größten, Mitsui, zu bestechen, sich den Vorstellungen des Kaisers anzuschließen.

Wenn die Plutokraten wirklich kaufen eine Menge von Dollar und Short den Yen auf der Grundlage von Insider-Informationen über die bevorstehende Abwertung des Yen, werden sie durch den Kaiser zu dieser großen Hebelwirkung gehalten werden, das heißt, die Plutokraten sind reich an nationalen Katastrophe, sobald die Informationen offenbart wird, ist es ein großer Skandal für die plutokratischen Kapitalisten, hält der Kaiser sie in dieser kurzen Position, keine Angst vor Plutokraten nicht kooperieren. Auf diese Weise würde der Kaiser ein größeres Mitspracherecht in der Politik des Staates haben. Wenn die Plutokraten die Expansionspläne des Militärs unterstützten, könnte der Kaiser das von den Plutokraten finanzierte

Kabinett unterstützen, plus den zusätzlichen "Bonus" einer genehmigten Aufgabe des Goldstandards. [106]

Das zweite wichtige Ereignis war die gewaltsame Nötigung von Chiang Kai-shek, einen "Scheinkrieg" in Shanghai zu inszenieren, um die internationale Aufmerksamkeit abzulenken. Japan wird den japanischen Streitkräften die Möglichkeit geben, in Shanghai in einen militärischen Konflikt zur "Selbstverteidigung" "gezwungen" zu werden, der die Sicherheit des Personals westlicher Mächte und Milliarden von Dollar an Investitionen in China direkt bedrohen wird. Dies war ein eigenmächtiger Schachzug, um die westlichen Interessen in China mit dem chinesisch-japanischen Krieg zu bedrohen, und dann gab die japanische Armee auf Ersuchen des Völkerbundes öffentlich nach und zog sich zurück, damit die westlichen Länder Japan einen Gefallen schuldeten, so dass es dem Völkerbund natürlich peinlich war, die Vorgänge in der Mandschurei zu verfolgen. Gleichzeitig unterstützte Japan in der Mandschurei eine Marionette "Mandschukuo" mit Pu Yi als Kaiser, die angeblich unabhängig, in Wirklichkeit aber eine Marionette Japans war und von Chiang Kai Shek anerkannt werden sollte. Unter diesen Umständen hat der Völkerbund noch weniger Grund, einzugreifen und zu verurteilen. [107]

Das dritte große Ereignis war die Inszenierung eines "vorgetäuschten Staatsstreichs", bei dem das Militär den Kaiser bedrohte. Der Westen soll sehen, dass das Militär versucht, sich der Kontrolle des Kaisers zu entledigen. Wenn Druck auf Japan ausgeübt wird, wird es diese Demokratie, die größte konstitutionelle Monarchie in Asien, verlieren und damit Japan in einen faschistischen Zentralstaat stürzen. Der Völkerbund wollte keinen weiteren faschistischen Staat in Asien schaffen, da der italienische und der deutsche Faschismus schon genug Probleme verursacht hatten und nur der Kaiser die Möglichkeit hatte, das Militär zu kontrollieren, was natürlich viel weniger Druck auf Japan ausüben würde.

Die kaiserliche Denkfabrik, die sich mit der Entwicklung der Drei Reiche gut auskennt, hat eine Reihe von schillernden Plänen ausgearbeitet. Die Hauptidee war, die Plutokraten in eine Falle zu

---

[106] *The Conspiracy of the Emperor of Japan*, von Bergamini (USA), Commercial Press, 1984, S. 578.

[107] Ebd., S. 579.

locken, dann zu sehen, ob die Resolution des Völkerbundes Eugene zufriedenstellen könnte, und wenn nicht, einen zweiten "Scheinkrieg" zu beginnen und Pu Yi dazu zu bringen, ein "Mandschukuo" zu errichten, wobei alle Kosten von den Plutokraten, die "bereits in der Falle sitzen", bezahlt werden. Wenn die Plutokraten nicht bereit sind, zu zahlen, machen sie die Politiker und Bankiers, die für die nationale Tragödie bezahlt haben, zum Gegenstand des öffentlichen Ärgers und wenden den dritten Trick an, nämlich Attentate und Staatsstreiche gegen sie, um die Aufmerksamkeit des Völkerbundes abzulenken.

War der Kaiser nicht der oberste Herrscher von Japan? Warum sollte man sich mit Bankern und Politikern herumschlagen? Ein einziger Erlass hätte das Problem doch gelöst, oder?

Das Problem ist, dass der Erlass des Kaisers nicht immer gut ist! Die kaiserliche Macht kann nicht mit der goldenen Macht konkurrieren!

Der "Taisho-Putsch" und der Verlust der kaiserlichen Macht

1868 schlossen sich die vier Klans Nagasu, Satsuma, Hizen und Tosa zusammen, um das Tokugawa-Shogunat zu besiegen. Sie riefen die "Wiederherstellung der königlichen Regierung" aus und leiteten die Ära der Meiji-Restauration mit der Einsetzung des Meiji-Kaisers ein. Japan wurde zu einer konstitutionellen Monarchie, und der Kaiser wurde zum in der nationalen Verfassung anerkannten "Obersten Oberhaupt". Doch wie viel Macht hat der Kaiser tatsächlich? Wer ist die wirklich dominierende Kraft in der japanischen Gesellschaft?

Es sollte gesagt werden, dass das gleiche System, die gleichen Gesetze, verschiedene Kaiser haben unterschiedliche Grade der Macht! Die Macht wird nie vollständig durch das Gesetz verliehen, noch wird sie vollständig durch das System garantiert; sie ist das Ergebnis eines heftigen Wettbewerbs der Interessen.

Seit der Machtübernahme durch die vier Clans haben die Meiji-Oligarchen nach und nach den Kern der politischen Macht gebildet, der durch den Meiji-Kau-Genro repräsentiert wird. Dahinter steht die doppelte Unterstützung von Kriegsherren und plutokratischen Kräften. Sie haben den Kaiser zu einem Gott gemacht und sich dann den Namen des Kaisers "geliehen", um die allgemeine Politik des Landes zu beeinflussen. Der Wille des Kaisers muss und kann nur durch sie durchgesetzt werden.

Der Meiji-Kaiser mit seinem einzigartigen persönlichen Charisma und seiner politischen Macht konnte seinen kaiserlichen Willen mit den Interessen der "Meiji-Oligarchen" in Einklang bringen und so die Unterstützung aller Parteien gewinnen, die kaiserliche Macht konsolidieren und die Autorität des Kaisers manifestieren.

Als jedoch Kaiser Meiji starb und sein Sohn, Kaiser Taisho, den Thron bestieg, änderte sich die Situation erheblich. Taisho war ein typischer schwacher Kaiser, der weder das persönliche Charisma von Meiji noch die politische Macht von Meiji besaß, und sein Talent, seine politischen Errungenschaften und sein Prestige waren denen von Nao weit unterlegen. Wie das Sprichwort sagt, sind die Menschen in der Regel tolerant, wenn das Talent größer ist als das Temperament, aber wenn das Temperament größer ist als das Talent, führt dies oft zu einer Gegenreaktion.

Das ist es, was mit Taisho nicht stimmt, und seine Tragödie ist, dass er das nicht weiß.

Etwa zur Zeit der Xinhai-Revolution wurde das zweite Kabinett gebildet, in dem Kaiser Taisho Kaiser wurde. Taishos Gefühl der kaiserlichen Macht war so stark, dass es offensichtlich war, dass alle Seiten es ihm übel nahmen, und er hatte nicht die Macht, seine Zeit abzuwarten, geschweige denn die politische Hand, um seine Stärke zu verleihen. Sein Selbstverständnis war das eines Superbullen, eines Bullen, der von Gott und der Verfassung doppelt gesegnet war, ein Bulle in dem Maße, dass auf ein Wort hin alle Parteien sofort und bedingungslos gehorchten.

Sobald Taisho an die Macht kam, begann er mit dem Ausbau der Armee und der Stärkung der Landesverteidigung, einschließlich der Vergrößerung und Ausrüstung von Armee und Marine, um bei der Erschließung neuer Gebiete und militärischen Eroberungen mit seinem Vater, Kaiser Meiji, gleichzuziehen oder ihn sogar zu übertreffen. In seinem Hochmut und seiner Entschlossenheit übersah er einfach, dass seine Machtbasis nicht ausreiche, um seine Ambitionen zu unterstützen.

Die Patriarchen haben es nicht geglaubt.

Nishionji Gongwang ist die offensichtliche Opposition, und hinter ihm stehen die Kräfte der Großbankiers und Industriekapitalisten. Er verließ sich auf seine politischen Anwärter, um eine überwältigende Mehrheit im Parlament zu haben, und seine Kabinettspolitik unterschied sich stark vom Willen des Kaisers. Er bemühte sich um den Abbau von Japans massiven Schulden in Höhe von 1,5 Billionen Yen aus dem Russisch-Japanischen Krieg und kontrollierte den Finanzhaushalt streng. Das Ergebnis war ein Patt mit Kaiser Taisho.

Die Politik des Ausbaus der militärischen Bereitschaft liegt natürlich im Interesse des Militärs, und so ist der Taisho mit ihm verbündet. Um Nishionji Gongwang zum Einlenken zu zwingen, trat der Kriegsminister des Kabinetts zurück, was zur Auflösung des Kabinetts Nishionji Gongwang führte.

Wie hat der Rücktritt des Staatssekretärs für das Heer zum Zusammenbruch des Kabinetts geführt? Ursprünglich sah das japanische Gesetz vor, dass im Kabinett die Minister des Heeres und der Marine aktive Militärangehörige sein mussten, und wenn eine der beiden Parteien entschlossen war, nicht mit dem Premierminister zusammenzuarbeiten, konnte sie die Entsendung von Vertretern in das Kabinett verweigern, so dass das Kabinett nicht mehr existierte.

Nach dem Zusammenbruch des Kabinetts Nishionji Gongwang beauftragte Taisho Katsutaro von der Armee, ein Kabinett zu bilden. Die Regierung von Xiyuanji revanchierte sich sofort und vereinigte alle Zivilbeamten, die sich weigerten, das Ministeramt zu übernehmen, was zum Scheitern des Kabinetts führte. Schließlich musste Taisho sein oberstes verfassungsmäßiges Recht nutzen, um Katsutaro auf den Thron des Premierministers zu hieven.

Dieses Manöver von Taisho war ziemlich grob, da er sich selbst direkt in das Zentrum des Sturms schickte und den Spielraum, den der Kaiser verdient hatte, völlig verlor.

Natürlich löste das Vorgehen des Taisho-Kaisers einen Sturm des Protests im Rat aus. Vordergründig beschuldigten die Abgeordneten Katsutaro, "der Typ zu sein, der sich hinter dem Ärmel des Drachens versteckt", aber in Wirklichkeit beschwerten sie sich über den Machtmissbrauch des Kaisers. Der Taisho-Kaiser war wütend und ordnete direkt an, dass sich der Rat für drei Tage vertagt, um über die Angelegenheit nachzudenken. Der Nishionji-Tempel wünschte jedoch, dass diese Bürgerrechtspolitiker "verdorben" seien, und kritisierte das Kabinett auch nach der Wiederaufnahme der Sitzung noch offen. In der Meiji-Ära genügte ein Stirnrunzeln und ein Rülpsen des Kaisers, um die Angelegenheit aus der Welt zu schaffen, aber jetzt hat der Kaiser selbst ein Edikt erlassen und schafft es trotzdem nicht!

Der wütende Kaiser Taisho rief den Gongwang des Westlichen Gartentempels zu sich und befahl ihm, zurückzugehen, um seinen Geist zu vereinen und sich dem Befehl nicht länger zu widersetzen. Er kehrte zurück und überbrachte die heilige Botschaft. Der Rat diskutierte noch zwei Tage lang darüber und lehnte den Vorschlag des Kaisers immer noch ab!

Ganz Japan ist in Aufruhr! Noch nie in der Geschichte Japans wurde der Wille des Kaisers so unbarmherzig missachtet! Immerhin war er ein königlicher Patriarch und sollte auf der Seite des Kaisers stehen, wie würden die Menschen in der Welt ihn sonst sehen, der den Kaiser verraten hat? Nishionji Kouwang trat daraufhin von seinem Amt als Präsident der Jeongyou-Vereinigung zurück. Aber sein Beharren darauf, dass der Kaiser ein Mensch und kein Gott sei und dass die kaiserliche Macht durch die Verfassung gemildert werden müsse, änderte nichts.

Es folgten Demonstrationen und Unruhen gegen das Kabinett in Tokio und Osaka, die erste "Verfassungskrise" in der japanischen Geschichte. Auch die großen politischen Parteien haben den Slogan "Nieder mit den Clans und Erhalt des Konstitutionalismus" ausgegeben. Dahinter stehen die Banker und Industriekapitalisten, die der Aristokratie und den Kriegsherren die Macht entreißen wollen. Bei Käufern und Verkäufern geht es in erster Linie um die Rendite, und niemand will einen Auftrag niederlegen, wenn er Geld verliert. Wenn das militärische Abenteuer scheitert, haben dann nicht die Investoren, die viel Geld investiert haben, nichts zu verlieren? Niemand wird ein Verlustgeschäft machen.

Der Taisho-Kaiser befand sich sofort in der unangenehmen Lage einer extremen Isolierung, und neben der Armee, deren Kern der Changzhou-Klan bildete, der direkt von der militärischen Expansionspolitik profitiert hatte und der auch auf der Seite des Kaisers stand, waren verschiedene andere Kräfte auf der Seite des Nishionji-Prestiges.

Die Situation verschlechterte sich weiter und Premierminister Katsura war gezwungen, zurückzutreten. Zu diesem Zeitpunkt war der Kaiser von Taisho erschöpft und verlor seine Autorität. Am Ende musste Kaiser Taisho, ob aus einer Laune heraus oder unter Androhung der Abdankung, eine Reihe von Vereinbarungen und Zugeständnissen in Bezug auf die nationale Politik und personelle Regelungen machen.

(a) Rücknahme der meisten Elemente des Plans zur Erweiterung der Armee.

(b) die Pläne zur gewaltsamen Eroberung des Südlichen Ozeans vorerst aufzugeben.

(c) Im Falle eines Weltkrieges, Japan und die anglo-französischen und amerikanischen Länder, die den Pazifikraum kontrollieren.

Der älteste Berater des Kaisers wurde durch einen Beamten ziviler Herkunft ersetzt.

Kronprinz Hirohito verließ die Sonderschule für die königlichen Söhne, um in einer Schule im spartanischen Stil unterrichtet zu werden.[108]

Dieses Ereignis ist als "Taisho-Coup" bekannt.

Kaiser Taisho war von da an deprimiert und erlitt 1919 eine plötzliche Hirnblutung, nach der er geisteskrank wurde. Bei einer Militärparade sah er sich mit dem als Fernrohr aufgerollten Edikt vor einem ausländischen Gesandten um. Die Minister beschlossen, dass der Kaiser nicht mehr in der Lage war, die Dynastie zu führen, und 1921 wurde Prinz Hirohito zum Regenten ernannt.

Warum haben die Zugeständnisse von Kaiser Taisho Hirohito belastet?

Die königliche Aristokratie war der Ansicht, dass die Ursache für den "Taisho-Coup" der Kaiser war und dass seine Faulheit und mangelnde Entscheidungsgewalt zu der Krise der königlichen Macht geführt hatten. Infolgedessen wurde Hirohito nur 70 Tage nach seiner Geburt im Haus eines pensionierten Marineoffiziers untergebracht, wo er im "Bushido" erzogen und anschließend von Lehrern des speziellen "Gosakuin-Instituts" ausgebildet wurde, mit dem Ziel, einen qualifizierten autoritären Monarchen zu schaffen, der in der Lage sein würde, seine Macht in Zukunft wieder zu behaupten.

---

[108] Ebd., S. 410-411.

Der Traum des Kaisers: Der Aufstieg der kaiserlichen Macht

Eines Tages im Dezember 1921 empfing der Regent Hirohito, der gerade von einer Europareise zurückgekehrt war, den Adligen und Politiker Herzog Wang vom West Garden Temple im Palast. Bevor er in den Palast kam, hatte er erfahren, dass Hirohito am Vortag im Palast eine unprätentiöse Party gegeben hatte, um seine Rückkehr von der Hochzeitsreise in Europa und die Übernahme der Großen Regierung zu feiern. Solche öffentlichen Zusammenkünfte des Regenten und einer Handvoll seiner Kumpane waren zu dieser Zeit noch sehr selten. Dies beunruhigte und schockierte den Westgarten-Tempel Gongwang sehr. In der japanischen High Society wird nun darüber spekuliert, ob sich Hirohito nach seinem Amtsantritt auf einen Geheimbund oder ein Kabinett stützen wird. Sowohl der Xiyuanji Gongwang als auch einige der alten Höflinge, die sich zur Ruhe gesetzt haben, waren der Meinung, dass Yujin vorsichtig sein sollte. Hirohito hörte sich den Rat des Kaisers sehr geduldig an, entschuldigte sich ernsthaft für die Absurdität des Vorabends und bat den Kaiser dann aufrichtig, sein oberster Berater zu werden.

Er sagte, er sei in den Siebzigern und habe das Rentenalter erreicht, deshalb wolle er nur noch am Meer leben, Romane lesen, Laute spielen und seinen Lebensabend in Ruhe verbringen, und habe keine Energie für ein so wichtiges Amt.

Hirohito verstand seine Bedenken und versprach, seinen Respekt für die konstitutionelle Monarchie zu zeigen, indem er öffentlich auf seine Unterstützung für die geheime kleine Gruppe verzichtete, wenn die Nishikonji Gongwang zustimmten.

Xiyuanji Gongwang dachte eine Weile still vor sich hin. Als Mitglied der adligen Fujiwara-Familie sollte er die Familientradition bewahren, um das kaiserliche System aufrechtzuerhalten. Andererseits befürchtete er, dass er nicht in der Lage sein würde, Yuhitos despotisches Verhalten wie das seines Vaters, Kaiser Taisho, zu stoppen, und dass er in den Kampf zwischen dem Kaiser und den Plutokraten verwickelt werden würde, wodurch er sich unbeliebt machen und seinen Ruf als lebenslanger Kämpfer für Bürgerrechte und Freiheit ruinieren würde. Schließlich glaubt er, dass sich das japanische Volk in den letzten zehn Jahren allmählich verändert hat und in der Lage sein könnte, die von seinem Mentor Hirobumi Ito vertretenen

Ideale der Rechtsstaatlichkeit und des Konstitutionalismus zu akzeptieren. Sollte die öffentliche Meinung mit dem Willen des Kaisers kollidieren, so wird Yuhito die Meinung der Mehrheit seiner Untertanen respektieren und akzeptieren. Jetzt, da das Land ihn braucht, sollte er die Position akzeptieren. Also stimmte er dem Vorschlag Hirohitos zu.

Hirohito wurde ungeduldig, als er auf die Antwort des Saiyuanji Gong wartete, aber er musste geduldig sein. Er diente mehr als 40 Jahre lang im Kabinett und im Geheimen Rat, dem höchsten beratenden Gremium während der Meiji-Zeit, und hatte ein hohes Ansehen und weitreichende Kontakte unter Bürokraten und Parlamentariern. Er handelte schnell und überlegt und hatte die Integrität, einen harmonischen und umsichtigen Eindruck auf den Kaiser zu machen, aber er war auch geschickt darin, aus dem Nähkästchen zu plaudern und die überzogene Politik und die Fehler des Kaisers zu verteidigen.

Nach der Fertigstellung des Xiyuanji-Tempels konnte sich Kaiser Hirohito hinter den Kulissen verstecken und seine langärmeligen politischen Mittel und die Macht des Bogenschützen voll ausschöpfen, um die politische Situation zu verschleiern, die kaiserliche Macht ohne jeden Druck anzuhäufen und auf die Gelegenheit zu warten, sich zu bewegen.

Mit den vielen Jahren an der Macht wird Kaiser Hirohito immer reifer. Auch er hatte seine Momente der Depression und des Schmerzes, und wann immer dies der Fall war, kam er in das kaiserliche Arbeitszimmer des Palastes. In der Ecke des Raumes hütete er eine geliebte Bronzebüste von Napoleon, die ihn jedes Mal, wenn er sie sah, sofort aufmunterte. Sie war das einzige Souvenir, das er sich auf seinen Reisen durch Europa kaufte. Ich erinnere mich, dass er, als ich das Grab von Napoleon in Frankreich besuchte, das Schwert von Austerlitz anstarrte und sich vorstellte, wie er wie Napoleon galoppierte. "Ein Held wie Napoleon. "Wann immer er auf Schwierigkeiten stieß, motivierte er sich oft mit dem Gedanken an Napoleons Eroberungszug durch Europa. Er glaubte, dass Zeng Zu Xiaos Traum "Respektiere den König und schließe dich den Barbaren an" in seinem Leben verwirklicht werden würde!

Vor mehr als 400 Jahren, als es zu häufigen Kriegen und zum Niedergang der kaiserlichen Macht kam, war das Shogunat so arrogant, dem Kaiser, der so arm war, dass er es sich oft nicht leisten konnte, ein prächtiges Bankett für seine Minister auszurichten, keinerlei finanzielle

Unterstützung zukommen zu lassen. Wegen des Geldmangels wurde der Kaiser von Houdu 44 Tage nach seinem Tod begraben, und seine Erben mussten die Inthronisierungszeremonie um 22 Jahre verschieben. Nara, die spätere Kaiserin des Himmels, war so deprimiert, dass sie auf die Straße ging, um Worte zu verkaufen, und später von König Chin Geld auftrieb, um endlich einen neuen Palast zu bauen und dem Kaiser ein würdiges Leben zu ermöglichen. Als jedoch Menschen aus dem Westen nach Kyoto kamen, um die Kaiserin Nara, die Kaiserin des Himmels, zu sehen, wurde ihnen gesagt, dass die Bitte nicht erfüllt werden konnte, weil der Shogun abwesend war. So wird der Kaiser als ein religiöser Führer dargestellt, der sich in Kyoto zurückzieht und keine Macht hat. In den nächsten 300 Jahren bekam kein einziger Ausländer den Kaiser zu Gesicht. Im Westen ist die Existenz des Kaisers völlig vergessen.

In der Zeit der kindlichen Frömmigkeit des Kaisers zwangen die Vereinigten Staaten das Shogunat zur Unterzeichnung eines Handels- und Schifffahrtsvertrags, und der Kaiser öffnete sein Land in Demütigung dem Westen. Von da an träumten die nachfolgenden Kaiser davon, "ganz oben zu herrschen". Hirohitos Großvater, Kaiser Meiji, begann die Meiji-Restauration mit finanzieller Unterstützung der Zaibatsu, zu denen auch Mitsui gehörte, die das Shogunat abschaffte und die kaiserliche Macht wiederherstellte.

Die Lehren aus der Abhängigkeit vom Shogun in der Vergangenheit ließen Meiji erkennen, dass Geld oft wichtiger war als Gewalt, um die Macht des obersten Herrschers zu erhalten. Die Meiji übertrug das neue Industriemonopol für die Entwicklung Japans und das Recht auf den Handel mit Kolonialwaren an Zaibatsu wie Mitsui, Mitsubishi und Sumitomo und erhielt einen Anteil an den Dividenden. Mitsui besitzt die Rechte für den Betrieb der größten Kohlemine Japans sowie eine Konzession für Kampfer und Zucker in Taiwan, China. Der Kaiser und die Zaibatsu bildeten eine von beiden Seiten abhängige Allianz, und mit der Unterstützung des Kaisers kontrollierten die Zaibatsu die wichtigsten Branchen des japanischen Bankwesens, der Schwerindustrie, des Transportwesens, des Handels usw. Im Gegenzug waren die Zaibatsu dem Kaiser gegenüber loyal und richteten ihre Industrie- und Handelspläne nach der langfristigen nationalen Politik des Kaisers aus, so dass sie zu einer echten "Regierung und Wirtschaft" wurden. Bis zum Ende der Meiji-Ära war das königliche Vermögen von einigen Zehntausend Dollar bei Meijis Machtübernahme auf 40 Millionen Dollar angewachsen.

Doch mit Beginn der Taisho-Ära verfolgten die Plutokraten, die den wirtschaftlichen Lebensnerv der Nation hielten, ähnlich wie die Großbanker im Westen, zunehmend ihre eigenen Interessen und versuchten, den Kaiser zu überstimmen. Sie griffen häufig in die Politik des Kaiserreichs ein. Als Taisho das kaiserliche Programm zur "Vervollkommnung der Landesverteidigung" umsetzte und eine massive Aufstockung der Armee vornahm, lehnten die Patriarchen, die die Interessen der zaibatsu vertraten, unter der Führung von Nishionji Gongwang den ausgeklügelten Plan des Kaisers zur Aufstockung der Armee wiederholt mit der Begründung ab, dass die Nation immer noch damit beschäftigt sei, das aus dem Russisch-Japanischen Krieg stammende Haushaltsdefizit auszugleichen, so dass der Kaiser fast vom Thron abdanken musste und schließlich in eine Depression verfiel.

Die Plutokraten und Politiker, die die "langfristigen Planungen und Interessen" des Kaiserreichs nicht erkennen können, wehren sich nun gegen Kaiser Hirohitos Plan, die Mandschurei zu besetzen, so dass sich Kaiser Hirohito bei der Verwirklichung seines Traums von einem blühenden China sehr eingeschränkt fühlt.

Seit der Zeit des Kaisers Takashi Tomo hatte Japan einen strategischen Plan entwickelt, um die Barbaren zu vertreiben und das Land unter der Führung des Kaisers zu vereinigen. Zunächst ging es darum, die nationale Stärke zu erhöhen und zu modernisieren, dann den Feind durch Expansion nach Übersee zu bekämpfen und eine Pufferzone zwischen Japan und dem Westen zu schaffen, um Japan sicher zu halten. Dies führte zu einem Streit zwischen "Nordwärts" und "Südwärts". Die Nordprogressiven befürworteten die Annexion Koreas und die Besetzung der Mandschurei, der Mongolei und später der sibirischen Region, während die Südprogressiven für die Besetzung oder Kontrolle des südlichen Teils Japans eintraten, einschließlich der maritimen Inseln und der Region des Südlichen Ozeans in Südostasien.

Hirohito zufolge ist der Vorstoß nach Norden nur zur Landesverteidigung notwendig und löst in keiner Weise die Hauptprobleme Japans, nämlich die Überbevölkerung, die Ausfuhr von Industriegütern und die Versorgung mit strategischen Gütern. Hokkaido gehört schon seit Jahrhunderten zu Japan, ist aber immer noch sehr dünn besiedelt. Es war nicht hilfreich, dass Kaiser Meiji dasselbe kalte Joseon eroberte. Die naiven und einfältigen Progressiven aus dem Norden, die heute in der Armee sitzen und von der Mandschurei aus weiter in das eisige Sibirien und die sandige Mongolei vordringen wollen, sind einfach nur verrückt!

Das warme Klima des Südozeans, der Mangel und die Faulheit der Eingeborenen erleichterten die japanische Einwanderung, und der Reichtum an Öl, Kautschuk und Mineralien in Ostindien würde einen stetigen Strom strategischer Ressourcen für die industrielle Entwicklung Japans liefern, so dass die Zukunft und die Hoffnung des japanischen Reiches im Süden und nicht im Norden lag. [109]

Chiang Kai-shek war nun damit beschäftigt, die kommunistischen Hochburgen Chinas zu "belagern"; die Sowjetunion war mit dem Aufbau ihres Landes beschäftigt, und Großbritannien und die Vereinigten Staaten, die von einer Wirtschaftskrise geplagt waren, schenkten dem "18. September" keine Beachtung. Die Mandschurei war nur der erste Schritt in einem Plan, der es den kaiserlichen Mächten ermöglichen sollte, von der Mandschurei aus entlang der chinesischen Küste nach Süden vorzudringen und schließlich die Kontrolle über die strategischen Punkte des Südlichen Ozeans zu übernehmen.

Hirohito, ein im Westen ausgebildeter Biologe, der seit Generationen den Traum vom "Respekt vor dem König und dem Joi" verfolgt, glaubt, dass sein Verständnis von "Joi" das seiner Vorgänger übertrifft. Sein Ehrgeiz geht weit über das Ziel hinaus, "dem Ezo zu widerstehen", und er vertritt die Ansicht, dass Japan nicht länger isoliert existieren kann, sondern in Asien und in der Welt eine Führungsrolle einnehmen wird. Inspiriert von den Errungenschaften seiner Vorbilder Napoleon, Lincoln und Darwin war er entschlossen, den angloamerikanischen und westlichen Mächten zu widerstehen wie Napoleon, Asien und die Welt vor der Kolonialherrschaft zu "retten" wie Lincoln die Emanzipation der schwarzen Sklaven, und andere Rassen mit dem Shintoismus des Yamato-Volkes zu "entwickeln". Anzugreifen, zu befreien, zu entwickeln, das ist es, was das Göttliche ihm gegeben hat.

Um die Nation mit der Außenwelt zu vereinen, ist es notwendig, die wichtigsten politischen Kräfte der japanischen Gesellschaft zu überzeugen. Unter ihnen waren die Armee und die Ronin sehr verständnisvoll und unterstützten die Absichten des Kaisers und folgten ihm eng in seinen Fußstapfen. Und die Plutokraten und die von ihnen unterstützten politischen Parteien stellten ihre eigenen Interessen oft über das nationale Interesse. Hirohito war der Ansicht, dass die Macht

---

[109] Minamijinomoto, (Japan) Muro Fuchikanobu, 1936.

der Plutokraten mit der Ausdehnung der Grenzen des Reiches natürlich weiter wachsen würde, und es war ärgerlich, dass sie sich jetzt auf ihre unmittelbaren Interessen beschränkten, da sie befürchteten, dass die wirtschaftlichen Sanktionen, die der Völkerbund vorschlagen könnte, sie beeinträchtigen würden, und nicht bereit waren, sich bei der langfristigen Planung auf die Seite des Reiches zu stellen, um einen stetigen Strom von Mitteln für die Besetzung der Mandschurei und künftige Operationen zu erhalten.

Wenn er an die Armut seiner Vorfahren aufgrund des Machtverlusts, an die erzwungenen Zugeständnisse seines Vaters und an seine eigenen Machtkämpfe mit Plutokraten und Politikern heute zurückdachte, schwor Yuhito, ein Reich zu errichten, das sich auf die kaiserliche Macht stützt, in dem Gewalt der Kern aller Probleme ist, und wenn nötig, würde er nicht zögern, Gewalt anzuwenden und niemals so gutherzig sein wie sein Vater.

Im Laufe der Jahre hat sich Hirohito vorgestellt, wie er den "Taisho-Coup" gehandhabt hätte, wenn er an der Stelle seines Vaters gewesen wäre. Sein Vater wusste nicht viel über Japan, und seine Gesetze, die die Menschen in ihrem gemeinsamen Kampf und ihrer Treue zum Land vereinten, waren nur theoretisch und nicht wirklich gefühlt. Vater war der Meinung, dass man, egal was passiert, einfach den Ton angeben sollte. Er konnte sich nicht vorstellen, wann der Kaiser ungehorsam sein würde. Er wusste nicht, wie er den lässigen Charme und die vorsichtige Machtausübung von Kaiser Meiji ausüben sollte.

Wenn mein Vater ein wenig entschlossener und mächtiger gewesen wäre wie mein Großvater, Kaiser Meiji, wäre es nie so weit gekommen. Der "Taisho-Putsch" war ein völliger Rückschritt der kaiserlichen Macht, und nun war er an der Reihe, die Dinge richtig zu stellen und das kaiserliche System wiederzubeleben.

Da Politiker und Plutokraten nicht auf sie hören, können sie sie einfach umgehen und ihre Untertanen an der Basis, wie z. B. niedere Militäroffiziere, Ronin und Bauern, direkt mobilisieren und sie durch Basisorganisationen, Banden und die öffentliche Meinung, die die königliche Macht unterstützen, zum Kampf gegen Abgeordnete und Plutokraten mobilisieren. Andererseits wurde die Manipulation von Zaibatsu und Politikern dem öffentlichen Auge des Nishikonji-Tempels überlassen und er wurde benutzt, um Pläne zu machen. Wenn die Entscheidung falsch ist, ist es die öffentliche Erwartung des

Westgarten-Tempels, die Kritik des Gerichts zu ertragen, und wenn die Dinge nicht schlecht gemacht werden, ist es die Weisheit von Kaiser Hirohito.

Kaiser Hirohito hielt sein Herz fest, um zu zeigen, wie er den Plutokraten und Politikern, die vom "Konstitutionalismus" träumten, die Macht entrissen hatte.

Die wichtigste Frage ist nun, wie man mit der Koalition der Zaibatsu-Politiker um den Patriarchen Nishienji Gongwang umgehen soll.

Am Morgen des zweiten Tages des Treffens des "Elfer-Clubs" berichteten die anwesenden Kumpane die drei Vorschläge an Kaiser Hirohito, der sie nach Prüfung für gut befand und anordnete, sofort zu handeln, indem er zunächst Mitsui und andere Zaibatsu in eine "Dollar-Arbitrage-Falle" lockte.

Mitsui tappte in die "Dollar-Arbitrage-Falle", indem es den Kaiser anrief

Wenn Japan eine republikanische Regierung bekommt, werden Mitsui und Mitsubishi auf jeden Fall Kandidaten für das Präsidentenamt sein. [110]

Mitsui hatte den Kaiser unterstützt, und der Kaiser hatte Mitsui nicht weniger wohlwollend behandelt. Der rasante Aufstieg der Mitsui Zaibatsu nach der Meiji-Restauration war ohne die Unterstützung der Regierung nicht denkbar.

Im Jahr 1888 veranstaltete die Meiji-Regierung eine öffentliche Versteigerung der Miike-Kohlemine, an der vier Privatunternehmen, darunter Mitsui und Mitsubishi, teilnahmen, die alle nach Verbindungen hinter den Kulissen suchten, um den Zuschlag zu erhalten. Finanzminister Justice Matsubata hat beschlossen, dass das Auktionsgebot nicht unter 4,5 Millionen Yen liegen darf, und wenn es nicht erfüllt wird, wird er zurücktreten und das Kabinett kann aufgelöst werden.

---

[110] *Die japanische Wahrheit*, von Takeshi Takashi, Hunan Education Press, 2008, S. 220.

Mitsui wollte die Kohlemine in Sanchi gewinnen und schaltete Inoue ein, einen der Top-Berater von Mitsui und ein hohes Tier in der Politik, um den Kontakt herzustellen. Inoue fusionierte sein eigenes Immobilienunternehmen mit Mitsui zur heutigen Mitsui Products, und die beiden Unternehmen gingen eine unverständliche Verbindung ein. Nachdem Xin Inoue die Regierungsabteilung begrüßt hatte, traten die Kohlenmine und die Mitsui Bank in geheime Verhandlungen ein, um die Details zu klären. Dann gab die Regierung plötzlich bekannt, dass die Miike-Kohlenmine für 4,55 Millionen Yen an Herrn Sasaki verkauft worden war, der aus dem Nichts auftauchte und natürlich Mitsui vertrat. Mitsui übernahm dann die Miike-Kohlemine für eine Anzahlung von nur 1 Million Yen und zahlte den Restbetrag über 15 Jahre.

In weniger als einem Jahr nach dem Kauf der Miike-Kohlemine hat Mitsui nicht nur 4,55 Millionen Yen an Kosten wieder hereingeholt, sondern auch eine Menge Geld verdient. Wenn die Kohlemine nach konservativen Schätzungen 50 Jahre lang abgebaut werden kann, wird sie Mitsui einen Gewinn von 450 Millionen Yen einbringen, was dem 400-fachen der ursprünglichen Investition von 1 Million Yen in eine Lagerstätte entspricht! Es handelt sich um den größten Fall von "Verlust von Staatsvermögen" in der japanischen Geschichte! [111]

Der erfolgreiche Betrieb der Kohlemine von Sanchi ist untrennbar mit der Rückkehr der technischen Genies von Sanjing verbunden, die mit hohen Gehältern eingestellt wurden. Der Absolvent des Massachusetts Institute of Technology wuchs über sich hinaus und nutzte die Technologie der großen Wasserpumpen, die er gerade im Ausland erlernt hatte, um das Problem der Entwässerung der Kohlemine zu lösen und die Kohleproduktion erheblich zu steigern. Dank Takumas Management und technischem Talent übertrafen die Gewinne der Miike Mine die der Mitsui Bank und waren mit denen von Mitsui & Co. vergleichbar. Die Sanchi Kohlemine ist als "Sanjis tragbarer Tresor" bekannt. Takuma stieg auch schnell zum Präsidenten von Mitsui auf und wurde Japans "König der Teilzeitbeschäftigten" mit einem Jahresgehalt von 300.000 Yen. Leider fand sein glanzvolles Leben durch die "Dollar-Arbitrage-Falle" ein jähes Ende. [112]

---

[111] *The House of Mitsui*, Oland Russell, Little, Brown and Company, 1939, S. 223-224.

[112] Ebd., S. 225.

Nach dem erfolgreichen Erwerb der Miike-Kohlemine verlagerte sich der Geschäftsschwerpunkt von Mitsui vom Handels- und Finanzsektor auf den Industriesektor, und nach dem Chinesisch-Japanischen und dem Russisch-Japanischen Krieg wurde das Unternehmen allmählich zu einem Monopolkapitalkonglomerat und nach dem Ersten Weltkrieg zu einer Plutokratie mit Macht in verschiedenen Branchen.

Die New York Times beschrieb Mitsui im Jahr 1922 so: Eine solche Organisation hat es in der westlichen Zivilisation noch nie gegeben. Die Rothschilds, die nur im Finanzgeschäft tätig waren, waren sehr durchschnittlich im Vergleich zu Mitsui Zaibatsu. Mitsui war das reichste Konglomerat in der östlichen Welt und kontrollierte Minen, Banken, Eisenbahnen, Schifffahrt, Fabriken und Handelsunternehmen. "Reich wie Mitsui" bedeutet für die Japaner genauso viel Reichtum wie für die Amerikaner, die von "Reich wie Rockefeller" träumen. [113]

Die Plutokraten kontrollieren nicht nur den wirtschaftlichen Lebensnerv des Landes, sondern arbeiten auch mit Patriarchen, Bürokraten und Kriegsherren zusammen, um politische Parteien zu manipulieren und die Macht zu beeinflussen. Die großen politischen Parteien in Japan hatten damals alle ihre eigenen "Götter des Reichtums" hinter sich. Der Patriarch der politischen Fakultät, Sorin Inoue, war als "Big Boss von Mitsui" bekannt, und die zentralen Figuren, Taro Yamamoto und Morikori, hatten enge Verbindungen zum Mitsui zaibatsu, während Shigunobu Okuma, Vorsitzender der Verbesserungspartei, und Takamine Kato, Vorsitzender der Konstitutionalistischen Partei, enge Verbindungen zum Mitsubishi zaibatsu hatten, der der Schwiegersohn des Mitsubishi-Gründers Iwasaki wurde. Diese Männer waren seit dem späten 19Jahrhundert die aktivsten politischen Persönlichkeiten in Japan, die zu Agenten der Zaibatsu wurden und deren Interessen dienten.

Im Jahr 1927 erlebte Japan eine Finanzkrise ungeahnten Ausmaßes, und die Banken gingen aufgrund eines Ansturms in Konkurs. Finanzminister Isao Kiyoshi Takahashi erließ ein Notdekret, mit dem er die Banken des Landes für drei Wochen suspendierte und dem monopolistischen Finanzkapital durch ein außerordentliches Darlehen der Bank of Japan in Höhe von 2,2 Mrd. Yen an die großen

---

[113] *Die New York Times*, 8. Januar 1922.

Banken und einen staatlichen Zuschuss von 700 Mio. Yen half. In der Folge änderte die Regierung das Bankengesetz, um die Kapitalschwelle für die Gründung einer Bank auf 1 Mio. Yen anzuheben, und beschleunigte damit die Konsolidierung des Bankensektors, so dass eine große Zahl kleiner und mittlerer Banken in der Finanzkrise in Konkurs ging oder von großen Banken geschluckt wurde, während die fünf größten Banken wie Mitsui und Mitsubishi die Gelegenheit nutzten, um die Verluste aufzufangen, und ein dramatisches Wachstum verzeichneten, wobei ihr Gesamtkapital auf ein Drittel des Gesamtkapitals der Banken im ganzen Land anstieg. [114]

Die Monopolkapitalisten, die sich auf die Macht der Regierung verlassen, um eine Finanzoligarchie zu bilden, haben stattdessen "die Früchte" der Finanzkrise geerntet und sind weiter gewachsen. Dies erinnert an die US-Finanzkrise von 2007, als die US-Regierung alles daran setzte, mehrere "große, aber nicht schlechte" Banken, darunter Goldman Sachs, zu retten. Dieselbe Regierung, die den großen Banken Steuergelder geliehen hat, dieselbe Regierung, die ihre Konkurrenten in den Bankrott gehen ließ - kein Wunder, dass Buffett nicht zögerte, sich in der Krise in Goldman-Sachs-Aktien zu stürzen, mit der Regierung auf der Seite der Plutokraten, mal sehen, wer den Feind bekämpfen kann!

Nach dem großen Erfolg des "Taisho-Putsches" wurden die Plutokraten mit ihrem Parteienbündnis und der Fernsteuerung des Ministerkabinetts immer skrupelloser und arroganter gegenüber dem Kaiser und dem Militär. Doch dieses Mal hatten sie es mit dem gerissenen und mächtigen Kaiser Hirohito zu tun!

Nachdem Nishionji Kouwang durch seine Spione von der Verschwörung der Denkfabrik des Kaisers Hirohito erfahren hatte, begriff er am Tag nach dem Treffen des "Elfer-Clubs", dass der Kaiser und sein Gefolge nach der Besetzung der Mandschurei nicht, wie von ihm gefordert, "innehalten und nachdenken", sondern die Dinge vorantreiben würden. Er beschloss, seine Pläne, nach Tokio zurückzukehren, aufzugeben und in Kyoto zu bleiben, um der Nation zu suggerieren, dass seine Abwesenheit vom Kaiser darauf zurückzuführen sei, dass er mit der neuen Expansionspolitik des Landes nicht einverstanden war.

---

[114] *Japanese Banking*, Norio Tamaki, Cambridge University Press, S. 155-156.

Gleichzeitig warnte er aufgrund seiner besonderen Beziehung zur Sumitomo zaibatsu die Banker von Sumitomo davor, sich auf die "Dollar-Arbitrage-Falle" einzulassen, und übte Druck auf den Kaiser aus, indem er die Angelegenheit unter vier Augen mit seinen Kollegen besprach.

Anfang Oktober 1931, der größte der Zaibatsu Mitsui nach Anhörung der Insider, konnte der Versuchung nicht widerstehen, auf dem Devisenmarkt zu spekulieren, den Kauf von 100 Millionen US-Dollar, sitzen und warten auf den Dollar Arbitrage in die Realität, andere Zaibatsu haben auch den Wind zu kaufen folgen. Die Initiative liegt jetzt in den Händen des Kaisers, und wenn die Zaibatsu und Xiyuanji Kouwang Partei ergreifen und die Besetzung der Mandschurei nicht finanzieren, wird Yuhito am Goldstandard festhalten und die Zaibatsu an den Rand des Bankrotts treiben. Wenn sie sich darauf einlassen, können sie schnell Millionen oder sogar Dutzende von Millionen Dollar verdienen.

Als er hörte, dass Mitsui und andere Zaibatsu in die Falle getappt waren, wurde ihm klar, dass er sich wie Mitsui in einem Dilemma befand, aber er bestand dennoch darauf, in Kyoto zu bleiben. Gleichzeitig warnte er das Management von Sumitomo erneut, dass ein finanzieller Holocaust bevorstehe, und überließ es ihnen, abzuwägen, ob es sich lohne, davon zu profitieren. Die meisten Führungskräfte beherzigten seine Ermahnung, so dass sie zwei Monate später, als der Yen abwertete, viel Geld verloren.

In Tokio war die kaiserliche Clique damit beschäftigt, politische Kräfte mit unterschiedlichen Interessen zu organisieren, ein Bündnis, zu dem Militäroffiziere, Politiker und Direktoren der Mitsui zaibatsu gehörten. Das Kabinett der Partei für zivile Angelegenheiten auf der Bühne forderte den Kaiser wiederholt zum Rücktritt auf, da es befürchtete, dass das Risiko zu groß war, um die Verantwortung zu übernehmen. Die AGA musste sich zurückhalten, denn sie hatte Mitsui, dem "Gott des Reichtums" im Hintergrund, bereits zugesichert, dass Japan den Goldstandard aufgeben würde. Mitsui hat bereits 100 Millionen Dollar gesetzt, um eine lange Nacht zu vermeiden, und sie können es kaum erwarten, ihre eigene AGA an die Macht zu bringen, um Dollar einzulösen und Spekulationsgewinne zu machen.

Kaiser Hirohito geriet nicht in Panik und bat das derzeitige Kabinett, noch ein paar Tage zu bleiben und auf eine Lösung des Völkerbundes zu warten. Doch Zaibatsu Mitsui wartete immer ängstlicher und drängte Masatomo jeden Tag, einen Weg zu finden. Der Präsident von Jeongyoukai wurde in die Enge getrieben und versprach auf einer Wählerkundgebung im November öffentlich, Japan dazu zu bringen, dem Beispiel Großbritanniens zu folgen und den Goldstandard zu verlassen. Die Nachricht heraus, der Devisenmarkt auf den Yen sofort fiel, die Mitsui Zaibatsu Dollar gegen den Yen Buch erheblichen Gewinn, der Druck sofort reduziert. Als Nishiyuanji diese Nachricht hörte, traute er seinen Ohren nicht und sagte: "Ist das nicht eine Bank, die Konkurs angemeldet hat, bevor sie überhaupt eröffnet wurde? "

Am 10. Dezember ergeht schließlich die Resolution des Völkerbundes, in der Japan weder verurteilt noch beherbergt wird, sondern eine Untersuchungsmission in die Mandschurei und nach Japan entsandt wird, um festzustellen, "was richtig und was falsch ist". Auch wenn der Völkerbund eine prinzipienlose, oberflächliche Ausflucht betreibt, ist die Entsendung der Mission nach Ansicht Hirohitos äußerst unzuverlässig und dient zweifellos dazu, die antijapanischen Kämpfer in der Mandschurei aufzumuntern und die Krise zwischen dem Völkerbund und Japan auf unbestimmte Zeit hinauszuschieben.

Hirohito beschloss, sofort mit dem Goldstandard zu brechen und einen "Scheinkrieg" zu beginnen.

Wenige Tage später wurde der "Dollar-Traum" der Zaibatsu Mitsui wahr, und die japanische Zaibatsu und die staatliche Yokohama Shogin Bank machten zusammen Buchgewinne in Höhe von mehreren zehn Millionen Dollar. Die Plutokraten setzten sich die Kronen auf, und wieder einmal haben sie den Kaiser kompromittiert! Aber sie vergaßen, dass es kein kostenloses Mittagessen auf der Welt gibt, "die Gottesanbeterin fängt die Zikade, der gelbe Spatz bleibt zurück", und das Geld wurde für immer ein Druckmittel in den Händen von Yuren!

Nachdem Hirohito den Rücktritt des derzeitigen Kabinetts akzeptiert hatte, schickte er jemanden, um Nishionji Gongwang zu informieren, dass er zur Einweihungsfeier der neuen Regierung nach Tokio kommen sollte. Dem Gouverneur des Nishinenji-Tempels in Kyoto wird endlich bewusst, dass er dieses Spiel "den Premierminister empfehlen und einen Sündenbock finden" mit Hirohito öfter spielen muss. Er konnte nicht umhin, voller Sarkasmus zu fragen: "Wen hat die kaiserliche Klientel ausgewählt? "

Als er erfährt, dass der nächste Sündenbock Inuyasha ist, der einst der Präsident der Jeongyou-Vereinigung war, kann er nicht anders, als

Hirohitos Gerissenheit zu bewundern, und Inuyasha ist der perfekte Köder, um Chiang Kai Shek zu fangen!

Der "Shanghai-Krieg": Japans "falscher Krieg"

Inuyoue ist ein Veteran der drei Dynastien seit der Meiji-Zeit und hat enge Beziehungen zu führenden Persönlichkeiten der Kuomintang. Er war ein enger Freund der Revolution von Sun Yat-sen und hat seine revolutionären Aktivitäten stets unterstützt. Als Chiang Kai-shek in Japan war, nahm Inuyasha ihn auf und half ihm.

Nur wenn jemand wie Inuyasha Chiang Kai-shek erzählte, dass der geplante Krieg in Schanghai ein Schauspiel für den Völkerbund war, würde Chiang Kai-shek das glauben und sogar bereit sein, bei der Inszenierung einer guten Show mitzuwirken!

Am 13. Dezember 1931 kam das Kabinett Inuyoui offiziell an die Macht, und sein Gesandter befand sich bereits seit einiger Zeit zu geheimen Gesprächen mit Chiang Kai-shek in Nanking. Beide Seiten kamen überein, dass Chiang Kai-shek die "Rechtmäßigkeit" der japanischen Besetzung der Mandschurei anerkannte und Japan im Gegenzug Chiang Kai-shek bei der Beseitigung der in Shanghai stationierten 19 Road Army half. Die Neunzehnte Straßenarmee gehörte zu den kantonesischen Kräften, die sich der Diktatur von Chiang Kai-shek widersetzten. Nachdem das "unabhängige" Mandschukuo von Chiang Kai-shek anerkannt worden war, hatte der Völkerbund keinen Grund mehr, die japanische Regierung zu verurteilen, geschweige denn Wirtschaftssanktionen zu verhängen.

Am 15. Dezember trat Chiang Kai-shek zum zweiten Mal zurück, und zwar als Präsident der Nationalen Regierung, als Präsident des Exekutiv-Yuan und als Oberbefehlshaber der Armee, während Finanzminister Song Ziwen und das gesamte Kabinett geschlossen zurücktraten und alle Bücher mitnahmen. Als Chiang Kai-shek abtrat, setzte er auch seine engsten Vertrauten als Vorsitzende von vier Provinzregierungen ein und legte damit den Grundstein für die Rückeroberung der Macht. Auf diese Weise konnte er sich zurücklehnen und dem "Scheinkrieg" zusehen, sich der Verantwortung für den Krieg entziehen und auf die Gelegenheit warten, zurückzukommen und als Held den Krieg zu beenden.

Um sicherzustellen, dass der Krieg wie geplant abläuft, schickte Hirohito seinen Großonkel Kakuninomiya als Generalstabschef der

Armee, und der General Itagaki, ein Kader der Kanto-Armee, der den "18. September" geplant hatte, wurde nach Tokio zurückversetzt, um bei der Ausarbeitung des Schlachtplans für den "falschen Krieg" zu helfen.

Im Januar 1932, noch vor der Abreise des Völkerbundes in die Mandschurei, startete die Kwantung-Armee einen umfassenden und schnellen Angriff auf alle Teile des Nordostens, der die Westmächte in Ungnade fallen ließ. Der US-Außenminister schlug die Abberufung des Botschafters und Wirtschaftssanktionen vor, aber im Kongress und in der Regierung gab es nur wenige Befürworter, so dass sie Japan eine harte Note der Nichtanerkennung der Mandschurei übermittelten. Dies ermöglichte es Japan, die Hintergründe der Briten und Amerikaner zu verstehen und den geplanten Plan mit größerem Vertrauen durchzuführen.

Die Vereinigten Staaten, Chiang Kai-shek und das Land sind fertig, es ist wirklich "alles bereit, es fehlt nur noch der Ostwind", jetzt warten wir darauf, einen Grund für einen Krieg zu schaffen.

Am 8. Januar begab sich Kaiser Hirohito in die Außenbezirke von Tokio, um sich militärische Übungen anzusehen, über die fünf Tage zuvor in den Zeitungen auf perverse Weise berichtet worden war. Die Sicherheitsvorkehrungen waren an diesem Tag sehr streng: Die Geheimpolizei von Kanto wurde aus der Mandschurei eingeflogen, um die Sicherheit zu gewährleisten, und es gab Razzien an öffentlichen Plätzen in Tokio und in Hotels, die von den Koreanern bevorzugt wurden, doch ein Mitglied der koreanischen Unabhängigkeitsbewegung aus Schanghai wurde dabei "übersehen". Er verließ Schanghai im Dezember, entging bei der Einreise nach Japan auf mysteriöse Weise den stets aufmerksamen Einwanderungsbeamten und nahm unter den wachsamen Augen der Zivildienstleistenden der Bahn einen Zug nach Tokio. Zu diesem Zeitpunkt trug er in jeder seiner Taschen eine Granate und wartete schweigend auf den Konvoi des Kaisers.

Als er die mit Chrysanthemen geschmückte Kutsche des Kaisers vorbeifahren sah, zog er eine Granate und warf sie. Unglücklicherweise landete die Granate unter der Kutsche eines Innenministers, wobei es nur zu einer kleinen Explosion kam und der Minister unverletzt blieb. Der Attentäter wurde sofort verhaftet, in völliger Isolation in die Todeszelle gebracht und neun Monate später von der Geheimpolizei hingerichtet.

Nach dem Vorfall teilte der angegriffene Innenminister ruhig mit, dass es nicht nötig sei, Seowonji Gongwang zu melden; der Kaiser, der die Identität des Attentäters kannte, sagte scherzhaft, dass es sich um ein Mitglied der koreanischen Unabhängigkeitspartei handeln müsse; einer der engen Vertrauten des Kaisers schrieb in sein Tagebuch, dass er das Gefühl habe, dass an diesem Tag etwas passieren würde.

Das Attentat hatte bei den Untertanen, die zunehmend frustriert über den Kaiser waren, große Sympathien geweckt, und sie verlangten, dass der Innenminister, der für die Polizei zuständig war, seinen Bauch aufschlitzen und sich entschuldigen sollte. Der Innenminister musste zusammen mit dem Rest des Kabinetts seinen Rücktritt einreichen, und der Kaiser kehrte ohne einen Blick zurückzuwerfen zurück und ließ das gesamte Kabinett im Amt.

Nachdem er all dies gehört hatte, schwieg Gongwang von Xiyuanji lange und sagte etwas sehr Verräterisches: „Es wird oft gesagt, dass der Kaiser über der Verfassung steht, aber wo sonst kann der Kaiser eine Daseinsberechtigung finden als in der Verfassung?"[115]

Am 9. Januar, dem ersten Tag nach dem Attentat, meldete ein Journalist mit Verbindungen zum japanischen Geheimdienst in Schanghai die Nachricht und schrieb: "Einfach das Auto in die Luft gejagt, das dabei war, es ist eine Schande. Zeitungen wie das KMT-Organ "Republican Daily" in Schanghai brachten die Geschichte, was zu einem Aufruhr in der japanischen Diaspora führte. Das japanische Konsulat in Shanghai protestierte daraufhin und verlangte eine Entschuldigung für die Einstellung der Zeitung. Japanische Agenten griffen die Angelegenheit auf und begannen, den Krieg zu entschuldigen.

Am Tag nach dem Attentat erhielt der japanische Geheimdienst in Schanghai ein Telegramm aus Tokio: Der "Mandschurische Zwischenfall" entwickelte sich wie erwartet, aber einige im Kabinett waren aufgrund des Widerstands der Großmächte immer noch skeptisch, also nutzen Sie bitte die derzeitigen Spannungen zwischen China und Japan, um den von Ihnen geplanten Zwischenfall

---

[115] *The Conspiracy of the Emperor of Japan*, von Bergamini (USA), Commercial Press, 1984, S. 605.

durchzuführen, damit die Großmächte ihre Aufmerksamkeit auf Shanghai richten.

Am 18. Januar gingen fünf japanische Mönche zum Eingang der Sanyou-Handtuchfabrik, um sich dort umzusehen. Plötzlich stürmten einige unbekannte Schläger, als Arbeiter verkleidet, von der Seite heraus und schlugen die japanischen Mönche zu Tode und verletzten sie. Am nächsten Morgen hielt die japanische Diaspora in Shanghai eine Vollversammlung ab, um die japanische Regierung um Schutz zu bitten. Agenten des japanischen Geheimdienstes drangen in das Büro von Mitsui in Schanghai ein und zwangen Angestellte von Mitsui mit Pistolen, ein Telegramm an die Zentrale in Tokio zu schicken, in dem sie den Schutz der Regierung forderten.

Mitglieder des kaiserlichen Klüngels nutzten das Telegramm, um zu fordern, dass Mitsui die Kosten für den Beginn des "vorgetäuschten Krieges" übernimmt, da es darum gehe, "die Interessen von Mitsui in Shanghai zu schützen". Inuyasha bat Mitsui, 8 Millionen Dollar zu spenden, damit die Regierung Truppen zum Schutz von Mitsui in Schanghai mobilisieren konnte. Die Gruppe des Präsidenten hielt die Forderungen der Regierung für eine Erpressung durch die Unterwelt und erwiderte, dass Mitsui einen solchen Schutz nicht benötige und sich die hohe Summe nicht leisten könne. Inuyasha erinnerte die Gruppe daran, dass sie gehört hatten, dass Mitsui gerade mindestens 20 Millionen Dollar mit der Dollararbitrage verdient hatte, und dass die Menschen freundlich sein mussten. Wenn Mitsui zustimmte, die Mittel zur Verfügung zu stellen, konnte die Regierung mit Chiang Kai-shek verhandeln, um die Mandschurei "unabhängig" zu machen und so internationale Wirtschaftssanktionen zu vermeiden und die Interessen von Mitsui zu sichern.

Die Gruppe hat herausgefunden, dass dies Teil des Plans des Kaisers ist, das Reich mit Gewalt zu errichten, und dass sich dies nicht durch den Widerstand dieser Politiker oder der Mitsui Zaibatsu ändern wird. Der Kaiser wird alle möglichen Mittel einsetzen, um sie zu Kompromissen zu zwingen, und die Dollararbitrage ist eine Falle für den Kaiser, und es wird zu einem großen Kampf kommen. Er willigte ein, den Vorschlag des Premierministers zu prüfen, konnte aber nicht garantieren, dass Mitsui und die anderen Zaibatsu den Plan unterstützen würden.

Am 21. Januar ordnete der Kaiser die Vertagung des Parlaments an, um die einen Monat später stattfindenden Parlamentswahlen vorzubereiten. Auf diese Weise konnte Hirohito während der Übergangsphase ein verfassungsmäßiges Vorrecht des Kaisers ausüben, nämlich zusätzliche Ausgaben zu genehmigen, die nicht im Haushalt vorgesehen waren. Gleichzeitig warnten Hirohitos Kumpane Nishionji Gongwang, dass ein Blutvergießen die Nation erschüttern würde, wenn die Zaibatsu sich nicht bis zum 10. Februar zur Finanzierung des "falschen Krieges" entschließen würde.

Seit dem 23. Januar ankert die japanische Marineflotte in Schanghai, und die Bürger von Schanghai haben die Regierung in Nanjing gebeten, Truppen zur Verstärkung der Neunzehnten Straßenarmee in Schanghai zu entsenden, aber die Regierung in Nanjing bleibt weiterhin untätig.

Am 26. Januar berief der Stabschef, Hirohitos Onkel väterlicherseits, Idle House, eine oberste Militärkonferenz ein und befahl der Marine in Shanghai, Selbstverteidigungsbefugnisse auszuüben.

In der Nacht des 27. Januar sandte Verteidigungsminister He Yingqin auf Anweisung von Chiang Kai-shek drei dringende Telegramme an die Neunzehnte Straßenarmee, in denen er sie aufforderte, die Demütigung zu ertragen, Konflikte zu vermeiden und keine Schritte zu unternehmen, um die Ereignisse der Landesverteidigung nicht zu stören.

Am 28. Januar um 8.00 Uhr morgens warf ein Chinese, der offenbar der antijapanischen Bewegung "Rettet den Landtag" angehörte, nach offiziellen japanischen Berichten eine Art Bombe in das japanische Konsulat. Dies gab der japanischen Marine den ultimativen Vorwand, in den Krieg zu ziehen.

Um 17 Uhr wurde einem Reporter der *New York Times*, der sich zum Hafen begab, um einen japanischen Marinekommandanten zu interviewen, mitgeteilt, dass um 23 Uhr japanische Marinesoldaten in Zhabei einlaufen würden, um die japanische Diaspora zu schützen, dass aber die Japaner, die zu diesem Zeitpunkt in Zhabei Schutz brauchten, zwei Tage zuvor evakuiert worden waren.

Um 20.30 Uhr gaben die Japaner eine sogenannte "Proklamation" heraus, in der sie "den sofortigen Rückzug aller chinesischen Truppen und feindlichen Einrichtungen in Zhabei durch die chinesische Seite" forderten. Um sich einen Vorwand für den Einmarsch zu verschaffen, verzögerten die Japaner die briefliche Benachrichtigung des

Bürgermeisters von Schanghai absichtlich bis 11.00 Uhr. Nur wenige Minuten nach der Unterrichtung und noch bevor feststand, dass das Ultimatum zugestellt worden war, marschierten die japanischen Marinesoldaten in Zhabei ein. Mit anderen Worten: Japan wird China überhaupt keine Chance geben.

In Schanghai brach der Widerstandskrieg aus. Die Neunzehnte Straßenarmee leistete der japanischen Armee hartnäckigen Widerstand, und der Anführer Cai Tingkai erklärte, er werde die Japaner bis zum letzten Mann bekämpfen. Als Chiang Kai-shek sah, dass die Neunzehnte Straßenarmee, anstatt von den Japanern ausgelöscht zu werden, zu einem Helden wurde und nicht länger stillsitzen konnte, eilte er sofort nach Nanking zurück und kündigte an, dass er die Regierung und die Armee in einer Zeit der nationalen Krise anführen würde.

Chiang Kai-shek musste zwei Stücke gleichzeitig spielen, ein dunkles Stück für die Japaner, um die Kommunikation mit dem japanischen Gesandten fortzusetzen, und ein heiteres Stück für die Chinesen mit einer urkomischen Handlung, die Chiang Kai-sheks Forderungen nach einem Kriegseintritt zuwiderlief. Der chinesische Botschafter nahm an der Zeremonie teil und stieß mit den Offizieren der Großen Kaiserlichen Japanischen Marine auf die Langlebigkeit der Freundschaft zwischen China und Japan an. Wo ist hier die Rede von zwei sich bekriegenden Nationen? Sie sind wie zwei Brüder im ostasiatischen Ko-Wohlstandskreis.

Die Neunzehnte Armee freute sich über die Versprechen von Chiang Kai-shek, weil sie glaubte, dass er endlich sein Gewissen gefunden hatte und sich nicht mehr von den Bankiers und Kapitalisten um ihn herum verwirren ließ, sondern das nationale Interesse verfolgte. Sie kämpften tapfer, um die Linie zu halten, sehr zur Ungnade der kaiserlichen Armee von Großjapan. Die Marineinfanterie, die Elite der japanischen Armee, konnte unter dem Bombardement von Flugzeugen und Kanonenbooten und mit Hilfe japanischer Auswanderer und Matrosen die Linie der 19Road Army nicht durchbrechen.

Doch noch besorgter als sie war der ehrwürdige Kaiser Hirohito. Um zu verhindern, dass die japanische Marine falsche Tatsachen vortäuscht und den Krieg ausweitet, um sich selbst zu retten, befahl er, die Verstärkungen langsam und ohne Ungeduld vorrücken zu lassen, und er überprüfte persönlich jeden Tag jedes Detail des Kampfeinsatzes und der Logistik. Er wusste in seinem Herzen, dass dieses Spiel zu groß war, um nicht nur die internationale Gemeinschaft zu täuschen, sondern auch seine Untertanen und die Offiziere und Soldaten, die blutig für ihn kämpften. Am Ende war er so erleichtert, dass er den Cousin der Königin zum Chef der Marine ernannte. Nun, da die obersten Befehlshaber der Marine und des Heeres allesamt Verwandte des Kaisers sind, kann ein klarsichtiger Mensch erkennen, wie wichtig dieser Krieg für Yuren ist!

Einerseits war Hirohito wütend, andererseits ließen sich Zaibatsu wie Mitsui Zeit, kein Geld auszuzahlen. Nach japanischen Gepflogenheiten bedürfen die finanziellen Ambitionen des Landes der Zustimmung der großen Zaibatsu. Nun, da das Geld nicht da ist, ist es klar, dass sie mit der kaiserlichen Politik nicht einverstanden sind. Das ist ein unverhohlener Appell an den Kaiser! Diesmal können sie sich auf etwas gefasst machen.

Das Land der Attentate

Anfang Februar 1932, als die Ziele der japanischen Bombenangriffe immer näher an die Pacht der Westmächte in Schanghai heranrückten, unterbreitete die japanische Regierung ausländischen Gesandten in Tokio das Angebot, bei einem "Missverständnis" zwischen China und Japan zu vermitteln. Nach zwei Tagen erklärte der US-Außenminister, es sei wichtig, die guten Dienste in Shanghai mit der Mandschurei-Frage zu verbinden. Solange der Westen eine harte Linie gegenüber Shanghai vertritt, werden die Plutokraten, die wirtschaftliche Sanktionen fürchten, nicht für den Krieg bezahlen. Obwohl Japans Kreditwürdigkeit auf den internationalen Finanzmärkten wie New York auf dem Tiefpunkt ist, was für die künftige Finanzierung Japans im Ausland sehr ungünstig ist, lehnt Hirohito den US-Vorschlag immer noch hartnäckig ab, ganz zu schweigen von der Frist bis zum 10. Februar, die er der Plutokratie vor einem Monat in Aussicht gestellt hat. Da sie sich immer noch mit Ideen zurückhalten, kommt der Plan, die Banker zu bestrafen, ins Rollen.

Diesmal war es Junnosuke Inoue, der Ex-Ozosho, der den Eintritt der Zaibatsu, einschließlich Mitsui, koordiniert hatte, um Dollars zu horten, und der wusste, dass das Komplott vom Palast ausging, und der später die Zaibatsu schlecht dazu überreden konnte, einen Teil ihrer Gewinne an den Staat zu spenden. Wie das Sprichwort sagt: "Ein Mann ist wie ein Tiger. "Der Inoue Junnosuke zu viel wissen ließ!

Am 9. Februar lud Hirohito den Leiter des ursprünglichen chinesischen Geheimdienstnetzes, der in China mit dem Anführer der für die Ermordung von Politikern bekannten rechten japanischen Gruppe "Blutliga" verbunden war, zu einem Vortrag in den Kaiserpalast ein. Um 20 Uhr an diesem Abend bereitete sich Junnosuke Inoue darauf vor, eine Wahlkampfrede in einer Grundschule zu halten, als er von einer Gruppe der mächtigsten Attentäter der Blutliga dreimal erschossen wurde. Das erste Opfer der "Dreifachverschwörung" war geboren. Der Attentäter wurde auf der Polizeiwache mit ungewöhnlicher Vorliebe behandelt und kam einige Monate später erfrischt und mit rotem Gesicht vor Gericht.

Ein weiterer Zweck der Beseitigung von Junnosuke Inoue ist es, den regierenden Akyu und Inuyasha bei den bevorstehenden Wahlen einen Schlag zu versetzen, da es während des Kabinetts Inuyasha zu Dollararbitrage gekommen ist und Akyus gemäßigte Befürwortung tendenziell im Widerspruch zur expansionistischen Politik des Kaisers und des Militärs steht, die der Meinung sind, dass das Kaiserreich eher eine wirtschaftliche als eine militärische Expansion anstreben und eine langfristige Zusammenarbeit mit China pflegen sollte.

Das Ergebnis der Parlamentswahlen beunruhigt Hirohitos kleinen Kreis. Es scheint, dass das einfache Volk nicht dumm ist, sondern weiß, dass die derzeitige Wirtschaftspolitik vom Kabinett der Vorgängerregierung geerbt wurde und deshalb weiterhin für die AFP stimmt.

Die Zaibatsu, die beim Tod von Inoue Junnosuke gerade in kalten Schweiß ausgebrochen war, sah, dass die Wähler den Krieg nicht unterstützten, und stand auf und bereitete sich darauf vor, den Kaiser erneut herauszufordern. Die Plutokraten, die dem Nishiwon-ji für ihre eigenen Interessen den Rücken gekehrt hatten, standen nun vor der Tür, um sich ihm in der "Bewegung zur Verteidigung der Verfassung" anzuschließen und den Ruhm der Zeit des "Taisho-Putsches" wieder aufleben zu lassen.

Die Plutokraten hatten ihr eigenes Sicherheitsteam rekrutiert, um die Blutliga-Gruppe zu bekämpfen. Anstatt für den "Scheinkrieg" in Shanghai zu bezahlen, kamen sie auf die Idee, die kaisertreue Kanto-Armee zu kaufen. Ein Vertreter von Mitsubishi wandte sich an den Befehlshaber der Kanto-Armee und bat ihn, eine "Spende" von bis zu 100.000 Dollar anzunehmen. Die Antwort lautete, der Betrag sei zu gering und Mitsubishi hätte großzügiger sein und direkt an den Stabschef der Armee in Tokio spenden sollen.

Die Yuhren-Koalition erkennt, dass es sich um eine ernste politische Krise handelt, in der profitorientierte Plutokraten mit Politikern zusammenarbeiten, die Untertanen des Kaisers verwirren und nun versuchen, die Armee zu kaufen. Und die Politiker, die durch das Geld der Plutokraten und die so genannte parlamentarische Demokratie des Westens korrumpiert sind, verlieren ihre Loyalität gegenüber dem Staat und dem Kaiser. Deshalb muss den Plutokraten, die die Schuldigen sind, ein direkter Schlag versetzt werden.

Zur Erleichterung der Yuhito-Klientel durchbrach die 70.000 Mann starke japanische Elite am 29. Februar, als der Völkerbund Tokio erreichte, endlich die Verteidigung der 50.000 Straßenkrieger, und am 1. März wurde die Marionette "Mandschukuo" mit großem Tamtam verkündet, und am 2. März wurde die internationale Öffentlichkeit durch die Entführung des Kindes eines weltberühmten amerikanischen Piloten völlig in Atem gehalten. Diese Reihe von guten Nachrichten wird von ihnen als ein Geschenk des Himmels betrachtet, und sie können sich nun beruhigt darauf vorbereiten, wie sie mit den Plutokraten umgehen werden.

An diesem Tag hielt die Mitsui Bank eine Aktionärsversammlung ab, um den Jahresbericht zu erörtern, in dem ausdrücklich darauf hingewiesen wurde, dass die Schwierigkeiten des Bankgeschäfts im vergangenen Jahr, die durch die Börse und die Abwertung des Pfunds verursachten Verluste die Gewinne aus der Dollar-Arbitrage, die ausschließlich der Absicherung der Verluste aus der Abwertung des Pfunds diente, bei weitem überstiegen und die Mitsui Bank am Ende einen Nettoverlust von 4 Millionen Dollar erlitt, und dass die Kritik von außen an Mitsui, mit dem Dollar zu spekulieren, um eine Menge Schwarzgeld zu verdienen, völlig ungerechtfertigt ist. [116]

Am 3. März schien das Finanzministerium die Klagen von Mitsui über seine Armut völlig zu ignorieren und kündigte an, dass es Anleihen im Wert von etwa 8 Millionen Dollar ausgeben würde, um die durch den Krieg in Schanghai entstandenen Schulden zurückzuzahlen, in der Hoffnung, dass die zaibatsu, darunter auch Mitsui, sie im Interesse des Landes aktiv kaufen würden. Takuma, die Gruppe des Mitsui-

---

[116] *The House of Mitsui*, Oland Russell, Little, Brown and Company, 1939, S. 254-255.

Präsidenten, war nicht überzeugt und antwortete: "Die wichtigsten Unternehmer des Landes sind sich einig, dass sich das Unternehmen in finanziellen Schwierigkeiten befindet und nicht über die nötigen Mittel verfügt, um die Anleihen wie gewünscht zu kaufen. " Beide Seiten sind am Arsch! [117]

1932 steckt Japan mitten in einer Wirtschaftskrise, während der ländliche Nordosten unter den schlimmsten Einschnitten in der Nahrungsmittelproduktion seit 1869 leidet. Die Bauern ernähren sich von der Basis, ihre Töchter werden gekauft, um als Kurtisanen zu arbeiten, und ihre Söhne gehen in die Mandschurei, um "das nationale Interesse zu verteidigen". Das Geld, das für die Ablösung der Tochter hätte verwendet werden sollen, musste für Miete und Steuern verwendet werden. Eine andere Tragödie widerfuhr einem Bauernvater, dessen Sohn in der Mandschurei war und der seinem Vater vor dessen Abreise in die Mandschurei einen Brief schrieb, aber vergaß, ihn zu frankieren, so dass der Vater den Brief nicht erhalten konnte, weil er sich das Porto von vier Cent nicht leisten konnte. Einen Monat später erhielt der Vater die offizielle Mitteilung über den Tod seines Sohnes in der Mandschurei. [118]

Das einfache Volk hatte es sehr schwer und hat sich über die Kapitalisten beschwert. Die Yuhito-Koalition sah dies als den perfekten Zeitpunkt, um gegen die Zaibatsu vorzugehen, indem sie ihnen ein Ventil für ihre Wut bot und sie aufforderte, die Befehle des Kaisers zu befolgen.

Am 5. März wurde Takuma vor dem Gebäude der Mitsui Bank von einem Attentäter der Blood League niedergeschossen und starb 20 Minuten später.

Der Attentäter erklärte später gegenüber der Asahi Shimbun,

> *„Mein Ziel ist es, die korrupten etablierten politischen Parteien zu brechen, aber hinter den etablierten Parteien muss es Zaibatsu-Riesen geben, also ist mein Plan, mit der Ermordung*

---

[117] Ebd., S. 255.

[118] Ebd., S. 249-250.

von Zaibatsu-Riesen zu beginnen, und die Gruppe (Takuma) ist das Zentrum der Mitsui Zaibatsu, also werde ich ihn töten."[119]

Die Kritik des Attentäters an den Plutokraten war sehr treffend und genau im Sinne des Kaisers.

Am Tag nach der Ermordung Takumas kehrte Nishinonji Kouwang nach Tokio zurück, weigerte sich aber aus protokollarischen Gründen, den Palast zu betreten, um den Kaiser zu sehen. Er hat Gespräche mit verschiedenen Parteien geführt und versucht, den Traum vom Konstitutionalismus, für den er sein ganzes Leben lang gekämpft hat, zu bewahren. Er möchte, dass das Kabinett Inuye im Amt bleibt, dass ein wenig Hoffnung und Vertrauen in die verfassungsgebende Versammlung erhalten bleibt und dass alles getan wird, um die terroristische Politik der Attentate zu beenden. Im Gegenzug verlangt Xiyuanji, dass die Große Zaibatsu alle für den Shanghai-Krieg ausgegebenen Anleihen im Wert von 8 Millionen Dollar und weitere 7,5 Millionen Dollar als Startkapital für die Marionette "Mandschukuo" aufkauft.

Nachdem alles vereinbart war, schloss der Kaiser des westlichen Gartentempels ein Abkommen mit dem Kaiser. Aber die Dinge entwickelten sich nicht so, wie er es wollte. Die Attentate hörten nicht auf, und alle Kräfte, die der Expansion des Reiches im Wege standen, mussten beseitigt werden.

Am 15. Mai wurde von einer kleinen Gruppe von Marineoffizieren und Mitgliedern einer faschistischen Bauernorganisation ein bewaffneter Staatsstreich verübt. Sie planten, die Residenz von Premierminister Inuyugae, die Residenz des Innenministers, den Sitz der Jeongyou Association und die Bank of Mitsubishi auf vier verschiedene Arten anzugreifen, dann die Polizeistation zu besetzen und das Umspannwerk zu zerstören. Mit Ausnahme der Tötung des ehemaligen Premierministers Dog Yang Yi wurden die meisten anderen Ziele des Anschlags nicht erreicht, und sie fuhren schließlich mit einem Taxi zur Polizeistation, um sich zu ergeben.

Elf der Attentäter von Premierminister Nyi kamen vor ein Kriegsgericht. Unmittelbar vor dem Prozess erhielt das Gericht jedoch eine von 350 000 Menschen mit Blut unterzeichnete Petition, die von

---

[119] *The Japanese Truth*, von Takeshi Gao, Hunan Education Press, 2008, S. 127.

sympathisierenden Menschen aus ganz Japan initiiert und unterzeichnet worden war und in der das Gericht aufgefordert wurde, Gnade zu gewähren. Während des Prozesses legten die Mörder kein Schuldbekenntnis ab, sondern nutzten den Gerichtssaal als Propagandabühne, um ihre erbärmliche Loyalität gegenüber dem Kaiser zu verkünden und weitere Sympathien in der Öffentlichkeit zu wecken sowie eine Reform von Regierung und Wirtschaft zu fordern. Zusätzlich zu der Petition wurde dem Gericht ein weiteres Plädoyer von 11 jungen Menschen übermittelt. Sie legten jeweils einen Finger bei, um ihren Respekt vor den Attentätern zu zeigen, und baten darum, anstelle der elf Attentäter zu sterben.

Wenn die öffentliche Meinung so ist, wie kann der Kaiser dann nicht volles Vertrauen in seinen Traum von der "Verehrung des Königs und der Bekämpfung der Barbaren" haben, für den er persönlich verantwortlich ist?

Kaiserliche Macht über goldene Macht

> *„Hirohito war von Anfang an ein handlungsorientierter und mächtiger Kaiser, aber paradoxerweise vermittelte er der Welt den Eindruck eines defensiven und passiven Monarchen. Die Welt glaubt, dass er keine entscheidende persönliche Rolle im Entscheidungsprozess spielt und besteht darauf, ihn als inkompetentes, berühmtes und substanzloses Staatsoberhaupt zu sehen, dem es an Intelligenz und Wissen fehlt. Die Wahrheit ist, dass er klüger, gerissener und energischer ist als die meisten Einschätzungen. Man kann in Hirohitos vorsichtige Worte mehr hineininterpretieren als in das, was er tatsächlich sagt und tut. In seinen ersten 22 Jahren an der Macht übte er ein hohes Maß an Einfluss aus und zeigte selten Inkompetenz bei dem, was er tun wollte."*[120]

Der Hintergrund der japanischen Invasion und Expansion unter der Führung von Kaiser Hirohito war dem deutschen sehr ähnlich. Sie hatten alle ein vollständiges wirtschaftliches Monopol; ihre kulturellen Traditionen der Liebe zur Gewalt, des Respekts vor der Autorität, der Verehrung der Ordnung, der harten Arbeit und des Fleißes waren ein

---

[120] *The Truth - Emperor Hirohito and the War of Aggression against China,* (U.S.) von Bix, übersetzt von Wang Liping und Sun Shengping, Xinhua Press, 2004, S. 8.

tiefer Ausdruck von Eitelkeit und Respektlosigkeit gegenüber ihren einzigartigen Werten; politisch war das Vorbild der japanischen Verfassung von 1889 die deutsche Verfassung von Bismarck, und obwohl beide Länder eine Verfassung hatten, waren es die Armee, die Großgrundbesitzer und die Kapitalisten, die hinter dem Parlament wirklich die Macht hatten. Der einzige signifikante Unterschied zwischen den beiden Ländern ist ihre industrielle Stärke. Japan ist ein wirklich ressourcenarmes Land, dem es an Kohle, Eisenerz, Öl, Legierungsmaterialien, Wasserressourcen und sogar an Nahrungsmitteln fehlt. Und Deutschland benutzt das nur zu Propagandazwecken. [121]

Der angeborene Mangel an Ressourcen und Japans schnell wachsende Bevölkerung nach der Meiji-Restauration schufen einen starken Widerspruch. Die Bevölkerung Japans als Ganzes wuchs von etwa 30 Millionen im Jahr 1873 auf 70 Millionen im Jahr 1939. Um das Bevölkerungsproblem zu lösen, wollte man der europäischen Auswanderung nacheifern, aber die meisten Kolonien der Welt waren von den europäischen und amerikanischen Ländern geräumt worden. Gleichzeitig waren Großbritannien, die Vereinigten Staaten, Deutschland, Frankreich, Russland und andere Länder sehr wachsam und beunruhigt über die Expansion Japans. 1921 weigerte sich Großbritannien, die anglo-japanische Allianz wiederherzustellen, und 1922 erklärte der Oberste Gerichtshof der USA, dass Japaner nicht als US-Bürger eingebürgert werden durften, was das Selbstwertgefühl und den Stolz des japanischen Volkes stark verletzte und Japans Feindseligkeit gegenüber Großbritannien und den Vereinigten Staaten verstärkte, so dass es sich zur Lösung innerer Konflikte auf eine gewaltsame Expansion verlegte.

Im Zuge der Weltwirtschaftskrise und der Finanzkrise der 1930er Jahre verfolgten sowohl Japan als auch Deutschland eine Politik der inneren Unterdrückung und der Ausweitung der äußeren Aggression und errichteten eine faschistische Herrschaft, um die Krise durch die Erhöhung der Verteidigungsausgaben und die Militarisierung der nationalen Wirtschaft zu überwinden.

---

[121] *Tragödie und Hoffnung*, Carroll Quigley, GSG & Associates, 1996, S. 561.

In Deutschland wurde der Regimewechsel aufgrund des Zusammenbruchs der kaiserlichen Macht von unten nach oben durch allgemeine Wahlen herbeigeführt.

Im Jahr 1929 brach die Weltwirtschaftskrise aus, und die deutsche Wirtschaft verschlechterte sich drastisch. Die Zahl der Arbeitslosen in Deutschland erreichte 1930 2 Millionen und stieg 1932 auf 6 Millionen. Die Nazis nutzten diese historische Gelegenheit sofort, um den Versailler Vertrag und die Kriegsreparationen für die Wirtschaftskrise in Deutschland verantwortlich zu machen und die Schwäche der Regierung dafür verantwortlich zu machen, dass das Volk in den Abgrund gerissen wurde. Die wirtschaftliche Depression und die sozialen Umwälzungen führten dazu, dass das deutsche Volk das Vertrauen in die Weimarer Republik völlig verlor und die Nationalsozialisten als erste große Partei im Reichstag unterstützte, und die Hitler-Regierung kam an die Macht.

Viele Menschen glaubten fälschlicherweise, dass das NS-Regime eine Diktatur sei, die über alle Macht in einer Gesellschaft verfüge, dass es über alle gesellschaftlichen Ressourcen nach Belieben bestimmen könne und dass Hitler über das Schicksal aller entscheiden könne. In Wirklichkeit war Hitler als Politiker auf die Zusammenarbeit der vier Ebenen der Macht in der deutschen Gesellschaft angewiesen, um seine Regierung zu führen.

Die gesellschaftliche Machtplattform in Deutschland bestand damals aus den Industriekapitalisten, dem Militär, der bürokratischen Klasse und der Junker-Grundbesitzerklasse. Hitler schützte die Interessen der Junker-Grundbesitzerklasse und gewann ihre Unterstützung durch eine Reihe von Maßnahmen wie die Garantie der Gewinne auf landwirtschaftliche Erzeugnisse, die Regulierung der Löhne der Landwirte, die Senkung der Zinsen und Steuern auf Kredite und die Befreiung von der Arbeitslosenversicherung.

Da die historische Militärmacht, deren Kern das preußische Offizierskorps bildete, eng mit der Junker-Grundbesitzerklasse verbunden war, stammte die Elite des preußischen Offizierskorps aus der Junker-Grundbesitzerklasse, und der Schutz der Junker-Grundbesitzerklasse sicherte Hitler die Unterstützung der Armee.

Durch die Verpflichtung zur Frühpensionierung von Juden und Nazigegnern in der bürokratischen Hierarchie wurde eine große Zahl von Nazis verbeamtet, was die Macht der Nazis stärkte.

Nach der Machtübernahme durch die Nazis haben die Kapitalisten an Macht gewonnen. Diese Klasse von Menschen ist weder in großem Umfang organisiert, noch wird sie nach einem Prinzip wie der Loyalität gegenüber einem bestimmten Führer kontrolliert und gezwungen. Die nationalsozialistische Regierung mischte sich im Wesentlichen nicht in das freie Funktionieren von Industrie und Handel ein, und die Nationalsozialisten hatten, außer im Kriegsfall, keine große Kontrolle über die Industriekapitalisten im Allgemeinen.

Die traditionelle Auffassung, dass das nationalsozialistische Deutschland ein staatskapitalistisches und völlig autoritäres politisches System praktizierte, ist in der Tat unzutreffend, da ein solches Organisationsmodell in Deutschland zu jener Zeit nicht wirklich etabliert war. Es muss gesagt werden, dass dieses System in Nazideutschland ein autoritärer Kapitalismus war, aber kein autoritärer Kapitalismus, dessen Hauptmerkmal die effektive Organisation der Gesellschaft als Ganzes war, unter Bedingungen, in denen die verschiedenen sozialen Handlungen und die Mobilisierung von Ressourcen in erster Linie auf die Befriedigung kapitalistischer Zwecke im Streben nach Profit ausgerichtet waren. [122]

Anstatt sich auf politische Parteien und allgemeine Wahlen zu stützen, um die Regierung zu kontrollieren, verlässt sich Japan auf einen von oben nach unten gerichteten Ansatz, der vom Kaiser und einem starken Militärministerium beherrscht wird, sich auf die interne Planung einer Reihe von Attentaten, Putschen und anderen terroristischen Vorfällen stützt, Angriffskriege führt, um seine Macht und seinen Einfluss auszuweiten, und eine militärisch-faschistische Diktatur errichtet.

Japans "konstitutionelle Monarchie" ist eine Verfassung, in der der Monarch das Subjekt ist, und die Verfassung ist nur das Mittel, mit dem der Monarch das Land verwaltet, nicht aber eine Kontrolle des Monarchen. Im Gegenteil, die Verfassung sollte nicht nur den Kaiser schützen, sondern auch einen Mechanismus festlegen, damit die Macht des Kaisers in keiner Weise eingeschränkt wird. Der Kaiser ist das "Oberhaupt des Reiches", er ernennt das Ministerkabinett, das ihm gegenüber auf allen Ebenen loyal sein muss; der Kaiser ist der

---

[122] *Currency Wars 2: Jin Quan Tiandi*, herausgegeben von Song Hongbing, China United Publishing House, 2009, S. 175.

"Großmarschall" der Armee, der die Armee direkt befehligt und leitet, ohne dass die Regierung oder das Parlament eingreifen können; der Kaiser kann das Parlament einberufen oder auflösen und anstelle von Gesetzen Bullen erlassen; das Parlament hat nur eine unterstützende und beratende Funktion für den Kaiser. Wie man sieht, hatte der Kaiser von Japan mehr Macht als Hitler, und es gibt Gesetze, die dies eindeutig belegen. Natürlich ist das Gesetz Gesetz, und die tatsächliche Macht des Kaisers hängt immer noch von dem Spiel zwischen dem Kaiser selbst und den Plutokraten, den politischen Parteien und der Armee ab.

Der japanische militärische Machtblock, der sich auf die politische Grundlage nach der Meiji-Restauration stützt, wurde nach zwei ausländischen Kriegen, dem Sino-Japanischen Krieg und dem Russisch-Japanischen Krieg, zum Machtzentrum der Regierung und nahm eine besondere politische Stellung ein. Es gibt zwei Säulen der militärischen Macht, zum einen die Umsetzung des Prinzips der Gewaltenteilung zwischen Militärregierung und Militärbefehl und die Unabhängigkeit der Befehlsgewalt, die den politischen Status des Militärs im Vergleich zu Deutschland stark gestärkt hat. Zum anderen schreibt das japanische Recht ausdrücklich vor, dass der Minister für Land- und Marineangelegenheiten im Kabinett ein aktiver Soldat sein muss, und schafft damit die Rechtsgrundlage für die Einmischung des Militärs, die bei Widerstand des Militärs unweigerlich zum Zusammenbruch des Kabinetts führt; die Militärverordnung von 1907 stellt klar, dass nur der Minister für Militärangelegenheiten in Fragen der Befehlsgewalt seine Zustimmung geben muss und der Premierminister übergangen wird. Dieses System ermöglicht es den politischen Parteien und der Regierung, keine Kontrolle über die militärische Macht auszuüben, während das Armeeministerium nach dem Willen der Militärs Minister in das Ministerkabinett ernennen und die Staatsgeschäfte und das Überleben des Kabinetts direkt kontrollieren kann. Wie beim "Taisho-Putsch" führte der Rücktritt des Kriegsministers leicht zum Sturz des Kabinetts Kouwang von Nishionji, das mit dem Militär nicht zufrieden war.

In der Zeit der Meiji-Restauration war es das Ziel des Landes, Japan innerhalb einer Generation zu einer Industrienation zu machen. Japan hingegen ist ein Land mit einer dünnen Basis und einem späten Start, und die einzige Möglichkeit, seine Wirtschaft zu entwickeln, besteht darin, sich von der Regierung leiten zu lassen und die Anstrengungen der Nation zu investieren. Auf diese Weise sind in Japan mehrere große Monopole entstanden, die eng mit der Regierung verbunden sind, und die Interessen der Monopolkapitalisten werden oft mit denen des Staates kombiniert, und die Kapitalisten nehmen oft eine kooperative Haltung ein, um die staatliche Politik umzusetzen.

Die parteipolitische Tätigkeit in Japan stützte sich in den Anfangsjahren auf das System der Nominierung der Genros. Um ein erfolgreiches Kabinett bilden zu können, müssen die politischen Parteien zwei Schwellenwerte überschreiten: erstens die Nominierung des Patriarchen und zweitens einen Wahlsieg. Anstatt zu versuchen, die Unterstützung der Wählerschaft durch ihre eigenen Programme und Propaganda zu gewinnen, versuchen die Parteien herauszufinden, wie sie die Herzen und Köpfe der Patriarchen gewinnen können. Als die Patriarchen einer nach dem anderen abtraten, waren die Parteikabinette, denen es an populären Wurzeln und Plattformen fehlte, hilflos gegenüber den Aktionen des Hardliner-Militärministeriums.

Eine verfassungsmäßig geschützte kaiserliche Macht, eine starke Armee, kooperative Kapitalisten und schwache politische Parteien machten den Weg des Kaisers zum militaristischen Despotismus noch einfacher als den Hitlers.

Hirohito bewies der Welt auch, dass er Hitler überlegen war - durch die Fähigkeit des Kaisers, seine Untertanen zu kontrollieren und zu agitieren. Dazu gehörten Offiziere niedrigen Ranges, Ronin und Bauern. Wenn ein Kabinettsminister, ein Bürokrat oder ein ranghoher Offizier in der Armee nicht auf seine Befehle hört, mobilisiert er direkt die Menschen an der Basis und die Offiziere auf den unteren Ebenen, um den Willen des Kaisers zu erfüllen, indem er "die Spitze unterordnet".

Hirohito begann mit Hilfe seiner königlichen Patriarchen schon früh, junge Offiziere und Bürokraten auszubilden. Bereits 1921 empfing und gewann er auf einer Europareise junge japanische Offiziere wie Tetsuyama Nagata, Toshiro Obata und Ninji Okamura, die später die "Baden-Badener Elf" bildeten, eine Organisation, zu der Hirohito die militärischen Patriarchen herausforderte, unter denen Ninji Okamura, Hideki Tojo und Kenji Tohohara eine zentrale Rolle bei der militärischen Expansion Japans spielten.

Hirohito richtete im Palast ein Lehrzentrum ein, um junge Offiziere und Bürokraten zu kontrollieren und auszubilden, das den eher obskuren Namen "Universitäts-Diao" erhielt. Für junge Offiziere und angehende Bürokraten war es ein großes Privileg, den Diskussionen im heiligen Palast zuzuhören, wo nur wenige, die dort blieben, den Kaiser verraten würden, und wo Freundschaften zwischen Klassenkameraden geschlossen wurden, die ein Leben lang halten sollten und deren Bündnis nach dem Zweiten Weltkrieg großen Einfluss auf die japanische Politik hatte.

Er arbeitete viele Jahre lang mit Yuhitos engen Mitarbeitern zusammen, war ein treuer Assistent des Anführers der größten japanischen Bande, der Black Dragon Gang, und arbeitete zehn Jahre lang als Spion in China. Um ihn versammelten sich die Anhänger des Großasiatismus, Spione und Nationalisten aus allen Schichten. Er wurde als "geistiger Pate des Militarismus" und "Goebbels von Japan" bezeichnet und war ein praktischer Mann, der sowohl schwarz als auch weiß essen konnte.

Unter der Leitung von Dr. Okawa wurden verschiedene "Doktrinen", die er für nützlich hielt, in den Lehrplan der Universität aufgenommen. Konfuzianismus, Waffenentwicklung, Entwicklung von Notfallplänen, Umstrukturierung der Armee und geopolitische Doktrin usw. Der Chefberater des Kaisers hielt einen Kurs über den Status des Kaisers, in dem er die verschiedenen Pflichten der königlichen Familie erläuterte, die Rolle dieser Pflichten bei der Versöhnung des Kaisers mit seinen loyalen Kumpanen und die Notwendigkeit, nicht zuzulassen, dass die Öffentlichkeit und die öffentliche Meinung den Kaiser beflecken. Die Vorträge wurden sogar von Mitgliedern des paramilitärischen Systems gehalten, wie Geheimpolizisten, Wirtschaftsspionen, Drogenhändlern, Bordellbesitzern, Terroristen und Verhörspezialisten, die an vorderster Front am "Aufbau des Faschismus" beteiligt sind. [123]

Der Kaiser fördert nicht nur Talente, sondern unterstützt auch Banden und faschistische Organisationen wie die Black Dragon Society und die Blood League, die damit die öffentliche Meinung ködern und die Opposition mit Attentaten und Putschen ausschalten können.

Die 1901 gegründete Black Dragon Society ist das Zentrum der japanischen Nationalbewegung und die Heimatbasis der japanischen Ronin, die mächtiger sind als jede andere Gruppe. Zu dieser Zeit wurde ein japanisches Kabinett gebildet, und niemand konnte dies ohne die Zustimmung des großen Bruders der Black Dragon Society, Head

---

[123] *The Conspiracy of the Emperor of Japan*, von Bergamini (USA), Commercial Press, 1984, S. 458-459.

Yamanaman, tun. Auch im Chinesisch-Japanischen Krieg und im Russisch-Japanischen Krieg sorgte die Black Dragon Society für Furore. Die Zusammenarbeit mit dem japanischen Militär hat sich seither im Zusammenhang mit dem Einmarsch der Armee in China und dem Beginn des Pazifikkriegs intensiviert.

Die Blutliga ist eine rechtsgerichtete japanische Terrororganisation, die von dem faschistischen Mönch Inoue Nikkai gegründet wurde und deren Mitglieder hauptsächlich Studenten und Landjugendliche sind. Inoue war ein ehemaliger Spion in China und kehrte in den 1920er Jahren mit seinem alten Freund Dr. Okawa nach Japan zurück. Er und seine Anhänger versuchten, politische Parteien, Plutokraten und die privilegierte Klasse durch Attentate zu stürzen, um das faschistische System der "gemeinsamen Herrschaft des Volkes" in Japan zu erreichen. Sowohl Finanzminister Junnosuke Inoue als auch Präsident Takuma Mitsui, die in die "Dollar-Arbitrage-Falle" verwickelt waren, starben durch die Waffen der Blutliga.

Mit der heimlichen Zusammenarbeit dieser Organisationen nutzte der Kaiser in der kurzen Zeitspanne von einem Jahr die "Große Wende", um die politische Situation in Japan hinter den Kulissen zu manipulieren, indem er immer wieder zu Verschwörungen, Attentaten und Kriegstaktiken griff, so dass die politischen Parteien ausgelöscht wurden, die plutokratischen Kapitalisten auf taube Ohren stießen und die internationale Gemeinschaft schwieg und die kaiserliche Macht in ihren Händen hielt. Seine Errungenschaften übertrafen bei weitem die des Daishō und schlossen direkt an Meiji an.

> *„Damit ist das Experiment einer demokratisch gewählten Regierung in Japan beendet. Die Ermordung von Inuyeongyeol hat die Aizyoukai effektiv außer Sichtweite gebracht. In den 13 Jahren danach haben die Japaner zwar weiterhin regelmäßig gewählt, aber ihre Stimmen waren bedeutungslos - im besten Fall waren sie nur unrealistische Ansichten zu Themen, die zu dieser Zeit veröffentlicht wurden. In den folgenden Jahren, nachdem die Plutokraten bereitwillig zu Rädchen in der Maschinerie der militärischen Gleichschaltung des Landes geworden waren, kam der einzige mögliche Widerstand gegen den militärischen Plan, den Hirohito von seinen kaiserlichen Vorfahren geerbt hatte, von den "Militaristen" in der Armee.*
> *Als die letzte Granate explodierte, der Rauch sich lichtete, das letzte Taxi vor dem Gebäude der Geheimpolizei zum Stehen kam und der letzte Bluff des Nishiyonji-Tempels von der Stadt Hirohito zum Einsturz gebracht wurde, gab es insgesamt nur*

> *vier Tote. Ein Jahr später, als Hitler die Macht ergriff, musste er 51 seiner politischen Gegner ermorden und den deutschen Reichstag in Brand stecken. Hitlers Name wurde sofort in der ganzen Welt zum Synonym für den Teufel, während Hirohito nach seinem Staatsstreich der "Dreifachverschwörung" unerkannt blieb - immer noch eine geheimnisvolle Figur unter dem Deckmantel religiös gefärbter Vorschriften und oberflächlich betrachtet immer noch ein Ausbund an Anstand. Er profitierte davon, dass er ein Kaiser war, der auf eine jahrtausendealte Erfahrung mit Verschwörungen zurückgreifen konnte."*[124]

Am 26. Februar 1936, als mehr als 1.000 untergeordnete japanische Offiziere und Soldaten zum Sturz der Plutokratie und zur blutigen Säuberung Tokios durch den Sturz der korrupten bürokratischen Politiker aufriefen, wurden die Kräfte, die es gewagt hatten, gegen den Kaiser zu kämpfen, durch die weltbewegende Meuterei vom 26. Februar" vollständig zerschlagen.

Der Nishiyonji-Tempel gehörte zu den Ermordeten, aber am Ende verschonten ihn die Putschisten aus "plötzlicher Freundlichkeit". In diesem Moment verstand Saiyuanji Gongwang vollkommen, dass dies eine Art strengste Warnung von höchster Ebene war, er war keineswegs ein Gegner von Kaiser Hirohito, es war unmöglich, dass die Verfassung den Kaiser einschränkte, und es war schwierig für die goldene Macht, die kaiserliche Macht zu überwinden!

Von da an öffnete Japan die Büchse der Pandora des Weltkriegs.

---

[124] Ebd., S. 663.

KAPITEL VII

Der Traum vom goldenen Mausoleum zerbricht

Warum war der Exchange Parity Fund die zweite Zentralbank in China zu dieser Zeit? Warum konnten sich die vier großen Familien durch französisches Geld erstaunlichen Reichtum aneignen? Warum ist die Liberalisierung der Devisenmärkte eine schlechte Entscheidung, die zum falschen Zeitpunkt getroffen wurde? Warum hat die "finanzielle Infiltration" der Kommunistischen Partei Chinas den Sturz der Chiang-Dynastie beschleunigt? Warum hat Chiang Kai-shek den Währungskrieg letztlich verloren?

Die französische Währungsreform von 1935, die Chinas Währung vereinheitlichte, beschleunigte den japanischen Angriffskrieg gegen China. Unmittelbar nach Ausbruch des Krieges kam es zu einem unmittelbaren Devisenmangel und die Basis der französischen Währung wurde stark geschwächt. Chiang Kai-shek war auf anglo-amerikanische Kredite angewiesen, um die Währung zu stabilisieren und den Krieg zu überstehen. Großbritannien und die Vereinigten Staaten nutzten die Notlage von Chiang Kai-shek voll aus, indem sie den Devisenparitätsfonds als Plattform für Devisenkredite nutzten und die Zentralbank mit einem Schlag entmachteten.

Nach dem Sieg im Widerstandskrieg nutzten die vier großen Familien monetäre Mittel, um den Reichtum des Großen Hinterlandes und der gefallenen Gebiete rücksichtslos auszuplündern, und verloren so die Herzen und den Verstand des Volkes. Zu einem kritischen Zeitpunkt, als sich die Wirtschaft erholte und die Währungsstabilität hätte überhand nehmen sollen, führte Song zur falschen Zeit eine fehlgeleitete Währungspolitik ein, nämlich die Liberalisierung des Devisenverkehrs, deren Folgen zu einer Hyperinflation und zum Zusammenbruch des französischen Kreditwesens führten.

Der goldene runde Gutschein sollte den Schlamassel der französischen Währung bereinigen, doch unerwartet verursachte er ein noch größeres Chaos, das schließlich die Jiang-Dynastie unter sich begrub.

Der Tod eines Bankiers

An einem frühen Morgen im August 1938 startete ein Flugzeug der zivilen Luftfahrt vom Flughafen Hongkong und flog direkt nach Westen in Richtung Chongqing. Das Flugzeug war gerade über Zhongshan in Guangdong geflogen, als der Kapitän plötzlich einen Kampfjet bemerkte, der nicht weit entfernt aus den Wolken auftauchte. Die japanische Sonnenflagge, die auf die Flanken des Rumpfes gemalt war, machte Angst - es war ein japanischer Kampfjet, der in einen Hinterhalt geraten war! Kurze Zeit später tauchte ein weiteres Kampfflugzeug an der Flanke des japanischen Flugzeugs auf, gefolgt von einem dritten, vierten und fünften, und die Menschen auf dem zivilen Flug verkrampften sich sofort und gerieten in eine von den Japanern aufgestellte Luftfalle.

Der Kapitän, der sah, dass die Situation nicht gut war, zog heftig am Steuerknüppel und stach mit dem Kopf in die dichten Wolken, um dem japanischen Hinterhalt zu entkommen; sofort kamen fünf japanische Flugzeuge in Fächerformation auf, und die Maschinengewehre feuerten mit ihren Zungen auf das zivile Flugzeug. In weniger als einer Minute wurde das Zivilflugzeug außer Gefecht gesetzt, zog schwarzen Rauch auf und stürzte ab, und der Pilot konnte nur noch alles tun, um das Flugzeug in das Wasserfeld zu drücken.

Zum Glück für den Fahrer funktionierte es. Die Passagiere, die noch am Leben waren, kletterten mühsam aus der Kabine und zerstreuten sich. Einer der Passagiere hatte gerade zwei Schritte gemacht, als er sich daran erinnerte, dass er noch eine wichtige Aktentasche in seiner Kabine hatte und sich sofort umdrehte, um sie zu holen. In diesem Moment stürzten sich japanische Kampfflugzeuge auf alles Leben, das noch lebte. Der Passagier, der gerade in seine Kabine zurückgekehrt war, wurde auf tragische Weise erschossen und getötet.

Der tapfere Passagier war ein chinesischer Bankier namens Hu Penjiang, der Vorsitzende der Bank of Communications. Es gibt noch einen weiteren schwergewichtigen Banker, Xu Xinliu, Vorsitzender der Zhejiang Industrial Bank, einer der "South Three Banks".

Es war kein Zufall, dass der japanische Kampfjet auf dieses zivile Flugzeug gestoßen war und es abgeschossen hatte. Tatsächlich haben japanische Spione den Aufenthaltsort mehrerer chinesischer Bankiers in Hongkong seit langem genau überwacht, sie haben einen Schönheitstrick angewandt, um die Fluginformationen von Hu Penjiang, Xu Xinliu und anderen aus dem Munde von Hongkonger und britischen Beamten zu erhalten, woraufhin die japanische Luftwaffe Elite-Kampfjets schickte, um das Flugzeug auf halbem Weg zwischen Hongkong und Chongqing abzufangen.

Es scheint, dass die japanische Luftwaffe und die Spionagegruppen nicht so viel Aufhebens davon machen müssen, wenn es nur darum geht, zwei chinesische Banker zu ermorden. In der Tat sind es nicht nur diese beiden Banker, die Japan zu ermorden versucht, es ist die wichtige Mission, die sie haben!

In den Geldbörsen der beiden Bankiers lag zu diesem Zeitpunkt das Schicksal der chinesischen Währung Frankreichs, das letztlich über das Schicksal des Landes entscheiden würde.

Im November 1935 schloss China seine Währungsreform ab, schaffte den 400 Jahre alten Silberstandard ab, verstaatlichte Silber und machte die französische Währung zum einzigen gesetzlichen Zahlungsmittel in China. Die vier großen Familien Jiang, Song, Kong und Chen profitierten am meisten von dieser Reihe von Währungsreformen. Von den vier Banken kontrollierte die Song-Familie die Bank of China, die Kong-Familie beherrschte die Zentralbank, die Chen- und Song-Familien teilten sich die Bank of Communications, und die Peasant Bank war Chiangs Domäne, wobei Unterweltbrüder wie Chiang Kai-shek und Du Yuesheng an den riesigen Opiumgewinnen beteiligt waren, die von der Peasant Bank finanziert wurden. In den "Zwei Räten" übernahm die Familie Kong den Zentralen Treuhandrat und monopolisierte den Außenhandel und das Waffengeschäft; der große Kuchen der Postreserve und des Wechselstubenbüros wurde unter den Familien aufgeteilt. Die später gegründete "Zentrale Kooperationskasse" war die Welt der Familie Chen. Die Devisen, Chinas knappste Finanzressource, werden von den Familien Song und Kong monopolisiert. Der größte Boss ist natürlich immer noch Chiang Kai-shek.

Als Chiang von der militärischen Zentralisierung und der politischen Zentralisierung zur finanziellen Zentralisierung überging, nahm die Fähigkeit der Regierung, die wirtschaftlichen Ressourcen des Landes zu kontrollieren, dramatisch zu. Über das Finanzsystem monopolisierten die vier großen Familien fast die gesamte

Schwerindustrie, die Infrastruktur, den Handel und die Devisen und verwirklichten das Muster des Goldmonopols. Die Macht der ausländischen Banken in China musste sich von der direkten zur indirekten Kontrolle verlagern, von der Monopolisierung des chinesischen Finanzsystems zur Teilung der Macht mit den vier großen Familien. Objektiv gesehen haben die vier großen Clans die Möglichkeit erhalten, sich zum System der japanischen Plutokratie zu entwickeln, und die nationale Regierung hat ihren Griff auf das Finanzwesen allmählich verschärft.

Im früheren China war die Währungslandschaft geteilt; nun hat die Einführung der französischen Währung die Welt geeint und der Unordnung des chinesischen Währungssystems ein Ende gesetzt. Die Vereinheitlichung der Währung wiederum förderte die Bildung eines einheitlichen Binnenmarktes und regte die Entwicklung der nationalen Industrie und des Handels an. Nach der französischen Währungsreform und in den 20 Monaten bis zum Ausbruch des Krieges erlebte China zum ersten Mal in seiner Geschichte einen stabilen Wechselkurs",[125] was Chinas Außenhandelskapazitäten erheblich steigerte, und die chinesische Wirtschaft begann, sich aus dem Schatten der Großen Depression zu lösen und auf einen stetigen Wachstumspfad einzuschwenken. Hätten die Vereinigten Staaten nicht einseitig die "Silberne Flut" ausgelöst, wäre China wahrscheinlich eines der Länder gewesen, die die Weltwirtschaftskrise früher überwunden hätten.

Der Erfolg der chinesischen Währungsreform hat Japan stark stimuliert, insbesondere das japanische Militär, das einen starken Drang hat, China zu erobern.

Die Grundprämisse von Japans großer Strategie der "Eroberung der Welt, die zuerst China erobert" ist, dass China schwach und zersplittert ist. Nun, da China sein Währungssystem reformiert und seine Währungsfrage vereinheitlicht hat, ist dies ein sehr gefährliches Signal für Japan. Japans eigene Meiji-Restauration begann mit einer Währungsunion und verbesserte schrittweise seine finanzielle Obergrenze, und schließlich war es mit der starken Unterstützung seiner eigenen Finanzen auf dem besten Weg, die Industrialisierung innerhalb einer Generation abzuschließen.

---

[125] *China's Financial and Economic Situation from 1927 to 1937*, (U.S.) Yang, China Social Science Press, 1981, S. 317.

Die US-Diplomaten sind sich dessen sehr wohl bewusst,

> „Japanische Militärangehörige sind der Überzeugung, dass Chinas Programm der nationalen Einigung, der wirtschaftlichen Entwicklung und der militärischen Verbesserung, das in den letzten Jahren Fortschritte und deutliche Erfolge erzielt hat, zu einer Bedrohung für die japanische Sicherheit geworden ist. Die Verschiebung der gegenwärtig laufenden Maßnahmen zur Zerstörung dieses Programms bedeutet nur, dass es später schwierig sein wird, dies zu tun."[126]

Noch ärgerlicher für die japanischen Militärangehörigen ist die Tatsache, dass die französische Währung an das Pfund und den Dollar gekoppelt ist, um die Währung stabil zu halten, wodurch die Möglichkeit einer Yenifizierung der französischen Währung praktisch ausgeschlossen ist. Im Mai 1936 wurde das "Sino-US Silver Agreement" unterzeichnet, und die Vereinigten Staaten kauften von China 70 Millionen Unzen Silber in Gold und liehen sich 25 Millionen Dollar in 50 Millionen Unzen Silber und hinterlegten das Gold und den US-Dollar auf dem Konto der chinesischen Regierung bei der Federal Reserve als Reserve für die Ausgabe französischer Währung und legten fest, dass der Wechselkurs zwischen der französischen Währung und dem US-Dollar 30 Cent für 1 französische Währung betrug. Mit dieser Vereinbarung wurde die französische Währung fest an das Pfund und den Dollar gebunden.

Eine Gruppe von Leutnants und Majoren der japanischen Armee und der Kanto-Armee kam sofort zu der ernüchternden Erkenntnis, dass das Ergebnis dieses Schrittes der chinesischen Regierung darin bestand, China in die Pfund- und Dollarzone und in eine Schicksalsgemeinschaft mit den anglo-amerikanischen Mächten zu bringen und damit Japan völlig aus dem Spiel zu nehmen. Japans Unterstaatssekretär im Armeeministerium, Furusho, warf China eine Währungsreform vor und "keine Einigung mit Japan, einem Nachbarland mit starken politischen und wirtschaftlichen Bindungen... Es ist offensichtlich, dass Japan seine pro-japanische Politik aufgegeben hat, so dass es schwer ist, es zu ignorieren, wenn es auf die Stabilität der Ostmächte setzt". Sogar das japanische Außenministerium, das als "Schubladendenken" bezeichnet wurde, erklärte, daß die Durchführung der Währungsreform durch

---

[126] Ausländische Dokumente der Vereinigten Staaten, Bd. 1937.3, S. 545-547.

China "die Position Japans mißachtet und daher nicht verpflichtet werden kann", und daß die japanische Seite "sie entschlossen zurückweisen und ihre Verwirklichung, wenn auch mit Gewalt, verhindern wird".[127] Die Kanto-Armee reagierte auf die Währungsreform mit einer direkten Ansprache durch die Artillerie. Sobald China am 3. November sein Währungsreformprogramm ankündigte, schickte die Kwantung-Armee am 15. November sofort Infanterie-, Panzer- und Feldartillerieeinheiten an die Shan-Zoll-Front, bereit, in das Gebiet vorzustoßen und ihre militärische Aggression gegen China auszuweiten. Gleichzeitig begannen die Japaner, die so genannte "Autonome Bewegung der fünf Provinzen Nordchinas" zu mobilisieren und drangen in Nordchina ein, um es in ein "Mandschukuo" zu verwandeln.

Japans Logik ist klar, und Chinas Währungsreform zeigt in der Tat, dass die nationale Regierung entschlossen ist, über Japans "Greater East Asian Co-Prosperity Sphere" hinauszuschauen. Da China keinen Wein essen will, werden wir ihn ihnen servieren!

Der Ausbruch des antijapanischen Krieges im Jahr 1937 war ein wesentlicher Grund dafür, dass Chinas französische Währung vollständig an Großbritannien und Amerika fiel!

Durch die Währungsreform geriet das Finanzsystem Chinas, das sich gerade stabilisiert hatte, ins Wanken. Krieg braucht Geld, moderner Krieg braucht mehr Geld. Die nationale Regierung musste die Inflation nutzen, um die Fähigkeit der Nation zur Kriegsführung zu mobilisieren, was, um es ganz offen zu sagen, darin bestand, die Drucker der Zentralbank auf Hochtouren laufen zu lassen, um Geld zu drucken. Der Schlüssel zur Aufrechterhaltung der Stabilität der französischen Währung ist die Stabilität des Wechselkurses auf dem Devisenmarkt, während die Stabilität des realen Wechselkurses den freien Handel mit Devisen erfordert. Der Krieg und die Inflation führten dazu, dass die Bevölkerung in Scharen die französische Währung abwarf und Dollar, Pfund, Gold und Silber kaufte, so dass der Regierung bald die Währungsreserven ausgingen.

Im Februar 1938, nachdem die Pseudo-"China United Preparatory Bank" aus dem Käfig in Nordchina herauskam, wucherte der Devisenmarkt in Schanghai in den japanischen Finanzkräften der

---

[127] Historisches Archiv, Nr. 2, 1982.

Pseudo-Finanz-Absicherungsaktivitäten, der tägliche Betrag der Devisenkäufe an die Zentralbank, von den vorherigen 50.000 Pfund auf 500.000 Pfund stieg![128] Gleichzeitig fiel der Wert der französischen Währung in den Keller. Von März bis August 1938 fiel der französische Dollar gegenüber dem Pfund von 14 Pence auf 8 Pence und gegenüber dem Dollar von 30 Cents auf 16 Cents, ein Verlust der Hälfte seines Wertes in fünf Monaten!

Unter dem enormen Druck des Devisenansturms gab die nationale Regierung die Politik des freien, von der Zentralbank verwalteten Devisenhandels auf und führte das System des "Devisenantrags und der Genehmigung" ein, d. h. alle Anträge auf Devisenkauf müssen von der Zentralbank genehmigt und dann zum gesetzlichen Wechselkurs verkauft werden. Shanghai und Hongkong wurden zu zwei offiziellen Devisenmärkten, und der gesetzliche Wechselkurs wurde aus dem Markt genommen.

Die Beschränkungen für den An- und Verkauf von Devisen führten jedoch sofort zum Entstehen eines Schwarzmarktes für Devisen in Shanghai, was sich wiederum heftiger auf den Wert der französischen Währung auswirkte.

Der Kredit der französischen Währung stand auf dem Spiel, und die einzige Möglichkeit, ihren Wert zu erhalten und damit das Finanzsystem zu stabilisieren, von dem Chinas Widerstandskrieg abhing, bestand darin, sich Geld von den Vereinigten Staaten und Großbritannien zu leihen. Die geliehenen Pfund und Dollar würden auf die Konten der chinesischen Regierung bei der Bank of England und der Federal Reserve eingezahlt, und die Geldgeber würden ein "Board" einrichten, das die Devisen verwaltet, um den Wert der französischen Währung zu stabilisieren, indem sie die Pfund und Dollar systematisch auf dem chinesischen Devisenmarkt absetzen und die französische Währung zurückgeben. Nach Beendigung des Krieges und der finanziellen Stabilität wird China die geliehenen Pfund und Dollar regelmäßig zurückzahlen.

Dieses Geld wird als Devisenparitätsfonds bezeichnet, und das "Gremium", das den Paritätsfonds verwaltet, ist der Paritätsfondsausschuss. Die Kommission ist im Wesentlichen ein halb unabhängiges Finanzinstitut, das befugt ist, auf der Grundlage der

---

[128] *North China Express*, 6. April 1938.

jeweiligen Schwankungen auf dem Devisenmarkt eigenständig Entscheidungen über Interventionen auf dem Devisenmarkt zu treffen. Da es sich bei der französischen Währung um einen Devisenstandard handelt, kommt die Befugnis der Kommission, den Wechselkurs zu manipulieren, einem gewissen Grad an Kontrolle über die Emission der chinesischen Währung gleich. Außerdem muss jede Institution oder Einzelperson, die Devisen erhalten möchte, bei der Kommission einen Antrag auf Genehmigung und Auszahlung stellen. Auf diese Weise nimmt der Ausgleichsfonds die zuvor von der Zentralbank ausgeübte Befugnis zur Genehmigung von Devisenanträgen in seine eigenen Hände. Außerdem muß die gesamte Geldpolitik der chinesischen Regierung dem Ausschuß für den Ausgleichsfonds vorgelegt werden, bevor sie umgesetzt werden kann, und der vorgeschlagene Ausschuß für den Ausgleichsfonds wird, sobald er eingerichtet ist, de facto zur Zentralbank Chinas!

Xu Xinliu und Hu Penjiang, die von japanischen Kampfflugzeugen abgeschossen wurden, wurden dann von der chinesischen Regierung in die Kriegshauptstadt Chongqing zurückgerufen, wo sie nach Großbritannien und in die Vereinigten Staaten reisen sollten, um im Namen der chinesischen Regierung Geld für den Ping-Lo-Fonds zu leihen. Xu Xinliu und Hu Penjiang waren auch die besten Leute, um diese Mission zu erfüllen. Xu Xinliu studierte in seinen jungen Jahren in England, kehrte nach China zurück und trat in das Bankwesen ein, stieg schnell zu einer der Säulen der Plutokraten von Jiangsu und Zhejiang auf und diente auch lange Zeit als chinesischer Direktor des International Bankers in China Council - Shanghai Public Tenants Bureau of Industry, enge Kontakte mit der internationalen Finanzwelt, ist auch der US-Finanzminister Morgan Sows alter Freund, er vertrat China in London Financial City und Wall Street, um über den Paritätsfonds zu sprechen, ist einfach nicht mehr angemessen. Als Vorsitzender der Bank für Kommunikation gehörte Hu Penjiang zu den entschiedenen Antijapanern in der Plutokratie von Jiangxi und Zhejiang und stand bei Chiang Kai-shek und den japanischen Militärs auf der schwarzen Liste, weil er die Armee der 19Straßen im Shanghai-Krieg tatkräftig finanziert hatte. Die Forderung eines antijapanischen Bankiers nach internationaler währungspolitischer Zusammenarbeit durch Beharren auf dem Krieg war in den Kreisen der internationalen Bankiers, in westlichen Parlamenten und in den Medien sehr überzeugend. Das Duo ist zweifellos ein goldenes Paar.

Aus diesem Grund müssen die Japaner diese beiden chinesischen Bankiers töten. Sobald der chinesisch-britische und US-amerikanische Devisenfonds eingerichtet ist, wird der Wert der chinesischen Währung stabilisiert, was die finanzielle Mobilisierungsfähigkeit der chinesischen Regierung für den Krieg gegen Japan grundlegend verbessern wird. Und die anglo-amerikanische Beteiligung am Paritätsfonds ist gleichbedeutend damit, China fest in ihre Einflusssphäre zu bringen, was Japan in seinem Bestreben, China zu beherrschen, niemals dulden wird. Daher muss Japan alles tun, um diese Angelegenheit aufzuwühlen, und selbst wenn sie nicht aufgehalten werden kann, muss es sein Möglichstes tun, um ihr Tempo und ihren Rhythmus zu stören.

Man kann sagen, dass Xu Xinliu und Hu Penjiang an der vordersten Front des "Währungswiderstandskrieges" gefallen sind.

Devisenparitätsfonds: Zweite Zentralbank

Nach großen Anstrengungen erzielten die chinesische und die britische Regierung im März 1939 schließlich eine Einigung. Die chinesische Seite finanzierte durch die Bank of China 3,25 Millionen Pfund, die Bank of Communications 1,75 Millionen Pfund, die britische Seite durch die HSBC 3 Millionen Pfund, die Standard Chartered Bank 2 Millionen Pfund, insgesamt 10 Millionen Pfund (ca. 50 Millionen US Dollar, 1 Milliarde französischer Währung), um den "chinesisch-britischen Paritätsfonds" zu bilden, alle Pfund, die von der chinesischen Regierung auf dem Konto der Bank of England hinterlegt wurden, und bildeten den "chinesisch-britischen Devisen-Paritätsfonds-Ausschuss", um auf dem Devisenmarkt zu intervenieren, Parität Französisch Währung Operationen.

Ende Mai 1939, nur zwei Monate nach Beginn der Tätigkeit des Fonds, waren alle 2/3-Pfund-Kugeln des Fonds bereits aufgebraucht. Aber angesichts des Krieges, des gefürchteten Fleischwolfs des Schicksals und des Wahnsinns des französischen Geldes war das einfach zu viel. Mitte Juli hatte der Ausgleichsfonds kein Geld mehr! Auch die Devisenreserven der Nationalregierung sanken auf den niedrigsten Stand seit dem Ausbruch des Widerstandskrieges, so dass die Zentralbank nur noch über 25 Millionen Dollar an Devisenreserven verfügte. [129]

In ihrer Verzweiflung musste die Kommission den Verkauf von Devisen zweimal stoppen, und die französische Währung wertete zwangsläufig so stark ab, dass der französische Dollar im Oktober 1939 auf einen historischen Tiefstand von 4 Pence fiel.

An diesem Punkt schlugen die Amerikaner zu.

Im Juli 1939 informierte Arthur Younger, US-Berater des Finanzministeriums, die US-Botschaft, dass "in den letzten drei Tagen eine außerordentliche Ausgabe des Ausgleichsfonds stattgefunden hat, von der etwa die Hälfte von American Express und Citibank gekauft wurde. "[130] Selbst der stets US-freundliche Kong Xiangxi war verärgert und rief am 18. Juli direkt das US-Außenministerium an:

> „Die Devisensituation wird immer ernster, es gibt nur noch wenig im Paritätsfonds. Kürzlich verkaufte Devisen, von denen die meisten von ausländischen Käufern erworben wurden, gehen weg. Nach den eingegangenen Berichten wurde ein erheblicher Teil davon von American Express, Citibank und anderen amerikanischen Unternehmen gekauft. Dies ist keineswegs ein freundlicher Schritt. Daher muss diese Angelegenheit unbedingt so schnell wie möglich gestoppt werden."[131]

Kong Xiangxis Formulierung war so hart, dass er seine Mutter fast direkt verflucht hätte.

Zu diesem Zeitpunkt war es Hitler, der China Erleichterung verschaffte.

Im September 1939 überfiel Nazi-Deutschland Polen. Am selben Tag erklärten Großbritannien und Frankreich Deutschland den Krieg, das Pfund verlor an Wert und die französische Währung wertete am Devisenmarkt in Shanghai auf. Bis Anfang 1940 war die französische Währung gegenüber dem Pfund um 80% und gegenüber dem Dollar um 50% gestiegen. Der Vorstand des Paritätsfonds nutzte die Gelegenheit,

---

[129] China und die Auslandshilfe von 1937 bis 1945, S. 163.

[130] Telegramm von Botschafter Jensen an den Außenminister (18. Juli 1939), United States Foreign Relations Papers 1939, Bd. 3, S. 684.

[131] *Monetary History of the Republic of China*, Serie 2, Shanghai People's Publishing House, 1991, S. 458.

4,2 Millionen Pfund in französischer Währung zu verschleudern, um damit 4,2 Millionen Pfund zurückzukaufen, was 40% des zuvor verkauften Gesamtbetrags entsprach. [132]

Anfang Mai stellte die Commission for the Equalization of Funds erneut die unbegrenzte Versorgung des Devisenmarktes in Shanghai mit Devisen ein, und die französische Währung stürzte gegenüber dem Pfund ab. Zwei Monate später ist der mit 10 Mio. Pfund ausgestattete chinesisch-britische Paritätsfonds auf 2 Mio. Pfund geschrumpft, so dass er für die Funktion der Parität praktisch unbrauchbar geworden ist.

Die Japaner demontierten Taiwan, die verräterische und falsche Regierung demontierte Taiwan, die Amerikaner demontierten Taiwan ebenfalls, die Spekulanten drängten auf mehr Treibstoff, und Europa wurde vom Ausbruch des Krieges überrollt.

Am 14. Mai 1940 rief Chiang Kai-shek den amerikanischen Präsidenten Roosevelt an und bat um Hilfe:

> „Gegenwärtig ist Japans militärischer Fortschritt angeschlagen und der unerklärte Krieg hat sich in einen Wirtschaftskrieg verwandelt. Die jüngste Ankündigung der Gründung einer Emissionsbank in Shanghai durch eine Pseudo-Organisation in Verbindung mit der zunehmend gefährlichen Situation in Europa hat unser Währungssystem immer mehr unter Druck gesetzt, so dass die Preise steigen, die Wechselkurse fallen und der Devisenfonds nicht wieder aufgefüllt werden kann, die wirtschaftliche Situation wird schwächer und beeinträchtigt werden, was zu Chaos und Unordnung führt."[133]

Die Vereinigten Staaten warten immer noch auf ein "günstigeres" Angebot, Chiang Kai-shek kann es kaum erwarten.

Im Juni 1940 ging Song Ziwen selbst in die Vereinigten Staaten, um Hilfe zu erhalten. Zu dieser Zeit ist die amerikanische Gesellschaft "Isolationismus" an der Macht, das amerikanische Volk fühlt, dass es zwei Ozeane zu schützen, ob die Japaner oder die Deutschen können nichts für mich tun, warum müssen Sie die Knochen Ihrer eigenen Kinder für die Chinesen und Europäer zu bauen. Trotz seiner Weitsicht

---

[132] *Zusammenstellung historischer Informationen über chinesische Banken (1912-1949)*, Bd. 2, Archives Press, 1991, S. 1412.

[133] United States Foreign Relations Papers, 1940, Bd. 4, S. 691.

war auch Präsident Roosevelt gezwungen, in der Frage der Hilfe für China unter dem Druck der Volksabstimmung vorsichtig vorzugehen. Erst als die Pseudo-Regierung von Wang Jingwei etabliert war und die Deutschen in ihrer Blütezeit Druck auf die chinesische Regierung ausübten, um einen Kompromiss mit Japan zu schließen, ließ Roosevelt, der befürchtete, dass China es nicht ertragen könnte, auf die Seite Japans zu geraten, locker und stimmte zu, China einen Devisenparitätsfonds zu leihen.

Nach langem Hin und Her einigten sich die beiden Länder schließlich im April 1941 auf eine Vereinbarung über den Ausgleichsfonds und seinen Verwaltungsausschuss. Am selben Tag wurde eine neue Phase der Vereinbarung über den chinesisch-britischen Paritätsfonds eingeleitet. In der Folge tauschten die drei Länder Briefe aus und legten die beiden Ausgleichsfonds zusammen, wobei die Vereinigten Staaten 50 Mio.$, das Vereinigte Königreich 10 Mio. Pfund Sterling (etwa 40 Mio.$) und China 20 Mio.$ beisteuerten, insgesamt also 110 Mio.$, um den neuen "Ausgleichsfonds China-Vereinigte Staaten-Britannien" zu bilden. [134]

Der neue Fondsausschuß ist befugt, den gesamten Handel zwischen den USA und China sowie die täglichen Vorgänge auf dem Devisenmarkt und die Parität der französischen Wechselkurse zu überprüfen. Jeder, der Geschäfte zwischen den Vereinigten Staaten und China tätigt, muss eine Genehmigungsurkunde des Fondsausschusses für die Verwendung von Fremdwährungen vorweisen können, bevor er Waren aus den Vereinigten Staaten nach China bestellt. Für alle chinesischen Exporte in die Vereinigten Staaten muss die US-Regierung eine Bescheinigung des Foreign Exchange Sales and Equalization Fund Board vorlegen, bevor die US-Regierung ihre Waren in den Zoll einführen darf. Dieses Equalization Fund Board ist also nicht nur die chinesische Zentralbank, sondern auch die oberste Verwaltungsstelle für den Außenhandel in China!

Die Amerikaner haben einen viel größeren Appetit als die Briten!

Es sind natürlich die Amerikaner, die in diesem Ausschuss eine führende Rolle spielen. Gemäß dem Abkommen über den Ausgleichsfonds müssen die US-Kommissare dem US-

---

[134] Außenminister Hull an Botschafter Jensen (28. April 1941), United States Foreign Relations Papers 1941, Bd. 5, S. 637.

Finanzministerium jederzeit über alle Entscheidungen und Pläne der Kommission Bericht erstatten. Bevor die Kommission die Mittel für Operationen wie Investitionen oder Refinanzierungen verwenden kann, muss sie die Genehmigung des US-Finanzministers oder der Federal Reserve einholen. Darüber hinaus müssen die Bank of China, die Zentralbank und der Vorstand des Ausgleichsfonds dem US-Finanzministerium regelmäßig über die Verwendung des Fonds Bericht erstatten, um es zu informieren.

Werfen wir einen Blick auf die Liste der chinesischen Mitglieder des sino-amerikanischen ESF-Verwaltungsausschusses: Chen Guangfu, Tse Tak Mao und Pei Zu Yi. Chen Guangfu hat in jungen Jahren die Wharton School der University of Pennsylvania absolviert und ist eine prominente Persönlichkeit in der Plutokratie von Jiangsu und Zhejiang. Die offizielle Identität der Familie Dongting Xi war die des Direktors des Zentralen Bankbüros, während die wahre Macht, die er vertrat, die "Acht-Nationen-Armee" der ausländischen Banken war. Pei Zu'ie stammte aus der Familie Sheng Xuanhuai des Unternehmens Han Ye Ping und trat später in die Bank of China ein, wurde Song's Vertrauter und fungierte als Song's Vertreter im Ausgleichsfonds. [135]

Wie aus der Liste der Zusammensetzung dieses Ausschusses hervorgeht, handelt es sich um eine Kernorganisation unter der Führung internationaler Bankiers, in der Käufer und Verkäufer eng mit dem bürokratischen Kapital zusammenarbeiten, um Chinas finanzielle Souveränität zu kontrollieren.

Um diese Einrichtung zu unterstützen, beschloss die US-Regierung sogar, alle privaten Gelder zwischen China und Japan in den USA einzufrieren, gefolgt vom Vereinigten Königreich und den Niederlanden, was die Marktabsicherung bis zu einem gewissen Grad beruhigte und den Verkaufsdruck auf die Stiftung verringerte. Der Finanzminister der Vereinigten Staaten, Herr Morgenthau, lobte die Rolle des Ausgleichsfonds und sagte, er habe der chinesischen Regierung geholfen, ihre Finanzen zu organisieren und einen Wirtschaftskrieg gegen die Währung des Marionettenregimes zu führen.[136] US-Botschafter in China, Jensen, behauptete sogar, dass

---

[135] *Shanghai Times*, (Japan) von Shigeharu Matsumoto, Shanghai Century Press, 2010, S. 90-91.

[136] *Xinhua Daily*, 10, 17 Mai 1941.

„ohne dieses Darlehen die Regierung in Chongqing zusammengebrochen wäre."[137]

Doch weder Morgantho noch Jensen bringen eine tiefere Bedeutung zum Ausdruck, nämlich dass ein Pauschalfonds in der Tat eine gute Sache ist, gut in dem Sinne, dass er China tiefer kontrollieren und besser für es arbeiten kann!

Das Dollar-Vermögen von Kong Xiangxi

Im Dezember 1941, nur vier Monate nach der Eröffnung des Sino-American Anglo-Pac Fund in Hongkong, brach der Pazifikkrieg aus. Der US-Kongress, der durch Pearl Harbor zutiefst erzürnt war, beschloss Anfang 1942 in einer Atmosphäre des gemeinsamen Hasses, der chinesischen Regierung, die im Krieg geblieben war, ein riesiges Darlehen in Höhe von 500 Millionen Dollar zu gewähren, um ihre Fähigkeit zum Kampf gegen Japan zu verbessern.

Damals betrug die Ausgabe der US-Währung nur 9,6 Milliarden Dollar, und plötzlich gab sie China 500 Millionen Dollar! Damals betrugen die jährlichen Einnahmen der chinesischen Regierung nur 1 Milliarde französische Francs, und zum offiziellen Wechselkurs entsprachen 500 Millionen US-Dollar 10 Milliarden französischen Francs, was der Summe der Steuereinnahmen Chinas für 10 Jahre entsprach! Und dieses Darlehen ohne Rückzahlungsfrist, ohne Zinsanforderungen und ohne zusätzliche Bedingungen ist das einzige "Drei-Null"-Darlehen in der Geschichte der chinesischen Auslandsverschuldung.

Für die Amerikaner scheint dieser Kredit oberflächlich betrachtet ein absolutes Verlustgeschäft zu sein, aber in Wirklichkeit geht es um eine Million Dollar! Die 500 Millionen Dollar würden Chinas Moral und seine Fähigkeit, gegen Japan zu kämpfen, erheblich stärken, und je härter China kämpft, desto geringer ist die Zahl der amerikanischen Verluste an der Pazifikfront.

Und die Wall Street hat lange Zeit die strategische Landschaft der Nachkriegsweltwährung gestaltet. Aus währungsstrategischer Sicht wird das 500-Millionen-Dollar-"Kapital" vier wichtige Erträge bringen:

---

[137] Song, Z. Wenzhuan, Wang Song, Hubei People's Publishing House, 2006, S. 154.

Erstens wird das Darlehen sofort die US-Militärindustrie anziehen, um den Umfang der Produktion schnell zu erweitern, und gleichzeitig die Wiederbelebung einer großen Anzahl von Industrien wie Stahl, Bergbau, Maschinenbau, Transport, Schiffbau, Automobile, Flugzeuge und andere Industrien vorantreiben, um aus der Misere der Großen Depression herauszukommen, die Arbeitslosenquote von bis zu 18% stark zu verbessern, die inländische Verbrauchskapazität zu erhöhen; zweitens wird das Darlehen Chinas Währungssystem vollständig dollarisieren, um Chinas wirtschaftliche Lebensader auf dem Höhepunkt der Währungsemission fest zu kontrollieren; drittens, und so weiter, die europäischen "Marshall-Plan" und andere regionale Wirtschaftshilfe Pläne, wird stark die Zirkulation des Dollars zu erweitern, stärken die Integration von Ressourcen des Dollars auf globaler Ebene; viertens, die Ausweitung der Macht des Dollars wird schließlich das britische Pfund ersetzen, um die künftige Hegemonie der Weltwährung zu etablieren, wenn die Länder der Welt für Dollar-Darlehen konkurrieren, werden die internationalen Reserven des Dollars und Handelswährung Status etabliert werden. Nach dem Krieg würden die USA den Ländern eine jährliche "Münzsteuer" in Form von zusätzlichen Dollarscheinen für 70 Jahre auferlegen!

Sie müssen immer zahlen! Die Architekten der Dollar-Währungsstrategie haben entdeckt, dass die "Dollar-Reserve" auf eine verdeckte Steuer hinausläuft und eine "Super-Steuer" ist, die die Welt nicht loswird und die über Generationen nicht aufhören wird! Was ist an einem solch lukrativen Geschäft nicht zu mögen?

Eine halbe Milliarde Dollar ist ein riesiger Geldsegen für die nationale Regierung! Die vier großen Familien haben viel Mühe darauf verwendet, Milch zu essen und zahllose Schimpfwörter zu ertragen, nur um die Finanzmacht, die ursprünglich von den Plutokraten von Jiangsu und Zhejiang gehalten wurde, in ihre eigenen Hände zu nehmen und ein "vier Banken und zwei Büros" finanzielles zentralisiertes Machtsystem zu errichten, als Ergebnis einiger Jahre der Anstrengung, versehentlich durch den PingZhu-Fonds-Ausschuss die Macht ergriffen. Privat habe ich es gehasst, aber weil ich keine harte Währung in den Händen hatte, und weil ich Dollar und Pfund in den Händen hatte, musste ich meinen Mund halten. Das ist großartig, es gibt 500 Millionen Dollar auf dem Konto der Fed, die jederzeit abgerufen werden können, warum also einen pauschalen Fondsausschuss mit nur 100 Millionen Dollar darin behalten, als wäre er ein Großvater?

So, unter der Führung von Kong Xiangxi, die Einrichtung der Zentralbank Foreign Exchange Management Committee, sofort die Verwaltung dieser Menge von Devisen in die Hände des Rechts auf die wirkliche "Zentralbank" Position zurücksetzen. Zu Beginn der Gründung des Devisenverwaltungsausschusses der Zentralbank ernannte Kong Xiangxi fälschlicherweise Chen Guangfu, Sidemar und andere Mitglieder des Paritätsfondsausschusses zu Mitgliedern des Devisenverwaltungsausschusses. Chen Guangfu hat jedoch kurz nach der Ernennung seinen Rücktritt erklärt, und Xi De Mao hat lediglich einen Vertreter ernannt, der Xi Jia als Mitglied dieses Devisenverwaltungsausschusses vertritt, während sein eigener Arsch immer noch im Büro des Paritätsfondsausschusses sitzt.

Mit der Veränderung des allgemeinen Umfelds, wenn die Wall Street Bonzen entdeckte das Wesen der "Dollar-Reserven", begannen sie zu "greifen die großen und setzen die kleinen", was jeder der China-US-Handelsmanagement Fragen und Devisen Verwendung Behörde Genehmigung und so weiter Sesam grüne Bohne-wie Kleinigkeiten, ist nicht genug, um es zu stören. So fiel das Equalization Fund Board allmählich in Ungnade. Die Mitglieder mussten auch "mit der Zeit gehen" und sich dem Devisenmanagementausschuss der Zentralbank annähern.

Als Kong Xiangxi plötzlich ein Vermögen machte, wurde die Frage, was man mit dem Geld tun sollte, zu einer dringenden Angelegenheit. Wie genau sollten Sie es ausgeben?

Es dauerte nicht lange, bis das Programm veröffentlicht wurde: 100 Millionen Dollar in Sparfonds; 100 Millionen Dollar in Staatsschulden; 220 Millionen Dollar für den Kauf von Gold aus den Vereinigten Staaten; 50 Millionen Dollar für den Kauf von Waren aller Art in den Vereinigten Staaten; und der Rest des Geldes für alle möglichen Ausgaben, einschließlich Bearbeitungsgebühren, Transportkosten, Versicherungen usw.

Der so genannte "US-Dollar-Sparfonds" wurde vom Finanzministerium der nationalen Regierung ab April 1942 eingerichtet, um 100 Millionen Dollar bei der Zentralbank als Fonds zu hinterlegen. Die "vier Reihen und zwei Büros" sind in französischer Währung in US-Dollar zum Kurs von 1 US-Dollar zu 20 französischen Dollar angelegt. Die Mindeststückelung des Sparbriefs beträgt 10 US-Dollar, die Laufzeit 1 Jahr, 2 Jahre und 3 Jahre, die Zinssätze betragen

3%, 3½% bzw. 4% pro Jahr, wobei Kapital und Zinsen bei Fälligkeit in US-Dollar zu zahlen sind.

Die so genannten "US-Dollar-Anleihen" wurden ab April 1942 vom Finanzministerium der nationalen Regierung mit einer Garantie von 100 Millionen US-Dollar ausgegeben. Diejenigen, die sich an der Staatsverschuldung beteiligten, kauften die Anleihen in französischer Währung zum Kurs von 100 französischen Dollar zu 5 bis 6 US-Dollar und begannen mit der Rückzahlung der Schulden in 10 Jahren ab 1944. Solche Anleihen können als Sicherheiten gekauft und verkauft werden, sie können als Einlage bei offiziellen Geschäften verwendet werden und sie können als Reserve bei Banken eingesetzt werden.

Das klingt schön, aber die Menschen, einschließlich der Industrie- und Handelsunternehmen und der Banken, haben Angst vor der "glorreichen Tradition", mit dem Volk um Gewinne zu konkurrieren und Schulden zu machen, von der Regierung in Peking bis zur nationalen Regierung, und sie sind nicht sicher, ob sie das Kapital und die Zinsen bei Fälligkeit bezahlen können. Doch zu Beginn des Jahres 1942 gab es einen Paritätsfonds und 500 Millionen US-Dollar Kuchen durch die Französisch Währung gesichert war einmal stark, der Schwarzmarktpreis des US-Dollars und der offizielle Preis ist nicht viel Unterschied, gibt es nicht viel Raum für Arbitrage, so dass, ob es die US-Dollar-Sparfonds oder die US-Dollar-Staatsschulden, am Anfang gab es nur sehr wenige Befragte, musste "Überzeugung", "Amortisation", "Kollokation" Weg, um zwangsweise zu fördern verwenden. Die "vier Banken und zwei Büros" wurden angewiesen, der Öffentlichkeit zwei Arten von Investitionen zu "amortisieren", und alle Kreditnehmer der "vier Banken und zwei Büros", unabhängig von der Öffentlichkeit oder der Regierung, wurden gezwungen, 5 bis 20 Prozent des Kreditbetrags in US-Dollar-Sparscheine umzuwandeln. Die "vier Linien" selbst mussten 2 Millionen Dollar in US-Dollar-Sparzertifikaten zeichnen und wiesen sogar die Provinzen an, diese in ähnlicher Weise beim Verkauf von Lebensmitteln an die Käufer "anzupassen".

Das Schicksal der öffentlichen Anleihen in US-Dollar ist nicht besser, die Kreditwürdigkeit der Regierung war nicht gut, nach dem Krieg wurde sogar die Börse geschlossen, der legale Handel mit öffentlichen Anleihen existierte nicht mehr, und jetzt wird plötzlich eine neue Art von öffentlichen Anleihen ausgegeben, die immer noch behaupten, das Kapital und die Zinsen in Dollar zurückzuzahlen? Die Öffentlichkeit glaubt, dass die Zentralbank und das Finanzministerium eine Gruppe von Leuten sind, die gekommen sind, um das Volk zu täuschen.

Angesichts dieser Situation hatte das "Four Union General Office", die oberste Finanzaufsichtsbehörde der Regierung, keine andere Möglichkeit, als die Methode der Förderung von US-Dollar-Sparscheinen zur Förderung von öffentlichen US-Dollar-Anleihen zu nutzen. Zusätzlich zu "Überredung", "Amortisation" und "Kollokation" waren auch die Zentralbank, die Bank of China, die Bank of Communications und die China Farmers' Bank gezwungen, öffentliche Anleihen im Wert von jeweils 2 Millionen US-Dollar zur Förderung zu zeichnen.

Der Finanzminister und Präsident der Zentralbank, Kong Xiangxi, hat jedoch aus seiner misslichen Lage gelernt und ein Vermögen gemacht.

Wenn andere Leute die Einzelheiten der Staatsverschuldung in US-Dollar nicht kennen, wie kann Kong Xiangxi sie dann nicht kennen? Die 100 Millionen Dollar, die für die Ausgabe von Staatsschulden zurückgelegt wurden, befinden sich auf dem Konto der Federal Reserve, und die Schulden sind überhaupt kein Problem. Und wie kann man den Finanzminister und den Präsidenten der Zentralbank dafür verantwortlich machen? Und man weiß nicht, wie lange es noch dauert, bis der Krieg vorbei ist, und solange es Krieg gibt, wird die französische Währung mit Sicherheit abwerten, und der Arbitrage-Raum zwischen den offiziellen und den Schwarzmarktpreisen wird im Laufe der Zeit beträchtlich zunehmen, und man weiß nicht, wie viel Geld allein mit dieser einen Hand verdient wird! Was sind Finanzen? Kong Xiangxi ist das Finanzwesen; was ist Regulierung? Kong Cheung-hee ist der Aufseher! Tun Sie es einfach. Gerade als allen klar wurde, dass sie unbedingt US-Dollar-Anleihen kaufen wollten, wies Kong das Schatzamt der Zentralbank an, den Verkauf von US-Dollar-Anleihen ab dem 15. Oktober 1943 einzustellen, unter dem Vorwand, dass sie ausverkauft seien.

Ist wirklich alles ausverkauft? Nach den Erinnerungen von Chen赓雅, einem Mitglied und Direktor der Niederlassung der Provinz Yunnan, gab es im Oktober 1943 noch 50 Millionen US-Dollar an öffentlichen Anleihen, die nicht verkauft worden waren, aber Kong Xiangxi ordnete an, dass sie aufgelöst und vom Geschäftsbüro der

Zentralbank gekauft wurden.[138] Tatsächlich kaufte das Geschäftsbüro der Zentralbank nicht alles auf, sondern Kong Xiangxi selbst kaufte Anleihen im Wert von 11,5 Millionen US-Dollar! Die Anleihen wurden von Kong Xiangxi zum offiziellen Kurs von 1 US$ für 20 französische Francs gekauft, während der Durchschnittskurs der US-Dollar-Anleihen in diesem Monat bei etwa 250 französischen Francs für 1 US$ lag. Allein mit dieser einen Aktion hatten Kong Xiangxi und seine Handlanger mehr als 2 Milliarden französische Münzen veruntreut!

Und das ist noch nicht alles. Nachdem er diesen Job erledigt hatte, wurde Kong Xiangxis Appetit so groß, dass er die gesamten 50 Millionen Dollar Staatsschulden aufessen wollte. Die Macht von Kong Xiangxi ist jedoch so groß, dass er nur vorübergehend alle Menschen täuschen kann oder immer einige Menschen täuschen kann, aber nicht alle Menschen für immer. Es gab keine undurchlässige Mauer, und als Kong Xiangxis Taten in der Öffentlichkeit bekannt wurden, gab es einen Aufschrei!

Huang Yanpei, Fu Shih-nian und eine Gruppe von "königlichen historischen Beamten" des Nationalen Senats, im Nationalen Senat im Juli 1945, gemeinsam die Befragung der Verkauf von US-Dollar öffentliche Anleihen für private Betrug, Fu Shih-nian auch eine große Menge von Original-Informationen und Beweise für den Fall von Kong Xiangxi U. gesammelt.S. Dollar öffentlichen Anleihen, und beabsichtigt, es offiziell an den Senat zur Diskussion, muss eine Hand "American-Style-Demokratie" zu spielen, vergießen alle Kürzungen, sondern auch zu ziehen, die königliche Pro-Land relativ, pro-amerikanischen Plutokraten Kong Xiangxi.

Am Vorabend der offiziellen Sitzung der Nationalen Politischen Konsultativkonferenz des Volkes kam jedoch der Sekretär von Chiang Kai-shek, Chen Bray, an die Tür und "flehte" Fu Shih-nian an, "die Gesamtsituation in Betracht zu ziehen", den "befreundeten Ländern" und "Reaktionären" nicht die Möglichkeit zu geben, die Wahrhaftigkeit der Regierung anzugreifen, zu glauben, daß der Vorsitzende Chiang unparteiisch sein wird, in der Hoffnung, daß das Dossier des Falles Kong Xiangxi zuerst in die Residenz von Chiang Kai-shek gebracht

---

[138] *The Kong Xiangxi I Know,* herausgegeben von Wen Si, Beijing, China Literature and History Press, 2003, S. 145.

werden kann, "um den Sitz des Komitees im voraus zu sehen".[139] Natürlich wird dieses Dossier für immer "verschollen" bleiben. Danach wurde Kong zwar zum Rücktritt gezwungen, aber er wurde weder gerichtlich untersucht noch strafrechtlich verfolgt, und das Geld, das er veruntreut hatte, wurde nicht verwendet und verschwand im Stapel der historischen Dokumente.

Chiang Kai-shek hat eindeutig versucht, Kong Xiangxi zu schützen, denn die vier großen Familien, die die nationale Regierung regieren, Chiang, Song, Kong und Chen, sind allesamt nicht sauber.

Bereits 1943 schätzte das asiatische Wall Street Journal Song's Vermögen auf 70 Millionen Dollar, mit Investitionen in General Motors und DuPont, und es war klar, dass es unmöglich war, so viel Geld mit seinem Gehalt als Finanzminister, Präsident der Zentralbank, Vorsitzender der Bank of China und anderen nationalen öffentlichen Ämtern zu verdienen. Als die amerikanische Politikjournalistin Merle Miller 1953 den gescheiterten, wiedergewählten Präsidenten Harry S. Truman interviewte, beschuldigte Truman Song, Kong Xiangxi und andere energisch, dass sie planten, heimlich US-Regierungshilfe für China zu veruntreuen. Truman wurde immer erregter und konnte sich schließlich nicht mehr zurückhalten und platzte heraus,

> „Sie sind Diebe, jeder einzelne von ihnen ... Sie haben 750 Millionen von den 3,8 Milliarden Dollar gestohlen, die wir an Chiang Kai-shek geschickt haben. Sie stahlen das Geld und investierten es in São Paulo, Brasilien, und in Immobilien hier, in New York!"[140]

Die Dollars, die sie ihnen abgenommen haben, müssen schließlich durch die harte Arbeit der einfachen Chinesen zur Schaffung von Wohlstand zurückgezahlt werden. Was sie stehlen, ist in Wirklichkeit nicht das Geld der amerikanischen Steuerzahler, sondern das hart verdiente Geld der einfachen Chinesen. Eine solche Regierung ist keine "nationale Regierung", sondern eine Maschine zum Auspressen des Reichtums für die vier großen Familien Jiang, Song, Kong und Chen, die das Blut und den Schweiß des Volkes auspressen!

---

[139] *Kong Xiangxi Biographie*, von Shen Guoyi, Anhui Wenyi Press, 1994, S. 274.

[140] Madame Chiang Kai-shek, a Power in Husband's China and Abroad, Dies at 105, *New York Times*, 25 October 2003.

Eine solche "nationale Regierung" wird früher oder später vom Volk aufgegeben werden müssen!

Die Finanzversion von "Lurking"

Als Chen Guangfu im Herbst 1939 in New York einen jungen Mann in einem chinesischen Restaurant interviewt, stellt er fest, dass der junge Mann einen Hauch von Kultiviertheit besitzt. Er ist scharfsichtig und schlagfertig, und er spricht fließend Englisch, wenn es um Chen Guangfus Fragen geht. Chen Guangfu nickte heimlich mit dem Kopf, er ist wirklich der stellvertretende Sekretär des Finanzministeriums der Vereinigten Staaten und Direktor der Währungsabteilung, sein alter Freund Bai Laodou hat das junge Talent persönlich gefördert, er ist wirklich die nächste Generation der Angst. Chen Guangfu beschloss sofort, den jungen Mann vor ihm als seinen Sekretär einzustellen und sich auf seine Ausbildung zu konzentrieren.

Dieser junge Mann, Ji Chaoding, stammt aus Shanxi, hat an der Columbia University in Wirtschaftswissenschaften promoviert und ist Stipendiat des Pacific International Institute. Weniger bekannt ist, dass er ein altes Mitglied der Kommunistischen Partei Chinas ist, das auf dem Höhepunkt des Weißen Terrors im Jahr 1927 beitrat. Damals stand die Partei unter der einseitigen Führung von Zhou Enlai, was die organisatorischen Beziehungen anbelangt. Sein Bruder Ji Chaozhu, der später das Neue China als Untergeneralsekretär der Vereinten Nationen vertreten sollte.

Während er von der Organisation zum Studium in die Vereinigten Staaten geschickt wurde, freundete sich Ji Chaoding durch die organisatorischen Beziehungen zwischen der Kommunistischen Partei Chinas und der Kommunistischen Partei der Vereinigten Staaten mit Edler an, einem Beamten im Office of Monetary Policy Research des US-Finanzministeriums, der 1935 der Kommunistischen Partei der Vereinigten Staaten beitrat. Später machte Adele Ji Zhaoding mit dem mächtigen Mann im US-Finanzministerium, Bai Laodou, bekannt. Als damaliges Mitglied des Council on Foreign Relations (CFR) erkannte Baird, dass Ji Zhaoding ein seltenes Talent aus China war und stellte ihn dem Pacific International Institute als Stipendiat vor.

Die Pacific International Society ist eine außergewöhnliche Organisation, die 1925 in Honolulu als Zweigstelle des Council on Foreign Relations der Vereinigten Staaten gegründet wurde und sich aus der Elite der Pazifik-Anrainerstaaten, einschließlich Mittelamerika und Japan, zusammensetzt. Er wird von der Rockefeller-Stiftung und der Carnegie-Stiftung finanziert und von einer Wall-Street-Koalition kontrolliert, die die Interessen der Familien Morgan und Rockefeller vertritt.[141] Weitere Geldgeber der Organisation sind Mobil Oil, American Telephone and Telegraph, IBM, General Electric, Time Magazine, J.P. Morgan, Citibank, Chase Manhattan Bank und andere Institutionen mit Verbindungen zur Wall Street.

Als wichtigster Vertreter der USA in diesem Gremium vertrat der stellvertretende Finanzminister Robert White seine eigenen Ansichten über die institutionelle Gestaltung der internationalen Finanzordnung der Nachkriegszeit. Um eine Wiederholung von Tragödien wie der Großen Depression zu vermeiden, sollte seiner Meinung nach ein internationaler Ausgleichsfonds mit Beteiligung der wichtigsten Länder der Welt eingerichtet werden, mit einem Mindestbetrag von 5 Milliarden Dollar, der von den Mitgliedstaaten in den vorgeschriebenen Anteilen eingezahlt werden sollte, die auf der Grundlage ihrer Golddevisenreserven, ihrer Zahlungsbilanz und ihres Nationaleinkommens festgelegt würden, und der Fonds sollte für die Ausgabe einer eigenen Währungseinheit, der Unita, reserviert werden. Jede Y-Einheit entspricht 10 US-Dollar oder 137 Gramm reinem Gold (1 Gramm = 0,0648 Gramm reines Gold), die Y-Einheit ist an den US-Dollar und an Gold gekoppelt, die Währungen aller Mitgliedstaaten müssen eine feste Parität zur Y-Einheit aufrechterhalten, und die Währungen der Mitgliedstaaten dürfen nicht ohne die Zustimmung von drei Vierteln der Mitglieder des Fonds abgewertet werden. Darüber hinaus wurden diskriminierende Maßnahmen wie Devisenkontrollen und bilaterale Ausgleiche abgeschafft, und den Mitgliedstaaten wurden kurzfristige Kredite gewährt, um ihre Zahlungsbilanzdefizite auszugleichen.

Dies war der Vorläufer des Internationalen Währungsfonds (IWF), der heute die globale Finanzordnung beherrscht, und des von Whitehead vorgeschlagenen Programms des Internationalen Paritätsfonds (IPF), das schließlich unter dem Namen "White-Plan" in die internationale Währungs- und Finanzgeschichte einging.

---

[141] Carroll Quigley, op. cit., S. 947.

White Lauder und das US-Finanzministerium, die das IAF-Programm vorgeschlagen hatten, brauchten dringend ein Testfeld, um zu prüfen, wie gut ihr Programm funktionierte. Um seine Währung zu stabilisieren, ergriff China die Initiative und schickte Xu Xinliu und Hu Penjiang im August 1938 in die Vereinigten Staaten, um über die Einrichtung eines chinesisch-amerikanischen Paritätsfonds zu verhandeln; die beiden chinesischen Bankiers wurden jedoch von japanischen Kriegsflugzeugen abgeschossen, bevor sie China verlassen konnten. Im zweiten Monat nach der Tragödie schickte die chinesische Regierung, die dringend auf die Hilfe der USA angewiesen war, Chen Guangfu, um die Verhandlungen in den Vereinigten Staaten fortzusetzen.

Das US-Finanzministerium wollte dies eigentlich, aber aufgrund der Stärke der isolationistischen Kräfte in den USA und der Unfähigkeit der chinesischen Regierung, der chinesischen Regierung direkt Kredite zu gewähren, war dies nicht möglich. Daher schlug Chen Guangfu, der mit dem politischen Klima und den Geschäftspraktiken in den Vereinigten Staaten vertraut ist, vor, dass das US-Finanzministerium einer in den USA registrierten Gesellschaft, der China Global Import and Export Corporation, Darlehen zur Handelsförderung gewährt und diese Plattform als Übergang für die künftige Einrichtung eines Paritätsfonds nutzt, dessen Unterlagen die US-Regierung jederzeit überprüfen kann. Diese Kredite werden durch chinesische Bodenschätze wie Wolfram, Zinn, Wolfram usw. garantiert, über die die Vereinigten Staaten nicht verfügen. Der Export dieser Ressourcen wird es China ermöglichen, lebenswichtige Industrien mit minimalen Verteidigungskapazitäten aufzubauen, wie z. B. Lastkraftwagen, Autotransport, Kommunikation, moderne Bergbaumaschinen und moderne Verarbeitungsanlagen.[142] In der Folge führte Chen Guangfu intensive Verhandlungen mit den US-Finanzministern Morgenthau und White Lauder, die Ende 1938 in der ersten Vereinbarung über ein "Wolframöl-Darlehen" in Höhe von 25 Millionen Dollar gipfelten.

Sowohl Laodou Baek als auch Chen Guangfu, die den China-US-Paritätsfonds einrichten wollen, wissen genau, dass dieser "Tungöl-Kredit" nur ein Vorgeschmack auf die künftige Einrichtung des China-US-Paritätsfonds ist. Laodou Baek muss so schnell wie möglich "seine

---

[142] K. P. Chen Papiere (Chen Guangfu Papiere) [R]. Sammlung der Columbia University, New York, S. 4.

eigenen Leute" bei der China Global Import and Export Corporation einsetzen, und Chen Guangfu braucht eine kompetente Person, die sich um das Tagesgeschäft des Unternehmens kümmert, aber auch eine enge Kommunikation mit dem US-Finanzministerium pflegt. Genau zu diesem Zeitpunkt erschien Ji Chaoding. Die erste Aufgabe, die Chen Guangfu für Ji Chaoding arrangierte, bestand darin, den Bericht über das "Tungöl-Darlehen" zu schreiben. [143]

1944 vertrat er die US-Regierung auf der Konferenz von Bretton Woods, und nachdem er mit seinem "White Plan" den Keynes-Plan im Namen der britischen Interessen vereitelt hatte, wurde er vom FBI wegen des Verdachts auf sowjetische Spionage "aufs Kreuz gelegt". Kurz darauf starb White Lauder, der in die Nervenzentren des globalen kapitalistischen Gehirns eingedrungen war, um dort tief zu lauern, auf unerklärliche Weise.

Als sich der Krieg zuspitzte, wurden Chinas Außenhandelswege von der japanischen Armee fast vollständig abgeschnitten, und es gab praktisch keinen nennenswerten Außenhandel mehr. Da es keinen Bedarf für China Global Imports and Exports gab, kehrte Chen Guangfu zusammen mit Ji Chaoding nach China zurück, um den Posten des Direktors des neu gegründeten China-US Anglo-Indonesian Parity Fund Committee zu übernehmen. Ji Chaoding wurde selbstverständlich auch Generalsekretär des Ausschusses für den Ausgleichsfonds. Die wichtigsten Mitglieder des Ausschusses für den Ausgleichsfonds, wie Chen Guangfu, Sidachem und Pei Zuoyi, sind allesamt Finanzbosse mit mehreren Positionen, jeder mit seinem eigenen Bank-"Mund", jeder mit einer großen Aufgabe, denn die tägliche Arbeit des Ausschusses für den Ausgleichsfonds kann nicht persönlich erfolgen, so dass die tägliche Arbeit des Fonds ganz in den Händen von Ji Chaoding liegt. Und der Ausgleichsfonds war zu dieser Zeit fast gleichbedeutend mit Chinas De-facto-Zentralbank, dieser tief lauernde "Spion", kann wirklich als eine hohe Autorität beschrieben werden.

Noch erstaunlicher ist, dass Ji Chaoding sich nicht nur im Ausschuss für den Ausgleichsfonds einen Namen machte, sondern bald zum Generalsekretär des Ausschusses für die Verwaltung der Devisen

---

[143] *Die Erinnerungen von Chen Guangfu* (englische mündliche Memoiren) [A]. Chinesische mündliche Geschichte [Z]. Chen Guangfu, Sondersammlungen, Columbia University, New York, S. 109.

unter der Kontrolle von Kong Xiangxi wurde. Es stellt sich heraus, dass Ji Chaoding in seiner Position genau wusste, dass sich die Waage der Macht zwischen den beiden Ausschüssen, insbesondere zwischen Chen Guangfu und Kong Xiangxi, früher oder später zugunsten des letzteren neigen würde, und um sich tiefer einzunisten, musste er die Widersprüche zwischen den beiden ausnutzen und seine Strategie rechtzeitig anpassen, um in das Lager von Kong Xiangxi zu gelangen. Obwohl Chen Guangfu in Bezug auf Talent, persönliche Tugenden und Charisma Kong Xiangxi weit überlegen ist, obwohl ihn und Chen Guangfu nach mehr als zwei Jahren des Zusammenlebens bereits eine tiefe Zuneigung verbindet, obwohl es Ji Chaoding im Herzen schmerzt, Chen Guangfu den Rücken zu kehren, gibt es Dinge, die er für mehr Gerechtigkeit tun muss.

Nach der japanischen Invasion in Hongkong musste der Ausgleichsfonds, der in Hongkong seine Tätigkeit aufgenommen hatte, in die Hauptstadt Chongqing umziehen, wo er im Gebäude der Zentralbank untergebracht war. Die Mitarbeiter des Ausgleichsfonds, darunter auch Ji Chaoding, wohnen in den Gebäuden des Kongxiangxi-Komplexes in Fanzhuang am Nordufer von Chongqing. Ji Chaoding bewohnte das "günstige Terrain" und konnte täglich Kontakt zu Kong Xiangxi aufnehmen. Aufgrund der weltlichen Verbindungen der beiden mächtigen Shanxi-Familien Kong und Ji wurde Ji Chaoding bald zu einem regelmäßigen Gast der Familie Kong, spielte jede Woche Bridge mit Song Anling und kam Kong so nahe, dass er ihn "Alter Onkel" nannte. Bald darauf wurde er von Kong Xiangxi zum Generalsekretär des Foreign Exchange Management Board ernannt.

Nach den Berechnungen von Kong Xiangxi war Ji Chaoding mit dem amerikanischen Mitglied des Equalization Fund Board, Edelardo (dem amerikanischen Kommunisten, der im US-Finanzministerium lauerte), ein Versager und hatte auch enge Beziehungen zum US-Finanzministerium (kann es nicht eng sein? (Das US-Finanzministerium ist voll von "kommunistischen Spionen"), und im Weißen Haus sitzt "jemand von oben" (kein Wunder, dass McCarthy so wütend ist), wenn der 500-Millionen-Dollar-Kredit mit den "drei Neins" unter Dach und Fach ist, ist es richtig, Chen Guangfu durch Ji Chaoding zu ersetzen, um mit den Amerikanern zu verhandeln und Chen Guangfu ganz rauszuwerfen. Ji Chaoding stammt ebenfalls aus Shanxi und hat, nachdem er amerikanische Auslandstinte getrunken hat, enge Beziehungen zur amerikanischen Führungsebene und ist außerdem ein hervorragender Geschäftsmann, so dass der "vertrauenswürdige, verlässliche und nützliche" Kader keinen anderen braucht. Wie hätte Kong Xiangxi ahnen können, dass Jizhao Ding ein Mitglied der Kommunistischen Partei mit einem solchen Hintergrund sein würde! Ji Chaoding wurde bald zum Vertrauten von Kong Xiangxi und gewann sein höchstes Vertrauen, so sehr, dass er alle seine teuren Anzüge, die er nicht getragen hatte, Ji Chaoding schenkte. Als das Komitee für den Ausgleichsfonds im Februar 1944 aufgelöst wurde, wurde Ji Chaoding sofort zum Direktor des Komitees für die Verwaltung der Devisen.

Zu diesem Zeitpunkt war Ji Chaoding de facto zum Verantwortlichen für die Geldpolitik der nationalen Regierung geworden! Mit großer Macht in seinen Händen wollte Ji Chaoding nun zuschlagen.

Der Konkurs der französischen Währung: die Folgen der Liberalisierung der Devisenmärkte

Am 15. August 1945 erließ der japanische Kaiser Hirohito ein Edikt, in dem er die bedingungslose Kapitulation Japans erklärte. Die Nachricht kam und die Nation jubelte, dass das chinesische Volk unter Einsatz von 35 Millionen Menschenleben diese entscheidende Schlacht, die über das Schicksal der chinesischen Nation entscheiden sollte, endlich gewonnen hatte. Jetzt ist es für die nationale Regierung unerlässlich, die gefallenen Gebiete zu übernehmen und die nationale Wirtschaft wieder aufzubauen und zu entwickeln.

Kong Xiangxi, der während des Krieges für die Finanzen zuständig war, trat wegen des Falls der Staatsverschuldung in US-Dollar zurück und wurde durch Song Ziwen als Verwaltungspräsident und Finanzminister ersetzt. Zurück auf der Bühne, die für die Verwaltung der Wirtschaft des Landes zuständig war, sah sich Song mit einem echten Schlamassel konfrontiert.

Die Geschichte einer nationalen Regierung ist eine Geschichte des Krieges. Zuerst die Nordexpedition, dann die "Kommunisten", dann die Kriegsherren verschiedener lokaler Machtfraktionen, gefolgt vom Antijapanischen Krieg, der im Grunde mehrere Jahre lang nicht aufhörte, der Krieg war längst bis zum Ende der Armut des Volkes geführt worden, und die normalen Finanz- und Steuereinnahmen der Regierung schrumpften, und es reichte nicht aus, um über die Runden zu kommen. Die nationale Regierung konnte sich auf die Unterstützung der Plutokraten aus Jiangsu und Zhejiang stützen, um in der Anfangszeit Staatsschulden zu begeben. Nach 1935 wurde die Finanzmacht der Plutokraten von Jiang und Zhejiang im Wesentlichen von den vier großen Familien Jiang, Song, Kong und Chen in Beschlag genommen, und die Regierung von Jiang ist wiederholt mit ihren Schulden in Verzug geraten, und die Kreditwürdigkeit ist extrem schlecht, so dass die Staatsverschuldung immer weiter zurückgeht. Nach dem Ausbruch des Widerstandskrieges mussten sie von Auslandsschulden leben. Doch für ein Land dieser Größe, das mit einem Krieg dieses Ausmaßes konfrontiert ist, kann die Inanspruchnahme ausländischer Hilfe nur eine Überbrückungsmaßnahme sein. In dem verzweifelten Versuch, die militärischen und politischen Ausgaben zu finanzieren und das Haushaltsdefizit zu decken, war Chiang Kai-shek eher geneigt, sich von den Nationalbanken Geld vorschießen zu lassen, und nach 1945 beliefen sich die Vorschüsse der Zentralbank an die Regierung stets auf mehr als 60% der Staatsausgaben!

Auch die Zentralbank ist kein Ali Baba, der mit einem Mantra Reichtum aus dem Nichts schaffen kann. Angesichts des unersättlichen Appetits der Regierung blieb der Zentralbank nur ein Trick: die Gelddruckmaschine anzuwerfen. Heutzutage hat dieser Trick einen einprägsamen und rätselhaften Namen: "quantitative Lockerung".

Die Zentralbank beschwor ihr Mantra der "quantitativen Lockerung", was zur Folge hatte, dass ein Dämon namens "Inflation" erwachte, während Song Ziwens Politik der Ausplünderung der gefallenen Zone mit dem Umtausch von 1 Yuan französischer Währung in 200 Yuan Falschgeld die Korken des Dämons öffnete, der dort gefangen war. Bald würde dieser Dämon den Bezirk Nuzhu in ein irdisches Fegefeuer verwandeln.

Um die Wirtschaftsordnung in den gefallenen Gebieten zu stabilisieren, verfolgte die japanische Invasionsarmee ihre Strategie des "Krieges für den Krieg", indem sie für jedes eroberte Gebiet den Umtausch eines japanischen Militärausweises in einen französischen Dollar ankündigte und damit die französische Währung aus den gefallenen Gebieten ausschloss. Als Wangs Regime errichtet wurde, wurde die Währung durch die Ausgabe von Pseudo-CRP-Gutscheinen, bei denen 1 Yuan Pseudo-CRP-Gutschein gegen 2 Yuan japanische Militärscheine getauscht wurde, tatsächlich um die Hälfte abgewertet. Nach der Wiederherstellung kündigte Song Ziwen überraschend den Umtausch von französischen Münzen in Pseudo-CBNs im Verhältnis

1:200, was bedeutet, dass ein Angestellter im gefallenen Gebiet mit einem Monatsgehalt von 10.000 Yuan nach dem Kampf gegen die Japaner immer noch ein monatliches Einkommen von 10.000 Yuan haben kann; nach der Errichtung von Wangs Pseudo-Regime waren nur noch 5.000 Yuan übrig, aber das Leben kann immer noch gelebt werden; aber es war nicht einfach, bis zur Restauration zu überleben, nächtelange Orgien, und am nächsten Tag wachte er plötzlich auf und stellte fest, dass sein monatliches Einkommen nur noch 25 Yuan beträgt! Wo ist der Rest der 9975 Dollar geblieben? Gewaltsam von der Regierung entzogen und genommen, um das Haushaltsloch zu füllen.

"Denke an das Zentrum, hoffe auf das Zentrum, und das Zentrum wird noch mehr leiden. "Die Geldpolitik von Song hat dazu geführt, dass die Menschen in den gefallenen Gebieten wirklich nach dem Himmel und der Erde schreien. Aber das Gute ist, dass es endlich wieder hell ist, keine Kriege mehr, und ein paar Jahre harter Arbeit mit angezogener Hose sorgen immer für ein besseres Gefühl. Und doch wurde das gemeine Volk plötzlich von einem größeren Schmerz getroffen - der Inflation! Die Marktpreise steigen von Tag zu Tag, die ursprüngliche Nationalistische Partei, diejenigen, die die großen Offiziere erhalten, sowie die Spekulanten im Hintergrund, finden sich mit der französischen Währung in der gefallenen Zone ist wirklich wertvoll, 1 Yuan in der Brieftasche, um in die gefallene Zone zu bekommen kann als 200 Yuan Geld verwendet werden, wer nicht nutzen diese! Ein Schwarm von Menschen scheinen zu den gefallenen Gebieten laufen zu eilen, um Vorräte zu kaufen, ursprünglich nach der Verwüstung des Krieges, die Versorgung mit Materialien ist extrem knapp, mit dem Ansturm auf den Wind zu kaufen, die Preise wie eine Rakete sofort in die Höhe geschossen.

Infolgedessen hat die nationale Regierung die Herzen und Köpfe der Menschen verloren, da sie sich den Reichtum der gefallenen Gebiete angeeignet hat.

Dies ist die gefallene Zone, wird es also im großen Rücken besser sein?

Nach 1942 gab die nationale Regierung öffentliche Anleihen in US-Dollar und Gold aus, viele Menschen kauften öffentliche Anleihen, ursprünglich mit dem Gedanken, dass diese beiden Chargen öffentlicher Anleihen US-Dollar und Gold zur Vorbereitung hatten, Kredit wird kein Problem sein, und kann auch das Land unterstützen, um den Krieg zu kämpfen und das Risiko der Inflation zu sichern, warum nicht? Er nahm das Sargbuch und tauschte es gegen Dollar- und Goldanleihen ein, in der Erwartung, seinen Anteil an Dollar und Gold zu bekommen, wenn er den Krieg gewinnt. So wurde der Krieg schließlich gewonnen, aber alles, was man erwartete, war eine Mitteilung der Regierung, dass die Goldanleihen mit einem Abschlag von 60% und die US-Dollar-Anleihen nicht in US-Dollar zu erhalten seien. Die Regierung beraubt die Menschen ganz unverhohlen ihrer Geldbörsen! Und die teuflische Inflation in der gefallenen Zone hat sich nun auf alle Teile des Landes ausgeweitet, und der große Rückmarkt ist ein Tag zum Preis. Unter dem einfachen Volk herrscht bereits eine dunkle Flut des Hasses auf die Regierung.

Song Ziwen, der hoch oben in der Welt steht, denkt nicht an das Leben der einfachen Leute, sondern daran, wie er so schnell wie möglich "harte Währung" durch verschiedene Mittel der Vermögensbildung anhäufen kann. Mit dem Geld, das Kong von seinem Vorgänger erbeutet hatte, hielt Song Ziwen bereits rund 900 Millionen Dollar in Devisen und Gold in den Händen.

Unter der Leitung von Ji Chaoding glaubte Song, dass bereits genug Kapital vorhanden sei, um eine Finanzreform zur Wende einzuleiten - die Liberalisierung der Devisen.

Ursprünglich war die Kreditbasis der französischen Währung die Wechselkursstabilität, die durch den freien Austausch von französischer Währung und Devisen auf dem Devisenmarkt erzeugt wurde, was auch das so genannte "Standard-Wechselkurssystem" ist, der wichtigste Punkt. Um jedoch unter den besonderen Umständen des Widerstandskrieges zu verhindern, dass die Japaner die französische Währung zum Kauf von Devisen und dann die Devisen zum Kauf strategischer Güter verwenden, fror die nationale Regierung den freien Umtausch der französischen Währung in Devisen ein. Am Ende des Krieges setzte sich Ji Chaoding bei Song Ziwen dafür ein, die Devisenkontrolle beizubehalten, was weder der Stabilität und der langfristigen Stabilität des nationalen Währungssystems förderlich war, noch mit den im Bretton-Woods-System festgelegten Grundsätzen der Liberalisierung vereinbar war. Ji Chaoding besteht darauf, dass China, wenn es sich entwickeln will, nicht mit der internationalen Szene mithalten kann. Wie könnte es im Widerspruch zur internationalen Praxis des "Bretton-Woods-Konsenses" stehen? Die Devisenkontrollen müssen also liberalisiert werden, und der Devisenmarkt muss liberalisiert werden!

So, im Februar 1946, "die Zentralbank der Devisenbewirtschaftung Interimsmaßnahmen" eingeführt wurde, vorausgesetzt, dass die Zentralbank auf 500 Millionen US-Dollar in Vorbereitung auf die Ausgabe von Französisch Währung, den Dollar und den Wechselkurs der französischen Währung von 1:20 bis 1:2020, Gold und Devisenhandel wieder frei, und von der Zentralbank zur Einrichtung einer Parität Fonds jederzeit zur Durchführung von Marktregulierung, um die Stabilität der französischen Währung zu erhalten.

Angesichts der starken Inflation verliert der offizielle Wechselkurs jedoch immer mehr an Wert, und der Schwarzmarktkurs sinkt sogar noch schneller! Der Schwarzmarkt für Devisen ist nach wie vor ein heißes Pflaster für Spekulanten, und die französische Währung wird immer stärker in Mitleidenschaft gezogen. Der Wertverfall der französischen Währung hatte jedoch nicht den von Song erwarteten Effekt, die Exporte anzukurbeln und die Devisenerzeugung zu steigern. Wegen der großen Zerstörung der Produktivität durch den Weltkrieg kann China nichts Anständiges für den Export herstellen, die Industrieländer mit Ausnahme der Vereinigten Staaten wurden in Schutt und Asche gelegt, die Nachfrage nach Rohstoffen in China ist ebenfalls stark gesunken, was die Ausfuhr von Devisen zu einem Wunschtraum werden lässt, und das chinesische Volk wirklich brauchen einige Rohstoffe, inländischen Produktionskapazitäten nicht erfüllen können, vor der Devisenkontrolle, inländische Unternehmer wollen importieren kann nicht sein, jetzt die Devisen liberalisiert ist, kann gerechtfertigt sein, um die Zentralbank zu finden, um Devisen zu genehmigen, um ausländische Waren zu kaufen, wird dies ein einziger Schuss sein und kann nicht gesammelt werden. Acht Monate nach der Liberalisierung der Devisen, die Zentralbank den Verbrauch von Dollar, Pfund und Gold aus Devisen auf importierte Waren und andere staatliche Verwendungen, abzüglich der Exporterlöse verkauft, erreichte 400 Millionen Dollar! Der Umfang der der Zentralbank zur Verfügung stehenden Devisenmittel wurde auf einen Schlag um 60 Prozent reduziert. Song Ziwen sah das nicht gerne und wertete die französische Währung eilig auf 1 US-Dollar für 3.350 französische Dollar ab, mit dem Ergebnis, dass nichts gewonnen wurde, außer dass die Inflation weiter anstieg.

Die Wirtschaft lag am Boden, der Bürgerkrieg war verloren, und ganz China warf mit französischen Münzen um sich und schnappte sich Devisen und Gold.

Zu dieser Zeit ist Song Ziwen wie ein rotäugiger Spieler, seine "rechte Hand" Ji Chaoding hilft ihm nicht nur bei "Ideen" und "Überlegungen", sondern auch bei deren Umsetzung. Song Ziwen kam auf sein Drängen hin zu dem Schluss, dass die Liberalisierung des Devisenhandels ein kritisches "Durchbruchsstadium" erreicht hatte und dass ein Voranschreiten den vollen Ruhm ernten und ein Rückzug den Tod ohne Begräbnis bedeuten würde, was nicht nur den völligen Zusammenbruch der persönlichen Glaubwürdigkeit, sondern auch den "Ruin der großen Sache der Partei" bedeuten würde.

Minister Song, schau, wie blau der Himmel ist! Geh weiter, schau nicht in beide Richtungen, geh hinüber und du wirst in diesem blauen Himmel schmelzen...

Song Ziwen, wie hypnotisiert, wird in diesem Jahr 220 Millionen Dollar ausgeben, um 6,28 Millionen Tael Gold zurückzukaufen, auf dem Markt, um die französische Währung wild zurück zu werfen, er glaubt nicht, dass ein solches Ausmaß des Goldverkaufs die Dynamik des französischen Währungsabsturzes nicht unterdrücken kann.

Es hat wirklich nicht gehalten!

Bis Februar 1947 hatte Song Ziwen mehr als 3,3 Millionen Tael Gold verkauft, während der offizielle Wechselkurs der französischen Währung auf 12.000 Francs für einen Dollar gefallen war! Der Preis auf dem Schwarzmarkt war nicht zu erkennen.

Chiang Kai-shek persönlich führte am 16. Februar 1947 das "Economic Emergency Measures Program" ein, verbot erneut den Goldhandel und den Devisenumlauf, die Zentralbank durfte kein Gold mehr verkaufen und nur noch kaufen.

Der Kredit der Regierung brach zusammen. 50 Jahre später veröffentlichte Chen Liff in Taiwan seine Memoiren und machte Song Ziwens fehlerhafte Geldpolitik für den Ruin des "Parteistaates" verantwortlich: "Unsere (Geld-)Politik macht die reichen Leute zu mittellosen, mittellosen Menschen und sogar zu mittellosen Menschen... Mit anderen Worten, wir haben das Volk zum Proletariat gemacht... Ist das nicht der Weg für die Kommunistische Partei? Was für ein Finanzexperte ist Song (Song Ziwen)? ... Chiang Kung vertraute Song zu sehr und dachte immer, dass Song ein Finanzexperte sei (und hörte in allen finanziellen Angelegenheiten auf Song), während in Wirklichkeit manche Dinge dem gesunden Menschenverstand zuzuordnen waren und nichts mit Experten zu tun hatten ... (und) all diese dummen Tricks waren schlechte Ideen von Ji Chao Ding für Song. "Inmitten seines Zorns betitelte Chen Liff den Abschnitt seiner Memoiren "Der Erfolg der Verschwörung der Ji-Dynastie gegen den Staat". [144]

Ji Chaodings Reihe von monetären "dummen Schachzügen" Kombinationsschlag, hat die KMT nicht den Verdacht? Nicht wirklich. Ji Chaodings Empfehlungen für die Finanzpolitik der nationalen Regierung wurden genau deshalb umgesetzt, weil sie der Mentalität der Machthaber entsprechen. Denn diese Politik ist selbst auf die Bereicherung der vier großen Familien aus deren unmittelbaren Interessen zugeschnitten. Solange sie die vier großen Familien mästen können, ist das Ji Chao Ding für sie nicht nur unschuldig, sondern auch verdienstvoll.

Tatsächlich hatte die Kuomintang den Bürgerkrieg verloren, nachdem Song im Februar 1947 mit seinen Reformen zur Liberalisierung der Devisenmärkte gescheitert war, was einen Goldrausch und eine verheerende Hyperinflation auslöste.

Das letzte Gefecht um das Goldene Ticket

Die Hyperinflation verdeutlicht nur ein einziges Problem, nämlich die völlige Abkehr des Volkes vom staatlichen Papiergeld. Der Bankrott der französischen Währung hat seine Wurzeln in einem schweren Haushaltsdefizit, bei dem die Staatsausgaben zehnmal höher waren als die Steuern! Der Druck von Banknoten wurde zum wichtigsten Mittel zur Deckung des Defizits, so dass der Papierkredit bald bankrott ging. Als die Menschen kein Vertrauen mehr in das Papiergeld hatten, stiegen die Preise sogar noch schneller, als das Geld gedruckt wurde; in der ersten Hälfte des Jahres 1947 verdreifachte sich die Ausgabe von Papiergeld, während der Preis für Reis um das Siebenfache anstieg, die Menschen waren nicht mehr bereit, Waren gegen Papiergeld einzutauschen, und Handel und Produktion schrumpften aufgrund der fehlenden glaubwürdigen Inflation, was die Staatseinnahmen weiter schwächte. Die Menschen haben das Papiergeld wie eine heiße Kartoffel behandelt: Sobald sie es in den

---

[144] *A Study of Success and Failure*, von Chen Liff, Zhengzhong Books, 1994, S. 388-340.

Händen halten, werfen sie es sofort weg und tauschen es gegen physische Produkte ein, so dass die Preise in die Höhe schnellen und die Hyperinflation außer Kontrolle gerät. Gleichzeitig hat die Hyperinflation zu einem Vertrauensverlust in die Regierung, zu wachsenden Ressentiments der Unter- und Mittelschicht gegenüber den Behörden und zu einer Zunahme von Unruhen und Aufständen geführt.

Und die Hauptursache für das Haushaltsdefizit war der von Chiang Kai-shek geführte totale Bürgerkrieg. Die Kriegsausbeutung erschöpfte die Finanzen der nationalen Regierung, und 1947 machten die Militärausgaben der nationalen Regierung die Hälfte der Steuerausgaben aus! Die ständigen Niederlagen auf dem Schlachtfeld verstärkten das Misstrauen der Bevölkerung gegenüber dem staatlichen Papiergeld. In diesem Teufelskreis steuerte die Fiat-Währung auf ihren endgültigen Zusammenbruch zu.

Um den Schlamassel der französischen Währung zu bereinigen, forderte Ji Chaoding die Regierung auch auf, den Yuan zu reformieren. Jetzt, da die französische Währung keinen Kredit mehr hat, muss eine neue Währung ausgegeben werden, um den Kredit der Währung wiederherzustellen. Ji Chaoding zitiert aus einem Klassiker und erzählt, wie Schachter in Deutschland die Weimarer Mark durch die Bodenrentenmark ersetzte und damit die Superinflation in Deutschland in den 1920er Jahren umkehrte. Er sprach von oben herab und hörte, wie die hohen Beamten häufig mit dem Kopf nickten. So führte Chiang Kai-shek am 20. August 1948 das durch, was als die größte Währungsreform der Welt bezeichnet wurde - die Reform des Goldenen Kreises. [145]

Kernstück der Goldrunde ist die Goldrunde als Währung, wobei 40% des Goldes, des Silbers, der Devisen und 60% des Staatsvermögens als Sicherheiten dienen, um eine "vollständig vorbereitete" neue Währung mit einem Ausgabelimit von 2 Milliarden auszugeben; der Umlauf der französischen Währung wird gestoppt, und 1 Goldrunde wird für 3 Millionen französische Francs umgetauscht, um die alte Währung zu recyceln; das gesamte Gold, Silber und die Devisen des Volkes werden für einen begrenzten Zeitraum eingezogen, das Volk darf kein Gold, Silber und keine Devisen besitzen, und

---

[145] *General History of China's Finance*, Band 4, herausgegeben von Hong Jia, China Finance Press, 2008, S. 506-507.

Zuwiderhandelnde werden beschlagnahmt und eingezogen. Gleichzeitig müssen die Auslandsguthaben der Bürger registriert und deklariert werden, andernfalls werden sie verurteilt und ihr Eigentum beschlagnahmt.

Das ist im Grunde genommen ein Raubüberfall mit offenem Feuer. Normale Menschen sind nicht dumm genug, um zu hören, dass die Regierung eine neue Währung einführen will, und Menschen, die das Vertrauen in die Regierung längst verloren haben, stürzen sich sofort auf alles, was sie kaufen können.

Die Grand Gazette berichtete am 7. Oktober:

> *„Der Markt in Peking wird immer schlechter, und ein Kaufrausch durchdringt die Stadt. Das Reis- und Weizenkornlager ist in neun von zehn Räumen leer, der Schwarzmarkt für Zigaretten, die Anzahl der Wechsel an einem Tag. Warum treffen sich die Bürger und stellen Fragen wie "Woher bekomme ich das? Dinge des täglichen Bedarfs und dergleichen sind Kuriositäten."*

Auch in der Hauptstadt Nanking war die Lage nicht gut. *Die Central Daily News* berichtet,

> *„In der Hauptstadt ist der Markt heute nach dem Wind leergefegt... Die Hausfrauen können nicht mehr alles, was sie morgens brauchen, bei kleinen Gemüsehändlern kaufen. Schweinefleisch ist seit langem ausgestorben, Fisch, Garnelen, Huhn und Ente, folgte auch das Schweinefleisch "im Ruhestand" bis, Nanjing's Gemüsemarkt, ist der Standard-Gemüsemarkt, zusätzlich zu den Adeligen zu hohen Preisen auf dem Schwarzmarkt zu suchen, kann die Öffentlichkeit nur natürlich folgen die Vegetarier."*

In Shanghai, wo der Markt am blühendsten ist, ist der Kaufrausch auch die Antwort auf den Goldenen Yuan. In der Novemberausgabe 1948 des *Haiguang* Monthly wird der Ansturm in Shanghai beschrieben:

> *„Es war Sonntag, und der Ansturm der Shanghaier war groß. Die Nanjing Road war ungewöhnlich belebt, die Menschen bewegten sich wie Ameisen, nur um auf der Straße einen Schwarm von Menschen zu sehen, die Taschen und Säcke mit Waren trugen. Die vier großen Unternehmen, Kaufhäuser, Seidenläden und Baumwollgeschäfte waren voll mit Menschen, die noch etwas Kaufkraft übrig hatten. Im Allgemeinen wetteifern die kleinen Haushalte darum, Reis, Öl, Soße, Zucker,*

Seife und andere Dinge des täglichen Bedarfs in den Getreide- und Sojabohnengärten, in den Brennholzgeschäften und in den Geschäften für südliche Waren zu kaufen. Zehn Tage hintereinander waren die Schaufenster leer. Das Betreten der großen und kleinen Geschäfte ist wie das Betreten eines kalten Tempels, und obwohl es Touristen gibt, ist kein Bodhisattva zu sehen. Sie liefen über die ganze Straße, reihten sich überall auf, oder an den Kopf, können sich nicht um die Füße kümmern, entweder besorgt um Reis, oder besorgt um Gemüse, besorgt um Brennholz. Shanghai, bekannt als internationaler Geschäftshafen, wurde tatsächlich wie gelähmt geboren."

Chiang Kai-sheks Versprechen einer "vollständigen Vorbereitung" war nichts weiter als ein Schwindel, da 40% seiner Gold- und Silberdevisen bereits unzureichend waren und 60% seiner marktfähigen Wertpapiere nur eine Fassade darstellten, während die Nationale Regierung die Short-Aktien mehrerer staatlicher Unternehmen als Reserven nutzte und sich niemand auch nur die Mühe machte, Aktien dieser Unternehmen auszugeben, deren Kurse zu hohen Preisen berechnet wurden. Dennoch wurde die versprochene Obergrenze für die Ausgabe von 2 Billionen Goldscheinen sofort überschritten und erreichte bis zum Jahresende 8,3 Milliarden, im Januar 1949 20,8 Milliarden, im April 5 Billionen und im Mai die erstaunliche Summe von 68 Billionen!

Die Provinzen lösten sich von den zentralisierten Goldzirkularen und gaben ihre eigenen Silber- und Kupferdollars aus. Als die PLA am Jangtse kämpfte, war das Geldsystem der nationalen Regierung völlig zusammengebrochen, die Finanzen waren völlig gelähmt, die Armee stand kurz vor dem Zusammenbruch, und die Chiang-Dynastie lag in den letzten Zügen.

Der berühmte amerikanische Gelehrte Fei Zhengqing analysierte später, dass das wenige Geld, das in den Händen der antikommunistischen städtischen Oberschicht verblieben war, in den goldenen Gutscheinen gebunden war, und das letzte bisschen Unterstützung des einfachen Volkes für die Sache der Kuomintang löste sich ebenso in Rauch auf wie die goldenen Gutscheine.

Die schwergewichtige "schlechte Idee", dass Ji Chaoding an der Gestaltung der "Goldenen Yuan-Reform" mitgewirkt hat, hat den "Parteistaat" endgültig getötet!

Nach dem völligen Verlust des öffentlichen Vertrauens war der "Parteistaat" so arm, dass er nur noch Geld hatte und schließlich mit 2,5 Millionen Tael Gold nach Taiwan zurückkehrte.

Geld ist das System zur Verteilung des Reichtums in einem Land, und eine Veränderung der Währung, ein Verlust, wird den Fluss des Reichtums in der Gesellschaft verändern und damit soziale Konflikte verschärfen, die Glaubwürdigkeit der Regierung untergraben und die öffentliche Moral verlieren. Die Währung ist wiederum das Kreislaufsystem der Volkswirtschaft, und ihre Korruption wird die Wirtschaft stören, die Finanzen lähmen, den Handel zerstören und den Markt unterwandern. Ji Chaoding injizierte den Supervirus des "Wettbewerbs mit dem Volk um Gewinne" direkt in den monetären Blutkreislauf der KMT, der in der gesamten Wirtschaft zirkulierte und den Zusammenbruch des KMT-Regimes direkt beschleunigte. Aus dieser Sicht war die tödliche Kraft des Währungskrieges der Ji-Dynastie nicht weniger als die Millionen männlicher Soldaten auf dem Schlachtfeld!

Warum Chiang Kai-shek den Währungskrieg verlor

Die Ausgabe von Geld ist die wichtigste Macht in der menschlichen Gesellschaft, aber auch die verborgenste und am schwierigsten zu steuernde. Geld treibt die Räder der Wirtschaft an, Geld bestimmt die Waage der Politik, und Geld lenkt das Tempo des Krieges. Die Kaiser der Antike, die das Geheimnis der Geldmacht entdeckt haben, hatten die erste Chance zu gewinnen.

Eine einheitliche Währung ist eine Voraussetzung für die Konsolidierung der Macht; ohne eine einheitliche Währung gibt es keine einheitlichen Finanzen, eine einheitliche politische Landkarte ist schwer zu erreichen und eine einheitliche militärische Macht kann nicht aufgebaut werden. Ob es sich um den Erfolg der Meiji-Restauration in Japan oder das Scheitern der "außenpolitischen Bewegung" der Qing-Dynastie handelte, die Vereinheitlichung der Währung war ein Schlüsselfaktor für Erfolg oder Misserfolg. Sowohl Mao Tse-tung als auch Chiang Kai-shek erkannten die Bedeutung einer einheitlichen Währung, was zur Gründung der Nationalbank der Sowjetunion und der Zentralbank von Nanjing führte, deren Hauptaufgabe darin bestand, die Befugnis zur Ausgabe von Geld zu besitzen.

Der wichtigste Unterschied zwischen der sowjetischen Währung und der französischen Währung und den Goldscheinen besteht darin, wem die Währungsmacht tatsächlich dient. Die sowjetische Währung dient dem Volk, die Währung von Chiang Kai-shek dient den vier großen Familien; die sowjetische Währung wächst in der Praxis, die Währung von Chiang Kai-shek verfällt in der ausländischen Theorie; die sowjetische Währung ist ein öffentliches Instrument des Regimes, die Währung von Chiang Kai-shek ist die private Macht der vier großen Familien; die "Rote-Armee-Schein" 13 Tage der Ausgabe und Rückgewinnung, mit Schwerpunkt auf Kredit, die "goldene Kreislaufkarte" 9 Monate, um 34.000 Mal mehr auszustellen, der Zweck ist zu plündern.

Es gibt einen weiteren wichtigen Unterschied zwischen der sowjetischen Währung und der Währung von Chiang Kai-shek, und zwar, ob die Währung unabhängig ausgegeben werden kann. Sowjetische monetäre Unabhängigkeit, Chiang Kai-sheks Währung in die Nase; sowjetische Währung, um die Intervention des ausländischen Kapitals Kräfte zu beseitigen, Chiang Kai-sheks Währung hat sich die USA, Großbritannien und Japan Mächte Jagd auf die fetten Schafe; sowjetische Währung keine ausländischen Ausgleichsfonds des Diktats, Chiang Kai-sheks Währung wird die Zentralbank und Devisenmanagement der finanziellen Souveränität der Kapitulation; sowjetische Währung keine ausländischen beratenden Ausschuss des Kommentars, Chiang Kai-sheks Währung ist die britische und amerikanische Mitglieder der direkten Genehmigung Macht.

Ein weiterer Unterschied zwischen der Sowjetwährung und der Währung von Chiang Kai-shek besteht darin, ob sie auf dem Prinzip der Praxis beruht. Die Erbauer der sowjetischen Währung hatten keine tiefgreifenden geld- und finanzpolitischen Theorien, Chiang Kai-sheks geldpolitische Entscheidungsebene war voller Tinte; die sowjetische Währung war voller Flexibilität und Nachgiebigkeit im Umgang mit dem Run-off, Chiang Kai-sheks Währung auf dem Devisenmarkt wurde vom Goldrausch völlig erdrückt; die sowjetische Währung versuchte mutig, die Preise zu standardisieren, um die Preise und die Herzen der Menschen zu stabilisieren, Chiang Kai-sheks Währung steckte in der Vorbereitung auf die Ausgabe von Gold, Silber und Wertpapieren fest, täuschte aber immer wieder das Volk und führte schließlich zu einer bösartigen Inflation.

Warum hat Chiang Kai-shek den Währungskrieg verloren?

Denn seine Geldmacht hat nur das Wohlergehen einiger weniger Reicher im Sinn, die sich über die Interessen der armen Mehrheit hinwegsetzen und diese mit Füßen treten, mit dem Ergebnis, dass sein Regime mitsamt seiner Währung nur von der Mehrheit aufgegeben werden kann!

KAPITEL VIII

Die Geburt des Renminbi

Warum verlor die antijapanische Basis vor dem "Süd-Anhui-Zwischenfall" das Recht, Geld auszugeben? Warum hatte der "Preisstandard" Nordsee-Dollar Erfolg? Warum ist der Yuan in der Lage, die Hyperinflation zu besiegen? Warum muss China die Auslandsschulden der Sowjetunion so schnell wie möglich begleichen?

Bereits in der Antikriegszeit begann die Basis mit der Finanzinnovation der Ausgabe von Währungen mit "materiellen Reserven", einer Art von Währung, die völlig ohne Gold- und Silberdevisen als Reserven auskommt und die Stabilität der Währung und der Preise aufrechterhält, was zu jener Zeit weltweit üblich war, um Währungen mit Goldreserven auszugeben, was eine weltweit anerkannte Situation war. Die geldpolitische Praxis der Kommunistischen Partei Chinas ist weitaus avantgardistischer als die westliche Geldtheorie. Noch wichtiger ist, dass das Gefühl, es mit eigenen Händen zu tun, nicht auf dem gleichen Niveau ist wie die theoretische Erforschung auf dem Papier.

Zhang Yuyan, ein renommierter Finanzwissenschaftler, kommentierte einmal die Währungspraktiken der antijapanischen Basis und der befreiten Gebiete:

> *„Wir sind nicht überrascht, dass trotz der Unterschiede in Umfang und Komplexität die Fragen der Dollar-Hegemonie, der Schaffung des Euro und der Ausweitung der Eurozone, der finanziellen Liberalisierung, der Währungskriege und der Internationalisierung des Renminbi, über die man heute spricht, von den früheren Grenzregierungen, insbesondere den Bankgouverneuren, aufgegriffen, diskutiert und auf wunderbare Weise behandelt wurden. Wenn eine der größten Herausforderungen, vor denen China heute steht, aus dem Währungs- und Finanzbereich kommt, kann uns die wunderbare Geschichte der lokalen Kommunisten von vor einigen*

Jahrzehnten, die mutig genug waren, zu üben, Erfahrungen zu sammeln, Gesetze zu nutzen und wissenschaftlich zu resümieren, viel sagen. Dazu gehören vor allem solche wie die Münzsteuertheorie und die damit eng verbundene Theorie des "Zirkulationsbereichs" und die Inflationstheorie."

Die Einführung des Renminbi markiert die vollständige Vereinheitlichung der chinesischen Währung. Abgesehen von den subjektiven Gründen für die Wirksamkeit der Maßnahmen sind die objektiven Faktoren, dass Chinas Wirtschaft innerhalb kurzer Zeit vier wichtige Gleichgewichte erreicht hat: einen ausgeglichenen Haushalt, der die Inflation an der Wurzel packte; eine ausgeglichene Währung, die die Quelle der Währungsstabilität festlegte; ein ausgeglichenes Warenangebot und eine ausgeglichene Warennachfrage, die die spekulativen Kräfte nutzten; und eine ausgeglichene Währung, die den Weg der Währungspanik stoppte.

Der Renminbi ist an keine ausländische Währung gekoppelt, was die Möglichkeit, dass ausländisches Kapital in das chinesische Finanzsystem eindringt, grundsätzlich ausschließt. Der völlig unabhängige und selbst ausgegebene RMB bewahrt Chinas hohe Finanzgrenze fest im Griff.

Der Glücksgott der Frontier

In einer Winternacht Anfang 1941 war Nan Hanchen, stellvertretender Minister der Abteilung für Einheitsfrontarbeit des Zentralkomitees der KPCh, auf dem Weg nach Yangjialing in Yan'an. Eine Stunde zuvor hatte er eine dringende Nachricht von Mao Zedong erhalten und war auf dem schnellsten Weg dorthin. Wenn man die Lichter des Yangjialing-Ofens vor sich sieht, fühlt man sich in der kalten Nacht besonders warm.

Nach einem kurzen Austausch von Höflichkeiten schildert Mao Zedong die schwierige Lage im Grenzgebiet. Ab 1940 intensivierte Japan seine Kapitulationskampagne gegen die Kuomintang, und es kam zu ständigen Reibereien zwischen der Kuomintang-Regierung und der BALU sowie der Neuen Vierten Armee.

Daraufhin strich die Regierung Chiang Kai-shek die finanziellen Zuwendungen und die Hilfe für die Grenzgebiete. Gleichzeitig wurde für die Grenzgebiete eine Politik der "Blockade" und "Belagerung" eingeführt, die die Ein- und Ausfuhr von Waren in die Grenzgebiete verbot und besagte, dass "nicht einmal ein Pfund Baumwolle oder ein Fuß Stoff in die Grenzgebiete gelangen" dürfe. Die Grenzregion wird seit 1940 von schweren Katastrophen heimgesucht, die in den letzten 30 Jahren zu einem beispiellosen Niedergang der Landwirtschaft geführt haben. Das Grenzgebiet befindet sich in extremen finanziellen Schwierigkeiten, man kann sagen, dass das militärische und politische Personal keine Lebensmittel, Kleidung, Decken, Papier hat, bis hin zur Armut.

Mao Zedong sagte zu Nan Hanchen: "Die Lage ist sehr ernst, Jiang, der Vorsitzende des Komitees, gibt uns keine Mahlzeit, wir können den Topf nicht öffnen. Aber wir können nicht von der Klippe springen, wir können uns nicht auflösen, wir müssen es selbst tun.

Wie konnte Mao angesichts der wirtschaftlichen Notlage der Grenzregion an Nan Hanchen denken?

Das lag daran, dass Nan Hanchen über einen reichen Schatz an revolutionärer Erfahrung und ein breites Spektrum an Kontakten verfügte. Insbesondere in den frühen 1930er Jahren, als er Generalsekretär der Provinzregierung von Shaanxi war, unterstützte er den Provinzvorsitzenden Yang Hucheng bei der Rettung von Shaanxi aus der Wirtschaftskrise nach der Großen Dürre, indem er alle Aspekte von Shaanxi in Ordnung brachte und das Regierungspersonal und die 50.000 Mann starke Nordwestarmee mit finanziellen Mitteln unterstützte. Die Zentralregierung beschloss, ihn zum Finanzdirektor des Grenzgebiets Shaanxi-Ganning zu machen, um "eine kluge Schwiegertochter zu sein, die ohne Reis kochen kann", um das Problem der 40.000 bis 50.000 militärischen und politischen Mitarbeiter des Grenzgebiets zu lösen, sich zu kleiden und zu essen.

Nan Hanchen wurde beauftragt, in einer Krise der große Verwalter des Grenzgebiets zu sein. Oberste Priorität für Süd-Hanchen ist es, Nahrung zu finden, denn ohne Nahrung kann die Armee nicht nur nicht kämpfen, sondern sogar überleben. Die Lage war in der Tat ziemlich ernst, das Lager des Getreidebüros war völlig leergefegt, und der Verwalter hob vorsichtig ein Reiskorn vom Boden auf, bevor er einen Topf holte und ein Silvesteressen für den Chef des Zentrums kochte.

Nach sorgfältiger Untersuchung fand Nan Hanchen den Kern des Problems. Zu Beginn des Widerstandskrieges verfolgte die Regierung angesichts der geringen Größe der demobilisierten Kader und der Armee in den Grenzgebieten und des hohen Maßes an Unterstützung von außen eine Politik der Erholung und des Nutzens für die

Bevölkerung und sammelte nur in geringem Umfang Lebensmittel bei den Bauern ein. Mit der Zunahme des militärischen und politischen Personals stieg jedoch auch die Zahl der Pferde und der Bedarf an Lebensmitteln, doch die Grenzregierungen zögerten noch immer, Lebensmittel bei der Bevölkerung einzusammeln, was zu der schwierigen Situation im Jahr 1941 führte.

Nan Hanchen vertrat die Ansicht, dass die Finanzen der Regierung, wenn sie immer nur die "wohlwollende Herrschaft" betonte, ohne die tatsächlichen Bedürfnisse der Revolution zu berücksichtigen, zur "Wohltätigkeit des Xiang Gong von Song" werden würden. Die chinesische Nation befindet sich in einer kritischen Phase, in der es um Leben und Tod geht, und die Menschen in den Grenzgebieten sollten einen starken Beitrag leisten und über Geld verfügen. Im Jahr 1940 benötigte die Regierung 140.000 Koku an Lebensmitteln, aber es wurden nur 90.000 Koku gesammelt, und die Menschen fanden es unerträglich, wegen der Differenz zweimal Lebensmittel vom Volk zu leihen und einmal zu kaufen.

Nan Hanchen rechnete detailliert nach und kam zu dem Schluss, dass unter der Politik der Ruhe und Erholung einerseits die Belastung der Bauern sehr gering war; die 1940 erhobenen 90.000 Steinkörner entsprachen nur etwa 6 Prozent der Jahresproduktion, während unter der nationalen Regierung die Belastung der Bauern in Sichuan zehnmal so hoch war wie in den Grenzgebieten! Auf der anderen Seite haben die Bauern Lebensmittel in der Hand. Er besuchte viele der Landwirte in der New Year's Day sind Verpackung Knödel, und bevor die Rote Armee kam in Nord-Shaanxi, neun von zehn Haushalten ohne Übernachtung Lebensmittel, im Vergleich zu der Situation ist einfach eine Welt der Differenz.

Nach reiflicher Überlegung beschloss Nan Hanchen, im Jahr 1941 200.000 Stein öffentliches Getreide und 26 Millionen Kilogramm öffentliches Gras zu erheben, und erklärte den Bauern, dass das gesamte zuvor geliehene Getreide zurückgegeben und im folgenden Jahr nicht wieder geliehen werden würde. [146]

Daraufhin ergriff das Finanzministerium die Initiative und organisierte eine große Anzahl von Kadetten und Mitarbeitern der

---

[146] *The First Central Bank Governor of the Founding Kingdom* - Nan Hanchen, Deng Jialong, China Finance Press, 2006, S. 57.

Parteischule, die in die Bezirke gingen, um den Massen zu erklären, dass sie eine Armee brauchen, um ihr Land zu verteidigen, und dass sie militärische Lebensmittel brauchen, um eine Armee zu haben. Die Grenzgebiete sind die hellsten und glücklichsten Gebiete Chinas, und das Glück der Menschen in den Grenzgebieten wurde von der kommunistischen Armee geschaffen und geschützt. Die Armee muss das Volk schützen, und das Volk muss die Armee versorgen; ohne Nahrung kann die Armee nicht überleben.

Durch Propaganda, die Sammlung von Getreide und Gras Arbeit wurde das Verständnis und die Unterstützung der Menschen, die Sammlung von genügend Getreide und Gras, um im Grunde garantieren die Versorgung der Grenzgebiete, so dass die Grenzgebiete über die bevorstehenden Schwierigkeiten. Später berücksichtigte Nan Hanchen die Tatsache, dass es nach der Landrevolution keinen großen Unterschied zwischen Arm und Reich gab, und schlug ein progressives Steuersystem für die Landwirtschaft vor, das auf der tatsächlichen Ernte jedes Haushalts basierte, so dass die meisten Bauern die Agrarsteuer tragen würden, mehr aus mehr, weniger aus weniger, fair und vernünftig, und jeder trug zum Widerstandskampf bei.

Das Nahrungsmittelproblem wurde zwar entschärft, aber die Güter des täglichen Bedarfs wie Baumwolle sind immer noch knapp und können nur von außerhalb der Grenzgebiete herbeigeschafft werden, während die Kuomintang eine Blockade verhängt hat. Nan Hanchen dachte verbittert über Gegenmaßnahmen nach und war der Meinung, dass die einzige Möglichkeit, die Blockade zu durchbrechen, darin bestand, die benötigten Materialien von außerhalb und durch Handel zu beschaffen. Durch Nachforschungen und Studien fand er heraus, dass das nördliche Shaanxi über drei Schätze verfügt: Salz, Pelze und Lakritze, aber Lakritze ist leicht, braucht viel Platz und ist mühsam zu transportieren; die Pelzproduktion ist begrenzt, und die Grenzgebiete haben nicht genug für sich selbst. So wurde Salz die einzige Option.

Zu dieser Zeit hatte das Salz im nördlichen Shaanxi einen einzigartigen Vorteil. Seit dem Widerstandskrieg wurde das Meersalz von den Japanern kontrolliert und konnte nicht mehr transportiert werden, während die Produktion in anderen nahe gelegenen Salzgebieten von Jahr zu Jahr zurückging. Die salzproduzierenden Gebiete im nördlichen Shaanxi haben sich zu den wichtigsten Salzlieferanten im Nordwesten entwickelt. Bei strategischen Gütern wie Salz steht das Grenzgebiet an der Spitze des Handels.

Um die Probleme der rückständigen Technologie, der geringen Produktion und der schlechten Vertriebsbedingungen der Salzfarmen zu lösen, hat das Finanzministerium des Grenzbezirks ein spezielles Salzbüro eingerichtet, das für die Produktion und den Transport von Salz zuständig ist. Das Salzbüro organisiert die Beteiligung der Armee an der Salzproduktion, um die Produktion zu steigern; es kauft Salz sowohl von der Armee als auch von der Bevölkerung zu einem angemessenen Preis; es ermutigt die Bevölkerung, Salz zu transportieren; die Salztransporteure zahlen für ihre Frachteinnahmen kein öffentliches Getreide, sondern erhalten auch einen Anteil an den Gewinnen aus dem Salzverkauf; das Finanzministerium stellt Mittel für die Renovierung der Straßen, auf denen das Salz transportiert wird, und für die Einrichtung von Gaststätten entlang der Strecke bereit, um die Probleme mit Lebensmitteln, Unterkünften, Wasser und Gras auf den Straßen zu lösen. Diese Maßnahmen haben an allen Fronten Begeisterung ausgelöst, und die Massen weigern sich, selbst am ersten Tag des Neujahrsfestes zu ruhen, um Salz gegen Bezahlung zu transportieren.

Die KMT hat das aus den Grenzgebieten verschiffte Salz zunächst abgefangen, konnte es dann aber nicht mehr stoppen. Als Reaktion auf das Komplott der KMT führte das Büro für Salzangelegenheiten in den Grenzgebieten einen einheitlichen An- und Verkauf von Salz von den Salzverladern ein und wartete den richtigen Zeitpunkt ab, um es zu fördern. Als das Salzbüro erfuhr, dass die umliegenden Salzproduktionsgebiete von den Japanern besetzt worden waren, verdoppelte es sofort den Salzpreis, und die KMT-Behörden begannen, sich daran festzuhalten, aber bald erhielt das Salzbüro die genaue Information, dass die KMT-Behörden kurz vor dem Ende ihrer Salzvorräte standen, und wartete darauf, dass sie zu ihnen kamen. Nach mehr als 20 Tagen ergriff Yan Xishan die Initiative und ging zur Tür, um zu kaufen, und ein paar Tage später konnte sich Xi'an Hu Zonan nicht mehr zurückhalten.

Auf diese Weise konnte der Plan der Regierung, Salz zu transportieren, reibungslos umgesetzt werden, wodurch die Blockade der Nationalistischen Partei durchbrochen und die Versorgung der Grenzgebiete sichergestellt wurde.

Um den Handel zwischen der Grenzzone und der Guotong-Zone zu überbrücken, fand Nan Hanchen auch den Bandenführer von Xi'an. In seinen frühen Jahren schloss sich Nan Hanchen der Revolution an, und um die Massen zu mobilisieren, freundete er sich mit den drei

Sekten an, und seine Qualifikationen im Verein waren alt. Zu dieser Zeit, als er in Xi'an ankam, mussten alle führenden älteren Brüder Nan Hanchen respektieren und auf seine Befehle hören. Durch sie mobilisierte Nan Hanchen die Bandenmitglieder in Hu Zongnans Armee, um die Souvenirs aus dem Grenzgebiet zum Verkauf nach Xi'an zu schicken und dann Medizin, Stoffe und andere dringend benötigte Güter für das Grenzgebiet zu kaufen, um die dringende Not des Grenzgebiets zu lindern.

Neben dem Besitz strategischer Güter und der Öffnung von Handelskanälen schlugen Nan Hanchen und Zhu Liji, der Gouverneur der Bank des Grenzdistrikts, vor, die Währung des Grenzdistrikts unabhängig auszugeben, die Kontrolle über die Währungsausgabe zu übernehmen und den Handel und die wirtschaftliche Entwicklung mit einer eigenen Währung zu unterstützen, wodurch der Grenzdistrikt finanzielle Schwierigkeiten überwinden konnte.

Das Grenzdefizit betrug 1941 mehr als 5 Millionen Dollar, und nach mehr als einem Jahr der Bemühungen wurde 1942 ein Überschuss von mehr als 10 Millionen Dollar erzielt. Nan Hanchen, der nie Wirtschaftswissenschaften studiert hat, stützt sich auf die in der Praxis und Forschung gewonnenen Erfahrungen und kehrte erfolgreich in das Grenzgebiet zurück, um "ohne Reis für die kluge Schwiegertochter zu kochen" und die Wirtschaft des Grenzgebiets zu retten.

Die harte Wiedergeburt der Grenzwährungen

> *„Der Kampf an der wirtschaftlichen Front hinter dem Feind ist nicht weniger akut als an der militärischen Front. Auch unsere Währungspolitik ist eine wichtige Waffe bei der Entwicklung der Produktion und im Kampf gegen den Feind."*[147]
>
> Deng Xiaoping

Im Frühjahr 1939 erhielt Lin Boqu, Vorsitzender der Regierung des Grenzbezirks Shaanxi-Ganning, ein Schreiben von Kong Xiangxi, Verwaltungsdekan der nationalen Regierung und Finanzminister, in dem er die Regierung des Grenzbezirks über die Ausgabe und den

---

[147] *Wirtschaftlicher Aufbau in der Taihang-Region*, Deng Xiaoping, Liberation Daily, 1943.

Zwangsumlauf französischer Münzen im Wert von 1 Yuan und Kuang-Hua-Ladenpreisscheine befragte.

Lin Boqu antwortete:

> *„Das Guthaben an französischer Währung ist sehr hoch und der Umlauf in den Grenzbezirken Shaanxi, Gan und Ningxia verläuft reibungslos, aber es gibt einen Mangel an kleinen Münzbeträgen, was sich auf die Warenpreise auswirkt und den Lebensunterhalt der einfachen Leute behindert. Auf Antrag der örtlichen Handelskammer und des Bauernverbands bei der Regierung des Grenzbezirks wurde dem Guanghua-Laden gestattet, 2-Cent-, 5-Cent- und 10-Cent-Gutscheine auszugeben. Die Ausgabe ist auf das Grenzgebiet Shaanxi-Ganning beschränkt. Seit seiner Ausgabe ist er gut vorbereitet, hat das Vertrauen der Bevölkerung gewonnen und wurde nicht von den Streitkräften gezwungen, etwas zu unternehmen. Eure Exzellenz hat sich den Bericht angehört und er ist völlig unwahr."*[148]

Damals war die von der nationalen Regierung ausgegebene französische Währung das gesetzliche Zahlungsmittel des Grenzbezirks, und wie Lin Boqu sagte, war die französische Währung hoch kreditwürdig und zirkulierte reibungslos, während der Grenzbezirk nur kleine Scheine mit einem Nennwert von einem Yuan oder weniger ausgab, die Guang Hua Shop Price Coupons, die weder im Grenzbezirk obligatorisch waren noch im Guotong-Bezirk in Umlauf gebracht wurden.

Nach dem Xi'an-Zwischenfall bildete die Kuomintang unter dem Druck der einhelligen Forderung der Bevölkerung des Landes, sich dem Krieg zu widersetzen, eine nationale Einheitsfront mit der Kommunistischen Partei gegen Japan. Die demokratische Regierung der Kommunistischen Partei, die sich aus Arbeitern, Bauern und Landwirten zusammensetzte, wurde in Bezirksregierung Shaanxi-Gangying-Ningbin umbenannt und wurde zu einer besonderen Verwaltungsregion unter der Zuständigkeit der Kuomintang. Die Rote Armee wurde als Acht-Straßen-Armee reorganisiert und wurde Teil der Nationalen Revolutionsarmee, die von der Kuomintang-Regierung militärisch bezahlt wurde.

---

[148] Ausgewählte Regierungsdokumente des Grenzbezirks Shaanxi-Ganning, Serie 1, Provinzarchiv Shaanxi, Akademie für Sozialwissenschaften der Provinz Shaanxi, Archives Press, Ausgabe Mai 1986, S. 230.

Die Kuomintang finanzierte ihren Erzfeind, die Rote Armee, die Geld verloren hatte, das an anderer Stelle wiedergewonnen werden musste, und die Kontrolle über das Finanzsystem in den Grenzgebieten wurde zum besten Ziel. Gemäß dem von beiden Parteien unterzeichneten Abkommen über die Abwesenheit von Banken in der Grenzregion wurde die von der Kuomintang ausgegebene französische Währung als einzige legale Währung in der Grenzregion bestimmt, und die Banken in der Grenzregion arbeiteten nicht offen, sondern fungierten nur als Kassierer für die Regierung, nahmen die von der Kuomintang an die Acht-Streifen-Armee gezahlten Gehälter entgegen und hielten den Umlauf der französischen Währung aufrecht.

Auf diese Weise verliert die Grenzverwaltung das Recht, Geld auszugeben!

Ohne das Recht, Geld zu emittieren, ist es wie bei einem Menschen, der keine eigene Blutbildungsfunktion hat und nur auf Bluttransfusionen angewiesen ist, um seinen Körper am Laufen zu halten. Die BNP kann jederzeit den Geldhahn zudrehen und die Grenzregionen in eine Wirtschaftskrise stürzen.

Der geldspielende Kong Xiangxi kann das Rätsel nicht verstehen. Die französischen Münzen, die von der Kuomintang in die Grenzgebiete geliefert wurden, sind jedoch alle 1 Yuan oder mehr der Hauptmünze, die für das tägliche Leben zu groß ist. In den Grenzgebieten waren nicht genügend Münzen im Umlauf, und die Menschen mussten die Münzen durch Briefmarken ersetzen. Erst im Juni 1938 begannen die Regierung des Grenzbezirks und die Kuomintang-Regierung nach wiederholten vergeblichen Versuchen, die Kosten für Münzgutscheine auf den Namen des Kwang Hua Shop, einer der Grenzbezirksbank angeschlossenen Genossenschaft, auszugeben.

Was Kong ärgerte und ängstigte, waren nicht die von Bianchi ausgegebenen kleinen Scheine, sondern die Tatsache, dass Bianchi heimlich seine eigene Währung ausgab, um deren blutbildende Funktion wiederherzustellen und ein eigenes, vom gesetzlichen Zahlungsmittel der Kuomintang unabhängiges System zu schaffen. Kong Xiangxi wusste, wie viel es sie gekostet hatte, die französische Währung zu vereinheitlichen und die Kriegsherren wirtschaftlich zu beseitigen. Sollte es also Anzeichen dafür geben, dass die Kommunistische Partei eigenständig Geld emittiert, so muss dies energisch verhindert und bis zum Ende untersucht werden.

Da die Antwort von Lin Boqu vernünftig war und die lokalen Banken in den Provinzen, die der KMT unterstanden, bereits kleine Mengen zusätzlicher Münzen ausgegeben hatten, hatte Kong keine andere Wahl, als das "Guang Hua-Gutschein-Fiasko" zu Ende gehen zu lassen.

Von 1935 bis 1939 war der Wert der französischen Währung der Regierung von Chongqing relativ stabil und die Inflation moderat, aber mit Fortdauer des Krieges war der Materialverbrauch enorm, die Auslandshilfe wurde behindert, und das Haushaltsdefizit begann stark zu steigen. Um das Defizit auszugleichen, blieb der Regierung von Chongqing nichts anderes übrig, als Geld zu drucken und eine "quantitative Lockerung" vorzunehmen, was zur Folge hatte, dass die französische Währung stark abwertete und der Inflationsteufel zu steigen begann.

Nach dem Süd-Anhui-Zwischenfall stellte die Kuomintang-Regierung die finanziellen Zuwendungen und Hilfen für die Grenzgebiete vollständig ein und verhängte eine umfassende Wirtschaftsblockade. Gleichzeitig aktivierte die Regierung in Chongqing ihre geldpolitischen Waffen, indem sie die stark abgewertete französische Währung für Lebensmittel und Souvenirs in die Grenzgebiete schob und auf die Inflation umlegte. Infolgedessen schossen die Preise in Yan'an in die Höhe: der ursprüngliche Einzelhandelspreis von 0,1 Yuan für eine Schachtel Zigaretten stieg auf 100 bis 300 Yuan pro Schachtel; der ursprüngliche Einzelhandelspreis von 0,05 Yuan für eine Schachtel Streichhölzer stieg auf 50 bis 100 Yuan. Die Massen beschweren sich, die Wirtschaft und der Handel schrumpfen, und das Währungsproblem ist ungewöhnlich akut.

Nan Hanchens Gegenmaßnahme bestand damals darin, den Umlauf französischer Währung in der Grenzzone von vornherein zu verbieten, das Recht zur Ausgabe von Währung und zur Festlegung der Handelspreise fest in den eigenen Händen zu behalten und die Banken der Grenzzone die Grenzwährung ausgeben zu lassen. Der Vorschlag war in der Partei sehr umstritten, da einige Gegner argumentierten, dass in den Grenzgebieten bereits ein Mangel an Waren herrsche und eine erneute Ausgabe der Grenzwährung nicht zu hohen Preisen und einer starken Inflation führen würde. Die beiden Seiten waren sich uneins, und schließlich bezog der Sekretär des Zentralsekretariats, Ren Pil-Shi, im Namen der Zentralregierung Stellung zugunsten des Vorschlags von Nam Hanchen. Diese Entscheidung spiegelt voll und ganz die strategische Vision der obersten Führung der Kommunistischen Partei wider, deren Verständnis der finanziellen Gesamtsituation nicht schlechter ist als das des Plutokraten Kong Xiangxi. Die Inflation ist nur eine vorübergehende Notlage, und wenn man die französische Währung in der Peripherie zirkulieren lässt, wird die Peripherie zu einem giftigen Ort, an dem niemals Frieden herrschen wird.

Durch die Ausgabe der Randmünzen wurde die blutbildende Funktion des Randgebiets wiederhergestellt; die Ausscheidung der französischen Münzen ermöglichte es dem Randgebiet außerdem, seinen Körper zu entgiften und den ungehinderten Fluss von frischem Blut zu gewährleisten. Indem die französischen Münzen aus dem Verkehr gezogen werden, wird Platz für den Einzug der marginalen Münzen geschaffen und ihr Verbreitungsgebiet vergrößert.

Im März 1941 trat der Gouverneur der Grenzlandbank, Zhu Liji, der zwei Jahre lang an der Tsinghua-Universität Wirtschaftswissenschaften studiert hatte, sein Amt an. Auf der Grundlage zahlreicher Untersuchungen und Studien stellte Richard Zhu fest, dass die Grenzgebiete in wirtschaftlich rückständigen Gebieten liegen und ihre eigene Wirtschaft in der Vergangenheit nicht aktiv durch Zuteilungen und ausländische Hilfe entwickelt haben, so dass es nur geringe Steuereinnahmen gibt und es unmöglich ist, das durch den Wegfall der ausländischen Hilfe entstandene Haushaltsdefizit in kurzer Zeit durch erhebliche Steuererhöhungen auszugleichen. Daher ist die Ausgabe von Kreditgeld das einzige Mittel zur Überwindung der Haushaltskrise und zur Ausweitung der Produktion.

Die Ausgabe von Grenzmünzen und die Abschaffung der französischen Münzen sind zwei Seiten derselben Medaille, und die ersetzten französischen Münzen können zum Kauf von Waren aus dem Zuständigkeitsbereich der Nationalistischen Partei verwendet werden, was als "zwei Fliegen mit einer Klappe schlagen" bezeichnet werden kann. Dies würde den Inflationsdruck in der Grenzzone verringern und den Preisanstieg in der Grenzzone durch den Verkauf von Vorleistungen aus der staatlichen Zone weiter kontrollieren. Da die Grenzregierungen die Befugnis haben, Geld auszugeben, sind sie dem "Währungskrieg" mit der Nationalistischen Partei nicht mehr hilflos ausgeliefert.

Ein weiteres Dilemma, vor dem Jürgen steht, ist die Notwendigkeit, Geld auszugeben, um die wirtschaftliche Entwicklung anzukurbeln, ohne zuzulassen, dass die Währung die Wirtschaft überschwemmt und das bereits akute Inflationsproblem außer Kontrolle gerät. Wie genau sollte die Beziehung zwischen der Menge des ausgegebenen Geldes und den Preisen gehandhabt werden? Er erkannte: "Wenn man davon ausgeht, dass der Warenumlauf konstant ist und der Papiergeldumlauf zunimmt, müssen die Preise steigen. Ebenso wird die Geldmenge, die auf dem Markt zirkuliert, als konstant angenommen, und ein Rückgang der im Umlauf befindlichen Warenmenge muss zu einem Anstieg der Preise führen". [149]

Jules schlug daher einen zweigleisigen Ansatz zur Inflationsbekämpfung vor:

> „Einerseits mehr Geld an Industrie, Landwirtschaft und Transportwesen verleihen, um die Produktion zu fördern, andererseits die Kreditvergabe so weit wie möglich ausbauen und die Ausgabe von Bargeld reduzieren, damit die Randwährung nicht in die Inflation gerät."[150]

Eine mäßig straffe Geldpolitik, die auf die Sicherung des Angebots und die Förderung der wirtschaftlichen Entwicklung ausgerichtet ist, mit dem Hauptziel, den Wert der marginalen Währung zu stabilisieren.

Von 1941 bis 1942 reduzierten die Grenzbanken den Anteil der staatlichen Finanzkredite um 11% und lenkten einen Teil der Kürzungen auf den Handel und den Aufbau der Produktion um, und allein die Kredite zur Unterstützung der Salzausfuhr beliefen sich auf fast 10 Millionen Yuan. Gleichzeitig werden die Ersparnisse und die staatlichen Einnahmen aus dem Salzverkauf verwendet, um die Geldmenge zu erhöhen, den Geldumlauf zu verringern und die Inflation zu kontrollieren.

Die Stabilität und die Glaubwürdigkeit der Währungen des Grenzgebiets hängen vom "Außenhandel" des Grenzgebiets ab, dessen Wachstum eng mit dem Problem des "Wechselkurses" zwischen den französischen Grenzwährungen verbunden ist.

Kurz nach der Gründung der Grenzbank griff die Regierung aufgrund der geringen Kreditwürdigkeit der Grenzwährung und des

---

[149] A Collection of Essays in Memory of Zhu Lizhi, herausgegeben vom Forschungsbüro für Parteigeschichte des Provinzkomitees der KPC Henan, CPC Party History Press, 2007, S. 112.

[150] Inflation und Regierungsführung in der Anfangsphase der Währungsausgabe in der Grenzregion Shanxi-Ganning, Gao Qiang.

begrenzten Umlaufs administrativ in das Verhältnis der Grenzwährung zur französischen Währung ein, was zur Entstehung eines Schwarzmarktes für "Devisen" führte. Jules ist der Ansicht, dass das Problem des Schwarzmarktes für Devisen nicht einfach durch ein Verbot und seine Bekämpfung gelöst werden kann. "Denn bei der heutigen Devisenpolitik ist die französische Währung der Bank nur draußen, nicht drinnen, und der Schwarzmarkt lässt sich nie vermeiden."[151] Jules erkannte das Problem als das, was es war. Die Koexistenz der französischen Münzen und die vorübergehende Unfähigkeit der Münzen, die französischen Münzen vollständig einzulösen, sind unvermeidlich. Anstelle von administrativer Repression sollte der Markt die Führung übernehmen.

Ende 1941 richtete die Regierung des Grenzgebiets eine Währungsbörse ein, an der Grenzmünzen und französische Münzen öffentlich notiert und frei umgetauscht werden, und die Banken des Grenzgebiets regulieren den Preis für Grenzmünzen und französische Münzen entsprechend dem Angebot und der Nachfrage auf dem Markt, indem sie den zeitlichen und regionalen Überschuss und Mangel ausgleichen, um den Schwarzmarkt zu beseitigen und den Wert der Grenzmünzen und den Finanzhandel im Grenzgebiet zu stabilisieren.

Die Einrichtung der Devisenbörse hat den Umtausch von Grenzwährungen und französischen Währungen erheblich erleichtert und die Entwicklung des Im- und Exporthandels in den Grenzregionen, insbesondere die Ausfuhr von Salz und Souvenirs, gefördert. Sie spielt auch eine wichtige Rolle bei der Stabilisierung des Verhältnisses der Grenzwährungen zu den französischen Währungen und ermöglicht es den Grenzbanken, über die Plattform der Clearingstelle Währungsspekulationen zu bekämpfen. Der Effekt der Bonitätsverbesserung einer Grenzwährung wird dadurch erreicht, dass der Wert der Grenzwährung stetig steigt. Das Ergebnis ist, dass immer mehr Menschen bereit sind, Grenzmünzen zu verwenden und zu halten, und dass die Grenzmünzen immer mehr Verbreitung finden und allmählich die Oberhand im monetären Kampf gegen das französische Geld gewinnen.

Nachdem anderthalb Jahre lang versucht worden war, die Geldmenge zu kontrollieren, die Wirtschaft zu entwickeln und das

---

[151] Das finanzielle Denken und der Beitrag des Genossen Zhu Liji, Song Linfei.

Warenangebot zu erhöhen, begannen in der zweiten Hälfte des Jahres 1942 die Preise weniger stark zu steigen als die Geldmenge, und auch das Verhältnis zwischen der Grenzwährung und der französischen Währung stieg von 325:100 im Juli auf 209:100 im Dezember, so dass die Grenzregion einen willkommenen Erfolg bei der Eindämmung der Preise und der finanziellen Stabilität erzielte und die eigene Währung der Grenzregion auf ihren Füßen stand.

Zhang Yuyan, ein renommierter Finanzwissenschaftler, kommentierte vor mehr als einem halben Jahrhundert die monetären und finanziellen Errungenschaften der Grenzregion Shaanxi-Ganning.

> *„Wir waren nicht überrascht, dass trotz der Unterschiede in Größe und Komplexität die Themen, über die heute gesprochen wird, wie die Hegemonie des Dollars, die Schaffung des Euro und die Ausweitung der Eurozone, die finanzielle Liberalisierung, die Währungskriege und die Internationalisierung des Yuan, von den ehemaligen Grenzregierungen, insbesondere den Bankgouverneuren, aufgegriffen, diskutiert und auf wunderbare Weise behandelt wurden. Wenn eine der größten Herausforderungen, vor denen China heute steht, aus dem Währungs- und Finanzbereich kommt, kann uns die wunderbare Geschichte der lokalen Kommunisten von vor einigen Jahrzehnten, die mutig genug waren, zu üben, Erfahrungen zu sammeln, Gesetze zu nutzen und wissenschaftlich zu resümieren, viel sagen. Dazu gehören vor allem solche wie die Münzsteuertheorie und die damit eng verbundene Theorie des "Zirkulationsbereichs" und die Inflationstheorie."*[152]

Der gleiche Währungskrieg wiederholte sich zwei Jahre später in der Basis Shandong.

Der "Preisstandard" der Beihai-Währung: Finanzinnovation an der Basis von Shandong

Im August 1945, einen Tag nach dem Sieg im Antijapanischen Krieg, interviewte ein amerikanischer Journalist einen Kader der Luftwaffe auf dem Stützpunkt Shandong.

---

[152] *Praxis und wahres Wissen* - Lektüre von "Die finanzielle Abhandlung von Richard Zhu", Zhang Yuyan.

U.S.-Korrespondent: Wie kann die Währung der Shandong-Basis, die weder Gold, Silber noch Devisen zur Ausgabe hat, die Währungs- und Preisstabilität aufrechterhalten? Das ist ein unglaubliches Wunder!
Acht Kader der Straßenarmee: Wir haben Material zur Verteilung. Ihr habt 40% Goldreserven und wir haben 50% unserer Materialreserven.
(Die amerikanischen Reporter sahen sich verwirrt an.)
Kader der Acht-Straßen-Armee: Für jede von uns ausgegebene Währung in Höhe von 10.000 Yuan wurden mindestens 5.000 Yuan für den Kauf wichtiger Güter wie Getreide, Baumwolle, Baumwolltuch, Erdnüsse usw. verwendet. Wenn die Preise steigen, verkaufen wir sie in die Währung zurück und drücken die Preise. Umgekehrt geben wir bei fallenden Preisen mehr Geld aus und erwerben Vorräte. Mit diesen lebensnotwendigen Gütern bereiten wir uns auf die Ausgabe von Geld vor, das Gold und Silber weit überlegen ist, da sie zu hungrig zum Essen und zu kalt zum Kleiden sind.
(Amerikanische Journalisten machen sich Gedanken, während sie Notizen machen.)
Der Kader des Achten Korps: Nach der Einführung des Papierwährungssystems wurde der Wert des Geldes durch die im Umlauf befindliche Menge bestimmt. Der Umlauf verzehnfacht sich, und die Preise steigen um das Zehnfache, wenn alles andere gleich bleibt. Der Grund, warum französische und gefälschte Münzen so entwertet sind, ist, dass sie unterschiedslos Papiergeld ausgeben. Unsere Preise sind relativ stabil, weil wir die im Umlauf befindliche Geldmenge genau kontrollieren.
AMERIKANISCHER JOURNALIST: Das ist ein interessanter Punkt, wenn Sie ihn näher erläutern könnten.
(Es bedurfte eines vierstündigen Vergleichs mit dem amerikanischen Journalisten, bis die Kader des Achten Korps ihn dazu brachten, dies zu verstehen).
American Reporter: Glauben Sie, dass die Vereinigten Staaten ein solches Währungssystem haben können?
Acht-Wege-Kader: Die USA besitzen jetzt 2/3 des Weltgoldes und können immer noch einen Goldstandard erreichen. [153]

Die Kader der Acht-Straßen-Armee rechneten nicht damit, dass 30 Jahre später auch die Vereinigten Staaten gezwungen sein würden, den

---

[153] *Memoirs of Xue Muxiao*, von Xue Muxiao, Tianjin People's Press, 2006, S. 170.

Goldstandard aufzugeben und die Geldmenge zu kontrollieren, um die Preise zu stabilisieren, und so Friedmans monetaristische Doktrin zu einer westlichen Erkenntnistheorie machten. Doch seine Theorie lag Jahrzehnte hinter der geldpolitischen Praxis der Shandong-Basis zurück. Zum Zeitpunkt des Interviews war Friedman noch Doktorand an der Universität, ein "gründlicher Keynesianer", und noch weit von einer Geldtheorie entfernt.

Zu dieser Zeit war die geldpolitische Praxis der Kommunistischen Partei Chinas weitaus avantgardistischer als die westliche Geldtheorie. Noch wichtiger ist, dass das Gefühl, es mit eigenen Händen zu tun, nicht auf dem gleichen Niveau ist wie die theoretische Erforschung auf dem Papier. Das ist wie bei einem MBA-Professor an einer Universität, der darüber spricht, wie Unternehmen geführt werden sollten, aber sein Wissen ist so groß, dass es nicht mit der Managementpraxis von Wang Yongqing oder Li Ka-shing verglichen werden kann.

Nach der Reform und Öffnung wurden die "Friedmans" einst als Götter angesehen, verachteten die großen Errungenschaften, die sie mit der Währungspraxis geschaffen hatten, und verloren sich in der faszinierenden Aura westlicher Theorien aller Art, wobei sie sich völlig von dem obersten Grundsatz "Die Praxis ist der einzige Test für die Wahrheit" entfernten, was wirklich bedauerlich ist! Seitdem man das amerikanische Währungsdenken gelernt hat, ist die reale Kaufkraft des Renminbi in den letzten 30 Jahren stark geschrumpft, und der beneidenswerte "Super-Duper"-Millionen-Yuan-Haushalt der frühen 1980er Jahre ist nun zum Standard für Chinas "Geringverdiener-Haushalte" geworden.

Die wahre Identität eines amerikanischen Journalisten: ein Wirtschaftswissenschaftler.

Kader der Eight Road Army: Xue Muxiao, Grundschulkultur, "Absolvent" der Shanghaier Gefängnis-"Universität", Direktor des Büros für Industrie und Handel der Provinz Shandong und Gastgeber der Währungspolitik, einer der Begründer des neuen chinesischen Währungssystems.

Was für eine Währung hat Xue Muxiao erfunden, die amerikanische Wirtschaftswissenschaftler dazu veranlasst, den ganzen Weg nach China zu kommen, als ob sie nukleare Geheimnisse erforschen wollten?

Ursprünglich begann die Basis in Shandong 1938 mit der Ausgabe von "Beihai-Münzen" als Komplementärwährung zur französischen Währung, aber aufgrund der mangelnden Erfahrung der Basis mit der Ausgabe von Papiergeld waren die Beihai-Münzen zunächst weniger kreditwürdig als die französische Währung.

Zu dieser Zeit war die französische Währung an das britische Pfund und den US-Dollar gekoppelt und in den verschiedenen Regimen sehr stark. Die Japaner hielten nicht nur große Mengen französischer Währung, um die Stabilität der lokalen Währung zu gewährleisten, sondern das japanische Regime gab in den gefallenen Gebieten auch gefälschte Münzen aus und tauschte sie gegen ausländische Währung oder Waren ein.

Nach dem Ausbruch des Pazifikkriegs beschlagnahmte Japan die anglo-amerikanischen Finanzinstitute in China und konnte die französische Währung nicht mehr zur Absicherung von Devisen verwenden. Also änderten sie ihre Taktik und verwendeten französische Münzen, um Milliarden von französischen Münzen aus den Gebieten unter japanischer Kontrolle an die Kuomintang und antijapanische Hochburgen zu schicken, um Nachschub zu kaufen. Allein im Jahr 1942 flossen Hunderte von Millionen Dollar französischer Währung in die Basis in Shandong. Dies führte nicht nur dazu, dass große Mengen an Material in die vom Feind besetzten Gebiete flossen, sondern auch dazu, dass die Anzahl der französischen Währungen in den Gebieten die Marktnachfrage bei weitem überstieg, die Kaufkraft der französischen Währungen dramatisch abnahm, die damit verbundene Nordseewährung rapide abwertete und die Inflation zunahm. Dies ist das Gleiche wie der massive Zustrom von Dollars nach China heute, der zu einer übermäßigen Entwicklung des Renminbi geführt hat, während gleichzeitig chinesische Produkte, Ressourcen und Rohstoffe "abgesichert" wurden, was zu einem Rückgang der Kaufkraft des Renminbi und steigenden Preisen führte.

Das Ergebnis der rasanten Inflation ist, dass die Lebensmittelpreise 1943 25 Mal höher waren als 1941 - und das in einem Land, das traditionell an "Lebensmittel für das Volk" glaubt!

Anfang 1943 befand sich Xue Muxiao zufällig auf der Durchreise vom Stützpunkt Shandong nach Yan'an und wurde von der Stützpunktleitung "festgehalten", um den Stützpunkt im Währungskampf gegen den Feind zu unterstützen.

Die damalige Regierung ließ in Unkenntnis der Geld- und Preisgesetze sowohl französische als auch Nordseemünzen in Umlauf bringen, verbot aber die von der japanischen Regierung ausgegebenen Falschmünzen. Auf dem Schwarzmarkt in der gefallenen Zone sind die gefälschten Münzen teurer als die französischen Münzen. Die französische Münze ist je nach Ort teurer als die Nordseemünze. Shandong setzte administrative Mittel ein, um das Verhältnis der französischen Währung zu komprimieren, und kündigte an, dass die Nordseewährung in einem Verhältnis von 1:2 in französische Währung umgetauscht würde, was jedoch überhaupt nicht funktionierte.

Nach eingehenden Untersuchungen schlug Xue Muxiao vor, dass die einzige Möglichkeit, den Wert der Nordseewährung und den Preis der Basis zu stabilisieren, darin bestünde, die französische Währung zu verdrängen, so dass die Nordseewährung die einzige in der Basis zirkulierende Währung würde, die das alleinige Recht zur Ausgabe von Geld hätte. Die Lösung bestand darin, die Nordseewährung zu verwenden, um die französische Währung zu verdrängen und einzusammeln, und die eingesammelte französische Währung zu verwenden, um Güter aus den vom Feind besetzten Gebieten zu beschaffen und diese Güter zur Stützung der Nordseewährung zu verwenden. Die Regierung verkauft die Waren, wenn die Preise steigen, und die Währung kommt zurück, und die Preise fallen natürlich.

Dieser Ansatz funktioniert. Nach der Abschaffung des Frankens sind die Preise zwar gefallen, aber es sind neue Probleme entstanden. Die Preise sind übermäßig gefallen, weil die Menge der Nordseemünzen nicht ausreicht, um die Nachfrage nach dem Marktumlauf zu decken. Zu diesem Zeitpunkt wusste die örtliche Regierung nicht, dass sie mehr Geld ausgeben sollte, um die Preise zu stabilisieren, sondern ließ die Waren zu Dumpingpreisen verkaufen, um die Währung zurückzubekommen, und rechtzeitig zur Saison für den Erwerb landwirtschaftlicher Erzeugnisse stürzten die Landwirte in den Verkauf, was zu einem Preisverfall führte. Obwohl das Amt für Handel und Industrie sofort zusätzliche Devisen ausgab, verpasste es die Gelegenheit, landwirtschaftliche Erzeugnisse zu erwerben, weil die Banken nicht in der Lage waren, Geld zu drucken. Das Ergebnis aller drei Faktoren ist, dass die Preise seit der Einstellung der französischen Währung um die Hälfte gefallen sind. Zum Zeitpunkt der Hungersnot im Frühjahr verfügte die Regierung nicht über genügend landwirtschaftliche Erzeugnisse, um die "späte" Aufstockung des

Bargelds zurückzugeben, was zu einem weiteren starken Anstieg der Preise führte.

Xue Muxiao und seine Kollegen haben erkannt, dass in der ländlichen Wirtschaft die Saisonabhängigkeit der Geldausgabe und das Vorhandensein eines bestimmten objektiven Preisgesetzes: Herbst und Winter erhöhen die Geldausgabe, um landwirtschaftliche Produkte zu kaufen, und im Frühjahr werden landwirtschaftliche Produkte an die Währung zurückverkauft, so dass die Preise im Grunde stabil sind, und stabile Preise sind das Kennzeichen des Geldkredits und der Maßstab für den Erfolg des Geldsystems. Mit solchen monetären Praktiken haben sie monetäre Finanzinnovationen geschaffen, die für die Ausgabe mit Materialien vorbereitet sind!

Xue Muxiao erinnerte sich später an diese Geschichte:

> *„Die von den Banken ausgegebene Währung musste dem neu gegründeten Büro für Handel und Industrie zum halben Preis für den Erwerb verschiedener landwirtschaftlicher Produkte übergeben werden, die jederzeit verbraucht werden konnten, um die Preise zu stabilisieren. Die Währung, die wir ausgeben, ist nicht in Gold, Silber oder Devisen, sondern in Materialien reserviert. Wenn die Preise steigen oder fallen, ist das Büro für Handel und Industrie bereit, Waren aufzunehmen und die Geldmenge im Umlauf zu regulieren, um den Wert des Geldes und die Preise stabil zu halten. Zu dieser Zeit hatten die kapitalistischen Länder einen Goldstandard, und Inflation war kein Problem. Diese Erkenntnis der Regelmäßigkeit, die wir aus der Praxis gewonnen haben, kann eine neue Entdeckung in der Geschichte der Währungslehre sein."*[154]

Das Geldsystem wird als "Preisstandard" bezeichnet, was bedeutet, dass

> *„Unsere Währung ist weder an Gold oder Silber, noch an französisches oder gefälschtes Geld gebunden. Unsere Landeswährung ist an die Preise gebunden, wobei der Preisindex (nicht der Index eines bestimmten Rohstoffs, sondern der Gesamtindex mehrerer wichtiger Rohstoffe) als Kriterium*

---

[154] Ebd., S. 166.

für die Bestimmung der Höhe oder des Standes der Währung dient."[155]

Nach Abschluss des Währungskampfes zur "Vertreibung der französischen Währung und Stabilisierung der Preise" begann der Kampf um den lokalen Handel, und die örtliche Industrie- und Handelskammer wurde zum Haupthändler.

"Strategische Güter" und der Handelskrieg

So wie Süd-Hanchen Salz als "strategische Handelswaffe" im Grenzgebiet zwischen Shaanxi und Ganning einsetzte, setzte das Industrie- und Handelsbüro von Shandong Meersalz und Erdnussöl, zwei strategische Güter, die in den reichen und vom Feind besetzten Gebieten dringend benötigt wurden, als Hauptwaffen im Handelskampf ein.

In der Vergangenheit verfügte die Regierung über keine einheitliche Stelle für die Verwaltung des Meersalzes, und die Salzhändler verkauften das Salz von Hand, wodurch Erzeuger und Verbraucher auf beiden Seiten ausgebeutet wurden. Meersalz wurde vom Amt für Handel und Industrie monopolisiert, das die Salzhändler, die in der Mitte ausgebeutet wurden, verdrängte, und die Salzläden des Amtes für Handel und Industrie kauften es einheitlich auf, während die Salzsteuer gesenkt wurde, die Menschen ermutigt wurden, sich an der Produktion und dem Transport von Salz zu beteiligen, und ihr angemessenes Einkommen gesichert wurde. Das Büro für Handel und Industrie hat eine besondere Vermarktungsstrategie entwickelt: Je näher an den vom Feind besetzten Gebieten, desto höher der Salzpreis, der in den an die Feindgebiete angrenzenden Gebieten um 50 Prozent gestiegen ist. Dieser gestaffelte Salzpreis wurde geschickt entwickelt, um einen niedrigen Salzpreis im Kern der Festung zu gewährleisten, was für das tägliche Leben der Bevölkerung von Vorteil war, und um die Kosten für Salz in den vom Feind besetzten Gebieten deutlich zu erhöhen und so die Einnahmen der Festung zu maximieren.

Erdnussöl ist eine Notwendigkeit auf dem Shanghaier Markt, den das Bureau of Industry and Commerce kauft und als Privatunternehmer an Shanghai verkauft, im Austausch für vor Ort benötigte

---

[155] Ebd., S. 169.

Industriegüter, einschließlich Papierausrüstung für den Gelddruck und militärische Güter. Die Japaner in Schanghai kannten die Quelle des Erdnussöls sehr gut, mussten es aber im Geheimen schützen, weil der Markt in Schanghai es brauchte.

Infolge der günstigen Handelspolitik der Direktion für Handel und Industrie, die das Monopol für strategische Güter eingeführt hat, wurde der Außenhandel des Territoriums weit übertroffen, was eine starke Garantie für den Austausch von Rohstoffen darstellt, die für die Rückkehr des Territoriums dringend benötigt werden. Auf diese Weise konnte das Amt für Handel und Industrie den Wert der Nordseewährung und die Preisstabilität kontrollieren und den Währungskampf aktiv unterstützen.

Wer die strategischen Güter kontrolliert, kontrolliert die monetäre Abwicklung des Handels. Die französische Währung ist stabil, wenn man die französische Währungsabrechnung verwendet, die französische Währungsabwertung und dann die gefälschte Währungsabrechnung verwendet, die gefälschte Währungsabwertung nach den lokalen begrenzten materiellen Transaktionen müssen mit der Nordseemünze abgeschlossen werden, so dass die feindlich besetzten Geschäftsleute eine bestimmte Menge an Nordseemünze halten müssen, und später diese Geschäftsleute auch erkennen, dass die Nordseemünze als die feindlich besetzte Zone Währungsstabilität Erhaltung, so sehr glücklich zu halten, Nordseemünze so tief in die feindlich besetzte Zone und Wurzeln schlagen. Die Shandong-Basis hat entdeckt, dass die Nordsee-Währung als "Devisenreserve" der feindlichen Zone in der Lage sein wird, die Ressourcen der feindlichen Zone für meinen Gebrauch effektiv zu mobilisieren, was eine verdeckte "Münzsteuer" ist, die fast mit dem Design der internationalen Währungsstrategie des US-Dollars synchronisiert ist.

Wäre die ältere Generation der Währungs- und Handelsexperten heute noch am Leben, würden sie nicht zögern, eine nette Finanzkombination auf der Grundlage strategischer Kerngüter unter chinesischer Kontrolle, wie z. B. seltene Erden, zu schaffen. Sie möchten chinesische Seltene Erden nutzen? Das ist möglich, vorausgesetzt, der RMB wird für die Handelsabwicklung verwendet, wodurch die Nachfrage nach internationalen RMB-Reserven steigt und der Prozess der Internationalisierung des RMB beschleunigt wird.

Durch die Praxis der Währung und des Handels hat sich die Hochburg Shandong von einem Verteidigungskrieg gegen die französische Währung und den Schutz der Vorräte zu einem strategischen Gegenangriff entwickelt, indem sie den Umlauf der Nordseewährung ausweitete und Vorräte aus den vom Feind besetzten Gebieten aufkaufte, was die Fähigkeit der Hochburg, den Währungskrieg zu führen, erheblich verbesserte, einen großen Beitrag zu den finanziellen Einnahmen der Hochburg leistete, die Hochburg Shandong zum wohlhabendsten Gebiet unter den befreiten Gebieten machte und eine solide materielle Grundlage für den Sieg im Krieg gegen Japan und den Befreiungskrieg schuf.

Als Bo Yibo zu Beginn des Befreiungskrieges auf einer Konferenz für Finanzfragen mit Xue Muxiao zusammentraf, sagte er, dass die Kuomintang 700.000 Mann entsandt habe, um Shandong gezielt anzugreifen, und dass die Hauptstreitkräfte der Neuen Vierten Armee nach Shandong verlegt worden seien, was eine schwere Belastung für Shandong darstelle. Wie viele entlassene militärische und politische Mitarbeiter hat Shandong zu tragen? Xue Muxiao bat Bo Yibo um eine Schätzung, und Bo Yibo schätzte, dass es etwa 700.000 Menschen seien, woraufhin Xue Muxiao lachend antwortete, es seien 900.000! Bo Yibo war sehr überrascht, als er das hörte, denn er hatte nicht erwartet, dass die Finanzkraft der Basis in Shandong so stark sein würde.[156]

Xue Muxiao sammelte in seiner Praxis in Shandong wertvolle Erfahrungen mit der Ausgabe von Währungen, die eine wichtige Grundlage für die Unabhängigkeit des Yuan von der Ausgabe von Gold und Silber einige Jahre später bildeten.

Im Jahr 1948 begann die KPCh mit der Diskussion über die Ausgabe des Yuan, und Xue Muxiaos Ansichten über die Unabhängigkeit der Währung wurden stark in Frage gestellt. Viele Wirtschaftswissenschaftler aus Yan'an waren damals der Meinung, dass es unmöglich sei, die Preise stabil zu halten, wenn die Verbindung mit der französischen Währung wieder gelöst würde, da die Basis über keine Gold- und Silberreserven verfüge und nicht durch starke Währungen wie den Dollar und das Pfund gestützt werde.

Xue Muxiao hingegen nutzte die Erfahrungen in Shandong, um zu beweisen, dass der Wert des Geldes im Wesentlichen durch die Kaufkraft des Geldes bestimmt wird und sich die Verbindung mit Gold, Silber und Devisen vollständig auflösen kann. Noch kritischer ist, dass

---

[156] Ebd., S. 177.

die Wirtschaft der Basis anfällig für den Feind wird, sobald die Verknüpfung erfolgt.

> *„In einigen Regionen (z. B. in Zentralchina) wurde die französische Währung in den vergangenen Jahren zwar nicht abgeschafft, aber das Verhältnis zwischen der Landeswährung und der französischen Währung wird ständig geändert, um die relative Stabilität der Landeswährung und der Preise wegen der ständigen Abwertung der französischen Währung zu erhalten. In Shandong und Jinghiru wurde der Kampf um die Währung jedoch durch die Abschaffung der französischen Währung und die Schaffung eines unabhängigen und autonomen lokalen Währungsmarktes gewonnen."*[157]

Ende 1948 begann die Kommunistische Partei Chinas auf der Grundlage der Erfahrungen aus den vergangenen Währungskämpfen in den verschiedenen Regionen mit der Ausgabe einer einheitlichen Währung, dem Renminbi. Der Renminbi hat keinen Goldgehalt und bekräftigt seine Loslösung von Gold und Silber, wobei sich der Wechselkurs in erster Linie an der realen Kaufkraft der Währung orientiert.

Damals nahm die Kuomintang das gesamte Gold und Silber in der Staatskasse weg, und wenn der Yuan an Gold und Silber gekoppelt würde, würde der Erwerb von Gold und Silber die Währungsausgabe erhöhen und die Preise würden steigen, eine ähnliche Situation war der Kuomintang bereits während der Währungsreform widerfahren. Daher fror die Kommunistische Partei die Preise für Gold und Silber gleichzeitig mit der Ausgabe des Yuan ein, so dass sie unter der Preissteigerungsrate und unter den internationalen Gold- und Silberpreisen lagen. Dies war der Beginn von Chinas Gold- und Silberregulierungspolitik in den folgenden Jahrzehnten.

Noch wichtiger ist, dass die Kommunistische Partei die Lektion aus dem historischen Verlust der Währungssouveränität der Ming- und Qing-Dynastien und der Kuomintang-Regierungen gelernt hat, weil sie die Silberversorgung nicht in den Griff bekamen und sie nicht mit Gold, Silber und Devisen verknüpften, wodurch sie sich von der monetären, wirtschaftlichen und politischen Kontrolle Chinas durch westliche Mächte mit starken Gold- und Silberreserven befreite.

---

[157] Ebd., S. 181.

Die unabhängige Emission des Renminbi aus Gold und Silber war damals eine realistische Entscheidung, um China von der monetären Kontrolle der westlichen Mächte zu befreien, und spiegelt den wichtigen Grundsatz des Pragmatismus wider. Heute, da der Renminbi an den Dollar gebunden ist, muss der Dollar aufgrund seiner übermäßigen Schuldenlast lange Zeit abwerten, und angesichts des Verlusts des Status einer Weltwährung wird die strategische Position des Renminbi sehr ungünstig sein, wenn der Dollar in Zukunft beschließt, in einer "verbesserten Version des Goldstandards" wieder an Gold gebunden zu werden, um die Kreditwürdigkeit des Dollars zu stärken, da die Goldreserven Chinas sehr gering sind.

Eine wichtige strategische Frage wird sein, ob der Renminbi in Zukunft an den US-Dollar gekoppelt sein wird oder ob er für sich allein steht und ein neues Modell für die Ausgabe von Währungen schaffen wird.

Der Yuan wurde geboren

Im Juli 1947 ging die Volksbefreiungsarmee (PLA) zu einer strategischen Gegenoffensive über, und die befreiten Gebiete Jinsui, Jincha und Hebei sowie Jin-Hebei und Lu-yenyu wurden allmählich vereinigt. Die verschiedenen Währungen, die ursprünglich in den befreiten Gebieten verwendet wurden, strömen nun auf den einheitlichen Markt der befreiten Gebiete. Dies führte zu zahlreichen "Währungsproblemen". In einem vereinigten befreiten Gebiet musste man, wenn man Hunderte oder sogar Dutzende von Kilometern weit weg fuhr, auf eine andere Währung umsteigen.

Dong Biwu, der zu dieser Zeit für die Finanzarbeit in Nordchina zuständig war, erlebte diese Schwierigkeiten aus erster Hand. Er brach von Yan'an aus auf, um die Basis von Jincha und Hebei zu inspizieren. Als er unterwegs hungrig und durstig war, hielt er mit seiner Frau und seinen Kindern an und ruhte sich unter einer großen Akazie am Straßenrand aus. Nachdem er alle mitgebrachten Trockennahrungsmittel aufgegessen hatte, lief der Wachmann zu dem kleinen und mittelgroßen Lebensmittelladen im Dorf, um einige verbrannte Kuchen und geröstete Süßkartoffeln zu kaufen. Wer konnte schon ahnen, dass es ein Problem gab, als es ans Bezahlen ging.

Der Verkäufer des verbrannten Kuchens nahm das Geld und schaute es an. Da er nicht wusste, woher es stammte, musste der

Wachmann erklären, dass es sich um die Grenzwährung des befreiten Gebiets Shaanxi-Ganning handelte. Der Verkäufer des verbrannten Kuchens schaute das Geld mehrmals an, bevor er es schließlich zurückgab und sagte,

> „Nein, wir geben dieses Geld hier nicht aus! Es stellt sich heraus, dass nur die Währung der befreiten Gebiete von Jincha und Hebei vor Ort verwendet wird, und kein anderes Geld!"

Die Wachen waren hilflos, nahm das Geld zu einer nahe gelegenen öffentlichen Einrichtung zu speichern, um zu ändern, die Institution speichern Verkäufer auch nicht geben, ändern, Haltung entschlossen antwortete:

> „Jincha Hebei Region erkennen nur Jincha Hebei Grenze Münze, andere Geldkarten sind nicht anerkannt, erhielt ich Ihr Geld ist auch für nichts, wer kann diese dumme Sache tun?"

Daraufhin sagte die Frau von Dong Biwu zu dem Wachmann: "Sie brauchen sich nicht zu beeilen! Ich habe ein Stück Stoff für die Kinder bei mir, nehmen Sie es und tauschen Sie es bei den Leuten ein! Ich denke, es ist genug, um diesen Stoff gegen ein paar Burritos einzutauschen!"[158] Dong Biwu, der Patriarch der Revolution, war aufgrund des Währungsproblems gezwungen, Stoff gegen verbrannte Kuchen zu tauschen, um seinen Hunger zu stillen.

Damals waren die Finanzsysteme in den befreiten Gebieten zersplittert, nicht nur in Bezug auf die Währung, sondern auch in Bezug auf die gegenseitige Besteuerung und den Handelsschutz. Einige befreite Gebiete haben, um ihre Handelsdefizite zu verringern, sogar die Preise für lokale Spezialitäten erhöht, indem sie Waren aus anderen befreiten Gebieten den Zugang verweigerten.

Die Hochburg Shandong hat das "stärkste" Haiyan, mit der stärksten Ausgabe von Beihai-Banknoten; die zweitstärkste Ausgabe von Hebei-Banknoten in Jinji, Hebei und Luheyuan; und die schwächste Ausgabe von Agrarwährung im Nordwesten wegen der größten Materialknappheit und des Bedarfs an großen Importen. Infolgedessen gab es Verwirrung über den Jin-Hebei-Yu-Boykott von

---

[158] *The First Central Bank Governor of the Founding Kingdom* - Nan Hanchen, Deng Garong, China Finance Press, 2006, S. 252.

Haiyan in Shandong und die von Ji Zhong angeordnete Beschlagnahme von Kohle im Süden.

In seinem Bericht an die Zentralbehörden Ende 1947 kritisierte Dong Biwu "die Errichtung von Zollschranken, die Unterdrückung und den Boykott der regionalen Währung, den kommerziellen Wettbewerb, die gegenseitigen Reibereien und die Vergesslichkeit des Feindes".

Die Vereinheitlichung des Finanzwesens in den befreiten Gebieten, die Einrichtung von Banken in den befreiten Gebieten und die Ausgabe einer einheitlichen Währung für das ganze Land sind dringend notwendig geworden. Wenn wir die Währung nicht vereinheitlichen und auf die Befreiung Pekings warten, werden alle Armeen mit ihren eigenen Banknoten nach Peking strömen und sie benutzen, und der Markt wird im Chaos versinken.

Um eine einheitliche Währung herauszugeben, gibt es zwei Möglichkeiten: Die eine besteht darin, sich auf die Währungsreform der Sowjetunion von 1947 zu stützen und nach dem Ende des Zweiten Weltkriegs die neue Währung gegen die alte auszutauschen, mit einem differenzierten Wechselkurs von 1:10, wobei die Abwertung umso stärker ausfällt, je mehr alte Währung gehalten wird, um so die Gelegenheit zu nutzen, einem Teil der Bevölkerung ihr Geldvermögen zu entziehen und die umlaufende Geldmenge zu verringern, wodurch das Ziel der Währungsstabilität erreicht wird.

Als Chiang Kai-shek nach dem Krieg die gefallenen Gebiete übernahm, wurden die französischen Münzen im Verhältnis 1:200 gegen gefälschte Münzen getauscht, und die Sowjetunion tauschte alte Münzen im Verhältnis 1:10 gegen neue Münzen ein, die alle das Vermögen der Besitzer der alten Münzen plünderten. Aus dem gleichen Grund, wenn die Vereinigten Staaten den RMB zur Aufwertung zwingen, bleibt die internationale Kaufkraft des Dollars unverändert, wenn das Verhältnis von 1:7 Dollar zu RMB plötzlich 1:6 wird, ist dies gleichbedeutend mit dem RMB "tauscht das Alte gegen das Neue", im Moment der Aufwertung "ersetzt" die RMB "neue Währung" die "alte Währung" mit einem Verhältnis von 6:7, das Ergebnis wird unweigerlich der Verlust des Reichtums der "alten Währung" Inhaber sein! Dies ist der Grund, warum die Aufwertung des Yuan eine "nominale Aufwertung" der externen und eine reale Abwertung der internen Kaufkraft darstellt.

Unter dem Gesichtspunkt des Schutzes der Interessen des Volkes vertrat Nan Hanchen die Auffassung, dass es für China nicht angemessen sei, die Währungsreformpolitik der Sowjetunion zu imitieren.

Eine andere Möglichkeit wäre, die in den befreiten Gebieten ausgegebenen Währungen zusammenzulegen und zu vereinfachen, bevor neue Währungen ausgegeben werden, wenn sich die Preise und Währungen stabilisieren. Gleichzeitig ist es angesichts der negativen Auswirkungen der Währungsreform der Kuomintang wichtig, dass die Menschen verstehen, dass die Kommunistische Partei eine Einheitswährung und keine Währungsreform durchführt, was sich völlig von dem unterscheidet, was die Kuomintang tut. Die Währungsreform der KMT ist ein Mittel, um den Reichtum des Volkes durch eine noch stärkere Inflation zu plündern, mit dem Ergebnis, dass die Preise in die Höhe schießen, der Unmut der Menschen überkocht und die Wirtschaft zusammenbricht. Die Vereinheitlichung der Währung soll das Währungssystem in den befreiten Gebieten vereinfachen und konsolidieren und die wirtschaftliche Entwicklung und den Warenaustausch im alleinigen Interesse des Volkes fördern.

Am 1. Dezember 1948 wurde die People's Bank of China in Shijiazhuang, Provinz Hebei, mit Nan Hanchen als Generaldirektor gegründet und die People's Bank of China-Banknote "RMB" wurde ab diesem Datum ausgegeben.

Um die Interessen der Bevölkerung im Prozess der Währungsunion nicht zu beeinträchtigen, hat die Regierung die Politik der "festen Parität, des gemischten Umlaufs, der allmählichen Wiederherstellung und der Verantwortung bis zum Ende" verfolgt und die in den befreiten Gebieten ausgegebene Währung schrittweise wiederhergestellt.

Die Regierung hat auf der Grundlage des Preisniveaus in den befreiten Gebieten einen angemessenen Wechselkurs zwischen dem Yuan und der Währung der befreiten Gebiete festgelegt und die Ausgabe von Bargeld in den Gebieten gestoppt, so dass die Banken in den Gebieten das Bargeld nach und nach entsprechend dem vorgeschriebenen Wechselkurs abheben müssen. Auf diese Weise wurden die wirtschaftlichen Beziehungen zwischen den zuvor zersplitterten Regionen rasch angeglichen. Das Aufkommen des Yuan hat den Marktverkehr erheblich erleichtert.

Um die Befürchtungen der Bevölkerung zu zerstreuen, dass die Währung der befreiten Gebiete in ihren Händen nicht umtauschbar sei und verschrottet werden könnte, hat sich die Regierung verpflichtet, nicht nur für die neue Währung der Volksbank, sondern auch für die alte Währung, die zuvor von allen Banken der befreiten Gebiete ausgegeben wurde, verantwortlich zu sein. Später war die Regierung nicht nur für die Einziehung des während des Widerstands- und Befreiungskrieges ausgegebenen Geldes verantwortlich, sondern auch für die Einziehung des während der Landrevolution ausgegebenen Geldes, der Schuldscheine und der öffentlichen Schulden zu einem angemessenen Wechselkurs. Die Interessen des Volkes werden in vollem Umfang vor Verlusten geschützt, wodurch der Kredit des Yuan in der Gesellschaft etabliert wird.

Am Vorabend der Gründung der Volksrepublik China holte die Regierung die von den befreiten Gebieten in Guan ausgegebene Währung durch Bankgeschäfte, Steuereintreibung und Handelsrücknahme nach und nach zurück und schuf damit eine solide Grundlage für die monetäre Wiedervereinigung Chinas, wobei das Chaos der Währungen der befreiten Gebiete in der Hauptstadt erfolgreich vermieden wurde.

Im Jahr 1950, nachdem sich die wirtschaftliche Situation im Inland stabilisiert hatte, begann die Erholung der Nordostwährung. Gao Gang, der die Arbeit des Nordostens leitete, wollte sich in der Unabhängigkeit engagieren, hatte den Gouverneur der Nordost-Bank angewiesen, vorzuschlagen, die Nordost-Währung beizubehalten, Nan Hanchen von Angesicht zu Angesicht befragt Gao Gang ist, was der Versuch, Gao Gang musste nur aufgeben.

Damit hat China zum ersten Mal seit 1911 eine echte Vereinheitlichung der Landeswährung erreicht. In den letzten 40 Jahren wurde das Problem der "Währungssezession" in China vollständig beseitigt.

Neben der schrittweisen Wiedervereinigung innerhalb der befreiten Gebiete hat die Regierung, um den Umlauf des Yuan zu gewährleisten, auf der Grundlage der Erfahrungen mit der "Entgiftung" durch die Ausweisung der französischen Währung aus ihrem Hoheitsgebiet verschiedene "Entgiftungsmaßnahmen" für die Goldzirkulare, die ausländische Währung sowie Gold und Silber im Umlaufgebiet des Yuan ergriffen.

Die erste ist die entschlossene Säuberung der französischen Währung und des Goldbarrens, den Verursachern der Hyperinflation, die entschlossen gesäubert werden müssen, um dem RMB den Weg zu ebnen, den Markt zu erobern.

Der zweite Punkt ist die Einführung einer Devisenbewirtschaftung. Die Abschaffung des Rechts ausländischer Banken, Devisen auszugeben, das Verbot des Umlaufs von Devisen und die Einführung einer einheitlichen Devisenverwaltung. Devisen und ausländische Währung müssen bei der Bank of China hinterlegt werden, deren Verkauf oder Transfer verboten ist und von der Staatsbank verwaltet wird.

Auch hier ist der Umlauf von Gold und Silber streng verboten. Die Hyperinflation hat dazu geführt, dass Gold und Silber auf dem Markt zirkulieren und zum Hauptobjekt der Finanzspekulation und zu einem Haupthindernis für die Marktbesetzung durch den RMB geworden sind. Die Regierung verbietet den Umlauf von Gold und Silber strikt und schreibt vor, dass der Ankauf, der Verkauf und der Umtausch von Gold und Silber einheitlich von der Nationalbank durchgeführt werden muss und dass der private Ankauf, Verkauf und die Bewertung illegal sind. Das Gold und Silber, das sich in den Händen des Volkes befindet, wird zu einem angemessenen Preis eingesammelt und nach und nach in den Nationalbanken konzentriert, um als internationale Reserve zu dienen.

Als der Renminbi zum ersten Mal ausgegeben wurde, konnte er jedoch nur das Problem der Vereinheitlichung der Landeswährung lösen, nicht aber das Problem der Währungsstabilität. 1949, im Jahr des vollständigen Sieges im Befreiungskrieg, stiegen die Steuerausgaben sprunghaft an, und das Defizit musste durch die Ausgabe großer Mengen an Renminbi gedeckt werden, was eine Inflation unvermeidlich machte. Im Laufe des Jahres kam es zu mehreren Fällen von Inflation in unterschiedlichem Ausmaß.

Inflation und spekulative Kräfte sind wie die Beziehung zwischen Feuer und Wind, Feuer ohne Wind ist nicht genug, und Feuer durch Wind, Wind zu helfen, Feuer, dann wird die Inflation sofort eskalieren! Im Mittelpunkt des Kampfes gegen die Inflation steht der Kampf gegen spekulative Kräfte.

In Schanghai, dem Wirtschaftszentrum Chinas, liefern sich Regierung und spekulative Kräfte einen massiven Preiskrieg. Die Regierung, die mit der Inflation zu kämpfen hat, hat sich schließlich der Spekulanten angenommen und die Stabilität des Yuan und der Preise erreicht.

Die Schlacht um den Silberdollar

Am 10. Juni 1949 waren die Straßen rund um das Wertpapiergebäude in der Hankou Road in Schanghai erfüllt vom Klappern und Klirren zahlreicher Menschen in langen Hemden und mit großen Silberdollars in der Hand, die unablässig aufeinander einschlugen, die Aufmerksamkeit der Passanten auf sich zogen und ständig den Preis für Silberdollars nannten. Das sind die "Silberbullen", die in Shanghai Silberdollar verkaufen. Der Securities Tower ist das Zentrum des spekulativen Handels in Shanghai, in dem sich Tausende von Großspekulanten und Händlern versammeln. Über Tausende von Telefonen stehen sie in engem Kontakt mit ihren Zweigstellen in allen Ecken der Stadt und manipulieren den Preis des Silberdollars.

Um 10.00 Uhr fuhren mehr als ein Dutzend großer Militärlastwagen vorbei und hielten vor dem Eingang des Wertpapiergebäudes, woraufhin ein Bataillon von PLA-Soldaten absprang und das Gebäude mit Wasser umgab. Die in Zivil gekleideten Beamten der öffentlichen Sicherheit, die bereits in der Halle und an allen Ein- und Ausgängen auf der Lauer lagen, wiesen sich ebenfalls aus und ordneten an, das gesamte Personal in der Halle an Ort und Stelle zu kontrollieren.

Ein geräumiges Büro im sechsten Stock beherbergte 50 Telefone und Walkie-Talkies, mit Telefonleitungen, die wie Spinnweben dicht durch die Tür und an der Decke entlang nach innen verliefen. Die Telefone läuteten eines nach dem anderen, durchsetzt mit Codewörtern für spekulative Chips, die ständig den Markt in Hongkong und Macau anriefen. An der Wand hängt eine Tafel, dicht verputzt mit Zetteln, sortiert nach Gold, US-Dollar und Silberdollar, darunter mit weißem Kreidewasserzeichen die Kauf- und Verkaufspreise des Tages. Ein Mann mittleren Alters im Anzug mit offenem Haar, der eine Zigarre raucht und hektisch ruft:

> *„Es ist heute ziemlich gut gelaufen, es hat sich in 10 Tagen verdreifacht! Keine Sorge, die Kommunisten können nichts gegen uns ausrichten. Neulich haben sie 100.000 Yuan in bar geworfen, um unseren Schwung zu unterdrücken, aber sie haben nicht ein Wort gehört. Dies ist das Große Shanghai, nicht Yan'an. Wir kämpfen gegen sie um Silberdollar, nicht um Gewehre. Entspann dich einfach und genieße deinen Aufenthalt in Hongkong. Haha."*

Der Spekulant mittleren Alters war so verblüfft, dass er nicht einmal bemerkte, dass ihm seine brennende Zigarre auf den Schoß gefallen war.

Von 10.00 bis 12.00 Uhr durchsuchten Beamte der öffentlichen Sicherheit die verschiedenen Spekulationsgeschäfte und registrierten die Namen und Besitztümer aller Personen, die das Gebäude blockiert hatten, und wiesen dann das gesamte Personal an, sich im Foyer des Erdgeschosses zu versammeln, um die Regierungsvertreter anzuhören. Insgesamt waren 2.100 Personen in der Halle versammelt, und mit Ausnahme von mehr als 200 Personen, die an Ort und Stelle festgenommen und auf der Grundlage einer vorab erstellten Liste zum städtischen Volksgerichtshof gebracht wurden, wurden die übrigen nach der Aufklärung wieder freigelassen.

Sie haben das Wertpapiergebäude überfallen und auf einen Schlag gewonnen. Auch das Büro für öffentliche Sicherheit ist der Spur gefolgt und hat eine große Zahl von skrupellosen Silberdollar-Händlern verhaftet. Seitdem ist der Klang von Silberdollars in Shanghai nicht mehr zu hören.

Dies war die erste Schlacht der Kommunistischen Partei zur Befreiung Shanghais und zur Reorganisation der Wirtschaft - die "Schlacht um den Silberdollar". Geführt wurde die Schlacht von einem gebürtigen Schanghaier, Chen Yun, dem Direktor der Zentralen Finanz- und Wirtschaftskommission.

In den 12 Jahren zwischen dem Beginn des Krieges gegen Japan 1937 und 1949 stieg die von der Kuomintang-Regierung ausgegebene Währung um das 144,5-Milliardenfache, und die Preise stiegen wie wilde Pferde. Dinge, die man für 100 französische Dollar kaufen kann, 2 Kühe im Jahr 1937, 1 Fisch im Jahr 1945, 1 Ei im Jahr 1946, 1/3 Schachtel Streichhölzer im Jahr 1947, reichen im Mai 1949 nicht mehr für ein Reiskorn.

Die nationale Regierung gab im Mai 1949 Goldene Duan in den Stückelungen 100.000 Yuan, 500.000 Yuan, 5.000.000 Yuan und 10.000.000 Yuan aus, was die Preise in die Höhe trieb: 12.000.000 Yuan pro Katze Fleisch und 1.000.000 Yuan pro Stange Teig... Einige Leute beschrieben den Wertverlust der Goldenen Duan mit den Worten, dass der Verzehr der ersten Schüssel Reis einen Preis darstellte, und als man die zweite Schüssel Reis gegessen hatte, war der Preis bereits gestiegen!

Der Preis von Reis ist nicht derselbe wie der Preis von Reis, wenn man langsam oder schnell läuft. Das war damals noch das Leben eines Hochschulprofessors, ganz zu schweigen von den einfachen Leuten. Fei Xiaotongs "Vernacular China", das in den späten 1940er Jahren veröffentlicht wurde, ist sehr kurz. Später fragte jemand Ferrell, warum er nicht mehr von einem so guten akademischen Werk schreibe. Seine Antwort war, dass man wegen der Inflation schreiben und veröffentlichen muss, veröffentlichen und für das Manuskript bezahlt werden muss, und wenn man für das Manuskript bezahlt wird, loslaufen muss, um Reis zu kaufen. Der Prozess darf nicht unterbrochen werden und muss so kurz wie möglich gehalten werden, und wenn ein großer Teil geschrieben ist, ist das Manuskripthonorar wertlos.

Die Entwertung des Goldbarrens schuf eine Psychologie des Misstrauens gegenüber Papiergeld, und die Menschen waren bereit, harte Währung wie Gold und Silber zu verwenden und zu behalten. Im Jahr 1948 waren allein in Schanghai über 500.000 Menschen an Gold- und Silberspekulationen beteiligt.

Die Spekulationswut verschärfte die Inflation und breitete sich von den nationalistisch regierten Gebieten auf die befreiten Gebiete aus. Die Kommunistische Partei hingegen musste auf die Ausgabe von Renminbi zurückgreifen, um die Lebenshaltungskosten von 9 Millionen militärischen und politischen Mitarbeitern zu decken, da die Militärausgaben der PLA mehr als 5 Millionen betrugen und die von der Regierung Chiang Kai-shek zurückgelassenen Beamten voll akzeptiert wurden. Ab 1948 stieg die Ausgabe von Renminbi um das Dutzend- oder gar Hundertfache, wodurch die von Chiang Kai-shek hinterlassene Inflation nicht nur unkontrolliert, sondern auch immer stärker wurde. Ohne eine Lösung des Spekulationsproblems kann es keine wirtschaftliche Stabilität geben, und das junge Regime ist zwangsläufig ernsthaft gefährdet.

Mao erkannte, dass für ein stabiles Regime zunächst die Preise stabilisiert werden müssen, und um die Preise zu stabilisieren, müssen die spekulativen Aktivitäten und Kräfte, die sich in Shanghai konzentrieren, bekämpft werden. Daher wurde beschlossen, die Zentrale Finanz- und Wirtschaftskommission (CFEC) einzurichten, um die Verwaltung der nationalen Finanzangelegenheiten zu vereinheitlichen. Unter dem Kommando von Chen Yun, der über umfangreiche Erfahrungen in der Finanzarbeit in den Grenzgebieten von Shaanxi, Gan und Ningxia sowie im Nordosten verfügt, sind Nan Hanchen und Xue Muxiao die Elitesoldaten der CFEC.

Damals glaubten verschiedene Kräfte im In- und Ausland, dass die Kommunistische Partei die wirtschaftlichen Probleme nicht lösen könne. US-Außenminister Acheson argumentiert, dass keine Regierung seit dem 19. Jahrhundert in der Lage gewesen sei, das Problem der Ernährung des chinesischen Volkes zu lösen. Der Shanghaier Geschäftsmann Rong Yiren vertrat damals die Ansicht, dass die Kommunistische Partei einen Krieg mit 100 Punkten in militärischer Hinsicht, 80 Punkten in politischer Hinsicht an einer Einheitsfront und nur 0 Punkten in wirtschaftlicher Hinsicht führen könne.

Am 27. Mai, dem Tag der Befreiung Shanghais, verkündete die Regierung, dass der Renminbi die Maßeinheit sein würde und dass das Verhältnis von Renminbi zu Goldgutscheinen 1:100.000 betragen würde und dass die Goldgutscheine bis zum 5. Juni in Umlauf gebracht werden könnten. Da die Goldgutscheine in den Herzen der Menschen wie Altpapier waren, einige benutzten sie sogar zum Bekleben von Wänden, war das Recycling schnell abgeschlossen.

Aber der Renminbi ist immer noch nicht auf dem Shanghaier Markt. Obwohl die Regierung den freien Umlauf von Gold, Silber und ausländischen Währungen auf dem Markt ausdrücklich verboten hat, haben die Bürger, die seit langem in Angst vor Inflation leben, immer noch die Mentalität, dass die Aufbewahrung von Banknoten schlimmer ist als die von physischen Gegenständen. Diese Angst vor Papiergeld machten sich Spekulanten zunutze, indem sie die Regierungsverordnungen ignorierten und sich auf die Spekulation mit Silberdollar konzentrierten, wobei einige sogar drohten: "Die PLA kann nach Shanghai kommen, aber nicht der Yuan."

Unter ihrer Manipulation stieg der Silberdollar nur 10 Tage nach der Befreiung Shanghais fast um das Zweifache und trieb den Preis des Ganzen in die Höhe, der Reis und die Baumwolle als Lebensnotwendigkeit folgten um das 1 bis 2fache. Zu diesem Zeitpunkt begannen die vier großen privaten Kaufhäuser in Shanghai, ihre Produkte in Silberdollar auszuzeichnen und weigerten sich, den Yuan zu akzeptieren.

Der von der Volksbank ausgegebene Renminbi wurde am Morgen ausgegeben und am Abend fast vollständig an die Volksbank zurückgegeben. Die Glaubwürdigkeit des Yuan und der Regierung ist ernsthaft in Frage gestellt. Chen Yun erkannte, dass der Hauptgegner des Yuan nicht der schwache Gold-Yuan, sondern der starke Silber-Yuan war.

Als Reaktion darauf hatte die Volksregierung auf den Verkauf von Silberdollar zurückgegriffen, um den Markt zu stabilisieren. Aber sobald die 100.000 Silberdollars herausgeworfen wurden, wurden sie alle von Spekulanten aufgefressen, was nicht nur den Markt nicht stabilisierte, sondern auch den spekulativen Wind immer stärker werden ließ. Schanghai war zu mächtig, als dass die Liquidität und die Spekulanten den Markt durch Verkäufe hätten stabilisieren können, und als die Japaner 1937 Schanghai besetzten, kam es zu einer Spekulationskrise mit Silberdollar. Die Japaner versuchten, die Spekulation mit Marktmitteln zu bekämpfen, indem sie fünf Tonnen Gold aus Tokio verschifften und ins Meer warfen - ohne Erfolg.

Am Vorabend der Befreiung Shanghais transportierte Chiang Kai-shek 2,7 Millionen Tael Gold, 15 Millionen Silberdollar und 15 Millionen US-Dollar. Als die Volksregierung die Zentralbank übernahm, waren nur noch etwa 6.000 Tael Gold, 30.000 Tael Silber und über 1,5 Millionen Silberdollar übrig. Es ist etwas heikel, den Ausverkauf von Silberdollar zu nutzen, um die Schwarzmarktpreise niedrig zu halten. Und da sich mindestens 2 Millionen Silberdollar in den Händen von Shanghaier Bürgern befinden, hat die Regierung keinen absoluten Vorteil bei der Bekämpfung der Silberdollar-Spekulation. Wenn sie dem nicht Einhalt gebietet, könnte sie auch heißes Geld aus dem ganzen Land und sogar aus Hongkong und Macao anlocken, um Shanghai zu belagern.

Nach Abwägung der Vor- und Nachteile griff Chen Yun entschlossen zur eisernen Faust, um die Börse zu beschlagnahmen und die Spekulanten hart zu bestrafen. In weniger als einem Monat beruhigte sich die Aufregung, der Silberdollar wurde vollständig vom Markt genommen, und der Yuan begann in Shanghai Fuß zu fassen.

Aber die Spekulanten konnten das nicht so einfach hinnehmen, und als die Silberdollarspekulation scheiterte, steckten sie ihr ganzes Geld in Mull und Getreide, um mit der Regierung um das Nötigste zu kämpfen.

Die Schlacht um die Baumwolle

Derjenige, der erklären kann, wie China die Inflation in den ersten Jahren seines Bestehens in den Griff bekommen hat, könnte den Nobelpreis für Wirtschaftswissenschaften erhalten.[159]

-Friedman.

Am 1. Oktober 1949 verkündete Mao Zedong feierlich vom Turm des Tiananmen-Tors: "Das chinesische Volk steht auf! "Nur einen halben Monat später begannen die Preise im Lande, allen voran in Shanghai und Tianjin, in die Höhe zu schnellen, und im November hatten sich die Preise gegenüber Ende Juli bereits verdoppelt! Die Menschen wurden von der Inflation gebeugt, bevor sie ihren Rücken aufrichten konnten.

Diese Situation wurde von Chen Yun bereits erwartet. Einerseits dauert der Krieg noch immer an, und die Militärausgaben sind so hoch, dass die Regierung sie durch eine verstärkte Ausgabe von Devisen ausgleichen muss. Andererseits wollten die Spekulanten, die von Chen Yuns eiserner Faust im Kampf um den Silberdollar unterdrückt wurden, nicht verlieren und setzten auf den täglichen Bedarf des Volkes. Ihr Plan war, dass die Kommunisten in der Lage sein würden, die Silberdollars zu konfiszieren, und würden sie in der Lage sein, den Handel mit Getreide und Mull zu verbieten? Wenn die Menschen keine Lebensmittel kaufen könnten, würden sie sich an die Kommunistische Partei wenden, um Ärger zu machen, und dann würde die Kommunistische Partei zu den Spekulanten gehen müssen, um Lebensmittel und Baumwolle zu kaufen.

Woher wissen sie, dass Chen Yun vor langer Zeit herausgefunden, der Schlüssel zur Stabilisierung der Preise, das heißt, die Regierung hat die Menge der wichtigsten Materialien, "die Herzen der Menschen sind nicht im Chaos, in der Innenstadt ist Nahrung". Die Strategie, um mit Spekulanten, auf der einen Seite, als zu horten Lieferungen, auf der anderen Seite, um einen Kessel von ihren Quellen der Mittel, die Sparsamkeit ist!

Spekulanten machten den fatalen Fehler von Hu Xueyan, als die Hortungsseite die Regierung anrief, aber die Macht der Währungsausgabe nicht zu halten, bedeutet, den Tod zu suchen!

Die Zentrale Finanzkommission organisierte und zentralisierte die groß angelegten Transporte von Getreide, Baumwolle und

---

[159] The "old sea returnee" who does not look at foreign affairs, Yang Bin, China Urban and Rural Finance News, 17. März 2006.

Baumwolltuch im ganzen Land. Chen Yun schickte Cao Jiu Ru, der in jenem Jahr das Rückgrat der Nationalbank der Sowjetunion bildete, in den Nordosten, um Getreide zu transportieren. Er wies Cao Jiu Ru persönlich an, in Shenyang zu sitzen und jeden Tag einen Karren Getreide nach Peking zu schicken und es am Altar des Himmels zu horten, und er musste den Getreidehändlern zeigen, dass der Getreidevorrat jeden Tag zunahm und dass das Land wirklich Getreide in den Händen hielt, so dass die Preiserhöhung den Verlust nicht wert war. Er wies auch den sowjetischen Handelschef Qian Zhiguang an, nach Shanghai, Xi'an und Guangzhou zu reisen, um die Lagerbestände an Mull in jedem Ort für ein einheitliches Vorgehen anzupassen.

Gleichzeitig wurde eine Reihe von Maßnahmen zur Verschärfung der Währungssituation ergriffen, darunter die Erhebung von Steuern und die Ausgabe von Staatsanleihen. Die Kapitalisten wurden außerdem angewiesen, ihre Arbeiter pünktlich zu bezahlen und die Produktion nicht einzustellen, um Gelder für Spekulationsgeschäfte zu verwenden. Staatliche Einheiten sind außerdem verpflichtet, Bargeld bei der Nationalbank und nicht bei privaten Banken zu hinterlegen. Strenge finanzielle Regulierung der Privatunternehmen. Die Volksbank hat auch das "diskontierte Sparen" eingeführt, um ungenutzte gesellschaftliche Mittel aufzufangen. Auf diese Weise wird das Kapital der Gesellschaft allmählich ausgesaugt, während die Spekulanten, die noch nichts davon wissen, weiterhin Lebensmittel und Mull zu hohen Zinsen für geliehenes Geld kaufen.

Ab dem 13. November kann der Staat nicht weniger als 5 Milliarden Pfund Getreide, die staatliche chinesische Spinnerei beherrscht Baumwollgarn und Baumwolltuch bis zur Hälfte der Produktion des Landes, die Volksbank absorbiert 800 Milliarden Yuan von sozialen Guanxi, Spekulanten wurden tief in die Belagerung und wissen nicht, sich.

Zu diesem Zeitpunkt glaubte Chen Yun, dass die Grundvoraussetzungen für die Stabilisierung der Preise bereits gegeben waren, und er legte 12 Goldmedaillen fest und traf die letzten Vorkehrungen für den Großen Krieg, indem er Regeln aufstellte, die sich auf Preisziele, die Konzentration von Materialien und den Kampf gegen Spekulanten konzentrierten.

Ab dem 20. November begannen Shanghai, Peking, Tianjin, Hankou und andere große Städte der staatlichen Handelsunternehmen mit der Verschiffung. Die Spekulanten, die auf den ersten Blick die

Lieferungen freigaben, stürzten sich auf sie, egal zu welchem Preis. Diesmal verkauft das staatliche Unternehmen die Waren zwar, erhöht aber nach und nach den Preis, um sich dem Schwarzmarktpreis anzunähern. Was für eine Art von Medizin wird in dieser Kalebasse verkauft? Will die Regierung die Preiserhöhung auch zur Arbitrage nutzen? Sie haben nicht damit gerechnet, dass es sich dabei um Chen Yuns "Schlange aus dem Loch" handelt, mit der er die Spekulanten dazu bringen will, ihr gesamtes Geld abzuheben.

Spekulanten können erfahrungsgemäß die knappen Rohstoffe mehrere Runden am Tag in die Höhe treiben, nicht nur um die Kreditzinsen zu bewältigen, sondern auch um riesige Gewinne zu machen. Sie können auch nicht viel über die Motive der staatlichen Unternehmen nachdenken, die Preise zu erhöhen, und fressen sie hektisch um jeden Preis auf, während das Geld in ihren Taschen unwissentlich leergesaugt wird. Wenn die Banken das Geld nicht auftreiben können, nehmen sie Kredithaie in Anspruch und zahlen sogar jeden Tag schwindelerregende 50% oder sogar 100% Zinsen!

Am 24. November erreichte das allgemeine Preisniveau das 2,2-fache des Preisniveaus von Ende Juli, was genau dem von Chen Yun gesetzten Preisziel entspricht, und auf diesem Niveau ist die Menge der Waren in den Händen des Staates gleich der Menge des auf dem Markt zirkulierenden Geldes, und es ist an der Zeit, dass die Regierung ihre Bemühungen auf einen allgemeinen Angriff auf die Spekulanten konzentriert!

Am 25. November begannen die staatlichen Handelsunternehmen überall mit dem Ausverkauf von Mull und senkten die Preise weiter.

Die Spekulanten fingen an, es zu wagen, die Lücke zu schließen und sich weiter zu ernähren. Aber die Lieferungen des Staatsunternehmens kamen von überall her, und das Geld in den Händen der Spekulanten war in wenigen Schlägen aufgebraucht. Das ist der Moment, in dem die Spekulanten erkennen, dass die große Sache nicht gut ist, und sich beeilen, "Fleisch zu schneiden", um den hohen Preis des gehorteten Mulls in den Händen zu verkaufen. Je mehr sie werfen, desto mehr verlieren sie, der Baumwollmarkt Notierungen wie eine Lawine der allgemeinen Abwärtsspirale.

Nach zehn aufeinanderfolgenden Tagen staatlicher Verkäufe sind die Preise für Rohstoffe wie Getreide und Baumwolle um insgesamt 30-40% eingebrochen. Viele Spekulanten hielten es nicht mehr aus und gingen in Konkurs, und Spekulanten in Tianjin stürzten sich in den Tod.

Dutzende von privaten Großhändlern in Shanghai machten auf einmal dicht, und Baumwollspekulanten verloren insgesamt mehr als 25 Milliarden Yuan.

Drei Monate später, Chen Yun verwendet die gleiche Taktik, in der Lebensmittel-Krieg, auf die negative Ecke der hartnäckigen Spekulanten zu geben, die endgültige tödliche Schlag, von da an die spekulativen Kräfte auseinander fiel, in den folgenden 50 Jahren, nie wieder das Klima gebildet, bis 2010 "Knoblauch Sie hart", "Bohnen Sie spielen", "Ingwer Sie Armee".

Seitdem haben sich die Preise allmählich stabilisiert, und die Superinflation, die in China seit über einem Jahrzehnt wütet, ist endlich gebändigt!

Die Spekulanten in Schanghai waren besiegt und hatten nichts mehr zu verlieren. Sie beklagten sich: "Die Kommunistische Partei ist so mächtig, dass wir den kleinen Kerl von der Commercial Press (gemeint ist Chen Yun) nicht schlagen können!" Der einzige Trost war, dass sie gegen einen anderen Einwohner Shanghais verloren hatten, der sich auf dem Markt besser zurechtfand als sie selbst.

Der schwere Schlag gegen das spekulative Kapital hat die Shanghaier Geschäftsleute völlig überwältigt. Rong Yiren sagte, dass im Juni, der Silber-Dollar-Flut, die Kommunistische Partei Chinas ist mit der politischen Macht zu unterdrücken, diese Lebensmittel und Baumwolle Krieg und vollständig nutzen wirtschaftliche Macht stabilisiert werden kann, gab Shanghai Business Community eine Lektion.

In diesem Kampf um Nahrungsmittel und Baumwolle war die Regierung nicht nur in der Lage, proaktiv zu reagieren, sondern auch die angestrebten Ziele auf geplante und systematische Weise zu erreichen. Sowohl der allgemeine Preisindex als auch die Preise der wichtigsten Rohstoffe liegen auf dem erwarteten Niveau. Die Inflation, die Chiang Kai-shek nicht in den Griff bekam, die Preise für Waren, die die Amerikaner für unmöglich hielten, wurden von Chen Yun und seinen Mitarbeitern nach präzisen Berechnungen und strikter Ausführung mit einem Schlag erreicht.

Der berühmte Finanzexperte Zhang Naiqi, der damals Berater des chinesischen Finanzausschusses war, bewunderte einst Chen Yuns Timing bei der Bekämpfung der Spekulationskräfte:

"In diesem kritischen Moment würden Intellektuelle wie wir unweigerlich am Subjektivismus erkranken. Ich habe damals immer wieder vorgeschlagen, früh einzusteigen und Druck auf den Markt auszuüben. Der Leiter der Finanzabteilung (Chen Yun) ist jedoch so ruhig und entschlossen wie eh und je und ist der Meinung, dass die Zeit noch nicht reif ist, um auf der Grundlage eines Vergleichs der Geldmenge mit der Warenmenge mehr Stärke vorzubereiten. In der Zwischenzeit könnte es sinnvoll sein, sich noch ein paar Schritte von der Marktposition zurückzuziehen, um die Initiative zu ergreifen und einen Gegenangriff zu starten. Im Nachhinein lässt sich sagen, dass diese Strategie genau richtig war. Der wirtschaftliche Gegenangriff begann Mitte November, für Wufu-Tuch zum Beispiel lag der Markt am 13. November bei 126.000 Yuan pro Pferd, verglichen mit 55.000 Yuan am 31. Oktober, hat sich also mehr als verdoppelt. Das heißt, wenn der Gegenangriff einen halben Monat früher erfolgt, können zwei Lappen das Geld nicht auf die gleiche Weise wieder aufnehmen wie einer einen halben Monat später. Wenn der Feind zum Beispiel ein für mich absolut vorteilhaftes Terrain erreicht hat, kann eine Division von Soldaten die Stärke von zwei Divisionen von Soldaten nutzen, und man wird den Feind mit Sicherheit besiegen können."[160]

Im Jahr 1948 empfahl Chen Cheng Chiang Kai-shek Zhang Naiqi als Finanzminister, um die Situation zu retten. Chiang Kai-shek seufzte und sagte: "Ich wollte Zhang Naiqi einsetzen, aber er ist nichts für mich!" "Man konnte sehen, dass Zhang Naiqis Niveau und das von Chen Yun die Spitze der Meister war.

Mao Zedong hielt den Sieg in dieser Preisverteidigungsschlacht für sehr wichtig, "nicht weniger als die Schlacht von Huaihai". Als Bo Yibo Mao Zedong einmal von seiner Arbeit berichtete und über Chen Yun sprach, sagte er: "Der Genosse Chen Yun leitete die Arbeit des Zentralkomitees für Finanzen und Wirtschaft mit großer Kraft und hatte immer den Mut, das zu tun, was er für richtig hielt. "Mao erwiderte: "Das habe ich in der Vergangenheit nicht erlebt. "Das erste Mal, als ich das sagte, nahm ich den Stift in die Hand und schrieb das Wort "kann" auf das Papier. Bo Yibo fragte: "Bezieht sich dieses Wort 'kann', das du geschrieben hast, auf Zhuge Liangs Verwendung von Liu Beis Kompliment an Xiangyang in seiner "Ehemaligen Divisionstabelle":

---

[160] Zhang Naiqi, Erster Band, Zhang Lifan, Huaxia Publishing House, 1997, S. 621.

Der General Xiangyang, Shujun, der ein guter Militär ist, wurde in der Vergangenheit vor Gericht gestellt, und der frühere Kaiser nannte ihn 'kann'. Mao Zedong nickte mit dem Kopf und sagte ja. [161]

Nach der Tatsache zu urteilen, dass Chen Yun die Schlacht um das ganze Korn und die ganze Baumwolle gewonnen hat, ist seine Kombination aus den treffsicheren Einsichten eines genialen Ökonomen und der Detailgenauigkeit und dem Markt-Timing eines Superhändlers die perfekte Kombination von Friedman und Soros.

Kein Wunder, dass es einmal hieß, die Nobelpreisträger der Wirtschaftswissenschaften seien nicht auf demselben Niveau wie Chen Yun, Xue Muxiao, Nan Hanchen und so weiter, weil sie keine Gelegenheit hatten, ihre Theorien im bevölkerungsreichsten Land der Welt zu testen. Friedman und Samuelson konzentrierten sich unter anderem auf den freien Markt, und Stiglitz betonte die Regulierung durch staatliche Programme. Bereits in den ersten Jahren nach der Gründung des Landes vertrat Chen Yun den Leitsatz "Großer Plan, kleine Freiheit" in der wirtschaftlichen Arbeit, wobei er sowohl die staatliche Regulierung und Kontrolle als auch die Beachtung des freien Marktes betonte.

Wenn es Veteranen wie Chen Yun, Xue Muxiao und Nan Hanchen gäbe, gäbe es dann noch das Problem der heutigen unkontrollierbaren hohen Preise in China?

RMB: Währung für die Menschen

Ende 1954 gab das Zentralkomitee der KPCh die Anweisung, dass "der bestehende Yuan seine Nützlichkeit in der Berechnung verloren hat und einen negativen Einfluss auf die Psychologie der Menschen im Lande in Bezug auf die internationale Wahrnehmung hat". Das Geldsystem in unserem Land weiter zu verbessern und zu konsolidieren, den Geldumlauf zu organisieren, die Stückelung der Geldscheine zu verringern und ihre Berechnung und Verwendung zu erleichtern". Die Zentralregierung genehmigte die Ausgabe des neuen Renminbi im Jahr 1955, die auf den 1. März verschoben wurde, da zwei Monate des Jahresbeginns auf Feiertage fielen.

---

[161] Bo Yibo, He Lipo, der erste Finanzminister des neuen China.

Mit der Einführung des neuen Yuan müssen zwei wichtige Fragen geklärt werden: erstens, ob der Yuan an das Gold gekoppelt wird, und zweitens, wie die alte und die neue Währung umgerechnet werden.

In einer Zeit, in der die Welt eine Universalwährung mit Goldgehalt hat, spricht sich Chen Yun dafür aus, dass der RMB nicht an Gold gekoppelt ist und keinen Goldgehalt hat.

Warum war Chen Yun so umsichtig bei der Festlegung des RMB-Goldgehalts? Es geht auch um den Verlust des sowjetischen Außenministers Gromyko.

Am 30. April 1951 beschloss das Politbüro des Zentralkomitees der Kommunistischen Partei der Sowjetunion auf Initiative Stalins, einen Beschluss der Nationalbank der UdSSR vom 5. April über den Wechselkurs zwischen dem Rubel und dem Yuan zu widerrufen. Der Gouverneur der Nationalbank und der Finanzminister wurden verwarnt, und Außenminister Gromyko wurde in den Rang eines britischen Botschafters zurückgestuft, weil er Stalin in der Wechselkursfrage verärgert hatte.

Zu Beginn des neuen China reisten Mao Zedong und Zhou Enlai nach Moskau, um mit Stalin und anderen sowjetischen Führern den Vertrag über Freundschaft und gegenseitigen Beistand auszuhandeln und zu unterzeichnen, der die strategische Allianz zwischen China und der Sowjetunion rechtlich festschrieb. Die am heftigsten umstrittene Frage zwischen den beiden Seiten war der Wechselkurs zwischen dem Rubel und dem Renminbi, auf den sich die sowjetische Regierung sorgfältig vorbereitet hatte.

Die Sowjetunion will und kann das Verhältnis des Rubels zum Renminbi nicht auf der Grundlage eines zusammengesetzten Preisindexes für die wichtigsten Produkte festlegen, wie es international üblich ist, sondern verfolgt stattdessen den Ansatz, den Rubel anzuheben, um den Renminbi zu drücken. Die Sowjets vereinbarten mit China zunächst, dass das Verhältnis zwischen Rubel und Yuan über den Dollar berechnet wurde. Unmittelbar nachdem Mao Zedong den allgemeinen Rahmen des Vertrages ausgehandelt und die Sowjetunion verlassen hatte, kündigten sie eine Anhebung des Rubelkurses gegenüber allen ausländischen Währungen, einschließlich des US-Dollars, an, was die Kaufkraft des Rubels auf einen Schlag um 30 Prozent steigerte und damit die Schwierigkeit der Wechselkursfrage in den chinesisch-sowjetischen Handelsverhandlungen erheblich erhöhte. Der Vertreter der chinesischen Seite war sehr unzufrieden und äußerte eine abweichende Meinung zu diesem Thema. Da China damals jedoch unbedingt sowjetisches Material und sowjetische Technologie erwerben wollte, musste es Zugeständnisse und Kompromisse machen und den Wechselkurs der beiden Währungen unter ungleichen Bedingungen festlegen, wobei das Verhältnis Rubel zu RMB auf 1 Rubel zu 9500 RMB festgelegt wurde.

Seitdem versucht die chinesische Seite, Wege zu finden, um diesen Wechselkurs zu ändern, und verfolgt dabei den gleichen Ansatz wie die Sowjetunion, nämlich "die Menschen so zu behandeln, wie sie behandelt wurden". Im Februar 1951 berichtete der sowjetische Botschafter, dass die chinesische Regierung den Dollarkurs seit Ende 1950 viermal hintereinander gesenkt hatte, und dass die Senkung des Dollarkurses, da der Rubel-Renminbi-Wechselkurs in US-Dollar ausgedrückt wurde, unmittelbar zu einem Rückgang des Rubel-Renminbi-Wechselkurses von 1 Rubel auf 5720 Yuan führte. In dem Bericht wird geschätzt, dass der Wechselkurs zwischen Rubel und Renminbi auf der Grundlage des Dollars etwa 20% niedriger ist als der Wechselkurs auf der Grundlage des offiziellen Goldpreises, der von der People's Bank of China erworben wurde. Daher ist ein niedriger Dollarkurs in China, der automatisch zu einem niedrigeren Wechselkurs des Rubels gegenüber dem Renminbi führt, eine Anomalie und ist politisch und wirtschaftlich nachteilig für die Sowjetunion, zumal der Vergleich zwischen der Sowjetunion und China 1951 weiter wachsen wird und die Situation für die Sowjetunion noch nachteiliger sein wird.

> „Die sowjetische Botschaft schlug vor, dass das sowjetische Finanzministerium und die Nationalbank der UdSSR mit China verhandeln sollten, um das Verhältnis des Rubels zum Renminbi in Bezug auf den Goldpreis festzulegen, und am 5. April erstellte die Nationalbank der UdSSR ein Dokument über den Wechselkurs des Rubels zum Renminbi, dessen Einzelheiten nicht bekannt sind, das aber nach der Erinnerung von Dobrynin, dem damaligen Botschafter in den Vereinigten Staaten, für China günstiger war. Als der stellvertretende Außenminister Zorin das Dokument dem amtierenden Außenminister Gromyko zur Prüfung vorlegte, wagte Gromyko aus Vorsicht nicht, eine eigene Entscheidung zu treffen, und legte das Dokument zurück, da er der Meinung war, dass der Wechselkurs kein großes Problem darstelle und Stalin nicht stören würde. Später drängten die chinesische und die sowjetische Botschaft erneut darauf und Zorin unterstützte es, so dass Gromyko das

Dokument ohne Rücksprache mit Stalin genehmigte. Stalin war sehr verärgert, als er davon erfuhr."[162]

Gromyko hat offenbar die tiefgreifenden Absichten des großen Führers Stalin nicht ganz verstanden und auf einen Schlag einen großen Fehler gemacht.

Als Stalin die osteuropäischen Länder in die "sozialistische Familie" der Sowjetunion integrierte, hatte er eine Strategie, um sie wirtschaftlich zu kontrollieren. Da alle osteuropäischen Länder darauf bestehen, ihre eigenen unabhängigen Währungen herauszugeben, ist es an der Zeit, am Wechselkurs zu arbeiten. Da die Sowjetunion Gold produzierte, das damals etwa 2/5 der Weltproduktion ausmachte, setzte sie den Goldgehalt des Rubels absichtlich sehr hoch an, weit über die tatsächliche Kaufkraft des Rubels hinaus. Nutzen Sie den Wechselkurs aus, indem Sie das Gold als Kriterium für die Bewertung des Wechselkurses heranziehen, um sich selbst zu bereichern. Die osteuropäischen Länder schrien im stillen Kämmerlein auf, aber niemand wagte es, dem harten Stalin ins Gesicht zu sehen.

Bei den chinesisch-sowjetischen Verhandlungen wandte Stalin dieselbe Methode gegen China an, was zu der plötzlichen Aufwertung des Rubels gegenüber dem Dollar führte, nachdem Mao die UdSSR verlassen hatte. Stalin rechnete damit, dass China nicht zu hart mit dem Wechselkurs umgehen würde, wenn es eine Anfrage von der Sowjetunion erhielt.

Wie konnte Stalin nur so etwas arrangieren, dass Gromyko, der nur über diplomatischen Verstand, nicht aber über wirtschaftlichen Verstand verfügte, nicht empört war! Chen Yun weiß, dass China den Wechselkurs ausgenutzt hat, und wenn der Goldgehalt des Yuan bekannt wird, wird er zum Ziel für die Sowjetunion, eine Neufestlegung des Wechselkurses zu fordern.

Wenn der RMB keinen Goldgehalt angibt, worauf genau basiert dann der Wert der Währung? Chen Yun ist der Ansicht, dass die Kaufkraft der französischen Vorkriegswährung als Referenzsystem verwendet wird, um den Wert des Geldes aus der Beobachtung der gesellschaftlichen Praxis zu beurteilen. Da der Preis der französischen Währung seit ihrer Einführung im Jahr 1936 stabil geblieben ist und der

---

[162] Zur sowjetischen Wirtschaftshilfe für China von 1950 bis 1953, Shen Zhihua.

Markt gut auf ihren moderaten Wert reagiert hat, sollte der neue Renminbi ungefähr der Kaufkraft einer französischen Währung in jenem Jahr entsprechen. Auf dieser Grundlage sollte der Wechselkurs zwischen dem alten und dem neuen RMB 1:10.000 betragen.

Was die Umrechnung von altem und neuem RMB betrifft, so hat China den Grundsatz der unterschiedslosen Umrechnung übernommen, und alle Inhaber von RMB, ob Einlagen oder Bargeld, werden einheitlich umgerechnet. Das Ergebnis wäre eine Verringerung der vier Nullen in allen Währungseinheiten und der Preise, was einem Währungsaustausch und nicht einer Währungsreform gleichkäme, ohne dass sich der gesellschaftliche Wohlstand wesentlich verändert.

Die Ausgabe des neuen RMB verlief sehr reibungslos. Innerhalb der ersten 10 Tage nach der Ausgabe der neuen Währung wurden 80% des alten Geldes wieder in Umlauf gebracht. Am 10. Juni 1955 war der Umtausch von alter und neuer Währung im Wesentlichen abgeschlossen, der Markt reagierte gut, die Preise waren im Wesentlichen stabil, und die Bevölkerung unterstützte ihn aktiv. In nur 100 Tagen hat China in aller Stille die alte Währung durch die neue ersetzt und die Spuren der Inflation aus der Kuomintang-Ära vollständig beseitigt. Von da an begann für den RMB eine ganz neue Reise.

Abgesehen von den subjektiven Gründen für die Wirksamkeit der Maßnahmen besteht der objektive Faktor darin, dass Chinas Wirtschaft innerhalb kurzer Zeit vier wichtige Gleichgewichte erreicht hat: einen ausgeglichenen Haushalt, der die Inflation an der Wurzel packte; eine ausgeglichene Währungskasse, die die Quelle der Währungsstabilität konsolidierte; ein ausgeglichenes Angebot und eine ausgeglichene Nachfrage nach Gütern, die den spekulativen Kräften den Boden entzogen; und einen ausgeglichenen Devisenmarkt, der die Währungsangst beseitigte.

Nur wenn wir eine völlig unabhängige Währung haben, können wir von wirtschaftlicher, politischer und militärischer Unabhängigkeit sprechen!

Nach dem Opiumkrieg kontrollierte der Imperialismus die Geschichte Chinas mit finanziellen Mitteln durch Chinas gekaufte und bezahlte bürokratische Bourgeoisie, und Mao Zedong, Chen Yun und andere wussten das besser als jeder andere. In den letzten hundert Jahren haben ausländisches Kapital, ausländische Käufer und bürokratische Großgrundbesitzer ein riesiges Netzwerk ineinandergreifender Interessen gebildet, und egal, welcher Kriegsherr an der Macht ist oder welche Regierung an der Macht ist, sie müssen sich auf dieses Netzwerk verlassen und von ihm Kredite aufnehmen. Sie haben miteinander konspiriert, sich gegenseitig gedeckt und das Volk gemeinsam ausgebeutet. Erst 1949 hat China dieses riesige Netzwerk von Tumoren ausgemerzt und sogar drei Fuß tief in den Boden gegraben, um sicherzustellen, dass es nie eine Zukunft geben wird.

Die Weigerung des Renminbi, an eine ausländische Währung gebunden zu werden, ist ein Versuch, die Infiltration und Kontrolle Chinas durch ausländische Kapitalkräfte von seinen finanziellen Wurzeln abzuschneiden, mit dem Ziel, Chinas finanzielle Hochgrenze vollständig zu kontrollieren, was die oberste Finanzstrategie der Kommunistischen Partei Chinas ist!

In den ersten Jahren nach seiner Gründung sah sich China mit Sanktionen der westlichen Länder, allen voran der Vereinigten Staaten, konfrontiert und musste sich mit Geld und Technologie an die Sowjetunion wenden.

> *„Nach sowjetischen Statistiken hat die Sowjetunion von 1950 bis 1961 14 Mal bei China Kredite in Höhe von 1.818 Millionen Rubel aufgenommen, darunter auch 200 Millionen Rubel an militärischen Krediten für den Koreakrieg, die mit 2 Prozent verzinst wurden. Während des gesamten Krieges gegen die Vereinigten Staaten und Nordkorea hat die Sowjetunion nie erklärt, dass es sich bei den von der Sowjetunion bereitgestellten Waffen um Kriegsanleihen handelte, sondern immer behauptet, dass es sich um eine Entschädigung für Chinas militärische Beiträge zur Verteidigung der Interessen des sozialistischen Blocks handelte, eine Verantwortung, die die Sowjetunion übernehmen sollte. Dieser Teil der Waffen wurde jedoch später mit einem hohen Zinssatz auf die Schulden Chinas aufgeschlagen."*[163]

Um sich von der finanziellen Kontrolle durch die Sowjetunion zu befreien, musste China die Kredite der Sowjetunion so schnell wie möglich zurückzahlen. Da es damals noch keinen starken Staat gab, schnallte es den Gürtel enger und führte ein äußerst strenges staatliches

---

[163] *The Rise and Fall of the Ming and Qing Dynasties in 500 Years: Wer schrieb die Geschichte in fünfhundert Jahren*, von Han Yuk-hai, Kyushu Press, 2009.

Haushaltssystem ein, um die Unabhängigkeit des Yuan zu gewährleisten. 1965 hatte China die Kredite der Sowjetunion schließlich vollständig zurückgezahlt. Ende dieses Jahres erklärte Außenminister Chen Yi bei einem Treffen mit japanischen Journalisten stolz, dass „China ein Land ohne Auslandsschulden geworden ist."

Die Geschichte des Yuan ist die Geschichte des Dienstes am Volk, die Geschichte der Unabhängigkeit, die Geschichte der Praxis, die Wunder vollbringt!

KAPITEL IX

Finanzielle Höchstgrenzen und die Internationalisierung des RMB

In der heutigen Welt ist der Rauch der Währungskriege noch nicht verzogen, und die Kriegstrommeln in der Ferne sind noch lange nicht verstummt. In Zukunft wird der "Drachenkörper" des Dollars "Zhou Tianzi" mit der Ausbreitung des "Schuldenkrebses" der Vereinigten Staaten zunehmend geschwächt werden, gefolgt von einer Währungsära des "Frühlings- und Herbstkriegs". Währungskriege werden zur Norm in der Weltwirtschaft werden.

Das Dilemma des Yuan besteht darin, dass die Devisenbilanz den Yuan faktisch "dollarisiert" hat. Der Kern der Probleme, wie z.B. die Wechselkurskrise und die Devisenreserven, ist die Abweichung bei der Positionierung des Währungsstandards des Yuan. Der oberste Zweck des RMB ist es, dem Volk zu dienen, was eine erhebliche Innovation bei der Ausgabe des RMB erfordert, und die "breite Preisparität" wäre eine Alternative. Da der Dollar ständig an Wert verliert, muss die Art und Weise, wie die Währungsreserven gehalten werden, entsprechend angepasst werden.

Damit sich der RMB abheben und die Internationalisierungsstrategie umsetzen kann, sollte er als Ganzes unter der Strategie der hohen Finanzgrenze angelegt werden. Bei der Internationalisierung des Renminbi geht es nicht einfach darum, die Währung im Ausland freizugeben, sondern dort, wo der Renminbi auftaucht, liegt das nationale Interesse und dort, wo die Währungsbehörden die neue Grenze regulieren. Die Voraussetzung dafür, dass der Yuan das Land verlässt, ist, dass er freigegeben werden kann, dass er eingesammelt werden kann, dass er gesehen werden kann und dass er verwaltet werden kann.

Der Währungsstandard, die Zentralbank, das Finanznetzwerk, der Devisenmarkt, die Finanzinstitutionen und die Clearingstellen bilden zusammen ein strategisches System der finanziellen Obergrenzen. Der Hauptzweck dieses Systems besteht darin, die Intensität und Effizienz der Mobilisierung von Geld gegen Ressourcen zu gewährleisten. Von der Geldquelle, die von der Zentralbank geschaffen wird, bis zur Endabnahme des Geldes am Kundenterminal; vom dichten Netz des Geldflusses bis zum Clearingzentrum für die Abrechnung; vom Handelsmarkt für Finanzinstrumente bis zum Rating-System für die Kreditwürdigkeitsprüfung; von der weichen Regulierung des Finanzrechtssystems bis zur starren Finanzinfrastruktur; von den großen Finanzinstituten bis zu den effizienten Industrieverbänden; von den komplexen Finanzprodukten bis zur einfachen Investitionsfinanzierung schützt die finanzielle Hochgrenze das monetäre Blut vom Herzen der Zentralbank bis zu den Finanzkapillaren und sogar den wirtschaftlichen Zellen des gesamten Körpers des vollständigen und effizienten Kreislaufsystems.

Währungskriege: die Wiedergeburt der Geschichte

Das Titelblatt der Oktober-Ausgabe 2010 des britischen Magazins "The Economist" zeigte das Fanal der weltweiten "Währungskriege", als ob ein neuer Weltkrieg begonnen hätte. Die Medien verschiedener Länder der Welt folgten sofort und berichteten über den "Stand der Dinge" im "Währungskrieg", und verschiedene Würdenträger, Ökonomen, internationale Organisationen und hochrangige Foren betraten nacheinander das "Schlachtfeld".

Im Laufe der Zeit wurden im Westen immer wieder Rufe nach einer "Belagerung" des Renminbi-Wechselkurses laut, und der Druck einer starken öffentlichen Meinung scheint überwältigend zu sein, denn wenn der Renminbi nicht deutlich gegenüber dem Dollar aufwertet, gibt es keinen Ausweg aus der Misere des weltwirtschaftlichen Ungleichgewichts, die wirtschaftliche Erholung aller Länder wird schließlich vereitelt, ein Handelskrieg wird die Welt überrollen, und die Tragödie der Großen Depression der 1930er Jahre wird sich wiederholen.

Einige US-amerikanische Wirtschaftswissenschaftler haben sogar behauptet, dass die Finanzkrise in den USA durch den Yuan verursacht wurde. Die Unterbewertung des Renminbi hat dazu geführt, dass Chinas Handelsüberschuss zu groß ist, die Chinesen lieber sparen als Geld auszugeben und US-Staatsanleihen kaufen, was dazu führt, dass die Vereinigten Staaten von Chinas billigem "heißem Geld" getroffen werden, so dass die langfristigen Zinssätze in den USA niedrig sind, was letztlich zu Vermögensblasen und Finanzkrisen führt.

Unter dem Vorwand des Handelsungleichgewichts wird das harte Durchgreifen gegen die chinesische Währung als Durchbruch gewertet, um dann die chinesische Wirtschaft ins Chaos zu stürzen, das chinesische Finanzsystem zu schädigen und schließlich die Kontrolle über das chinesische Finanzsystem zu erlangen, was sich in der jüngsten Geschichte Chinas wiederholt hat.

Als die Briten im 19. Jahrhundert im reichen China ankamen, hatten sie bereits mehr als 20 Länder auf dem afrikanischen Kontinent erfolgreich erobert, verfügten über Commonwealth-Abhängigkeiten wie Australien und Neuseeland in Ozeanien, kontrollierten Kanada, Guyana, Jamaika und die Bahamas in Amerika und beherrschten in Asien große Landstriche von Indien (einschließlich Pakistan), Malaysia (einschließlich Singapur) bis Myanmar. Nach dem strategischen Ansatz des britischen Empires zur globalen Kolonisierung war China zu schwach, um angesichts einer großen Nation von 400 Millionen Menschen mit Gewalt erobert zu werden. Um China zu erobern, musste man daher zuerst seine Währung erobern. Der Zusammenbruch des Währungssystems würde zum Zusammenbruch der finanziellen Obergrenze führen, was wiederum den Zerfall der finanziellen Kapazität des Landes, die Lähmung der politischen Macht und den Zerfall der militärischen Macht zur Folge hätte, bevor China schließlich als Einnahmequelle für seine Kolonien genutzt werden könnte. Der Opiumhandel und der Opiumkrieg wurden also aus Gründen der Handelsungleichheit geführt, wobei der Hauptangriff auf Chinas Silberwährung gerichtet war. Der Opiumhandel hatte die Zerstörung des chinesischen Silberwährungssystems auf brillante Weise vollendet, was zu einem massiven Abfluss von Silber aus China, einem deflationären "Silber ist teuer und Geld ist billig" im Land, einer depressiven Wirtschaft, einer schrumpfenden Produktion, unsäglichem Leid der Bevölkerung, sich verschärfenden sozialen Konflikten, einem schwerwiegenden Handelsdefizit über das ganze Jahr hinweg, einer unzureichenden Finanzlage des Landes und einer hohen Steuerlast führte, die die Bevölkerung zur Revolte zwang. Die internen und externen Kriege zwangen die Qing-Regierung, riesige Schulden bei den Großmächten zu machen, verpfändeten die Haupteinnahmequelle der zentralen Staatskasse wie Zölle, Salzsteuern und Centbeträge und verloren den finanziellen Höhepunkt der Zentralbank, was zur Folge hatte, dass die Preissetzungsmacht des Handels, die Autonomie der

Eisenbahnen, der Schifffahrt, der Textilindustrie, der Eisen- und Stahlindustrie und anderer ausländischer Bewegungen sowie der Verlust des Rechts, militärische Operationen wie die "Seeverteidigung" und die "Verteidigung des Territoriums" zu finanzieren, das ganze Land schließlich in eine tragische Situation eines halbkolonialen Gemetzels stürzten.

Anfang der 1930er Jahre, als die nationale Regierung gerade dabei war, die "Abschaffung der zwei Yuan", des Silberstandard-Währungssystems, der "vier Banken und zwei Ämter" und der finanziellen Zentralisierung der Währungsunion zu vollenden, um die finanzielle Hochgrenze wieder zu erreichen, griffen die Amerikaner erneut zu demselben alten Trick, um Chinas Silberwährung anzugreifen. Roosevelt kündigte einseitig einen massiven Ankauf von Weltsilber an und behauptete, dass er durch den Ankauf von Silber auf dem Markt hoffte, den Silberpreis in die Höhe zu treiben und die Kaufkraft von silberdominierten Ländern wie China zu erhöhen, wodurch die chinesische Währung gezwungen würde, sich aufzuwerten, um ihre überschüssigen Rohstoffe zu verschleudern und ihre Währung zu destabilisieren. Die US-Silberaktion ließ die internationalen Silberpreise in die Höhe schnellen, und durch den Anstieg der internationalen Silberpreise wurde eine große Menge an chinesischem Silber "exportiert". China ist kein großes silberproduzierendes Land, ursprünglich für die Prägung von Münzen noch importieren müssen, zu diesem Zeitpunkt Chinas Metall Währung wie ein Strom von Wasser vorbei rauschen, im Jahr 1934 nur dreieinhalb Monate, hat Silber Abfluss 200 Millionen Yuan erreicht. Die USA kauften weiterhin Silber, und bis 1934 war der Silberpreis auf dem Londoner Silbermarkt auf das Doppelte des vorherigen Wertes gestiegen! Das Ergebnis ist unerwartet, Silberabfluss, die chinesische Währung "wurde aufgewertet", das Außenhandelsdefizit steigt, ausländische Waren überschwemmen den chinesischen Markt, chinesische Exporte werden immer schwieriger. Die Silberabflüsse verursachten auch eine Deflation, die Bankkredite gingen zurück, die Zinsen stiegen, zu dieser Zeit war in Shanghai der Zinssatz fast so hoch, dass man sich kein Geld leihen konnte. Ende 1934 fiel der Silberpreis stark, und der Preis für den Mietsektor in Shanghai fiel um 90%! Die Herzen der Menschen schweben auf dem Markt, der Run auf die Banken ist weit verbreitet, und die Banken und Geldinstitute scheitern. Dies zwang die nationale Regierung schließlich dazu, den Silberstandard aufzugeben und sich dem britischen Pfund und dem amerikanischen Dollar zuzuwenden, um eine französische Währung auf der Grundlage des Wechselkurses auszugeben. Nach dem Ausbruch des Widerstandskrieges wurde zur Aufrechterhaltung der Wechselkursstabilität lediglich ein Währungsausgleichsfonds eingerichtet, die Zentralbank- und Devisenbewirtschaftungsbefugnis wurde an das Vereinigte Königreich und die Vereinigten Staaten übertragen, wodurch die finanzielle Hochgrenze erneut überschritten wurde.

Werden die Vereinigten Staaten dieses Mal in der Lage sein, ihr Handelsdefizit und ihre Arbeitslosenkrise zu lösen, indem sie den Yuan zur Aufwertung zwingen? Die Ursache des US-Handelsdefizits liegt in dem fatalen Konstruktionsfehler des internationalen Dollarsystems, der es der US-Staatswährung unmöglich macht, die Funktionen einer Weltwährung auf Dauer stabil zu erfüllen. In der Tat kann keine staatliche Kreditwährung dies tun. Die Weltwährung hat vor allem die Transaktionsfunktion des internationalen Handels. Wenn die Vereinigten Staaten für eine lange Zeit einen Handelsüberschuss haben, werden die Vereinigten Staaten zwangsläufig Nettoexporte von Rohstoffen haben, der Weltdollar wird in die Vereinigten Staaten zurückfließen. Infolgedessen würde der internationale Handel aufgrund des Fehlens einer Handelswährung schrumpfen, und alle Volkswirtschaften würden eine Rezession erleben. Ebenso ist es für die weitere Entwicklung des internationalen Handels objektiv erforderlich, dass die USA Devisen exportieren und Waren importieren, so dass das Vorhandensein eines US-Handelsdefizits von Natur aus vorherbestimmt ist und der Unterschied nur im Gegenstand des Handelsdefizits liegt.

Daher ist es unwahrscheinlich, dass die Aufwertung des Renminbi das strukturelle Problem des US-Handelsdefizits ändert, sondern lediglich das Ziel des Defizits von China nach Indien, Mexiko oder andere Länder verlagert.

Auch die Aufwertung des Yuan dürfte das Problem der Arbeitslosigkeit in den Vereinigten Staaten nicht lösen. Würde der Renminbi nicht um 20%, sondern um 200% aufgewertet, könnten die Vereinigten Staaten niemals mit der Produktion von Spielzeug, Kleidung, Eisenwaren und Elektrogeräten auf ihrem Territorium beginnen, da die durchschnittlichen Arbeitskosten in den Vereinigten Staaten mehr als zehnmal so hoch sind wie in China!

Die US-Politiker und Finanzstrategen sind sich dessen natürlich sehr wohl bewusst, und der strategische Schwerpunkt des hohen

Drucks, die Aufwertung des Yuan zu erzwingen, ist niemals Handel und Beschäftigung!

Wenn es nach der Geschichte geht, dürfte sich diese Aktion in eine Reihe mit historischen Beispielen einreihen: 1840 nutzte das britische Empire den Opiumhandel, um das Silber der Qing-Regierung anzugreifen; 1935 nutzten die Vereinigten Staaten die "Silberwelle", um die französische Währung der nationalen Regierung anzugreifen; und dieses Mal nutzten die Vereinigten Staaten Handel und Arbeitslosigkeit als Vorwand, um den chinesischen Yuan anzugreifen.

Das RMB-Dilemma

> *„Falsches wirtschaftliches Denken macht es schwer zu erkennen, wo die eigenen Interessen liegen. Gefährlicher als der Nutzen sind daher die Ideen."*
>
> -Keynes

Der derzeitige Mechanismus zur Ausgabe des Renminbi hat sich im Vergleich zu den Anfangsjahren der Staatlichkeit erheblich verändert. Das oberste Prinzip der damaligen Finanzstrategie Chinas war Unabhängigkeit und Autonomie, weder an den sowjetischen Rubel noch an den US-Dollar oder an Gold unter sowjetischer und westlicher Kontrolle gebunden. Nach 60 Jahren ist Chinas Wirtschaft zunehmend mit der Weltwirtschaft verflochten, und vor diesem Hintergrund ist es unvermeidlich, dass der RMB-Emissionsmechanismus entsprechend angepasst wird.

Seit 1994 hat jedoch der steigende Anteil der Devisen an der Basiswährung des Renminbi zu einer zunehmenden Beherrschung des Renminbi durch ausländische Währungen, insbesondere den Dollar, geführt. Bis heute ist der Devisenanteil zur wichtigsten Quelle der RMB-Basiswährung geworden. Der so genannte Fremdwährungsanteil ist, um es deutlich zu sagen, die Ausgabe von Renminbi, die durch den US-Dollar besichert sind, und durch den Verstärkungseffekt des Bankensystems ist die überwiegende Mehrheit der 70 Billionen Renminbi, die in Chinas "Emissionsreserven" im Umlauf sind, in Wirklichkeit Dollaraktiva. Das Dilemma ist nun, dass der Yuan weitgehend "dollarisiert" wurde.

Im heutigen Kreditgeldsystem hängt der Wert des Geldes davon ab, ob die Person, die es geschaffen hat, ihr Wort hält. Und die heutigen USA stehen vor der schlimmsten Arbeitslosenkrise seit der Großen

Depression der 1930er Jahre, einer unerträglich hohen Verschuldung, einer realen Arbeitslosenquote von 18%, stark entwerteten Immobilien, stark schrumpfenden Rentenkonten, 79 Millionen "Babyboomer", die in den nächsten ein oder zwei Jahrzehnten in Rente gehen (die Hälfte der erwerbstätigen Bevölkerung), steigende künftige Ausgaben der Regierung für das Gesundheitswesen und die Altersversorgung, eine unaufhaltsame Vergrößerung des Haushaltsdefizits und ein kontinuierlicher Anstieg der privaten Staatsverschuldung - all dies führt zu einem noch nie dagewesenen Anstieg der Zahlungsausfälle in den USA und zu einem noch nie dagewesenen Verfall des Wertes der weißen Scheine, die den Dollar geschaffen haben. Zahlungsausfälle können direkt und offen oder indirekt und verdeckt erfolgen, und die zweite Runde der "quantitativen Lockerung" der Vereinigten Staaten fällt in die letztere Kategorie.

Das Wesen des Dollars ist eine Währung, die gegen eine Schuld ausgegeben wird. Hinter jedem Dollar, der im Umlauf ist, steht eine Schuld von jemandem gegenüber dem Bankensystem, und dieser Schein ist eigentlich eine Quittung für eine Schuld, so dass jeder, der Dollar besitzt, ein Gläubiger der Dollarschuld ist.

Als die Vereinigten Staaten damit begannen, unter dem "unglaublichen" Namen "quantitative Lockerung" Geld zu drucken, hat die Federal Reserve durch den Ankauf von US-Staatsanleihen und von Anleihen und Schuldscheinen, die von Finanzinstituten gehalten werden, eine groß angelegte "Monetarisierung" der riesigen Schulden der Vereinigten Staaten durchgeführt. Die "quantitative Lockerung" hat zwei Bedeutungen: Erstens findet sie in einem viel größeren Umfang als üblich statt, wodurch eine Verwässerung der Schulden erreicht wird, und zweitens wird die Qualität der "monetarisierten" Anleihen erheblich reduziert, wie z. B. bei den Anleihen der "beiden Häuser", die bereits weitgehend bankrott sind. Auf diese Weise hat die große Menge an zusätzlich ausgegebenen Dollars den "Goldgehalt" der Forderungen in den Händen der ursprünglichen Inhaber des Dollars stark verwässert, und gleichzeitig hat sich das "Vermögensgift" in den neu ausgegebenen Dollars stark erhöht, und der "neue Dollar" aus der "quantitativen Lockerung" nach dem Finanz-Tsunami in den Vereinigten Staaten im Jahr 2008 ist eine typische minderwertige Währung, weshalb der Hauptgrund dafür ist, dass Gold, eine ehrliche Währung, von $700 pro Unze zum Zeitpunkt der Finanzkrise im Jahr 2008 auf die aktuellen $1400 gestiegen ist!

Wie kann die globale Finanzordnung nicht gestört werden, wenn der "Goldgehalt" solcher Forderungen stark verwässert ist und das "Asset Toxin" durch die schlechte Qualität des Dollars, der die Welt überschwemmt, weit übertroffen wird? Wie können sich die Länder zurücklehnen und den Auswirkungen des "toxischen Dollars von schlechter Qualität" zusehen?

Seit 2008 strömen "faule und toxische Dollars" nach China, und das chinesische Bankensystem wickelt den Außenhandel, Direktinvestitionen und andere Dollars, die nach China kommen, in RMB ab und verkauft sie dann an die People's Bank of China. Der dafür ausgegebene Renminbi ist die Quittung für diese minderwertigen Dollar-Forderungen, die in den Händen einer großen Zahl von Renminbi-Inhabern landen. Der "Dollar-Virus" wird durch den Geldumlauf auf den Yuan "übertragen". Auf den ersten Blick sind die Dollar-Reserven Eigentum der Regierung, aber die endgültigen Quittungen für diese Aktiva liegen in den Händen der Renminbi-Inhaber, so dass die tatsächlichen Eigentümer dieser "minderwertigen toxischen Dollar"-Aktiva das chinesische Volk sind und die Regierung sie lediglich "im Auftrag" hält.

Zu diesem Zeitpunkt begannen die Vereinigten Staaten, ihre Muskeln spielen zu lassen und forderten nachdrücklich die Aufwertung des Yuan.

Wenn China 2 Billionen Dollar an Devisenvermögen besitzt und der RMB im Verhältnis zum US-Dollar 8:1 wert ist, dann wurden 16 Billionen RMB gegen diese Vermögenswerte ausgegeben, und die Einnahmen für diese "giftig übergewichteten" US-Dollar-Vermögenswerte sind in die chinesische Wirtschaft geflossen und befinden sich durch die Verstärkung des Bankensystems im Besitz der Öffentlichkeit. Was wird passieren, wenn der Yuan unter dem Druck der USA auf 6:1 aufgewertet wird? Um eine Analogie herzustellen: Wenn 2 Billionen Dollar auf dem internationalen Markt gegen 16 Billionen Brote getauscht werden können, dann kann jede Quittung vor der Aufwertung des Yuan gegen einen Laib Brot getauscht werden. Nun, da sich der Brotpreis plötzlich auf 16 Billionen Brote mit 12 Billionen neuen Quittungen geändert hat, scheint es, dass die Kaufkraft der neuen Quittungen infolge der Aufwertung gestiegen ist, aber tatsächlich stellt man, wenn man diese Beziehung zum Brottausch verwendet, plötzlich fest, dass, nachdem die ersten 12 Billionen Quittungen 16 Billionen Brote eingenommen haben, immer noch 4 Billionen Quittungen übrig sind, die nicht gegen irgendetwas getauscht werden können. In dem Moment, in dem der RMB aufwertete und 12 Billionen "neue" Münzen gezwungen wurden, 16 Billionen "alte" Münzen zu ersetzen, sank die Kaufkraft der "alten" Münzen gegenüber dem Bestand an Vermögenswerten stark ab. Dies ist für die Inhaber alter Münzen ebenso ein Vermögensverlust wie Chiang Kai-sheks 1:200-Umtausch gegen Falschmünzen in der gefallenen Zone und der sowjetische 1:10-Umtausch gegen alte Rubel.

Erschwerend kommt hinzu, dass infolge der wahllosen Verteilung des Dollars, die zu einem Anstieg der internationalen Rohstoffpreise geführt hat, mit 2 Billionen Dollar früher 16 Billionen Brote gekauft werden konnten. Wenn nun nur noch 10 Billionen Brote gekauft werden können, hat dies zur Folge, dass der reale Reichtum, der von 16 Billionen alten Quittungen beansprucht werden kann, von 16 Billionen Broten auf 10 Billionen Brote gesunken ist, was bedeutet, dass die reale Kaufkraft der Yuan-Inhaber vor der Aufwertung dramatisch geschrumpft ist.

Dies ist der Grund, warum der RMB nach außen hin "nominell aufwertet", während seine reale Kaufkraft nach innen hin an Wert verliert. Wenn der Renminbi gegen den US-Dollar ausgegeben wird, wird die Abwertung des US-Dollars schließlich an den Inhaber des Renminbi weitergegeben.

Während die Öffentlichkeit auf Themen wie die Handelsbilanz oder die Wechselkursmanipulation aufmerksam gemacht wird, handelt es sich in Wirklichkeit um eine Neubewertung aller chinesischen Vermögenswerte, die in den letzten 30 Jahren durch die Aufwertung des Yuan entstanden ist. Die Aufwertung der nominalen internationalen Kaufkraft des Renminbi ging mit einer Abwertung der Kaufkraft des Renminbi gegenüber einem großen Bestand an Vermögenswerten einher. Dieser Prozess wird in China eindeutig zu einem Inflationsdruck führen, insbesondere im Bereich der Vermögenspreise. Das Problem wird noch dadurch verschärft, dass 16 Billionen Dollar an Einnahmen in Basiswährung sind, und wenn das Bankensystem diese aufstockt, ist der Gesamtkreditbetrag, der in Chinas Wirtschaft fließt, sogar noch größer, was vorhersehbare inflationäre Auswirkungen hat.

Während die Vorteile des nominalen Anstiegs der internationalen Kaufkraft, der sich aus der starken Aufwertung des Yuan ergibt, erst in den nächsten Jahren zusammen mit den Einfuhren und den Auslandsinvestitionen allmählich zum Tragen kommen werden, sind der Verlust von Devisenreserven und die schädlichen Auswirkungen der durch die Neubewertung großer inländischer Vermögensbestände ausgelösten Vermögensinflation unmittelbar spürbar.

Der Kern des Aufwertungsspiels besteht darin, dass die nominale internationale Kaufkraft des Renminbi steigt, während die reale Kaufkraft des Renminbi-Bestands vor der Aufwertung im Inland sinkt, wodurch der "Goldgehalt" der Forderungen der Renminbi-Inhaber gegenüber dem US-Dollar effektiv verwässert wird. Es ist wichtig, an dieser Stelle zu betonen, dass nicht die chinesische Regierung, sondern die überwiegende Mehrheit der Renminbi-Inhaber letztlich Eigentümer der US-Schulden ist, und daher ist die letzte Person, die für die US-Schulden zahlen muss, das chinesische Volk.

Die Aufwertung des Yuan wird unweigerlich einen größeren Zustrom von heißem Geld auslösen, was den Inflationsdruck weiter verstärken wird. Mit Blick auf die durch die erzwungene Aufwertung des Yen im Jahr 1985 verursachte schwere Vermögensblase und den durch den 20-prozentigen Anstieg des Yuan-Wechselkurses seit Juli 2005 ausgelösten irrsinnigen Anstieg der Immobilienpreise und des Aktienmarktes ist unschwer zu erkennen, dass die von den Vereinigten Staaten erzwungene deutliche Aufwertung des Yuan zwei Fliegen mit einer Klappe schlägt: Zum einen werden die realen Verbindlichkeiten der Vereinigten Staaten gegenüber China erheblich reduziert und zum anderen wird die Vermögenspreisblase in China stimuliert. Je schneller der Renminbi aufwertet, desto stärker ist der Anreiz für Renminbi-Spekulanten, sich in Dollar-Vermögenswerte zu stürzen. Wenn die toxischen Schulden der Vereinigten Staaten, die durch den "schlechten toxischen Dollar" getragen werden, mehr oder weniger in der ganzen Welt verdaut werden, kann Chinas Vermögensblase zu einem bösartigen Zustand anwachsen, der schwer zu retten ist. An diesem Punkt könnten die USA plötzlich die Zinssätze drastisch anheben, um die globale Inflation zu bekämpfen und die Vermögensblasen Chinas und anderer Länder auf einen Schlag platzen zu lassen.

Zeit ist eine Schlüsselvariable im Krieg, und in Währungskriegen erst recht. Die Vereinigten Staaten brauchen die sofortige und deutliche Aufwertung der nationalen Währungen, um die Energie des wirtschaftlichen Aufschwungs in anderen Ländern zu nutzen, damit sie die mit dem "schlechten, giftigen Dollar" verbundenen schlechten Schulden abbauen und verteilen können. Wie kann ein solch egoistischer Akt des Bettelns unter Nachbarn nicht von den Nationen der Welt abgelehnt und bekämpft werden!

Wenn Chinas Vermögensblase stark genug stimuliert wird, wird ihr Platzen groß genug sein, um eine entsprechende Explosion hervorzurufen. Wie also kann Chinas Wirtschaft gerettet werden?

Die griechisch-irische Staatsschuldenkrise, die sich in der Eurozone abspielt, ist ein "Modell". Die Euro-Länder haben die Befugnis zur Ausgabe von Geld an die EZB abgetreten, die, wohlgemerkt, eine Institution ist, die über die souveränen Staaten der Europäischen Union hinausgeht und weder dem Europäischen Parlament noch den Wählern der einzelnen Länder gegenüber rechenschaftspflichtig ist, ganz zu schweigen von den Regierungen, die nach ihrem Willen handeln werden. An diesem Punkt wird die EZB die Macht haben, Länder mit staatlichen Kreditkrisen zu töten oder zu vernichten, indem sie eine Reihe von harten Bedingungen in Bezug auf Steuern, nationale Verbindlichkeiten, Haushaltsgröße, Renten, Gesundheitsfürsorge, Rentenversicherung usw. auferlegt, zu deren Umsetzung sie die Länder zwingen wird, und wenn sie nicht zustimmen, werden sie die Euro-Währung nicht bekommen!

Wenn in China Probleme auftreten, wird wahrscheinlich der Internationale Währungsfonds (IWF), die künftige "Weltzentralbank", einspringen. Die Bedingungen für die Rettung sind vorstellbar: eine "gemeinsame" Währungsausgabe, eine Reihe "unzulässiger" Bedingungen für die Währungsausgabe, die "Überwachung" des chinesischen "Wechselkurses" und der Umsetzung der Steuerpolitik, mit anderen Worten, die Notwendigkeit, die Kontrolle über die hohe Finanzgrenze abzugeben.

Diese Situation, die heute wie ein Science-Fiction-Szenario anmutet, wird immer nur Science-Fiction sein, wenn sie richtig gehandhabt wird.

Breiter Preisstandard: Alternative zum Yuan

Das Dilemma des RMB ist auf die falsche Ausrichtung des Währungsstandards zurückzuführen, und der RMB sollte und muss die wirtschaftliche Entwicklung Chinas als Ausgangspunkt nehmen, und weder der US-Dollar noch irgendeine andere ausländische Währung sollten den Wert des RMB drastisch beeinflussen. Wenn in den 1930er Jahren die von der Shandong-Basis ausgegebene Nordseewährung als Reserve für die Ausgabe von Währungen und für Finanzinnovationen verwendet werden könnte, würde dies die Preise stabilisieren, die

Wirtschaft zum Blühen bringen und die Wirtschaftskraft der Basis erheblich stärken; Wenn es in den 1950er Jahren gelang, die Ausgabe des RMB vollständig von der Bindung an eine ausländische Währung zu befreien und den "Preisstandard" einzuführen, der ebenfalls ein hohes Maß an Preisstabilität und einen raschen wirtschaftlichen Aufschwung bewirkte, dann gibt es keinen Grund, warum der RMB heute nicht innovativer sein und einen völlig anderen Weg als die Vereinigten Staaten und der Westen einschlagen sollte.

In den 1930er Jahren übernahm die französische Währung der Nationalregierung einen "Wechselkursstandard" aus dem Pfund Sterling und dem US-Dollar und verlor damit das Recht, die Währung festzulegen, und die Zentralbank der Nationalregierung konnte nur noch "zu den Briten und den Vereinigten Staaten aufschauen" und musste große Mengen des Pfund Sterling und des US-Dollars reservieren, um die Wechselkursstabilität zu gewährleisten, was sich als ein nicht gangbarer Weg erwies.

Das oberste Prinzip des Währungsstandards eines Landes ist die Gewährleistung von "Preisstabilität", um den Lebensunterhalt der Menschen und die stabile Entwicklung der Wirtschaft zu sichern. Natürlich ist die heutige Preisstabilität weit entfernt von den 1950er Jahren, als die Einkommen der Menschen aus Löhnen und sozialen Ressourcen kaum monetarisiert waren und die Preise, die für die Bevölkerung von Bedeutung waren, hauptsächlich die Grundpreise für Lebensmittel, Öl und Salz waren. In der modernen Gesellschaft sind die Einkommen und Vermögen der Menschen dramatisch gestiegen, und die Preissorgen der Menschen beziehen sich schon lange nicht mehr auf die Preise für Lebensmittel und die einfachen Dinge des täglichen Bedarfs, sondern auf die Preise für Vermögenswerte und soziale Dienstleistungen wie Gesundheitsversorgung, Bildung und Alter. Der neue große Teil der Geldmenge fließt jedoch nicht direkt in den Verbrauchermarkt für rasante Käufe, sondern zwangsläufig in den Sektor der Vermögenswerte oder der sozialen Dienstleistungen, wo das Geld investiert, aber nicht konsumiert worden wäre.

Ein Währungssystem, das die Interessen und das Wohlergehen des Volkes zu jeder Zeit berücksichtigt, sollte die Stabilität der "breiten Preise" als Maßstab für die Ausgabe von Währungen und den "breiten Preisstandard" des Yuan übernehmen. Nur wenn die Volksmassen sehen, dass die Preise für Brot, Milch, Gemüse und Schweinefleisch heute in etwa so hoch sind wie in zehn Jahren, und dass die Preise für Vermögenswerte wie Immobilien, Bildung, Gesundheitsfürsorge,

Renten und Sozialleistungen ebenfalls im Wesentlichen stabil sind, werden ihre Interessen wirksam garantiert, und eine solche Währung wird sicherlich das volle Vertrauen und die echte Zuneigung der Volksmassen gewinnen.

Die "breiten Preise" können nach Kategorien und Unterregionen auf der Grundlage der Preise der für die Bevölkerung wichtigsten Vermögenswerte (wie Immobilien, Aktien, Gold und Silber usw.), der sozialen Dienstleistungen (medizinische Versorgung, Bildung, Alter usw.) und des täglichen Lebens (wie der aktuelle VPI usw.) mit unterschiedlichen Gewichtungskoeffizienten, die regelmäßig von den statistischen Ämtern veröffentlicht werden, erhoben werden. Die geldpolitischen Operationen der Zentralbank können auf diesen "breiten Preisindex" abgestimmt werden.

Nur wenn wir uns zuerst mit dem Prinzip des RMB befassen, können wir über die Beseitigung anderer Probleme sprechen.

Eines der großen Probleme, die durch die Bindung des Yuan an den Dollar entstanden sind, sind die riesigen Devisenreserven. Tatsächlich gibt es kein "Gesetz des Himmels", das vorschreibt, dass Devisenreserven als Sicherheiten für den RMB ausgegeben werden müssen. Indem man die direkte Beziehung zwischen Devisen und der Ausgabe von Renminbi kappt, kann das Devisenproblem vollständig gelöst werden, was wiederum den Mut und die Kühnheit von Finanzinnovationen erfordert.

Wenn ein "Devisenausgleichsfonds" eingerichtet wird, der spezielle "Devisenanleihen" auf Staatskredit ausgibt und RMB-Mittel aufnimmt, um die Rolle der Zentralbank als "Käufer der letzten Instanz" von Devisen auf dem chinesischen Bankenmarkt zu ersetzen, kann er den Kanal der Devisen in die Bilanz der Zentralbank blockieren und den erheblichen Anstieg der Basiswährungsinvestitionen nur zum Zweck des Erwerbs von Devisen beseitigen. Gleichzeitig können diese "Devisenanleihen" auch die Vielfalt des Anleihemarktes erheblich bereichern und Versicherungsgesellschaften, Banken, Fonds und anderen Institutionen neue Anlagemöglichkeiten bieten.

Zu den Hauptaufgaben des "Devisenausgleichsfonds" gehören: Marktinterventionen in Devisennotfällen; Anpassung und Stabilisierung des Wechselkurses in Übereinstimmung mit der Handelsnachfrage; und, als größte Devisenkonzentration, Kreditvergabe an Institutionen, die Devisen nachfragen, solange die Erlöse aus der Kreditvergabe die Kosten für die Ausgabe von

"Devisenanleihen" übersteigen, ist der Fonds natürlich profitabel. Der Fonds selbst tätigt keine direkten Deviseninvestitionen, die an die CIC oder andere neu gegründete Deviseninvestitionsinstitute ausgelagert werden können, und führt auch keine institutionellen Ausschreibungen in der ganzen Welt durch; er handelt nur mit Deviseninvestitionsverwaltungsgesellschaften als Kreditgeber.

Was den Anteil der Zentralbank an den bereits vorhandenen Devisen betrifft, so kann er schrittweise durch Tausch von Vermögenswerten aufgelöst werden. Damit der Staat beispielsweise medizinische und gesundheitliche Einrichtungen energisch ausbauen und den schwierigen Zugang zu medizinischer Versorgung in Chinas Städten und Dörfern gründlich verbessern kann, kann das Gesundheitsministerium den Medizinischen Fonds beauftragen, medizinische Anleihen auszugeben, um Mittel für den energischen Ausbau medizinischer und gesundheitlicher Einrichtungen im ganzen Land zu beschaffen; In ähnlicher Weise können die neuen, vom Staat ausgegebenen Anleihen wie die Nationale Innovationsanleihe, die Beschäftigungsförderungsanleihe, die KMU-Revitalisierungsanleihe, die Anleihe für mietgünstigen Wohnraum und die Nationale Ressourcenreserveanleihe dazu verwendet werden, die Devisenbestände der Zentralbank schubweise zu ersetzen, und die gewonnenen Devisen können dazu verwendet werden, fortschrittliche medizinische Geräte zu importieren, um medizinische und Gesundheitseinrichtungen zu unterstützen, Technologiepatente einzuführen, um Innovation und Beschäftigung zu fördern, und umweltfreundliche und energiesparende Technologien einzuführen, um die energiesparende und umweltfreundliche Qualität von Wohnraum zu verbessern.

Außerdem müssen mehr Devisen, nachdem sie durch ähnliche Vermögenswerte ersetzt wurden, nicht unbedingt ins Ausland gehen, um in Finanzanlagen zu investieren, sondern diese Devisen können für den Rückkauf von Anteilen an ausländischen Unternehmen verwendet werden, die in China sehr profitabel sind. Seit der Reform und Öffnung haben viele Unternehmen in ausländischem Besitz ein starkes Monopol in Schlüsselindustrien gebildet, die das Lebenselixier der chinesischen Wirtschaft sind, was auf lange Sicht keineswegs ein Segen für China ist. Anstatt in einem fremden Land zu investieren, mit dem Sie nicht vertraut sind, sollten Sie lieber in ein lokales ausländisches Unternehmen investieren, das seine Wurzeln kennt und bei dem es keine Hindernisse in Bezug auf das Marktumfeld, die Rechtspolitik oder die staatlichen Vorschriften gibt. Dies hat den Vorteil, dass diese mit ausländischem Kapital finanzierten Unternehmen bereits ein Marktmonopol mit hohen Gewinnen gebildet haben und eine Kapitalbeteiligung an ihnen eine höhere Erfolgswahrscheinlichkeit hat, d.h. sie teilen sich die Macht und den Gewinn, was nicht nur die Sicherheit der Investitionen in Devisenreserven garantiert, sondern auch den Effekt hat, das Marktmonopol der mit ausländischem Kapital finanzierten Unternehmen zu überwachen. Im Allgemeinen kann man sich nicht selbst den Arm verdrehen, und solange die Regierung entschlossen ist, dies zu tun, gibt es kein Geschäft, das nicht zustande kommen kann. Wenn der Zeitpunkt, der Ort, die Menschen und alle Umstände der Situation kann nicht eine gute Arbeit zu tun, dann die Devisenreserven in Übersee Aktien-und Finanzanlagen zu investieren, die Idee der frühen zu stornieren, die inländische gute Vermögenswerte sind instabil, im Falle von Übersee weg, können Sie kaufen gute Vermögenswerte? Ein wenig Brainstorming wird Ihnen sagen, es ist nicht gut.

Wenn die Devisenreserven allmählich aus den Vermögenswerten der Zentralbank ersetzt werden, werden die Emissionsreserven des RMB allmählich aus den zunehmend an Wert verlierenden Dollarwerten in Chinas Schlüsselindustrien und die stark wachsende Produktivität des Lebensunterhalts der Menschen ersetzt, der RMB wird zunehmend mit Chinas eigener wirtschaftlicher Entwicklung übereinstimmen und das oberste Prinzip des RMB, dem Volk zu dienen, wirklich erreichen. Allmähliche Verringerung der Abhängigkeit von ausländischen Währungen und Erreichung der Unabhängigkeit bei der Emission des Renminbi.

Wichtige Merkmale einer guten Währung

Geld ist etwas, das dem Durchschnittsmenschen sowohl vertraut als auch fremd ist. Vertraut deshalb, weil die Menschen täglich mit Geld umgehen, fremd deshalb, weil sie nicht verstehen, wie Geld zustande kommt. Einfach ausgedrückt: Geld ist eine Quittung für Reichtum, und es kann nur mit Reichtum als Sicherheit ausgegeben werden. Was ist nun Reichtum? Reichtum sind die verschiedenen Güter und Dienstleistungen, die durch die Arbeit der Menschen geschaffen werden.

Die Menschen geben der Gesellschaft den Ertrag ihrer Arbeit, und die Gesellschaft gibt ihnen Quittungen über den Reichtum als Beweis.

Der Grund für die Akzeptanz solcher Quittungen ist, dass die Menschen damit zur Gesellschaft gehen können, wenn sie sie brauchen, um die Früchte der Arbeit anderer Menschen, die sie brauchen, einzulösen.

Der Erhalt dieses Reichtums ist das grundlegende Mittel für den Austausch von Eigentumsrechten an Reichtum in der Gesellschaft. Somit bestimmt das Geld die Verteilung und den Fluss des Reichtums in der Gesellschaft. Wer mit Geld umgehen kann, ist in der Lage, die Eigentumsverhältnisse unbemerkt zu verändern, und den Wert des Geldes zu manipulieren bedeutet, den Reichtum der Gesellschaft unbemerkt zu übertragen.

Gerade weil Geld das zentrale Mittel zur Verteilung von Reichtum in der Gesellschaft ist, ist die zentrale Grundlage des Geldes das moralische Prinzip, wem es wirklich dient. In der westlichen Geldtheorie wird die Frage nach den moralischen Prinipien des Geldes umgangen, die gerade das unausweichlichste Problem des Geldes ist.

Ohne das moralische Prinzip des Geldes gäbe es keine Grundlage für eine gerechte Verteilung des Reichtums in der Gesellschaft. Eine Gesellschaft, der es an einem gerechten Verteilungssystem mangelt, duldet zwangsläufig Diebstahl und sogar Plünderung von Reichtum. Nur wenige Menschen sind sich darüber im Klaren, dass die Ursache für die weit verbreitete soziale Ungerechtigkeit und die Kluft zwischen Arm und Reich tatsächlich in unmoralischen Geldprinzipien liegt.

Auf der Grundlage des moralischen Prinzips des Geldes muss jedes gute Geld auch die folgenden Bedingungen erfüllen.

-Die Integrität der Währungssouveränität.

-Guter Geldkredit.

Hohe Verfügbarkeit der Währung.

-Gute Währungsstabilität.

Einfacher Zugang zur Währung.

Hohe Akzeptanz der Währung.

Währungssouveränität ist die Fähigkeit eines Landes, die vollständige Kontrolle über seine eigene Währungspolitik zu haben, auf die die Währungen anderer Länder keinen entscheidenden Einfluss haben, wie das Pfund Sterling im 19. und der Dollar im 20.

Monetärer Kredit bedeutet, dass die Emittenten von Währungen niemals ihr Wort brechen und das Vertrauen der Öffentlichkeit genießen. Ein Gegenbeispiel ist die "quantitative Lockerung" des US-Dollars, die von allen Ländern kritisiert wurde, aber weiterhin unkonventionell ist, mit der wahllosen Ausgabe von Dollars als Deckmantel für faule Kredite. Und dann sind da noch die französischen Münzen und Goldscheine von Chiang Kai-shek, die ihr Wort nicht gehalten und die Öffentlichkeit immer wieder getäuscht haben, bis sie schließlich völlig aufgegeben wurden, die Währung zerstört wurde und das Land verloren ging.

Die Verwendbarkeit von Geld spiegelt sich in seiner Fähigkeit wider, die benötigten Waren zu kaufen, und eine Währung, egal wie viel sie angeblich wert ist, hat nicht die Verwendbarkeit von Geld, wenn sie nicht die Dinge kaufen kann, die sie braucht. Wenn ein Verbraucher Öl kaufen muss, kann er es in Dollar kaufen, aber nicht in Yen. Je weniger restriktiv eine Währung beim Kauf von Waren ist, desto brauchbarer ist sie.

Währungsstabilität ist die Fähigkeit einer Währung, ihre Kaufkraft zu bewahren, wie z. B. das Pfund und der Dollar während der Ära des Goldstandards, die beide in der Lage waren, ihre Kaufkraft über Hunderte von Jahren im Wesentlichen stabil zu halten, wobei ein Pfund im Jahr 1664 in der Lage war, 250 Jahre später die gleiche Menge Rindfleisch zu kaufen, und ein Dollar im Jahr 1800 in der Lage war, bis 1939 im Wesentlichen die gleiche Menge Brot zu kaufen - ein gutes Zeichen für Kaufkraftstabilität. Im Jahr 1971 wurde der Dollar vom Gold entkoppelt, und 39 Jahre später schrumpfte seine Kaufkraft beträchtlich, wobei ein Dollar etwa 90 Prozent seiner Kaufkraft verlor.

Ein einfacher Zugang zu Geld ist ebenfalls wichtig, und ohne eine angemessene Finanzinfrastruktur wird der Zugang zu Geld relativ kostspielig und zeitaufwändig sein. Wenn jemand, der ins Ausland reist, den RMB benötigt, ist dies im Grunde unmöglich, da nicht alle Banken den RMB auf Lager haben und der Zeit- und Kostenaufwand, um ihn zu beschaffen, schwindelerregend wäre.

Die Akzeptanz von Geld hängt im Wesentlichen davon ab, wie groß das Umlaufgebiet der Währung ist und wie weit die Bevölkerung bereit ist, sie zu akzeptieren. In Hongkong ist es kein großes Problem, den RMB in der Hand zu halten, und auch in Südostasien ist es noch möglich, zu Fuß zu gehen, aber an anderen Orten wird es sehr schwierig sein. Dies gilt insbesondere für den internationalen Handel.

Währungsswaps sind ein guter Weg, aber es ist noch ein langer Weg bis dahin.

Wenn der Yuan eine Weltwährung werden soll, müssen die oben genannten Fragen ernst genommen werden. Allerdings ist die Kluft nach wie vor groß. Abgesehen von der Tatsache, dass zwischen der Stärke der Währung und der internationalen Währung eine große Lücke klafft, ist ein weiterer wichtiger Faktor, dass China die Mentalität, eine internationale Währung zu werden, sehr vermissen lässt. Dies zeigt sich in den Wechselkursen zwischen China und den Vereinigten Staaten.

Verlogene Gläubiger und arrogante Schuldner

General Kim Il Nam von der Nationalen Verteidigungsuniversität hat einmal eine beeindruckende Bemerkung gemacht: "Was bedeutet strategische Abschreckung? Erstens muss man stark sein, zweitens muss man entschlossen sein, diese Stärke einzusetzen, und drittens muss man seine Gegner davon überzeugen, dass man es wagt, seine Stärke einzusetzen! "

Der Hauptzweck des Krieges ist die Plünderung von Reichtum, und der Währungskrieg ist insofern "zivilisierter" als die traditionelle Kriegsführung, als er durch die Plünderung von Reichtum ohne Blutvergießen erreicht wird. Die einzige Möglichkeit, Währungskriege zu beenden, besteht darin, die Partei, die sie ausgelöst hat, davon zu überzeugen, dass die Kosten ihrer Auslösung die Vorteile überwiegen.

Am 13. Oktober 2010 fand auf dem World Knowledge Forum in Seoul, Südkorea, eine hitzige Debatte zwischen den beiden Weltklasse-Wissenschaftlern Paul Krugman und Neil Ferguson über die Frage statt, ob der US-Schatzanleihemarkt einem chinesischen Ausverkauf standhalten kann.

Nach Ansicht von Harvard-Professor Ferguson ist das Kernstück der bevorstehenden zweiten Runde des Gelddruckens der Fed eine größere Monetarisierung von Schulden, und die größte versteckte Sorge ist, dass die Anleger in US-Staatsanleihen das Vertrauen in diese verlieren und einen Ausverkauf auslösen werden.

Krugman seinerseits argumentiert, dass der Schlüssel zur zweiten Runde des Gelddruckens darin besteht, die Sparer zu zwingen, Geld auszugeben, um den wirtschaftlichen Aufschwung anzukurbeln, da sie sonst die Folgen des erodierenden Wohlstands zu tragen hätten. Was die Gläubiger der USA, wie z. B. China, anbelangt, so seien diese nicht besorgniserregend, und das Haushaltsdefizit der USA sei kein Problem, da es unwahrscheinlich sei, dass die Gläubiger die Staatsschulden der USA aufgeben würden. Er betonte sogar, dass selbst wenn diese Länder US-Staatsanleihen verkaufen, die Federal Reserve das alles gelassen hinnehmen kann.

Während Ferguson seine Besorgnis über die Möglichkeit zum Ausdruck brachte, dass Gläubiger US-Staatsanleihen abstoßen könnten, war Krugman der Meinung, dass dies keine Rolle spiele; hat sich Krugmans Optimismus wirklich gehalten?

In den Vereinigten Staaten wirtschaftliche Erholung nicht zeigen, ein klares Signal der Gefahr, die plötzliche Ankündigung der "zweiten Runde der quantitativen geldpolitischen Lockerung" Politik scheint wirklich sehr abrupt, was ist der Grund für die Vereinigten Staaten, um eine solche schwerwiegende Schock für die globale Devisenmarkt Wahl?

Die Hauptursache ist der Zusammenbruch des Kreditwachstums in den Vereinigten Staaten, wo die hoch verschuldeten amerikanischen Verbraucher und Unternehmen seit dem Finanz-Tsunami von 2008 13 Billionen Dollar an Vermögen verloren haben, wobei die offizielle Arbeitslosenquote bei fast 10 Prozent und die reale Arbeitslosenquote bei 18 Prozent liegt. Im Jahr 2009 schrumpfte das Kreditvolumen des privaten Sektors in den USA um 1,8 Billionen Dollar.

Wenn wir die Wirtschaft mit einem riesigen Wasserrad vergleichen, dann ist die Kreditexpansion das Wasser, das die wirtschaftlichen Zahnräder antreibt. Wenn die Kreditexpansion stagniert oder sogar schrumpft, kommt die Drehung des Wirtschaftsrads zum Stillstand oder kehrt sich um. Eine positive Drehung des Wirtschaftsrades schafft Wohlstand, und eine Umkehrung ist wie ein Fleischwolf, der den Wohlstand verschlingt.

Die Kreditausweitung des Privatsektors begann zu kollabieren und löste bei Bernanke, der selbst ein Experte für die Große Depression der 1930er Jahre war und deutlich gemacht hatte, dass er sich nicht zurücklehnen und zusehen würde, wie die "Schrecken" der Deflation zurückkehren. Sein langjähriges Gelübde war, dass er im Falle eines solchen Anzeichens "Geld leihen, Geld drucken, Geld ausgeben" und sogar Geld aus Hubschraubern verstreuen würde, um die Menschen zum Geldausgeben zu bewegen und die "schreckliche Deflation" mit einer "schrecklichen Inflation" zu bekämpfen, was ihm den Spitznamen "Bernanke im Hubschrauber" einbrachte.

Es war diese Logik, die die US-Wirtschaft im Jahr 2009 wachsen ließ, als die Kredite des privaten Sektors in den USA schrumpften und die Verschuldung des Bundes und der lokalen Gebietskörperschaften in die Höhe schnellte, mit einer Ausweitung um 1,8 Billionen Dollar, die den Einbruch der Kredite des privaten Sektors ausglich. Die derzeitige Situation ist jedoch so, dass der Anreiz für die Ausweitung der Staatskredite weitgehend erschöpft ist, die Stärke der US-Wirtschaftserholung am Ende ist und die heftige Ausweitung der Staatsverschuldung nicht dazu geführt hat, dass die Kreditvergabe an den privaten Sektor wieder in Gang gekommen ist.

Hier kommt die zweite Runde des Gelddruckens ins Spiel. Durch die Monetarisierung der Schulden injiziert die Fed der Wirtschaft erneut Anreize zur Kreditausweitung.

Krugmans Zuversicht scheint also sinnvoll zu sein. Da die Federal Reserve entschlossen ist, 600 Milliarden Dollar zu drucken, um Staatsanleihen in vollem Umfang zu kaufen, dürfte es kein großer Schock für den Markt für Staatsanleihen sein, wenn China einen Teil seiner Anleihen verkauft. Aber Ferguson denkt langfristiger, die Finanzierung von etwa der Hälfte des Umfangs der US-Schatzanleihen hängt von ausländischen Investoren ab, während China fast ein Drittel der weltweiten Devisenreserven hält, China als einer der größten Käufer von US-Schatzanleihen, seine enorme Kapitalkraft und sein psychologisches Potenzial werden einen erheblichen Einfluss auf das Investitionsklima des US-Schatzanleihemarktes haben. Im Falle eines unerwarteten Ereignisses haben Chinas Verhalten und sogar psychologische Hinweise das Potenzial, eine unkontrollierbare Kettenreaktion auszulösen, die zu einer Katastrophe auf dem Markt für Schatzanleihen führen könnte.

Im Juni 2010 hat die Gesamtverschuldung der US-Regierung die Marke von 13 Billionen Dollar überschritten. Die Staatsverschuldung der USA liegt jetzt bei 90 Prozent des BIP, und wenn sie 150 Prozent des BIP erreichen würde, bestünde ein erhebliches Risiko einer Hyperinflation. Aus einem Bericht des US-Finanzministeriums an den Kongress geht hervor, dass die Staatsverschuldung der USA bis 2015 weiter auf 19,6 Billionen Dollar ansteigen könnte.

Wenn die Vereinigten Staaten in den nächsten fünf Jahren eine Staatsverschuldung von 6,6 Billionen Dollar aufnehmen sollten, müssten davon 3,3 Billionen Dollar von ausländischen Investoren finanziert werden, und China, das fast ein Drittel der gesamten Devisenreserven der Welt hält, dürfte seinen Teil dazu beitragen.

Man muss sich nicht vorstellen, dass China US-Staatsanleihen verkauft, man muss nur über die Folgen spekulieren, wenn China aufhört, US-Staatsanleihen zu kaufen, d.h. die USA werden auf eine dritte oder sogar vierte Runde des Gelddruckens angewiesen sein, und das Ausmaß wird größer sein als je zuvor. Wenn diese zweite Runde des Gelddruckens die Devisenmärkte der Welt bereits so hart getroffen hat, dass Währungskriege geführt wurden, kann man sich dann vorstellen, wie die nächste aussehen wird? Wäre dann noch jemand bereit oder mutig genug, Dollar-Anlagen zu halten?

Zwischen China und den Vereinigten Staaten hat sich tatsächlich ein umgekehrtes Gläubiger-Schuldner-Verhältnis herausgebildet, das in der Weltgeschichte selten so verzerrt und deformiert war. Die größten Schuldner erlegen den größten Gläubigern eine Reihe von harten Bedingungen auf und drohen ihnen schnell mit Strafen.

Die Passivität des Gläubigers war nicht auf mangelnde Stärke zurückzuführen, sondern vielmehr auf die fehlende Entschlossenheit, diese Stärke einzusetzen, zumindest aber den Schuldner nicht davon zu überzeugen.

Neben den Faktoren der Währung selbst und ihrer Mentalität muss bei der Internationalisierung des RMB auch der Aufbau und die Verbesserung der zentralen Finanzinfrastruktur berücksichtigt werden.

Clearingstelle: der "Router" des Finanznetzes

> *„Wir haben uns immer vorgestellt, dass, wenn man die US-Wirtschaft lahmlegen wollte. Wenn man die US-Wirtschaft lahmlegen wollte, müsste man zuerst das Zahlungssystem lahmlegen, die Banken würden zu ineffizienten manuellen Geldtransfers zurückkehren, der Handel würde zum primitiven Zustand des Tauschhandels und des Debitgeschäfts zurückkehren, und das Niveau der wirtschaftlichen Aktivität der Nation würde wie ein frei fallender Stein abstürzen... Das elektronische Zahlungssystem der Federal Reserve transferiert täglich bis zu 4 Billionen Dollar an Währungen und Wertpapieren zwischen den Banken und in der ganzen Welt... Ich bezweifle, dass die Entführer des 11. September die Macht*

hatten, das Finanzsystem (Clearing und Zahlung) wesentlich zu stören (die Macht)."[164]

-Greenspan.

In der Welt des Internets ist der Router ein zentraler Bestandteil des freien, geordneten, genauen und effizienten Informationsflusses durch das Netz. Bei Millionen von Computern, die gleichzeitig Informationen voneinander senden und empfangen, würde der Informationsfluss ohne die Pfadführung eines Routers ein völliges Chaos darstellen.

Der Geldfluss durch die Netzknoten des Finanzwesens erfordert auch den "Router" des Finanznetzes, d. h. das Clearing- und Zahlungssystem.

Vom "Überweisungssystem", das von der Ningbo Money Bank in der Qing-Dynastie entwickelt wurde, bis zum System der "Big Exchange Bank", das von der Shanghai Money Industry Association eingeführt wurde, vom Clearingsystem der Zentralbank bis zum Zahlungs- und Abrechnungssystem des Federal Funds Transfer System (Fedwire) in den Vereinigten Staaten, der "Global Interbank Financial Telecommunication Association" (SWIFT) und dem "Pan-European Automatic Real-Time Gross Settlement Direct Transfer System" (TARGET) in Europa, von der Visa-Kreditkarte bis zum Bankkarten-Clearingzentrum von China UnionPay, ist der Geldfluss für einen Moment auch untrennbar mit dem Betrieb von Clearing- und Zahlungssystemen verbunden.

Der Schlüssel zum Clearing-System ist, dass jede Geldtransaktion eine Spur hinterlässt, die, wenn sie verfolgt wird, durch die aktuelle Data-Mining-Technologie in der Lage sein wird, die Gesetze des Geldkontos, die Informationen des Kontoinhabers und sogar die Konsumgewohnheiten zu entdecken, und diese Informationen haben einen erheblichen Wert.

Rothschild, der Churchill 1939 eine Analyse der strategischen Materialeinkäufe Deutschlands vorgelegt hatte, war ein Pionier einer unorthodoxen, aber höchst visionären Denkweise über das Militär durch eine Analyse des Finanzsystems. Die Zweigstellen der Rothschild-Familienbank in verschiedenen Ländern sammeln eine

---

[164] *The Age of Turbulence,* Alan Greenspan, The Penguin Press, S. 2.

Vielzahl von Informationen über Finanztransaktionen, die wichtige Daten über alle Arten von Käufen und Transaktionen in Deutschland enthalten. Alle Käufe von Waren durch die Nazi-Regierung, solange sie über das Bankensystem abgewickelt werden, stehen unter der Kontrolle des Bankensystems der Familie Rothschild. Rothschilds akribische Analyse dieser Finanzdaten führte zu Schlüsselinformationen wie dem Umfang der deutschen Käufe von militärischem Material und Waffen und ließ den Schluss zu, dass die Nazis militärische Expansionspläne verfolgten. Churchills Kriegsministerium lobte die neuartigen Forschungsideen des jungen Mannes. Dieser Bericht führte dazu, dass Rothschild 1940 erfolgreich in das British Intelligence V Bureau, Part B, aufgenommen wurde, wo er in erster Linie für die kommerzielle Spionageabwehr tätig war. [165]

Anhand der Aufzeichnungen von Banktransaktionen und Clearingdaten im Bankennetz sowie relevanter Informationen von Inhabern von Handelskonten analysierte und recherchierte die Familie Law und schätzte den Zeitpunkt und das Ausmaß der Kriegsvorbereitungen in Deutschland ein.

Die Leistungsfähigkeit des "Data Mining" im Finanzbereich wurde bereits vor 70 Jahren unter Beweis gestellt, und in Kombination mit den heutigen Supercomputern und der großen, komplexen Data-Mining-Softwaretechnologie werden die von den Clearingstellen hinterlassenen Spuren der Finanzaktivitäten noch mehr Geheimnisse hinter dem Geld enthüllen.

Hier konkurrieren Visa und China UnionPay um die Clearingrechte! Es geht nie nur um Geschäftsgewinne, es geht um die wichtigsten nationalen Finanzgeheimnisse!

Innerhalb Chinas ist es ausländischen Kreditkarten nach chinesischem Recht untersagt, eigene Zahlungs- und Clearingsysteme aufzubauen, so dass es keine Möglichkeit gibt, die wichtigsten Finanzdaten der Kunden in China geheim zu halten. Solche gesetzlichen Bestimmungen machen die Whisky-Unternehmen natürlich wütend. Aber wenn es ihnen erlaubt wird, in China Hunderte von Millionen von Kreditkarten auszugeben und ein eigenes Clearing-System aufzubauen, wird das Geld klein gemacht, und das

---

[165] *Currency Wars: 2 Jinquan Tiandi*, herausgegeben von Song Hongbing, China United Press, 2009.

Entscheidende ist, dass die Daten über jede Kreditkartentransaktion von Hunderten von Millionen von Menschen in China verfügbar sein werden, und die Folgen werden unvorstellbar sein. Stellen Sie sich vor, dass bei jeder Transaktion, die Sie vornehmen, Ihr Bankkonto, das Geschäft, in dem Sie den Artikel kaufen, der Betrag der Transaktion, der Zeitpunkt der Transaktion und so weiter, alle Ihre Transaktionen vor den Augen der anderen totgeschlagen werden. Die andere Seite sammelt dann Ihre Bankkontodaten, Immobilieninformationen, Informationen über den Aktienhandel über andere Kanäle. Wenn diese Informationen mit leistungsstarken Data-Mining-Tools zusammengefügt und analysiert werden, werden Hunderte von Millionen von Menschen die Geheimnisse ihres finanziellen Eigentums erfahren, sogar welche Weinmarke Sie gerne trinken, welche Zigarettenmarke Sie rauchen, welches Automodell Sie fahren, welche Kleidungsmarke Sie tragen, wohin Sie am liebsten reisen, welche Fluggesellschaften Sie bevorzugen und andere Informationen werden durchsickern. Mit einem Wort, was für ein Leben wäre das, wenn alle Details Ihres Lebens potenziell untersucht und analysiert werden könnten! Ob persönliche Daten, Staatsgeheimnisse oder die Geschäftstätigkeiten von Unternehmen - sie alle können einem solchen "Mining" und einer solchen "Analyse" nicht standhalten. Der wirtschaftliche und strategische Wert dieser Daten kann wertvoller sein als die Geheimhaltung strategischer Atomwaffen!

Der Kampf zwischen Visa und UnionPay dreht sich derzeit darum, an welche Clearingstelle sich Kunden mit Doppelkarten bei ihren Auslandstransaktionen tatsächlich wenden. Wenn Sie den Visa-Clearingkanal nutzen, werden die Transaktionsdaten aller Karteninhaber vom Visa-Datenclearingnetz erfasst und "auf Abruf" in einem riesigen Datenzentrum hinterlegt.

Wenn das chinesische Militär es nicht wagt, sich auf das amerikanische Satellitenortungssystem GPS oder das europäische System Galileo zu verlassen, um die eigenen Raketen im Kriegsfall zu navigieren und zu orten, wer kann dann garantieren, dass im Falle eines Krieges oder eines Finanzspiels die Finanztransaktionsdaten chinesischer Kunden nicht von Verrechnungsstellen in Europa und Amerika für andere Zwecke verwendet werden?

Der Aufbau einer finanziellen Hochgrenze muss die Einrichtung eines unabhängigen und autonomen globalen Finanzclearing- und Zahlungssystems beinhalten, so wie China sein eigenes Beidou-System unabhängig entwickelt hat. Ohne einen eigenen Finanz-"Router" gibt es, wenn Chinas Geld über seine Grenzen hinaus fließt, keine verlässliche Garantie für die Sicherheit der Informationen, geschweige denn für die Verborgenheit und Plötzlichkeit der Gelder im Handelskrieg. Tatsächlich sind viele inländische Finanzinstitute bei Wetten und Kämpfen auf ausländischen Finanzmärkten unterlegen und sollten unter dem Gesichtspunkt betrachtet werden, ob die Möglichkeit besteht, dass Gelder im Zuge von Offshore-Strömen durchsickern.

Die Internationalisierung des Renminbi bedeutet keineswegs, dass alles in Ordnung ist, wenn der Renminbi freigegeben wird, und die "extrakorporale Zirkulation" der Währung muss die Regulierung der Gelder verstärken. Die Vereinigten Staaten sind sehr gut in der Lage, internationale Finanztransaktionen zu überwachen, egal welches Land, egal wessen Konto benutzt wird, egal zu welcher Zeit, solange sich Gelder auf Bankkonten mit den USA feindlich gesinnten Ländern befinden, solange es sich nicht um eine Bargeldtransaktion handelt, können sie den "Augen der Vereinigten Staaten" kaum entgehen! Durch ihre Kontrolle über das globale Clearing-System haben die Vereinigten Staaten dieses "juristische Auge" geöffnet. Stellen Sie sich vor, welche Staats- und Geschäftsgeheimnisse nicht aufgedeckt werden könnten, wenn dieses "Auge" nicht nur auf die Bankkonten terroristischer Staaten gerichtet wäre, sondern auch an der Überwachung der Bankkonten bestimmter Staaten oder Unternehmen interessiert wäre? Zur Zeit der asiatischen Finanzkrise 1997 hatte sich Mahathir darüber beklagt, dass niemand wisse, woher das Geld der Hedgefonds komme und wie die Offensive gegen die asiatischen Währungen eingeleitet werde. Das ist für Malaysia unsichtbar. Wie können die "Augen des Gesetzes" in den Vereinigten Staaten das nicht sehen?

Wie kann dieser Krieg geführt werden, wenn das Weltverrechnungssystem nicht beherrscht wird, und im Falle eines Währungskrieges die andere Seite, unterstützt durch das Verrechnungssystem, wie durch Spionagesatelliten, in der Lage sein wird, die vollständige Aufstellung ihrer Truppen klar zu erkennen?

Wenn der Yuan das Land verlässt und das Clearingzentrum nicht beherrscht wird, wird er "freigesetzt, unsichtbar und unkontrollierbar", und das Problem wird unangenehm. Auch während der asiatischen Finanzturbulenzen waren der thailändische Baht und der Hongkong-Dollar beide frei konvertierbare Währungen, mit dem Unterschied, dass der Baht stark über die südostasiatischen Länder verstreut war, während die Währung Hongkongs nur in Hongkong konzentriert war. Als Soros begann, den Baht in Südostasien leise einzusammeln, blieb die thailändische Zentralbank unbemerkt, und schließlich startete Soros eine plötzliche und starke Offensive, und der Baht verlor schnell.

In Hongkong ist Soros bereit, das Gleiche noch einmal zu tun. Als er eine große Menge an Hongkong-Währung einsammelte, wurde er bald von der HKMA entdeckt, die aus dem heimlichen Angriff einen starken Angriff machte. Die HKMA wandte die Taktik an, den Tagesgeldsatz erheblich anzuheben, was die Kosten des Soros-Angriffs auf den Hongkong-Dollar stark erhöhte und schließlich den Finanzräuber zurückdrängte und den Hongkong-Dollar bewahrte. Ein wichtiger Unterschied zwischen dem thailändischen Baht und dem Hongkong-Dollar besteht darin, dass Thailand nicht in der Lage war, die Bewegungen des im Ausland zirkulierenden Baht zu überwachen, während der Hongkong-Dollar in Hongkong konzentriert ist, wo die Behörden die Kontrolle haben und es für Finanzjäger schwierig ist, sich anzuschleichen.

Der Währungsstandard, die Zentralbank, das Finanznetzwerk, der Devisenmarkt, die Finanzinstitutionen und die Clearingstellen bilden zusammen ein strategisches System der finanziellen Obergrenzen. In diesem System muss von dem Moment an, in dem das Geld von den Zentralbanken geschaffen wird, bis zu dem Moment, in dem es in das globale Finanznetzwerk eintritt, durch die Clearingstellen der Welt fließt, auf den internationalen Märkten präsent ist, zwischen den Konten der nationalen Finanzinstitute den Besitzer wechselt und schließlich zu den Zentralbanken zurückfließt, jedes Glied in diesem monetären Kreislauf streng geschützt und überwacht werden. Die Währungsbehörde muss eine klare Vorstellung davon haben, in welchem Zustand sich die Währung im internationalen Kreislauf befindet, wer der letztendliche Nachfrager der Währung ist, wie er sie zu verwenden gedenkt, über welche Kanäle und auf welche Weise er sie verwendet, ob diese Transaktionen in den normalen Geschäftskreislauf passen, wer seine Geschäftspartner sind und andere wichtige Informationen.

Wenn der RMB global werden soll, ist es unerlässlich, ein unabhängiges, starkes, effizientes und sicheres globales RMB-Clearingsystem zu schaffen und gleichzeitig die weltweite Verbreitung von UnionPay-Karten zu unterstützen.

Das globale Finanznetzwerk des RMB

> „Im Laufe des 19. Jahrhunderts stürzten sich jüdische Bankiers, ausgehend von Deutschland, schnell auf die Welt und bildeten ein jüdisches Finanzkonglomerat mit der Familie Rothschild an der Spitze. Diese Familien bildeten einen Gruppenkrieg, in dem sie sich gegenseitig die Hörner aufsetzten, untereinander heirateten und ihre Interessen miteinander verknüpften und so allmählich ein riesiges und dichtes Finanznetzwerk bildeten, in das Außenstehende immer schwerer eindringen konnten."[166]

China hat eindeutig die beste historische Gelegenheit verpasst, ein weltumspannendes Finanznetzwerk aufzubauen. Obwohl Chinas staatliche Banken gemessen an der Marktkapitalisierung zu den größten Finanzinstituten der Welt gehören, haben Chinas Banken nur wenige internationale Niederlassungen. Ohne ein globales Finanznetzwerk ist es unmöglich, ein Finanzkreislaufsystem aufzubauen, das die Zentralbanken, die den RMB schaffen, mit der Aorta und den Kapillaren der Endkunden verbindet, die den RMB verwenden.

Bei der Internationalisierung des RMB geht es nicht nur darum, dass Gelehrte darüber reden, sondern einfach darum, dass die nationalen Zentralbanken ihre RMB-Reserven aufstocken oder den RMB für die Handelsabwicklung verwenden. Dies ist weit davon entfernt, die Kontrolle über die RMB-Zirkulationskanäle zu erlangen, da die Endnutzer des RMB nicht erreicht werden können und auf Finanznetzwerke angewiesen sind, die bereits fest unter der Kontrolle internationaler Finanzgruppen stehen.

Warum steht es China frei, die Ressourcen der Online-Kanäle zu nutzen, für deren Schaffung internationale Banker fast 300 Jahre lang auf den Finanzmärkten gekämpft haben? Es gibt eine Kanalgebühr, um den Kanal eines anderen zu betreten. Wann immer Geld durch das Netz fließt, muss dafür bezahlt werden, und das wird noch über Generationen hinweg so bleiben. Wenn China mit seiner Strategie der "Financial High Frontier" nicht auf die Welt zugeht, bleibt die Kontrolle über den Renminbi-Umlauf in den Händen von anderen.

---

[166] Quelle: Ebd.

Wer beherrscht die weltweiten Kanäle der Kredit- und Kapitalströme, wer ist der wahre Spielveränderer! Kanal ist König auf dem Finanzmarkt ist noch mehr blutige Wahrheit.

Für Chinas staatliche Banken wird es immer schwieriger, ins Ausland zu gehen, um globale Finanznetze aufzubauen. Eine Eingliederung in das etablierte Weltfinanznetz würde unweigerlich auf den Widerstand von Interessengruppen stoßen. Unter dem Druck dieser Gruppen sind die Regierungen gezwungen, zu verschiedenen Mitteln der Zurückhaltung, Verhinderung, Verzögerung usw. zu greifen, um zu verhindern, dass China ein globales Finanznetzwerk aufbaut. Das wirtschaftliche Risiko ist enorm, aber auch die Kerninteressen der Finanzstrategie stehen auf dem Spiel. Die westlichen Verfechter des Freihandels und offener Märkte werden in diesem Schlüsselbereich "auf ihre Kosten kommen".

Derzeit gibt es zwei Modelle für den Aufbau globaler Netzwerke durch staatliche Banken: das Modell der Bank of China und das Modell der ICBC. Aufgrund ihrer langen Geschichte, insbesondere der fast hundertjährigen Anhäufung von internationalen Geschäften, hat die Bank of China weltweit mehr als 30 Niederlassungen, von denen viele bereits vor 1949 bestanden. Dennoch verliefen die Bemühungen chinesischer Banken, in den letzten Jahren mehr Filialen in anderen Ländern zu eröffnen, nicht ganz reibungslos, denn die Ära der "Pferderennen" um die Finanzressourcen der Welt ist längst vorbei, und die Nachfolgenden werden es nicht leicht haben, diesen großen Kuchen zu teilen. Der Vorteil des chinesischen Bankenmodells ist jedoch die vollständige Kontrolle über den Filialbetrieb, und solchen Netzknoten kann man zu 100 Prozent vertrauen. Das Modell der ICBC besteht darin, Banken aus anderen Ländern im Ausland zu fusionieren, z. B. kann die Übernahme der südafrikanischen Standard Bank ein erfolgreiches Modell sein. In den letzten Jahren hat die ICBC die Zahl der Auslandsfilialen durch Fusionen und Übernahmen im Ausland erheblich ausgeweitet, mit einer starken Tendenz, chinesische Banken zu dominieren und zu überwältigen. Dieses Modell hat den Vorteil, "schnell" zu sein. Das Problem besteht darin, die Ressourcen der lokalen Bank effektiv zu integrieren, damit ich sie nutzen kann. Dazu gehören die Unternehmenskultur, die Personalstruktur, die Schuldenregulierung, die Anpassung an lokale Gesetze und Vorschriften usw. Was die Zukunft der beiden Modelle angeht, so ist es noch schwierig, die Vor- und Nachteile zu beurteilen, und es wird Zeit brauchen, sie zu testen.

In der Entwicklungsgeschichte des Weltfinanzwesens dient das Finanzwesen in erster Linie dem Handel, und die Finanzierung und der Austausch von Handelsgütern ist zu einem wichtigen Weg der finanziellen Expansion geworden. Die HSBC wurde in China gegründet, um eine koloniale "Bank von England" zu haben, um Finanzdienstleistungen für ausländische Banken zu erbringen, die in China Handel treiben, und um faktisch die Befugnisse einer Zentralbank auszuüben.

Heutzutage werden chinesische Waren längst in alle Teile der Welt verkauft, und China ist eine Supermacht von Weltrang, was den Umfang des Außenhandels angeht, aber Chinas Finanzinstitute haben mit dem Tempo des internationalen Handels noch nicht Schritt gehalten. Während chinesische Waren in den Regalen von Ländern auf der ganzen Welt zu finden sind, sind chinesische Finanzinstitute in China noch weit entfernt. Im Zuge der globalen Expansion haben chinesische Handelsunternehmen und alle Arten von Unternehmen fast keinen Zugang zu lokalen Finanzdienstleistungen inländischer Finanzinstitute, sie müssen sich auf lokale Banken oder multinationale Banken verlassen, um alle Finanzdienstleistungen zu verwalten, Wechsel, Kredite, Einlagen und andere große Gewinne sind in die Taschen anderer geflossen. In Anbetracht des Gesamtumfangs der chinesischen Ein- und Ausfuhren sind die riesigen Finanzierungsvolumina und die damit verbundenen Gewinnmöglichkeiten in der Tat ein "Muss" für die Finanzakteure.

Ein anderer, realistischerer Entwicklungsweg für große staatliche Finanzinstitute besteht darin, dem Modell der japanischen integrierten Handelshäuser zu folgen. In Japans allgemeinen Handelsunternehmen pflegen Finanzinstitute wie Banken und Versicherungen und Industrieunternehmen eine enge, synergetische Kampfhaltung, bündeln ihre Kräfte und entwickeln sich gemeinsam weiter. China sollte dem Prinzip der gegenseitigen Offenheit folgen, und alle Länder mit Finanzinstitutionen in China müssen für chinesische Finanzinstitutionen offen sein, die mit der Finanzierung chinesischer Unternehmen und Handelsgesellschaften in Übersee beginnen und allmählich in die lokalen Wirtschaftsaktivitäten eindringen können.

Angesichts des Tempos und der Effizienz, mit der diese Strategie verfolgt wird, ist zu befürchten, dass die Aufgabe, ein globales Finanznetzwerk aufzubauen, kurzfristig nicht erfolgreich sein wird.

Neben dem Modell der regulären Armee spielt auch die Guerilla ein Partisanenspiel, indem sie Finanznetze vor Ort "hinter den feindlichen Linien" aufbaut, um die derzeitige Sackgasse der Finanznetze zu durchbrechen.

Eine der großen Stärken Chinas ist die globale Gemeinschaft chinesischer Geschäftsleute, die chinesische Waren in alle Ecken der Welt gebracht haben. Die Ermutigung und Unterstützung der Menschen vor Ort, verschiedene Finanzinstitute zu gründen, ihnen Kreditunterstützung zu gewähren und ihre Handelskanäle zu nutzen, um Finanzkanäle zu schaffen, hat die gleiche Bedeutung wie die Entstehung der Shanxi Ticketing Company aus der Shanxi Commercial Company. Da diese Handelsunternehmen seit langem vor Ort tätig sind, mit dem Geschäftsumfeld vertraut sind und über einen soliden Kundenstamm verfügen, haben viele von ihnen die Möglichkeit, sich in Finanzinstitute umzuwandeln, wie der Big Boss der Shanxi Rishengchang Ticketing Company, Lei Lütai. Genau wie bei ausländischen Unternehmen - Juden eröffnen Banken, Koreaner eröffnen Einkaufszentren, Chinesen eröffnen Restaurants - kann die Unternehmerschar oft einen Konvergenzeffekt erzeugen, und wenn eine Person erfolgreich ist, entsteht sofort ein Demonstrationseffekt. Können Sie sicher sein, dass die Chinesen nicht das Talent haben, lokale Finanzinstitute zu gründen? Mit der richtigen finanziellen Unterstützung werden diese Unternehmer wahrscheinlich ein neues Finanznetzwerkmodell schaffen und das moderne "Shanxi Ticket" werden und in der Lage sein, "die Welt zu verbinden".

Letztlich werden diese Finanznetze eine Vielzahl von Finanzdienstleistungen für chinesische Unternehmen und Einheimische im Land anbieten und der Finanzregulierung des Landes unterliegen, in dem sie ansässig sind. Sie können Hypotheken, Handelsüberweisungen, Einlagen und andere Zwischengeschäfte für Einheimische anbieten. Chinas Finanzinstitute unterhalten Kreditbeziehungen zu ihnen, um diese ausgedehnten Netze von Finanztentakeln in Übersee zu pflegen, die Finanzgeschäfte auszuweiten und die inländischen Devisenreserven effektiver zu verwalten.

Da fünf Revolutionäre wie Mao Zemin, die nur über eine Grundschulausbildung und keinerlei Erfahrung im Finanzwesen verfügten, in der Lage waren, ein so unglaubliches Wunder wie die Rote Zentralbank zu schaffen, gibt es heute unter den chinesischen Geschäftsleuten in der ganzen Welt sowohl internationale Studenten mit Doktortitel und Erfahrung in großen Finanzinstituten als auch viele fleißige und hart arbeitende Unternehmer, die ihr Unternehmen von Grund auf neu gegründet haben, so dass durch die organische Kombination der beiden eine neue Gruppe entstehen kann - eine große Gruppe chinesischer Bankiers in Übersee, die es so noch nie gegeben hat.

Die Verbreitung dieses Modells könnte China dabei helfen, sein eigenes RMB-Zirkulationsnetz aufzubauen und solche Finanztentakel auf jeden Winkel der Welt auszudehnen.

Wenn Chinas überschüssiges Kapital aus Mangel an Investitionsmöglichkeiten im eigenen Land beginnt, weltweit zu expandieren, wird ein riesiges und hungriges Kapital die Welt nach Minen, Wäldern, Farmen, Wasserressourcen, patentierten Technologien, Fabriken, Forschungsinstituten oder medizinischer Hochtechnologie durchsuchen, und eine große Anzahl lokaler chinesischer Banker wird zu einer großen Fundgrube an Humanressourcen.

Der Grund für die Dominanz des chinesischen Tischtennissports liegt darin, dass Hunderte von Millionen Chinesen an diesem Strom beteiligt sind. Als neue Grenze für die künftige Entwicklung Chinas wird das Auftauchen einer großen Zahl von Unternehmern ein wesentliches Bindeglied sein. Es mag zu schwierig sein, in China eine Bank zu eröffnen, aber im Ausland ist es relativ einfach. Auf dem Gebiet des Finanzunternehmertums sind die Juden die chinesischen Vorbilder. Wer sagt denn, dass nur Juden unter dem Himmel im Finanzwesen tätig sein können? Wenn die Chinesen erst einmal die enormen Vorteile des Finanzwesens verstanden haben, haben sie mit der entsprechenden finanziellen Unterstützung auch das Potenzial, dass "ein Stern ein Feuer in der Prärie entfachen kann".

Wenn Chinesen aus dem Ausland eines Tages über die Gründung eines Unternehmens sprechen, werden sie sagen: "Ich habe eine Investition gefunden, warum eröffnen wir nicht eine Bank? "

Der Tag wird früher oder später kommen, an dem China eine Weltfinanzmacht wird!

Die infrastrukturellen Gefahren der finanziellen High Frontier

In der heutigen Gesellschaft, in der die Computertechnologie weit fortgeschritten ist, hängen die Finanzaktivitäten zunehmend von elektronischen Informations- und Netzwerktechnologien ab. In dieser zentralen Finanzinfrastruktur sind zahlreiche Sicherheitsrisiken verborgen.

Die heutige Technologie reicht aus, um die Stromversorgung aus der Ferne zu aktivieren und das Telefon bei ausgeschaltetem Telefon abzuhören; die CIA kann Festplattendaten über die Computer-CPU auslesen und schwache elektromagnetische Wellen aussenden, die Computerdaten aus einigen Metern Entfernung berührungslos abfangen und stehlen können. In einer derart unsicheren, elektronischen Gesellschaft ist das chinesische Finanzsystem gegenüber potenziellen Sicherheitsbedrohungen wohl noch recht gleichgültig.

Fast alle Finanzinstitute des Landes verwenden derzeit ausländische Host-Hardware-Systeme und Betriebssystemsoftware, und für die Speicherung der wichtigsten Daten verwenden die meisten ausländische Datenbanksoftware, die selbst dann, wenn alle Anwendungen unabhängig entwickelt werden, bei weitem nicht ausreicht, um die Sicherheit der Finanzdaten zu gewährleisten. Es ist keine Neuigkeit mehr, dass Microsoft eine dunkle Tür im Betriebssystem hinterlassen hat, und worauf deutet die überraschende Empfindlichkeit der USA gegenüber der Übernahme von IBM-Laptops durch Lenovo hin? Wenn die nationale Sicherheit immer wieder zum Haupthindernis für die Übernahme von US-Unternehmen durch China wird, kann es sein, dass die Menschen diese Behauptungen einfach als Medienhype oder Handelsschutzrhetorik abtun und nicht ernsthaft über die Gründe dafür nachdenken.

Technisch ist es durchaus möglich, die Hintertür zum Host-Hardware-System zu öffnen und in Not- und Sonderfällen aus der Ferne zu aktivieren oder zu schließen. In Bezug auf die Software des Host-Betriebssystems ist es sogar noch besser möglich, große Auswirkungen zu erzielen, denn aufgrund der Geheimhaltung des Quellprogramms ist es unwahrscheinlich, dass die Benutzer der inländischen Finanzinstitute die verschiedenen "kleinen Programme" kennen, die in dem zugrunde liegenden System, auf dem die Programme laufen, vorhanden sein können. Noch größer ist das Problem bei der Datenbank, in der alle wichtigen Informationen, wie die Anzahl der Einzahlungen auf das Bankkonto des Kunden, gespeichert sind. Einige schläfrige "Trojanische Pferde" können unwissentlich in das Quellprogramm der Datenbanksoftware eingeschleust werden.

Wenn eines Tages ein unwiderstehliches Ereignis eintritt, können diese schlummernden "trojanischen Pferde" und verschlossenen dunklen Türen erwachen und sich öffnen. Einige Programme können plötzlich "verrückt" werden und alle Einzahlungsdaten von Bankkonten löschen, wobei die Programmierer nicht in der Lage sind, zu erkennen, ob die Konten dem Militär oder der Zivilbevölkerung, dem Handel oder dem Privatbereich, der Regierung oder einer Institution gehören. Wenn die Armee im Begriff ist, Flugzeuge, Panzer oder Autos loszuschicken, stellt sie plötzlich fest, dass das Geld auf dem Konto fehlt und sie den Betrieb der Militärmaschine nicht bezahlen kann; wenn die Menschen nachts aufwachen und zur Bank gehen, um Geld abzuheben, wird ihnen gesagt, dass kein Geld auf dem Konto ist; wenn das Unternehmen bereit ist, Waren zu kaufen, wird der Scheck zurückgegeben; wenn die Regierung die Gehälter auszahlt, ist es nicht möglich, Geld auf die Karten der Beamten zu buchen. Kann man sich vorstellen, wie man mit einem derart zusammengebrochenen Finanzsystem auf Notfälle aller Art reagieren soll?

Wenn ein Finanzinstitut im Notfall ein Backup-System startet, stellt es fest, dass das Backup-System dieselbe Hardware, dieselbe Software und dieselbe Datenbank verwendet und mit denselben Problemen konfrontiert wird.

Man sollte immer zuerst seinen eigenen Zaun errichten, und finanzielle Sicherheit ist nicht nur eine leere Phrase: "Man kann kein Herz aus Schaden haben, aber man kann auch kein Herz aus Vorbeugung haben". Die heimtückische Krankheit muss zuerst beseitigt werden, bevor sie auftritt.

Der Beginn der Ära des Geldes "Frühling und Herbst und der Streitenden Staaten"

Die gesamte Tätigkeit der menschlichen Gesellschaft besteht darin, zwei Dinge zu tun: Wohlstand zu schaffen und ihn zu verteilen. Die Effizienz der Schaffung von Reichtum und die ausgewogene Verteilung des Reichtums bestimmen die Entwicklung der Zivilisation.

Ohne die Schaffung von Reichtum gibt es auch keine Verteilung von Reichtum.

Wenn die Realwirtschaft, die sich auf Arbeit, Produktion, Technologie, natürliche Ressourcen und Handel stützt, in erster Linie für die Schaffung von Reichtum verantwortlich ist, nimmt die Verteilung des Reichtums zwei Formen an: ein finanzielles Verteilungssystem, das aus Geld, Krediten, Steuerabgaben, Finanzinstrumenten und Finanzmärkten besteht, und ein gewaltsames Verteilungssystem, das aus Krieg, Plünderung, Betrug und Kolonisierung besteht.

Es gibt zwei Möglichkeiten, Reichtum zu besitzen, einen großen für den Staat und einen kleinen für den Einzelnen, entweder indem er ihn durch seine eigene Arbeit schafft oder indem er ihn durch das Verteilungssystem teilt. Eine starke Nation und eine harmonische Gesellschaft müssen ein stabiles Gleichgewicht bei der Festlegung der Spielregeln für die Schaffung und Verteilung von Reichtum anstreben.

Letztendlich ist Reichtum die organisierte und effiziente Nutzung der natürlichen Ressourcen durch den Menschen im Rahmen des Arbeitsprozesses, um eine Vielzahl von Produkten und Dienstleistungen zu schaffen, die den Endbedarf der Gesellschaft decken.

Arbeit sorgt dafür, dass die Menschen gute Lebens- und Arbeitsgewohnheiten haben; Arbeit sorgt dafür, dass sich die Menschen dafür interessieren, wie man die Produktionskosten senken, fortschrittliche Technologien einsetzen und die Produktionseffizienz steigern kann, so dass mehr Produkte hergestellt werden können; und Arbeit sorgt dafür, dass die Fähigkeit zur Schaffung von Wohlstand erhalten bleibt und weiter verbessert wird. In der Tat ist die Kreativität des Reichtums viel wichtiger als der Besitz von Reichtum selbst.

Im 16. und 17. Jahrhundert besaß das mächtige spanische Reich 18.000 Tonnen Silber und mehr als 200 Tonnen Gold, was 80% des gesamten Goldes und Silbers der Welt entsprach und als das reichste der Welt bezeichnet werden kann. Die Welt arbeitet für Spanien. Wenn ein Land so viel Reichtum besitzt, wird der Reichtum selbst die Fähigkeit des Landes, Reichtum zu schaffen, untergraben.

Im Jahr 1545 hatten die spanischen Manufakturen einen sechsjährigen Auftragsbestand aus der Neuen Welt in den Händen. Unter dem Schutz einer mächtigen Militärmacht konnten diese

Überseeaufträge nur von Spanien mit hohen Gewinnen produziert werden, und der immense Reichtum, den Spanien besaß, hatte seinen Herstellern die Lust und den Druck genommen, harte Arbeit zu verrichten und sich auf mühsame Produktionsaktivitäten einzulassen. Die britische Textilindustrie, die holländischen Schiffsbauer, die italienischen Bauernhöfe und die nordischen Fischerboote begannen, in harter und schmutziger Arbeit zu produzieren.

Die spanischen Hersteller hingegen versahen ihre Endprodukte für den Export in verschiedene Länder mit ihren eigenen Markenzeichen und bildeten damit die ersten Modelle der OEM- und ausgelagerten Produktion. Infolgedessen verbesserten die fleißigen und mutigen Engländer durch ihre Arbeit ihre Produktivität, stärkten ihren Wohlstand und ihre Kreativität und verdrängten schließlich das spanische Reich mit seinem enormen Reichtum, seiner Verschwendungssucht, seiner wahllosen Expansion, seiner schrumpfenden Produktion, seinem finanziellen Bankrott und seiner Arbeitslosigkeit vom Thron der Weltherrschaft.

Ende des 19. und Anfang des 20. Jahrhunderts hatte das britische Empire, das sich auf die Industrie gestützt hatte, eine globale militärische und finanzielle Hegemonie auf See erlangt, die in seiner Geschichte beispiellos war. In Afrika erstreckt sich der britische Einflussbereich über den größten Teil des Kontinents, mit nicht weniger als 21 Ländern, die dem britischen Empire unterworfen sind, und riesigen Mengen an Rohstoffen und natürlichen Ressourcen, über die Großbritannien verfügt; im Nahen Osten kontrolliert Großbritannien den größten Teil der Region, von Palästina und Saudi-Arabien bis zum Iran und Irak, und besitzt die Ölquelle im Nahen Osten; in Asien beherrscht Großbritannien große Gebiete von Indien (einschließlich Pakistan), Malaysia (einschließlich Singapur) bis Myanmar und Hongkong, China, mit enormen Humanressourcen, natürlichen Ressourcen und strategischen Korridoren, die alle unter britischer Kontrolle stehen; in Ozeanien wird es von Commonwealth-Abhängigkeiten wie Australien und Neuseeland als Industrierohstoffe unterstützt; in Nord- und Südamerika versorgen Kanada, Guyana, Jamaika, die Bahamas und andere das britische Empire mit endlosen strategischen Ressourcen, von Marinestützpunkten bis zu natürlichen Ressourcen.

Das britische Empire, der globale Hegemon, stand wieder einmal vor der gleichen Wahl wie das spanische Empire: entweder weiterhin durch eigene harte Arbeit Reichtum zu schaffen oder seine militärische und finanzielle Hegemonie zu nutzen, um die Früchte der Arbeit anderer zu "teilen". Der Reichtum selbst hat wieder einmal die Kreativität des Reichtums korrumpiert. Die wohlhabenden Briten, die der langweiligen und harten Arbeit überdrüssig waren, begannen massiv in den Vereinigten Staaten zu investieren, exportierten industrielle Produktionstechnologien und überließen den Amerikanern die harte Arbeit, genossen die enormen Renditen ihrer eigenen Investitionen und begannen das "gute Leben" des profitgierigen Kapitalismus. Zu dieser Zeit bestimmte Großbritannien die weltweiten Kapitalkosten, monopolisierte die Weltmarktpreise für Rohstoffe, kontrollierte die globalen Auftragsströme, teilte die Nachfrage auf dem Weltmarkt auf und schützte die Schifffahrtsrouten. Mit diesen fünf strategischen Höhepunkten, die den Vereinigten Staaten fest im Nacken sitzen, werden die Vereinigten Staaten immer die globale Produktionsstätte des Britischen Empire sein, und die Aktionäre, die diese Produktionsstätte kontrollieren, werden britisches Kapital sein. Mit einem Wort, das Vereinigte Königreich positioniert sich als Organisator des Weltmarktes, während die USA lediglich der Produzent sind. Solange es keinen groß angelegten Krieg gibt, um die ganze Welt zu unterwandern, hat Großbritannien nichts von den Vereinigten Staaten zu befürchten, die versuchen, "die Macht an sich zu reißen".

Infolgedessen haben die beiden Weltkriege den Traum des britischen Empires von einer "Sonne, die niemals untergeht", in das Museum der Geschichte verbannt.

Die Geschichte ist immer wieder erstaunlich ähnlich. "1971, als Nixon die Entkopplung des Dollars vom Gold ankündigte, verfügten die Vereinigten Staaten über eine riesige Hegemonie des Reichtums, von der Spanien und Großbritannien nicht einmal träumen konnten, und das war die Dollarfrage! Spanien musste mit seinem Reichtum weit reisen, um Gold und Silber zu plündern; das britische Empire musste in "ehrliche Pfunde" investieren, um das Privileg des Profits zu erhalten; und die Vereinigten Staaten haben heute einfachen Zugang zu den reichen und billigen natürlichen Ressourcen und Arbeitsprodukten der Welt, indem sie einfach Dollarscheine drucken. Diese beispiellose Hegemonie des Reichtums hat eine unwiderstehliche Anziehungskraft, sie hat jede ehrliche Arbeit überflüssig gemacht, sie hat die beispiellose Ausweitung des Spiels der Gier nach Reichtum gefördert, sie hat das hart erkämpfte geistige System der Puritaner, die die Vereinigten Staaten gegründet haben, umgestoßen, sie hat die industrielle Basis der

Vereinigten Staaten als Macht demontiert, sie hat die weltweite Spaltung zwischen Arm und Reich verschärft und sie ist die eigentliche Ursache der globalen Finanzkrise von 2008!

Viele glauben, dass die gegenwärtigen Probleme Amerikas lediglich technischer Natur sind, dass das amerikanische System über eine starke Fähigkeit zur Selbstkorrektur verfügt und dass es Amerika, wie die verschiedenen Krisen in der amerikanischen Geschichte, letztendlich geschafft hat, sie zu überwinden. Tatsächlich handelt es sich bei der Krise in den Vereinigten Staaten nicht um eine institutionelle Krise, sondern um eine schwerwiegendere Krise, nämlich die allmähliche Aushöhlung einer ganzen Nation durch riesigen und leicht zu erwerbenden Reichtum, mit dem daraus resultierenden Verlust der Begeisterung für harte Arbeit und einer irreversiblen Schädigung der Kreativität des Wohlstands. Das seit 1971 wachsende Handelsdefizit hat unerbittlich gezeigt, dass die Amerikaner immer weniger Produkte herstellen, die mit anderen Ländern getauscht werden können, und die schwindelerregenden Steuereinnahmen aus der weltweiten Münzprägung und die enormen Investitionsgewinne, die mit dem Privileg der Dollarausgabe einhergehen, haben es den Vereinigten Staaten ermöglicht, ihre eigene Industrie weiterhin zu exportieren, nicht unähnlich dem Verhalten Spaniens und Großbritanniens in jenen Jahren. Die hohen Gewinne wurden erzielt, während gleichzeitig die Fähigkeit der Menschen, Wohlstand zu schaffen, abgebaut wurde.

In den Vereinigten Staaten waren in den 1950er und 1960er Jahren Wissenschaftler und Ingenieure, in den 1970er und 1980er Jahren Ärzte und Anwälte und seit den 1990er Jahren die Finanziers der Wall Street die angesehensten Menschen der Gesellschaft. Wenn ein guter College-Student, der an die Wall Street geht, viel mehr Geld verdient als ein Wissenschaftler oder Ingenieur, wer will dann in dieser Gesellschaft noch harte Forschungsjobs und ein langweiliges Fabrikleben ausüben? Können die USA Ärzte, Finanzexperten und Anwälte in andere Länder exportieren? Vielleicht können sie das, und das bedeutet teure Medizin, minderwertige Finanzprodukte und langwierige Rechtsstreitigkeiten.

Als das Blei weggespült wurde, entdeckte die Welt plötzlich, dass die Vereinigten Staaten, die einst mit Zuckerbrot und Peitsche auftraten, jetzt nur noch mit einer bloßen Peitsche dastanden, vielleicht 57 Billionen Dollar an verschiedenen Verbindlichkeiten und ein potenzielles Defizit von 100 Billionen Dollar an Medicare- und Sozialversicherungsfonds, und dass diese unbezahlbaren Schulden eine riesige "Schuldenlagune" gebildet hatten. Die Welt wird sich irgendwann fragen: Was wird eine 14-Billionen-Dollar-Wirtschaft tun, um diese riesigen Schulden, die das Zehnfache betragen, abzuzahlen? Ganz zu schweigen davon, dass diese Umschuldungen viel schneller zunehmen als das Wirtschaftswachstum.

Wie Neil Ferguson, Professor an der Harvard University, im Dezember 2009 in der amerikanischen Zeitschrift *Newsweek unter* dem Titel "The Decline of Empire" (Der Niedergang des Imperiums) feststellte, zeigt die historische Erfahrung, dass sich die Finanzen eines Landes in einer ernsten Krise befinden, wenn 20 Prozent der Steuereinnahmen für den Schuldendienst ausgegeben werden.

Spanien: Zwischen 1557 und 1696 führte eine hohe Schuldenlast zu 14 Zahlungsausfällen bei den Staatsschulden.

Frankreich: 1788, am Vorabend der Französischen Revolution, wurden 62% der Steuereinnahmen für den Schuldendienst ausgegeben.

Osmanisches Reich: 1875 wurden 50% der Staatseinnahmen für den Schuldendienst verwendet; Britisches Reich am Vorabend des Zweiten Weltkriegs: 44% der Einnahmen wurden für den Schuldendienst verwendet.

Diese einst unschlagbaren Reiche fielen schließlich unter dem Kreuz der Überschuldung. Was sind die Ursachen der Überschuldung? Sie ist auf einen Rückgang der Wohlstandskreativität und einen Anstieg der Kosten für die Aufrechterhaltung der Existenz des Imperiums zurückzuführen.

Je leichter eine Nation zu ihrem Reichtum kommt, desto weniger Begeisterung hat sie, ihn durch harte Arbeit zu schaffen, und der große Reichtum korrumpiert die Kreativität des Reichtums, das ist vielleicht die Dialektik der Geschichte.

Bis 2035 wird die US-Staatsverschuldung im Verhältnis zum BIP 200% erreichen. Bis dahin würden satte 46% der US-Kassen für den Schuldendienst aufgewendet werden, was auch Großbritannien im Jahr 1939 zu schaffen machte! Damals begann der Niedergang des britischen Empire.

Mit der Verschärfung des US-Schuldenproblems wird der Dollar schließlich auf Talfahrt gehen. Mit der Zukunft des Dollars wird "Zhou Tianzi" allmählich ernsthaft krank, und mit ihm wird zwangsläufig die Ära des Aufstiegs der Währung "Frühling und Herbst fünf Hegemon" und "Warring States sieben Männer" kommen. Im Laufe des nächsten Vierteljahrhunderts wird allmählich ein weltweiter Kampf um die Währung entbrennen.

KAPITEL X

Der Ruhm und die Träume des Silbers

Silber ist in über 50 Sprachen ein Synonym für Geld. Silber war einst in vielen Ländern der Welt eine wichtige Währung. In den mehr als 50 Jahren vom Opiumkrieg bis zum Ende der Qing-Dynastie wurde China wiederholt in verschiedenen Kriegen besiegt, unterzeichnete mehr als 1.000 ungleiche Verträge, und die kumulierte Entschädigung belief sich auf 1 Milliarde Tael Silber. Warum plündern die Westler, die Gold schon immer geliebt haben, nicht in erster Linie das Gold Chinas? In den 1930er Jahren kauften die Vereinigten Staaten das meiste Silber der Welt zu hohen Preisen auf, und in den 1960er Jahren, auf dem Höhepunkt ihrer offiziellen und privaten Silberreserven, begannen die Vereinigten Staaten plötzlich, die monetäre Funktion von Silber abzuschaffen, wofür der unerklärliche Präsident Kennedy getötet wurde, weil er sich der Abschaffung der Silberwährung widersetzte. Daraufhin begann die US-Regierung, Silber in großen Mengen zu verkaufen. Nach so vielen Jahren des Kämpfens, des Ausgebens von so viel Geld, ja sogar des Raubes und des Kaufs von so viel Silber, sammelte sich alles fast an, begann aber, es wie ein Stück Bruchmetall billig zu verkaufen. Bis hin zur US-Notenbank, bis hin zu einigen der großen Banken wird Silber in großem Stil und auf verschiedene Weise gehandelt, um den Preis verzweifelt niedrig zu halten. Warum genau ist das so?

In diesem Kapitel werden die erstaunlichen Geheimnisse des Silbers gelüftet. Indem Sie die Vergangenheit, die Gegenwart und die Zukunft von Silber analysieren, werden Sie nicht nur Ihre Neugier befriedigen können, sondern auch eine wichtige Anlagemöglichkeit kennenlernen, die Sie in Ihrem Leben noch nie gesehen haben.

Die nächsten 20 Jahre werden eine Zeit des radikalen Wandels im Weltwährungssystem sein. Es ist eine Zeit, in der die beiden Platten der Schuldwährungen, repräsentiert durch den Dollar, und der ehrlichen Währungen, repräsentiert durch echtes Gold und Silber, heftig aufeinanderprallen. Infolge des Zusammenstoßes fällt eine der beiden Währungen allmählich, während die andere in den Himmel aufsteigt und an Bedeutung gewinnt. Inmitten eines heftigen Zusammenstoßes zwischen dem Dollar und Gold und Silber sollte der kluge Mann sein Geld auf die steigende Seite setzen. Es wird Ihre Investition auf den Gipfel der Rendite bringen, genau wie der Aufstieg des Himalaya!

18. September 2008, 14:00 Uhr, das Weltfinanzsystem ist fast zusammengebrochen!

Aufgrund der Informationsasymmetrie waren sich die Chinesen der Katastrophe, die dem Reichtum der Weltbevölkerung zu diesem Zeitpunkt drohte, fast gar nicht bewusst. Ja, dies ist nicht der "Traumraum" von Science-Fiction-Blockbustern, noch ist es eine Katastrophenprobe des Finanzsystems, sondern ein finanzieller Alptraum, der wirklich in der Realität stattfindet! Die Welt ist durch das Gespenst des kollabierenden Dollars schlafgewandelt, aber die große Mehrheit der Menschen weiß es noch nicht einmal!

Dies ist der schrecklichste Mega-Bank-Run der modernen Geschichte! Bis heute werden die Einzelheiten der Geschehnisse an diesem Tag streng geheim gehalten.

Der erste, der dies enthüllte, war der demokratische US-Kongressabgeordnete Paul Kandrzynski, der die schockierende Nachricht im Februar 2009 in einer Talkshow im US-Fernsehen C-SPAN verbreitete.

> *„Am Donnerstag (18. September 2008) um 11 Uhr entdeckte die Federal Reserve, dass innerhalb von ein bis zwei Stunden bis zu 550 Milliarden Dollar auf dem US-Geldmarkt von internationalen Anlegern 'verwildert' worden waren.*
> *Das Finanzministerium öffnete in einer Notsituation das Rettungsfenster und pumpte sofort 105 Milliarden Dollar hinein, um den rasenden Geldschmuggel einzudämmen, aber es wurde schnell klar, dass das einfach nicht helfen würde. Was uns bevorsteht, ist ein Electronic Banking Run.*
> *Das Finanzministerium beschloss, alle Transaktionen zu stoppen, alle Konten einzufrieren und zu erklären, dass die US-Regierung die Sicherheit von 250.000 Dollar auf jedem Konto garantiert, um die Ausbreitung einer Panik zu verhindern.*
> *Wenn sie diese Maßnahmen nicht ergreifen, werden bis 14.00 Uhr die gesamten 5,5 Billionen Dollar auf dem US-Geldmarkt ausgepresst worden sein und das US-Wirtschaftssystem wird*

vollständig zusammengebrochen sein, und innerhalb von 24 Stunden wird das Weltwirtschaftssystem vollständig zusammengebrochen sein.

Wenn das geschieht, werden die wirtschaftliche Landschaft und das politische System der Vereinigten Staaten, wie wir es kennen, auf den Kopf gestellt."

In einem Radiointerview in Tulsa, Oklahoma, erwähnte der US-Senator James Inhfe, dass der damalige Finanzminister Paulson die Mitglieder des Kongresses ermahnte, die Gesetze zur Rettung der Wall Street zu verabschieden, und sogar damit drohte, dass es zu großen sozialen Unruhen in den Vereinigten Staaten kommen könnte, wenn die Mitglieder des Kongresses gegen das Gesetz stimmten, und die Regierung militärische Maßnahmen ergreifen müsste.

Totale militärische Kontrolle der amerikanischen Gesellschaft? Ich fürchte, das kann man sich überhaupt nicht vorstellen. Welche Art von Krise würde die Gesellschaft in ein solches Chaos führen? Das ist die Dollarkrise!

Um zu verstehen, dass ein Ansturm auf den US-Geldmarkt zu einer Dollarkrise führen wird, müssen wir zunächst die bedeutende Rolle des Geldmarktes in der US-Wirtschaft verstehen.

Anders als chinesische Unternehmen wenden sich US-Unternehmen für kurzfristige Kredite nur selten an Banken, entweder wegen der umständlichen Verfahren oder der hohen Gebühren. Wenn Unternehmen kurzfristige Kredite mit einer Laufzeit von weniger als 270 Tagen benötigen, verwenden sie häufig kurzfristige Commercial Paper, um sich direkt auf dem Geldmarkt zu finanzieren. Diese Commercial Paper sind eine Art Belastungsanzeige, die in der Regel auf einem Unternehmenskredit basiert und einfach und bequem ausgestellt werden kann. Selbst wenn ein Unternehmen an diesem Tag Geld benötigt, kann es sich am Nachmittag Bargeld beschaffen, indem es den Commercial Paper-Händlern mitteilt, dass sie am frühen Morgen "Lastschriften" ausstellen. Daher unterscheiden Unternehmen in der Regel zwischen den kurzfristigen Kosten für die Lohn- und Gehaltsabrechnung, die Beschaffung von Rohstoffen, Transport und Lagerung, Miete, Versorgungsleistungen und anderen Ausgaben für den Betrieb des Unternehmens und dem Finanzbedarf für die mittel- und langfristige Entwicklung des Unternehmens, wobei kurzfristige Mittel hauptsächlich über Commercial Paper finanziert werden, während langfristiges Kapital häufig auf dem Kapitalmarkt mit höheren Renditen angelegt wird, um die volle Wirksamkeit jedes Pennys auf dem Unternehmenskonto zu mobilisieren. Man kann mit Sicherheit sagen, dass Millionen von Unternehmen in den Vereinigten Staaten ohne Commercial Paper und Geldmärkte nicht einen einzigen Moment im Alltag funktionieren können. Neben Handelspapieren werden auch kurzfristige Staatsanleihen, Bundesgelder, Bankwechsel, Rückkaufsvereinbarungen, große Hinterlegungsscheine und andere kurzfristige Papiere auf dem Geldmarkt gehandelt.

Wenn der US-Geldmarkt mit einem Volumen von 5,5 Billionen Dollar innerhalb weniger Stunden durch einen Ansturm internationaler Investoren vollständig ausgetrocknet würde, wäre der Geldfluss zu fast allen Unternehmen und Geschäften, Finanzinstituten, Bundes- und Kommunalverwaltungen in den Vereinigten Staaten in einem Augenblick vollständig unterbrochen, und innerhalb von 24 Stunden würde sich uns ein erstaunliches Bild bieten.

Die Finanzmärkte der Vereinigten Staaten brachen zusammen, die Aktienkurse stürzten ab, die Anleihekurse fielen, die Finanzinstitute im ganzen Land wurden suspendiert, die Banken konnten nicht arbeiten, die Geldautomaten zogen kein Geld mehr ab, und die Konten von Unternehmen und Privatpersonen wurden vollständig eingefroren.

Panische Menschenmassen säumten die Banken, wütende Kunden fluchten und einige Militante begannen, die Geldautomaten zu zerschlagen.

Die Produktions-, Logistik-, Transport-, Beschaffungs- und Lagersysteme vieler Unternehmen sind lahmgelegt, weil die Unternehmen nicht in der Lage sind, die verschiedenen Kosten zu tragen.

In den großen Supermärkten herrscht ein Ansturm auf das Bargeld, weil die Verbraucher ihre Karten beim Einkauf nicht durchziehen können.

Staatsbedienstete, Polizisten und das Volk gehen gemeinsam auf die Straße, und der Verkehr kommt praktisch zum Erliegen, weil sie nicht bezahlt werden und ihre Autos nicht betankt werden können. Familien, die kein Bargeld zur Verfügung haben, können keine Lebensmittel und Medikamente kaufen. Die wütende Menge begann zu randalieren.

In Schulen, Krankenhäusern und Bürogebäuden herrscht Strom- und Wassermangel, weil Strom und Wasser nicht bezahlt werden können, und Kraftwerke und Wasserversorgungsunternehmen stehen still, weil sie für die von ihnen produzierten Rohstoffe nicht bezahlen können.

Eine große Anzahl von US-Kampfflugzeugen kann nicht starten, Kriegsschiffe können nicht fahren, Panzer und Autos können nicht fahren, weil das Geld auf den Militärkonten wegen der Aussetzung der Finanzierung kurzfristiger Staatsanleihen eingefroren ist.

Die US-Regierung verhängte das Kriegsrecht über das Land.

Vierundzwanzig Stunden später begann sich die Katastrophe in der ganzen Welt zu verbreiten. Die Finanzmärkte auf der ganzen Welt öffneten nacheinander ihre Pforten, und nachdem die schockierende Nachricht aus den Vereinigten Staaten bekannt wurde, brachen die Preise aller Finanzprodukte auf breiter Front ein. Die Finanzinstitute verschiedener Länder befinden sich bei ihren Finanztransaktionen und der Liquidation in einem völligen Chaos, Chinas Exporteure können kein Geld bekommen und weigern sich, die Waren auszuliefern, die Ölexporte des Nahen Ostens werden wegen Geldmangels gestoppt, die Lebensmittelexporte Russlands werden angekündigt, eingestellt zu werden, Indiens Callcenter in Übersee gehen nicht ans Telefon, die Europäische Zentralbank hat den Notstand ausgerufen und die Geldbasis gestrafft, eine Reihe europäischer Staatsanleihen scheitert bei der Refinanzierung und kündigt das Einfrieren der Löhne im öffentlichen Dienst an, europäische Arbeitnehmer streiken, die großen Fluggesellschaften der Welt haben Flüge gestrichen ...

Als die Weltfinanzmärkte am 18. September in den oben erwähnten Taumel verfielen, handelten die Anlageinstitute sofort und stürzten sich bei dem Versuch, einen Schimmer von Rettung zu erhaschen, instinktiv auf die "Arche Noah" der monetären Katastrophe - Gold und Silber!

Der Goldpreis stieg am 18. September vor und nach dem Aufatmen pro Unze um fast 100 Dollar, ein Rekord in der Geschichte des Goldmarktes; der Silberpreis stieg um mehr als 20%, was alle Anleger verblüffte. Während andere Rohstoffe, einschließlich anderer Edelmetalle, am selben Tag allgemein schwächer tendierten.

Mit anderen Worten: Wenn es zu einer echten großen Krise im weltweiten Währungs- und Finanzsystem kommt, greift man instinktiv nicht zu Öl, Stahl, Kupfer oder Zink, sondern direkt zu Gold und Silber. Es besteht kein Zweifel, dass Gold und Silber angesichts dieser monetären Katastrophe sofort ihre längst vergessenen monetären Eigenschaften präsentieren!

Es ist unnötig zu erwähnen, dass Gold seit dem Finanz-Tsunami eine allgemeine Akzeptanz seiner monetären Eigenschaften erfahren hat. Was wirklich erstaunlich ist, ist das Silber! Wie Gold ist Silber das wahre monetäre Metall, obwohl seine monetären Eigenschaften am 18. September 2008 nur Silber waren, aber mit dem Niedergang des Dollars, dem "Sohn der Woche", werden die monetären Eigenschaften von Silber in den Vordergrund treten, und sein Licht wird direkt auf das schillernde Gold fallen.

Die Vergangenheit des Silbers ist den Chinesen nicht unbekannt, da sie als das Land mit der größten Silberwährung der Welt einst im Zentrum des weltweiten Wirtschafts- und Handelssystems standen. Die heutigen Landsleute haben jedoch nur eine vage Vorstellung davon, welch große strategische Chancen die Zukunft des Silbers für China bringen wird.

Silber war nicht nur einst die Weltwährung, sondern wird auch bedeutende strategische Möglichkeiten für Chinas Aufstieg schaffen!

Silber: Die Weltwährung der Vergangenheit

Im Jahr 1621 schrieb ein portugiesischer Kaufmann: "Das Silber floss durch die ganze Welt, bis es China erreichte. Dort blieb es, wie in seinem natürlichen Zentrum. "

Das Hauptgeschäft der Europäer im 16. und 17. Jahrhundert im Welthandel war der Verkauf von Silber, Gold und Rohstoffen nach hinten, weil sie auf den florierenden asiatischen Märkten nichts zu verkaufen hatten, vor allem weil ihre eigenen Produkte nicht konkurrenzfähig waren. [167]

China hat seit der Ming-Dynastie Silber als Hauptwährung im Umlauf, als China selbst noch nicht der weltweit führende Silberproduzent war. Warum also wählte die Ming-Dynastie Silber als Währung? Und woher kommt das chinesische Silber?

---

[167] *Silver Capital*, (Deutsch) Frank, übersetzt von Liu Beicheng, Central Compilation Press, 2008.

Silber wurde zur Hauptwährung der Ming-Dynastie, und zwar nicht aus freien Stücken, sondern weil die Situation stärker war als der Mensch. Die Song-, Gold- und Yuan-Dynastien vor der Ming-Dynastie versuchten alle, Edelmetalle durch Papiergeld als Hauptwährung zu ersetzen, und die Ergebnisse waren erstaunlich ähnlich. Das eiserne Gesetz der menschlichen Gier besagt, dass Geld, sobald es von seinen Wareneigenschaften losgelöst ist, seine natürliche, starre Beschränkung verliert, und dass das wahllose Schöpfen von massivem Papiergeld zur Deckung von Haushaltsdefiziten in bösartiger Inflation, Steuererschöpfung, Haushaltskollaps und Zusammenbruch des Reiches endet. In den Anfangsjahren der Ming-Dynastie wurde auch das Papiergeldexperiment der vorherigen Dynastie ausprobiert und Ming-Bao-Banknoten ausgegeben, bis 1522 die Papierwährung auf die ursprünglichen 2‰ abwertete, die Inflation grassierte und die Unzufriedenheit der Bevölkerung überkochte. Die Ming-Regierung war schließlich gezwungen, das Papiergeldsystem zugunsten einer Rückkehr zum Metallgeldsystem aufzugeben. Nach fast 500 Jahren des Experimentierens mit dem Papiergeldsystem von der Song- bis zur Ming-Zeit ist die Geschichte zu dem Schluss gekommen, dass es nicht zuverlässig ist.

Die Metallwährung vor der Ming-Dynastie in der Wahl von Gold, Silber, Kupfer, Gold ist zu teuer, und Kupfer ist zu billig, so Silber als der einzige Kandidat, wurde die eigentliche "Geld des Volkes".

Die Frage ist, woher ein silberarmes China eine Menge Silber für die Verwendung als Währung bekommt? Die Antwort ist der Welthandel.

Wenn man das Welthandelssystem bildlich mit einem riesigen Wasserradsystem vergleicht, ist die Währung der Strom, der die Zahnräder des Wasserrads antreibt. Je größer die Geldmenge ist, desto schneller dreht sich der Wasserwagen und desto größer ist der Welthandel. Vom 16. bis zum 19. Jahrhundert war die Währung, die das Welthandelssystem antrieb, Silber.

Im Jahr 1581, der Ming-Dynastie, Zhang Juzheng in dem Land begann zu implementieren "eine Peitsche Recht", aus dem Gesetz der Service und das Feld, von der Regierung, um sicherzustellen, dass der Wunsch nach Knechtschaft, allmählich den Schwerpunkt des Dienstes aus dem Haushalt auf dem Gebiet mu, und die endgültige Abrechnung der Besteuerung Währung ist Silber, damit die Schaffung eines riesigen Silber öffentliche Nachfrage.

Die Entdeckung der riesigen Silberminen in Peru und Mexiko durch die Spanier in den Jahren 1545 bzw. 1548 und die Ausfuhr von Silber aus Japan waren ein wichtiger Impuls für den Welthandel.

Zu dieser Zeit waren Tee, Porzellan und Seide Chinas wichtigste Industriezweige, und es gab nur wenige ernstzunehmende Konkurrenten auf dem Weltmarkt. Chinas Porzellanexporte nach Europa machen 50% aller Porzellanexporte aus, so sehr, dass Chinas Name in der Welt das englische Wort "China" für "Porzellan" ist. Auch Seide ist ein wichtiger Exportartikel aus China, und "es wird mehr Seide aus China exportiert, als man denkt", sagte er. Tausend Doppelzentner werden jährlich nach Portugiesisch-Indien und auf die Philippinen exportiert, die mit fünfzehn großen Schiffen gefüllt sind, und unzählige Seiden werden nach Japan geschickt..." [168]

Anfang des 17. Jahrhunderts betrug das Preisverhältnis von Gold und Silber in Guangzhou 1:5,5 bis 1:7 und in Spanien 1:12,5 bis 1:14, und der Silberpreis in China war doppelt so hoch wie in Spanien. Spanische Kaufleute, die gerade eine riesige Silbermine in Amerika entdeckt hatten, waren überglücklich, als sie diese riesige Währungsarbitrage entdeckten, und Horden von europäischen Kaufleuten bestiegen Schiffe, die mit den riesigen Mengen Silber, die sie in Amerika geplündert hatten, nach China fuhren. Es war dieser Silber-Gold-Arbitrage-Impuls, der das gigantische, unvergleichliche Rad des Welthandels in Gang setzte und es in vollem Tempo drehen ließ.

Obwohl Europa im 17. Jahrhundert die industrielle Revolution einleitete und die maschinelle Produktion die Produktionskosten erheblich senkte, war ihr Hauptprodukt, Textilien, in China nicht wettbewerbsfähig. Einerseits hat die Langstreckenschifffahrt die Transportkosten stark erhöht, andererseits haben Chinas langfristige und nachhaltige Investitionen in die Binnenschifffahrt, insbesondere in den Grand Canal, die Transportkosten für lokale Waren in China effektiv gesenkt und damit ihre Wettbewerbsfähigkeit stark erhöht.

Noch wichtiger ist, dass die chinesische Textilindustrie in der späten Ming- und frühen Qing-Dynastie einen beachtlichen Produktionsumfang erreicht hatte. Westliche Missionare schätzten, dass es Ende des 17. Jahrhunderts bis zu 200.000 Weber in und um

---

[168] Quelle: Ebd.

Shanghai und bis zu 600.000 Spinner gab, die Garn lieferten. Der industrielle Skaleneffekt und die niedrigen Transportkosten machten es europäischen Produkten fast unmöglich, in China zu konkurrieren - ein Phänomen, das bis Mitte/Ende des 19Jahrhunderts anhielt.

In dieser Situation transportierten die europäischen Handelsschiffe hauptsächlich das Silber Amerikas, tauschten nach ihrer Ankunft in China Silber gegen chinesisches Porzellan, Seide und Tee, tauschten "teures Silber" gegen "billiges Gold" und fuhren dann nach Indien, um indische Waren zu kaufen, und kehrten schließlich mit orientalischen Waren und Gold beladen nach Europa zurück und verdienten viel Geld.

Fast 400 Jahre lang, zwischen dem 16. und 19. Jahrhundert, beschäftigten sich die Europäer hauptsächlich mit der Plünderung des amerikanischen Silbers und den internationalen Güssen. Es ist nicht übertrieben zu sagen, dass die Plünderung des amerikanischen Silbers das erste Goldfass in der europäischen Entwicklung war. Und das Zentrum des Welthandels lag damals eindeutig in China, das Waren exportierte und Geld importierte und damit ein auf Silber basierendes Geldsystem etablierte. Der Beweis dafür, dass China damals das Zentrum des Welthandels war, ist einfach: Das Silber verließ China nie mehr, sobald es dort angekommen war, und wurde zu einem wichtigen Bestandteil der chinesischen Geldmenge, bis die Briten begannen, Opium nach China zu verkaufen.

Es wird geschätzt, dass von der Entdeckung der amerikanischen Silbermine im Jahr 1545 bis zum Jahr 1800 in Amerika insgesamt 133.000 Tonnen Silber produziert wurden, von denen 75 Prozent (etwa 100.000 Tonnen) nach Europa gingen, das schließlich 32.000 Tonnen Silber über den asiatischen Handel nach China schickte. Zählt man das aus Amerika direkt nach China verschiffte Silber und das aus Japan nach China exportierte Silber hinzu, hat China durch den Welthandel 48.000 Tonnen Silber gewonnen.[169] Interessanterweise führten die 68.000 Tonnen amerikanischen Silbers, die nach Europa strömten (abzüglich der 32.000 Tonnen, die nach China verschifft wurden), zu einer lang anhaltenden Inflation, während die 48.000 Tonnen Silber, die nach China gelangten, nicht die offensichtliche Inflation der Ming- und Qing-Dynastien auslösten, und zwar aus einem einzigen Grund: Chinas Rohstoffwirtschaft war damals weitaus weiter entwickelt als die

---

[169] Quelle: Ebd.

Europas, und die Aufwertung der Währung führte zu einer beträchtlichen Steigerung des Rohstoffangebots, wodurch der Inflationsdruck effektiv ausgeglichen wurde.

Nach 1935 schaffte Chiang Kai-shek den Silberstandard ab, die französische Währungsreform und die Ausgabe von Goldscheinen lösten erneut eine Superinflation aus und er verlor schließlich die Macht.

Wenn es in diesen 400 Jahren eine Währung gab, die man als Weltwährung bezeichnen könnte und die den Welthandel ankurbelte, dann wäre Silber der einzige Kandidat.

Können Dollarnoten ihren Wert behalten?

Was ist Geld? Was ist Reichtum? Diese Frage ist entscheidend, um das Wesen des Dollars zu erkennen. Ein wichtiges Merkmal, das große Denker auszeichnet, ist ihre besondere Sensibilität und ihr tiefes Nachdenken über wichtige Dinge, die alltäglich sind und vom einfachen Menschen ignoriert werden. "Der Apfel fällt auf den Boden", ein so alltägliches Phänomen, dass sich die Menschen seit Jahrtausenden nicht darum gekümmert haben, hat in Newtons Geist eine Epiphanie der Schwerkraft ausgelöst. Das Konzept der "Zeit", das so alltäglich war, dass es nicht alltäglicher sein konnte, fand in Einsteins Geist Widerhall und führte schließlich zur Geburt der Relativitätstheorie. Seit Tausenden von Jahren leben die Menschen in einer Geldgesellschaft, und viele Menschen, die ihr ganzes Leben lang damit beschäftigt waren, Geld zu verdienen, wie viele Menschen können in aller Ruhe einen ernsten Blick darauf werfen und tief und sorgfältig darüber nachdenken, was "Geld" ist?

Es besteht kein Zweifel daran, dass es auf dieser Welt wirklich viele Menschen gibt, die sich mit der Frage beschäftigt haben, was Geld ist. Leider haben diese Untersuchungen keine großartigen Finanz- und Geldtheorien hervorgebracht, die es mit den Gesetzen der Schwerkraft und der Relativitätstheorie aufnehmen können, sondern sind immer verwirrender geworden. Denn im Gegensatz zu den rein physikalischen Konzepten von "Zeit" und "Schwerkraft" wird Geld stark von der nicht messbaren Variable der menschlichen Gier beeinflusst. Die Gelehrten haben eine Vielzahl von Geldtheorien entwickelt, die miteinander unvereinbar und widersprüchlich sind. Die Banker nutzten jedoch die Gelegenheit, sich durchzuschlagen, indem sie das gesamte westliche

Finanzsystem von der Theorie in die Praxis überführten und es nach und nach in die Irre führten, bis es schließlich aus den Fugen geriet und die ganze Welt in eine riesige Finanzkrise stürzte.

Das Konzept des Geldes im klassischen Sinne ist ziemlich klar. Geld ist ein besonderes Gut, das bereits existiert, einen stabilen Wert hat und als Tauschmittel verwendet werden kann. Es hat folgende Eigenschaften: begrenzte Menge, leicht zu messen, leicht zu tauschen, nicht leicht zu fälschen, vom Markt akzeptiert und lange lagerfähig. Viele Waren, die diese Eigenschaften erfüllen, können zu "Geld" werden. Die Ware, die diesen Definitionen und Eigenschaften am besten entspricht, ist das beste "Geld". Gold und Silber sind das unvergleichliche und beste "Geld", für das sich Menschen in verschiedenen Ländern, Kulturen und Regionen im In- und Ausland nach Tausenden von Jahren des wiederholten Vergleichs und der Praxis entschieden haben. Sie können als Wertaufbewahrungsmittel verwendet werden, weil sie alle einen spezifischen Eigenwert haben und wasserdicht, feuerfest, korrosionsbeständig und lange haltbar sind. Da sie tragbar, leicht zu transportieren, zu teilen und zu messen und schwer zu fälschen sind, können sie das bequemste und vertrauenswürdigste Medium für den Warenaustausch sein. Da sie stabil und leicht zu messen sind, eignen sie sich am besten als Wertmaßstab. Da es sich um Waren mit realem Wert handelt, die bereits existieren, sind sie das zuverlässigste "Geld", das keine Garantien und keinen Zwang erfordert und nicht durch höhere Gewalt wie Regierungswechsel, Gesetzesänderungen, Wirtschaftskrisen, Naturkatastrophen oder vom Menschen verursachte Katastrophen usw. außer Kraft gesetzt werden kann. Je länger die Zeiten des Aufruhrs andauern, desto mehr werden Gold und Silber zur "Arche Noah" für die Menschen, um ihr Vermögen zu schützen. Wie das Sprichwort sagt: "Die Wechselfälle des Meeres und die Strömungen offenbaren den wahren Charakter des Helden". Aus diesem Grund ist Gold und Silber die höchste Form von "Geld", ist wohlverdient, die Menschen der "König des Geldes".

Was ist Reichtum? Das Wesen des Reichtums sind die verschiedenen Güter, die die Menschen durch ihre Arbeit schaffen. Geld stellt das "Recht auf Anspruch" auf die Früchte dieser Arbeit dar. Jeder in der Gesellschaft sollte das Recht haben, die Früchte der Arbeit anderer zu beanspruchen", indem er die Früchte seiner eigenen Arbeit verkauft. Wenn dieser "Anspruch" übertragen wird, fungiert er als "Zahlungsmittel"; wenn ein bestimmter "Anspruch" allgemein akzeptiert wird, wird er zu einem "Tauschmittel"; wenn der Inhaber des "Anspruchs" sich dafür entscheidet, seine Erfüllung hinauszuzögern, erfüllt er die Funktion eines "Vermögensspeichers"; und schließlich, wenn der "Anspruch" erfüllt werden muss, ist er in der Lage, die gleichwertige Arbeit anderer unversehrt zu erhalten, dann ist der "Anspruch" ein guter "Wertmaßstab". Zusammen bilden diese vier Faktoren eine perfekte Entsprechung zwischen Geld und Reichtum. Von den vier Funktionen des Geldes ist die Funktion als "Reichtumsspeicher" in der Tat die wichtigste. Je intakter die Währung mit der Fähigkeit ist, die Einlösung von Reichtum zu verzögern, desto wichtiger wird der "Wertmaßstab", desto beliebter wird sie auf dem Markt und desto liquider wird sie sein und damit zu einem hochwertigen "Tauschmittel" und "Zahlungsmittel". Die vollständige Abschaffung der Wareneigenschaften des Geldes würde zu einem dysfunktionalen und dysfunktionalen "Vermögensspeicher" führen. Jede Währung, die einmal aus dem eisernen Gesetz der Warenförmigkeit des Geldes herausgelöst ist, unterliegt letztlich einer ständigen Entwertung. Gold und Silber stellen "Geld im klassischen Sinne" dar, die höchste Stufe des Geldstrebens.

Historisch gesehen gab es bei Imperien immer wieder Zyklen des Machtzuwachses, mit entwickelten Volkswirtschaften, lebhaftem Handel und militärischer Macht, expandierenden Reichsgrenzen, stabiler Kaufkraft der Währung, wachsendem Geldumlauf und niedrigen Kreditzinsen. Als die herrschende Klasse zerfiel, verschärften sich die internen Konflikte innerhalb des Reiches, die Produktionskapazitäten gingen zurück, die Eroberungen von außen wurden fortgesetzt, die Steuerausgaben stiegen dramatisch an und die Steuereinnahmen fielen allmählich aus, so dass die Gesamtkosten für das Überleben des Reiches stiegen. An diesem Punkt beginnen Imperien häufig mit der Abwertung ihrer Währungen, um den fiskalischen Druck zu verringern. Die Monetarisierung von Haushaltsdefiziten, sei es die Verdünnung des Goldgehalts des Geldes in der Antike oder die "quantitative Lockerung" des Geldes in der Neuzeit, ist die Quelle der Inflation.

Die wichtigste "Erfindung" der zeitgenössischen westlichen Geldtheorie ist die Ersetzung von Gold und Silber, also echtem Geld, das seinen Wert nicht durch Zahlungsausfall verliert, durch Kreditgeld als Sicherheit für Schulden. Sie schafften den Silberstandard ab, indem sie zunächst das Silber aus den Ländern der Welt plünderten, in denen es die Hauptwährung war, entweder durch Krieg oder durch

Opiumhandel. Danach wurde zunächst ein Weltwährungssystem eingeführt, indem die Währungen der Welt an den US-Dollar und der Dollar an Gold gekoppelt wurden. Dann wurde der Dollar vom Gold abgekoppelt und damit der Goldstandard abgeschafft. Die französische Währung, repräsentiert durch den US-Dollar, soll die Weltreservewährung werden, unbelastet durch Gold und Silber. Wir verwenden jetzt den US-Dollar, eine Währung ohne jede Definition eines realen Wertes, die im Englischen "currency" genannt wird, deren Grundbedeutung Liquidität ist. Er ist nur ein Medium, das den "Fluss" von Waren erleichtert. Das Medium selbst hat keinen Wert. Es kann Papiergeld sein, es kann ein Scheck sein, es kann sogar eine Zahl in einem Computer sein. Es ist ein Gutschein, der vorübergehend für den Austausch von Werten verwendet wird. Es handelt sich im Wesentlichen um einen Schuldschein, der keine Garantie dafür bietet, dass er in der Zukunft tatsächlich zu 100 Prozent seines ursprünglichen Wertes zurückgezahlt wird. Da es sich um einen Schuldschein handelt, wird der Schuldschein zu einem weißen Schein, wenn jemand anders betrügt. Heutzutage, wo die Menschen allmählich vergessen haben, dass Gold und Silber seit Tausenden von Jahren das zuverlässigste echte Geld sind, verwechseln sie oft die beiden Konzepte von Kreditgeld, wie z. B. einen Schuldschein, mit Geld und denken, dass dieser Schein Geld ist. Geld zu verdienen heißt, diese Art von Schulden zu verdienen, und Geld zu sparen heißt, diese Art von Schulden zu sparen. Im Rahmen des Kreditgeldsystems haben diese Schuldscheine, die man erwirbt und spart, um sie einzulösen, den vollen Wert, wenn sie nicht in Verzug sind, nur einen Teilwert, wenn sie teilweise in Verzug sind, und nichts, wenn sie vollständig in Verzug sind.

Bei Experimenten mit reinem Papiergeld werden anfangs oft überraschend gute Ergebnisse erzielt, aber schließlich werden diese Scheine wieder auf ihren ursprünglichen Wert reduziert, nämlich auf die Kosten für das Papier! Das System des reinen Papiergeldes ist von Natur aus ein Experiment, um die gierige Natur des Menschen zu testen. Unabhängig davon, ob die Befugnis zur Ausgabe von Geld in den Händen der Regierung oder von Privatpersonen liegt, und unabhängig vom Sozialsystem des Landes, in dem die Geldpolitik umgesetzt wird, ändert dies nichts an der Natur des Problems, nämlich ob die der menschlichen Natur innewohnende Gier vertrauenswürdig ist oder nicht! Die gesamte Geschichte der Menschheit hat gezeigt, dass Gier, Zorn und Wut die Unfähigkeit der menschlichen Natur sind, über sich selbst hinauszuwachsen. Wenn wir uns die Äußerungen von Säuglingen, die von der sozialen Atmosphäre völlig unbeeinflusst sind, genau ansehen, werden wir feststellen, dass ihre Gier, ihr Zorn und ihre Wut in der Tat bereits im Entstehen begriffen sind.

Dies ist die Ursache dafür, dass wir in der Geschichte der menschlichen Zivilisation noch nie ein wertbeständiges Papiergeld gefunden haben.

Von 1023 bis 1160 n. Chr., während der Nördlichen Song-Dynastie, wurde die Reserve für die Geldausgabe von 1/3 auf 1/60 reduziert, und am Ende der Südlichen Song-Dynastie war die Inflation 20 Billionen Mal höher! Die Finanzen brachen völlig zusammen, die Fähigkeit des Landes, sich für den Krieg zu mobilisieren, versiegte, und die Dynastie zerfiel.

Die Goldene Dynastie gab mehr als 70 Jahre lang Papiergeld aus, und die Preise stiegen um das 60-Millionenfache, bis die Herzen und Köpfe der Menschen in Aufruhr gerieten und der Wohlstand verloren ging.

Am Ende der Yuan-Dynastie stieg der Preis für Reis auf mehr als das 60.000-fache seines ursprünglichen Wertes, das Banknotensystem brach völlig zusammen, die Yuan-Regierung war nicht mehr in der Lage, die Finanzen und Steuern zu kontrollieren, und das Land verlor an Kraft und ging schließlich zugrunde.

Das Experiment der Ming mit einem reinen Papierwährungssystem dauerte weitere 150 Jahre, und 1522 waren die Ming-Bao-Banknoten auf 2 Prozent ihres ursprünglichen Wertes abgewertet, und die Inflation grassierte. Die Ming-Regierung war gezwungen, das Papierwährungssystem aufzugeben und die Silberwährung wieder einzuführen, und das Reich konnte bis 1644 aufrechterhalten werden.

Das erste französische Papiergeldexperiment von John Law im Jahr 1716 führte vier Jahre später zum Zusammenbruch Frankreichs; das zweite Papiergeldexperiment nach der Französischen Revolution im Jahr 1790 mit einer Inflation von 13.000% fünf Jahre später führte zu einem öffentlichen Aufruhr, der Napoleon an die Macht brachte; und das dritte reine Papiergeldexperiment im Jahr 1937 mit einer Abwertung des Franc um 99% 12 Jahre später. Die Franzosen haben nur selbstironisch gesagt, dass die Franzosen zwei Traditionen haben: die eine ist, dass die Kapitulation besonders schnell erfolgt, die andere, dass die Währung besonders schnell abwertet.

Das Papierwährungsexperiment Mark der Weimarer Republik ging innerhalb von vier Jahren zu Ende, von 1 Dollar für 12 Mark im Jahr 1919 auf 4,2 Billionen Mark für 1 Dollar im Jahr 1923.

Hätte sich die gierige Natur der Menschheit nicht geändert, würde der Dollar heute einfach die Geschichte wiederholen.

Der "magische Plan" der Fed: Das Gold soll steigen

Wie alle westlichen Zentralbanken operiert die Fed gerne hinter den Kulissen. Sie hüten sich vor staatlichen Eingriffen, sie hassen es, wenn der Kongress eingreift, sie hassen es, wenn das Volk die Details erfährt, und sie behaupten, die Geldpolitik unabhängig zu halten, als ob die Währung der gesamten Gesellschaft ihr Privateigentum sei und nicht von anderen begehrt werden dürfe.

Die Entscheidung des Offenmarktausschusses (FOMC) der Federal Reserve über die Zinspolitik, das Wort "öffentlich" ist wirklich ironisch, weil sie nicht beabsichtigen, den Inhalt der acht Sitzungen pro Jahr offen zu legen, sondern warten, bis fünf Jahre später zu "deklassifizieren", und der Inhalt dieser Sitzungen wurden gefiltert oder "Reparatur" wurde. Der United States Sunshine Act von 1976, der Organisationen, einschließlich der Federal Reserve, ausdrücklich dazu verpflichtet, detaillierte und unveränderte stenografische Aufzeichnungen und Originalprotokolle aller offiziellen Sitzungen unverzüglich der Öffentlichkeit zugänglich zu machen, hat den Kongress 17 Jahre lang, von 1976 bis 1993, in die Irre geführt, indem er behauptete, die Originalprotokolle seien vernichtet und nur die "reparierten" Protokolle aufbewahrt worden. Erst fünf Jahre später konnte die Öffentlichkeit aus den "gefilterten" Protokollen die Einzelheiten der Diskussionen erahnen, die in der Sitzung stattfanden.

Abgesehen von Themen wie den Zinssätzen sind die hohen Tiere der Fed vor allem an einem interessiert: an Gold.

(Protokoll des Offenmarktausschusses der Federal Reserve, 18. Mai 1993)

> *Angell: Ich denke, dass die Dinge so ablaufen könnten. Ich glaube nicht, dass wir die Zinsen um 300 Basispunkte anheben sollten, aber wenn wir das tun, bin ich mir ziemlich sicher, dass der Goldpreis einen heftigen und rasanten (Rückgang) erleben wird. Der Goldpreis wird so schnell fallen, dass man auf den Goldticker gehen muss, um das alles mitzuerleben. Wenn wir die*

Zinssätze um 100 Basispunkte anheben, wird der Goldpreis mit Sicherheit fallen, es sei denn, die Situation verschlechtert sich über das hinaus, was ich mir vorstellen kann. Wenn wir die Zinsen um 50 Basispunkte anheben, weiß ich nicht, was mit dem Goldpreis passieren wird, aber ich bin sicher, dass ich sehr neugierig darauf sein werde (lacht)... Die Leute werden sagen, dass der Goldpreis steigt, weil die Chinesen anfangen zu kaufen, was die dümmste Ansicht ist. Der Goldpreis wird weitgehend von denjenigen bestimmt, die kein Vertrauen in das Fiat-System haben und Gold besitzen, um dem Papiergeld in Zeiten der Gefahr zu entkommen. Wenn nun die jährliche Goldproduktion und der jährliche Goldverbrauch nur 2% des gesamten Goldbestandes ausmachen, dann wird eine Veränderung der Goldproduktion und des Goldverkaufs um 10% pro Jahr keine allzu großen Auswirkungen auf den Goldpreis haben. Allerdings wird sich die Einstellung zur Inflation ändern (Goldpreise).

Greenspan: *Wenn wir es mit Marktpsychologie zu tun haben, dann verändert das (Gold-)Thermometer, das wir verwenden, wenn wir die Temperatur (der Inflationserwartungen) messen, auch die Temperatur selbst. Ich habe Herrn Mullins die Frage gestellt, wie der Markt reagieren würde, wenn das Finanzministerium eine kleine Menge Gold auf dem Markt verkaufen würde. Das ist ein interessantes Gedankenexperiment, und wenn sich der Goldpreis ändert, deutet das darauf hin, dass dieses Thermometer (Gold) nicht nur ein Instrument zur Messung (der Inflationserwartungen) ist, sondern dass es auch die zugrunde liegende Psychologie (der Inflationserwartungen des Marktes) verändert.*

(Protokoll der Sitzung des Offenmarktausschusses der Federal Reserve vom Dezember 1994)

Jordan: *Ich denke, das Hauptproblem, mit dem wir derzeit konfrontiert sind, sind die Inflationserwartungen. Dies spiegelt eindeutig das Fehlen eines nominalen (monetären) Ankers für unseren (den Dollar) wider. Das bedeutet, dass politische Forderungen nach der Aufrechterhaltung eines starken Dollars helfen werden. Wenn wir einen echten Goldstandard erreichen können, ohne tatsächlich Gold zu verwenden, dann müssen wir die Idee der Stabilität der Dollarkaufkraft in den Köpfen der Menschen verankern. Mit der Zeit werden die kurzfristigen Probleme, mit denen wir jetzt konfrontiert sind (Inflationserwartungen), leichter zu bewältigen sein.*

(Protokoll der Sitzung vom Juli 1995)

Greenspan: *Ich glaube, ich habe es verstanden (lacht)! Sie sagten mir, dass die vom Schatzamt (in der Bilanz der Fed) ausgegebenen SZR ihre (des Schatzamtes) Verbindlichkeit*

> *gegenüber der Fed ausgleichen, was ein reiner Aktiva-Swap war, so dass die Verbindlichkeit des Schatzamtes gegenüber der Öffentlichkeit gleichzeitig um den gleichen Betrag reduziert wurde. Ist das richtig? Das wiederum löst Herrn Jordans Problem zur gleichen Zeit (lacht).*
> **Jordan**: *Darf ich meine Meinung dazu äußern? (In den 70er Jahren) wurde derselbe Effekt erzielt, als wir den Goldpreis von $ 35 pro Unze auf $ 38 und schließlich auf $ 42,22 anhoben. Infolge dieser beiden so genannten (Dollar-) "Abwertungen" erhielt das Finanzministerium einen Geldsegen von 1 bis 1,2 Milliarden Dollar. Meine Frage ist: Wenn wir die SZR monetarisieren, zu welchem Preis sollte das geschehen? Sie sagen, ich habe einen Vermögenswert in meiner Bilanz, aber ich kenne seinen Preis nicht.*
> **Greenspan**: *(Der Preis des SZR) liegt bei etwa 42 Dollar.*
> **Truman**: *liegt bei 42,22$, was dem offiziellen Goldpreis entspricht.*
> **Jordanien**: *Verwenden wir den offiziellen Goldpreis für SZR?*
> **Greenspan**: *Wollen Sie damit sagen, dass wir den Goldpreis anheben können, um den Druck auf die Staatsschulden zu verringern? Das würde in der Tat zu einer deutlichen Reduzierung der Staatsverschuldung führen.*
> **Jordan**: *Ich wollte es eigentlich nicht erwähnen, denn die Öffentlichkeit hatte Angst, dass es jemand tun würde.*
> **Greenspan**: *Es ist schade, dass es zu spät ist, wie wir gerade erwähnt haben.*
> **Jordan**: *In 5 Jahren (Frist für die Freigabe von Protokollen) wird die Öffentlichkeit davon erfahren.*

Aus dem Dialog dieser Fed-Bonzen geht klar hervor, dass Gold schon immer eine "Herzkrankheit" der internationalen Banker war. Historisch gesehen durchläuft das Spiel mit dem Papiergeld unweigerlich drei Phasen: das Spiel mit der Stärke, das Spiel mit dem Vertrauen und das Spiel mit dem Schurken! Als das Imperium stark und wohlhabend war und die Kreativität des Reichtums stark genug war, um die Einlösungskraft des Papiergeldes zu gewährleisten, hatte das Papiergeld einen Boden. Wenn die übergroße Macht des Reiches nicht mehr mithalten kann und seine finanziellen Ressourcen schwinden, muss die "Akrobatik" von 10 Flaschen mit 5 Verschlüssen gespielt werden, das Papiergeld kann die Waren nicht mehr vollständig einlösen, die Inflation beginnt, und die Phase des Vertrauensspiels beginnt. Wenn der Reichtum des Reiches geleert ist und nur noch ein leeres Regal übrig bleibt, verliert die Papierwährung ihre

Glaubwürdigkeit und es kommt zur Hyperinflation, so dass dem Reich nichts anderes übrig bleibt, als den Schurken zu spielen.

Von der Gründung der Vereinigten Staaten bis 1971, der Dollar spielt die Bühne der Stärke, einmal entfiel die Hälfte des globalen BIP der starken industriellen Produktionskapazität, um den Kredit des Dollars zu gewährleisten, so dass der Dollar wagt, mit Gold zu verbinden, weil seine Exportkapazität ist genug, um wieder Gold in anderen Teilen der Welt zu verdienen, so wie China durch 400 Jahre des Welthandels, eine kleine Hälfte der globalen Silber wird in China absorbiert werden, das gleiche, in dieser Zeit das Gold und Silber als ehrliche Währung, in der Wirtschaft eine gute Rolle bei der rationellen Verteilung des Reichtums zu spielen, damit die Förderung der weiteren wirtschaftlichen Entwicklung, den wirtschaftlichen Kreislauf in einem tugendhaften Zustand.

1971 bis 2008 Finanz-Tsunami, der Dollar in die Phase der Wiedergabe Vertrauen, 1971 ist der Wendepunkt des Dollars, die Vereinigten Staaten nicht leisten können, die Länder der Welt startete ein Gold Squeeze Angriff, nur um den Dollar und Gold Link aufgeben, ist das Wesen der Vereinigten Staaten Handelsdefizit, Reichtum Abfluss und Reichtum Kreativität Rückgang, können die Amerikaner nicht genug Waren von anderen Ländern benötigt, um die riesigen Importe auszugleichen, im Laufe der Zeit, die finanzielle Überlastung, kann der Dollar nicht mehr tragen das Gold ehrlich Währung zu unterstützen. In diesem Stadium sind die internationalen Banker am meisten über das sogenannte Vertrauen in den Dollar besorgt. Sie haben ein System von wirtschaftlichen "Schwarzmalerei" erfunden, um die Natur des Problems zu ändern, wie "Inflationserwartungen", "quantitative Lockerung der Geldpolitik", "Asset Re-Inflation", etc. In der Tat ist der Dollar in den Worten der einfachen Leute "krass". Was ist noch bizarrer ist, dass sie tatsächlich vorgestellt, wie die "Goldstandard ohne Gold" zu erreichen, scheint es, dass die Federal Reserve oder ändern, um in der Magie engagieren können ihre Spezialität spielen. Allerdings, im November 2010, der Präsident der Weltbank, Herr Zoellick, tatsächlich vorgeschlagen, dass die Welt sollte eine Rückkehr zu einem "modifizierten Goldstandard", ein "Goldstandard ohne Gold" zu betrachten, ist dies wirklich ein historischer "Zufall"?

Im Jahr 2008 markierte die globale Finanzkrise, die ihren Ursprung in den Vereinigten Staaten hatte, die dritte Phase des Dollars - er spielt den Schurken! Das wichtigste Merkmal dieser Phase ist, dass die Vereinigten Staaten versuchen, sich zu verschulden, indem sie die Währungen anderer Länder zu einer starken Aufwertung zwingen, und zwar im Namen des "globalen wirtschaftlichen Gleichgewichts", indem sie andere Länder der "Manipulation des Wechselkurses" beschuldigen. Noch interessanter ist die Diskussion von Greenspan und anderen, den Goldpreis in die Höhe schnellen und den Dollar stark abwerten zu lassen, um so den Druck auf die US-Schulden "auszugleichen". Sie haben den wahren Wert des Goldes seit langem verstanden, d.h. Gold ist das "ehrliche Geld", weil seine Kinder, der reale Preis, so im Geldsystem das "letzte Zahlungsmittel" trägt. Allerdings haben sie die "Gold-Nutzlosigkeits-Theorie" in anderen Ländern auf der ganzen Welt gefördert, systematisch und dauerhaft "Gehirnwäsche" Wissenschaft und spielen "starken Dollar" Wortspiele mit Menschen und Märkten, um das Ziel der "die Idee der Dollar-Kaufkraft Stabilität (tief in den Köpfen der Menschen verankert)" zu erreichen.

Gold und Silber sind wie Druckmesser, die die Inflationserwartungen messen, und in der Welt des Papiergeldes, die sich um den Dollar dreht, wird der Inflationsdruck im Druckkessel des Marktes umso größer, je mehr Banknoten gedruckt werden. Der Gold- und Silberpreis als einziger glaubwürdiger Druckmesser muss "wirksam reguliert" werden, was die westlichen Zentralbanken seit den 1990er Jahren tun, um die Gold- und Silberpreise zu drücken. Wenn der Markt für Gold und Silber als die ehrlichste und fairste Währung fungiert, wird es für Banker sehr schwierig sein, zu betrügen. Und ohne die Gold- und Silberbeschränkung sieht die Sache ganz anders aus. Der Dollar zum Beispiel wird heute von der Federal Reserve ausgegeben und ist nicht nur die französische Währung der Vereinigten Staaten, sondern auch die führende Reservewährung der Welt. Aber ihre Geldpolitik ist völlig unverantwortlich, sie gibt so viel Geld aus, wie sie will, ohne dass der UN-Sicherheitsrat oder der Kongress zustimmen müssen. Auf die Interessen der Gläubiger weltweit wird keine Rücksicht genommen. Die Banker unterliegen weder den so genannten demokratischen Wahlen, noch der Kontrolle durch die Presse, noch den rechtlichen Zwängen. Wie man so schön sagt: "Es ist mir egal, wer die Gesetze macht, solange ich das Recht habe, die Währung eines Landes auszugeben. "Totale Gesetzlosigkeit.

Es wird oft gesagt, dass "absolute Macht zu absoluter Korruption führt". "Eigentlich ist Korruption nicht das Schlimmste. Was können ein paar Banker, die tagein, tagaus und nächtelang korrupt sind, der ganzen Gesellschaft antun? Das Beängstigende an der absoluten Macht ist nicht, dass sie die Menschen korrupt macht, sondern dass sie die Menschen verrückt macht! Der Ehrgeiz und der Appetit der monopolistischen Finanzräuber, die das Monopol auf die Ausgabe von Geld haben, werden so aufgebläht, dass die gesamte Menschheit darunter leidet. Die Banker waren in der Lage, die Menschen auf der Welt mit allerlei "Schwarzmalerei" zu täuschen, die Ausgabe von Währungen nach Belieben zu kontrollieren, regelmäßig alle möglichen Blasen und Wirtschaftskrisen zu erzeugen, die nationalen Finanzen durch Währungskriege zum Einsturz zu bringen und auf den Ruinen der Weltwirtschaft ein neues System einer einheitlichen Weltwährung aufzubauen, das von einer winzigen Minderheit kontrolliert wird, und schließlich die gesamte Menschheit durch die Kontrolle der Weltwährung zu versklaven.

Die internationalen Banker haben jedoch auch das Worst-Case-Szenario entworfen, dass der Druckkessel früher oder später explodieren wird, und sobald der Deckel des Kessels mit einem "Knall" hochgeht, wird der steigende Goldpreis auch die Schulden des Westens, der viel physisches Gold hält, erheblich reduzieren. Im Juni 2010 beliefen sich die Goldreserven der Zentralbanken weltweit auf 30462,8 Tonnen, von denen Europa und die Vereinigten Staaten insgesamt 21898,5 Tonnen besitzen (einschließlich des IWF unter europäischer und amerikanischer Kontrolle), was 72% der gesamten Goldreserven ausmacht.

Die skurrile Idee von Greenspan, den Schuldendruck auf den Dollar zu mindern, indem er den Goldpreis in die Höhe schnellen lässt, mag auf den ersten Blick plausibel erscheinen, aber ich fürchte, sie unterschätzt das Risiko, dass "Wasser ein Boot tragen und es umkippen kann". Wenn der Goldpreis erst einmal völlig außer Kontrolle geraten ist, kann der Preis der auf Dollar lautenden Goldaktiva in der US-Bilanz sicherlich in die Höhe schießen, und der entsprechende Druck auf die Verbindlichkeiten in Papierwährung wird erheblich verringert. Das Problem ist jedoch, dass die durch die drastische Abwertung des Dollars verursachte weltweite Hyperinflation die Kreditwürdigkeit des Dollars grundlegend in Frage stellen wird, und wer will dann noch US-Anleihen und Dollarwerte halten? Können die Supermächte, die wir heute kennen, ohne die Fähigkeit des Dollars, globale Ressourcen zu mobilisieren, überhaupt noch existieren?

Auf die Reform des Goldenen Yuan durch Chiang Kai-shek im Jahr 1948, die schließlich den Preis der Goldwerte in der Bilanz der Kuomintang-Regierung in die Höhe schnellen ließ, folgte die wahllose

Ausgabe des Goldenen Yuan, was zur Ablehnung von Papiergeld und zur Wiedereinführung von "Yuan Da-tou"-Transaktionen an verschiedenen Orten führte. Letztlich hat die durch die wahllose Ausgabe von Papiergeld verursachte Superinflation den Reichtum des Volkes brutal ausgeplündert, so dass die Menschen die Goldgutscheine und die Kuomintang-Regierung, die sie ausgegeben hatte, verlassen haben. Als sich die Kuomintang nach Taiwan zurückzog, so wie John Law in jenem Jahr aus Paris floh, nahmen sie kein feines gedrucktes Papiergeld mit, sondern schweres Gold und Silber!

Die Verbindlichkeiten des Dollars mit einer Goldspitze auszugleichen, wäre ein letzter Akt des Wahnsinns, der nicht die Stabilität des Dollars, sondern seine Zerstörung bringen würde.

In der Zwischenzeit wird eine weitere Schlüsselvariable in Greenspans magischer Gleichung übersehen, und das ist Silber!

Gold und Silber 1:16 historische superstabile Struktur

Die Alten sagten: "Wenn Gold die Sonne ist, ist Silber wie der Mond. "In vielen alten Zivilisationen gab es 13 Monate im Jahr mit 28 Tagen pro Monat. Das früheste Verhältnis von Gold zu Silber ist also 1:13.

Im Laufe von 5.000 Jahren ist das Verhältnis von Gold zu Silber im Wesentlichen stabil bei 1:16 geblieben. Das Verhältnis von Gold- zu Silberreserven in der Erdkruste liegt bei etwa 1:17, und zufällig, aber nicht überraschend, ähneln die antike Intuition und das historisch gewachsene Verhältnis von Gold zu Silber den Ergebnissen moderner wissenschaftlicher Untersuchungen.

Diese äußerst stabile Struktur des Gold-Silber-Verhältnisses lässt sich sowohl durch die Geologie als auch durch Angebot und Nachfrage auf dem Markt wirksam erklären. Es gibt zwar einen gewissen Arbitragespielraum zwischen Europa und Asien im Gold-Silber-Verhältnis, aber das alles geschieht in Form der asiatischen Region "Silber teuer und Gold billig", die durch den ostwärts gerichteten Fluss von Silber und Gold westwärts geprägt ist. In diesem dynamischen Gleichgewicht bevorzugt Europa Gold, während Asien Silber bevorzugt. In der Geschichte Europas konnte derjenige, der die Kanäle des Ost-West-Handels kontrollieren konnte, den Unterschied im Verhältnis von Gold und Silber in Eurasien ausnutzen, um riesige Arbitrage-Geschäfte von 50 bis 100 Prozent zu tätigen und so riesige

Handelsgewinne zu erzielen und das Schicksal des Kontinents zu beherrschen.

Mit der großen Entdeckung des Silbers in Amerika verursachte das riesige Angebot von 133 000 Tonnen Silber kurzzeitig einige Schwankungen des Gold-Silber-Verhältnisses im Laufe von 250 Jahren, aber als der massive Welthandel zwischen Ost und West verdaut war, kehrten Gold und Silber schließlich mit historischer Trägheit zu dem magischen Gleichgewicht von 1:16 zurück. Obwohl die Silber- und Goldpreise nach der Jahrhundertwende stark zu schwanken begannen, war dies weitgehend auf die Einführung des Goldstandards in den meisten Ländern und die Abschaffung der Silberwährungen zurückzuführen, was eine Zeit lang zu einem "Überschuss" an Silber führte. Als weltweit größtes Land mit Silberstandard hielt sich die chinesische Silberwährung bis 1935, und die Silberwährung der Vereinigten Staaten (Silberscheine und Silbermünzen der US-Regierung) blieb bis 1965 in Umlauf. Bis 1971 schwankte das Verhältnis von Gold zu Silber um 1:23.

1971 verkündeten die Vereinigten Staaten einseitig die Abkopplung des Dollars vom Gold, und aus dem "Dollar" wurde das "No Gold". Dies war das erste große Experiment in der Geschichte der Menschheit, bei dem die ganze Welt zusammenkam, um in die Ära des reinen Papiergeldes einzutreten, und es dauert bis heute an. Mit dem reinen Papiergeldsystem wurden die Wareneigenschaften des Geldes vollständig abgeschafft, und die Funktion der Vermögensspeicherung, die das Kernelement des Geldes war, ging vollständig verloren.

Die wahllose Ausgabe von reinen Papierdollars hat zu weltweiten Preisverwerfungen geführt, einschließlich schwerwiegender Verzerrungen im Gold-Silber-Vergleichssystem. Das Gold-Silber-Verhältnis hat sich von einem konstanten Verhältnis von 1:16 über 5000 Jahre auf 1:60 stark verzerrt!

Ist es weniger Gold?

Die weltweiten Goldbestände haben sich von etwa 30.000+ Tonnen im Jahr 1940 auf heute etwa 150.000 Tonnen erhöht, was etwa einer Verfünffachung in 70 Jahren entspricht!

Ist es mehr Silber?

Die weltweiten Silbervorräte sind von etwa 300.000 Tonnen im Jahr 1940 auf heute etwa 30.000+ Tonnen gesunken, also auf 1/10des Wertes von damals!

Der derzeitige Silberbestand beträgt, gemessen am Gewicht, nur 1/5 des Goldbestandes, was bedeutet, dass Silber viel knapper ist als Gold!

Dieser große Unterschied ist auf die massive industrielle Nachfrage nach Silber zurückzuführen. Ab 1942 begann der industrielle Verbrauch von Silber das Produktionsangebot bei weitem zu übersteigen, und im Laufe der Jahrzehnte hielt Silber ein Gleichgewicht zwischen Angebot und Nachfrage aufrecht, mit 5.000 Jahren angesammelter Bestände. Derzeit übersteigt die Nachfrage das Angebot um etwa 4.000 Tonnen pro Jahr. Ausgehend vom derzeitigen Netto-Silberverbrauch reichen die vorhandenen Silbervorräte von über 30.000 Tonnen nur noch für weitere 7 bis 8 Jahre, und das Silber, das die Menschheit in 5.000 Jahren angesammelt hat, wird von der industriellen Nachfrage aufgefressen werden!

Wie viel Silber ist also noch im Boden?

Im Jahr 2005 wies eine Untersuchung des U.S. Geological Survey darauf hin, dass Silber das erste Metall in der Geschichte der Menschheit sein wird, das seit etwa 12,3 Jahren abgebaut wird. In Anbetracht der Tatsache, dass zwei Drittel der derzeitigen Silberproduktion aus Begleitminen wie Kupfer, Blei und Zink stammen, ist es schwierig, die Silberproduktion aufgrund der Beschränkungen durch andere Bergbaueingänge deutlich zu steigern. Es gibt zwar noch Silber in der Erdkruste, das abgebaut werden kann, aber aufgrund der Technologie und der Kosten ist es nur zu einem viel höheren Preis abbauwürdig. Ende 2009 beliefen sich die weltweiten Silberreserven nach den neuesten USGS-Statistiken auf 400.000 Tonnen. Ausgehend von der Mineralienproduktion des laufenden Jahres in Höhe von 21.400 Tonnen kann es 18 Jahre lang abgebaut werden. Der [170]Löwenanteil des Gesamtangebots wird auf Silber aus Mineralien entfallen, da das durch staatliche Verkäufe und Schrottrecycling bereitgestellte Silber in den letzten Jahren deutlich zurückgegangen ist. Die weltweite Gesamtnachfrage nach Silber beläuft sich derzeit auf etwa 27.700.000 Tonnen pro Jahr, [171]und wenn diese Nachfrage ausschließlich durch mineralisches Silber gedeckt wird, würden die weltweiten Gesamtreserven von 400.000 Tonnen

---

[170] U. S. Geological Survey, Mineral Commodity Summaries, Januar 2010. Silber.

[171] Silver Institute, Nachfrage und Angebot im Jahr 2009.

lediglich eine Versorgung für 14 Jahre gewährleisten. In Anbetracht der Tatsache, dass die Silberindustrie ihre Anwendungen rasch ausweitet, wird erwartet, dass der Silberverbrauch in Zukunft stark ansteigen wird, so dass die Frist von 12,3 bzw. 14 Jahren für die Förderung deutlich überschritten werden wird.

Angesichts des historischen Verhältnisses zwischen dem aktuellen Goldpreis ($1350 pro Unze) und dem Silberpreis sollte das Verhältnis 1:16, d.h.$84 pro Unze, betragen, um als vernünftig zu gelten. Und das historische Verhältnis von Gold zu Silber wurde durch den Wert der beiden bestimmt. Im alten Ägypten war Silber knapp, und sein Preis war mit dem von Gold vergleichbar. Später wurde mehr Silber entdeckt und Gold wurde relativ knapp. Dinge sind knapp, also ist Gold mehr wert. Nach dieser weiteren Analyse gibt es derzeit etwa 400.000 Tonnen abbaubare Silberreserven in der Welt, und mit den vorhandenen Beständen von etwa 30.000 Tonnen beträgt die Gesamtmenge an Silber nur etwa 430.000 Tonnen. Die Goldvorräte nehmen zu, da sie nur selten für industrielle Zwecke verbraucht werden, und werden derzeit allgemein auf 160.000 Tonnen geschätzt. Nach den Statistiken des United States Geological Survey (Stand Ende 2009) belaufen sich die weltweit gewinnbaren Goldreserven auf etwa 47.000 Tonnen, die Gesamtmenge der beiden zusammen auf etwa 207.000 Tonnen Gold. Das Verhältnis von Gesamtgold zu Gesamtsilber beträgt 20,7:40, also etwa 1:2. Das bedeutet, dass die Gesamtmenge an Silber viel geringer ist als in der Vergangenheit und zum halben Goldpreis und nicht zum 1/16-Preis gehandelt werden sollte. Beim derzeitigen Goldpreis von 1.350$ pro Unze sollte der Silberpreis 675$ pro Unze betragen! Und der aktuelle Marktpreis für Silber liegt nur bei etwa$25 pro Unze. Mit anderen Worten: Mit ein bisschen Nicht-Blasenberechnung hätte Silber im Moment ein 27-mal größeres Aufwärtspotenzial. Im Laufe der Zeit wird der Silberpreis weiter sinken, bei einem Verhältnis von 1:1 zwischen Gold und Silber, und im weiteren Verlauf wird Silber weniger wert sein als Gold. Das bedeutet, dass das Potenzial von Silber, in den nächsten zehn Jahren an Wert zu gewinnen, wahrscheinlich extrem aufregend sein wird!

Silber auf der Schulter: Geld- und Industriemetall zugleich

Die alten Phönizier entdeckten schon früh die wunderbare Funktion von Silber zur Sterilisierung von Wein und füllten den Wein in Silberflaschen, um seine Frische zu bewahren - ein Geheimnis, das noch heute in den berühmten Weinkellereien weiterlebt. Die Seeleute im britischen Empire legten während ihrer langen Seereisen Silbermünzen in ihre eigenen Trinkwassertanks, um das Wasser vor Fäulnis zu schützen. Die griechischen Ärzte der Antike entdeckten als erste, dass Silber die Wundheilung maßgeblich beeinflusst und Krankheiten vorbeugen kann. Die alten chinesischen Monarchen verwendeten silberne Essstäbchen, um die Giftigkeit ihrer Speisen zu testen. Silberbesteck war bei der Tafel europäischer Aristokraten weit verbreitet, da Bakterien auf Silberoberflächen nicht lange überleben konnten, während Holzgeschirr von Bakterien bevorzugt wurde und Edelstahlgeschirr dem Wachstum von Bakterien nicht widerstehen konnte. Trotz des heute weit verbreiteten Einsatzes von Antibiotika zur Abtötung von Bakterien hat das Problem der bakteriellen Resistenz gegen Antibiotika die medizinische Gemeinschaft lange geplagt.

Lange Zeit wurde die wundersame abtötende Wirkung von Silber auf Bakterien und Viren nicht eingehend untersucht. Erst in jüngster Zeit hat man das Prinzip der bakterientötenden Wirkung von Silber herausgefunden. Silber im Wasser kann Spuren von Silberionen bilden, die sich an Bakterien anlagern und die Enzyme zerstören, auf die sie angewiesen sind, so dass die Bakterien schnell absterben. Forschungsergebnissen zufolge können Silberionen mehr als 650 Bakterien in wenigen Minuten abtöten - 113-mal wirksamer als herkömmliche Antibiotika, und das ohne jegliche Resistenz.

Im Gesundheitswesen geht die Zahl der Kreuzinfektionen durch Bakterien und Viren allein in europäischen und amerikanischen Krankenhäusern jedes Jahr in die Millionen, und die Folgeprobleme der Resistenz durch den massiven Einsatz von Antibiotika reichen aus, um das Krankenversicherungssystem unhaltbar zu machen. Krankenhäuser im Vereinigten Königreich haben begonnen, Reinigungsmittel und Schutzcremes mit Silberionen zu verwenden, um das Problem der Kreuzinfektion zu vermeiden. Auch Krankenhäuser in den Vereinigten Staaten haben damit begonnen, Mull, Masken, chirurgische Laken und Raumausstattungen mit Silberionen in großen Mengen zu verwenden, um Kreuzkontaminationen zu vermeiden.

Die industrielle Nachfrage nach Silber ist im 21. Jahrhundert sogar noch explosiver, und in den letzten Jahren wurde weltweit mehr Silber in Technologiepatenten verwendet als in jedem anderen Metall.

Wenn die grüne Technologie in den kommenden Jahrzehnten der Hauptmotor der weltweiten wirtschaftlichen Entwicklung sein wird,

wird der Silberverbrauch in diesem Bereich ein explosionsartiges Wachstum erfahren.

Anwendung von Silber im Bereich der neuen Energien

Silber hat die beste Lichtreflexionseffizienz und den besten Glanz aller Metalle und ist eine wesentliche Kernkomponente in Solarkonzentratoranwendungen. Gleichzeitig ist Silber ein hervorragender Katalysator, und wenn es mit Halbleitermaterialien gemischt wird, kann der Wirkungsgrad der Umwandlung von Solarenergie in Elektrizität erheblich verbessert und die Energieausbeute um 12% erhöht werden. Die rasante Entwicklung der Solartechnik wird weltweit jedes Jahr Tausende von Tonnen an Silber erfordern.

Batterien werden das Kernelement des grünen Zeitalters werden, und Silberbatterien werden der beste Kandidat sein, um die traditionellen Lithiumbatterien zu ersetzen. Ihre Lebensdauer ist 40% höher als die von Lithiumbatterien, und es besteht keine Gefahr, dass Lithiumbatterien explodieren. 95% der Teile können vollständig recycelt werden, was einen wichtigen Beitrag zum Umweltschutz leistet. Silberbatterien haben ein extrem breites Anwendungsspektrum in Computern, Mobiltelefonen, Hörgeräten, medizinischen Geräten und der gesamten mobilen Elektronik. Anwendungen in Raumfahrzeugen, Tiefseedetektoren, Torpedos, Raketen, U-Booten usw. sind vielversprechend.

Die weit verbreitete zivile Nutzung von Silberbatterien steckt noch in den Kinderschuhen, stellt aber den zukünftigen Trend einer neuen Generation umweltfreundlicher Batterietechnologie dar. In Anbetracht des Ausmaßes der weit verbreiteten Nutzung der Batterietechnologie wird der Gesamtanstieg der Nachfrage nach Silber schwindelerregend sein.

2017 werden 25,9 Milliarden RFID-Chips Silber verwenden

Die rasche weltweite Verbreitung der Radiofrequenz-Identifikationstechnologie (RFID) wird den Einsatz von Silber auf eine völlig neue Ebene heben. Der enorme Einsatz der RFID-Technologie für die Verfolgung und Ortung wurde in der Einleitung zu Kapitel 6 von The Currency Wars beschrieben, in dem ein mikrogekoppelter

Schaltkreis und eine Antenne in den RFID-Chip eingebettet sind, um elektromagnetische Wellen zu empfangen, die vom Kartenlesegerät ausgesendet werden, und die von den elektromagnetischen Wellen getragene Energie bildet einen Strom in der Koppelspule und "liest" die eindeutigen ID-Informationen auf dem Chip aus, die dann über die Antenne zurück an das Kartenlesegerät übertragen werden. Auf diese Weise ist ein Kartenlesegerät, das einige hundert Meter entfernt ist, wie ein ID-Fernerkennungsradar, das bestätigen kann, dass sich der Chip innerhalb seines Erfassungsbereichs befindet. Sobald diese ID-Fernerkennungsradargeräte ein Netz bilden, das so klein ist wie Geschäfte und Schulen, so groß wie Städte oder sogar das ganze Land, die Welt, dann wird die Existenz dieses riesigen Netzes aller RFID-Chip-Träger in Echtzeit geortet und verfolgt werden, das Internet der Dinge Technologie basiert auf RFID-Technologie.

Im Juli 2010 kündigte Walmart an, dass es mit dem umfassenden Einsatz von RFID zur Verwaltung seiner großen Bestände beginnen wird, um die Kosten zu senken. Sobald es gut funktioniert, wird Walmart die RFID-Technologie in seinen 3.500 US-Filialen vollständig einführen, und seine weltweiten Zulieferer müssen dieselbe Technologie verwenden, um mit dem Inventarsystem von Walmart verbunden zu werden.

Das US-Unternehmen IDTechEx sagt voraus, dass RFID-Chips weltweit mit einer atemberaubenden Rate von 93% pro Jahr wachsen werden. Bis 2017 wird die weltweite Jahresproduktion von RFID-Chips die erschreckende Zahl von 25,9 Milliarden Stück erreichen! Und auf jedem Chip werden 10,9 Milligramm Silber verwendet, das aufgrund seines winzigen Gehalts völlig unwiederbringlich ist.

Der Holzschutzbereich in den USA wird in Zukunft 2.400 Tonnen Silber pro Jahr verbrauchen

Am 11. September 2003 hat der Senatsausschuss für Wälder und öffentliches Landmanagement der Vereinigten Staaten den Public Lands Output Study Act eingebracht. Der Gesetzentwurf zielt darauf ab, die derzeit weit verbreitete kupferhaltige Holzschutztechnologie zu ersetzen, bei der giftige Salzverbindungen aus Kupferarsenat und Kupferacetat entstehen, die so umweltschädlich sind, dass sie in den Vereinigten Staaten zunehmend Anlass zur Sorge geben. Silber hat eine natürliche antiseptische Wirkung als Holzschutzmittel, das Termitenbefall, Sporenpilzwachstum und Fäulnis, Wasserwirten und anderen Insektenparasiten und deren Vermehrung entgegenwirkt. Die überwiegende Mehrheit der Häuser in den USA besteht aus Holz, und sobald diese Technologie offiziell auf dem US-Holzschutzmarkt eingeführt ist, wird allein der US-Holzschutzsektor jährlich 2.400 Tonnen Silber verbrauchen!

Bekleidungsanwendungen werden in Zukunft einer der größten Bedürfnisse von Silber sein

Silber ist ein natürliches anorganisches antimikrobielles Material, anorganisches Silber antimikrobielles Material hat die Eigenschaften der Persistenz, Langlebigkeit und breites Spektrum, gute Hitzebeständigkeit, hohe Sicherheit, nicht produzieren chemische Beständigkeit.

Silberhaltige Materialien werden häufig in den Wüstenkampfuniformen der US-Armee zur Sterilisierung und Desodorierung verwendet. Das Gleiche gilt für Sportbekleidung, da die große Menge an Bakterien im Schweiß eine wichtige Quelle für alle Arten von Gerüchen und Läsionen ist und Silber die meisten von ihnen abtötet. Die mit Silber gefütterten Kleidungsstücke bewahren ihren Geruch frisch und gesund, auch wenn man bei anstrengenden Sportarten im Freien stark schwitzt, aber nicht lange gereinigt werden kann. Allein im Bekleidungssektor ist Silber mit einem Verbrauch von 1 200 Tonnen Silber pro Jahr zur größten Einzelanwendung geworden.

Diese Zahl ist erst der Anfang für den Einzug von Silber in die Bekleidungsbranche. Stellen Sie sich die Nachfrage nach Silber vor, wenn 1,3 Milliarden chinesische Bekleidungskonsumenten ebenfalls anfangen, gesunde Kleidung zu tragen, die Silberionen enthält, und 1 Milliarde Inder sich diesem Trend anschließen!

Im Bereich der Lebensmittelverpackung können Verpackungsmaterialien für Lebensmittel, Getränke und Milch, die Silberionen enthalten, die Haltbarkeit erheblich verlängern. Die Verwendung von Silberionen enthaltenden Entkeimungsmaterialien in Trinkwasserfiltern hat ebenfalls begonnen, während Schwimmbäder in den USA die Chlorgasentkeimung, die schwerwiegende Nebenwirkungen hat, zugunsten von Silberentkeimungsmaterialien aufgeben.

Derzeit liegt der weltweite industrielle Silberverbrauch bei etwa 30.000 Tonnen pro Jahr, und der riesige aufstrebende Silberverbrauchsmarkt beginnt gerade erst, den Vorhang zu lüften.

Ein wesentlicher Unterschied zwischen Silber und Gold besteht darin, dass Silber eine breite Palette industrieller Verwendungszwecke hat, weshalb der industrielle Verbrauch von Silber viel größer ist als der von Gold. Ein weiteres wichtiges Merkmal von Silber ist in verschiedenen Anwendungen im industriellen Bereich, die überwiegende Mehrheit von ihnen sind Spurenanwendungen, wie integrierte Schaltkreise von Mobiltelefonen, die mehrere Cent im Wert von Silberspuren enthalten, LCD-Großbild-Farbfernseher sind auch mit Silberspuren beschichtet, fast alle elektronischen Haushaltsgeräte sind nicht schwer, Silberspurenanwendungen zu finden. Selbst bei einer Verzehnfachung des Silberpreises würden sich solche Silberspurenanwendungen kaum nennenswert auf den Preis des Endprodukts auswirken.

Darüber hinaus haben die Eigenschaften von Silber, das in der Industrie in Spuren verwendet wird, dazu geführt, dass Silber für immer verloren ist, da es nach industriellen Anwendungen nicht wirksam zurückgewonnen werden kann.

Die hervorragende Eigenschaftsvielfalt und der riesige Anwendungsbereich von Silber machen es zum preisexplosivsten aller Metalle!

Menschen, die die monetären Eigenschaften von Silber nicht verstehen, neigen dazu, es als Industriemetall zu bezeichnen, eine eindeutig irreführende Bezeichnung. Ändern die Menschen die monetären Eigenschaften von Gold, wenn sie entdecken, dass man es für Zahnersatz verwenden kann? Die zahlreichen industriellen Verwendungen und die geringen Mengen an nicht wiederverwertbarem Verbrauch schmälern nicht im Geringsten die seltenen und wertvollen Eigenschaften von Silber, sondern sind vielmehr ein wichtiger Beweis für seinen höheren Investitionswert. Die genaue Bezeichnung für Silber sollte ein seltenes Geldmetall sein, das viele industrielle Verwendungen hat.

Was hat der Preis ergeben?

Weder das historische Verhältnis von Gold und Silber, noch Angebot und Nachfrage auf dem Markt, noch die Inflation können die

Tatsache erklären, dass Silber heute mit 25$ pro Unze weit weniger kostet als 1980 mit 50$! Welche geheimnisvolle Kraft konnte den Silberpreis so stark verzerren, wie es jetzt der Fall ist?

Da Gold und Silber seit langem eine natürliche monetäre Blutsverwandtschaft haben, ist ihr historischer Wert stabiler als der von Tausenden von Jahren, diese solide Verbindung ist seit langem tief im Gedächtnis der Zivilisation verankert, sie ist epochen-, länder-, religions-, geografie- und ideologieübergreifend und weitaus dauerhafter als der von den internationalen Bankern künstlich geschaffene "starke Dollar" in den Köpfen der Menschen. Es ist bekannt, dass Silber wie Gold das beste "Geld" ist und dass Silber besser verfügbar ist als Gold. Denn im täglichen Leben werden mit Kleidung, Lebensmitteln, Wohnungen und Transportmitteln meist kleine Transaktionen getätigt, während Gold im Allgemeinen für sehr große Transaktionen verwendet wird. Silber ist also nicht nur echtes Geld, sondern in Bezug auf die Liquidität auch besseres Geld als Gold. Um die enormen Vorteile der Dollar-Emissionen zu schützen, müssten sich die Banker von den Gold- und Silberwährungen lösen, die abgeschafft werden müssten. Wenn man das Gold- und Silbergeld abschaffen will, muss man zuerst das Silber abschaffen, denn Silber ist eng mit dem täglichen Leben der Menschen verbunden. Die Strategie der internationalen Bankiers lautet also: Um Geld zu erobern, muss man zuerst Gold erobern; um Gold zu erobern, muss man zuerst Silber erobern!

Heutzutage hat der Dollar zwar bereitwillig den "monetären Thron" von Gold und Silber usurpiert, aber der "falsche Kaiser" ist schließlich eine Fälschung, die internationalen Banker sind immer unrealistisch, denn sobald sich eine Krise anbahnt, werden die Menschen sofort an Gold und Silber denken. Die internationalen Banker "hassen Gold und Silber wirklich so sehr, dass sie sich zu Tode fürchten". Seine Mentalität ist der von Wang Mang sehr ähnlich, der in der chinesischen Geschichte den Thron usurpierte und es hasste, alle Menschen mit dem Nachnamen Liu in der Welt zu töten. Silver ist wie Prinz Liu Xiu, der seit Jahrzehnten vom "Wang Mang der Bankenwelt" gejagt wird. Diese "Jagd" ist die Preisunterdrückung, sie wollen, dass die Menschen Silber als ein gewöhnliches Metall, ein gewöhnliches Industriematerial betrachten. Wenn wir nicht vergessen dürfen, dass Silber wie Gold seit Jahrtausenden der "König des Geldes" war, dann haben die internationalen Banker es zuerst aus dem Geldpalast - den Zentralbanken - vertrieben. Der Silberpreis wurde dann absichtlich und drastisch gedrückt, wodurch es auf den Status eines "gemeinen Mannes" reduziert wurde, der zusammen mit Kupfer, Eisen, Blei und Zink auf der Straße der Gemeingüter verkehrte.

Der Silbermarkt ist viel kleiner als der Goldmarkt, durch die groß angelegte "nackte Leerverkäufe" Mittel, um den Silberpreis zu drücken, während mit dem niedrigpreisigen Silber Seil, um die Gold-Rallye vom Haken Wildpferd zu ziehen, ist wirklich eine hohe Hebelwirkung und sehr effektive Preiskontrolle Strategie. Die bloße Unterdrückung des Silberpreises wird es den globalen Finanzkasinos, die sich auf Dollarscheine konzentrieren, ermöglichen, den internationalen Bankern, die sie betreiben, immerwährende Windfall-Profite zu bescheren!

Von 1990 bis 2003 lag der Silberpreis bei fast 50$ pro Unze, von 1980 bis heute bei nur 4 bis 5$ pro Unze. Gerade als der Silberpreis am tiefsten gesunken war, erkannten einige einsichtige Menschen die Investitionsmöglichkeiten, die sich durch die starke Unterbewertung des Silbers ergaben. Der von dem berühmten "Aktiengott" Warren Buffett verwaltete Investmentfonds kaufte zwischen 1997 und 1998 in Tranchen fast 130 Millionen Unzen Silber. Dies entsprach einem Viertel der weltweiten jährlichen Silberproduktion zu dieser Zeit, womit er im Wesentlichen den Tiefpunkt des Silberpreises für Jahrzehnte kopierte. Es ist rätselhaft, warum Buffett sein gesamtes Silber im Jahr 2006 vorzeitig verkaufte. Sein durchschnittlicher Kaufkurs liegt bei 6$ pro Unze und sein Verkaufskurs bei nur 7,50$. Buffett selbst gibt zu, dass das Geschäft nicht optimal gelaufen ist. "Ich habe früh gekauft und früh verkauft. Das war mein Fehler. Die Spekulation ist am Ende das Verrückteste. "Ganz zufällig wurde kurz nachdem Buffett sein gesamtes Silber verkauft hatte, auch der erste von Barclays aufgelegte Silberfonds im Jahr 2006 an einer US-Börse zugelassen. Das Unternehmen ist auch Mitglied des Board of Governors der Vereinigten Staaten von Amerika. Der Verkauf ist nicht unverdächtig. Es ist nicht bekannt, welche dubiosen Geschäfte Barclays mit Warren Buffett getätigt hat.

Eine weitere Person mit einem besonders ausgeprägten Gespür für den Silbermarkt und einem weitreichenden Einfluss ist Ted Butler. Butler ist seit 1971 Händler für Warentermingeschäfte und arbeitete damals für Merrill Lynch. Mitte der 1980er Jahre fragte ihn einer seiner Kunden: "Was ist der Grund dafür, dass auf dem Silbermarkt Knappheit herrscht, der Silberpreis aber seit Jahren nicht gestiegen ist? "Um seinen Kunden die Gründe dafür zu erklären, begann Butler, den Silber-

Terminmarkt zu studieren. Aber auch er war verblüfft, denn er erfuhr, dass Silber tatsächlich knapp ist, kann sich aber nicht erklären, warum der Silberpreis einfach nicht steigt. Später, mit seiner jahrelangen Erfahrung auf dem Warenterminmarkt, entdeckte er, dass die Menge an Blanko-Silber, die auf dem Markt gehandelt wurde, immer viel größer war als das Angebot an Spot-Silber. Es stellte sich heraus, dass es Institutionen gibt, die den Silberpreis künstlich nach unten treiben. Also meldete er diese Marktmanipulation bei der US Commodity Futures Trading Commission (CFTC). Doch die Behörden antworteten, dass es kein Problem gebe und ignorierten die Meldung. Butler ist ein hartnäckiger Mann, der bis zum Schluss darauf beharrt, das zu tun, was er für richtig hält, und dies den Behörden beharrlich vorträgt - ohne Erfolg. Dann kam das Internet, und ab 1996 begann Butler, das Internet zu nutzen, um die Wahrheit aufzudecken, dass der Silberpreis künstlich unterdrückt worden war. Fast jede Woche veröffentlicht er online eine detaillierte Analyse oder einen Kommentar zum Silbermarkt. Infolge seiner langjährigen, beharrlichen Recherchen und Kommentare zum Silbermarkt wurde Butler allmählich zur einflussreichsten Autorität auf diesem Gebiet. Er betrachtete die Manipulation des Silbermarktes als "die schlimmste Kapitalverschwörung aller Zeiten". Er setzte nicht nur seine zahlreichen Petitionen an die U.S. Commodity Futures Trading Commission fort, sondern rief auch die Anleger im Allgemeinen dazu auf, sich im Kampf gegen die Manipulation des Silbermarktes zusammenzuschließen. Nach jahrelangen Bemühungen werden die Verbrechen mehrerer großer Bankkonzerne bei der illegalen Unterdrückung des Silber- (und auch des Gold-) Marktes mehr und mehr aufgedeckt, was in der ganzen Welt Besorgnis hervorruft. Nach fast zwei Jahren hat die U.S. Commodity Futures Trading Commission endlich eine Untersuchung in dieser Sache eingeleitet.

Als Reaktion auf die Untersuchung der CFTC sagte Butler in einem Exklusivinterview, dass das Problem der Manipulation des Silbermarktes trotz der Bereitschaft der Beteiligten, das Problem anzugehen, zu groß ist. So groß, dass es schwierig ist, eine Lösung zu finden, die keine großen Umwälzungen hervorruft.

Zwei Jahrzehnte lang haben sich die Teilnehmer an den weltweiten Edelmetallmärkten mit Klagen und öffentlichen Debatten über die Manipulation der Gold- und Silberpreise herumgeschlagen. Wie in *Currency Wars* erwähnt:

> „Am 14. April 2004 gaben die Rothschilds, die den Weltgoldmarkt 200 Jahre lang beherrscht hatten, unerwartet

ihre Rechte zur Preisfestsetzung auf dem Goldmarkt auf. In einem noch nie dagewesenen Schritt gab der große Bruder des Silbermarktes, die AIG, am 1. Juni freiwillig ihre Preisrechte auf dem Silbermarkt auf. Sind die Rothschilds wirklich bärisch auf Gold eingestellt? Wenn ja, warum sind sie dann nicht 1999 ausgestiegen, als die Goldpreise einen historischen Tiefstand erreichten, sondern erst 2004, als die Gold- und Silberpreise in vollem Gang waren? Die andere Möglichkeit ist, dass der Gold- und Silberpreis irgendwann aus dem Ruder laufen wird... Lassen Sie jegliche Beziehung zu Gold frühzeitig beiseite, und niemand kann den Rothschilds die Schuld geben, wenn in 10 Jahren der Gold- und Silberpreis furchtbar schief läuft."

Jetzt ist der Preis von Gold und Silber ist wirklich "etwas", der Preis von Gold weiterhin neue Allzeithochs gesetzt, wurde in der Nähe von 1.400 Dollar, während Silber hat 30 Jahre Hochs überschritten, mehr als 25 Dollar, verglichen mit der Zeit, Gold-und Silberpreise haben fast dreimal gestiegen!

Richtig, der große Bruder des Silbermarktes hier, AIG, ist die weltgrößte Versicherungsgesellschaft, die von der US-Regierung während des Finanz-Tsunamis 2008 gerettet wurde. Nach AIG wurde Bear Stearns zum Hauptmanipulator des Silbermarktes. Genau an dem Tag, an dem Bear Stearns am 17. März 2008 zusammenbrach, erreichte der Silberpreis seinen höchsten Stand seit 1980 - 21$.

Das 1923 gegründete Unternehmen Bear Stearns ist die fünftgrößte Investmentbank an der Wall Street und eine der führenden Wertpapierhandelsfirmen des Landes. Am 15. März 2008 meldete die 85 Jahre alte Investmentbank, die die Große Depression der 1930er Jahre und viele wirtschaftliche Höhen und Tiefen miterlebt hatte, plötzlich einen schweren Liquiditätsengpass. An diesem Tag schlossen sich die Federal Reserve und JPMorgan Chase zusammen, um Bear Stearns finanzielle Soforthilfe zu leisten. Am 14. März 2008 schoss der Silberpreis von $ 17 pro Unze auf fast $ 21 hoch, nachdem er fast einen Monat lang gestiegen war. Die Tatsache, dass Bear Stearns es sich nicht leisten kann, seine Positionen zu decken, um zu widerstehen, ist, so fürchte ich, ein weiterer wichtiger Grund dafür, dass das Unternehmen plötzlich einen schweren Liquiditätsengpass erklärt hat. Der Anblick, gezwungen zu sein, Positionen zu schließen, würde nicht nur all das Geld, das es für blankes Silber ausgegeben hat, unrentabel machen, sondern möglicherweise auch die Silberpreise sofort außer Kontrolle geraten lassen und einen Anstieg des Goldpreises und einen Absturz des Dollars auslösen. Die Federal Reserve erkennt die missliche Lage und kommt zur Rettung. Bear Stearns erhielt ein 28-Tage-Darlehen, das von der Federal Reserve über JPMorgan Chase an Bear Stearns vergeben wurde, wobei das Risiko des Darlehens von der Federal Reserve getragen wurde. Es war auch das erste Mal seit der Großen Depression in den 1930er Jahren, dass die Federal Reserve auf diese Weise einen Kredit gewährte. Am 16. März 2008 kündigte JPMorgan Chase & Co. die Übernahme von Bear Stearns an, nachdem die Federal Reserve zugestimmt hatte, ein Darlehen in Höhe von 30 Mrd. USD zur Unterstützung von JPMorgan Chase & Co. zu "zeichnen" und das Unternehmen so vor einer schweren Silberpreiskrise zu bewahren.

Unmittelbar nach der Übernahme von Bear Stearns durch JP Morgan begann eine neue Runde der brutalen Unterdrückung des Silberpreises, die der bewährten Politik der internationalen Bankiers zur Unterdrückung des Silberpreises folgte. Ab dem 18. März, dem Tag nach der Übernahme von Bear Stearns durch JPMorgan Chase, begannen die Silberpreise plötzlich zu fallen. Bis zum 20. März, also innerhalb von nur drei Tagen, fiel der Silberpreis von $ 21 pro Unze auf $ 17,50 pro Unze, und der gesamte Anstieg des Silberpreises von einem Monat war verloren. Seitdem haben sich JPMorgan Chase und HSBC zusammengetan, um die Jagd auf Silber fortzusetzen. Im August 2008 hielten die beiden insgesamt 85% der Netto-Short-Positionen in Silber, der Silbermarkt dieser beiden Banken kämpfte mit vereinten Kräften den ganzen Weg nach unten, am 15. August fiel der Preis unter $ 13, Ende Oktober bis Anfang Dezember fiel er überraschend auf $ 9 pro Unze oder so, zurück auf das Preisniveau von 2006.

Das alles entgeht natürlich auch dem Silbermarktanalysten Butler nicht. Warum gibt es einen signifikanten Anstieg von Banken, die leere Silberpositionen eingehen? Butler hat die CFTC und Mitglieder des Kongresses mehrmals dazu befragt, und schließlich erhielt er die Erklärung, dass dies darauf zurückzuführen sei, dass JPMorgan Chase Bear Stearns übernommen habe. Bis dahin war Butler und allen Silberanlegern nicht klar, wer genau der größte Leerverkäufer auf dem Silbermarkt ist, da die Identität der beteiligten Händler in den Termingeschäftsberichten nicht offen gelegt wird. Butlers Marktanalyseberichte wurden immer ohne Namensnennung beschrieben, und erst dann dämmerte es Butler, dass Bear Stearns und JPMorgan Chase die Schuldigen an der Unterdrückung der Silberpreise waren. Butlers Enthüllung der Insider-Geschichte löste eine heftige Reaktion auf dem Markt und eine öffentliche Empörung unter den Silberanlegern aus. Dies führte zur Untersuchung von JPMorgan Chase durch die CFTC, gefolgt von einer Reihe von Anlegerklagen gegen JPMorgan Chase und HSBC wegen ihrer illegalen Manipulation des Silbermarktes.

In der Mehrheit der Anleger unter zunehmendem Druck, im September 2010, JPMorgan Chase angekündigt, dass, um die Anforderungen des neuen US-Finanzregulierungsgesetz "Dodd-Frank Wall Street Reform and Consumer Protection Act, stoppen Selbstständigkeit, Entlassung von etwa 20 Warenterminhändler in London, diese Menschen in der Vielzahl von Silber, einschließlich Silber gehandelt, als Folge der Silbermarkt klang, der Preis sofort überschritten 21 US-Dollar, brechen die 17. März 2008, der Sturz von Bear Stearns einen hohen Punkt gesetzt. Seit 1980 überstieg der Silberpreis das Rekordhoch zweimal, beide und der Hauptmanipulator des Silbermarktes in großen Schwierigkeiten, ist die Geschichte wirklich voll von interessanten Zufällen?

Es ist erwähnenswert, dass viele der großen Bewegungen auf dem Silbermarkt von London aus gemacht wurden, ebenso wie AIG und JPMorgan Chase, vor allem um Ärger mit den US-Regulierungsbehörden zu vermeiden.

Die Manipulation des Silberpreises ist bekannt durch den Fall der amerikanischen Tycoon-Brüder Hunt, die in den 1970er Jahren Silber horteten und kläglich scheiterten. Durch diesen Fall wird in Lehrbüchern immer wieder gelehrt, dass die Marktregulierung funktioniert, dass die Manipulation des Terminmarktes für immer vorbei ist und dass jeder, der den Silberpreis erneut manipulieren will, den Gebrüdern Hunt eine Lehre aus ihrer Vergangenheit ist.

Die Manipulation der Silberpreise beschränkt sich nämlich nicht auf das Horten von Silberpreiserhöhungen, sondern sollte auch die preisdrückende Wirkung von "nackten Leerverkäufen" von Silber in großem Umfang einschließen. Letztere wurden von der US-Futures Trading Authority bisher nicht ernsthaft untersucht. Das heißt, der Gouverneur kann Feuer legen, aber das Volk kann keine Lampen anzünden. Es macht Sinn, ein Blanko-Silber zu sein, aber ein Long-Silber ist ein Muss!

Wie bei Gold liegt die Preissetzungsmacht auf dem weltweiten Silbermarkt seit jeher in den Händen der Achse Wall Street-London. Die New Yorker Terminbörse ist für die Preisbildung von "Papiersilber" zuständig, während die London Bullion Market Association (LBMA) die Preise für "physisches Silber" festlegt, und dank der Zusammenarbeit beider Parteien sahen die Silberpreise angesichts der Inflation schon immer grau aus. Auf diese Weise erscheinen die so genannten monetären Eigenschaften von Silber wie ein Witz, selbst das gängigste Metall kann die Inflation wirksam bekämpfen, Silber hat nicht einmal diese Fähigkeit, wie kann man da von monetären Eigenschaften sprechen? Silber ist als gewöhnliches Industriemetall gründlich verteufelt worden. Beachten Sie, dass Industriemetalle und unedle Metalle in den Köpfen der Menschen fast gleichwertig sind.

Das ist es, was gewöhnliche Menschen für unerklärlich halten, wenn sie auf den ersten Blick von Silberinvestitionen hören! Die internationalen Banker haben geschickt eine anhaltende Schwäche des Silberpreises herbeigeführt und diesen psychologischen Effekt voll ausgenutzt, um die monetäre Natur des Silbers zu verschleiern und so das Spiel mit dem Dollarsystem größer und besser zu machen.

Die wirtschaftlichen Gesetze von Angebot und Nachfrage, die die Preise bestimmen, sind wie die drei Newtonschen Gesetze der Physik, ein unantastbares eisernes Gesetz. Die industrielle Nachfrage ist ein Nagel im Sarg, es ist schwierig, daran zu rütteln, so dass die Unterdrückung der Silberpreise nur durch ein künstlich erhöhtes Angebot erfolgen kann, um das Problem zu lösen. Ein Druck auf die Silberpreise kann die Investitionsnachfrage nach Silber wirksam eindämmen, und es ist die potenzielle Investitionsnachfrage, die durch die monetären Eigenschaften von Silber in einer zunehmend inflationären Weltwirtschaft ausgelöst wird, die im Mittelpunkt des zukünftigen Silberangebots und der Silbernachfrage stehen wird. Wenn das Angebot an physischem Silber unzureichend ist, kann der ideale Effekt eines "Überangebots" an Silber auch durch die Schaffung eines erstaunlichen Angebots an "Papiersilber" erreicht werden. Und genau auf dieser Linie manipuliert die Achse Wall Street-London die Silberpreise.

Silbermarkt: Das Spiel von 1 Flaschendeckel und 100 Flaschen

Das fraktionierte Reservesystem war ursprünglich ein System der "Vermehrung" von Geld, das vom Bankensektor verwendet wurde, wobei jeder von der Zentralbank geschaffene Dollar, wenn er im Bankensystem eingezahlt wird, vom Bankensystem für die Kreditausgabe um das Zehnfache vermehrt werden kann. Je mehr

Flaschen mit einem Deckel vorhanden sind, desto schwieriger ist das Spiel und desto wahrscheinlicher ist es, dass es schief geht. Am verrücktesten spielen diese Institute mit der Vorstellung, dass ein Deckel 50 Flaschen abdecken muss, und der kleinste Schluckauf wird überall zu spüren sein.

Wenn das Spiel um die Deckung im Verhältnis 1:50 schließlich zu einer schweren Finanzkrise führte, ist das Spiel um den Silber- gegen den Goldmarkt noch verrückter: Das Verhältnis beträgt 1:100!

Hinter jeder Unze physischen Silbers auf dem aktuellen Weltsilbermarkt stehen 100 Unzen Papierverträge aller Art, die behaupten, es zu besitzen! Nach einer 100-fachen Verstärkung scheint "physisches Silber" sowohl Angebot als auch Nachfrage zu sein, häufiger Handel, Marktboom, in dieser Superblase "physisches Silber" Markt, der Preis wurde endlich vernünftig "entdeckt", das ist der extrem niedrige Silberpreis, und es scheint, dass das Angebot an Silber kann endlos erscheinen. Es ist eine geniale Idee, 99% Ihres imaginären "Papiersilber"-Handelsvolumens zu verwenden, um rund 1% Ihres physischen Silberpreises vollständig zu handeln. Solange 99% der Menschen, die "Papiersilber" halten, nicht kommen, um nach physischem Silber zu fragen, kann das Spiel ruhig weitergehen. Was den Silberpreis letztlich bestimmt, ist der nie endende Dollarmangel der internationalen Banker, nicht das wahre Angebot und die Nachfrage nach Silber.

Ironischerweise wird sogar auf dem Londoner Gold- und Silbermarkt, wo "physisches Silber" gehandelt wird, die überwiegende Mehrheit der Transaktionen nicht "physisch" geliefert, sondern über "Papiersilber", das "physisch" ist, übertragen. Solche Konten haben einen wissenschaftlichen Namen und werden "nicht-physische Konten" genannt. Sie werden von der London Bullion Market Association wie folgt definiert "Es handelt sich um ein Konto ohne einen spezifischen Metallblock, dem es entspricht; was der Kunde hat, ist eine Verpflichtung gegenüber dem Metallblock... Die Transaktion wird auf dem Konto von der borgenden und der gebenden Partei auf der Grundlage des geliehenen Saldos durchgeführt. Der Kontoinhaber besitzt nicht direkt einen bestimmten Block Gold- oder Silbermetall, sondern ist durch den Metallbestand des Händlers, bei dem das Konto eröffnet wurde, abgesichert. Der Kunde ist Eigentümer des (Goldes und Silbers) ohne physische Bestätigung. "Davon ist der letzte Satz der wahrheitsgemäßeste, da der Eigentümer von "Papier und Silber" in

Wirklichkeit "der Eigentümer von (Gold und Silber) ohne physische Bestätigung" ist.

Am 25. März 2010 hielt die U.S. Commodity Futures Trading Commission in Washington eine Anhörung ab, um mögliche Preismanipulationen auf dem Silbermarkt zu untersuchen, deren Ausmaß im Protokoll hervorgehoben wurde.

(Die Parteien streiten darüber, ob die große Zahl von Leerverkäufen auf dem US-Silberterminmarkt eine Preismanipulation darstellt).

> **O'MALLEY** *(Kommissar, U.S. Futures Trading Commission): Glauben Sie, dass, wenn Silber-Futures auslaufen und der Käufer die physische Lieferung des Silbers verlangt, dies ein Problem für die Seite der Leerverkäufer darstellt?*
> **Klinsky** *(ehemaliger Leiter der Rohstoffforschung bei Goldman Sachs): Nein, ich bin überhaupt nicht besorgt. Denn das war schon immer so, seit Jahrzehnten. Ein weiterer Grund ist, dass ein anderer Mechanismus (wenn ein physischer Anspruch auf Silber eingelöst wird) für die Bargeldlieferung genutzt werden kann; drittens sind sich viele Leute bewusst, dass fast alle Short-Positionen auf den heute untersuchten Silber- und Goldmärkten der Absicherung des Risikos dienen, und die Futures-Short-Kontrakte sichern das Risiko des Kaufs (von physischem Gold und Silber) auf dem (Londoner physischen) OTC-Markt ab. Ich glaube also wirklich nicht, dass ein Risiko besteht.*
> *Ein aberwitziges Problem entsteht hier, wenn ein Käufer nach Spot-Silber fragt, und der Verkäufer, der nichts in Naturalien in Händen hat, fragt, ob er Geld verlieren kann, was selbst ein Vertragsbruch ist! Da der Zeitpunkt und der Ort der Lieferung sowie die Farbe und die Menge der Ware im Terminkontrakt festgelegt sind, ist alles, was nicht vertragsgemäß ausgeführt werden kann, ein Vertragsbruch, und Klimstchen sieht darin kein Risiko! Was noch lächerlicher ist, ist die Logik seines ersten Plans: Das vorherige Schneeballsystem ging reibungslos über die Bühne, also gibt es jetzt nichts zu befürchten.*
> *Unmittelbar danach betrat Douglas von der Gold Antitrust Association das Feld.*
> **Douglas:** *Wir sprechen über die Absicherung des Kassamarktrisikos mit Termingeschäften, aber wenn wir uns den Kassamarkt, die London Bullion Market Association, ansehen, dann werden dort täglich 20 Millionen Unzen Gold auf Nettobasis gehandelt, was 22 Milliarden Dollar entspricht, etwa 5,4 Billionen Dollar pro Jahr... Auf der Website der London Bullion Market Association können Sie sehen, dass hinter diesen*

so genannten "nicht-physischen Konten"-Geschäften keine physische Substanz steht. Sie werden in Teilmengen gehandelt, und man kann nicht in diesem Umfang handeln, weil es nicht so viel (Gold und Silber) auf dem Planeten gibt. Diejenigen, die auf dem US-Terminmarkt Leerverkäufe tätigen, sichern also ihr Papierrisiko mit Papierstücken auf dem Londoner Gold- und Silbermarkt ab.
(8 Sekunden langes Schweigen)

Hier weist Douglas auf den Kern der Sache hin, nämlich warum diejenigen, die an der Wall Street Blanko-Silber-Termingeschäfte tätigen, auf den Londoner OTC-Markt ausweichen, um das so genannte Risiko "abzusichern". Der Grund dafür ist, dass der US-Terminmarkt klare Vorschriften für Terminkontrakte hat und jeder, der Blanko-Silber handelt, eine zu 90% identifizierte Spot-Quelle haben muss oder der Marktmanipulation verdächtigt wird. Der Londoner Gold- und Silber-OTC-Markt, bekannt als der "physische Markt", ist der Handel "keine physische" Konto, aber die London Gold and Silver Market Association ist eine "Selbstregulierungs"-Organisation, voll und ganz glauben, dass jeder "bewusst" ist, so nicht starr verlangen, dass die Teilnehmer aus echten Gold und Silber, um die Ware zu inspizieren, und der OTC-Markt ist ein undurchsichtiger Markt, niemand weiß genau, was die Dinge in der Transaktion, die Transaktion Preis ist, wie viel. So können die Silbermanipulatoren der Wall Street in London ein großes Spiel machen, sie nutzen die sogenannten "physischen Transaktionen" des Londoner Marktes, um die US-Regulierungsbehörden dazu zu bringen, zu erklären, warum die großen Leerverkäufe an der Wall Street eine vernünftige Absicherung sind, und so die US-Regulierung zu umgehen, das Spiel der "vernünftigen" Absicherung des Papierrisikos mit dem Papierstück zu spielen.

Der so genannte "physische Silbermarkt" in London, auf dem täglich etwa 125 Millionen Unzen Silber gehandelt werden, verfügt über einen Tresor mit nur 75 Millionen Unzen echtem Silber zur Lieferung. Der New Yorker Terminmarkt ist für etwa 800 Mio. Unzen Silberkontrakte geöffnet, verfügt aber nur über 50 Mio. Unzen Silber, die zur Lieferung bereitstehen. Die gesamte physische Menge an Silber, die auf den Silbermärkten in London und New York zur Lieferung verfügbar ist, beläuft sich auf etwa 120 Millionen Unzen. Nach Angaben der Bank für Internationalen Zahlungsausgleich vom Juni 2009 belief sich der Derivatsaldo der Kategorie "andere Edelmetalle" (überwiegend Silber) auf 203 Milliarden Dollar, was 12 Milliarden Unzen Silber entspricht (etwa 20 Jahre der gesamten Silbermineralien)!

Was sich vor unseren Augen abspielt, ist ein super virtueller Silbermarkt, ein Markt, der durch den Preis manipuliert wird, ein Markt, der hochgradig gehebelt ist, ein Markt, der bereits am Rande eines Spot-Runs steht!

Untersuchung der Silbermanipulation

Am 25. März 2010 konzentrierte sich die Anhörung der U.S. Futures Trading Commission zur Manipulation des Silberpreises auf die Manipulation der Gold- und Silbermärkte seit September 2008. Sechzehn Personen waren eingeladen, bei dieser Anhörung auszusagen, darunter Regulierungsbehörden, Börsenbeamte, Banken, Händler, Maklerfirmen, Anleger und andere. Zu den eindrucksvollsten Aussagen gehörte die des Londoner Edelmetallhändlers Andrew McCall über die Manipulation der Silberpreise durch JPMorgan.

Auf bizarre Weise wurden McCall und seine Frau am 26. März "versehentlich" in einen Autounfall in London, England, verwickelt und ins Krankenhaus eingeliefert. Nach Angaben von Augenzeugen, die zu diesem Zeitpunkt auf der Straße unterwegs waren, "kam ein Auto schräg die Seitenstraße herunter und stieß mit seinem (McCalls) Auto zusammen". Als der Zeuge versuchte, das Fahrzeug, das zu fliehen versucht hatte, anzuhalten, beschleunigte der Fahrer heftig, woraufhin der Zeuge eilig auswich und beinahe überfahren wurde, gefolgt von dem Fahrzeug, das auf seiner Flucht zwei weitere Fahrzeuge rammte. Im Zuge einer polizeilichen Verfolgungsjagd wurde auch ein Hubschrauber angefordert, was zur Festnahme der Täter führte, deren Einzelheiten noch nicht bekannt gegeben wurden.

Wer war McCall, der den Schatten der Silbermanipulationen entgegentrat, und warum fiel er ihnen zum Opfer? Die World Gold Antitrust Association (GATA) berichtete am 23. März 2010, dass "der Londoner Edelmetallhändler Andrew McCall den Leiter der Gold Antitrust Association, Andry Douglas, kontaktiert hatte und ein (Silber-)Händler bei JPMorgan Chase McCall mit Informationen aus erster Hand über die Manipulation des Edelmetallmarktes versorgte und ihm gegenüber damit prahlte, wie JPMorgan Chase von dieser Manipulation profitierte. "Nachdem er diese Informationen erhalten hatte, erstattete McCall im November 2009 Strafanzeige bei der U.S. Futures Trading Commission Enforcement Division. Er beschreibt detailliert, wie JPMorgan Chase Signale an den Markt sendete, um den Silberpreis zu drücken, und wie zahlreiche Händler auf dem Markt diese Signale erkannten und durch Leerverkäufe von Silber mit JPMorgan Chase stark profitierten. Konkret wählt JPMorgan Chase in der Regel wichtige Zeitpunkte aus, wie z. B. Verfallstermine von Optionen, Veröffentlichungstermine von Daten zu Nicht-Erwerbsarbeitern, Umstellungstermine von Silberkontrakten auf dem US-Terminmarkt und andere wichtige Ereignisse, die eintreten.

In einer E-Mail vom 26. Januar 2010 erklärte McCall gegenüber der U.S. Futures Trading Commission, dass, als JPMorgan Chase mit dem Blanko-Silberhandel begann, „wir Händler ihre (JPMorgan Chase's) 'Signale' vor größeren Bewegungen genau beobachteten. Das erste Signal war das geringere (Silber-)Volumen, das in Asien auftrat. Als Händler machten wir einen unerwarteten Gewinn, aber ich wollte mich nicht an einem manipulierten Markt und an kriminellen Aktivitäten beteiligen (um Geld zu verdienen). Wenn Sie sich zum Beispiel die heutige Eröffnung ansehen, werden Sie feststellen, dass etwa 1.500 Kontrakte zur gleichen Zeit verkauft wurden, während die Käufer nur 1/5 bis 1/10 Prozent ausmachten. Vielleicht können Sie selbst überprüfen, wer hinter den Leerverkäufern steckt. Beachten Sie, dass in nur 10 Minuten 2.800 Lose des Kontrakts sofort die Kaufkraft vernichtet haben. Das kann kein normaler Rohstoffhandel auf der Suche nach dem besten Preis sein."

Zur weiteren Veranschaulichung seiner Behauptungen hatte McCall am 3. Februar 2010 eine E-Mail-Warnung an Erud Ramirez, leitende Ermittlerin in der Enforcement Division der United States Futures Trading Commission, geschickt, dass der Silbermarkt zwei Tage später, am 5. Februar, "getroffen" werden würde. In der E-Mail schrieb McCall: Edelmetallhändler in London sind sich bewusst, dass JPMorgan Chase im März Gespräche darüber aufgenommen hat, so viele Short-Positionen wie möglich vor dem (Silber-Short-Positions) Limit abzubauen. Es tut mir leid für diejenigen, die nicht eingeweiht sind, dass an diesem Tag riesige Mengen an Vermögenswerten den Besitzer wechseln werden, was meiner Meinung nach das Ergebnis der falschen Definition der U.S. Futures Trading Commission von illegaler Marktmanipulation ist. "

In einer E-Mail vom 3. Februar "prophezeite" McCall der U.S. Futures Trading Commission, dass der Silbermarkt zwei Tage später erscheinen würde. "Um 8:30 Uhr ET werden die Daten zu den Beschäftigtenzahlen außerhalb der Landwirtschaft veröffentlicht. Es wird zwei Szenarien geben, sowohl gute als auch schlechte Daten, wobei die Silber- (und Gold-) Preise in einer massiven

Leerverkaufsoperation, die darauf abzielt, die technischen Unterstützungslinien zu durchbrechen, stark fallen werden. Ich zweifle zwar nicht daran, dass ich von dieser Manipulation profitieren werde, aber dieses Beispiel zeigt, wie leicht der Markt von einigen wenigen Händlern manipuliert werden kann, wenn hochkonzentrierte Positionssituationen erlaubt sind (durch die US-Futures Trading Commission). Das erste Szenario ist, dass schlechte Nachrichten herauskommen (schlechte Beschäftigungsdaten), was gut für Gold und Silber ist, weil (schlechte Wirtschaftsnachrichten) den Dollar schwächen, Edelmetalle Investoren anziehen und die (Gold- und Silber-)Preise steigen werden. Dieser Prozess wird nur kurz andauern (1 bis 5 Minuten), und dann werden Tausende von neuen Leerverkaufspartien auftauchen (Leerverkaufsattacken), die die neuen Kaufkontrakte vollständig vernichten und die Edelmetallpreise unter wichtige technische Unterstützungspunkte fallen lassen werden. Das zweite Szenario sind gute Nachrichten (besser als erwartete Beschäftigungszahlen), die zu einem sofortigen Ausverkauf von massiven Leerverkaufskontrakten und einem sofortigen Einbruch der (Silber-)Preise führen würden. Diejenigen, die long gehen, werden sofort von der Stop-Loss-Linie getroffen und der Preis fällt unter den technischen Unterstützungspunkt. In beiden Fällen sind es die beiden großen Leerverkäufer (JPMorgan Chase und HSBC), die einspringen und den Gewinn einstreichen. Diejenigen von uns, die "eingeladen" werden, am Rückgang des (Silberpreises) teilzuhaben. "

Die Marktstimmung am 5. Februargenau der "Vorhersage" von McKell!

Am 9. Mai 2010 berichtete die *New York Post*, ein Mainstream-Medium in den USA, unter der Schlagzeile "Federal Government begins investigation into JPMorgan Chase's silver trading" ausführlich über die Einleitung einer doppelten straf- und zivilrechtlichen Untersuchung der US-Bundesregierung zu den Manipulationen von JPMorgan Chase auf dem Silbermarkt. "Die Futures Trading Commission ist für zivilrechtliche Ermittlungen zuständig, während das Justizministerium strafrechtliche Ermittlungen eingeleitet hat, so Quellen, die anonym bleiben wollten. Die Ermittlungen waren weitreichend, wobei die Bundesbeamten die Aufzeichnungen des Edelmetallhandels von JPMorgan Chase an der London Gold and Silver Exchange Association, einem Markt für den physischen (Silber-)Handel, sowie den Handel mit (Silber-)Futures und Derivaten an der New York Mercantile Exchange untersuchten. Einem Bericht des

Office of Monetary Control des Finanzministeriums zufolge hat JPMorgan Chase in den letzten drei Monaten des Jahres 2009 insgesamt 6,76 Milliarden Dollar in Silberderivaten umgesetzt, was 220 Millionen Unzen (ca. 6.800 Tonnen Silber) entspricht... Es wird behauptet, dass JPMorgan Chase beim Handel mit Leersilber den Silberpreis durch massive Leerverkäufe von Silberoptionskontrakten oder physischem Silber unterdrückt hat. "

Der Bericht der *New York Post* erschütterte den weltweiten Silbermarkt und ließ den Silberpreis innerhalb eines Tages um 6,5% ansteigen! Ein paar Tage später gab JPMorgan Chase eine Erklärung ab: „JPMorgan Chase wird vom Justizministerium nicht wegen kriminellen oder zivilrechtlichen Silberhandels untersucht."

Wenn die Gebrüder Hunt 200 Millionen Unzen Silber gehortet haben, um den Silberpreis in die Höhe zu treiben, dann sind die Hunt-Brüder auf dem heutigen Silber-Termin- und Derivatemarkt auf Schritt und Tritt 12 Milliarden Unzen vor der Meisterleistung, sich einen so großen Namen zu machen und sich zu schämen nur schwer zu erreichen.

Seltsamerweise scheint der Jahrhundertfall der Silberpreismanipulation, ebenso wie die Nachricht vom Beinahe-Zusammenbruch des US-Währungsmarktes am 18. September 2008, in den US-Mainstream-Medien kein großes Interesse gefunden zu haben.

Am 26. Oktober 2010 erklärte der Vorsitzende der U.S. Commodity Futures Trading Commission (Kommission für den Handel mit Warentermingeschäften), Chilton: "Einige Marktteilnehmer greifen weiterhin zu betrügerischen Mitteln, um den Silberpreis zu beeinflussen und zu kontrollieren, und diese Unredlichkeit, die nicht in Ordnung ist, muss streng untersucht werden. "Die Kommission führt eine zweijährige, viel beachtete Untersuchung des Silbermarktes durch.

Inzwischen werden zwei der größten Banken, die den Silbermarkt manipulieren, aufgrund einer Fülle von Beweisen von Anlegern vor Gericht verklagt. Internationale Medien berichteten am 27. Oktober 2010, dass JPMorgan Chase und HSBC beschuldigt wurden, große kurzfristige Short-Positionen gehortet zu haben, um die Preise für Silber-Futures zu manipulieren. Investoren, die behaupten, mit Silber-Futures und Optionskontrakten an der New Yorker Metallbörse zu handeln, sagten, die beiden Banken hätten sich verschworen, um die Preise für Silber-Futures zu drücken, sich gegenseitig über große Geschäfte zu informieren und große Positionen zu nutzen, um Aufträge zu erteilen, um den Markt zu beeinflussen. Dieses Monopol und die Marktmanipulation haben den Interessen der Anleger schweren Schaden zugefügt. Die Anleger behaupten, dass die beiden Banken auch so genannte Mock Trading Orders veranlasst haben, bei denen große Aufträge erteilt werden, die nicht ausgeführt werden, sondern, nachdem sie sich auf die Preise ausgewirkt haben, zurückgezogen werden, bevor sie ausgeführt werden sollen. Aus den von den Anlegern eingereichten Unterlagen geht hervor, dass JPMorgan Chase und HSBC im August 2008 zusammen eine Netto-Leerverkaufsposition von 85% des Silberpreises und im ersten Quartal 2009 Edelmetallderivate im Wert von 7,9 Mrd. USD hielten.

Bis zum 24. November 2010 waren mindestens 25 Klagen gegen die beiden Banken eingereicht worden.

Es bleibt abzuwarten, ob die beiden großen Banken letztendlich vor Gericht gestellt werden. Wie wir alle wissen, liegt der Fluch dieser globalen Finanzkrise in der Wall Street, genau hier bei der Federal Reserve. Aber sie sind zu groß, um zu fallen, zu groß, um durch das Gesetz gebunden zu sein, und die goldene Macht des kapitalistischen Zeitalters und die königliche Macht des Feudalismus stehen beide über dem Gesetz. JPMorgan Chase ist eine der größten Banken in den Vereinigten Staaten mit Finanzderivaten im Wert von satten 70 Billionen Dollar. Ihr Untergang hätte einen viel größeren Schock ausgelöst als der Zusammenbruch der Lehman Brothers Bank. Es ist noch nicht zu spät, um ihren Sturz zu erbitten. Wie können Sie es wagen, sie auf die Folter zu spannen? Doch die Gesetze des Marktes sind eisern und rücksichtslos. Wer sich den Gesetzen des Marktes widersetzt, wird der endgültigen Bestrafung nicht entgehen, egal wer es ist. Die Unterdrückung des Silber- und Goldmarktes verstößt gegen das eherne Gesetz von Angebot und Nachfrage. Auf einem Silbermarkt, auf dem die Nachfrage steigt, das Angebot schrumpft und die Ressourcen erschöpft sind, ist es unmöglich, ungestraft long oder short zu gehen. Je größer das Ausmaß, je länger die Zeit, desto härter die Strafe.

Silbermarkt am Rande eines massiven Ansturms

Auch wenn man sich keine Illusionen darüber macht, ob US-Gerichte Finanzgiganten wie JPMorgan Chase und HSBC bestrafen können, so hat der Vorfall doch dazu geführt, dass Anleger auf der ganzen Welt den Wert von Silber wieder zu schätzen wissen. Der Silberpreis ist nicht deshalb so niedrig, weil Silber und Kohl zusammenpassen, sondern weil er von einigen schwergewichtigen Finanzriesen wie AIG, Bear Stearns, JPMorgan Chase und HSBC verzweifelt gejagt wird. Silber ist der Federal Reserve um jeden Preis ein Dorn im Auge, um den "Dollar-Trick" loszuwerden, gleichzeitig wird Silber in naher Zukunft auf dem Investmentmarkt als "Aschenputtel" glänzen. Wenn Investoren auf der ganzen Welt dies verstehen, wird Silber, eine "Generation des Stolzes", sofort "unzählige Helden anziehen, um die Taille zu beugen" auf dem Markt.

Nach dem Eintritt in das Jahr 2009 schlossen sich Silber und Gold zusammen, so wie die sowjetische Rote Armee in jenem Jahr, nachdem sie Stalingrad hartnäckig gehalten hatte, schließlich den Moment des großen Gegenangriffs gegen den Dollar einleitete. Von $ 9 pro Unze Ende 2008 ging es auf und ab bis auf etwa $ 18 pro Unze im August 2010. Ab Ende August 2010 begann der Silberpreis $18 pro Unze zu erreichen und stieg dann bis auf $30 pro Unze. In weniger als 3 Monaten betrug der Anstieg bis zu 61%, überlagerte ein 30-Jahres-Hoch und erregte weltweit Aufmerksamkeit.

Als immer mehr Investoren den enormen Investitionswert von Silber entdeckten, begann der Wettbewerb um die sehr begrenzten physischen Silberressourcen. Nach Angaben der World Silver Association belief sich die weltweite Silberproduktion im Jahr 2009 auf etwa 889 Millionen Unzen, wobei die verarbeitende Industrie etwa 730 Millionen Unzen verbrauchen musste. Die verbleibenden 137 Millionen Unzen wurden von den Anlegern verbraucht, nachdem die Bergbauunternehmen ihre Absicherungsanforderungen reduziert hatten, so dass die Investitionsnachfrage im Jahr 2009 um 184% gegenüber 48 Millionen Unzen im Jahr 2008 anstieg! Angesichts der aktuellen Trends wird die Investitionsnachfrage nach Silber im Jahr 2010 stärker steigen als im Jahr 2009.

Die derzeit auf dem Weltmarkt verfügbaren Silberbestände belaufen sich auf etwa 700 Millionen Unzen, die beim derzeitigen Preis von 25 Dollar pro Unze einen Gesamtwert von etwa 17,5 Milliarden Dollar haben. Ein solch verlockender und sehr kleiner Markt wäre, wenn er erst einmal auf dem Radar des Marktes ist, mit dem Ansturm des globalen Geldes unvermeidlich, und ein Preisanstieg wäre unvermeidlich.

Butler ist weitaus kritischer und geduldiger als Buffett, wenn es um das Wertsteigerungspotenzial von Silber geht. Butler argumentiert, dass der Durchschnittsanleger aufgrund des künstlich niedrig gehaltenen Silberpreises durch einige wenige Großbanken auf eine einmalige Anlagemöglichkeit gestoßen ist und dass Angebot und Nachfrage auf dem Markt dafür sorgen werden, dass sich die Käufer von Silber letztendlich gegen die Großbanken durchsetzen werden, die Leerverkäufe tätigen. Die Entwicklungen scheinen mehrere der von Butler in diesem Jahr vorausgesagten explosionsartigen Anstiege der Silberpreise zu bestätigen.

Das erste Szenario ist die Auswirkung, die die erzwungene Auflösung von Leerverkaufskontrakten durch die Großbanken auf den Silbermarkt hat. Wenn der Markt das Wertsteigerungspotenzial von Silber entdeckt und der Zustrom von Käufern den Preis für physisches Silber weiter in die Höhe treibt, werden die Leerverkaufskontrakte der Großbanken unter enormen Druck geraten, zu liefern. Sie werden gezwungen, entweder physisches Silber bei Fälligkeit zu bezahlen oder die gleiche Anzahl von Kontrakten zu kaufen, wie sie leerverkauft wurden, d.h. sie sind gezwungen, ihre Positionen zu schließen. Derzeit beläuft sich die Gesamtzahl der Kontrakte, die allein an der New Yorker Terminbörse für Blanko-Silber abgeschlossen wurden, auf 550 Millionen Unzen. Dies entspricht dem Verkauf von 79% des gesamten Spotsilbers auf dem Weltmarkt. Woher soll die Short-Seite so viel Spot-Silber nehmen, um es zu verkaufen, ohne die Bücher zu leeren?

Das zweite Szenario ist die Auswirkung der Zwangsrückgabe von geleastem Silber auf den Silberpreis. Seit mehr als 20 Jahren drücken mehrere Zentralbanken den Silberpreis, indem sie große Mengen Silber auf den Markt werfen und es vermieten. Warum wird das Silber vermietet? Da einige Silberminen aus verschiedenen Gründen nicht in der Lage sind, rechtzeitig zu liefern, mieten sie zunächst Silber von Gold- und Silberspothandelsbanken, um eine pünktliche Lieferung zu gewährleisten. Wenn das Silber später abgebaut wird, wird es zum ursprünglichen Betrag zurückgegeben, zuzüglich 1% oder weniger Zinsen. Umgekehrt können Gold- und Silberspothandelsbanken auch Silber von Zentralbanken leasen. Unter dem Vorwand, dass das in den Lagern angehäufte Silber keine Zinsen abwirft, hat die Zentralbank gerne große Silberreserven verleast, zumindest zu 1% Zinsen. Und die Gold- und Silberspothandelsbanken, die das Spotsilber geleast hatten, warfen den größten Teil des Silbers auf den Markt, um es zu Geld zu machen. Die Bargelderlöse wurden dann zum Kauf von Staatsanleihen mit einer Rendite von 5% verwendet. Nach Rückgabe von 1% Zinsen an die Zentralbank können satte 4% erwirtschaftet werden. Auf diese Weise haben die Zentralbank und die Gold- und

Silberspothandelsbanken die Preise auf dem Silbermarkt unterdrückt, ohne sich etwas anmerken zu lassen.

Butler schätzt, dass in den letzten 20 Jahren wahrscheinlich Hunderte von Millionen oder sogar Milliarden Unzen Silber durch die Verpachtung dieser Form in den Markt geflossen sind. Theoretisch müsste das geleaste Silber irgendwann an die Zentralbank zurückgegeben werden. Der größte Teil dieses Silbers wurde jedoch bereits als Industriematerial verwendet und konnte nicht mehr in seiner ursprünglichen Form zurückgegeben werden. Als der Silberpreis schließlich überwältigt wurde und in die Höhe schoss, begann die Zentralbank, die Rückgabe des Pächters zu fordern, der eine gleiche Menge physischen Silbers vom Markt zurückkaufen musste. Dieses physische Silber kommt zu dem anderen großen Bestand an Spot-Silber hinzu, das an der New York Mercantile Exchange geshortet wurde. Der Rückkauf dieses Spotsilbers wird den Silberpreisen einen gewaltigen Schlag versetzen. In diesem Fall könnte der Silberpreis allein auf $ 500 pro Unze ansteigen. Dies ist ein wichtiger Grund, warum die Gold- und Silberspothandelsbanken, die Silber leasen, verzweifelt versuchen, den Silberpreis zu drücken.

Das dritte Szenario sind die Auswirkungen der in Panik geratenen Reserven der industriellen Nutzer auf den Silberpreis. Silber ist ein Rohstoff mit Tausenden von Verwendungsmöglichkeiten. Es ist ein wichtiges Material in vielen Produkten, aber in kleinen Mengen, eine Eigenschaft, die dafür sorgt, dass die Nachfrage nach Silber bei steigenden Preisen nicht sinkt, die so genannte starre Nachfrage. Mit dem sprunghaften Anstieg der Investitionsnachfrage werden die Bestände von mehr als 30.000 Tonnen schnell erschöpft sein, und der neue Silbermineralzyklus von mehreren Jahren, der aber auch meist mit der Mine verbunden ist, ist weit vom Wasser entfernt, um den nahen Durst zu stillen. Auf diese Weise wird Silber immer länger nicht auf Lager sein, von ein paar Tagen bis zu ein paar Wochen und später möglicherweise sogar bis zu ein paar Monaten. Die Produktionslinie der Fabrik kann nicht gestoppt werden, weil das Silber nicht vorrätig ist, also muss das Unternehmen auf einen Regentag vorbereitet sein, um die Reserven vorzubeugen, was unweigerlich zu einem Anstieg des Silberpreises führen wird.

Betrachtet man die Realität der Jahre seit der Finanzkrise 2008, so waren sowohl die Deflation in den USA und Europa als auch die Inflation in den asiatischen Ländern im Allgemeinen gut für Gold und Silber. Da Gold und Silber in US-Dollar denominiert sind, kann die

Deflation in den USA und Europa die von der Inflation bedrohten Asiaten dazu veranlassen, mit großen Geldbeträgen Gold und Silber zu kaufen, was den Gold- und Silberpreis in die Höhe schnellen ließ. Auf der anderen Seite, um die Deflation zu widerstehen, werden die USA und die europäischen Länder die Federal Reserve auffordern, weitere quantitative Lockerung durchzuführen und mehr Geld zu drucken, durch die Abwertung des Dollars betroffen sind, werden die Gold- und Silberpreise unweigerlich weiter nach oben eilen.

Silber ist eine phantastische Anlageform, die in Zeiten von Inflation oder deflationären Finanzkrisen ebenso an Wert gewinnt wie Gold, wenn der Dollar an Wert verliert. Nach der wirtschaftlichen Erholung wird Silber aufgrund der großen industriellen Nachfrage wieder seine Eigenschaften als Industrierohstoff aufweisen, der durch das Verhältnis von Angebot und Nachfrage an Wert gewinnt. Dies ist ein einzigartiger doppelter Vorteil, den keine andere Anlageform hat.

Die heutige Welt Silbermarkt ist erstaunlich klein, mit nur 30.000 Tonnen Silber Bestände über dem Boden weltweit, im Wert von nur 120 Milliarden Yuan, viel kleiner als die Größe der Agricultural Bank of China's börsennotierten Finanzierung. Derzeit ist der Welt-Silbermarkt, das Verhältnis von physischen und "Papier-Silber" extreme Ungleichheit zu 1:100, 100 Unzen "Papier-Silber" hinter der Transaktion, nur 1 Unze der physischen Unterstützung, wenn der Finanzmarkt 1:50 hohe Hebelwirkung schließlich auf die finanzielle Tsunami fegt die Welt geführt, dann ist der Silbermarkt als dieses Verhältnis wieder verdoppelt hat den Rand der Gefahr eines Laufs jederzeit erreicht.

Ein extrem verzerrter, stark fremdfinanzierter, sehr kleiner Silbermarkt, der das Weltfinanzsystem ernsthaft erschüttern kann!

Als Greenspan und Co. 1995 erkundeten, dass der in die Höhe schießende Goldpreis die US-Schulden effektiv reduzieren könnte, waren sie sich sicher, dass sie gewinnen würden. Da die Vereinigten Staaten und Europa kontrollieren insgesamt Zentralbanken mit Goldreserven von mehr als 20.000 Tonnen, hat die unbestreitbare Preissetzungsmacht des physischen Goldmarktes, mit der Wall Street-London-Achse von Gold-Futures und anderen Gold-Derivate-Markt gekoppelt hat absolute Kontrolle, können sie in vollem Umfang erreichen einen kontrollierten Anstieg des Goldpreises, und decken die Dollar "Einrichtung" Rückzug, in einer erheblichen Verringerung der Staatsverschuldung, zur gleichen Zeit, weiterhin den Status des Dollars

Weltwährung Hegemonie zu erhalten, um eine weiche Landung des Dollar-Krise zu erreichen.

Dabei wird jedoch eine wichtige Variable übersehen, nämlich Silber.

Aufgrund der historischen Trägheit der Gold- und Silberpreise und der enormen psychologischen Interaktion Energie des Marktes Gold und Silber, wenn die Welt Silberpreise plötzlich und heftig steigen, wird der Rhythmus der Goldpreise zu stören, Runaway Silberpreise durch die Risikoaversion des Weltfinanzmarktes inspiriert wird wie ein Berg von Feuer Stier Formationen, die direkte Auswirkungen auf den Goldmarkt Füße sein. Wenn das physische Silber zur Neige geht, wird es auf dem New Yorker Silberterminmarkt zu weit verbreiteten Zahlungsausfällen und erheblichen Lieferverzögerungen kommen, da die industriellen Silberverbraucher beginnen, dringend Rohsilber zu horten, während die Silberinvestoren ihre eigenen Reserven aus dem Spotmarkt abziehen und die Inhaber von Silberfutures in Panik geraten und die Lieferung von Spot-Silber verlangen.

Investoren, die verzweifelt nach physischem Silber suchen, werden sofort 50 Millionen Unzen physisch lieferbares Silber auf dem New Yorker Futures-Markt auspressen. Nach der völligen Enttäuschung über den New Yorker "Papier-Silber"-Markt strömten die Menschen sofort in Scharen auf den Londoner "physischen Silber"-Markt. Sie entdeckten jedoch sofort, dass sich der größte Markt für so genanntes "physisches Silber" mit nur 75 Millionen Unzen Spot als "kein physisches Konto" entpuppte und dass die große Mehrheit der Silberbesitzer einfach "nicht identifizierte (Gold- und Silber-)Besitzer" waren.

In der Zwischenzeit werden die schrecklichen Nachrichten auf dem Silbermarkt einen Ansturm auf den Goldmarkt auslösen, und vergessen Sie nicht, dass es sich auch um ein 1:100-Superflaschenverschluss-Spiel handelt.

Wenn die Silber- und Goldmärkte in New York und London nacheinander lahmgelegt würden, käme es auf den Weltfinanzmärkten sofort zu einer regelrechten Panik. Diese Panik wäre von Grund auf neu und beispiellos. In diesem Moment entdeckte die Welt plötzlich, dass das ursprüngliche Gold und Silber die Eckpfeiler des weltweiten Kreditgeld-Wolkenkratzers sind, die tief im Boden vergraben sind, und dass, sobald dieser Eckpfeiler wackelt, der noch größere Anleihenmarkt, der Aktienmarkt, der Geldmarkt, der Devisenmarkt und der 50-Billionen-Dollar-Finanzderivatemarkt, der auf all dem aufgebaut ist, noch heftiger wackeln werden!

Zu diesem Zeitpunkt begannen die Finanzmärkte auf der ganzen Welt nach staatlichen Rettungsmaßnahmen zu rufen.

Zur Zeit können die europäischen und amerikanischen Regierungen nichts dagegen tun, schließlich kann Silber nicht durch ein "Quantitative Easing" Papier ausgetauscht werden. Die europäischen und amerikanischen Regierungen haben ihre ehemals riesigen Silbervorräte längst ausverkauft und verlieren damit das wichtigste Druckmittel, das die Marktpreise direkt beeinflusst. Selbst wenn die europäischen und amerikanischen Regierungen die Zwangskonfiszierung von privatem Silber anordneten, wie es Präsident Roosevelt 1934 tat, als er die US-Bürger aufforderte, ihr gesamtes Gold abzugeben, würde das nichts nützen, denn die gesamten oberirdischen Silbervorräte belaufen sich auf gerade einmal 30.000 Tonnen, was bei weitem nicht ausreicht, um das Ausmaß des Ansturms zu bewältigen.

Im Notfall gibt es noch einen anderen Trick, und zwar die Notförderung von Silber, um den weltweiten Silber-Run zu stoppen. Als die Regierung jedoch den Notabbau von Silber anordnete, dauerte es mindestens fünf Jahre, bis die Ressourcen erkundet, zusätzliche Ausrüstung angeschafft und die Produktion ausgeweitet wurde, bis das Gesamtangebot deutlich anstieg, und das Gurkengemüse wurde kalt.

Zu diesem Zeitpunkt werden die Augen der Welt auf China gerichtet sein. Denn der größte Produzent und Exporteur von Silber in der Welt ist heute China! Was für ein riesiger internationaler politischer und finanzieller Hebel wäre das! Und was für eine strategische Chance wird das sein!

Der Krieg der Menschen in Silber

China ist heute der größte Silberproduzent der Welt mit einer jährlichen Gesamtproduktion von etwa 10.000 Tonnen, von denen 5.000 Tonnen zur Erwirtschaftung von Devisen für den Export verwendet werden, und bis 2008 gab es in China eine Politik der Ausfuhrsteuernachlässe, um die Silberausfuhr zu fördern. Diese 5.000 Tonnen Silber reichen aus, um die durch die weltweite industrielle Nachfrage verursachte Silberknappheit von 4.000 Tonnen auszugleichen, so dass die Wall-Street-London-Achse des Gold- und

Silbermarktes den "1-Flaschenverschluss-zu-100-Flaschen-Trick" aufrechterhalten kann!

Silber exportieren, um Devisen zu verdienen? Das ist ein verblüffender Gedanke! Es ist, als würde man echtes Geld gegen falsches Geld eintauschen, und es gibt staatliche Subventionen für den Export von Steuernachlässen! Von Anfang 2009 bis Oktober 2010 ist der Silberpreis von $11 auf $23 pro Unze in die Höhe geschnellt und hat sich damit verdoppelt, Tendenz steigend! Die reale Kaufkraft des Dollars ist im gleichen Zeitraum gesunken, immer wieder "quantitative Lockerung" unter dem Dollar-Fluss Tag für Tag, die zweite Rezession Wolken sind wieder dicht. In einem Jahr und neun Monaten, 8.000 Tonnen Silber Exporte "erholt" ist fast 20 Milliarden Yuan von Reichtum Verlust! Außerdem werden mehr Dollarscheine eingeführt, die nur noch zum Kauf von US-Staatsanleihen verwendet werden können!

Es ist strategisch äußerst kurzsichtig, Silber als allgemeinen industriellen Warenexport zu behandeln! Wer die ständig steigende und immer knapper werdende Währung Silber gegen die tägliche Entwertung der Papierwährung Never Quite Dollar eintauscht, verliert nicht nur den Reichtum selbst, sondern auch den Höhepunkt der Finanzstrategie der Großmächte.

Silber war nicht nur früher Geld, es hat auch immer noch die Funktion von Geld. Angesichts des zunehmenden Risikos von Dollar, Euro, Yen und anderem Papiergeld bietet Silber heute eine klare Absicherung gegen das Risiko des gesamten Kredit- und Währungssystems. Dies ist auch der Hauptgrund, warum der Silberpreis am 18. September 2008, als das Dollarsystem zusammenbrach, um 20% pro Tag in die Höhe schoss.

Am 30. Juli 2008 schaffte China schließlich den 5-Prozent-Exportsteuerrabatt auf Silber ab, eine Politik, die zweifellos richtig ist, deren Ausgangspunkt aber immer noch darin besteht, den Widerspruch von Chinas übermäßigem Außenhandelsüberschuss zu mildern. Dies zeigt, dass die relevanten Sektoren bei der Formulierung der Handelspolitik nicht aus einer finanziellen Perspektive heraus denken. In Ermangelung einer umfassenden nationalen Finanzstrategie sind widersprüchliche und unkoordinierte Maßnahmen unvermeidlich.

Wenn man eine Silberstrategie in Erwägung zieht, sollte sie auf der gleichen Ebene wie Gold betrachtet werden. Unabhängig davon, wie der Rest der Welt jetzt Silber sieht, in den Vereinigten Staaten

Dollar, "der Sohn der Woche" ist in der heutigen Welt rückläufig, werden nationale Währungen unweigerlich erscheinen "Frühling und Herbst fünf Hegemon" und "kriegführenden Staaten sieben männlichen" Situation. Silber wird eine heiße harte Währung in der Zukunft sein, ein Trend, der mit dem Rückgang des Dollars noch ausgeprägter werden wird.

Wenn China den Umlauf des Renminbi als einen der Höhepunkte für den Aufbau einer starken Finanzgrenze maximiert, dann muss der große finanzstrategische Wert von Silber und Gold umfassend überdacht werden.

Um den internationalen Silbermarkt unter Druck zu setzen, braucht es gar nicht die Größenordnung von 120 Mrd. RMB. Solange inländische Investoren die gesamten 5.000 Tonnen Silber aufbrauchen, die China jedes Jahr exportiert, um Devisen zu generieren, reichen 25 Mrd. RMB aus. Das allein reicht aus, um das weltweite Silberpreissystem ins Wanken zu bringen. Der in New York und London verfügbare Silbermarkt umfasst nicht mehr als 125 Millionen Unzen (ca. 3.900 Tonnen) Silber, was im Grunde nur ausreicht, um die Differenz zwischen Angebot und Nachfrage für ein Jahr industriellen Verbrauchs zu decken, die physische Lieferung von Silber wird sehr schwierig sein, und Ausfälle bei Terminkontrakten werden kaum zu vermeiden sein.

Was ist das Konzept der 25 Milliarden Yuan? Das ist etwas, was ein paar Aktienfonds tun können.

Bei 10.000 Personen werden pro Person 2,5 Mio.$ Silber in Naturalien gekauft (etwa 450 kg bei 5,6$ pro Gramm).

Oder 1 Million Menschen, von denen jeder 25.000 Yuan Silber in Naturalien (ca. 4,5 kg) kaufte.

Oder 10 Millionen Menschen, von denen jeder 2.500$ Silber in Naturalien (etwa 0,45 kg) kauft.

Der Weltsilbermarkt wird wahrscheinlich eine Kettenreaktion von Runs auslösen.

Was Anleger verstehen müssen, ist, dass sie kein Silber kaufen, sondern Dollarscheine verkaufen! Silber ist Ersparnis, Silber ist Investition, Silber ist die treue Versicherung des Reichtums, Silber ist die Währung des einfachen Volkes! Sie investieren nicht nur für Einzelpersonen, sondern Sie legen ein Veto gegen die

Weltfinanzhegemonie ein! Es ist eine selbstverteidigende Vergeltungsmaßnahme gegen die internationalen Banker, die Chinas Reichtum gestohlen haben! Eine solche Investition ist für das Land, für das Volk und für einen selbst von Vorteil!

Gold ist ein Bogen, Silber ist eine gespannte Sehne, der Wille des Volkes ist ein Pfeil, und das Ziel ist die internationale Währungshegemonie!

Wenn das gemeine Volk eine Chance hat, den Lauf der Geschichte zu ändern, wenn das Volk sich gegen die finanzielle Hegemonie der Welt erheben kann, wenn die Allgemeinheit nicht bereit ist, sich in verschiedenen Krisen "scheren" zu lassen, wenn das Volk wirklich die treibende Kraft der Geschichte ist, dann sind Taten überzeugender als alle Worte!

Der lang erwartete Enthusiasmus für Silberinvestitionen in China ist seit der schrittweisen Öffnung der Silberinvestitionskanäle im Jahr 2010 wie ein Vulkan ausgebrochen. Nach der Rekordernte bei Goldinvestitionen hat es einen Boom bei Silberinvestitionen im ganzen Land gegeben.

Immer mehr Menschen sind sich des Wertes von Silber bewusst, das nicht nur die Gene der chinesischen Geschichte und Kultur in sich trägt, sondern auch die Last der Realität, es ist nicht nur ein zuverlässiges Instrument für die Menschen, um ihr Vermögen zu schützen, sondern auch ein wirksames Mittel, um der Hegemonie der Weltwährung entgegenzuwirken.

Silber, die größte Chance deines Lebens!

Danksagungen und Überlegungen

Die Herbstnächte in Fragrant Hill sind ruhig und langweilig. Auf der Terrasse eines Teehauses floss das Mondlicht, und es wehte eine leichte Brise. Eine Gruppe gleichgesinnter junger Leute, die oft ihre Ferien und Wochenenden opfern, hat sich zusammengefunden, um die Auswirkungen und die Rolle des Finanzwesens in China auf verschiedene Bereiche der Gesellschaft im vergangenen Jahrhundert zu studieren und zu diskutieren. Diese Gruppe sind die Studiengruppenmitglieder und Freiwilligen von Currency Wars 3. Nach einem Tag intensiver Forschungsarbeit diskutieren wir hier oft in aller Ruhe und sortieren unsere Gedanken.

Zheng Yingyan, das einzige Mädchen in der Lerngruppe, wird liebevoll "Kleine Göttin" genannt. Weil sich ihre Augenbrauen so sehr von denen in Mittelerde unterscheiden, erinnern sie oft daran, dass ihre Vorfahrin wahrscheinlich eine persische Prinzessin war. Sie ist eine Mischung aus Humor, Exzentrik und Eigenwilligkeit, und sie hat einen "Gott", für den man nie die richtige englische Entsprechung finden kann. Ihre kenntnisreiche, detailgenaue Herangehensweise hat ihr den Titel "The Greatest Picker of All Time" eingebracht. Als sie über den ersten Entwurf sprach, sagte sie unbeirrt: "Was ist das? Umgekippt und neu begonnen! Ich werde es nicht lesen können, und der Leser auch nicht! Zu tiefgründig, zu undurchsichtig, zu viele Hinweise, zu viele Namen, zu viele Begriffe, die man sich merken muss, zu viele, die man verstehen muss! Können normale Menschen es nicht lesen, ist dein Buch noch etwas wert? "Ich war überrascht von ihrer Tadelung des Manuskripts im Namen des Lesers, der nur zu seinem eigenen Vergnügen und selten für die Gefühle des Lesers zu schreiben pflegte. Ihr Konzept der Leseerfahrung des Lesers hat mich tief berührt. Also, zweimal, dreimal, viermal, die Struktur anpassen, den Text ändern, die Hinweise begründen.

Yang Wei, der nie mit jemandem frontal streitet, hat eine Zwillingspersönlichkeit, die in ihm durchscheint. Er war immer euphemistisch und höflich, wenn er seine Ansichten äußerte. Lao Yang ist ein Hardcore-Bruder, mit dem ich aufgewachsen bin, und wir waren vom Kindergarten bis in die Vereinigten Staaten auf der anderen Seite des Ozeans fast immer zusammen. Er kam ein Jahr vor mir in die USA und hat eine weitaus reichhaltigere Lern- und Arbeitserfahrung als andere, von Biologie über Computer und MBA bis hin zum Investmentbanking. Insbesondere seine Erfahrungen bei der Fuji Bank in Japan und bei Schroders in Hongkong, China, haben ihm direkte Erfahrungen mit den Finanzmärkten in den Vereinigten Staaten und Asien vermittelt. So hat er die schwere Arbeit des Screenings und der Kreuzvalidierung japanischer Daten übernommen. Während der letzten vier Monate hat er sich auch eingehend mit den Finanzproblemen der Sowjetunion, der Grenzgebiete und der befreiten Gebiete befasst, und dann sagte Lao Yang, dass er nach dem Studium der Finanzinnovationen der Kommunistischen Partei Chinas so beeindruckt war, dass er einen Antrag auf Mitgliedschaft stellen wollte.

Miao Gang, der normalerweise die Stirn runzelt und den Kopf schüttelt, sagte: "Diese Daten sind nicht unbedingt zuverlässig, es muss eine zweite Quelle gefunden werden. "Sobald er einen wichtigen Hinweis findet, verwandelt sich Miao Gang augenblicklich in eine andere Person, die manchmal die Stirn runzelt und tanzt, manchmal rechtschaffen von den Drei Kaisern bis zum Ende der Welt spricht und die erstaunliche Eloquenz eines Mannes aus Peking an den Tag legt. Wir haben immer gedacht, dass er im Debattierteam der Volksuniversität mitmachen sollte, und später hat die Legende erzählt, dass Miao an der Columbia University in den Vereinigten Staaten von Mondale nur Finanzen studiert hat, aber auch ein hartes englisches Kan Fu praktiziert hat. Neben seinem Sprachtalent verfügt Miao Gang auch über ein ausgeprägtes Gespür für Zahlen, und in der "Qualitätskontrolle" seiner Torwächtertätigkeit haben sich das Korrekturlesen von Daten und die Informationsquellen stark verbessert.

Das Beeindruckendste an Xue Xiaoming ist seine Unprätentiosität und Einfachheit, die für Nordwestler typisch ist. Der Junge mit dem Puppengesicht gerät auch mit seinem Gegner aneinander, wenn sein Standpunkt in Frage gestellt wird, und er wird emotional, kann sich aber wegen seiner langsamen Sprache oft nicht durchsetzen. Dieser Doktorand an der Fakultät für Internationale Beziehungen, der fleißig studiert, sehr gut Englisch liest und sich leidenschaftlich mit finanzieller und historischer Forschung befasst, hat einen wichtigen Beitrag zur Sammlung und Zusammenstellung von Materialien geleistet.

Currency Wars 3 befasst sich mit Finanzfragen in der jüngeren chinesischen Geschichte. Für den Zeitraum von 1840 bis 1949 gibt es eine Fülle von finanzrelevantem Material, das konsultiert werden kann. Von den kaiserlichen Hofakten, der kaiserlichen Genehmigung, den Archiven der Republik, ausländischen und provinziellen Zeitungen, geheimen Telegrammen ausländischer Missionen, den Aufzeichnungen über die Ausgabe von Anleihen auf dem internationalen Finanzmarkt im selben Zeitraum, den Aktivitäten der großen Finanzfamilien in China und im Ausland, den Statistiken über Auslandsschulden, Zölle, Salzsteuer, statistische Berichte über Steuersätze, den freigegebenen Akten verschiedener Länder, den Geständnissen und Erklärungen der betroffenen Parteien und natürlich sind Hunderte von Büchern über Finanz- und Währungsgeschichte und Biografien von Personen unvermeidlich. Zu dieser Jahreszeit, wenn die Blätter des Duftenden Hügels in voller Blüte stehen, vergisst man alle Sorgen der Welt und stürzt sich mit ganzem Herzen in den riesigen Ozean der historischen Daten.

Den größten Beitrag zu diesem Buch hat auch die breite Leserschaft geleistet. In meinen Tweets haben zahllose Blogger mit Begeisterung Anregungen und natürlich auch eine Menge fairer Kritik geäußert. Es war der enorme Zuspruch und die Vorfreude dieser Kollegen und Freunde, die es mir ermöglicht haben, am Ende durchzuhalten.

Ich habe immer daran geglaubt, dass der Wert eines Menschen nicht darin liegt, dass er gleich ist wie andere, sondern darin, dass er anders ist als andere. Der Prozess des Recherchierens und Schreibens der Buchreihe "War on Money", der herausfordernd, anstrengend und frustrierend, aber auch leidenschaftlich, erbaulich und aufgeschlossen war, ist zu einem integralen Bestandteil meines Lebens geworden. Im Rauch der Währungskriege auf der Welt möchte ich ein treuer Aufzeichner der Geschichte sein.

Ich habe mich immer als einen sehr glücklichen Menschen betrachtet, und die Unterstützung und Hilfe so vieler Freunde hat mich oft leidenschaftlich gemacht. Gleichzeitig bin ich angesichts vieler Kontroversen ruhig und objektiv. Ich habe das Gefühl, dass ich die Quelle des größten Wertes und der Kreativität in meinem Leben gefunden habe. Es ist nicht schmerzhaft, nicht zu essen, zu trinken oder zu schlafen, wenn man das tut, wozu man am meisten begabt ist, weil man versucht, einen kreativen Beitrag zur Gesellschaft zu leisten. Tatsächlich wird jeder Mensch auf der Welt mit irgendeiner Art von

Begabung geboren, und das größte Glück besteht darin, die eigene Begabung so früh wie möglich zu entdecken. Und das Traurige an den meisten Menschen ist, dass sie ihre Gaben nicht kennen oder sie aufgeben. Es scheint mir, dass der Sinn der Erziehung, des Lesens, des Arbeitens und des Lebens darin besteht, die eigene Gabe zu finden, sie ist angeboren, sie ist unveränderlich, und sie zu erforschen und zu entdecken wird eine lebenslange Aufgabe sein.

Ich möchte mich auch bei meiner Frau und meiner Tochter bedanken, ohne deren langjährige und uneingeschränkte Unterstützung und Ermutigung ich nicht der wäre, der ich heute bin.

Abschließend möchte ich dieses Buch allen Lesern widmen, die sich Gedanken über das Schicksal Chinas machen.

Autor.
Ende 2010, Xiangshan, Peking

Andere Titel

FINANZIELLE OBERGRENZEN

www.ingramcontent.com/pod-product-compliance
Lightning Source LLC
Chambersburg PA
CBHW071309150426
43191CB00007B/558